KB070407

제4신분, 중세 여성의 역사

나남
nanam

한국연구재단 학술명저번역총서
서양편 281

제4신분, 중세 여성의 역사

2010년 7월 15일 발행
2010년 7월 15일   1쇄

지은이_ 슐람미스 샤하르
옮긴이_ 최애리
발행자_ 趙相浩
발행처_ (주) 나남
주소_ 413-756 경기도 파주시 교하읍
       출판도시 518-4
전화_ (031) 955-4600 (代)
FAX_ (031) 955-4555
등록_ 제 1-71호(79.5.12)
홈페이지_ http://www.nanam.net
전자우편_ post@nanam.net
인쇄인_ 유성근 (삼화인쇄주식회사)

ISBN 978-89-300-8458-1
ISBN 978-89-300-8215-0 (세트)
책값은 뒤표지에 있습니다.

'한국연구재단 학술명저번역총서'는 우리 시대 기초학문의 부흥을 위해
한국연구재단과 (주)나남이 공동으로 펼치는 서양명저 번역간행사업입니다.

제4신분, 중세 여성의 역사

슐람미스 샤하르 지음 | 최애리 옮김

나남
nanam

개정판
· · ·
머리말

   이 책은 1983년에 영어로 처음 출간되었다. 그 후로 이 책의 주제인 중세(11~15세기) 여성에 관한 연구는 크게 발전해왔다. 여성 및 젠더를 분석의 범주로 하는 역사는 중세 연구에서 주류가 되었다. 그리하여 이 책의 각 장 — 제2장(공적 권리와 법적 권리)부터 제8장(마녀와 이단운동)에 이르기까지 — 이 다루고 있는 주제에 관해 수십 편의 논문과 또 그만한 수의 책이 쓰였다. 그런 연구 중 어떤 것은 중세 사회사 및 문화사 전반에서 대두되어온 역사 기술에 관한 문제와 연관되어 있다. 또 다른 많은 연구는 페미니스트 문학 이론의 유익한 영향을 담고 있다. 여성의 저작집들이 현대 비평본과 번역으로 출간되었다. 여성에 관한, 또는 여성을 포함하는 더 많은 자료가 출간되었고 연구되었다. 잘 알려진 문헌들에 관한 새로운 해석도 제출되었고, 새로운 고문서 연구에 기초한 연구들도 나타났다. 이 서문에서는 이 책이 출간된 이후에 이루어진 모든 연구의 내용을 살펴볼 수도 없고, 그동안 얻어진 새로운 통찰들을 다 평가할 수도 없다. 다음에서 나는 단지 새로운 연구 경향 몇 가지를 소개하고, 이 책에서 다루었던 주제 중 몇 가지에 관한 연구들을 적으나마 그 예로 들어보려 한다.

몇몇 연구에서 제기했고 여전히 연구해야 할 중요한 문제는 지역적 차이라는 문제이다. 지역연구 그 자체는 새로운 것이 아니다. 지역연구를 통해 우리는 가정구조, 상속법, 경제제도, 혼인 연령 등에 차이가 있었음을 안다. 이 모든 요소들이 여성의 삶에 영향을 미치는 것이다. 또한 여성의 노동 기회도 시대뿐 아니라 지역에 따라 달랐다. 나아가 최근의 연구는 차이가 그뿐만이 아니었음을 보여준다. 보편적이라고 여겨졌던 개념들도 지역적 조건, 관습, 전통 등의 영향을 받았던 것으로 보인다. 따라서 젠더 이데올로기 및 여성 혐오의 정도에도 차이가 있었다. [1]

여성과 종교에 관해서도 특히 성녀, 수녀, 여성의 종교적 신심 등과 관련하여 새로운 연구가 많이 나왔다. 수녀원들은 이제 새로운 방법론을 통해서, 그리고 방문 기록뿐 아니라 문권집, 특허장, 건축 등을 활용하여 연구되고 있다. [2] 캐서린 무니가 편집한 에세이집은 성녀들이 직접 쓰거나 구술한 비전형적인 텍스트들에 대한 연구들을 보여준다. 이런 에세이들은 특별하고 내밀한 경험을 조명해 주며, 동시에 해석과 방법이라는 문제를 제기한다. 캐롤린 워커 바이넘이 지적했듯이 "이 여덟 편의 에세이는 어떻게 개개인의 음성을 구별할 것인가? 이 음성들은 어떻게 젠더화되어 있는가? 남아 있는 것 중 얼마나 많은 부분이 장르에 의해, 사회적이거나 종교적인 전형에 의해, 개인적 경험에 의해 결정되는가?" 등을 묻는다. [3] 종교적인 여성들에 의해 쓰인 다른 텍스트들은 사적인 것을 보

1) Miri Rubin, "A Decade of Studying Medieval Women 1987~1997", *History Workshop Journal* 46(1998), pp. 231~232.
2) 그 중에서도 특히 Penelope D. Jonson, *Equal in Monastic Profession: Religious Women in Medieval France*(Chicago 1991); Jo Ann McNamara, *Sisters in Arms: Catholic Nuns through Two Millenia*(Cambridge 1996).
3) *Gendered Voices. Medieval Saints and their Interpreters*, ed. Catherine M. Mooney(University of Pennsylvania 1999), p. x.

여주면서도 이른바 '여성의 종교성'의 시대적 추이를 드러내준다.

정통에서 이단으로 넘어가면, 여성들이 가톨릭교회에서보다 이단운동에서 더 큰 자율성을 획득했고 신성한 영역에도 더 온전히 참여할 권리를 누렸다는 기존의 시각을 완화하고 다듬은 연구들이 있다. 여성들이 다양한 분파들에 기여했고 가톨릭교회에서보다 종교적 예식에 좀더 접근했던 것은 사실이다. 그러나 카타리파, 발도파, 롤라드파에 관한 최근 연구는 그녀들의 권리가 남성들의 권리에 비하면 정도 차는 있지만 여전히 제한되었음을, 그리고 여성들에 대한 태도에도 양가성이 없지 않았음을(주로 카타리파에서) 보여주었다. 권력구조의 젠더화는 지금까지 생각되었던 것보다 더 중세사회 전반의 지배적 양상과 비슷했던 것 같다.[4]

이 책 제4장의 제목은 "결혼한 여성"이다. 이 방대한 주제에 관해서도 더 많은 연구가 이루어졌다. 가부장 이데올로기, 성문법과 관습법, 결혼에 대한 시각들, 여러 지방의 기혼 여성들의 삶 등에 관해 다수의 연구들이 나왔다. 과부에 관한 연구들은 재혼이라는 문제를 제기한다. 재혼 가능성은 인구라는 요소에 의해 결정되었다. 여성이 남성보다 수가 많은 시대와 지역에서 과부들은 재혼할 가능성이 적었다. 그러나 일부러 과부로 남는 여성들도 있었다. 이 연구들은 과부의 상대적 독립성과 곤경을 모두 다루고 있다.[5] 모성과 모녀 관계를 다룬 소수의 연구들도 나왔다.

---

4) Peter Biller, "Cathars and Material Woman", in *Medieval Theology and the Natural Body*, eds. Peter Biller and Alastir J. Minnis, *York Studies in Medieval Theology I* (York 1997), pp. 61~107; Shulamith Shahar, *Women in a Medieval Heretical Sect. Agnes and Huguette the Waldensians* (Bury St. Edmunds, Suffolk 2001); Shannon McSheffrey, *Gender and Heresy: Women and Men in Lollard Communities, 1420~1530* (Philadelphia 1995).

5) *Upon my Husband's Death: Widows in the Literature and Histories of Medieval Europe*, ed. Louise Mirrer (Ann Arbor 1992); *Wife and Widow in Medieval England*, ed. Susan Sheridan Walker (Ann Arbor 1993).

중세의 아동기에 관한 연구 중 몇몇은 중세의 모성을 더 잘 이해하게 한다.

혼인 연령, 여성의 성, 임신 조절방법 등에 관해서는 훨씬 더 많은 연구가 이루어졌다. 6) 이런 문제들은 그것들이 특정 시기에 특정 지방의 인구의 증가와 감소에 미치는 영향을 검토한 인구학자들에 의해서도 다루어졌다. 7) 정신적인 결혼, 즉 결혼한 부부의 자발적인 금욕에 대한 연구도 있다. 8)

여성의 성과 임신 조절에 관한 연구는 의학사 및 신체사 방면의 연구와도 겹친다. 여성의 연령에 따른 건강과 질병, 의업에서의 여성의 역할 등에 대해서도 연구가 이루어졌다. 여성들은 집안에서 병자들을 돌보았고 산과와 부인과의 훈련을 받았을 뿐 아니라, 그 밖의 방면에서도 다양한 의술을 익혔던 것으로 보인다. 9) 페미니스트적인 관심 덕분에 문학 텍스트와 의학 논저, 기타 다양한 자료에 의거한 다양한 방식의 신체사 연구가 시도되었다. 10)

매춘부는 임노동자로 간주되었으므로 이 책의 제6장 "도시 여성들"에서 다루어졌다. 이 책 이후의 연구는 12세기 말 이후 여성에 대한 통제가

6) 그 중에서도 특히 *Handbook of Medieval Sexuality*, eds. Vern L. Bullough and James Brundage (New York 1995).

7) *Medieval Society and the Manor Court*, eds. Zvi Razi and Richard Smith (Oxford 1996).

8) Dyan Eliott, *Spiritual Marriage : Sexual Abstinence in Medieval Wedlock* (Princeton 1993).

9) Monica H. Green, "Documenting Medieval Women's Medical Practice", in *Practical Medicine from Salerno to the Black Death*, eds. Luis Garcia-Ballester and others (Cambridge 1994), pp. 322~352; idem, "Women's Medical Practice and Health-Care in Medieval Europe", *Signs* 14 (1988~1989), pp. 434~475.

10) *Feminist Approaches to the Body in Medieval Literature*, eds. Linda Lomperis and Sarah Stanbury (Philadelphia 1993) ; *Framing Medieval Bodies*, eds. Sarah Kay and Miri Rubin (Manchester 1994).

전반적으로 강화되면서 매춘이 분리되고 규제되는 것에 주안점을 두었다. 매춘의 수익은 허가제도와 보호독점을 통해 제후 및 주교들과 시 당국에 의해 착취되었다. 11) 그것은 또한 여체의 부정함에 대한 편견이 생겨난 시기이기도 했다. 이 현상을 연구한 역사가들은 문화이론 및 인류학적 모델에서 영감을 얻었다. 12)

생산경제에 대한 여성의 기여에 관해서도 더 많은 연구가 이루어졌다. 이제 중세 사회에서 경제와 노동의 역사를 연구하면서 여성의 역할을 논하지 않을 수 없다는 것은 널리 받아들여지고 있다. 중세에는 많은 사람들이 생존선상에서 살았고, 인구의 반이나 되는 노동력을 무시할 수 없었던 것이다. 중세의 재현체제 및 담론, 그리고 교육적 논저 대부분이 여성의 경제활동을 간과하는 것과 그녀들이 실제로 경제생활에서 한 역할 사이에는 분명한 간극이 있었다. 1980년대 초까지의 연구는 도시 여성들이 여성만의 특화된 기술을 가지고 일했을 뿐 아니라 가내 공방에서 딸이나 아내로서 생산에 참여했고 때로는 자영 부업에 종사하거나 가정 밖에서 임노동자로 일했음을 보여주었다. 농민 여성들은 집안과 텃밭에서뿐 아니라 들밭에서도 일했다. 여성들은 자기 가족의 농지에서뿐 아니라 남의 집 품꾼으로도 거의 모든 농사일에 참가했다. 여성이 반대를 받지 않고 집 밖에서 종사할 수 있었던 유일한 직업이 길드라는 테두리 밖에서 이루어지는, 따라서 전문화된 노동과 경쟁할 필요가 없는 저임금 비숙련

11) Leah L. Otis, *Prostitution in Medieval Society: the History of an Urban Institution in Languedoc* (Chicago 1985) ; Ruth Mazo Karras, *Prostitution and Sexuality in Medieval England* (New York and Oxford 1995).

12) Gail McMurray Gibson, "Blessing from the Sun and Moon: Churching as Women's Theater", in *Bodies and Disciplines. Intersections of Literature and History in Fifteenth Century, England*, eds. Barbara A. Hanawalt and David Wallace (Minneapolis 1996), pp. 139~145.

하위직이었다는 것도 증명되었다(이 책 제6~7장). 이후로 한 도시 또는
지방의 특정 직업여성 노동에 관해 고문서 조사에 기초한 연구도 이루어
졌다. 인구 자료에 기초한 연구 중에는 법적·사회적 제한에도 불구하고
여성의 경제활동 기회에 일어난 시대적 변화에 주안점을 둔 것도 있다.
흑사병 창궐 이후 시기에는 노동력 수요의 증가와 더불어 여성 노동의 가
치가 증가했고, 여성들은 더 높은 임금을 받게 되었다.[13]

여성 작가들에 관한 대부분의 연구들은 성인과 신비가들에 관한 것이
지만, 속인 여성과 이단자들에 관한 것도 있다. 힐데가르트 폰 빙겐이나
크리스틴 드 피장 같은 여성들(이 책 제3장과 제5장에서 언급된)의 몇몇
저작은 1980년대 이전에 출간되었다. 이후로 그녀들의 더 많은 저작들이
비평본으로 출간되었고, 여러 언어로 번역되었다. 그녀들의 텍스트를
기초로 하여 메크틸트 폰 마그데부르크, 마르그리트 포레트, 마저리 켐
프 등에 관한 더 많은 연구들이 나왔고, 힐데가르트 폰 빙겐과 크리스틴
드 피장에 대한 새로운 연구도 나왔다(더 나중 시대의 여성들과는 달리 중
세 여성 작가들은 남성 필명을 쓰지 않고 자신의 이름과 성별을 밝혔다). 이
전에 알려지지 않았던 텍스트들이 출간되면서 더 많은 여성들의 목소리
를 들을 수 있게 되었고, 그녀들의 수사적 자기 제출 전략을 읽는 것은 더
섬세한 주의를 요하는 작업이 되었다.[14]

지난 몇십 년 사이에 귀족 여성들과 왕비들에 관한 수많은 전기들이 쓰
였다. 마틸다 여황제의 전기는 12세기 잉글랜드 역사의 새로운 해석이

---

13) Jeremy P. J. Goldberg, *Women, Work and Life-Cycle in Medieval Economy*: *Women in York and Yorkshire c. 1300~1525* (Oxford 1992).
14) 그 중에서도 특히 *Medieval Women's Visionary Literature*, ed. Elizabeth A. Petroff(New York 1986); Barbara Newman, *From Virile Woman to Woman Christ: Studies in Medieval Religion and Literature* (Philadelphia 1995).

라 할 만하다. 엘리노어 오브 카스틸에 대한 전기도 나왔다. 15) 장서가로
서의 귀족 여성들에 관해서도 더 많은 연구가 이루어졌다. 그녀들은 속
어로 쓰이거나 라틴어에서 번역된 책을 수집했는데, 그 중에는 신앙서뿐
아니라 다양한 문학 장르의 비종교적인 책들까지 소장한 여성들도 있었
다. 16)

　많은 연구가 지난 몇십 년 동안 발견되고 처음 출간된 자료들에 기초해
있다. 이런 자료들 중에는 남성들이 여성들에 관해 쓴 텍스트도 있고, 여
성을 포함하는 텍스트, 남성들이 여성들을 위해 쓴 텍스트들도 있다. 이
와 동시에 잘 알려진 텍스트들에 대해서도 젠더문제에 대한 특별한 관심
에서 새로운 이론적 통찰을 적용하여 새로운 연구가 행해졌다. 17)

　이미 언급했듯이 1983년 이후의 모든 연구를 책의 서문에서 다루기란
불가능하다. 그 이후로 행해진 연구는 우리의 지식과 이해를 풍부하게
해 주었고, 좀더 충실하고 좀더 복잡하고 다양한 역사적 현실을 제시해
준다. 하지만 중세 사회 및 문화 속에서 여성들에 관한 문제들의 대부분
은 이 책에서 — 각 장의 제목에서 보듯이 — 이미 다루어진 바 있다. 이
책은 중세 여성사의 기본적인 틀을 제공하는바, 독자가 이 주제를 좀더
복잡하고 풍부한 데까지 탐구하도록 격려해 줄 수 있기 바란다.

2002년 10월, S. S.

15) Marjorie Chibnall, *The Empress Matilda. Queen Consort, Queen Mother and
Lady of the English* (Oxford 1991) ; John C. Parsons, *Eleanor of Castile : Queen
and Society in Thirteenth Century England* (Basingstoke 1995).

16) S. Groage Bell, "Medieval Women Book Owners : Arbiters of Lay Piety and
Ambassadors of Culture", in *Women and Power in the Middle Ages*, eds. M.
Erler and M. Kowaleski (Athens, Georgia 1988), pp. 188~212.

17) 예를 들어 Carolyn Dinshaw, *Chaucer's Sexual Politics* (Madison 1989).

　이 연구의 시간적 범위는 중세 전성기와 후기, 즉 12세기 초부터 15세기 중엽에 이르는 기간에 걸쳐 있다. 그러나 때로 특정한 관념, 법률 및 관습의 기원이나 어떤 과정의 시작을 추적하기 위해서는 좀더 이른 시기로 거슬러 올라갈 필요가 있었고, 마녀에 관해 논의하는 대목에서는 15세기 후반까지 살펴볼 필요가 있었다. 마녀가 악마의 공모자라는 교의를 포함하는 관념 및 믿음은 중세 후기에 등장했지만, 서유럽에서 대대적인 마녀사냥의 시대가 시작된 것은 15세기 후반이었기 때문이다. 다시 말해 이 연구에서 논의되는 기간 안에 시작된 어떤 과정이 절정에 달하는 것을 보여주려면 연대적 경계를 넘어서야 했다.

　지리적으로 보아 이 연구는 서유럽을 중심으로 하며, 스칸디나비아 나라들과 스코틀랜드, 아일랜드는 포함되지 않는다. 잉글랜드, 저지(低地) 국가들, 독일, 프랑스, 이탈리아, 그리고 이베리아 반도는 모두 봉건적 사회체제를 지니고 있었다. 12~13세기는 서유럽에서 흔히 제 2기 봉건시대로 일컬어지는 시기이며, 14세기는 특히 군사적·정치적 영역에서 봉건제의 쇠퇴기로 알려져 있다. 위에 언급된 나라들은 거의 비슷한 경제체제, 물질문화, 계층구조를 지니고 있었고, 또한 모두가 로마 가톨릭 신앙 및 교회 조직에 통합되어 있었다. 이 모든 나라에서는 라틴

어가 고급문화의 언어였으며, 지배적인 문학 장르들은 어디서나 같았으
니 속어로 쓰일 때에도 마찬가지였다.

　이 나라들의 중세 전성기와 후기에 걸친 여성사를 한 권의 책에서 논의
할 수 있는 것은 이처럼 동질적인 배경 덕분이다. 하지만 물론 논의되는
공간적 범위 안에서도 법률과 관습은 나라마다 달랐고 때로는 한 나라 안
에서도 지역마다 달랐다. 봉건제의 성격 자체가 지방에 따라 다양했던
것이다. 예컨대 에스파냐의 봉건제는 무슬림 지배 및 레콩키스타의 흔적
을 지니고 있었다. 경제발전의 양상도 지방마다 제각각이었다. 예컨대
이탈리아 북부와 플랑드르 지방은 도시 경제가 일찍 시작되었다는 점에
서 특기할 만하다. 그런가 하면 이단운동은 몇몇 지방, 특히 이탈리아 북
부와 프랑스 남부에서 널리 퍼졌다. 마녀에 대한 고발도 잉글랜드에서는
다른 나라들에서와 다르게 나타났다. 나는 각 지방의 특색들을 다룬 기
존 연구들을 참조함으로써 이 모든 차이들에 유념하려 애썼지만 중세 사
회에서의 여성들의 역사를 개관하려다 보니 그런 차별성이 다소 흐려지
는 것을 피할 수 없었다. 또한 여러 문제와 그 전개를 보여주는 사례들도
지면의 제약 때문에 일일이 다 소개할 수 없었다. 이 방면의 연구는 이제
겨우 시작되었을 따름이다. 1) 분명 앞으로는 좀더 세부적인 연구들이 이
루어져 우리 지식과 이해의 폭을 넓혀줄 뿐 아니라, 이 연구의 오류들을
드러내주기도 할 것이다.

　내가 중세 여성사를 공부해 보겠다는 생각을 하게 된 것은 중세 중기
및 후기의 이단운동을 연구하면서부터였다. 여성들이 가톨릭 공동체에

---

1) 아일린 파워의 논문은 중세 여성사 연구에서 돌파구가 되었다. E. Power, "The
　position of women" in *The Legacy of the Middle Ages*, ed. C. G. Crump and E.
　F. Jacob (Oxford 1926), pp. 401~433. 또한 그녀의 유고에서 추린 E. Power,
　Medieval Women, ed. M. Postan (Cambridge 1975) 도 발간되었다.

서보다 이단운동 가운데서 더 높은 지위와 더 나은 권리를 누리는 것을
보면서 나는 가톨릭과 이단 양편에서 여성의 신학상의 지위와 실제 사회
에서의 지위 사이의 관계를 탐구하고자 했다.[2] 그리고 그 결론에서 더
나아가 나는 중세 신학 및 사회구조를 다룬 텍스트들, 그리고 문학에서
나타나는 일반적인 여성상과 중세 사회에서 여성의 실제적 지위를 비교
해 보게 되었다. 나는 1974~1976년도에 텔아비브대학 역사학부의 지원
을 받아 진행한 세 차례의 세미나에서 이 문제를 다루었다.

　이 연구에서는 사료 문제가 특히 까다로웠다. 엄밀한 의미에서 여성에
관한 사료, 가령 여성을 위한 지침서라든가 고해신부용 교본에서 이른바
여성 고유의 죄악을 다룬 대목 같은 자료는 매우 적다. 창조된 세계 내에
서 여성이 차지하는 지위, 원죄 및 인류의 구속(救贖)에서 여성이 한 역
할 등에 대한 가톨릭 신학자들의 시각은 그런 주제들에 관한 일반적 저작
과 교회법에 포함되었다. 마찬가지로 여성의 상속권은 봉건법 및 도시법
의 다양한 법령집과 장원의 관례집에서 다루어졌다. 재산을 상속받아 치
리한 여성들에 대해 알아보기 위해서는 상당수의 봉건기록들을 검토해야
했다. 긴 연대기에는 특정한 귀족 여성에 대한 대목이 두어 문단쯤 들어
있을 수도 있다. 마찬가지로 도시 경제에서의 여성의 역할을 연구하기
위해서는 길드를 위시하여 도시생활의 제반 영역을 다룬 일반적 자료들
을 두루 섭렵할 필요가 있었다. 사실 중세 연구에 도움이 되는 모든 사료
에는 그 시기 여성의 지위에 대한 정보가 어느 정도 담겨 있을 것이다. 그
밖의 추가적 자료 또는 이전에 다른 견지에서 검토되었던 자료들도 새로
이 연구해 보면 이 책이 제공하는 것보다 더 충실하고 더 정확한 이해

2) S. Shahar, "De quelques aspects de la femme dans la pensée et la
communauté religieuses aux XIIe et XIIIe siècles", *Revue de l'Histoire des
Religions CLXXXV*(1974), pp. 29~77.

를 얻는 데 분명 도움이 될 것이다. 3)

 나는 중세 여성사의 여러 측면을 다루는 세미나들에 참가해 주었던 내 학생들에게 감사한다. 그들의 질문과 지적과 기여가 내게 큰 도움이 되었다. 도시 사회의 여성들에 관한 자료를 모으는 데 도움을 준 내 친구이자 옛 제자인 예후디트 납달리 여사에게도 감사한다. 끝으로, 나는 친구인 즈비 라지 박사에게 각별한 사의를 표한다. 그는 이 원고를 여러 차례 읽고 논평을 해 주었으며 1270~1460년 잉글랜드의 헤일즈오웬 농민들에 대한 자신의 박사학위 논문4) 을 참고하게 해 주었을 뿐 아니라, 중세 중기 및 후기의 여성사 연구에 있어 중요하고 흥미로울 수 있는 여러 자료와 문헌을 추천해 주었다.

슐람미스 샤하르

---

3) C. Erikson and K. Casey, "Women in the Middle Ages: a working bibliography", *Medieval Studies* XXXVIII(1976), pp. 340~359; *The Role of Woman in the Middle Ages*, ed. R. T. Morewedge(New York 1975); *Cahiers de Civilisation médiévale, Xe~XIIe siècles* XX(1977); H. H. Kaminsky, "Die Frau in Recht und Gesellschaft des Mittelalters" in M. Kuhn and G. Schneider(eds), *Frauen in der Gechichte*(Dusseldorf 1979), pp. 295~313.

4) Z. Razi, *Life, Marriage and Death in a Medieval Parish: Economy, Society and Demography in Halesowen 1270~1400*(Cambridge 1980).

제 4 신분, 중세 여성의 역사

차 례

그 너머에 있는 나라에서는, 여자들은 남자의 정신을 지닌 반면,
남자들은 이성이 없고 큰 털북숭이 개와 비슷했다.

— 중세의 《동방여행기》

그녀들은 죽이지도 않고 해치지도 않고, 수족을 베지도 않는다.
그녀들은 음모를 꾸미지 않으며 노략질이나 핍박도 하지 않는다.
그녀들은 불을 지르거나 남의 몫을 가로채지 않는다.
그녀들은 누구를 독살하지도 금은을 훔치지도 않으며
유산을 얻으려고 속이지도 않는다.
계약서를 위조하지도 않고, 왕국이나 공작령이나 제국에
극히 사소한 해도 끼치지 않는다.
그녀들 중 가장 악한 이들의 행동에도 아무런 해악이 따르지 않으니
설령 그런 일이 있다 해도 — 그 한 가지 예외로부터는
어떤 심판도 내릴 수 없고 법규도 정할 수 없다.

— 크리스틴 드 피장, "사랑의 신에게 보내는 편지"

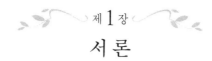

서 론

　'중세 남성사'라는 책은 일찍이 쓰인 적이 없고 앞으로도 쓰일 것 같지 않다. 그러나 중세에 관한 그 많은 책들이 여성의 역할을 다루지 않아 중세사회를 묘사하는 데에 빈틈을 남기고 있다는 사실을 별문제로 한다면, 중세 중기 및 후기의 여성사가 별도로 연구되어야 할 만한 이유가 있는가? 고도로 계서화된 중세사회에서는 법적 권리나 경제상황, 생활방식 등에서 계층 간의 차이가 매우 컸다. 중세사회의 모든 여성들에게 공통된 여건이 있었던가? 오늘날은 다양한 사회계층에 속하는 여성들의 생활방식이나 지위가 여전히 다른데도, 어떤 사회학자들은 여성들을 통틀어 '소수집단'(반드시 수적으로 적다는 말은 아니지만)이라 부르고, 또 어떤 이들은 좀더 구체적으로 '주변적 사회집단'이라는 용어를 쓰기도 한다.[1] 그러나 현대 사회학자들의 용어는 일단 접어두고, 중세로 돌아가 그 당시 여성들이 어떻게 정의되었던가를 살펴보기로 하자.

　11세기 초부터 당대의 저자들은 사회가 세 위계(*ordines*) ― 기도하는 자들, 싸우는 자들, 일하는 자들(*oratores, bellatores, laboratores*) ― 로 이루어지는 것으로 묘사하곤 했다. 이런 삼위일체적 사회는 수평적이고 목

---

1) H. Hacker, "Women as a minority group", *Social Forces* XXX(1951) ; A. Montagu, *The Natural Superiority of Women*(New York 1970), p. 29.

적론적이고 조화로운 것으로 그려졌다. 각 위계는 다른 두 위계가 필요로 하는 일정한 기능을 하는 동시에 다른 두 위계의 기능을 필요로 한다. 그리하여 세 위계가 함께 신의 의지를 구현하는 단일하고 조화로운 그리스도교 사회를 이룬다는 것이었다. 이런 묘사에는 여성에 대한 별도의 언급이 들어 있지 않다. 그러나 12세기 이후 대대적인 사회·경제적 변화들을 거치면서, 이 같은 삼원적 사회의 이론은 아주 폐기되지는 않았다 해도 부분적으로는 좀더 인기 있는 새로운 이론으로 대치되었다. 기존 이론이 여전히 어떤 이상적 관념과 장차 대의정치에서나 실현될 정치관을 주로 표현했다면, 새로운 이론은 J. 르 고프의 용어를 빌리자면 '사회-직업적' 계층들로의 분화에 근거해 있었다. 2) 이런 계층들을 가리켜 당대 저자들은 삼원적 사회의 '위계'(ordo) 대신 '신분'(conditio), '지위'(status) 같은 말을 썼다. 3)

'사회-직업적' 계층들에 관한 저술들을 역사가들은 종종 '신분문학'(literature of estates)이라 부르는데, 이런 저술들은 사회에 대한 획일적 묘사를 제시하지 않으며, 전반적으로 두 가지 양상을 드러낸다. 우선 예전의 수평적 구분 대신 수직적인 구분이 들어섰으며, 이는 신적 질서보다는 인간적 질서를 반영하는 것이었다. 다음으로 예전의 '위계들'은 '사회-직업적'으로 세분되었다. 기도하는 자들은 수도성직자와 재속성직자로 구분되며, 4) 후자는 교황에서부터 및 그 이하의 모든 직급을 거쳐 말

---

2) J. Le Goff, *La Civilisation de l'Occident médiéval* (Paris 1964), pp. 319~327; G. Duby, *Les Trois Ordres, ou l'imaginaire du féodalisme* (Paris 1978), pp. 11~17.

3) 옮긴이 주: class는 문맥에 따라 '계층' 또는 '계급'으로 옮겼다. 성직자, 귀족, 평민 등과 같이 공식화된 층위는 '계급'이라 하겠지만, '사회-직업적 계층들'이라 할 때처럼 좀더 분화된 층위를 나타낼 때는 '계층'이 더 적절할 것이다. 위계, 신분, 지위 등은 종종 혼용되는 말들이다. 위계(ordo)는 신의 뜻에 따라 정해진 위치, 신분(conditio)은 출생에 따른 위치, 지위(status)는 직업이나 사회적 기능에 따른 위치라는 의미로 역어를 대략 구분할 수 있다. 그러나 3대 신분(trois états), 제 3 신분(tiers état) 등에서 보듯, status에 해당하는 estate(état)라는 말은 흔히 '신분'으로 옮겨진다. 바로 다음에서 literature of estates를 '신분문학'이라 옮긴 것도 그런 의미에서이다.

단직인 본당 신부5)에 이르기까지 계서적으로 등급이 매겨졌다. 싸우는 자들도 공작, 백작, 기사, 종자6) 등으로 구분되었다. 일하는 자들은 자유농민, 농노, 상인, 공증인, 내과의사, 각종 장인들, 그리고 거지와 도둑으로 이루어졌다(막스 베버가 지적했듯이 도시에서는 구걸이나 범죄, 매춘 같은 모든 활동이 직업이 된다). 이 모든 직종이나 직위들은 각기 고유한 허물과 죄를 지니고 있었다.

이런 식의 사회 묘사나 12세기 이후의 기타 저술들에서 여성은 거의 언제나 별도의 범주로 취급된다. 그녀들은 별도의 계층으로 묘사되며, '사회-직업적' 위치보다는 '사회-경제적' 위치에 따라 세분된다. 또는 그녀들은 각기 혼인상의 지위에 따라 세분되는데, 이는 남자들에게는 결코 적용되지 않는 구별이다. 이런 분류의 예는 여러 방면에서 찾아볼 수 있다. 12세기 도미니코회7) 수도사였던 욍베르 드 로망8)의 설교 지침서 《설교자 교육》(De Eruditione Praedicatorum)은 여성들을 위한 설교를 별도의 장으로 다루고 있다. 이 장의 다섯 절은 수녀들을 위한 것이고, "모든 여성들을 위하여"(ad omnes mulieres)라는 제목의 다음 절은 속인 여성 전반을 위한 것이며, 그 다음에 귀부인들, 부유한 도시 여성들, 가난한 시골 여성들, 하녀와 창녀들을 위한 별도의 절들이 이어진다. 9) 여성이

---

4) 옮긴이 주: 수도성직자와 재속성직자(the Regular and the Secular clergy). Regular 란 일정한 계율을 지키는 수도회(ordre régulier) 소속의 수도사들을, Secular란 재속 교회 소속의 성직자들을 말한다.

5) 옮긴이 주: '본당'(本堂)이란 parish(E), paroisse(F)의 역어. 교구(diocese)에 포함되는 '소교구'를 말한다. '본당 신부' 대신 '소교구 사제'라 옮길 수도 있다.

6) 옮긴이 주: sergeant란 충분한 재력이 없는 귀족 내지 평민 출신으로 일반 병사들을 지휘하며 전투에 참가하는 자를 가리키는 말이다. 기사의 부관으로 장차 기사가 될 '종사'(squire)와는 다른 직급이다.

7) 옮긴이 주: 도미니코회의 창설자는 에스파냐 출신인 성 도밍고이므로 '도밍고회'라 써야 하겠지만, 통상 가톨릭교회에서 쓰는 표기대로 '도미니코회'라 쓰기로 한다. 마찬가지로, 성 베네데토의 규율을 따르는 베네딕토회, 아우구스티누스의 규율을 따르는 아우구스티노회 등으로 표기한다.

8) 옮긴이 주: Humbert de Romans(1194~1277). 도미니코회의 제 5대 총장. 1266~1277년 사이에 설교자들을 위한 방대한 지침서 《설교자 교육》을 썼다.

별도의 범주로 묘사되고 혼인상 지위에 따라 세분되는 예는 12세기 후반에 쓰인 에티엔 드 푸제르[10]의 《범절서》(Livre de Manières)에서도 발견된다. 저자는 하녀들, 기혼여성들, 과부들을 별도로 다루어 각각의 적절한 품행을 논하고 있다.[11]

때로 그 구분은 '사회-직업적' 내지 사회-경제적 지위와 혼인상의 지위 모두에 기초한다. 그러한 예는 15세기의 벽화나 시가에 나타나는 이른바 '죽음의 무도'[12]에서 찾아볼 수 있다. 전에는 남성 인물들만이 등장하던 '무도'에 여성이 별도의 범주로 추가되는 것이다. 사신에 끌려가는 여성 인물 중에는 왕비, 수녀원장, 수녀, 행상, 창녀 등이 직업이나 지위에 따른 하위구분을 보여준다. 아울러 처녀, 연인, 신부, 새댁, 임신부 등 다양한 가족적, 신체적, 심리적 상황에 처해 있는 여성들도 그려졌다.[13]

여성은 이렇듯 하나의 계층으로 구분되며, 다른 계층들과 마찬가지로 자기 계층 고유의 허물과 죄를 지닌다. 이런 허물들은 계층 내의 구분에 따라 다시 나누어지기도 하고, 여성이라는 계층 전체에 적용되기도 한다. 여성 전체에 적용되는 허물과 죄로는 허영, 자만, 탐욕, 음란, 탐식, 술취함, 짜증, 변덕 등이 있었다. 저자들은 또한 여성은 공직을 맡아서

---

9) Humbert de Romans, *De Eruditione Praedicatorum* (Barcelona 1607) : chs XLIII ~LI, Ad mulieres religiosas quascumque; XCIII, Ad omnes mulieres; XCV, Ad mulieres nobiles; XCVI, Ad mulieres burgenses divites; XCVII, Ad famulas divitum; XCIX, Ad mulieres pauperes in villulis; C, Ad mulieres malas corpore sive meretrices.

10) 옮긴이 주: Etienne de Fougères(~1178). 브르타뉴 출신 성직자. 잉글랜드왕 헨리 2세의 전속사제를 거쳐 렌 주교를 지냈다. 1174~1178년 사이에 헤리퍼드 백작부인을 위해 프랑스어로 쓴 〈범절서〉는 총 1344행으로 된 시가로, 봉건사회의 위계들을 묘사한 작품이다.

11) Etienne de Fougères, *Livre de Manières*, ed. A. A. Heutsch, *La Littérature didactique du Moyen Âge* (Halle 1903), pp. 42~45.

12) 옮긴이 주: Danse macabre(F); Dance of Death, Dance of the Dead(E); Totentanz (G). 사람은 누구나 죽는다는 것을 보여주는 중세 후기의 알레고리. 송장으로 의인화된 죽음이 사회 각계각층의 인물들을 이끌어간다.

13) J. Huizinga, *The Waning of the Middle Ages* (New York, 1954), pp. 145~146.

는 안 되고 재판관 노릇을 하거나 여하한 권위도 휘둘러서는 안 되며 가사 일에 전념해야 한다고 선언했다. 선한 여인이란 남편을 사랑하고 섬기며 자녀를 양육하는 자이다.[14] 고해사를 위한 지침서들에서도 여자들이 범하리라고 예상되는 전형적인 죄들에 별도의 장이 할애되었다.

지상에 있는 교회에서는 사회나 국가에서 그렇듯이 남녀의 신분이 달랐던 반면, 그리스도교는 은총과 구원에 관한 한 양성이 평등하다고 보았다. "너희는 유대인이나 헬라인이나 종이나 자유인이나 남자나 여자나 다 그리스도 예수 안에서 하나이니라(갈라디아서 3장 28절)."[15] 그럼에도 불구하고 12세기의 교회 저자였던 플라비니 수도원장 위그 드 플라비니[16]는 형이상학적 위계질서를 묘사하면서 여성을 목록의 맨 아래 있는 별도의 범주에 넣었다. 그가 생각한 천국에서의 서열은 베드로와 바울, 그 밖의 사도들, 거룩한 은수자들, 공동체를 이루며 사는 완벽한 수도사들, 선한 주교들, 선한 속인들, 그리고 여성 순이다.[17]

은총의 위계질서를 다루는 저술 및 설교지침서들과 마찬가지로, '신분문학'도 남성들에 의해 쓰였다. 초서[18]는 《캔터베리 이야기》(*Canterbury Tales*)[19]에서 바스댁(Wife of Bath)의 입을 빌려 이렇게 말한다.

---

14) R. Mohl, *The Three Estates in Medieval and Renaissance Literature* (New York 1962) ; B. Jarret, *Social Theories of the Middle Ages, 1200~1500* (Boston 1926), *ch.* 3.

15) 옮긴이 주: 이하 성서 인용은 개역개정판에 준한다.

16) 옮긴이 주: Hugues de Flavigny (1064경~?) 베네딕토회 수도사이자 역사가.

17) *Chronicon Hugonis Abbatis Flaviniacensis*, Monumenta Germaniae Historica, Scriptores (MGHS), vol. VIII, p. 384.

18) 옮긴이 주: Geoffrey Chaucer (1343경~1400). 잉글랜드 작가·시인. 《캔터베리 이야기》의 저자. 이 작품에서 잉글랜드 속어문학의 새로운 지평을 열었다 하여, 때로 '영국문학의 아버지'로 불리기도 한다.

19) 옮긴이 주: 런던에서 출발하여 성 토마스 베케트의 유적지인 캔터베리 성당을 찾아가는 순례자들이 도중의 한 여관에서 만나 제각기 털어놓는 이야기라는 형식을 취하고 있다. 총 29명의 순례자는 수녀원장, 수도사, 방앗간 주인, 목수, 기사 등 모든 계층과 신분을 대변하는 인물들로, 가는 길과 오는 길에 두 가지씩, 각기 네 가지 이야기를 하여 가장 멋진 이야기를 하는 이의 식비를 나머지 사람들이 내

28

> 만일 수도원에 처박힌 학자들처럼
> 여자들도 이야기를 썼다면
> 아담의 아들들이 행한 좋은 일보다도
> 남자들의 갖가지 악행을 더 많이 이야기했을 거예요.[20]

일리가 있는 가정이다. 그러나 실제로 한 중세 여성이 사회적이고 윤리적인 문제들에 대해 글을 썼을 때, 그녀 역시 여성을 자기들만의 계층으로 정의했다. 14세기 말부터 15세기 초에 걸쳐 시, 역사, 도덕에 관해 많은 저술을 남긴 여성 작가 크리스틴 드 피장[21]이 바로 그런 경우이다. 여성의 이미지가 남성들에 의해 만들어진 것임을 알고 있었던 그녀는 《정치체》(*Corps de Policie*)라는 책도 썼는데, 정치 윤리에 관한 이 논저에서 그녀는 정치체를 구성하는 계층들과 그들 각자의 의무를 논하면서 여성에 대해서는 아무런 언급도 하지 않았다. 그녀는 여성들을 위해서는 《세 가지 미덕의 책》(*Le Livre des Trois Vertus*), 일명 《여성들의 도시의 보물》(*Le Trésor de la Cité des Dames*)이라는 별도의 책을 썼다. 이것은 《정치체》와 짝을 이루는 책으로 여러 계층에 속하는 여인들의 의무를 다루며, 처녀, 유부녀, 과부 각자를 위한 교훈을 담고 있다.[22]

기로 한다는 것이다. 하지만 작가가 작품을 완성하기 전에 세상을 떠난 관계로, 모두가 자기 몫의 이야기를 다 하지는 못했다. 두 편은 산문, 나머지는 운문으로 되어 있으며, 개중에는 독창적인 이야기도 있고 아닌 것도 있다.

20) Geoffrey Chaucer, *The Canterbury Tales*, ed. W. W. Skeat (Oxford 1947), p. 308.
21) 옮긴이 주: Christine de Pisan (1363~1430). 프랑스 여성 작가. 이탈리아 출신이지만 5살 때 프랑스 왕 샤를 5세의 점성가로 임명된 아버지를 따라 파리로 가서, 그곳에서 성장했다. 14살 때 결혼했으나 25살에 과부가 된 후 문필로 명성을 얻었다. 위에 언급된 《정치체》라는 책은 국가를 인간의 몸에 비유하여 각 지체가 갖추어야 할 덕목을 논한 저작이다.
22) E. McLeod, *The Order of the Rose. The Life and Ideas of Christine de Pisan* (London 1975), pp. 133~135; C. C. Willard, "A 15th century view of woman's role in medieval society. Christine de Pisan's *Livre des Trois Vertus*", in R. T. Morewedge, ed., *The Role of Woman in Medieval Society* (New York 1975).

그러므로 대부분의 중세 저자들은 여성을 별도의 계층으로 다루고 있으며, 따라서 중세 여성사를 별도로 연구하는 것을 정당화해 주는 것으로 보인다. 그러나 이것은 단지 이론적 배경일 뿐이다. 여성을 별도의 계층으로 하는 사회적 도식이란 중세 여성에 관한 이론 및 여성에 대해 만들어진 이미지의 일부이다. 이론이 어느 정도로 현실에 부합했던가, 또 나름대로의 법(jus)을 지닌 중세적 위계의 변별적 표지를 일반적인 여성들이 실제로 지니고 있었던가 하는 것은 또 다른 문제이다. 앞에서 보았듯이 당대의 저자들은 다양한 계층에 속하는 여성들의 특수한 상황을 알고 있었고 그래서 여성들을 여러 하위범주들로 나누었다. 두말할 필요도 없이 만일 우리가 여성이 수행했던 기능들, 여성이 누렸던 권리들, 여성이 당했던 차별들을 알고자 한다면 각 계층을 따로 연구해야 할 것이다. 또한 그녀들의 삶을 생생히 그려보고자 한다면 각각의 사회계층에 속하는 여성들의 생활상을 다루어야 할 것이다. 우리는 귀족여성들의 생활방식과 그녀들이 누렸던, 혹은 박탈당했던 권리들을 연구하고 그것들을 귀족남성의 처지와 비교해야 하며, 도시 여성과 농민 여성도 같은 방법으로 연구해야 할 것이다.

게다가 하층계급의 남성들은 교회에 부속된 학교에서 교육을 받고 신분 상승을 이룰 수 있었던 반면, 여성들에게는 그런 길이 막혀 있었다. 교회학교의 교육은 교회 직무 및 성직으로의 입문이었다. 필립 드 노바르[23]의 말대로, "교회는 종종 가난한 남성들이 고위 성직자가 되어 부와 명예를 누리는 것을 가능케 해 주었던" 것이다. [24] 이런 일이 자주 일어났다고 한다면 과장이겠지만, 실제로 일어나기는 했다. 반면 여성들에게

---

23) 옮긴이 주: Philippe de Novare(1195?~1265?). 12세기 말 프랑스에서 태어나 성지에 가서, 1218년 예루살렘 왕 장 드 브리엔 휘하에서 다미에타 공격에 참가했고, 그 후 키프로스 왕국의 주요 제후가 되었다. 그는 정치적 수완과 무사로서의 용맹함, 그리고 법학 및 문예의 학식으로 이름 높았다. 《예루살렘 및 키프로스 왕국의 관습》, 《인간의 네 시대》, 《회고록》 등의 저작을 남겼다.

24) Philippe de Novare, *Les Quatre Âges de l'Homme*, ed. M. de Fréville(Paris 1888), p. 10.

30

는 그런 기회가 주어지지 않았다. 여성들은 재속 교회로 진출할 수 없었고, 그나마 수녀가 될 수 있는 것도 상류층 여성들뿐이었다.

어떤 저자들은 여성들의 계층에 따른 경제적 격차를 강조했던 반면, 어떤 이들은 혼인상의 지위를 강조했다. 그래서 각종 기록부와 명부에서도 여성들의 혼인상의 지위는 어김없이 기록되었다. 여성이 미혼이라면 아무런 첨부사항이 없었으나 기혼이라면 남편의 이름이 첨부되었고, 과부라면 그 사실이 기재되었다. 이런 일은 남성의 경우에는 행해지지 않았던 것이다(만일 기록부에 남성의 홀아비 상태도 기록했다면 현대의 인구학자들이 중세 남녀의 상대적 평균수명을 알아내는 데 큰 도움이 되었을 것이다!). 현대 유럽 언어들에도 혼인상의 지위에 따라 여성을 달리 부르는 호칭들 — 미스와 미세스, 마드무아젤과 마담 — 이 남아 있지만 남성의 경우에는 그런 구분이 없다. 이는 오늘날까지도 여성의 경우에는 남성의 경우보다 혼인상의 지위가 이들에 대한 공중의 태도에 더 크게 작용한다는 것을 의미한다. 25) 중세 동안에는 이것이 단순히 여론의 문제만이 아니었다. 기혼여성의 법적 지위와 실질적 권리는 미혼이거나 과부가 된 여성들의 지위 및 권리와 달랐다. 앞으로 보게 되겠지만, 이런 사실은 사회의 모든 계층에 해당되었다. 한 가지 예를 드는 것으로 족할 것이다. 아미엥에 있던 나환자 수용소의 규칙에 따르면 기혼여성을 창녀라고 부르는 환자는 20일간의 속죄하는 벌을 받는 반면, 미혼여성을 그렇게 부르는 경우에는 속죄 기간이 10일로 줄어들었다. 26)

실제로는 계층에 준한 것이든 혼인상 지위에 준한 것이든 갖가지 하위구분들이 상당히 존재했음에 틀림없다. 그러나 어떤 일반적 모델이나 이미지도 완벽하게 현실에 들어맞지는 않으며, 이 경우에도 마찬가지이다. 더구나 중세에는 법이 일부 여성들의 실질적 지위를 충분히 반영하지 않았다. 여성들이 실제로 별개의 계층을 이루었느냐 아니냐 하는 문제는

25) R. Lakoff, *Language and Woman's Place* (New York 1975), pp. 40~41.
26) Quoted by C. Petouraud, "Les léproseries lyonnaises au Moyen Âge et à la Renaissance", *Cahiers d'Histoire*, VII (1962), p. 440.

이 책 전체에 걸쳐 다루어지게 될 것이다. 여기서 우리는 '신분문학'에서 묘사된 상황과 실제 상황 사이의 불일치를 보여주는 한 가지 예만을 들어보겠다. 앞서 우리는 욍베르 드 로망이 모든 속인 여성들을 귀족 여성, 부유한 부르주아 여성, 도시의 하녀, 촌락의 가난한 여성들, 창녀로 분류했음을 보았다. 15세기의 '죽음의 무도'에서도 남성들은 40가지에 달하는 직업과 귀족 작위들로 대표되는 반면, 여성의 범주는 여왕, 수녀원장, 수녀, 행상, 창녀로 대표되었다. 그러니 아무런 직업에도 종사하지 않는 부유한 부르주아 여성을 제외하면 도시 여성은 단지 하녀, 행상, 창녀로만 일했던 것처럼 보인다. 그러나 13세기에 에티엔 부알로[27]가 쓴 《직업요람》(Livres des Métiers)에는 당시 파리의 모든 동업조합(길드)의 내규들이 실려 있는데, 그에 따르면 100가지 직업 중 여성이 종사하는 직업이 86가지나 되었다. 여성들이 종사했던 직업이 그처럼 다양했다는 사실은 당시 서유럽의 다른 도시들에 있던 길드의 내규 및 기록부에서도 드러난다. 중세의 산업분야에서 여성이 일역을 담당했다는 사실은 중세 도시 여성의 역사에서 가장 매혹적인 측면일 것이다.

문학작품에 나타나는 여성상과 여성의 현실적 지위 사이의 간극도 그 못지않게 컸다. 가령 F. L. 루카스[28]는 그리스 비극에 관한 저서에서 이렇게 지적한다.

아테네시에서 여성들은 거의 동방적인 압제를 받는 후궁이나 허드레 일꾼 취급을 받았는데도 무대 위에는 클리타임네스트라, 카산드라, 아토사, 안티고네, 파이드라, 메데이아, 그 밖에도 '여성혐오가' 에우리피데스의 작품들이 줄줄이 보여주는 바와 같은 여주인공들이 등장했다는 것은 기이하고 도무지 설명되지 않는 사실이다. … 실생활에서는 정숙

---

27) 옮긴이 주: Etienne Boileau. 1258년 파리의 시정관으로 임명되었으며, 《직업요람》이라는 제목으로 시의 경찰과 산업, 상업과 관련된 모든 내규들을 수집했다. 이 책은 13세기 파리의 산업 및 상업에 관한 세부 사항들을 충실히 반영하고 있다.

28) 옮긴이 주: Frank Lawrence Lucas(1894~1967). 영국문학비평가, 에세이스트, 시인.

한 여성이라면 혼자서는 얼굴을 내놓고 나다닐 수도 없는 반면, 무대 위
에서는 여성이 남성과 맞먹거나 남성을 능가한다는 이 세계의 역설은
아직도 만족스럽게 설명되지 못했다. 29)

그리스극은 인간 영혼과 그 변함없는 진실을 심리적이고 사회적인 원
형들을 통해 다루었을 뿐, 여성에 대한 당대의 정치적·사회적·가정적
현실을 반영하지 않았다. 중세의 궁정풍 로맨스30) 는 그리스 고전극처럼
인간 영혼의 심층을 파고들지는 않았지만, 당대의 현실을 거울처럼 비추
지 않았다는 점에서는 마찬가지이다. 궁정풍 로맨스에 사실적으로 비쳐
진 것은 귀족계급의 생활방식뿐이다. 무엇보다도 그것은 A. 아우얼바흐
가 《미메시스》(Mimesis) 에서 지적한 바와 같이 어떤 이상 (理想) 의 표현
이었다.

궁정풍 로맨스는 현실을 예술적으로 조형하여 제시한 것이 아니라, 전
설과 요정이야기로의 도피이다. 문화적 개화의 절정기에 있던 이 지배
계급은 애초부터 자신의 진정한 기능을 은폐하는 이상과 윤리를 채택했
다. 그리하여 자신들의 생활을 역사 외적인 말로, 실제적 목적이 없는
순전히 심미적인 구성물로 묘사했다. 31)

---

29) F. L. Lucas, *Tragedy in Relation to Aristotle's Politics* (London 1930), pp. 114~115.
30) 옮긴이 주: 궁정풍 로맨스(*courtly romance*) 란 중세 귀족사회에 유행했던 허구문학
장르이다. 그 시초가 된 것은 11~12세기 프랑스의 궁정풍 소설 (*roman courtois*)
로, 무훈시 (*chanson de geste*) 의 뒤를 이은 이 장르는 처음에는 운문으로 쓰이다가
차츰 산문 형식을 취하게 되었다. 무훈시의 주된 소재가 샤를마뉴 대왕의 이야기
였던 반면, 궁정풍 소설은 고대 역사의 번안에서 시작하여 아더왕을 중심으로 하
는 브리튼 설화를 소재로 했다. 당시 궁정사회의 이상이었던 기사도와 궁정풍 사
랑을 그린 이 허구문학은 속어, 즉 로망어로 쓰였으므로 로망(*roman*) 이라 불렸지
만 전설, 요정 이야기 등 환상적인 요소를 포함하고 있으므로 영어권에서는 '소
설' (*novel*) 이 아니라 '로맨스'라 부르는 것이 보통이다.
31) E. Auerbach, Mimesis. *The Representation of Reality in Western Literature*
(New York 1957), p. 120. 중세문학에 관한 장은 제 6~10장.

여성을 숭배하는 궁정풍 서정시가[32] 는 한층 더 실생활과 동떨어진 것이었
다. 그러므로 우리는 귀족 여성들의 지위를 궁정풍 로맨스에 나타나는 이미
지에 비추어 유추하는 실수를 범하지 말아야 한다. 이 문제에 대해서는 앞으
로 다시 논의하게 될 것이다.

주로 교훈적이고 풍자적인 도시문학은 도시사회에서 남녀의 상대적
지위를 좀더 사실적이고 충실하게 그렸다. 비극적이지도 숭고하지도 않
은 이 문학은 실제로 도시 남성들의 여성에 대한 의식적 태도를 그렸다.
교훈적인 이야기이든 천박한 농담을 담고 있는 이야기이든, '계층적 전
형'을 묘사한 양식화된 작품이든, 개별적 인물을 그린 좀더 독창적인 작
품이든 간에 (이런 경우 작가의 시각이나 취향이 대중의 것과 반드시 일치하
지는 않지만), 대중문학은 그 사회에서 여성이 차지했던 위치를 이해하는
데 도움이 된다. 앞으로 보겠지만, 이런 문학에는 여성혐오적인 표현들
이 넘친다. 그러나 희극적인 작품에서든 진지하고 사실적인 작품에서든
그런 표현들이 반드시 여성의 열등한 지위를 나타내는 것이 아님을 염두
에 두어야 한다. 20세기 후반, 서방세계에서 여성들이 완전한 평등은 아
니라 해도 적어도 인류역사상 어떤 사회에서보다도 더 평등에 가까운 법
적 지위를 얻게 될 때에도 여성혐오적 문학은 중세 도회문학에 지지 않게
노골적이니 말이다. [33]

우리는 특정한 관점에서 여성을 다룬 모든 중세 문학작품들을 참조하
지는 못했다. 가령 12세기 중엽 베르나르두스 실베스트리스[34] 는 〈우주
만물에 관하여〉(De Universitate Mundi) 라는 제목으로 우주창조에 관한

---

32) 옮긴이 주: 여성을 찬미와 숭배의 대상으로 하는 서정시는 프랑스 남부의 음유시인
    (트루바두르) 들에 의해 쓰이기 시작하여 북부로 전파되었다. 트루바두르의 서정
    시에서 노래하는 이른바 '지순한 사랑'(fin'amor) 은 북부의 궁정풍 문학으로 옮겨
    지면서 좀더 공식화된 '궁정풍 사랑'(amour courtois, courtly love) 으로 발전, 사
    랑을 기사도의 원천으로 삼는 일련의 행동규범을 만들어냈다.

33) K. Millet, Sexual Politics(New York 1969).

34) 옮긴이 주: Bernardus Silvestris(Bernard de Tours). 1150년경 활동한 철학자,
    시인. 당대의 대표적 플라톤주의자 중 한 사람이다.

시를 썼는데, E. R. 쿠르티우스는 이 작품을 사변적 우주창조론과 성에 대한 찬가의 결합으로 묘사했다. 다산숭배가 주조를 이루는 이 시에서는 신성의 여성적 발현인 노이스(Noys)가 핵심적인 역할을 한다. 노이스는 자연(Natura), 즉 모든 창조의 어머니이자 무궁무진한 자궁(mater generationis, uterus indefessus)의 탄원을 받는다. 자연은 재생산과 생명의 순환을 지배한다. 자연은 물질에 형태를 부여하고 별들을 제 궤도에 두며 땅에 씨앗을 뿌린다. 자연은 노이스와 그 시녀들을 통해 신에게 매여 있다.[35] 이 예외적인 시가에서 묘사된 '대모신'(大母神) 원형은 무척 흥미롭지만, 그렇다 해도 이것은 현실을 반영하거나 현실에 영향을 미치지 못하는 문학작품일 뿐이다. '대모신'으로 대변되는 다산숭배는 중세 그리스도교 문명에서는 완전히 망각되었고, 기껏해야 '태내를 드러낸 동정녀', 즉 태내에 성부와 성자의 이미지를 품고 있는 것으로 새겨진 성모상 정도가 유일한 예외일 것이다. 그리스도교 교리에 의하면 성부와 성자야말로 은총을 베풀어 성모를 자신들의 면전으로 끌어올리는 천국의 주인들이니, 이런 성모상이 정통 교회로부터 배척받았던 것은 두말할 필요도 없는 일이다.[36] 또한 이 책에서는 전통문학 전반을 두루 살펴보고자 하지도 않았으며, 다만 중세문명 내의 교회, 국가, 사회, 가족 등에서 여성이 차지하는 지위를 이해하는 데 도움이 될 만한 예를 다양한 문학 장르들에서 찾아보고자 했을 뿐이다.

여성들은 중세에도 '주변적 사회집단'이었으므로, 그런 집단에 대해 일반적으로 제기되는 질문들을 제기하는 것이 마땅하다. 즉, 그녀들은 자신들이 중심적이고 지배적인 집단의 구성원들에 비해 더 적은 권리를 갖고 있다는 사실을 알고 있었던가? 아니면 그녀들은 이런 사태를 세상

---

35) Bernardus Silvestris, *De Mundi Universitate duo libri, Sive Megacosmos et Microcosmos*, ed. C. S. Barach and J. Wrobel(Frankfurt 1964). 이 작품과 저자가 사용한 출전에 관해서는 E. R. Curtius, *European Literature and the Latin Middle Ages*(New York 1953), pp. 108~113.

36) J. Huizinga, *The Waning of the Middle Ages*, p. 156; E. Neumann, *The Great Mother. An Analysis of Archetype*(London 1955), pp. 176~177, 331.

의 자연스러운 질서의 일부로 별 생각 없이 받아들였던가? 만일 그녀들
이 자신들의 억압당하는 처지를 의식했다면 이것은 원망이나 분노를 일
으켰던가, 아니면 그녀들은 심리적 적응 과정을 통해 그런 처지를 묵묵
히 받아들였던가? 만일 원망이나 분노를 느꼈다면 그녀들은 그 때문에
현실로부터 도피했던가, 아니면 기존 체제 안에서 저항했던가? 우리는
체제 내에서 저항하려 했던 여성들도 있었고 현실로부터 도피하려 했던
여성들도 있었다는 것을 알지만, 어떤 반응이 도피이고 어떤 반응이 저
항인지를 정의하려는 것은 헛된 일이다. 그것은 가치판단에 속하는 문제
이니, 이런 판단은 시대에 따라 다르고 심지어 같은 시대에도 사람에 따
라 달라지기 마련이다. 우리는 그녀들의 역할이 당시에 얼마나 의미 있
는 것이었는지도 결정할 수 없다. 여성들 자신이 남긴 글은 거의 없으며,
대부분의 증거들은 간접적이기 때문이다.

분명 개인적 해결책을 구하는 것 이상의 시도는 거의 없었을 것이다.
중세에 일어난 정치적이거나 사회적인 저항운동 중에서 여성의 지위를
향상시키려는 것은 없었고, 여성의 처지를 개선하고 권리를 신장하려는
여성운동은 아예 없었다. 콜마르[37]의 도미니코회 연대기에는 한 가지
사례가 기록되어 있다. "그 전해에 잉글랜드에서 생김새가 얌전하고 말
씨가 반듯한 처녀가 왔다. 그녀는 자기가 여성의 구원을 위해 성육신한
성령이라고 말하면서 성부와 성자와 그녀 자신의 이름으로 여성들에게
세례를 주었다."[38] 저자는 이렇게 말을 맺는다. "그녀는 죽은 후 화형에
처해졌다." 이것은 현실도피인가 아니면 기존 체제에 대한 저항의 시도
인가?

우리는 몇몇 여성들이 수녀가 된 것이 종교적 삶에 대한 소명을 느꼈기

---

37) 옮긴이 주: Colmar. 프랑스 알자스 지방의 도시.
38) "In precedenti anno, venit de Anglia virgo decora valde pariterque facunda dicens se Spiritum Sanctum, incarnatum in redemptionem mulierum, et baptisavit mulieres in nomine Patris et Filii ac sui." *Annales Colmarienses Maiores.* A-1301. MGHS vol. XVII, p. 226.

때문이 아니라 수도원이 남성지배로부터의 상당한 자유와 세속에서 얻을 수 있는 것보다 더 나은 교육을 제공했기 때문이라는 사실을 안다. 만일 수녀원의 원장이나 기타 요직을 맡게 되면 상당한 권위를 행사하며 지도자로서의 역량을 발휘할 수도 있었다. 우리는 불행한 결혼생활 때문에 수녀원에 들어간 여성들에 대해서도 알고 있다. 과부가 된 후 재혼하기보다 그대로 있기를 택한 여성들도 있었다. 젊은 시절에 과부가 되었지만 재혼하지 않았던 여성 작가 크리스틴 드 피장은 결혼한 여성의 처지는 흔히 사라센인들에게 포로가 된 여성의 처지보다 나을 것이 없으므로 그냥 과부로 있는 편이 낫다고 썼다. 많은 여성들이 이단운동에 참여했는데, 그런 이단종파에서 여성들은 로마 교회에서보다 좀더 나은 지위와 폭넓은 권리를 누릴 수 있었으며, 때로는 남성지배로부터 좀더 자유로울 수도 있었다. 물론 여성 지위의 개선이 그런 운동의 목표는 아니었지만 말이다. 마찬가지로 혼외정사를 이상화하고 연인을 귀부인의 가신으로 묘사한 궁정풍 문학(그 대부분은 남성들에 의해 쓰였지만, 여성들이 그 작가들을 후원했다)도 기존 질서에 대한 저항까지는 아니라 하더라도, 적어도 다른 질서에 대한 동경의 발로라고 설명될 수 있을 것이다. 이 문제에 대해서는 다시 논의하게 될 것이다.

이 책의 구성 및 전개는 대체로 중세의 '신분문학' 저자들을 따랐다. 제2장은 여성의 공적·법적 권리를 간략히 다룬다. 제3장은 기도하는 자들의 위계에 속하는 여성들, 즉 수녀들을 다룬다. 제4장은 결혼한 여성들에 관한 것이다. 이미 보았듯이 혼인상의 지위는 여성들을 구분하는 기준 중 하나이기 때문이다. 이어지는 장들은 귀족여성, 도시여성, 농민여성에 관한 것이다. 이렇게 다양한 계층에 속하는 여성들에게 할애된 장들은, 그녀들의 공적·법적 권리에 관한 장과 계층에 따른 혼인법에 관한 장에서 다루었던 문제들을 각 계층별로 다시 다룬다. 마지막 장은 이단운동에 참여한 여성들과 마녀로 고발당했던 여성들에게 할애된다.

우리는 여왕에 대해서는 따로 다루지 않았다. 중세 중기 및 후기에는 어떤 여성도 왕위를 계승하지 못했기 때문이다(잉글랜드 왕 헨리 1세의 딸 마틸다, 39) 시칠리아 왕 루제로 1세의 딸 콘스탄체40)도 마찬가지였다). 또한 우리는 잔 다르크라는 인물도 다루지 않을 것이다. 왜냐하면 그녀는 아주 예외적인 인물이고, 그녀에 관해 쓰인 자료도 이미 적지 않기 때문이다. 뿐만 아니라 왕과 대제후의 어머니, 아내, 연인, 누이로서 그들보다 더 강한 성품을 가지고서 막후에서 그들을 조종할 줄 알았던 수많은 여성들에 대한 논의도 이 책의 범위에 넣지 않았다. 이런 여성들은 역사문학에서 오래전부터 인기 있는 주제가 되어 왔다. 가령 프랑스 왕 샤를 7세의 조정 회의에 참석했던 아녜스 소렐41)도 이 책에서는 다루지 않을 것

---

39) 옮긴이 주: Empress Matilda (Maud/Maude, 1102~1167). 잉글랜드 왕 헨리 1세의 딸. 신성로마제국 황제 하인리히 5세와 결혼했다가, 1125년 과부가 되었다. 1120년 '블랑슈 네프'(*Blanche Nef, White Ship*) 침몰 때 죽은 남자 형제를 대신하여 잉글랜드 왕의 후계자로 지정되었고, 앙주 백작 조프루아 5세와 재혼했다. 그러나 1135년 헨리 1세가 죽자 고종사촌인 블루아 백작 에티엔 (스티븐)이 왕위를 찬탈하는 바람에 스티븐과 마틸다 사이에 오랜 내전이 일어났다. 결국 1153년 후계자를 잃은 스티븐은 마틸다의 아들 헨리를 후계자로 지정했고, 그가 잉글랜드 왕 헨리 2세가 되어 플랜타지네트 왕조를 열게 되었다.

40) 옮긴이 주: Constanze of Sicily (Constance de Sicile, ?~1138). 이탈리아 남부를 정복한 노르만족 출신 시칠리아 백작 루제로 (로제르) 1세의 딸. 1095년 신성로마제국 황제 하인리히 4세의 아들로 독일 왕이자 이탈리아 왕이었던 콘라트 2세와 결혼했다. 그러나 콘라트 2세는 황제와 교황 우르바누스 2세 사이의 갈등에서 교황의 편을 들다가, 1098년 왕위를 동생인 하인리히 5세에게 빼앗긴 후 1101년에 죽었다. 콘스탄체는 재혼하지 않고 조용히 살다 죽었다.

본문의 맥락에서, 왕위를 계승할 수도 있었지만 실제로는 왕위에 오르지 못한 여성으로 꼽을 만한 인물은 루제로 1세의 딸인 이 콘스탄체보다는 시칠리아의 콘스탄챠 2세로 불리는 다른 여성일 것이다: Constantia of Sicily (Constance II de Sicile, 1249~1302). 시칠리아 왕 만프레드의 외동딸로, 1262년 아라곤 왕자 페드로 (후일의 페드로 3세) 결혼했다. 1266년 프랑스 왕 루이 9세의 동생인 앙주 백작 샤를이 시칠리아 왕위를 요구하고 일으킨 전쟁에서 만프레드가 죽은 후, 콘스탄챠는 왕위 계승을 요구할 수 있었으나 하지 않았다. 그러나 1282년 '시칠리아의 저녁 기도' 사건으로 샤를이 축출 당하자, 페드로와 그 아들들이 콘스탄챠의 이름으로 시칠리아 왕위를 요구하며 전쟁을 일으켜 시칠리아 분할을 가져왔다. 1285년 과부가 된 콘스탄챠는 바르셀로나에서 수녀로 여생을 마쳤다. 그녀의 아들이 프리드리히 2세이다.

41) 옮긴이 주: Agnès Sorel (1420년대~1450). 프랑스 왕 샤를 7세의 공식적인 애첩. 빼어난 미모로 왕을 사로잡았으며, 프랑스 왕의 정부로서 최초로 정식 지위를 인

이다. 이 책의 목적은 중세사회에서, 생활 및 법률 면에서 여성이 처해 있던 일반적 상황을 규명하는 것이다. 이미 잘 알려진 여성들 외에도 자신의 아들이나 형제, 남편이나 연인을 도울 뿐 아니라 사적으로는 조종하고 심지어 지배하기까지 했던 여성들, 그러나 연대기 작가들의 주목을 끌지 못해 덜 알려진 여성들이 많이 있었을 것이다.

정받았다. 왕비를 능가하는 화려한 생활을 하며 권세를 누렸으나 일찍 급사했다.

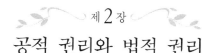

제 2 장
공적 권리와 법적 권리

1. 공적 권리

여성의 권리는 계층 및 혼인상의 지위에 따라 달라졌다. 그러나 모든 여성이 그저 여성이기 때문에 받는 법률상 제약들도 있었고, 그것은 신분문학이 여성을 별도의 계층으로 취급하는 것을 정당화해 주는 이유 중 하나였다. 법률상 여성은 왕국이나 사회를 다스리는 데 아무런 역할도 할 수 없었다. 여성은 정치적 직무를 수행할 수 없었고, 군대의 지휘관, 재판관이나 변호인을 맡을 수도 없었다. 법은 여성이 일체의 공직을 맡는 것을 금지했고, 장원법정으로부터 시 참사회, 왕실 추밀원, 여러 나라의 대의집회에 이르기까지 어떤 통치기구에도 참여하는 것을 금지했다. 신분문학은 명백히 선언한다. "여성은 모든 공직으로부터 제외시켜야 한다. 그녀들은 여성적이고 가정적인 임무에 헌신해야 한다."[1] 또는 잉글랜드 법학자 글랜빌[2]의 말을 빌리자면, "여성들은 군대에서나 기타 다른 왕사(王事)에서 주군 왕을 섬길 능력이 없고 그럴 필요도 없으며 그

---

1) R. Mohl, *The Three Estates in Medieval and Renaissance Literature*, p. 341.

2) 옮긴이 주: Ranulf de Glanvill (? ~1190). 잉글랜드 법학자. 헨리 2세의 최고사법관으로, 잉글랜드 법의 명저에 속하는 《잉글랜드 법 및 관습 논고》(*Tractatus de legibus et consuetudinibus regni Angliae*)의 저자.

40

런 일에 익숙지도 않다."3)

입법이란 항시 입법자의 심리적·사회적·윤리적 가정들을 반영하게 마련이며, 이런 가정들은 때로는 법에 함축되어 있고 때로는 법을 옹호하기 위해 명시되기도 한다. 중세문명이 여성에 대해 보인 태도는 무의식적 이데올로기에 의해 결정된 것이 아니며(물론 어느 사회에서나 그렇듯이 양성간의 관계에 영향을 미치는 무의식적 요소들도 있었겠지만), 4) 따라서 국가와 교회가 공히 여성에게 권리를 거부한 데에는 간단하고 직접적인 논거들이 있었다. 교회법은 여성의 권리를 제한하는 주된 근거를 여자가 남자보다 나중에 창조되었으며 원죄에 일역을 했다는 데 두었다. 이 문제는 수녀들을 다루는 장에서 자세히 논의하게 될 것이다. 세속법은 여성의 지성이 제한되어 있고 선천적으로 박약하며 (imbecilitas sexus), 교활하고 욕심 사납다는 이유로 여성의 법적 권리와 공민으로서의 권리를 제한했다. 5) 이런 이유들은 이미 로마 시대에도 비슷한 말로 회자된 바 있으며, 교회법6) 학자들도 자신들의 이유(즉, 나중에 창조되었으며 원죄에 일역을 했다는 것)에 덧붙여 이런 이유들을 제시하곤 했다.

현실과 법은 대체로 일치했다. 봉(封)으로서 주어지지 않는 모든 직무는 물론이고, 참가권이 봉토 소유와 무관한 대부분의 집회에 있어서도 마찬가지였다. 그러므로 여성은 장원이나 시정기관에서 또는 봉건군주

---

3) "qui non possunt nec debent nec solent esse in servitio domini Regis in exercitu nec aliis servitiis regalibus". F. Pollock and F. Maitland, *A History of English Law* (Cambridge 1898), vol. I, p. 485.

4) 무의식적 이데올로기에 대해서는 D. J. Bem, *Attitudes and Human Affairs* (Belmont, California 1970), pp. 89~96.

5) *Coutumier d'Artois*, ed. A. F. L. Tardif (Paris 1883), p. 121; *La Très ancienne coutume de Bretagne*, ed. M. Planiol (Rennes 1896), pp. 126, 186.

6) 옮긴이 주: 교회법(canon)이란 그리스도교회 내에서 만들어진 법으로, 교회의 조직, 교회와 다른 조직 간의 관계, 내부규율 문제 등을 다룬다. 그리스도교 초기에는 각각의 공동체가 나름대로의 관습과 전통에 따라 다스려졌고, 전체 교회에 통일된 법규는 없었다. 그러나 그 가운데서도 공통된 규정들, 교황에 의해 정해진 수칙들이 있었고, 그것들이 차츰 모여 여러 공의회를 거치면서 정리되어 12세기에 《그라티아누스 교령집》으로 집대성되기에 이른다.

및 제후들의 통치기구에서 아무런 직책도 임무도 맡을 수가 없었다. 왕과 제후들은 12세기부터는 점점 더 전문적이고 직급(職給)을 받는 관리들에게 일을 맡기게 되었다. 여성들은 시 참사회나 의회에서, 또는 서유럽국가들에서 서서히 나타나고 있던 대의제 의회들에서 아무런 역할도 하지 못했다. 여성들은 왕이 소집하는 대의제 의회에 불려가지 않았고, 자신의 영지나 지방의 대변자로 선출되지 않았으며, 그런 의회에 참여할 권리를 상속받지도 못했다. 잉글랜드에서는 작위를 계승한 귀족 여성들의 경우 그 작위와 중신회의(상원)에 참석할 특권을 남편과 아들에게 물려줄 수는 있었지만, 자신이 직접 그런 회의에 참석할 수는 없었다.[7] 장원에서도 미혼여성이나 과부는 장원법정의 회합에 참석할 수 있었지만, 직위를 맡거나 직무를 수행하지는 못했다.

그러나 여성은 봉토를 계승할 수 있었고, 따라서 영지를 다스리고 다른 봉신(封臣)들과 함께 주군의 가신(家臣) 회의에 참석하는가 하면 자신의 봉신들이 모이는 가신회의를 주재하는 여성들도 있었다. 그런 가신회의는 재판을 위한 것일 수도 있고 법을 제정하거나 정치적·경제적 문제들을 토론하기 위한 것일 수도 있었다. 여성이 봉토와 그에 따르는 일정한 직무를 계승할 경우, 그 직무는 다른 사람에게 넘겨지기도 했지만 여성 자신이 직접 수행할 때도 있었다.[8] 수녀원장은 수녀원에 속한 봉토에서 폭넓은 특권을 행사했다. 중세에는 이렇게 법과 일치하지 않는 통치권을 행사하는 귀족 여성들(수녀원장들도 거의 예외 없이 귀족 출신이었다)이 있었으니, 이런 권력은 로마나 게르만 사회, 그리고 심지어 20세기 이전 근대 서구의 여성도 결코 누리지 못했던 것이었다. 이 문제는 귀족 여성들에 관한 장에서 좀더 깊이 다루게 될 것이다. 봉토와 그에 딸린 통치권을

---

7) J. T. Rosenthal, *Nobles and the Noble Life, 1295~1500* (London 1976), pp. 26~27.

8) 가령 "만일 그것이 여성이라면, 여성이라는 이유 때문에 계승에서 밀려나서는 안 되며, 누군가 중간에 사람을 두어 그 직무를 수행할 수도 있다"(*quod propter hoc si ipsa mulier, non debeat repelli ab hujis modi successione et quod officium facere poterat per interpositam personam*). *Les Olim ou Registre des Arrêts*, ed., A. A. Comte Beugnot (Paris 1842), vol. I, p. 417.

계승한 이런 여성들의 특별한 지위는 신분문학이나 법학자들의 일반적인
진술에서 드러나는 여성의 지위와는 일치하지 않는 명백한 예외였다.

중세사회에서 공민으로서의 권리와 의무가 일치하지 않았다는 것은
알려진 사실이다. 여자들이 장원에서 면제 받는 바로 그 의무들이 남자
들에게는 종종 모욕적인 처벌로 강제되는 무거운 짐이 되기도 했다. 서
유럽 대부분의 지역에서 귀족들은 남녀를 불문하고 세금을 면제받았다
(잉글랜드와 이탈리아 도시국가들만이 예외였다). 반면 도시 여성과 농민
여성은 모두 공민권은 없으면서도 납세의 의무는 지고 있었다. 미혼여성
과 과부는 계층과 수입이 대등한 남성들에게 부과되는 것과 같은 액수의
세금을 내야 했다. 기혼여성 몫의 세금을 낼 의무는 남편에게 돌아갔다
〔그래서 세금 장부에는 '요하네스 스미스와 그의 아내'(*Johannes Smyth et
uxor eius*) 식으로 기재되곤 했다〕. 기혼여성은 장사를 하든 수공업을 하든
독자적인 직업을 갖고 있을 때에만 자기 몫의 세금을 냈다. 9) 세금을 내
는 여성에 관한 정보는 세금 보고서와 시의 조례로부터 얻을 수 있다.
1296년, 1297년, 1313년 파리시의 타이유10) 신고서에는 독자적인 직업
을 가진 미혼여성, 과부, 기혼여성들이 기록되어 있다. 11) 1319년 런던
에서는 납세자의 4%가 여성이었는데, 그 중에는 소득원이 되는 재산을
가진 과부도 있었고 직업을 가지고 일하는 여성도 있었다. 12) 1377년 잉
글랜드의 인두세(人頭稅) 납부기록에도 미혼여성, 과부, 기혼여성이 들

---

9) *Ordonnances des Roys de France*, ed. M. Secousse(Paris 1736), vol. IV,
   p. 173.
10) 옮긴이 주: 프랑스의 타이유(*taille*)란 본래 영지민이 영주에게 보호의 대가로 바치
   던 봉건세의 일종이었는데, 차츰 왕이나 영주가 백성이나 영지민으로부터 거두
   는 세금이 되었다. 대개 호주에게 부과되는 호구세의 형태를 띠었다.
11) *Le Livre de Taille de Paris*, *l'an 1296*, ed. K. Michaelsson(Göteborg 1958),
   pp. iii~xviii; *Le Livre de Taille de Paris*, *l'an 1297*, ed. idem(Göteborg 1962),
   pp. x; *Le Livre de Taille de Paris*, *l'an 1313*, ed. idem(Göteborg 1951),
   pp. xviii. 1296년에는 776명의 여성이 세금을 냈고, 1297년에는 1177명, 1313년
   에는 672명이 세금을 냈다.
12) S. Thrupp, *The Merchant Class of Medieval London*(Michigan 1968), p. 168.

어 있다. 13) 아르투아 지방의 오피시에 주어진 특허장에는 세금징수에
압박을 가하지 않는다는 보증이 들어 있었는데, 그 보증의 범위에는 세
금을 내는 과부들도 포함되었다. 14) 런던에서는 여성들의 개인재산이 세
금을 내지 않았다는 이유로 압류되었는데, 만일 일정기간 내에 도로 찾
아가지 않으면 시 당국이 처분하게 되어 있었다. 15)

2. 법적 권리

법체계는 상당부분이 사회적이고 정치적인 구조와 함수관계에 있다.
중세 전성기 및 후기 동안 여성들은 재판관이나 변호인 역할을 하는 것이
금지되어 있었을 뿐 아니라(여성은 쌍방이 동의할 경우 자발적 중재인 역할
은 할 수는 있었지만, 그런 결정에는 구속력이 없었다), 16) 다른 사람의 법
정 대리인(*procurator*)으로 법정에 출두할 수도 없었다. 여성이 다른 사
람의 법정 대리인으로 출정할 수 있는 유일한 경우는 남편을 대신할 때뿐
이었다. 1442년 잉글랜드에서는 작위를 가진 귀족 여성들이 상원에서 중
신들에 의해서만 재판을 받을 권리가 인정되었지만, 그런 여성들도 상원
의 재판에 몸소 출두할 수는 없었다. 17) 또한 여성은 법정에서 증언을 하
거나 타인의 선서를 보증하는 역할도 할 수 없었다. 프랑스 법학자 보마
누아르18)는 이렇게 말했다. "여성의 증언은 다른 증인이 그녀의 증거를

---

13) J. C. Russell, *British Medieval Population* (Albuquerque 1948), pp. 150~156.

14) *Recueil de documents relatifs à l'histoire de droit municipal en France des origines à
la Révolution*, ed. G. Espinas (Artois 1943), col. III, p. 214.

15) *Memorials of London and London Life*, ed. H. T. Riley (London 1868), p. 108.

16) P. de Beaumanoir, *Coutumes de Beauvais*, ed. A. Salmon (Paris 1899), vol. I,
chap. 190; vol. II, chap 1287.

17) Rosenthal, *op. cit.*, p. 125.

18) 옮긴이 주: Philippe de Remi, sire de Beaumanoir (1250경~1296). 프랑스 시
인, 법학자. 그의 《보베지 지방의 관습법》(*Coutumes de Beauvoisis*)은 중세 프랑
스 법 및 사회적 관습에 관한 중요한 자료이다.

뒷받침하는 경우가 아니면 받아들여질 수 없으며, 어떤 남성도 한 여성만의 증언에 따라 사형이나 신체절단형에 처해질 수 없다."[19] 잉글랜드 법학자 브랙턴[20]은 그런 내용을 이런 말로 표현했다. "여성이 연루된 재판에서도 선서보증인(compugnatores)은 남성이라야 한다."[21]

여성에게는 재산권이 있었지만 소송을 제기할 권리는 제한되었다. 법률상 미혼여성은 민사소송을 제기할 권리, 계약서나 유언장을 작성할 권리, 돈을 빌릴 권리를 인정받았다. 대부분의 지방에서 미혼여성은 법정에 출두할 권리도 인정받았지만, 시칠리아나 브라방 같은 지방에서는 그녀 대신 가족 중 남성이나 돈을 받고 고용된 법률가가 그녀를 대리하여 출정하는 것이 법률적 요건은 아니라 할지라도 관례였다.[22] 기혼여성은 남편의 허락 없이는 민사소송을 제기할 수 없었고, 단지 독자적으로 장사를 하는 여성들만이 결혼을 했더라도 민사소송을 제기하는 것이 허용되었다. 이 문제는 결혼한 여성과 도시 여성에 관한 장에서 좀더 자세히 다루게 될 것이다.

형법에서는 미혼여성과 기혼여성의 권리가 동일했다. 모든 여성은 신체상 위해, 강간이나 모욕에 대해 제소할 수 있었다. 기혼여성은 남편의 살인에 대해 제소할 수 있다는 것이 마그나 카르타[23]의 제54조에 특기

---

19) P. de Beaumanoir, *op. cit.*, vol. I, p. 484.

20) 옮긴이 주: Henry de Bracton (? ~1268). Bracton은 Bratton 또는 Bretton으로도 표기된다. 중세 잉글랜드의 대표적 법학자. 《잉글랜드의 법과 관습에 대하여》 (*De legibus et consuetudinibus Angliae*)의 저자.

21) Pollock and Maitland, *op. cit.*, vol. I, pp. 484~485.

22) J. Gilissen, "La femme dans l'ancien droit belge", *Recueils de la Société Jean Bodin* XII (1962); G. Rossi, "La femme en droit italien", *ibid*; *Liber Augustalis or Constitutions of Melfi*, Promulgated by the Emperor Frederick II for the Kingdom of Sicily in 1231, ed. and trans. J. M. Powell (New York 1971), p. 100.

23) 옮긴이 주: 대헌장(Magna Carta), 일명 자유대헌장(Magna Carta Libertatum)이란 1215년 잉글랜드의 존 왕이 국민에게 일정한 권리를 인정하고 일정한 법적 절차를 존중하며 자신도 법의 제약을 따르겠다고 선언한 문서이다.

사항으로 명시되었다. 24) 그 밖의 이유로는 어떤 여성도, 기혼이든 미혼이든 과부든 간에 형사소송을 제기할 수 없었다. 이처럼 여성의 형사소송권이 제한되었던 것은 13세기 이후보다 이전에 더 큰 중요성을 띠었다. 13세기 이전에는 대부분의 나라에서 형사소송을 제기하는 것이 주로 개인이었던 반면, 그 후로는 점차 당국의 소관이 되었기 때문이다.

법조문(法條文)에 대해서는 이쯤 해두자. 법조문에서 벗어난 관행이 있었다는 것은, 여성이 법적 증언을 하거나 타인의 증언을 보증할 권리가 없다는 법률규정에도 불구하고 어떤 경우에는 법정이 여성의 증언에 의거하기도 했고 여성이 종종 타인의 증언을 보증하기도 했다는 사실에서 드러난다. 이런 일은 세속법정과 교회법정에서 모두 일어났다. 여성은 쌍둥이 중 어느 쪽이 먼저 태어났는지, 소송 당사자들 중 한쪽의 주장대로 태어나자마자 죽은 상속자가 있었는지 (이 두 가지는 재산상속과 관련하여 종종 일어나는 문제였다) 에 대해 증언했다. 아내가 남편의 성교 불능을 이유로 교회법정에 별거를 요청할 경우, 그 주장을 조사하는 일은 여성들에게 맡겨졌다. 세속법정에서도 강간사건에 대해서는 여성들이 원고를 검사한 후 증언했다. 영아살해의 경우에도 인근에 사는 모든 여성들의 유방을 검사하여 최근에 은밀히 출산한 이가 있는지 조사하도록 여성들이 지명되었다. 이런 경우에는 남성이 증언할 수 없었고, 법정도 사실상 여성의 증언을 인정했다.

파리와 노르망디, 그리고 몇몇 다른 지방에는 이런 경우에 증거를 수집하는 일을 맡은 여성을 위한 특수한 직책이 실제로 있었다. 파리 법정의 기록에 따르면, "왕과 우리(즉, 법정)의 여성 심사관(*matrone jurée*) 에믈린 라 뒤셰스"가 임신중에 구타당했다거나 구타당한 결과 유산했다거나 강간당했다거나 하는 여성들이 제기한 소송에 일곱 차례 증인으로 출석했다. 노르망디에서는 이런 역할을 맡은 여성들을 "선량한 부녀이자 여성 심사관"(*bonnas mulieres et legales matronas*) 이라 불렀다. 25) 프랑스

---

24) Magna Carta, chap. 54, in W. Stubbs, *Select Charters and other Illustrations of English Constitutional History* (Oxford 1921), p. 299.

에서는 형사사건에서 여성의 증언이 종종 받아들여졌지만, 법이 정한 대로 단독 증언이 아닐 때만 그러했다. 26) 잉글랜드에서는 여성들이 희생자가 자기 남편이 아니라 아들이나 형제, 조카인 살인사건에 대해서도 형사소송을 제기한 예가 있다. 27)

　여성의 선서보증인이 반드시 남자라야 한다는 법률규정에도 불구하고, 잉글랜드의 몇몇 도시에서는 여성이 여성의 선서보증인이 되기도 했다. 이런 예는 빌린 돈을 갚지 않았다고 고소당한 여자가 자신은 빌린 적이 없다고 부인한 사건에서도 있었고, 어떤 여자가 국왕의 금령을 어기고 술을 제조하여 판 혐의로 고발된 사건에서도 있었다. 또한 런던시의 기록에 나타나는 바와 같이, 맡겨진 재산을 돌려주지 않았다고 고발당한 한 여자의 증언을 보증하기 위해 여섯 명의 여자가 선서보증인으로 나선 예도 있었는데, "이는 시의 관습에 따라 행해졌다"고 기록되어 있다. 28) 여성들은 여성이 음행이나 간통29) 으로 교회법정에 고발된 경우에도 선서보증인 역할을 했다. 음행으로 고발당한 수녀도 동료 수녀들 중에서 선서보증인을 골라 세우라는 명령을 받았다. 30) 아주 드문 예이지만, 한

---

25) Y. Brissaud, "L'infanticide à la fin du Moyen Âge, ses motivations psychologiques et sa répression", *Revue historique de Droit français et étranger* L(1972) ; "Emmeline la duchesse matronne jurée du Roy et la nostre", *Registre criminel de la justice de St Martin des Champs à Paris*, ed. L. Tanon(Paris 1877), pp. 43, 64, 82, 132, 139, 147, 159, 188; "Bonnas mulieres et legales matronas", *Très ancienne Coutume de Normadie*, ed. E. J. Tardif(Rouen 1881), p. 40.

26) L. Tanon, *Histoire de la justice des anciennes Eglises et Communautés monastiques de Paris* (Paris 1883), p. 356.

27) J. Bellamy, *Crime and Public Order in England in the Later Middle Ages* (London 1973), p. 13.

28) *Borough Customs*, ed. M. Bateson(London 1904), vol. I, p. 185. *Calendar of Select Pleas and Memoranda of the City of London, 1381~1412*, ed. A. H. Thomas(Cambridge 1932), p. 51.

29) 옮긴이 주: 음행(*fornication*) 이란 배우자가 없는 경우, 간통(*adultery*) 이란 배우자가 있는 경우에 행해진 간음을 말한다.

30) *Visitations of Religious Houses in the Diocese of Lincoln*, ed. A. H. Thompson

여성이 시 법정에 다른 여성의 대변인 (*attornata*) 으로 출두한 경우도 기록
에서 발견된다. 31) 어떤 여성들은 양도증서에 서명인으로 등장하기도 한
다. 한 과부가 리보수도원에 기증할 때 쓴 양도증서에는 남자 다섯과 여
자 여섯의 서명이 들어 있다. 32)

　이런 예외적 사건들은 도처에 있었을 것이다. 여성들은 때로 남성들과
함께 보호자로 임명되어 자기 자녀는 물론이고 남편이 아닌 남성의 유자
녀에 대해서 보호자가 될 수 있었고, 고인의 유언집행인으로 지정되기도
했다. 33) 13세기와 14세기에 교회법정에서 여성의 증언을 배제하는 규정
을 유보했던 한 가지 두드러진 예외는 시성 (諡聖) 후보자들의 생애와 그
들이 행한 기적에 관해 여성들의 증언을 중요하게 받아들였다는 것이다.
어떤 경우에는 증인의 반 이상이 여성이었다. 34) 또한 1456년 샤를 7세35)
가 명한 잔 다르크에 대한 재심에서 여성들이 한 증언도 주목할 만했다.
그 증인들은 잔의 고향 마을 여인들로, 70대와 80대에 들어선 대모(代母)

(Horncastle 1914), p. 113.

31) *Leet Jurisdiction of the City of Norwich during the 13th and 14th Centuries*, ed. W.
　　Hudson (Selden Society, London, 1892), p. 51.

32) Pollock and Maitland, *op. cit.*, vol. I, p. 484.

33) *Calendar of Wills. Count of Husting*, ed. R. Sharpe (London 1889), pp. 675,
　　677; *Year Book of Edward II*, vol. V (Selden Society, London 1910), p. 10.

34) M. Goodich, "The politics of canonization on the 13th century. Lay and
　　mendicant saints", *Church History XLIV* (1975). 엘리자베트 폰 튀링겐의 시성
　　을 준비하기 위해 교황이 임명한 위원회에서 증언한 여성들에 관해서는 A.
　　Vauchez, "Charité et pauvreté chez Sainte Elizabeth de Thuringie d'après les
　　actes du procès de canonisation", in M. Mollat, drc., *Histoire de la
　　Pauvreté (Moyen Âge-XVIᵉ siècle)* (Paris 1974), pp. 163~164.

35) 옮긴이 주: Charles VII (1403~1461). 정신이 온전치 못했던 샤를 6세와 방탕하
　　기로 소문났던 왕비 이자보 드 바비에르(바이에른의 이자보) 사이에 태어났다.
　　1422년 왕위에 올랐으나 적출 여부가 의심되어 왕위 계승권을 요구하는 잉글랜드
　　군을 물리치지 못하던 중, 1429년 잔 다르크의 도움으로 랭스에서 정식으로 대관
　　식을 올렸으며, 이후 20여 년에 걸쳐 프랑스 국토를 되찾고 백년전쟁을 종식시켰
　　다. 잔 다르크는 1430년 전투 중 잉글랜드군의 포로가 되어 이듬해에 마녀 혐의
　　로 화형 당했으나 1450년대에 사후재심 (死後再審) 을 받고 1456 복권되었다.

들과 그녀의 어린 시절 및 젊은 시절에 대해 증언한 소꿉동무들이었다.

여성들이 피고가 되는 경우로 넘어가기에 앞서 여성들이 제기했던 특별한 소송, 즉 강간에 관한 소송을 간략히 살펴보기로 하자. 강간에 대한 처벌의 엄격성은 지방에 따라 달랐다. 잉글랜드와 프랑스에서 강간은 범법행위였고 법률상 강간범은 장님을 만들거나 거세하거나 심지어 사형에 처하도록 되어 있었다. 36) 시칠리아에서 프리드리히 2세37)가 정한 법에 따르면 강간범은 사형에 처하도록 되어 있었으며, 피해자가 창녀일 때도 마찬가지였다. 또한 여성의 구조요청에 응하지 않은 남성도 벌금형에 처해졌다. 38) 반면 독일에서는 강간에 대한 처벌이 채찍질에 그쳤고, 간혹 피해자가 직접 채찍질을 하도록 허락되기도 했다. 39) 쿠엔카와 세풀베다40)의 법에 의하면 강간범은 벌금형 및 추방형에 처해졌다. 41) 잉글랜드와 프랑스에서는 농민계층에 관한 한 강간에 대해 매우 엄중한 벌을 부과하는 법규에도 불구하고, 실제로는 대개 벌금형 정도에 그쳤다. 때로

---

36) P. de Beaumanoir, *op. cit.*, vol. I, chap. 824 ; *Les Olim ou Registres des Arrêts*, vol. I, p. 420 ; *Year Book of Edward II*, vol. V, pp. 134~135 and note I.

37) 옮긴이 주: Friedrich II (1194~1250). 독일 황제 하인리히 6세와 시칠리아의 콘스탄챠의 아들로 태어나, 1197년에 시칠리아 왕, 1212년에 독일 황제가 되었다. 정통 신앙을 표방하기는 하였으나, 문화적으로는 비잔틴 및 이슬람적 요소들을 포용하였다(시칠리아는 8세기말까지 비잔틴 영토이다가, 9~10세기에는 이슬람의 지배를 받았고, 11세기 이후에야 서구 세계에 포함되었다). 1231년에 새로운 법전인 《시칠리아 왕국 법전》(*Liber Constitutionum Regni Siciliae*)을 공표했다. 멜피 시에서 발표했다 하여 《멜피 헌법》(*Costitutiones Melphitanae*) 또는 《아우구스투스의 책》(*Liber Augustalis*) 이라고도 하는 이 법전에는 255개조의 법령이 세 권 — 제1권은 공법(公法), 제2권은 소송법, 제3권은 봉건법, 사법(私法), 형법 — 으로 나뉘어져 있다.

38) *Liber Augustalis*, pp. 24, 26.

39) H. Thienne, "Die Rechtsstellung der Frau in Deutschland", *Rec. Soc. Jean Bodin XII* (1962).

40) 옮긴이 주: 쿠엔카(Cuenca)와 세풀베다(Sepulveda)는 모두 에스파냐의 도시.

41) H. Dillard, "Women in Reconquest Castille. The Fueros of Sepúlveda and Cuenca", in *Women in Medieval Society*, ed. S. Mosher (Pennsylvania 1976), p. 81.

는 강간 후에 결혼이 이루어졌고, 법정도 강간범이 희생자와 결혼하는 경우에는 용서함으로써 그런 결합을 장려했다. 42)

입법자도 재판관도 강간의 경우 원고, 즉 피해자 여성에게 호의적이지 않았다. 대부분의 법령은 여성이 특정한 남성과 억지로 결혼하기 위해, 혹은 사형이나 신체절단형으로 복수를 하기 위해 강간이라는 거짓 혐의를 씌웠을 가능성을 배제하지 않았다. 프리드리히 2세의 법에서도 그런 거짓 고발이 종종 사회적으로 어울리지 않는 결합을 가져온다는 사실이 거론되고 있다. 43) 재판기록이 보여주듯이 실제로 여성이 남성에게 거짓 강간혐의를 씌운 경우도 있었을 것이다. 44) 그러나 법정은 법이 요구하는 대로 강간이 실제로 행해졌는지 확인부터 해야 한다는 입장이었고, 때로는 강간 사실을 의심할 여지가 없을 때도 피해 여성이 행위 자체를 즐겼으리라는 혐의를 두었다. 13세기 프랑스 남부에서 이단재판에 회부된 한 여성은 남편이 마구간에 가 있던 사이에 성에 머물던 손님 중 하나로부터 강간을 당했다고 증언했다. 그녀는 자기가 그 행위를 즐겼다고 남편으로부터 의심받을 것이 두려워서 — 남자들은 대개 그렇게 생각하니까 — 차마 남편에게 말하지 못했다고 고백했다. 45) 남편이 자신을 어떻게 생각할지 두려웠다는 그녀의 고백은 비단 자기 남편의 반응뿐 아니라 남자들의 일반적인 태도에 대한 예상에 비추어 토로된 것이며, 이는 그런 생각이 재판관들에게도 새로운 것이 아니었음을 말해 준다.

13세기 잉글랜드에서는 강간당한 여성이 임신한 경우 재판관들이 고소를 기각시켰다. 46) 왜냐하면 여성의 성적·생리적 본성에 관한 중세적

---

42) Pollock and Maitland, *op. cit.*, vol. II, p. 494.

43) *Liber Augustralis*, pp. 26~27.

44) *Registre criminel de la justice de St Martin des Champs à Paris*, pp. 44, 159; *Registre criminel de la justice du Châtelet de Paris*, ed. H. Duplès-Agier (Paris 1864), vol. I, pp. 55~61.

45) R. Nelli, *La Vie quotidienne des Cathares du Languedoc au XIIIe siècle* (Paris 1969), p. 82.

46) *Year Book of Edward II*, vol. V, p. 111 and note 2.

시각에 따르면 여성이 임신하기 위해서는 모종의 씨앗을 분비해야만 하는데, 이는 여성이 성적으로 만족감을 느낄 때에만 일어나는 일이기 때문이었다. 임신을 했다는 것은 그녀가 강간을 즐겼으므로 고발할 권리가 없음을 의미했다. 이처럼 잘못된 생물학적 개념에 의거한 해석보다도 한층 더 부조리한 것은 여성도 강간을 즐긴다고 보는 심리학적 개념에 의거한 해석이었다. 47) 중세 남성들은 강간 피해자도 쾌락을 느긴다고 거의 확신하고 있었으며, 적어도 법으로는 기준을 강화하여 그런 가정을 임신이라는 특정한 경우에만 한정시켰던 것이다.

이제 여성이 피고가 되는 상황으로 넘어가 보자. 여성의 법적 권리는 제한되어 있었지만, 여성도 혼인상의 지위와는 무관하게 남성과 같은 방식으로 제소 당할 수 있었다. 재판기록들은 여성들도 채무 불이행, 계약위반, 밀주 제조 등으로 민사소송을 당한 것을 보여준다. 직조공 여성들은 고객으로부터 받은 좋은 생사(生絲)를 전당 잡히거나 팔아버리고 덜 좋은 실로 천을 짜 주었다는 혐의로 고소당했다. 도시 여성들은 시 당국의 사치금지법에서 금하는 지나치게 값진 옷을 입었다는 이유로 고소당하기도 했다. 촌락에서든 도시에서든, 여성들은 거칠고 불경한 언행, 가택침입, 남성 또는 여성을 상대로 한 주먹다짐 등으로 고발당했다. 그 밖에도 절도, 이단, 마술, 방화, 영아살해, 살인 등이 여성이 고발당하는 죄목들이었다. 여성에 대한 이런 형사고발에 대해서는 도시와 촌락에 관한 장들에서 좀더 자세히 다루게 될 것이다.

중세에는 살인으로 기소된 여성의 수가 같은 죄목으로 기소된 남성의 수보다 현저히 적었다는 사실 — 이 점은 오늘날도 마찬가지이다 — 도 지적할 만하다. 13세기에 노퍼크, 옥스퍼드, 런던, 베드퍼드, 브리스톨, 켄트 등지에서 시행된 순회재판기록에 따르면, 살인으로 기소된 자들 중에서 8.6%만이 여성이었다(유죄판결을 받은 여성의 77.6%는 남성을 죽였다). 여성을 죽이고 유죄판결을 받아 처형된 남성의 수는 남성을

---

47) R. Herschberger, *From Adam's Rib* (New York 1948), pp. 15~27.

죽이고 유죄판결을 받아 처형된 남성의 수보다 더 많았다. 여성을 죽인 혐의로 기소된 남성의 50% 가량은 처형된 반면, 남성을 죽인 혐의로 기소된 남성은 15%만이 처형되었다. 48) 이런 사실은 남성이 여성을 죽였다고 고발당하는 경우에는 남성이 남성을 죽였다고 고발당하는 경우보다 허위고발이 적었음을 의미한다. 14세기의 노퍼크, 요크셔, 노샘튼셔 등 대부분의 피고인들이 촌사람들이었던 지방의 재판기록에는 살인으로 유죄판결을 받은 자 중에서 7.3%만이 여성이었다. 가족 내에서 자행되는 살인 중에서 비율이 가장 높은 것은 남편이 아내를 죽인 경우와 그 반대 경우였다. 49)

남성과 여성은 동일한 범죄에 대해 동일한 형량을 치렀던가? 양성 모두에 대해 형량이 같은 범죄도 있었으니, 가령 이단과 중세 말기부터의 흑마술(黑魔術, *witchcraft*) 같은 것들이었다. 흑마술에 대한 처벌은 남녀 공히 말뚝에 묶어놓고 화형에 처하는 것이었다. 그러나 흑마술로 고발당한 여성의 수가 같은 죄목으로 고발당한 남성의 수보다 많았다는 사실, 16~17세기뿐 아니라 중세에도 이미 그러했다는 사실을 기억할 필요가 있다. 이 점에 대해서는 마녀들에 관한 장에서 다시 다루게 될 것이다. 반면 남성들은 종종 동성애 때문에 말뚝에 묶여 화형 당하곤 했지만, 여성들은 동성애 때문에 처벌당한 예가 없는 것으로 보인다. 심지어 고해지침서들도 여성들의 동성애적 관계는 남성들의 경우보다 덜한 죄로 여기고 있다. 50) 남자들 사이에서 아랫사람이 윗사람을 죽이는 것은 신

---

48) J. B. Given, *Society and Homicide in the 13th century England* (Stanford 1977), pp. 48, 117, 134~149.

49) B. A. Hanawalt, "The Female Felon in 14th Century England", in *Women in Medieval Society*, pp. 125~140; B. A. Hanawalt, "Childrearing among the lower class of later medieval England", *Journal of Interdisciplinary History* VIII(1977), pp. 15~16. 그 밖에도 여성이 행한 범죄들에 관한 기록은 도시와 농촌의 여성들에 관한 장에서 살펴보게 될 것이다.

50) J. L. Flandrin, "Mariage tardif et vie sexuelle", *Annales ESC XXVII*(1972), pp. 1356~1359.

52

하가 주군을, 혹은 하인이 주인을 죽이는 경우처럼 반역죄에 해당했고, 그 벌은 화형이었다. 아내가 남편을 죽이는 것도 같은 범주에 속하는 것으로 간주되었다. 51) 여자가 자기 남편을 죽이는 것이 남자가 자기 주인을 죽이는 것에 맞먹는다는 정의를 받아들인다면 이 또한 양성 모두에 동등한 형량이 적용되는 예가 될 것이다.

간통사건의 경우에는 교회법정에서나 세속법정에서나 대개 남녀가 같은 처벌을 받았다. 그러나 결혼한 여성에 관한 장에서 보겠지만, 여자의 혼외관계는 언제 어디에서나 간통으로 여겨졌던 반면 남자의 혼외관계는 그렇지 않았다. 더구나 교회법정은 남편의 간통보다는 아내의 간통을 이유로 법적인 별거를 허락하는 경우가 더 많았다. 시칠리아 왕 프리드리히 2세의 법은 간통한 아내에게는 코를 잘라내는 가혹한 처벌을 내렸지만, 간통한 남편에게는 이런 벌이 내려지지 않았다. 52) 그러나 대개의 나라에서는 간통에 대한 처벌이 남녀 모두에게 같았다. 어떤 범죄들에 대해서는 여성에 대한 처벌이 같은 범죄를 저지른 남성에 대한 처벌보다 가벼웠다. 반면 앞으로 보겠지만, 어떤 유럽 나라들에서는 여성을 처형하는 방법이 한층 더 잔인했다.

독일에서는 여성들이 감옥에 가는 대신 가택연금에 처해지곤 했다. 여성들은 차륜형(車輪刑) 53) 도 받지 않았다. 위증죄를 두 번 저지르면 여자는 귀를 잘렸고, 남자는 사형 당했다. 54) 브라방에서는 여성이 남성보다 신체적 처벌을 벌금형으로 바꾸기가 더 쉬웠다. 프랑스와 오늘날 네덜란드에 해당하는 지방에서는 임신한 여성이나 수유하는 여성은 고문당하지 않았다. 55) 대부분의 나라에서 임부의 처형은 태아의 목숨을 건지

---

51) P. de Beaumanoir, *op. cit.*, vol. II, chap. 1956; W. S. Holdworth, *A History of English Law* (London 1909), vol. II, p. 373 and note 3.
52) *Liber Augustalis*, p. 145.
53) 옮긴이 주: 죄인의 두 발과 가슴과 두 손을 수레바퀴로 깔아뭉갠 다음 사지를 바퀴살에 끼워 그대로 썩도록 내버려 두는 처형방식.
54) H. Thienne, *op. cit.*, pp. 373~374.
55) J. W. Bosh, "La femme dans les Pays Bas septentrionaux", *Rec. Soc. Jean*

기 위해 연기되었다. 사형선고를 받은 여자가 임신사실을 고하면 '여성 심사관'들의 검사를 받았고, 만일 그 주장이 사실이라면 처형이 연기되었다. 재판기록에 의하면 노샘턴셔의 브란데스턴에 살았던 한 여자는 재판 당시 임신중이어서 처형을 연기받았다. 그리고 감옥에 갇혀 있는 동안 두 번이나 더 임신을 하여 — 남녀 혼성감옥이었다 — 처형은 거듭 연기되었다. 그녀가 결국 처형당했는지 여부는 기록에 나오지 않는다. 56)

어떤 지방에서는 여성의 수감 여건이 남성의 경우보다 좀더 인도적이었다. 57) 프랑스에서는 여죄수들에게 차꼬를 채우지 않았다. 장 2세58)는 남녀 죄수들을 따로 가두고 '점잖은 부녀들'이 여죄수들을 지킬 것을 명했다. 59) 이런 칙령의 목적은 감옥의 기강을 세우기 위한 것이었지만 여성들을 보호하는 조치이기도 했다. 14세기 파리에는 여성전용 감옥이 창설되었다. 14세기 잉글랜드에서는 같은 감옥이라 할지라도 남녀 죄수들이 다른 동(棟)에 배정되었다. 60) 프랑스에서는 거칠고 불경한 언행이나 표독함 때문에 판결을 받은 여성들은 몸통이 밧줄에 묶인 채 강물에 세 번 처박히는 벌을 받았다. 지나가다가 그 광경을 보고 조롱하는 남자 또한

Bodin XII (1962).

56) Hanawalt, "The female felon in 14th century England". p. 136.

57) Y. Bougert, *Cours d'Histoire de droit pénal* (Paris 1966~1967), p. 330.

58) 옮긴이 주: Jean II de France (1319~1364). 발루아 왕조의 2대 왕. 1350년 부왕 필립 6세의 죽음으로 왕위를 계승했다. 카페 왕조의 마지막 왕인 샤를 4세에게 남성 후계자가 없었으므로 사촌인 발루아 가의 필립 6세가 왕위에 올랐지만 샤를 4세의 누이가 잉글랜드 왕 에드워드 2세에게서 낳은 아들 에드워드 3세가 프랑스 왕위를 요구하고 나선 것이 백년전쟁의 시작이다. 이런 분쟁은 장 2세의 대에도 계속되어 그는 1356년 푸아티에 전투에서 흑태자 에드워드(에드워드 3세의 장남)에게 포로가 되었고, 이후 프랑스는 왕세자 샤를이 섭정 통치했다. 장 2세는 몸값을 치르게 하는 대신 잉글랜드에 체류하다 죽었고, 왕위는 샤를이 이어 샤를 5세가 되었다.

59) *Ordonnances des Roys de France*, vol. IV, p. 48.

60) *Registre Criminel du Châtelet de Paris*, p. 351; R. B. Pugh, *Imprisonment in Medieval England* (Cambridge 1968), pp. 103, 357~358; *The Paston Letters*, ed. J. Warrington (London 1956), vol. I, pp. 75~76.

벌금형에 처해졌을 뿐 아니라 역시 강물에 처박히는 벌을 받았다. 61)

형량이라는 견지에서 여성들이 명백히 차별 당한 것은 프랑스, 독일, 이탈리아, 브라방 등지에서 여성을 처형하는 방식에서였다. 이런 지방에서 여성들은 화형 아니면 생매장을 당했던 반면 남성들은 대개 교수형을 당했던 것이다. 프랑스의 모든 법령이 여성은 화형이나 매장형에 처해져야 한다고 명시한 것은 아니었지만, 62) 중세 전 기간에 걸쳐 여성은 살인, 영아살해, 강간방조 행위, 심지어 단순절도에 대해서도 그런 식으로 사형에 처해졌다. 63) 그 밖에 방화, 이단, 흑마술 등의 죄목에 대해서는 남녀 모두가 화형에 처해졌다. 연대기 작가 장 샤르티에64)는 1449년 파리 성문에서 남녀 두 명의 집시가 절도 및 강도죄로 교수형을 당했다고 기록하고 있다. 그에 따르면, 파리에서 여성이 교수형을 당하기는 이때가 처음이었다고 한다. 비슷한 시기에 프랑스 남부 몽펠리에에서도 여성이 처음으로 교수형에 처해졌다. 65) 이탈리아, 독일, 브라방 등지에서도 중세 전 기간에 걸쳐 여성은 화형이나 매장형을 받았다. 66) 이미 지적했듯이 남성들이 화형을 당하는 것은 이단과 흑마술, 동성애, 반역죄, 방

---

61) *Ordonnances des Roys de France*, vol. V, p. 673.

62) 가령 루이 9세가 제정한 법에서도 남녀의 처형방식은 구별되지 않았다. Cf. *Recueil général des anciennes lois françaises*, ed. Jourdan, De Crusy et Isambert(Paris 1822~1830), vols. I-II, p. 400.

63) 여성을 말뚝에 묶어 화형에 처하거나 산 채로 매장한 예는 다음에서 찾아볼 수 있다. Tanon, *Histoire de justice des anciennes Eglises*, pp. 30~31, 334, 364, 447; *Registre Criminel de St Martin des Champs*, pp. 43, 220; *Registre Criminel du Châtelet de Paris*, vol. I, pp. 268, 327, 363, 480; vol. II, pp. 60, 64, 337, 393, 436~437. 영아살해범들이 이런 방식으로 처형되었던 것에 대해서는 Y. Brissaud, *op. cit.*

64) 옮긴이 주: Jean Chartier. 생드니 수도원의 수도사로, 1437년 왕실사가로 임명되었다. 《샤를 7세의 연대기》(*Chronique de Charles VII*)의 저자.

65) Jean Chartier, *Chronique de Charles VII*, in L. Tanon, *Histoire de justice des anciennes Eglises*, p. 33.

66) J. Rossi, "La femme en droit italien"; E. Poullet, "Histoire du droit pénal dans l'ancien duché de Brabant", *Rec. Soc. Jean Bodin* XII(1962).

화 등에 대해서뿐이었다. 67) 화형은 그러므로 가장 악질적이라고 여겨진 범죄에 국한되었다고 볼 수 있다. 일반적으로 남성들은 교수형을 당했고 귀족들은 도끼로 목을 베는 참수형을 받았다.

역사가들은 여성에 대한 처형방식이 교수형보다 화형이나 매장형이었던 것은 풍기상의 이유 때문이었으리라고 추정해왔다. 교수형 당한 죄인의 시신은 범죄에 대한 경고로 벌거벗긴 채 여러 날 동안 매달아두었는데, 여자의 알몸을 그런 식으로 내놓는 것은 바람직하지 못했으리라는 것이다. 15세기에 들어 여성에게도 교수형이 적용되기 시작한 후로는 처형될 여성들에게 발목 부분을 묶을 수 있는 긴 옷이 입혀졌다. 독일 역사가 빌다68)는 여성을 화형이나 매장형으로만 처형했던 독일식 엄격함을 칭송한 바 있다. 프랑스 법학사가 비올레69)는 화형이나 매장형의 관습이 그리스도교의 영향을 반영하는 것이라고 보았다. 프랑스 법학사가 브리소70) 역시 여성의 처형방식이 풍기상의 이유에서 비롯되었다고 보았으나, 그것이 칭찬할 만하다고는 여기지 않았다. 71) 이런 역사가들이 여성의 정숙함을 최고의 가치로 꼽는 교훈서 저자들의 설명을 무비판적으로 받아들이고 화형이나 매장형에 수반되는 끔찍한 고통을 간과했다는 것을 주목할 만하다. 중세인들이 그런 고통을 모르지 않았다는 사실은 남성의 경우 화형이나 매장형이 당대인들이 가장 악질적이라고 여겼던

---

67) Y. Bougert, *op. cit.*, p. 76.

68) 옮긴이 주: Wilhelm Eduard Wilda(1800~1856). 독일 법학자, 역사학자. 비교법학의 창시자로서, 《중세의 형법》(*Das Strafrecht der Germanen*, 1842)의 저자.

69) 옮긴이 주: Paul Marie Viollet(1840~?). 프랑스 역사학자. 고문서학교의 민법 및 교회법 교수로서, 《공법: 프랑스 정치 및 행정 제도의 역사》(*Droit public: Histoire des institutions politiques et administratives de la France*, 1890~1898)와 《프랑스 법률사 개요》(*Précis de l'histoire du droit français*, 1886)의 저자.

70) 옮긴이 주: Yves-Bernard Brissaud. 법학자. 푸아티에대학 교수. 《푸아티에의 문화유산》(*Patrimoine de Poitiers: Dix-huit siecles d'art*, 1988)의 저자.

71) P. Viollet, *Le Droit du XIIIᵉ siècle dans les coutumes de Touraine-Anjou* (Paris 1881), p. 164. 이 책에서 비올레가 빌다를 인용하고 있다: Y. Brissaud, *op. cit.*, p. 248, note 78, p. 256, note 88.

죄목, 즉 그런 범죄가 자행된 공동체 전체에 신의 노여움을 불러일으키지나 않을지 두려워했던 죄목들에만 적용되었다는 사실로 증명된다.

교훈서 저자들은 흔히 여성의 정숙함을 최고의 가치로 묘사했지만, 앞으로 보게 되듯이 성에 대한 중세인들의 태도는 그렇게 단순하지만은 않았다. 중세문명의 관능적인 측면은 잘 알려져 있다. '정숙함을 이유로' 여성들을 생매장하거나 화형에 처했던 바로 그 파리 시에도 남녀 공용의 대중목욕탕이 스물여섯 군데나 있었고(물론 남탕과 여탕이 따로 있었지만 실제로는 그런 법도가 잘 지켜지지 않았다) 매춘이 허용되었던 것이다. 자살하는 여자들은 대개 스스로 목을 매었다. 알려진 13건의 자살 가운데 8건은 목을 맨 것이었으니,[72] 그것이 좀더 신속하고 고통 없이 죽는 방법이었기 때문이다.

중세문명은 처형처럼 잔인한 행위를 공공연히 행함으로써 몰려든 구경꾼들에게 가학적이고 정서적인 스트레스 해소를 제공했으며, 여성들도 물론 그런 문명에 속했다.[73] 앞서 말한 집시여성이 파리에서 교수형 당한 사건을 묘사한 연대기 작가는 전에 없던 방식의 처형을 구경하기 위해 많은 군중이 모였으며 특히 부녀자들이 모여들었다고 기록했다.[74] 남성에 비해 여성 중에는 강력범이 훨씬 적었지만, 그렇다고 중세 여인들이 상냥함이나 인정스러움의 화신이었다고 보기는 어렵다. 그러나 법은 남성들에 의해 제정되었고, 법을 집행하는 재판관들도 남성이었으며, 잔인한 중세사회에 알려진 가장 잔인한 방식으로 여성을 처형하도록 정한 것도 그들이었다. 그들은 같은 죄로 유죄선고를 받은 남성보다 여성을 더 나은 속죄양으로 보았던가? 모든 죄와 죄책을 지고서 불길에 타 없어져야 하는 속죄양으로? 그런 광경이 남성들의 에로스와 타나토스를 만족시켰던가? 이런 것은 단정적으로 대답할 수 있는 질문들이 아니다.

---

72) J. C. Schmitt, "Le suicide au Moyen Âge", *Annales ESC XXXI* (1976), pp. 1~3, 5.

73) J. Huizinga, *op. cit.*, pp. 11~12.

74) 이 장의 주 65 참조.

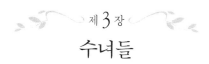

제3장
수녀들

그리스도교에서는 여성이 교회에서 직무를 행할 수가 없었다. 여성은 사제 임직을 위한 성사, 즉 서품(*ordinatio*)을 받을 수 없었으며 설교할 권리도 없었다. 사도 바울은 이렇게 말했다.

> 모든 성도의 교회에서 함과 같이 여자는 교회에서 잠잠하라. 저희의 말하는 것을 허락함이 없나니 율법에 이른 것 같이 오직 복종할 것이요, 만일 무엇을 배우려거든 집에서 자기 남편에게 물을지니 여자가 교회에서 말하는 것은 부끄러운 것임이라(고린도전서 14장 34~36절).

> 여자가 가르치는 것과 남자를 주관하는 것을 허락하지 아니하노니 오직 조용할지니라. 이는 아담이 먼저 지음을 받고 하와가 그 후며 아담이 속은 것이 아니고 여자가 속아 죄에 빠졌음이니라. 그러나 여자들이 만일 정숙함으로써 믿음과 사랑과 거룩함에 거하면 그 해산함으로 구원을 얻으리라(디모데전서 2장 12~15절).

그리스도교는 여성을 종교적 직무에서 제외시킴으로써 유대교의 전통을 답습했다. 성서시대에 히브리 여성은 성무(聖務)에 전혀 참여하지 않았고, 코하님(사제) 집단에도, 레위인[1] 집단에도 속할 수 없었으며 성

58

전에서는 별도의 자리를 할당받았다. 그러나 구약성서는 여성에게서 성무 집행의 권리를 박탈하는 직접적 이유를 제시하지 않았던 반면, 신약성서는 근거를 제시하기는 했다. 즉, 여성은 부차적으로 창조되었으며 원죄의 통로가 되었다는 것이 그 이유였다. 바로 그런 논거로 사도 바울은 여성이 성무를 행할 권리를 부정하고 여성의 남성에 대한 복종을 정당화한 것이다. 다른 곳에서는 은총과 구원에 관한 한 남성과 여성이 동등하다는 사실도 엄연히 인정하면서도 말이다.

> 너희는 유대인이나 헬라인이나 종이나 자유인이나 남자나 여자나 다 그리스도 예수 안에서 하나이니라(갈라디아서 3장 28절).

중세 교회도 구원에 관한 한 남녀가 대등하다는 개념을 결코 부정한 적이 없었지만, 그러면서도 지상(地上) 교회에서의 남녀평등은 결코 지지하지 않았다. 가톨릭교회는 위에 인용한 구절들에 나타나 있는 사도 바울의 관점을 그대로 채택했고, 그것이 여성의 지위를 결정했다.

3세기에는 여집사들도 집사의 임무 중 몇 가지, 가령 여성의 세례를 보좌하거나 여성을 교육하고 문병하는 일에는 참여할 수 있었다. 그러나 당시에도 그런 일들이 사제의 일은 아니었다. 여성들은 여집사 직위 이상으로 올라갈 수 없었으니, 여집사라는 직위는 성인이 되어 세례를 받던 시대에 남녀 간의 정숙함을 지키게 하기 위해 만들어진 것이었다.[2] 이 직위는 중세 전성기에도 살아남았지만, 관장하는 직무의 가짓수는 3세기 때보다 훨씬 제한되었다.[3] 6세기 초에 골 지방(오늘날의 프랑스) 북

---

1) 옮긴이 주: 이스라엘의 한 지파. 모세와 아론을 시작으로, 대제사장을 비롯한 성전 직무가 레위지파에 맡겨졌다. 그러나 물론 여성들은 배제되었으니, '레위인'이라고 하면 성전 직무를 맡은 남성들을 가리킨다.
2) 옮긴이 주: 왜냐하면 초대 교회에서 세례는 옷을 벗고 물속에 잠기는 것(immersion)이었기 때문이다. 그런 예식이 단순히 성수를 뿌리는 것(aspersion)으로 단순화되면서 여집사의 집례도 불필요해졌다.
3) J. C. Davies, 'Deacons, deaconesses and the minor orders in the patristic

부와 아일랜드에서 켈트족 여성은 사제들과 함께 성무를 행함으로써 그리스도교 교회라는 테두리 안에서 옛 켈트 전통을 이어가고 있었다. 그러나 이런 관습은 주교들의 탄핵을 받았고 곧 철폐되었다.[4] 그 후로 여성들은 이단종파들에서나 성무를 행하게 되었고, 이런 종파들은 교회의 탄핵과 파문을 받았다.

사도 바울의 이론적 관점은 수세기에 걸쳐 신학자들과 교회법학자들에 의해 심화되었다. 교부들은 여성을 원죄의 질곡에 매인 하와(이브)의 딸이자 후계자로, 사탄의 관문으로 거듭 묘사했다. 사탄이 남자를 유혹할 힘이 없음이 드러났을 때 남자를 유혹한 것은 여자였으며, 따라서 하느님의 아들이 죽임을 당하게 된 것도 그녀가 마땅히 벌 받아 죽어야 하기 때문이었다.[5] 인류의 연대기에서 여성의 역할은 파멸을 가져오는 것이었고, 여전히 그러하니, 여성이야말로 육신의 죄악으로 이끄는 영원한 유혹자라는 것이었다. 4세기에 요하네스 크리소스토모스[6]가 말하기를, 여자가 선생 노릇을 하면 모든 것을 망쳐버린다고 했다.[7] 좀더 변증법적이고 복잡한 접근은 성 아우구스티누스[8]의 저작에서 발견된다. 그

---

period', *Journal of Ecclesiastical History* XIV (1936). 토마스 아퀴나스도 여집사의 제한된 역할에 대해 논한 바 있다. T. Aquinas, *Summa Theologica* (Rome 1894), vol. V, p. 197.

4) A. Borst, *Les Cathares* (Paris 1974), p. 251 ; E. S. Duckett, *The Gateway to the Middle Ages, Monasticism* (Ann Arbor 1963), pp. 65~66. 교회법에서 여성의 지위에 관해서는 R. Metz, "Le statut de la femme en droit canonique médiéval", in *Rec. Soc. Jean Bodin* vol. XII (1962), pp. 62~63.

5) Tertullian, *De Virginibus velandis*, Patrologia Latina, ed. J. p. Migne (PL) vol. II, cols. 899~900.

6) 옮긴이 주 : Ioannes Chrysostomos (347경~407). 그리스 교부. '크리소스토모스', 즉 '황금 입을 가진 자'라는 별명이 말해 주듯 탁월한 설교자로, 동방 가톨릭 교회의 대표적 교부이다. 안티옥 출신으로 콘스탄티노플 주교가 되었으며, 교회 개혁에 나서서 상류층 여성들의 사치한 생활을 비판하다가 에우독시아 황후의 반감을 사서 유배 생활 중에 세상을 떠났다.

7) Works of Chrysostom, in *Select Library of the Nicean and Post Nicean Fathers*, ed. P. Schaff (Buffalo 1886), vol. XII, pp. 151, 222.

8) 옮긴이 주 : Saint Augustinus/Augustine of Hippo (354~430). 철학자, 신학자,

는 이렇게 썼다. "그리하여 사도는 말하기를 '아담이 속은 것이 아니고 여자가 속아 죄에 빠졌음이니라'(디모데전서 2장 14절)라고 하였다." 그러나 사도 바울은 아담이 죄를 짓지 않았다고는 하지 않았다. 사탄은 남자가 자기 말에 귀를 기울이리라고 생각지 않았고, 남자가 여자의 말은 들으리라는 것을 알았기 때문에 남녀 중 좀더 약한 쪽인 여자에게로 돌아선 것이다. 아담은 속지 않았고 뱀의 말이 진실이라고 믿지 않았다. 속아서 뱀을 믿은 것은 여자였고, 아담은 지상에서 자신 말고는 유일한 인간 존재였던 아내의 말을 들었다. 그는 두 눈을 번히 뜨고서 죄를 지었지만, 그의 죄는 여자의 죄보다 덜하지 않았다.[9] 성 아우구스티누스는 또 이렇게 말한다. 그렇다 하더라도 여자가 신의 형상으로 지어졌다고 말할 수 있는 것은 남자와 여자를 하나의 본질로 볼 때뿐이다. 여자만을 놓고 본다면, 그녀는 아담의 형상으로 지어졌으므로 하느님의 형상이 아니다. 반면 남자는 따로 놓고 보아도 하느님의 형상이다. 여자가 남자에게 종속된 것은 그녀 자신의 죄의 결과이다.[10]

여자를 모든 죄악의 어머니인 하와로 묘사하는 것은 중세 전성기의 문학에서 거듭 반복된다. 11세기 말의 피에트로 다미아니[11]는 이렇게 썼다. "옛 원수가 하와를 찔렀던 바로 그 창이 하와의 후예들 안에서 여전히 떨리고 있다는 것은 놀라운 일이 아니다."[12] 토마스 아퀴나스[13]는 원죄

서구 그리스도교의 발전에서 가장 중요한 인물 중 하나. 북 아프리카 출신으로 카르타고에서 고전 교육을 받고 교사가 되었으며, 30세 무렵에는 밀라노의 수사학 교수직을 맡았다. 젊었을 때는 마니교에 심취했으나 밀라노에서 암브로시우스 주교의 영향을 받아 그리스도교로 개종했다. 이후 북 아프리카로 돌아가 재산을 가난한 자들에게 나눠주고 수도생활을 시작했으며, 40세 무렵 히포의 주교가 되었다. 《신국론》(De civitate Dei), 《그리스도교 교의》(De doctrina Christiana), 《고백록》(Confessiones) 등 그리스도교 신학의 기본이 되는 저서들을 남겼다.

9) St. Augustine, De Civitate Dei, PL vol. XLI, col. 419.

10) St. Augustine, De Trinitate, PL vol. XLII, cols. 1002~1003; De Genesi ad Litteram, PL vol. XXXIV, col. 450.

11) 옮긴이 주: Pietro Damiani(1007~1072). 11세기 교회 개혁의 가장 강력한 지지자 중 한 사람. 청빈과 금욕을 실천하여 성 프란체스코의 선구자로 불린다. 당대 성직자들의 타락한 풍습을 질타하는 글을 많이 썼다.

이전의 자연 상태 가운데서도 양성은 대등하지 않았다고 주장한다. 여성이 남성에게 종속되는 것은 자연스러운 일이다. 왜냐하면 남성은 여성보다 본성상 더욱 논리와 분별을 타고나며, 비록 여성이 남성의 형상대로 지어졌다고는 하나 남성보다 열등하기 때문이다[14] (아퀴나스는 또한 히포크라테스, 아리스토텔레스, 갈레노스 등의 생물학 및 의학 저작에서도 여성이 생물학적으로 열등하다는 이론의 구체적 근거를 발견한다). [15]

그러나 이런 쟁점들과 더불어 12세기 초부터는 동정녀 마리아, 즉 성모의 지위와 역할이 주목받게 되었다. 이미 교부들과 5세기의 공의회들 (431년 에페소스 공의회, 451년 칼케돈 공의회) [16] 은 구세주를 낳은 동정녀라는 개념, 하느님과 신자 사이의 중개역으로서의 성모라는 개념을 공식화한 바 있었다. 그러나 12세기에는 이런 개념들이 널리 전파되고 한층더 세련되었다. 모든 은총은 동정녀 마리아를 통해 인류에게 주어지며, 그녀에게는 어떤 죄도 없다. 캔터베리 주교 안셀름[17]의 표현을 빌리자

12) Peter Damian, *De Sancta Simplicitate*, PL vol. CXLV, col. 695.

13) 옮긴이 주: Thomas Aquinas(1225경~1274). 이탈리아 출신 신학자, 철학자. 그의 《신학대전》(*Summa Theologica*) 은 신앙과 이성 간의 균형을 수립하고 그리스도교 교의와 아리스토텔레스 철학을 조화시킨 대작이다.

14) Thomas Aquinas, *Summa Theologica*, vol. I, pp. 717~718.

15) 여성의 생물학적 열등성에 대해서는 Gallenus, *Oeuvres*, ed. and trans. C. Daremberg(Paris 1854~1856), vol. II, pp. 99~101; M. T. d'Alverny, "Comment les théologiens et les philosophes voient la femme", *Cahiers de Civilisation médiévale*, X^e~XIIe *siècles* XX (1977)

16) 옮긴이 주: 공의회란 그리스도교회에서 주교들을 위시한 지도자들이 모여 교의, 교회 행정, 규율 등의 문제를 논의하는 모임을 말한다. 431년 소아시아의 에페소스에서 열린 공의회에는 약 200명의 주교들이 모여 그리스도의 신성과 인성에 관한 논쟁을 벌인 끝에 네스토리우스파를 이단으로 규정하고 그리스도는 완전한 신이요, 완전한 인간이라는 결론을 내렸다. 그러나 이 결론으로는 미진하여 451년 칼케돈에서 다시 500명의 주교가 모여 다시금 네스토리우스파를 파문했다. 이런 논쟁에서 성모 마리아가 단순히 인간 그리스도의 어머니냐 신의 어머니냐 하는 것이 쟁점으로 부각되었다.

17) 옮긴이 주: Anselm of Canterbury(1033경~1109). 스콜라 철학의 창시자. 이탈리아의 아오스타 출신으로 프랑스의 베크 수도원에서 서품을 받고 후일 그곳의 수도원장이 되었다. 1093년 잉글랜드 캔터베리의 대주교가 되었다. 그리스도교

면, 성모는 하와의 죄를 대속(代贖)했다. 우리의 타락의 근원이었던 죄가 여자에게서 비롯되었듯이, 우리의 의로움과 구원의 아버지 또한 여자에게 태어나셨다는 것이다. [18] 동정녀는 그의 아들을 낳았다는 점에서 성부와, 그의 어머니가 되었다는 점에서 성자와, 그를 통해 아들을 잉태했다는 점에서 성령과 가깝다고 안셀름은 강조했다. [19] 그녀는 죄인들이 회개하도록 인도하고, 신자들 사이에서나 불신자들 사이에서나 기적을 행하여 신자들을 보호해 주며, 불신자들을 믿음의 품안으로 인도한다. 성모의 이름을 부르기만 해도 마귀들이 달아난다. 무엇보다도 그녀는 자기 아들과 신자들 사이에서 중보자(仲保者)가 된다. 야곱의 사다리와도 같이 그녀는 하늘과 땅 사이를 이어주는 것이다. [20]

베르나르 드 클레르보[21]는 수태고지(受胎告知)에 대한 긴 주석을 지었고, 성모에게 바치는 여러 편의 설교문을 썼으며, 무염시태(無染始胎)[22]에 관한 신학적 논쟁에 참여했다. [23] 동정녀 마리아는 영혼과 육신

신앙을 이성적으로 이해하고자 했으며, 《왜 신이 인간이 되었는가》(*Cur Deus Homo*)(1099)는 대속 이론을 봉건주의 가신제의 모형에 비추어 설명했다.

18) Anselm of Canterbury, *Cur Deus Homo*, PL vol. CLVIII, col. 364.

19) Anselm de Cantorbéry', in *Dictionnaire de Théologie catholique*, ed. A. Vacant, E. Mangenot and E. Amann(Paris 1927).

20) Guibert de Nogent, *Histoire de sa vie*, ed. G. Bourgin(Paris 1907), *L. I. C.* 26. 기타 참고할 만한 자료는 *Miracula Beatae Mariae*, Ms de XIIe siècle, Bibliothèque Nationale, Paris, fonds latins 3177, fol. 137 V°, 147 V°; Rutebeuf, *Oeuvres complètes*, ed. A. Jubinal(Paris 1839), vol. II, p. 1; Jehan Bodel, *Lis Jus Saint Nicolai*, ed. L. J. N. Monmerqué(Paris 1832).

21) 옮긴이 주: Bernard de Clairvaux(1090~1153). 시토회 수도사, 신비가. 스콜라 철학의 이성주의에 맞서 신앙의 순수한 자발성을 옹호했다. 1130~1145년경에는 여러 공의회의 중재자이자 교황의 상담자로서 당대 교계의 가장 영향력 있는 인물이 되었다. 마리아 흠숭에 관한 소론, 성전 기사단 창설을 위한 설교, 아가(雅歌) 주석 등을 위시한 수많은 설교와 주석을 남겼다.

22) 옮긴이 주: 초대 교회 교부들은 성모 마리아를 거룩하기는 하지만 전적으로 무죄하다고는 보지 않았다. 그러나 차츰 그녀의 거룩함을 완전무결한 것으로 믿고자 하는 경향이 생겨났고, 서방 교회에서는 10~11세기경에 이르면, 비록 교의로 확정되지는 않았으나 그러한 믿음이 일반적으로 받아들여졌다(동방교회에서는 이

그녀의 유물을 간직하고 있어 순례지로 유명해졌다. 33) 13세기에는 생 막시맹 교회34)도 같은 명성을 얻었다. 35) 베르나르 드 클레르보는 그녀가 회개를 불러일으키고 하느님께 간구하는 능력을 칭송했으며, 36) 아벨라르는 이렇게 썼다. "나는 막달라 마리아를 사도 중의 사도라 부른다. 예수께서 부활하셨음을 사도들에게 알린 이는 바로 그녀였기 때문이다."37)

성모의 거룩함과 특별한 역할, 하와의 죄에 대한 대속 등의 개념이 발달하면서 여성의 명예는 부분적으로나마 회복되었고 인류역사에서의 여성의 역할도 재고되었으며, 그와 더불어 신실하고 희생적이고 대속적인 여성상이 수립되기 시작했다. 베르나르 드 클레르보는 뱀의 머리를 밟는 동정녀 마리아를 묘사했고, 38) 존자(尊者) 피에르39)는 엘로이즈에게도

---

33) 옮긴이 주: "860년경 이 수도원을 설립한 지라르 드 루시용이 그것을 헌정한 대상은 그리스도와 성모와 성 베드로뿐이었다. 11세기의 이 시점에 이르기까지, 베즐레의 수도사들이 막달라[마들렌]의 유해를 간직하고 있다는 주장을 했다고 생각할 만한 단서는 전혀 없다. 그러다 돌연 1037년과 1043년 사이에 쓰인 한 문건이, 그녀의 유해가 거기 있음을 부인하는 자들에게 맞서, 무덤 위에서 일어난 숱한 환상들과 온갖 기적들이 그 증거이며 이미 프랑스 전역에서부터 순례자들이 기적을 찾아 모여들고 있다고 단언하는 것을 보게 된다. 분명 그러한 성유물들이 '발견' — 당시의 표현대로라면 '발명' — 된 것은 11세기의 제 2사분기 동안이었을 터이다." 조르주 뒤비, 《12세기의 여인들》.

34) 옮긴이 주: 본문의 Saint Maximianus는 오기(誤記). 전설에 의하면 막달라 마리아는 오순절 이후 72문도들 중 한 사람인 막시미누스(Saint Maximinus)와 함께 배를 타고 지중해를 건넜다고 한다. 마르세유에 내린 그들은 함께 설교하며 엑스(Aix) 지방을 복음화하기 시작했으며, 막달라 마리아가 죽자 막시미누스는 그녀를 위해 성대한 장례를 지내고, 시몬의 집에서의 식사 장면을 한쪽 면에 새긴 대리석 석관에 시신을 안치했다는 것이다. 그 막시미누스를 기념하는 교회가 생 막시맹 교회이다.

35) V. Saxer, *Le Culte de Marie Madelaine en Occident* (Paris 1959).

36) St. Bernard, *Opera*, vol. I, p. 899, vol. II, pp. 1046~1050.

37) Pierre Abélard, *Epistola VII*, PL vol. CLXXVIII, col. 246.

38) St. Bernard, *Opera*, vol. I, p. 738.

39) 옮긴이 주: Pierre le Vénérable(1092경~1156). 클뤼니 수도원의 저명한 수도원장. 영적·지적·재정적 개혁을 통해 클뤼니를 유럽의 손꼽히는 수도원으로 만들었다. 낙백한 아벨라르를 맞아들여 그의 임종을 지켰으며, 파라클레투스 수녀원장 엘로이즈에게 그의 죽음을 알리는 편지를 썼다.

동일한 여성상을 부여했다. "당신은 항시 여성을 엿보는 사탄을 발밑에
짓밟았습니다."[40] 그러나 이 두 저자보다도 한층 더 성모의 이미지를 반
영하는 여성상을 고취한 것은 아벨라르였다. 반면 엘로이즈는 자기 편지
에서 여성을 하와의 후예로 그렸다.

아벨라르와 엘로이즈가 이 두 가지 여성상, 두 가지 원형을 발전시킨
데는 깊은 심리적 요인들이 있었겠지만 이 연구의 범위에는 속하지 않는
다. 우리 연구의 맥락에서 중요한 것은 이 두 가지 여성상이 오래전부터
공존해 왔으며, 비록 엘로이즈와 아벨라르에 의해 나름대로의 방식으로
개진되기는 했지만, 독창적인 것도 독특한 것도 아니었다는 사실이다.
엘로이즈는 삼손을 타락시킨 드릴라에서 솔로몬의 아내들에 이르기까
지, 그리고 욥의 아내와 자기 자신에 이르기까지, 여성이란 남성에게 고
통의 원인일 뿐이라고 보았던 반면(그녀는 자신을 아벨라르의 파멸의 원인
으로 묘사한다), [41] 아벨라르는 여성 선지자들, 거룩한 여인들과 수녀들
을 예로 든다. 신구약성서를 통틀어 죽은 자들의 부활을 가져온 것은 여
인들의 기도였으니, 클로비스를 필두로 하는 프랑크족 전체를 그리스도
교로 인도한 것은 클로틸드[42]의 기도였다. [43] 예수의 가장 신실한 추종
자들 중 몇 명은 여자였으며, [44] 구세주에게 향유를 바르는 특권을 누린
것도 여자였다. 그리스도는 동정녀에게 잉태되고 동정녀에게서 태어나
셨다. 만일 그러기로 하시기만 했다면 구세주는 남자에게서도 태어나실
수 있었을 것이지만, 그 겸손의 영광을 여성에게 부여하기를 원하셨다.

40) "vetusti anguis ac semper mulieribus insidiantis caput atque ita elides, ut
nunquam ulterius contra te sibilare audeat." *The Letters of Peter the Venerable*,
ed. G. Constable I(Cambridge, Mass. 1967), vol. I, letter 115, p. 304.
41) Héloïse, *Epistola IV*, PL vol. CLXXVIII, col. 195.
42) 옮긴이 주: Clothilde(474경~545). 부르고뉴 왕 킬페릭의 딸로 프랑크족의 왕 클
로비스와 결혼했으며 남편을 그리스도교로 개종시키는 데 기여했다. 클로비스는
알레마니족과의 싸움에서 거의 패했다고 생각했을 때 '클로틸드의 신'에게 기도하
여 승리를 거둔 후 그리스도교의 신이 참되다고 믿게 되었다고 한다.
43) Pierre Abélard, *Epistola III*, PL vol. CLXXVIII. col. 190.
44) Pierre Abélard, *Epistola VII*, *ibid.*, col. 228.

그러나 아벨라르가 그처럼 높인 것은 여성 전체가 아니라 수녀였다. 온전한 성생활을 하며 자연적인 방식으로 임신과 출산을 겪는 여성은 여전히 열등한 존재요, 혐오감을 일으키는 존재였다. 그의 이런 태도는 다음과 같은 대목에서 확연히 드러난다.

구세주께서는 여인의 몸에서 또 다른 부분을 택하사 그곳에서 잉태되시고 그곳으로부터 태어나셨지, 여느 인간의 자식들이 잉태되고 태어나는 그 비천한 곳으로부터 나시지 않았다.

즉, 그는 동정녀의 여성적인 부분들은 자연적인 방식으로 기능하지 않았다고 주장함으로써, 자연적으로 출산하는 여성의 성적인 부분들에 대한 부정적 태도를 표명했다. 이것은 마니교[45] 찬가 중에서 ‘절제하는 자들’의 외침을 상기시킨다. “나는 내 주께서 오염된 자궁에서 태어나시게 하지 않았다.” 같은 편지에서 아벨라르는 옛적의 처녀들에 대해 이렇게 썼다. “정결하게 살고자 하는 소망이 강한 나머지, 순결을 지켜 모든 동정녀들의 신랑 되시는 이에게 동정녀로서 나아가겠다는 맹세를 어기지 않기 위해 일부러 자기 용모를 훼손하는 이들도 있었다.”[46]

있는 그대로의 여성과 수녀의 이 같은 구별은 베르나르 드 클레르보의 저작에서도 분명히 드러난다. 소피아라는 이름의 수녀가 된 한 처녀에게 보낸 편지에서 그는 도덕적으로 강인한 여성들은 남성들보다 많지 않으나 정결서원을 한 수녀는 은총을 입어 다른 인간 존재들과는 다른 차원에 속한다고 썼다. 그런 여인은 내세에서 순결하고 빛나는 모습으로 신랑의

---

45) 옮긴이 주: 마니(216~277)가 창시한 종교. 조로아스터교, 그노스티시즘, 유대교, 그리스도교, 불교 등의 신화로부터 차용하여 근본적 이원주의를 주장한다. 현세의 삶은 어둠의 물질세계와 그로부터 벗어나고자 애쓰는 빛과의 싸움이라고 본다. 마니교의 이원주의는 11세기경부터 서부 유럽에도 나타났으며, 보고밀파, 카타리파 등도 그와 맥을 같이 한다.

46) *Ibid.*, col. 256. 마니교 찬가의 출전은 J. T. Noonan, *Contraception. History of its Treatment by the Catholic Theologians and Canonists* (Cambridge, Mass. 1965), p. 112.

68

영접을 받을 것이다. 천국에는 동정녀들을 위한 특별한 처소가 마련되어 있어, 거기서 그녀들은 어린 양 앞에서 노래하고 춤출 것이다. 주께서 그런 여인을 위해 예비하신 기쁨은 눈으로도 귀로도 상상할 수 없을 것이며, 이미 이 세상에서 그녀는 은총을 누린다. 그녀는 누더기를 입어도 주께서 그 안에 계시므로 빛날 것이다. 47) 이런 태도는 수녀가 된 또 다른 여인에게 보내는 편지에서도 재확인된다. 이 편지에서 베르나르 드 클레르보는 그녀가 자기 의지와 규율대로 살던 삶으로부터 하느님에 따라 사는 삶으로 넘어가는 단계를 묘사한 다음, 정결치 않은 여인의 삶과 수녀의 삶 사이에 절대적인 경계선을 긋는 것으로 결론을 맺는다.

그러나 만일 당신 마음속에 타오르는 하느님의 불이 꺼지도록 내버려둔다면, 당신을 위해 예비된 것은 영원히 꺼지지 않을 불밖에 없음을 확실히 알아두시오. 성령의 불로써 육신의 정욕을 끄시오. 결코 그런 일은 없어야겠지만, 만일 당신의 가슴속에 고동치는 신성한 열망이 육신의 정욕으로 인해 꺼진다면, 당신은 자신을 지옥 불에 내어주게 될 것이오. 48)

여기서 우리는 여성의 생식기관 및 출산과정과 관련되는 자연법칙에 대한 거부와 나란히, C. G. 융이 말하는 잠재의식의 원형 중 여성적 요소인 아니마가 신의 세계와 인류역사에서 어떻게 받아들여지는가를 본다. 49) 그러니까 오직 수녀만이, 다시 말해 온전한 잠재력을 실현하지 않은 여성만이 받아들여지는 것이다. 그것은 마치 그리스·로마 신화에서도 처녀여신들만이 영웅들에게 영감의 원천이 되는 것과도 같다. 여성의 성적 생리에 대한 이 같은 거부는 4세기의 라오디게아 교회법에 표명된 입장, 즉 여성은 월경을 하기 때문에 성전에 들어갈 수 없다는 금지령을

47) St. Bernard, *Opera*, vol. I, *Epistola CXIII*, p. 121.
48) *Ibid.*, *Epistola CXIV*.
49) C. G. Jung, *Zentralblatt für Psychotherapie*, IX(1963), pp. 259~274. 융의 원형과 그리스도론 사이의 유추에 대해서는 P. Evdokimov, *La Femme et le Salut du Monde*(Paris 1958), p. 193.

상기시킨다. 이런 태도는 그리스도께서 12년 동안이나 혈루증(血漏症)을 앓는 여인이 낫고자 하여 그의 옷자락을 만진 것을 허락하시고 병을 고쳐주신 것과는 사뭇 거리가 있다(마태복음 9장 20～22절).

그러나 수녀는 성생활을 하는 여성과 분명히 구별되었음에도 불구하고 어떤 수녀도 성무를 수행하거나 사제로 봉직하도록 허용되지 않았다. 교회법은 다른 모든 여성들과 마찬가지로 수녀에게도 성찬용기나 수건을 만지거나 분향하거나 미사 동안 제단에 가까이 가는 것을 금지했다. 수녀는 그리스도의 신부라고는 해도 성례에서 사제를 보좌할 수 없었으니, 다른 모든 여성들과 마찬가지로 수녀 역시 오염에 대한 두려움의 표적으로 금기 대상이 되었기 때문이다.[50] 여성 사제라는 것이 얼마나 말도 안 되는 일이었던가는 바보제(祭) 때의 습속에서도 단적으로 드러난다. 이 축제 때의 행사 중 한 가지는 통상적인 인간사의 규범을 거꾸로 뒤집는 것으로, 성직자들은 옷을 거꾸로 돌려 입거나, 야만인처럼 짐승의 가죽과 나뭇잎과 꽃을 걸친 차림새로 행진을 하거나, 아니면 여자 옷을 입고 음탕한 표정으로 외설적인 노래를 부르곤 했다.[51] 여자가 사제직을 수행한다는 것은 야만인이 사제가 되는 것만큼이나 기존 규범을 완전히 뒤집는 일이었다. 그러므로 우리는 모든 중세 여성들에게서 한 가지 부정적인 공통점을 발견할 수 있다. 즉, 중세 여성들은 귀족이든 도시 혹은 농민 여성이든 수녀든 간에 성직의 특권을 박탈당했다는 것이다. 그래도 일부 여성들은 수녀가 되었으니, 기도하는 계급에 여성을 넣을 수 있는 것은 그 덕분이다.

50) R. Metz, "La Femme en droit canonique médiéval", pp. 105～107. 11세기 교회 개혁에서 여성의 성이 내포하는 위험이 어떻게 강조되었던가에 대해서는 R. I. Moore, "Family, community and cult on the eve of the Gregorian Reform", Transactions of the Royal Historical Society (TRHS) XXX (1980), pp. 49～69.

51) J. Heers, Fêtes, Jeux et Joutes dans la Société de l'Occident à la fin du Moyen Âge (Paris 1971), p. 126.

1. 여성 수도회들

그리스도교 교회 안에는 여성 수도생활의 전통이 이어져왔다. 수도사들과 마찬가지로 수녀들은 무엇보다도 기도에 삶을 바쳤다. 그리하여 여성들도 기도하는 위계에 한 자리를 할당받았고, 그 교회적 가치서열에서 가장 높은 위치를 차지하는 집단에 속할 수 있었다. 중세사회에서 이런 지위는 가장 그리스도교적인 생활방식을 자발적으로 선택한 자들, 가능한 가장 완벽한 방식으로 신을 섬기려는 자들의 몫이었다.

수도원이 제도화되기 이전에도 그리스도교 공동체 안에는 금욕적인 삶을 사는 처녀와 과부들이 있었고, 처녀들은 초대 그리스도교 시절부터 특별한 지위를 할당받았다. 이 특별한 지위는 그리스도교의 초창기부터 정결이 의무는 아니라 하더라도 남녀 공히 좀더 그리스도교적인 삶의 방식이었다는 사실과 관련된다. 신약성서에는 그 점을 명백히 한 대목이 있다.

> 예수께서 이르시되 이 세상의 자녀들은 장가도 가고 시집도 가되 저 세상과 및 죽은 자 가운데서 부활함을 얻기에 합당히 여김을 입은 자들은 장가가고 시집가는 일이 없다(누가복음 20장 34~35절).

사도 바울도 이렇게 썼다.

> 내가 혼인하지 아니한 자들과 과부들에게 이르노니 나와 같이 그냥 지내는 것이 좋으니라. 만일 절제할 수 없거든 결혼하라. 정욕이 불같이 타는 것보다 결혼하는 것이 나으니라(고린도전서 7장 8~9절).[52]

정결이 좀더 그리스도교인다운 것으로 여겨졌던 것은, '육신의 음욕으로부터 자유로워질 때 좀더 하느님에 대한 사랑에 전념할 수 있기 때문,

---

52) 그 밖에 계시록 14장 4절도 참조할 것.

다시 말해 무엇인가를 버림으로써 다른 무엇을 얻을 수 있기 때문일 뿐 아니라, 금욕생활 자체가 그리스도의 모방이기 때문이었다. 그리스도께서 동정녀를 모친으로 택하셨고, 동정녀의 손에서 자랐으며, 평생 동정을 지키셨다는 것이다. 53) 정결은 순명(順命) 및 가난과 함께 수사나 수녀가 되기 위한 세 가지 서원 중 하나였고, 그 중에서도 특별한 덕목으로 간주되었으며, 특히 수녀들에게는 동정이 강조되었다. 동정 수녀는 성모이신 동정녀와 비교되었으니, 그녀는 그리스도의 신부로서 그리스도와의 신비적 결혼의 상징인 반지를 꼈다. 그녀와 신랑의 관계는 종종 아가(雅歌) 풍의 에로틱한 말로 묘사되었다. 아벨라르가 엘로이즈에게 보낸 편지에서도 그런 예를 찾아볼 수 있다.

> 나는 당신을 내 여주인이라 칭합니다. 왜냐하면 당신은 내 주님의 신부이니까요. … 당신은 왕 중 왕과 침상을 같이하는 영광을 입었으니, 왕의 다른 모든 신하보다 더 높은 자리에 오른 것입니다. 54)

대중의 신앙과 전설에서도 처녀는 특별한 능력을 갖는 것으로 믿어졌다. 가령 전설의 동물인 일각수(一角獸)는 아무의 접근도 허용하지 않지만 처녀의 가슴에 머리를 기대고 쉬며, 이것만이 그것을 사로잡을 수 있는 유일한 방법이라고 했다. 〈카르미나 부라나〉(Carmina Burana) 55) 의 노래 중 하나에는 이런 구절이 있다. "보라, 그는 처녀의 손길로 일각수를 길들이는도다."56) 잔 다르크는 동정녀였으며, 동정녀 마리아가 하와의 죄를 대속했던 것처럼 샤를 6세의 부정한 왕비 이자보 드 바비에르(바이에른) 57) 의 죄를 대속했다. 이자보는 프랑스에 비극을 가져왔고, 잔은

---

53) Peter Damian, *De Caelibatu Sacerdotum*, PL vol. CXLV, col. 384; Thomas Aquinas, *Summa Theologica* (Rome 1899), vol. II-II, pp. 985~986.

54) Pierre Abélard, *Epistola V*, PL vol. CLXXVIII, col. 199.

55) 옮긴이 주: 중세의 유랑학사(流浪學士)인 '골리아르'(goliard)들의 시가집.

56) "Capiatur rinosceros Virginis amplexu", *The Goliard Poets*, ed. F. Whicher (New York 1949), p. 166.

72

조국에 구원을 가져왔다는 것이었다.

중세 내내 교회나 예배당 근처에는 칩거생활을 자청한 봉쇄수녀 내지 은둔수녀[58] 들이 있었다. [59] 그러나 수녀원이 제도화된 이후 대부분의 수녀들은 수녀원에서 공동생활(coenobium)을 했다. 여성들의 수녀원은 남성들의 수도원과 나란히 발전했다. 그래서 6세기 이후로는 베네딕토회[60] 수녀원이 발전했고, 중세 전성기에도 대부분의 수녀원들은 베네딕토회 수도원이었다. 어떤 수녀들은 공동체 안에서 참사(參事) 수녀[61] 로

---

57) 옮긴이 주: Isabeau de Bavière(1370경~1435). 프랑스 왕 샤를 6세의 왕(1385~1422) 정신이 온전치 못한 남편을 대신하여 섭정을 맡았으며, 왕제 오를레앙 공작과의 긴밀한 협조 때문에 간통 의혹을 받았다. 백년전쟁의 와중인 1420년에 자신의 딸 카트린과 잉글랜드 왕 헨리 5세를 결혼시키고 프랑스 왕통을 헨리 5세가 계승하기로 하는 트루아 화약을 맺음으로써 온 국민의 원성을 샀다. 1422년 아들 샤를 7세가 프랑스 왕으로 즉위하자 정치 무대에서 물러났다.

58) 옮긴이 주: 말의 본래적 의미로 보면 봉쇄수녀(recluse)는 예배당에 딸린 집이나 방에 평생 '갇혀'(recluse) 사는 수녀, 은둔수녀(anachorite)는 ana-khorein, 즉 '멀리 가서' 사는 수녀인데, 본문에서 보듯이 실제로는 모두 공동체를 이루지 않고 혼자 사는 수녀들을 가리킨다.

59) 수녀원에 살다가 은둔수녀가 되기를 원했던 한 베네딕토회 수녀에 대해서는 *Visitations of Religious Houses in the Diocese of Lincoln*, ed. A. H. Thompson (Horncastle 1914), p. 113.

60) 옮긴이 주: 529년경 이탈리아의 성인 베네데토(San Benedetto da Norcia, 480~547)는 몬테카시노에 수도원을 세우고 수도생활의 규칙을 정했다. 그 기본적인 원칙은 동일한 수도원에 머물러 행실을 바꾸고 상급자에게 순종한다는 것이다. 통일된 하나의 수도회(교단)를 조직한 적은 없으나, 이 계율을 따르는 모든 수도원을 베네딕토회 수도원이라 한다. 우리말로는 분도회(芬道會)라고 부르기도 한다.

61) 옮긴이 주: 참사회원(canon)이란 교회 소속 참사회, 즉 교회의 종교적·세속적 관심사들을 관장할 임무를 맡은 성직자단의 일원을 가리킨다. 이들은 공동체를 이루고 일정한 규율을 준수하며 살기는 했지만 사유재산을 가질 수도 있고, 상당 기간 출타할 수도 있었다. 참사수녀(canoness) 역시 교회에 속해 공동체 생활을 했지만 정식 수녀들처럼 원내에 갇혀 살거나 사유재산을 포기하지 않았고 종신서원으로 묶이지도 않았다. 그러므로 대체로 자기 재산을 지닌 귀족 여성들이 참사수녀가 되었다. 이렇게 느슨한 수도생활을 하는 이를 세속참사회원(secular canons), 그에 대한 반발로 정식 수도원처럼 엄격한 규율을 따르는 이들을 규율 참사회원(regular canons)이라 한다.

살았고, 어떤 수녀들은 공동체를 떠나 남성 세속참사회원들처럼 별도의
성직록을 받으며 자기 집에서 살았다. 자크 드 비트리[62]를 위시한 이들
은 이런 수녀들에게 분개했다(시에나의 참사수녀들은 성 카타리나가 젊고
아름다웠을 때에는 받아들이기를 거부하다가 천연두 때문에 아름다움이 망가
지자 그제야 마음을 바꾸었다고 한다).[63] 12세기부터는 새로운 수도회의
수도원들과 나란히 새로운 수녀원들이 생겨났다. 그 목적은 베네딕토회
본연의 순수성으로 돌아가자는 것이었다. 그래서 생겨난 것이 시토회와
프레몽트레회로, 이들 수도회는 베네딕토회보다 좀더 엄격한 금욕생활
을 실천했다.[64]

13세기 초에는 프란체스코회[65]와 도미니코회[66]가 생겨났으며, 그와

---

62) 옮긴이 주: Jacques de Vitry(1160경~1240). 성지 아크르와 투스쿨룸의 주교이
자 십자군 원정의 역사가. 파리대학에 다니다가 리에주 교구의 여성 신비가 마리
두아니(Marie d'Oignies)를 방문한 후, 그녀의 조언에 따라 세속참사회원이 되
었으며 파리로 돌아와 정식으로 사제 서품을 받았다. 1210~1213년 사이에는 알
비 십자군 원정의 대표적인 설교자로 활약, 명성이 높아져서 생장다크르의 주교
로 초빙되었다.

63) 'Chanoinesse' in *Dictionnaire de Droit canonique*, ed. R. Naz(Paris 1942),
vol. III, cols. 488~500. 공동체에 속해 살지 않았던 로렌 지방의 참사수녀들에
대해서는 M. Parisse, *La Noblesse lorraine, XIᵉ~XIIIᵉ siècles*(Paris-Lille 1976),
pp. 418, 431. 중세 후기 토스카나 지방에 대해서는 D. Herlihy and C.
Klapisch, *Les Toscans et leurs familles*(Paris 1978), pp. 580~181. 성 카타리나
에 대해서는 *Acta Sanctorum*, April III(Paris-Rome 1866), pp. 879~880.

64) 옮긴이 주: 529년에 베네딕토 수도원이 창설된 이후 여러 세기가 지나는 동안 본래
의 엄격한 규율은 점차 완화되었고, 그 대표적인 예가 클뤼니회이다. 클뤼니의
수사들은 대개 귀족 출신으로 부와 권력을 누렸으며, 베네딕토회의 정신 자체를
부인하는 것은 아니라 해도 그 본연의 자세와는 상당히 거리가 있었다. 그에 대한
반동으로 11세기 말~12세기 초에 생겨난 많은 수도회 중 대표적인 것이 공동체
생활을 하되 침묵과 절제와 명상을 강조한 샤르트르 회(1084), 특히 독일에서 널
리 퍼진 프레몽트레회(1120), 청빈과 노동을 중요시한 시토회(1098) 등이다.

65) 옮긴이 주: 작은 형제들의 수도회라고도 한다. 13세기 초 아시시의 프란체스코에
의해 창설되었다. 이들은 전혀 아무 재산도 소유하지 않고 설교와 참회와 청빈의
생활을 했는데, 이들의 영향은 지대하여 창설 10년 만에 수효가 5,000명을 헤아
렸다. 1212년에는 성 클라라가 세운 프란체스코 수녀회가 합세했다.

66) 옮긴이 주: 설교자 수도회라고도 한다. 1215년 성 도미니코(도밍고)에 의해 창설

동시에 아시시의 프란체스코에게서 영감을 얻어 성 클라라67)가 설립한 청빈한 클라라 수녀회와 도미니코회의 제 2회68)인 도미니코 수녀회들도 생겨났다. 그러나 프란체스코회나 도미니코회가 도시사회에서 발전했고 그 구성원들이 설교자, 교사, 선교사 등으로 활동했던 것과는 달리, 수녀들은 도시의 수녀원에서도 베네딕토회 수녀들 못지않게 바깥세상과 단절되어 살았다. 설령 가르친다 해도 수녀원에 딸린 초등학교에서뿐이었다. 수녀원을 떠나는 것이 금지되어 있었기 때문에 수녀들은 가난한 자들을 도우러 나갈 수도 없었고 설교는 더더욱 할 수 없었다.

성 클라라가 구상했던 수녀원은 그런 것이 아니었을 터이다. 그녀가 원했던 것은 속세에 나가 일하는 것이었다. 모로코에서 프란체스코회 수도사 5명이 순교했다는 소식을 접한 그녀는 자신도 그곳에 가서 목숨을 바치고 싶다는 소원을 표명했다. 그녀의 전기 작가 중 한 사람에 따르면 그녀와 함께 살던 수녀들조차도 아시시의 프란체스코가 자신들을 '영원히 가두어놓았다'(*perpetuo carceravit*)는 사실에 불만이었다고 한다. 그리하여 청빈한 클라라 수녀회는 새로운 수도회의 두 가지 본령 중 하나, 즉 바깥세상에서의 설교와 봉사를 통한 사도다운 삶(*vita apostolica*)의 가능성을 처음부터 박탈당했다. 수녀들은 또한 절대적인 청빈(*pauperitas*)이라는 두 번째 이상 — 물론 그런 이상은 남성 수도원에서도 역시 오래가

되었다. 에스파냐 오스마 관구의 사제이던 도밍고는 남불의 이단 알비교도들에게 설교하러 가는 주교와 동행하여 알비교도들을 개종시키기 위한 설교자들의 공동체를 만들었고, 1215년 교황의 인가를 받았다. 이들의 특징은 그 때까지 주교 휘하 사제들의 일이던 설교를 행하며 더불어 신학 공부를 한다는 것으로 명상적 생활과 적극적 포교 활동을 병행했다. 창설된 지 40년이 못 되어 많은 도미니코회 수도사들이 대학에서 두각을 나타냈으니, 유명한 토마스 아퀴나스, 그의 스승이었던 알베르투스 마그누스 등이 모두 도미니코회에 속했다.

67) 옮긴이 주: Saint Clare of Assisi(1194?~1253). 귀족가문에 태어났으나 1212년 아시시의 길거리에서 프란체스코가 설교하는 것을 듣고는 가출하여 베네딕토회 수녀원에 들어갔고, 산 다미아노로 옮겨가서 좀더 청빈의 규율에 엄격한 '청빈한 클라라 수녀회'를 창설했다.

68) 옮긴이 주: 남성수도회를 제 1회, 여성수도회를 제 2회, 그리고 수도자처럼 생활하는 평신도 집단을 제 3회라 한다.

지 않았지만69) — 을 실천하는 것도 자기들 뜻대로 할 수가 없었다.

어떤 수도회에서도 수녀원장이 공개적으로 수녀들에게 설교를 하는 것은 허락되지 않았으며, 수녀원장을 위시한 고참 수녀들도 수도회의 참 사회나 최고회의에 참석할 수 없었다(제한된 기간 동안이나마 시토회의 수 녀원장들은 남성 수도원들이 하듯이 각 수녀원의 대표들이 모이는 총회를 열 었다). 새로운 수도회에서 수녀원들은 해당 남성 수도원의 대표들에 의 해 감독을 받았다. 베네딕토회에서 수녀원들은 해당 지방주교에게 종속 되어 있었다.70) 여성 수도회 중 어디서도 수녀들은 성직 서품을 받을 수 없었으며, 따라서 모든 여성 수도회들은 남성 사제의 성무를 필요로 했 다. 수녀원장들은 수녀들의 서원을 받거나 고해를 듣거나 축복을 할 권 한을 부여받지 못했다. 그런 것은 남성 사제들의 몫이었다.

수녀원장의 권위는 조직하고 다스리는 권능(*potestas dominativa*)으로 정의되었는데, 이 권위에 의거해 그녀는 수녀들에게 규율을 지키도록 요 구하거나 벌을 가할 수 있었다. 어떤 수녀원들에서는 수녀원장이 남성 종무원(宗務員)들에게도 이런 권위를 행사했다. 13세기에 시토회 수녀 원에서는 1년간의 수습기간 후 받아들여진 수도사들이 수녀원장 앞에 무 릎을 꿇고 그녀의 무릎에 펼쳐진 수도회 규율에 손을 올리고서 선서를 했 다. 그러나 이런 권위는 결코 '교회의 열쇠'를 쥐는 권위에서 비롯되는 사 법적(司法的) 권위가 아니라는 점이 강조되었으며, 수녀원장은 자신의 감독 하에 있는 수녀들을 재판하거나 교회법에 따라 파문과 같은 벌을 내 리거나 하는 것이 명시적으로 금지되어 있었다. 이런 관점에서 보면 수 녀원장이라는 지위는 교회법에 따라 사법적 권위를 부인 당한 여느 여인

---

69) 옮긴이 주: 1226년 프란체스코가 죽기 이전부터도 청빈의 서원이라는 문제를 놓고 열렬한 추종자들과 완화주의자들과 중도주의자들 간에 내분이 있었다. 수도회의 제 2 창설자로 불리는 성 보나벤투라는 규율을 현명하고 온건하게 해석하여 절충 을 이룩했지만, 이후로도 청빈이라는 규범의 해석에 대한 논란은 그치지 않았다.

70) "Abesse" in *Dictionnaire de Droit canonique*, vol. I, cols. 62~71; S. Roisin, "L'Efflorescence cistercienne et le courant féminin de piété au XIIIᵉ siècle", *Revue d'histoire ecclésiastique XXXIX* (1943), pp. 367~368.

76

들의 지위와 다를 바가 없었다. 성서시대의 여성 판관들은 예외적인 경
우로 용인되었지만, 그리스도 강림 이후 은혜시대에는 맞지 않는 일로
여겨졌다. 71)

양성 수도원(*double monastary*)은 수도원의 초창기부터 있었다. 수사
들과 수녀들이 별도의 건물에, 하지만 공동의 우두머리를 둔 하나의 수
도원 안에서 가까이 사는 것이다. 이런 수도원들은 아일랜드에서 에스파
냐에 이르기까지 서유럽 전체에 있었는데, 그 중에는 수녀원장이 남녀
수도사들을 거느리고 이끌어가는 곳도 있었다(이런 수도원으로 가장 유명
한 곳은 7세기에 성 힐다72)가 다스린 휘트비 수도원이다).

양성 수도원은 생겨날 때부터 많은 반대를 불러일으켰는데, 그 주된 논
거는 도덕적 기강이 해이해져서 수도원에 불명예가 된다는 것이었다. 양
성 수도원들은 종종 교회 공의회나 교황령의 결정에 의해 금지되기도 했
으나, 중세 말기 이후까지도 완전히 사라지지 않았다(가령 12세기 초에 창
설된 프레몽트레회에도 처음 몇 십 년 동안은 양성 수도원이 있었다). 그러나
여성이 이끄는 양성 수도원의 수는 그레고리우스 개혁73) 이후 현저히 줄
어들었다. 74) 로베르 다르브리셀75)이 창설한 퐁트브로 수도원이 수녀원

---

71) *Corpus Iuris Canonici*, ed. A. Friedberg, vol. I (Leibzig 1789) Decreti Pars
Secunda, Causa XXXIII, q. V cols. 1254~1256.

72) 옮긴이 주: St Hilda(614~680). 휘트비 수도원장. 노섬브리아 왕 에드윈의 딸로,
647년 세례를 받고, 657년 잉글랜드 북동 연안의 노스 요크셔의 '스트레온
스'(Streoneshalh, 데인족이 이곳에 붙인 이름이 '휘트비'이다)에 설립된 양성 수
도원의 원장이 되었다. 이 수도원은 867년 바이킹의 공격으로 파괴되었다.

73) 옮긴이 주: 교황 그레고리우스 7세(1073~1085 재위)가 주도한 교회 개혁. 고위
성직자들에게서 봉건 영지를 박탈함으로써 교회가 세속 권위에 예속되는 것을 막
고자 했으며, 성직 매매, 풍기문란 등으로 해이해진 성직자들을 단속함으로써 사
회 전체의 기강을 바로 세우고자 했다. 이하 '11세기(후반)의 교회개혁'이란 모두
이 '그레고리우스 개혁'을 가리킨다.

74) M. Bateson, 'Origins and Early History of Double Monasteries', *TRHS* XIII
(1899) pp. 137~198; M. Barère, 'Les monastères doubles au XIIe et XIIIe
siècles', *Académie royale de Belgique, classe de Lettres et des Sciences morales et
politiques*, Mémoires Sér. 2, XVIII (1923), pp. 4~32.

장이 다스리는 양성 수도원이었던 것은 이 시기에 주목할 만한 예외였다.

흥미로운 점은 남녀 수도자들이 모두 수녀원장의 다스림을 받는다는 현상이 종식된 것이 바로 신성에서 여성적 요소가 고양된 시기, 죄 없는 중재자인 성모의 역할이 신학적으로 확립되고 그리스도의 신부이자 성모의 이미지인 수녀가 칭송된 시기의 일이라는 사실이다. 여성적인 요소에 대한 이런 강조는 여성 일반은 물론이고 종교 공동체 내에 있는 수녀의 지위 향상과 무관했던 것이다. 게다가 11세기 후반 교회 개혁의 여파로 중앙화가 일어나고 위계질서가 공고해졌으므로 남성 수도사들에게 권위를 행사하는 여성 수도원장이라는 지위를 받아들이기란 이전보다 더 어려워졌다. 여성 수도원장들과 심지어 그녀들이 수녀원 안에서 행사하는 권한도 엄중한 감독 아래 놓이게 되었다. 만일 어떤 수녀원장이 권력 한계를 넘어서면 교회단체들이 강경히 대응했다. 가령 인노켄티우스 3세는 부르고스와 팔렌시아[76]의 주교들에게 보내는 편지(이 서한은 후일 교회법에 도입되었다)에서, 어떤 수녀원장들이 감히 사제가 하듯이 자기 수녀들에게 축복을 하고 고해를 들으며 복음서를 봉독한 후 공공연히 설교까지 한다는 사실에 대해 놀라움을 표시했다. 인노켄티우스 4세는 1247년의 교서에서 프레몽트레회 수도원의 원장이 임명한 수녀분원장(*prioress*)이 더 이상 프리오리사(수석수녀)가 아니라 마지스트라(부인)이라 불려야 한다고 선포했다.[77] 왜냐하면 그녀는 사법적 권위를 행사

---

75) 옮긴이 주: Robert d'Arbrissel(1045경~1116). 파리에서 신학 박사가 된 그는 렌(Rennes) 주교가 교회를 개혁하는 일을 돕다가 많은 적을 만들었고, 은둔 수도자가 되었다. 우르바누스 2세의 명령으로 앙주에서 제 1차 십자군 원정을 위해 설교하면서 십자군 원정에 떠나지 않는 자들은 수도사가 될 것을 촉구했으며, 1099년에는 퐁트브로에 수도원을 만들었다. 남녀 양성을 위해 별도의 주거가 할당된 이 수도원은 성모에게 바쳐진 것으로 여수도원장에 의해 다스려졌으며, 로베르 자신도 그녀에게 복종했다.

76) 옮긴이 주: 부르고스(Burgos)와 팔렌시아(Palencia)는 모두 에스파냐 북부 도시.

77) 옮긴이 주: 대체로 수도원장(*abbot*)의 대리를 prior라 하며, 수도원장이 없는 작은 수도원(*priory*)의 경우에는 prior가 우두머리가 되었다. prior에 대응하는 수녀원의 직책이 prioress이다. 각기 '수석 수사', '수석 수녀' 정도로 옮기면 될 것이다.

할 권한이 없기 때문이었다. 78)

아벨라르의 경우로 돌아가 결론을 내려 보자. 그는 엘로이즈의 요청에 따라 그녀가 이끄는 파라클레투스 수도분원을 위한 규율을 제정한 바 있다. 그는 남성 수도원장이 이끄는 양성 수도원을 권장했다. 그는 여성이 이끄는 양성 수도원이라는 개념에 반대했을 뿐 아니라, 여성들만의 독자적인 수녀원에도 반대했다. 여성들만의 독자적인 수녀원에서는 성사를 집행하고 대중의 공경을 받는 사제들도 수녀원장의 휘하에 들게 되는데, 이는 자연의 질서를 위반하는 일이라는 것이었다. 또한 수녀원장은 사제들을 유혹하여 금지된 음욕을 불러일으킬 우려도 있었다. 그러므로 남녀 수도자들을 모두 다스리는 한 명의 남성 수도원장이 있어야만 했다. 남자는 여자의 머리이니, 예수가 남자의 머리요, 하느님이 그리스도의 머리인 것과도 같았다. 아벨라르는 남자가 여자를 다스린다는 사도 바울의 말을 다시 인용하며 여자에게 권력을 내주는 데 대한 반대를 뒷받침하기 위해 "부유한 여자보다 더 참기 힘든 것은 없다"는 유베날리스79) 의 말까지 인용했다.

그는 극히 진부한 여성폄하적 주장들을 줄줄이 늘어놓는다. 여자가 권위를 휘두르는 것은 자연을 거스르는 일이다, 여자는 천성이 지배적이며 남자를 죄로 이끈다, 여자는 천성이 나약하여 유혹에 저항하지 못한다, 여자들에게는 특히 고독이 위험하며 수녀원장도 여자인 한 쉽게 유혹 당하므로 매우 조심해야 한다, 뱀이 최초의 여자를 유혹했고 그녀를 통해 아담이 유혹 당했으며 그로 인해 인류 전체가 죄에 매이게 되었다, 사도가 여자들에게 값진 옷차림을 금지한 것은 지당한 일이다, 왜냐하면 여

---

magistra란 단순히 존경할 만한 부인을 가리키는 호칭이다.

78) E. W. McDonnell, *The Beguines and Beghards in Medieval Culture* (New York 1969), pp. 104, 343.

79) 옮긴이 주: Decimus Junius Juvenalis (55경~127 이후). 로마의 풍자시인. 도미티아누스(81~96 재위), 네르바(96~98), 트라야누스(98~117), 하드리아누스(117~138) 황제 시절의 로마 생활을 풍자하는 시를 썼다. 16편의 풍자시 중 특히 제 6편에서 여성을 무자비하게 비난했다.

자들은 정신이 나약하여 육체의 음욕에 지배당하기 때문이다, 침묵은 모든 수도원에서 중요하지만 특히 수녀원에서 그러하니 여자들은 천성이 수다스러우며 그럴 필요가 없을 때에도 재잘거리기 때문이다 등.[80] 아벨라르가 수녀의 고상함에 관해 늘어놓은 후에 이런 견해들이 나오는 것은 역설적이지만 이런 돈강법 (頓降法) 은 수녀들이 남성 수도원장에게 종속되어야 한다는 것을 정당화하기 위해 동원된 것이다. 그것이 이 세상의 자연적 질서를 따르는 일이라는 것이었다. 그가 남성 수도원장도 휘하 수녀원의 수녀원장과 의논해야 하며 마치 그녀의 하인이나 되는 듯이 처신해야 한다고 덧붙인 것은 이런 견해들을 완화해 주지 못한다.

중세 그리스도교 사상이 여성에 대해 양면적인 태도를 드러내며, 12세기 이후 '하느님의 어머니'라는 개념이 강화되고 성모 및 막달라 마리아에 대한 숭배가 열기를 더해가면서 그런 양면성이 한층 더 첨예해진다는 사실에는 의심할 여지가 없다. 이브와 마리아 — 죄 많은 유혹녀 내지 단순히 자연적이고 성적인 삶을 사는 여자는 이브의 이미지이고, 예수의 신부인 수녀는 마리아의 이미지이다. 그런 양면성은 이론뿐 아니라 분명히 이론 배후의 감정에도 의거해 있었다. 이성에 대한 양면적 태도는 중세 그리스도교 사회만의 특징은 아니며 여러 사회에서 다양한 형태로 나타나지만, 확인 가능한 출전들에서는 여성에 대한 남성의 양면적 태도만이 확

---

80) Pierre Abélard, *Epistola VIII*, PL vol. CLXXVII, cols. 256~326, especially cols. 260~261, 272, 275, 276; *Historia Calamitatum*, *ibid.*, col. 178. 이 점에 관해서는 T. P. Maclaughlin, "Abélard's rule for religious women", *Medieval Studies* XVIII (1956) 도 참조할 만하다. 아벨라르의 편지들은 확실히 위작이라는 판명이 나지 않았으므로, "제 8 서한"(*Epistola VIII*) 이 여성 수도원에 대한 아벨라르 자신의 견해를 표명한 것으로 보아도 무방할 것이다. 편지들이 위작임을 증명하려는 시도들로는 다음과 같은 것들이 있다. J. F. Benton, "Fraud, fiction and borrowing in the correspondence of Abélard and Héloïse", in *Pierre Abélard, Pierre le Vénérable: les courants philosophiques, littéraires et artistiques en Occident au milieu du XIIᵉ siècle* (Paris 1975), pp. 469~511; J. Monfrin, "Le problème de l'authenticité de la correspondance d'Abélard et d'Héloïse", *ibid*, pp. 409~424.

인되고 이론으로 정의될 뿐, 남성에 대한 여성의 양면적 태도는(비록 관습이나 반응들에서는 종종 드러나지만) 이론적으로 표명된 적도, 글로 정의된 적도 없다. 81) 그러나 이 감정적이고 이론적인 양면성이 현실에 그대로 반영되지는 않았던 것으로 보인다. 실제 사태에는 이의의 여지가 없었다. 사회나 국가 일반에서처럼 종교 공동체에서도 여성은 남성에게 일방적으로 종속되어 있었다. 여성에 대해 분명히 양면적인 태도를 보이는 아벨라르조차도 수녀원을 위한 규율에서는 남성 권위에 대한 복종을 요구했던 것이다. 마찬가지로 교회법 학자들과 신학자들이 그리스도교 초창기에 있었던 여집사의 직위를 하나의 위계로 볼 것인가를 놓고 논할 때에도 그 논의는 어디까지나 이론적인 차원에 그쳤다. 그것을 위계라고 보는 이들조차도 그런 관습을 되살려야 한다고는 주장하지 않았다. 현실적으로는 여성이 사제직을 맡을 권리가 없다는 것이 엄연한 사실이지만 남녀가 공히 세례를 받으므로 그런 관례의 법적인 근거는 없다고 믿었던 극소수의 성직자들(튜턴 사람 존, 82) 레이먼 페냐포트83) 같은) 도 여자들에게 그런 권리를 주자고 나서지는 못했다. 84) 은총과 구원의 차원에서 양성평등이라는 개념이 지상의 교회에서의 평등을 의미하지는 않았던 것이다.

---

81) K. Horney, "Distrust between sexes", in *Feminine Psychology*, ed. H. Kelman(New York 1967), pp. 107~118.
82) 옮긴이 주: John the Teuton(John of Wildeshausen, 1180경~1252). 도미니코회의 제4대 총장. 독일의 베스트팔리아 지방 출신으로 파리와 볼로냐에서 공부했다. 40세 무렵에 도미니코회에 들어갔고, 헝가리, 알자스, 롬바르디아 등지의 관구장을 거쳐 도미니코회 총장으로 선출되었다. 덕망 높은 인물로 널리 추앙 받았다.
83) 옮긴이 주: Raymond Penafort(1175~1275) 도미니코회의 제3대 총장. 바르셀로나 출신이며, 노예제 철폐를 위한 노력으로 유명하다. 그가 쓴 5권의 법령집은 교회법에서 큰 비중을 차지한다.
84) R. Metz, "La femme en droit canonique médiéval", p. 99.

2. 수녀들에 대한 남성 수도회의 태도

수도회의 수장들이 수녀들에 대해 취한 태도는 일정하지 않았다. 수녀들은 수도회의 규율을 받아들여 거기 속하거나 부설 수녀회에 속하거나 했는데, 이런 경우에도 본 수도회가 수녀회에 대한 책임을 받아들여줄 것을 원했으며 대체로 교황들도 그녀들의 입장을 지지했다. 성 히에로니무스[85]에서 성 아우구스티누스, 아시시의 프란체스코를 거쳐 성 도밍고에 이르기까지, 수녀원 창설을 돕고 수녀들을 교육한 유명한 성직자들이 있었다는 것은 알려진 사실이다. 그러나 수녀원에 대한 책임이라는 문제를 고려한 것은 프란체스코회나 도미니코회처럼 교구주교[86]의 권위로부터 독립된 중앙집권적 조직을 가진 신설 수도회들뿐이었다. 베네딕토회에는 모든 수도원을 총괄할 만한 조직이 없었다. 수녀원이든 수도원이든 대체로 자율적이었고, 성무공과[87]나 법규에 대해서는 대개 교구주교에게 의지했다. 때로는 특정한 수도원장이 자기 수도원 인근에 있는 수녀원들을 책임지기도 했다. 그렇게 해서 여러 수녀원이 클뤼니 수도원에 의지하게 되었고, 양성 수도원들에서는 여성 분반이 남성 분반에 의지했다. 베네딕토회와는 대조적으로 신흥 수도회에서는 같은 수도회에 속한 수도원들 사이에 긴밀한 연관이 있었고, 수도회의 우두머리는 수녀원들

---

85) 옮긴이 주: St Jerome (345경~420). 라틴 교부들 중에 가장 박학한 인물이었다고 전한다. 많은 성서적·금욕적·수도원적·신학적 저작들을 남겨 중세에 큰 영향을 미쳤다. 특히 중요한 업적은 성서를 라틴어로 번역한 것으로(405), 8세기경부터는 그의 번역이 라틴 불가타(일반본)으로 받아들여졌다.

86) 옮긴이 주: 교구 주교(diocesan bishop)란 교구를 담당하는 주교를 말한다. 일견 동어반복처럼 보이기도 하지만, 주교 중에도 부교구장 주교(coadjutor bishop), 관구관하주교(管區管下主教, suffragan bishop), 명의주교(titular bishop), 보좌주교(auxiliary bishop), 수도 대주교(metropolitan), 수석 대주교(primate) 등 여러 직함이 있다.

87) 옮긴이 주: Divine Office/Liturgy of the Hours. 성무일도(聖務日禱)라고도 한다. 가톨릭교회에서 정한 시간에 드리는 기도로, 조과(Matins), 찬과(Lauds), 제 1시과(Prime), 제 3시과(Terce), 제 6시과(Sext), 제 9시과(None), 만과(Vespers), 종과(Compline) 등 8개의 정시과(定時課, 時禱)로 구성된다.

82

에 대한 책임도 맡았다.

그러나 시간이 지나면서 대부분의 수도회 수장들은 수녀원들에 대한 책임을 떠맡기를 거부하게 되었다. 그 이유는 윤리적인 것일 수도 있고 경제적인 것일 수도 있으며, 조직의 책임이 너무 크기 때문일 수도 있고 수녀원의 중요성을 충분히 인정하지 않기 때문일 수도 있었다. 여러 사례를 들 수 있다. 가령 프레몽트레회는 초기에 양성 수도원을 운영했다. 수녀들은 베 짜기, 바느질, 세탁 등으로 수도사들을 도왔고, 수도원 부속병원에서 병자들을 간호하는 일도 도왔다. 그녀들은 합동기도회나 성가대에는 대개 참석하지 않았다. 그러나 도덕적 규율을 어기는 행태가 차츰 나타났고, 수도회는 오명을 쓰게 되었다. 1137년 프레몽트레회는 양성 수도원을 폐지하고 별도의 수녀원을 운영하기로 결정했다. 두 번째 단계에서는 수도회 틀 안에서는 새로운 수녀원을 창설하지 않기로 결정되었고, 이 결정은 1198년 교황 인노켄티우스 3세의 비준을 받았다. 88) 그로부터 약 70년 후인 1270년에 수도회는 기존 수녀원 역시 수녀를 받아들이지 않도록 하는 결정을 내렸고, 기존 수녀원의 수녀들이 다른 수도회에 들어가는 것을 허용했다. 프레몽트레회 수녀원들 중 몇몇은 해체되었다.

도미니코회 수녀원의 기원은 성 도밍고 생전으로 거슬러 올라가며 (최초의 도미니코회 수녀원은 1207년 프루이89)에 설립되었다) 남성 수도원들

---

88) 옮긴이 주: 실상 1138년에는 인노켄티우스 2세, 1143년에는 셀레스티누스 2세, 1147년에는 에우게니우스 3세, 1154년에는 하드리아누스 4세가 거듭하여 프레몽트레회가 수녀들을 제대로 돌볼 것을 명했다. 왜냐하면 그들은 재산의 상당부분을 수녀들 및 그녀들의 친지들로부터 받은 터였기 때문이다. 그러나 수도사들의 제 2세대는 공동 영지로부터 수녀들을 내쫓아 도시로 가도록 강요했다. 그러면서도 자신들의 주된 사명에 쓰여야 할 재원이 수녀들 때문에 고갈되고 있다고 불평했고, 1198년에는 수도회에서 아예 여성들을 축출하고자 했다. J. A. K. McNamara, *Sisters in Arms*, pp. 296~297.
89) 옮긴이 주: Prouille. 랑그독 지방의 작은 마을. 카타리 이단 척결로 쑥밭이 되었으나, 13세기 초에 성 도밍고가 수녀원을 세우고 카타리파였다가 가톨릭으로 개종한 여성들을 받아들였다.

이 책임을 졌다. 그러나 1228년, 수도회 수장들의 압력에 따라 교황은 도미니코회 수도사들에게 수녀원에 대한 경제적 책임을 면제해 주었다. 도미니코회 수녀원들은 해체되지 않았고, 협상을 거쳐 1267년에는 도미니코회 수도사들이 수녀원의 교육과 사법은 책임지되 물질적 책임은 면제받기로 합의되었다. 한편 14세기에 특히 독일에서는 도미니코회 수녀원들이 지적 개화기를 맞이했으며, 에카르트, 90) 소이제, 91) 타울러92) 등 도미니코회 신비가들이 수녀들에게 설교를 했다는 점은 특기할 만하다.

청빈한 클라라 수녀회는 프란체스코회 부설로 성 프란체스코 생전에 설립되었다. 프란체스코는 클라라가 이끄는 수녀원과 긴밀한 유대를 유지했다. 그는 수녀원을 방문하여 그곳에서 가르쳤으며 수녀들을 위한 최초의 규율을 제정했다. 그러나 1260년대부터 프란체스코회 수도사들은 청빈한 클라라회 수녀원들에 대한 책무를 면제받고자 했다. 교황은 그들에게서 이 짐을 덜어주는 데는 동의하지 않았으나, 프란체스코회의 총장 및 관구장들 대신 추기경으로 하여금 청빈한 클라라 수녀회를 관할하게 했고93) 수녀원에 파송하는 사제를 반드시 프란체스코회 소속으로 제한

90) 옮긴이 주: Meister Eckhart(Eckhart von Hochheim, 1260~1329). 독일 신비가, 철학자, 신학자. 도미니코회 수도사. 파리대학에서 취득한 학위 때문에 '마이스터'(碩士)라 불렸다. 교황 요한 22세에게 이단 재판을 받을 때 작성한 '변론'으로 유명하다. '하느님의 친구들' 같은 경건한 속인 단체를 이끌었으며, 요한 타울러, 하인리히 소이제 등의 제자를 두었다.

91) 옮긴이 주: Heinrich Suso(Heinrich Seuse, 1300경~1366). 친구인 타울러와 함께 마이스터 에카르트에게 배웠다. 이 세 사람이 라인란트 신비주의의 기둥이 되었다. 그의 저작은 특히 중세 후기에 큰 인기를 얻었다.

92) 옮긴이 주: Johannes Tauler(1300경~1361). 독일 신비가, 신학자. 스트라스부르에서 태어나 마이스터 에카르트가 가르치던 수도원 학교에 들어가 그의 영향을 받았다. 그 후 쾰른, 파리 등지에서 공부했으며, '하느님의 친구들'을 위해 일했다.

93) 옮긴이 주: 청빈한 클라라 수녀회의 첫 회헌은 1219년 오스티아 주교 우골리노(장차 교황 그레고리우스 9세)에 의해 제정되었으며, 1247년 인노켄티우스 4세에 의해 일부 개정되었다. 이 때 인노켄티우스 4세는 청빈한 클라라 수녀회에 대한 책임을 프란체스코회의 총장과 관구장에게 맡겼는데, 1263년 교황 우르바누스 4세는 이를 다시 개정하여 추기경이 그 책임을 맡게끔 했다.

84

하지 않았다.

시토회에서는 처음부터 남성 수도원과 시토규율을 받아들인 여성 수녀원 사이에 아무런 법적인 관련이 없었다. 여러 시토회 수도원들이 수녀원에 대한 책임을 받아들였으나, 시토회 수녀원 대부분은 교구주교의 감독 하에 있거나 아니면 한 큰 수녀원이 다른 여러 수녀원의 감독을 맡았다. 프랑스의 랑그르에 있던 시토회 수녀원은 다른 열여덟 군데 수녀원을 감독했고, 연례 대표회의를 주재했다. 에스파냐에서는 부르고스 근처 라스 후엘가스의 시토회 수녀원이 여러 수녀원에 대한 책임을 졌다. 이런 식으로 상당 시간 동안 이 두 수녀원의 수녀원장들은 상당히 폭넓은 권위를 지니게 되었다. 한편 법적이고 경제적인 책임을 받아들이기를 오랫동안 거부하던 시토회 수도사들도 시토회 규율을 받아들인 수녀원과 베긴 여신도회[94]의 영적인 교육에는 종종 관여했다.

간단히 말해 수도회들은 수녀원에 대해 한결같이 모순된 태도를 보였다고 할 수 있다. 즉, 수녀원들은 존중되었고 높이 평가되었다. 때로는 수녀원의 재산을 떠맡는 데서 경제적 이익이 얻어지기도 했다. 그러나 때로는 그 결과가 경제적 부담이 되기도 했고, 특히 프란체스코회의 경우에는 그러했다. 이 수도회의 초창기에는 수녀원에 대해 경제적 책임을 진다는 것은 수도사들이 수녀들을 위해 보시(布施)를 구해야 한다는 것을 의미했다. 왜냐하면 수녀들은 수녀원에 갇혀 살도록 되어 있었고 다른 재산도 없었기 때문이다. 청빈한 클라라 수녀회가 창설 이후 얼마 안되어 절대적 청빈의 이상을 포기해야 했던 것도 수도사들이 수녀들을 위해 보시를 구하기를 원치 않았기 때문이다. 그리하여 수녀들은 수도사들보다 더 일찍부터 프란체스코회의 두 번째로 중요한 원칙인 절대적 청빈을 실천할 기회를 빼앗기고 말았다. 자산을 소유한 수녀원들은 수도회 전체에 경제적 이익을 약속해 줄 수도 있었지만, 흔히 재정적 어려움에

---

94) 옮긴이 주: 베긴 여신도회(Beguines)란 13~14세기에 활발했던 속인 종교 공동체로, 거의 수도회에 가까운 공동체를 이루고 살았지만 정식 서원은 하지 않았다. 자세한 내용은 본장의 '베긴 여신도회' 절에 소개되어 있다.

처해 있었으므로 수도사들이 별로 맡고 싶어하지 않았다. 수녀원에 대한 책임을 기피했던 또 다른 이유는 수도회의 사제들이나 수녀원을 방문·감독하는 이들이 도덕적 규율을 위반하지나 않을까 하는 두려움이었다. 여러 수도회들이 이런 일의 빌미를 만들기를 기피하는 것을 종종 볼 수 있다.

그리고 끝으로 무시할 수 없는 이유는 수녀원들이 존경과 존중의 대상이기는 했지만, 그래도 수녀들에 대해 여성 일반에 대해서와 같이 적대감과 경멸을 드러내는 경우도 적지 않았기 때문이다. 프레몽트레회의 마르크탈 수도원[95]은 여성분원을 폐지하기로 결정하고 다음과 같은 선언을 공표했다.

이 세상의 어떤 것도 여성의 악덕에 비길 수 없고, 독사나 용의 독도 남자에게 여성이 가까이 있는 것만큼 해롭지 않으므로, 우리는 이제 우리 영혼과 육체와 세상에서의 유익을 위하여 더 이상 자매들을 우리 수도회에 받아들이지 않을 것이며 미친개를 피하듯 그녀들을 피할 것임을 선포하노라.

아시시의 프란체스코 자신도 성 클라라의 수녀원과 가까웠음에도 불구하고 자기 수도회에 더 이상의 수녀원이 생기는 것에는 반대했고, 한 번은 이렇게 말했다고 한다. "하느님께서 우리에게서 아내를 거두어 가시니, 사탄이 우리에게 자매들을 주었다."[96] 성모의 이미지인 수녀와 이브의 이미지로 창조된 다른 여자들 사이의 구별마저도 때로는 무시되는

95) 옮긴이 주: 마르크탈 수도원 (Marchtal Abbey, Kloster Marchtal) 은 독일 남서부의 오버마르크탈에 있던 프레몽트레회 수도원이다.

96) E. M. McDonnell, *op. cit.*, pp. 101~114, note 44; J. Moorman, *The Franciscan Order from its Origins to the Year 1517* (Oxford 1968), p. 35; M. Barlière, "Les monastères doubles", p. 26 and note 43. 수녀들에 대한 수도회들의 태도에 관해서는 H. G. Grundmann, *Religiose Bewegungen in Mittelalter* (Darmstadt 1961). 마르시니-쉬르-루아르 수도원은 15개 관하 수녀원의 우두머리였다. 이에 관해서는 P. Cousin, *Précis d'Histoire monastique* (Belgium 1956), p. 233 참조.

듯하다. 그러나 수녀들은 남성 수도회와의 연관을 포기할 수 없었으니, 개혁 이후 조직이 정비된 교회는 별도의 여성 수도회 창설을 허용하지 않았기 때문이다.

3. 수녀원장의 권력

수녀원장들에게 일반적으로 부과되었던 제약에도 불구하고, 개중에는 그리고 특히 넓은 토지를 소유한 부유한 수녀원에서는 여러 방면에 상당한 권력을 휘두르는 이들도 있었으니, 잉글랜드, 프랑스, 네덜란드, 이탈리아 남부, 독일, 에스파냐 등지에서 그런 예를 찾아볼 수 있다. 완전한 소유주로서든 봉건영주로서든[97] 지주가 된 수녀원장은 자기 관할 토지를 경작하는 농부들에 대해 다른 지주들과 마찬가지의 권력을 행사했다. 광대한 보유지의 경우, 수녀원장은 영지에 대한 권리(즉, 토지 관리에 관한 사법권과 소작료 및 현물납부, 부역 등에 대한 감독권을 포함하여, 자기 땅에 사는 자들에 대한 지주의 권리) 외에 영주권과 통치권도 가지고 있었다. 영주권을 보유한 수녀원장들은 여느 봉건영주들과 마찬가지로 자기 영지의 세속법정도 주재했다. 때로는 상급 사법권(justitia alta)[98]도 소유했고, 이런 자격을 지닌 수녀원장들은 형사사건이나 법적 지위의 확정에 관한 사건도 재판할 권한도 있었다. 속인 관리들의 도움을 받아 비슷한 권력을 행사하는 수도원장들과 마찬가지로 벌금을 부과하고, 법

---

97) 수도원의 토지 자산을 완전한 소유주로서 관리했던 수녀원장의 예는 *Inquisitions and Assessments Relating to Feudal Aids: 1284~1431* (London 1849; Mendeln-Klaus reprint, 1973), vol. I, p. 31에서, 봉토로서 관리했던 예는 같은 책 vol. II, p. 247에서 찾아볼 수 있다.

98) 옮긴이 주: '상급재판'(*justitia alta*)은 왕의 재판과 같이 범위가 큰 재판으로 사형까지 내릴 수 있었던 반면 그 반대 개념인 '하급재판'(*justitia bassa*)은 영주 재판과 같이 범위가 작은 재판으로 내릴 수 있는 형에도 제한이 있었다. 즉, 재판의 고하는 심급 및 형량의 범위를 말한다.

적 결투를 위한 전문 투사를 고용하고, 범죄자들을 처벌할 수 있었다. 99)
수녀원장들은 자신의 관할구역 내 토지의 양도, 매각 및 임대를 승인했
고, 그 경계 내의 상설시장 및 정기시장의 설립을 인가했다. 100) 세속 및
교회법정에서 그녀들은 자신의 재산, 수입 및 사법권에 관한 문제를 놓
고 세속 영주들 및 교회기관들과 송사를 벌였다. 101)

이런 세속적 권력에 더하여, 어떤 수녀원장들은 자기 교구102) 내의 조
직에서도 광범한 권력을 누렸다. 그녀들은 교구 내 교회 시노드103)를 주
재했고, 성직록(benefice) 104)을 분배했으며, 교구 내의 사제와 특히 수녀
원 내의 사제임명을 승인했고, 수녀원에 속한 교회들로부터 십일조를 거
두었다. 이런 권력은 교회법의 범위를 넘어서지 않는 한도 내에서 크고

---

99) 예컨대 루이 9세 치하 프랑스에서 사법권과 관련한 한 사건에서는 다음과 같이
   명시되었다. "영지 내 고위 및 하급 사법권은 수녀원장과 수녀원의 상급자에게
   있음이 공표되었다(pronunciatum est quod alta et bassa justitia in terra remaneat
   abbatisse et conventum supradictis)." Les Olim ou Registres des Arrêts, vol. I,
   pp. 328~329.

100) 가령 성삼위 수녀원장들이 캉의 부르주아들에게 재가해 준 특허장들도 그 일례
   이다. Le Bourgage de Caen, ed. L. Legras(Paris 1911), pp. 405, 413, 422.

101) Le Droit coutumier de la Ville de Metz au Moyen Âge, ed. J. J. Salvedra de
   Grave, E. M. Meijers and J. Schneider(Haarlem 1951), vol. I, pp. 581~
   583; Les Olim ou Registres des Arrêts, vol. I, pp. 711, 1254~1273; H.
   Regnault, La Condition du Bâtard au Moyen Âge(Pont-Audemer 1922),
   pp. 136~137.

102) 옮긴이 주: 교구(diocese)란 교회의 행정구역 단위로 대개 주교의 관할구역을 가
   리킨다. 교구는 여러 개의 교회구(소교구: parish)로 이루어지고, 여러 개의 교
   구가 모여 관구(province)를 이룬다. 위의 본문에서 '수녀원장의 교구'라는 말이
   좀 이상하게 들릴지도 모르지만, 영지가 딸린 수도원의 수도원장(abbot)이나 수
   녀원장(abbess)은 주교에 상당하는 사법권을 가지므로 그 관할구역도 diocese
   라 한다.

103) 옮긴이 주: '함께 길을 간다'는 뜻을 지닌 그리스어에서 유래한 말로, 공의회에 비
   해 규모가 작은 교회 회의. 주교 대표들이 소집되는 주교 시노드와 교구 성직자
   뿐 아니라 평신도 수도자 대표들이 참석하는 교구 시노드가 있다.

104) 옮긴이 주: 뒤에서(제 5장) 살펴보겠지만, 본래 benefice(라틴어의 beneficium)
   란 주군이 신하의 봉공(捧供)에 대한 대가 즉 은급(恩級)으로 주는 토지를 가리
   키는 말이었으나 가톨릭교회에서는 성직록을 가리키는 말로 쓰였다.

88

번창하는 수녀원의 수녀원장에게 부여되었다. 재정적 부담을 지고 있는
작은 수녀원들(그런 수녀원들이 다수 존재했다)은 토지를 보유하지 못했
고 따라서 거기서 비롯되는 속권도, 교권도 누리지 못했다.

　수녀원 내에서는 수녀원장이 지배권(*potestas dominativa*)을 행사했고,
수녀들은 수녀원장에게 전적으로 복종해야 했다. 또한 수녀원 경내에서
예배를 집전하는 사제들도 수녀원장 관할이었고, 남녀 하인들이나 속인
자매들(*sorores conversae*)[105]이 원내에 머무는 경우에도 마찬가지였다.
청빈한 클라라회 수녀원들에는 목회권까지 허가받은 수녀원장들도 있었
다. 14세기 독일과 플랑드르의 시토회와 도미니코회에는 인원이 40명 이
상 되는 수녀원들도 있었다. 청빈한 클라라회의 경우에는 50명 내지 80
명의 자매들이 모여 사는 수녀원들이 여럿 있었고, 150명이나 되는 곳이
있는가 하면, 겨우 두세 명으로 이루어진 아주 작은 수녀원들도 있었다.
14세기 잉글랜드에서 가장 큰 베네딕토회 수녀원들의 인원은 30명가량
되었지만 인원이 몇 명 되지 않는 작은 수녀원들도 있었다.[106] 14세기
독일 제국에는 40명 수녀들을 거느린 베네딕토회 수녀원들이 있었지만
겨우 8명밖에 되지 않는 곳들도 있었다. 신흥 수도회들의 수녀원들은 대
개 수도회 대표들의 방문(*visitatio*)에 의해 감독되었다. 베네딕토회 수녀
원들에서 이 방문객들은 교구주교이거나 그들의 대리인이었다. 여러 제
약에도 불구하고[107] 수녀원장의 지위가 세속사회에서라면 대영지의 상

---

105) 옮긴이 주: 수도원에서는 농사일이나 허드렛일을 할 사람들이 필요하여 문맹자인
　　농민들도 받아들였다. 이들이 속인 형제들(*fratres conversi*) 및 속인 자매들
　　(*sorores conversae*)로, 정식품계가 없었고 성가대에도 참여하지 않았다. 일명
　　평수사, 평수녀(*lay brothers, lay sisters*)라고도 한다.
106) E. Power, *Medieval English Nunneries* (Cambridge 1922), pp. 1~3; E. W.
　　McDonnell, *op. cit.*, p. 93; J. Moorman, *The Franciscan Order*, p. 407; A.
　　Bouquet, "Les Clarisses méridionales", *Cahiers de Fanjeaux VIII* (1973); F.
　　Rapp, "Les abbayes, hospices de la noblesse: l'influence de l'aristocratie sur
　　les couvents bénédictins dans l'Empire" in *La Noblesse au Moyen Âge*, ed. P.
　　Comtamine (Paris 1976).
107) 'Abbess' in *Dictionnaire de Droit canonique*, vol. I, cols. 67~79; R. Metz, "Le

속녀들이나 얻을 수 있는 조직적·교육적 재능을 발휘할 기회를 주었다
는 데는 의심할 여지가 없다. 이것은 상속녀는 아니지만 자신의 잠재력
을 실현하고자 하는 귀족가문의 딸들이 수녀원에 들어가는 유인이 되었
다. 그리하여 우리는 수녀원에 들어가 서원을 하는 여성들은 어떤 여성
들이었던가 하는 문제에 이르게 된다.

물론 종교적인 동기에서, 그리고 진정한 소명의식에서 수도원에 들어
가는 여성들도 있었을 것이다. 그러나 얼마나 많은 여성들이 얼마나 진
지하게 그런 소명감을 지녔던가를 알아낼 방도는 없다. 종교적 동기에
더하여 다른 요인들도 있었을 것이다. 소명감은 종종 다른 심리적 요소
들과 결합되었을 터이지만, 이것은 역사가가 다룰 영역이 아니다. 생애
가 기록되고 연대기 작가들에 의해 언급된 성녀들의 경우에도, 심리적
동기와 종교적 소명감의 강도가 어떻게 복합되었던가를 규명하기란 매우
어려운 일이다. 수도원의 존재 자체가 바깥세상에서 사는 것보다 좀더
충만하고 의미 있는 종교적 삶의 표현이었고, 세속에 대한 저항에서든
세속과 마주할 능력이나 욕망이 없기 때문이든, 세속을 벗어나고자 하는
욕망의 반영이었다. 그러나 종교적 동기들과 더불어, 수녀원에 들어가
는 데 일역을 했을 명백한 사회적·경제적 요인들도 있었다. 종교적 요
인은 종종 부차적인 역할밖에 하지 않았다.

그렇다면 소녀들과 여인들을 수녀원으로 이끌었던 종교적 동기 이외
의 이유는 어떤 것들이었던가? 이론상으로는 자유민이라면 누구나 재속
교회를 섬기거나 수도원에 들어갈 수 있었다지만, 실제로 베네딕토회 수
도원 및 신흥 수도회들의 수녀원에 받아들여진 것은 거의 예외 없이 귀족
및 부르주아 계층의 딸들이었다. 하층계급의 여성들은 기껏해야 속인 자
매 내지 하녀로서 받아들여질 뿐이었다. 농노는 주인에게 해방금을 내고
서 아들을 교회 학교에 보내 성직자의 길로 들어서게 할 수 있었던 반면,
농노의 딸이 수녀원에 들어가기 위해 그런 몸값을 냈다는 기록은 없다.

statut de la femme en droit canonique médiéval", pp. 99~103; S. Roisin,
"L'efflorescence cistercienne", pp. 366~368.

비록 베네딕토회 수도원 중 몇몇이 귀족가문의 아들들만을 받아들였고 대부분의 수도사들은 귀족 출신이었지만, 베네딕토회 수도원 전체가 귀족의 아들들로만 이루어지지는 않았다. 프란체스코회와 도미니코회 수도원들은 하층계급 출신을 상당수 받아들였다. 108)

귀족의 딸들만이 수녀가 되었던 주된 이유는 수녀가 되려면 지참재산 (dos) 109)이 필요했기 때문이다. 이는 교회법에 의해 금지되어 있었고 교회 공의회들은 자주 이 금지령을 재확인했으나 소용이 없었다. 그 관습을 뿌리 뽑기란 불가능했다. 110) 발도파111) 운동의 창시자였던 피에르 발도112)도 자기 영지를 가난한 사람들에게 나눠주기에 앞서 재산을 정리하면서 자기 딸들이 수녀원에 들어갈 수 있도록 지참재산을 확보해두었다. 113) 수녀원에 들어가기 위한 지참재산은 통상적으로 세속사회에서 상류계층의 신랑에게 시집을 갈 때 드는 지참재산보다는 적었지만 하층

108) E. Powers, *Medieval English Nunneries*, p. 14 ; N. F. Rapp, *op. cit.*, pp. 315 ~338 ; N. F. Cantor, "The crisis of western monasticism 1050~1130", *American Historical Review LXVI* (1960~1961), p. 48 and note 3.

109) 옮긴이 주: 결혼한 여성들에 관한 제4장에서 다시 보게 되겠지만, 신부가 결혼할 때 가져가는 지참재산이 dowry (E) /do (F) 고전라틴어로 dos이다.

110) E. Power, *Medieval English Nunneries* (Cambridge 1922), pp. 21~24.

111) 옮긴이 주: 12세기 프랑스에서 기원한 이단분파로, 가난하고 소박한 생활 가운데 그리스도를 따르고자 했다. 이들의 주장은 단순한 성경주의, 윤리적 엄격성, 당대 교회의 타락상 고발 등에 근거해 있었다. 이들의 운동은 다른 분파들과 합해지거나 영향을 주고받으면서 유럽 여러 나라로 퍼져나갔다. 1184년 로마 교회에 의해 이단으로 정죄되었고, 많은 발도파 신도들이 정통 신앙으로 복귀하거나 아니면 멸절되었다.

112) 옮긴이 주: 발도파의 원조였던 발도, 혹은 보데스에 대해서는 확실히 알려진 것이 별로 없다. 그는 리용의 상인으로, 1173년경 한 사제로부터 가난에 관한 그리스도의 가르침을 듣고 직업을 버리고 재산을 가난한 자들에게 나눠주었다. 그리스도교 교의를 공부한 다음 아내와 헤어졌고 딸들은 수도원에 보낸 다음 설교에 나섰다. 그러나 정식 신학교육을 받지 못했고 라틴어로 쓰이지 않은 성경을 사용한다는 이유로 교회 당국의 눈총을 받았다. 교회의 인가를 받고자 노력했으나 받지 못했고, 결국 교황에 의해 파문당했다.

113) *Chronicon Universale Anonymi Laudunensis*, MGHS, vol. XXVI, p. 447.

계급의 딸들은 그 적은 액수도 낼 수가 없었다. 귀족 및 부르주아 계층의 딸들 중에도 스스로 결혼할 의사가 없어서가 아니라 대등한 계층의 신랑과 결혼하는 데 필요한 지참재산이 없기 때문에 결혼하지 않고 수녀가 되는 이들이 많았다.

마찬가지로 어떤 아들들은 아내를 맞을 수 없었다. 가문의 자산이 분산되는 것을 막으려면, 모든 아들이 각기 가정을 이루게 할 수는 없었다. 그래서 어떤 아들들은 교회로 돌려졌고, 어떤 아들들은 세속사회에서 독신으로 살아갔다. 114) 그러나 미혼여성과는 달리 미혼남성은 몇 가지 진로를 택할 수 있었다. 재속교회에서 성직자가 되든 세속사회에 남든, 하여간 꼭 수도원에 들어갈 필요는 없었던 것이다.

귀족계급 또는 도시 부유층에서 가족들은 때로 적당한 지위와 재산을 가진 가문과 혼인을 맺기 위해 저축 전체를 딸들 중 한 명(대개의 경우 용모가 가장 나은 딸)의 지참금으로 써버리곤 했다. 남은 딸들은 수녀가 되어야 했으며, 설교자들은 이런 상황을 개탄하곤 했다. 115) 귀족과 부유한 도시민들은 세속사회의 노처녀보다는 수녀가 좀더 존경받을 만한 지위라고 생각하여 딸들을 수녀원에 보내는 편을 선호했다. 게다가 수녀원에 들어간 여성들은 가문에 수치를 끼칠 혼외정사의 가능성으로부터도 보호되었다. 때로 어린 자매들이나 다른 친척들이 이미 수녀가 된 언니의 영향을 받아 자발적으로 수녀가 되는 경우도 있었다. 성 클라라의 영향으로 그녀의 어머니와 이모와 자매 둘이 수녀가 된 것이 그 좋은 예이다. 그러나 집안에서 딸들을 자매나 친척이 이미 가 있는 수녀원으로 이끌기도 했다. 여러 명의 자매가 같은 수녀원에 들어갈 경우, 동생들은 지참재산을 덜 내도 되고 언니가 보호자 역할을 해 줄 수 있기 때문이었다. 116) 사

114) G. Duby, *La Société au XIe et XIIe siècle dans la région mâconnaise* (Paris 1953), pp. 8, 418~421.
115) D. Herlihy, "Vieillir au quattrocento", *Annales ESC XXIV* (1969).
116) R. C. Trexler, "Le célibat à la fin du Moyen Âge. Les religieuses de Florence", *Annales ESC XXVII* (1972), pp. 1329~1350.

92

제가 될 아들들을 종종 주교인 삼촌에게 보내 교육시켰듯이, 소녀들도 수녀원장인 고모나 이모에게 보내곤 했다. 13세기 말 런던에서 작성된 한 유언장에서 아버지는 모두 같은 수녀원의 수녀들인 세 딸과 그녀들의 고모에게 연금을 남기고 있다.[117] 한 고아 소녀는 자기가 받은 유산을 지참재산으로 가지고 수녀원에 들어갔다.[118]

많은 수녀원들이 수녀원의 창설자이거나 후원자였던 이의 가문과 접촉을 유지했고, 이런 가문의 딸들은 항상 같은 수녀원에 받아들여졌다. 어떤 수녀원에서는 수녀원장 자리가 항상 그 가문의 딸에게 돌아갔고, 그 가문에서는 수녀원을 자기 가문의 봉건자산 중 일부로 간주했다(이는 남성 수도원의 경우도 마찬가지였다). 어떤 수녀원들은 귀족 여성들만을 받아들였다. 10세기 카탈루냐에서, 독일 제국의 수녀원들에서, 그리고 리에주 교구의 여러 수녀원들과 작센 지방의 유명한 헬프타 수녀원, 그리고 로렌의 대부분 수도원들에서 그러했다. 이런 수녀원들의 원장은 창설자 가문의 일원이었다.[119] 이 수녀원장들은 조직적·교육적 재능을 발휘할 수 있었고 외부 세계에서보다 훨씬 쉽게 교육을 받을 수 있었으며, 원하기만 한다면 세속사회에서보다 훨씬 더 충만한 종교적 삶을 살 수 있었다. 어떤 이들은 신비가나 성녀가 되기도 했다.

종교적인 이유에서 수녀가 되기를 선택하는 여성들이나 결혼에 대한 대안으로서 수녀원에 보내지는 여성들 외에도 사생아로 태어난 딸들, 기형이거나 정신지체인 딸들도 때로 수녀원에 보내졌다. 남자들의 경우에도 장애를 가진 아들은 흔히 수도생활로 돌려지곤 했다. 불명예를 입은 남자들이 때로 감옥 대신 수도원에 보내졌듯이, 수녀원도 때로는 정치적이거나 개인적인 이유로 통치자에 의해, 또는 그녀들의 유산을 탐내는

117) *Calendar of Wills. Court of Husting, London 1258~1688*, p. 126.
118) *Memorials of London and London Life*, p. 535.
119) E. Powers, *Medieval English Nunneries*, ch. II; A. Lewis, *The Development of Southern French and Catalan Society* (Austin 1965), pp. 250~251; M. Parisse, *La Noblesse lorraine, XIe~XIIIe siècles*, pp. 429~438.

남편이나 친척들에 의해 수인생활을 선고받은 여인들에게 감옥 구실을 했다. [120] 그리고 마지막으로 지적할 점은 수녀가 되는 여성들은 남성의 권위로부터 상당히 자유로워졌다는 사실이다. 어떤 여성들은 결혼보다 이 자유를 택하기도 했고, 어떤 여성들은 사제나 고해사, 설교자들이 육신의 죄악을 경고하면서 부추겼을 두려움 때문에 결혼을 거부하기도 했다. 한 여성 음유시인이 쓴 시가에는 두 여인이 자신들보다 연상인 세 번째 여인에게 정말로 결혼을 할 만한지 묻는 대목이 있다. 아내가 된다는 것은 서글픈 일이요, 아이를 낳는 것은 고통스러우며 여체의 아름다움을 망가뜨리는 일이 아닌가. 그러자 연상의 여인은 주님과 결혼하는 편이 낫다고, 그는 그들의 순결을 더럽히지 않으며 그와의 결혼은 그들에게 영생을 주리라고 대답한다. [121] 이 대답은 정결이라는 종교적 이상을 대변하지만, 두 젊은 질문자의 동기는 종교적이라기보다는 사적이고 심리적인 것이다.

이 시대 사람들은 수녀원이 때로 젊은 여성에게 피난처 역할을 해 준다는 것을 알고 있었다. 12세기 후반 잉글랜드에서 행해진 한 재판에서 변호인은 (결혼이 무효화되어야 된다고 증명하기 위해) 카이사리아의 에우세비우스[122]와 그레고리우스 성인[123]의 말을 인용한다. 즉, 정혼한 처녀

120) 이런 관행은 교훈문학의 저자들이나 설교자들, 몇몇 수도원장들에 의해 규탄의 대상이 되었다. Vincent de Beauvais, *De Eruditione filiorum nobiliorum*, ed. A. Steiner (Cambridge: Mass. 1938), p. 128; R. G. Owst, *Literature and Pulpit in Medieval England* (Oxford 1961), p. 263; p. Riché, "L'enfant dans la société monastique", in *Pierre le Vénérable*, Pierre Abélard, pp. 692~693; E. Power, *Medieval English Nunneries*, pp. 31~33.

121) *The Women Troubadours*, ed. M. Bogin (London 1976), p. 144.

122) 옮긴이 주: Eusebius of Caesarea (260경~341이전). 팔레스타인의 카이사리아 주교. 교회사의 아버지로 불린다. 대표적인 저작인 《연대기》와 《교회사》 외에도 많은 저술을 남겼다.

123) 옮긴이 주: 그레고리우스 1세 (540경~604)를 가리킨다. 그는 아우구스티누스의 《신국론》을 본받은 그리스도교 사회의 구현을 위해 사회 문제에 깊은 관심과 노력을 기울였고 교회 행정의 개선, 선교 사업의 확장 등을 통해 교황권을 서유럽의 주요 세력으로 만들었다.

는 약혼자의 의사를 거역하여 결혼보다 수녀원을 선호할 권리가 있으며, 만일 그녀가 수녀원으로 달아날 경우 법은 그런 여성을 처벌하지 않는다는 것이다. 유식한 법률가는 이런 사실들을 인용하여 의뢰인의 입장을 변론하면서 재판관들에게 호소력을 가질 만한 것으로 이런 논거를 택했다.[124] 어떤 과부들은 세속사회에서 재혼하거나 과부로 남기보다 수녀원에 들어가는 편을 택했다. 어떤 기혼여성들은 남편과 상호합의 하에 헤어진 후 수녀원에 들어가기도 했다.

중세에는 수녀가 될 수 있는 연령이 14~15세였지만, 대개는 그보다 이른 나이에, 심지어 어린아이 때에 신참으로 수녀원에 들어갔다(이것은 어린 소년들의 경우에도 마찬가지였다). 성 게르트루트[125]는 5살 때 수녀원에 맡겨졌다. 중세 후기 이탈리아에서는 소녀들이 대개 9살 때 수녀원에 들어갔다. 부모는 미성년 딸을 대신하여 서원을 할 법적인 권리가 없었고,[126] 소녀들은 성년이 되어 서원을 하지 않고 수녀원을 떠날 권리가 있었지만, 수녀원에서 양육되고 어려서부터 부모와 떨어져 살았던(그리고 수녀원에 들어갈 때 이미 지참금이 지불되었던) 소녀가 설령 법이 허용한다 해도 정말로 자유로운 선택을 할 수 있었다고는 믿기 어렵다. 또한 그런 소녀들이 종교적 소명감에 불탔으리라고 생각하기도 어렵다.

성녀들의 생애에서 우리는 어려서부터 오로지 그리스도와의 결혼을 원했으며 그래서 수녀원에 들어갔다는 거룩한 수녀들의 이야기를 읽게

---

124) *The Letters of John of Salisbury 1153~1161*, ed. W. J. Miller and S. J. and H. E. Butler(Nelson Series 1955), pp. 230~231.

125) 옮긴이 주: St. Gertrude the Great(1256~1301). 독일의 베네딕토회 수녀, 신비가. 출신 배경에 대해서는 알려진 바 없다. 5살 때 헬프타의 베네딕토회 수녀원에 들어갔다. 당시 이 수녀원은 학케보른의 게르투르트 원장 아래서 물질적, 지적으로 번창하고 있었다. 일찍부터 학업에 두각을 나타냈으며, 26살 때 일련의 환시를 본 후로 세속 학문을 버리고 성서와 교부들의 저작에 몰두했다. 정식으로 시성되지는 않았으나 1677년 교황 클레멘스 12세가 로마 순교자록에 그녀의 이름을 올리면서 사실상 성인의 반열에 들게 되었다.

126) *Corpus Iuris Canonici*, ed. A. Friedberg, vol. II(Leipzig 1881), Decretalium Gregorii IX, Lib. III, Tit. XXXI, cols. 571~572.

된다. 13세기에 베긴 여신도로 시작했던 신비가 메크틸트 폰 마그데부르
크[127] 는 성인 여자로서 수녀원에 들어갔지만, 그녀의 회고록에 의하면
12살 때부터 수녀가 되기를 원했다고 한다. 그녀는 훗날 도미니코회 수
도사가 된 남동생에게 자신의 종교적 체험을 술회한 바 있다. 성 두슬
린[128] 의 전기에 따르면, 읽고 쓰고 기도문을 암송할 수 있기도 전의 어린
아이였을 때 그녀는 아버지 집의 포치에 나가서 맨발로 무릎을 꿇고 손을
모아 하늘을 향해 기도하곤 했다고 한다. [129] 그러나 이런 것은 성녀와 신
비가들의 전기이다. 윙베르 드 로망이 지적했던 우울한 수녀들, 너무 오
래 사슬에 묶여 지낸 개들처럼 성마르고 동료 수녀들의 평정을 흩뜨리는
수녀들은 분명 이처럼 어린 시절에 자신의 의사와는 무관하게 수녀원에
맡겨진 여성들이었을 것이다. [130] 그러나 성직자들은 수녀원의 신참들을
어린 시절에 받아들이는 편을 선호했다. 왜냐하면 어려서부터 수녀로 교
육을 받을수록 한층 더 순종적이고 수도회의 규율을 받아들이기가 쉬우
리라고 생각했기 때문이다. 사실 외부세계에서 귀부인으로 살다가 과부
가 된 다음에야 수녀가 된 여성들 중 몇몇은 권위를 받아들이기를 어려워
하여, 수녀원장이 다스리기 힘든 구성원이 되기도 했다.

---

127) 옮긴이 주: Mechthild von Magdeburg (1210?~1285경). 베긴 여신도. 후에 시
    토회에 들어갔다. 아마도 작센 지방의 귀족가문 출신이었던 듯하며, 12살 때 처
    음 성령의 환상을 보았다. 1230년 집을 떠나 베긴 여신도가 되었으며 기도와 고
    행의 삶을 살았다. 1270년경 헬프타의 시토회 수녀원에 들어가 자신이 체험했
    던 신적 계시들의 내용을 책으로 썼고 그곳에서 삶을 마쳤다.

128) 옮긴이 주: Douceline de Provence (1214~1274). 마르세유에 남부 유럽 최초의
    베긴 여신도회를 창설했다.

129) P. Morel, *Offenbarungen der Schwester Mechthild von Magdeburg*
    (Regensburg 1869) ; J. Ancelet-Hustache, *Mechtilde de Magdeburg 1207~
    1282* (Paris 1926), p. 65; E. W. McDonnell, *op. cit.*, p. 87; C. Carozzi,
    "Une Béguine joachimite, Douceline soeur d'Hugues de Digne", *Cahiers de
    Fanjeaux X* (1975), p. 184. 성인 성녀가 어린 시절부터 종교적 소명이 있었다
    고 하는 것은 성인전에 매우 흔한 이야기이다. 그 중에서도 여성에 관해서는
    Acta Sanctorum, April II, p. 791; April III, p. 874; May III, p. 181.

130) Humbert de Romans, *De Eruditione Praedicatorum*, p. 187.

수녀원을 떠나는 것은 중대한 죄로 여겨졌으며, 수녀원을 떠나 결혼하는 여성은 회개할 기회를 박탈당하고 완전히 파문당했다. 131) 중세 전성기의 여러 나라에 얼마나 많은 수녀들이 있었는지에 대해 정확한 자료는 없다. 14세기 후반부터 15세기 내내 잉글랜드 수녀원들에 관한 자료를 분석한 E. 파워는 이 시기에 수녀들의 수가 200만 인구(흑사병 이전의 잉글랜드 인구 375만 중에서, 흑사병으로 인해 40%가 감소했다고 볼 때) 중 3,500명을 넘지 않았다는 결론에 이르렀다. 이 수는 15세기 동안 한층 더 감소했다. 독일 제국에서도 15세기 초에 베네딕토회 수녀원의 수녀들 수가 상당히 감소했다. 반면 중세 후기 토스카나 지방에 관한 R. 트렉슬러의 연구는 피렌체, 베네치아, 밀라노 등 도시에서 수녀의 비율이 전체 여성의 13%에 달했음을 보여준다. 132) 13세기와 14세기에 많은 여성들이 수녀원에 들어가려 했다는 것은 명백하다. 어떤 수녀원들은 이런 압력 때문에 권장인원보다 더 많은 신참들을 받아들이기는 했지만 그래도 지원자 전부를 받아들이지는 못했다. 이 사실은 베긴운동이 파급된 여러 이유 중 하나이다. 베긴 여신도회는 종교적이지만 교회에 속하지는 않았으며, 그것이 성공한 것은 수녀원의 경우와 마찬가지로 종교적 삶에 대한 동경뿐 아니라 경제적·사회적 요인들 덕분이었다.

4. 수녀원에서의 삶

12세기 초에 많은 여성들은 새로 생긴 시토회와 프레몽트레회에 들어갔고, 소수는 카르투지오회133)에 들어갔으며, 134) 13세기 초에 몇몇은

131) *Corpus Iuris Canonici*, vol. I, Decreti Pars Secunda, causa XXVII, q. I, col. 1051.
132) E. Power, *op. cit.*, pp. 1~3; F. Rapp, *op. cit.*, pp. 318, 322~323; R. C. Trexler, "Le célibat à la fin du Moyen Âge".
133) 옮긴이 주: Ordo Cartusiensis, 일명 성 브루노의 교단이라고 한다. 1084년 쾰른의 성 브루노가 창설한 수도회로 독거 수도사들의 공동체라 할 만한 수도원 제도

탁발수도회들135)에 들어갔다. 어떤 경우 자매들은 베네딕토회 수녀원을
떠나 베네딕토회 규율을 좀더 엄격히 문자 그대로 지키고 좀더 금욕할 것
을 고취하는 새로운 수도회에 들어가거나, 또는 절대적 청빈의 이상을
실현하고 사도의 정신에 따라 방방곡곡을 돌아다니며 가르치고 싶다는
바람에서 청빈한 클라라 수도회에 들어가기도 했다. 시토회와 프레몽트
레회의 초창기에 자매들은 베네딕토회 수녀원에서보다 더 많은 육체노동
을 했지만, 두 수도회에 속한 수도원과 수녀원 모두 차츰 이전으로 돌아
가 베네딕토회 특유의 봉건영주식 삶을 채택하게 되었다. 이미 지적했던
대로 청빈한 클라라회의 수녀들은 베네딕토회 수녀들처럼 처음부터 수녀
원 내에 칩거해 살았으며, 처음부터 절대적 청빈은 제한되어 있었다(절
대적 청빈을 준수하기 위한 허가는 성 클라라가 창설한 산 다미아노 수녀원에
만 용인된 특권이었다. 훗날 프라하의 아그네스136)도 이 특권을 얻었다).

　결국 청빈한 클라라회의 규율은 베네딕토 수녀회나 시토 수녀회의 규
율과 거의 다르지 않았다. E. 파워가 묘사한 잉글랜드의 베네딕토회 수
녀원들의 생활방식은 다른 수도회 수녀원들의 생활방식과 매우 비슷하
다. 아마도 카르투지오회만이 다소 예외로, 이 수도회는 좀더 금욕적이
고 좀더 많은 시간을 격리된 삶에 바쳤다. 단지 소수의 여성들만이 이 수

　　이다. 프랑스 알프스 지방의 샤르트뢰즈(Chartreuse) 계곡에 최초의 암자를 두
　　었기 때문에 샤르트뢰(카르투지오) 수도회(l'ordre des Chartreux)라 불린다.
134) 카르투지오 회에 들어간 여성들에 대해서는 Guibert de Nogent, *Histoire de sa
　　vie*, ed. G. Bourgin(Paris 1907), vol. I, chap. II, p. 35. 프랑스 남부의 '청빈
　　한 클라라회'에 대해서는 A. Bouquet, "Les Clarisses méridionales", *Cahiers
　　de Fanjeaux VIII*(1973).
135) 옮긴이 주: 도미니코회와 프란체스코회를 가리킨다.
136) 옮긴이 주: Saint Agnes of Prague(1211~1282), 일명 보헤미아의 아그네스. 보
　　헤미아 왕 오타카르 1세의 공주로 정략적인 혼담이 오가는 가운데 종교에 투신
　　하기로 결심하고 청빈한 클라라 수녀회에 들어갔다. 오빠인 벤슬라스 1세로부
　　터 받은 땅에 성 프란체스코 병원과 병원에서 일하는 수도사 및 수녀들이 기거할
　　두 개의 수도원을 지었다. 청빈의 서원을 하여 손수 요리를 하고 나병환자와 거
　　지들을 돌보았다. 죽은 직후부터 경배의 대상이 되었으나 비교적 최근에야 시성
　　되었다.

도회에 속했다.

　수녀들의 생활은 기도, 노동, 독서로 나뉘어 있었고, 대부분의 시간은 남성 수도원에서와 마찬가지로 기도와 찬송에 바쳐졌다. 새벽 2시에 첫 기도인 조과(朝課, *matines*)와 찬과(讚課, *laudes*)로 시작하여 오후 8시경에 마쳤다. 하루에 5시간 정도는 노동에 바쳐졌고, 그 나머지 시간은 독서와 세 차례 식사 사이에 배분되었으며, 점심식사에는 낭송과 건전한 오락이 곁들여졌다. 농사일을 하는 수녀는 별로 없었고, 그것도 아주 가난한 수녀원이나 시토회 수녀원에서뿐이었다. 가난한 수녀원에서는 수녀들이 요리, 세탁, 실잣기, 베 짜기 등 집안일을 손수 했다. 대부분의 수녀원들은 식량을 자급자족했으며, 채소, 육류, 유제품 등을 직접 생산했다. 빵은 경내에서 구웠고, 양조도 이루어졌다. 생선, 소금, 향신료 등은 대개 외부에서 들여왔다. 좀더 부유한 수녀원에서는 모든 허드렛일을 속인 자매들이나 하녀들에게 맡기고 수녀들은 자수, 섬세한 실잣기, 서책의 삽화 그리기, 독서 등의 일만 했다. 수녀원장과 원장 대리 외에도 다른 여러 직분이 있었으며, 교회의 성구와 양초를 담당하는 성구보관 수녀, 수녀들의 의복을 챙기는 침방 수녀, 식량과 하녀들과 부속 농장을 감독하고 수녀들이 쓸 것을 위해 직접 일하는 찬방 수녀 등이 있었다.

　생활수준은 수녀원에 따라 달랐다. 하녀들의 수나 생활여건, 음식의 질도 마찬가지였다. 육류와 생선을 먹는 날은 정해져 있었지만, 부유한 수녀원과 가난한 수녀원에서 사용하는 식재료의 질은 차이가 났다. 수녀들의 의복도 마찬가지였다. 중세 후기 잉글랜드의 많은 수녀원들은 재정적 어려움을 겪었는데, 충분한 자산이 없어서이기도 했고 제대로 운영을 하지 못해서이기도 했다. 주교가 수도원과 수녀원을 방문할 때 내린 지침들을 보면 수도원장과 수녀원장은 주교의 허락 없이 나무를 베거나 임대를 하거나 소유재산을 파는 것이 금지되어 있었으니, 이는 경제적 퇴락을 막기 위해서였다.

　같은 시기에 독일 제국의 베네딕토회 수도원과 수녀원들도 재정적 문제를 겪었다.137) 어떤 수녀원에서는 귀족 여성들이 돈을 내고 경내의 별

도 구역에 살 수 있게 했는데, 어떤 여성들은 남편이나 아버지가 출타한
동안 임시로 와서 살았지만 어떤 여성들은 과부가 되어 평생 그렇게 살기
도 했다. 수녀원을 방문한 주교들의 보고서에 따르면, 이런 귀부인들은
이전과 같이 화려한 옷차림을 하고 애완견을 키우고 하녀들을 두며 손님
을 초대하여 한담을 나누는 등 다른 수녀들에게 좋지 못한 영향을 미쳤
다. 주교들은 이처럼 속세의 여인들을 수녀원에 받아들이는 관행을 금지
하려 했으나 수녀원들로서는 이처럼 반가운 수입원을 포기하기가 어려웠
다. 링컨 교구주교가 로스웰 수녀원을 방문한 뒤에 쓴 보고서를 보면 알
지 못하는 사람들이 외딴 수녀원에 침입하여 그곳에 살던 한 여성을 끌어
내 강간한 사건이 있었다고 한다. 이 만행을 저지하려던 수녀들은 땅바
닥에 내동댕이쳐져 발로 차이고 짓밟혔다. 수도복이 여성을 보호하는 데
항상 도움이 되지 않았던 것은 분명하지만, 하여간 이런 일은 속세의 여
성이 수녀원에 살았기 때문에 일어난 것이었다. [138] 결혼한 부부도 때로
수녀원에 살았으며, 주교들은 특히 이런 관행이 수녀들 사이에 '육신의
정욕'을 불러일으킬 것을 우려하여 비난했다. [139]

　수녀원들은 당시의 세속사회에 제한된 기여밖에는 할 수 없었다. 어떤
수녀원들은 학교를 운영하여 귀족과 도시 부유층의 남녀 어린이들을 받
아들였다. 부모나 친척이 학비와 생활비를 낼 의무를 다하기만 하면(그
러지 않을 때도 많았다), 이는 수녀원에 부수입이 되었다. 학생들은 상류
층에서만 선발되었으므로 수녀원은 좀더 가난한 계층의 자녀를 교육하는
데는 아무 기여도 하지 않았다. 수적으로 보아 이런 학교들은, 적어도 잉
글랜드의 경우, 얼마 되지 않았다. 작은 수녀원들에서는 학교를 운영할
수 없었기 때문이다. 모든 나라의 시토회 수녀원들에서는 수녀들이 소년
들을 가르치는 것이 금지되어 있었다. 이탈리아의 도시들에는 수도원 학

137) *Visitations of Religious Houses in the Diocese of Lincoln*, vol. I, p. 32; N. F.
　　　Rapp, *op. cit*, p. 337.
138) *Visitations of Religious Houses in the Diocese of Lincoln*, vol. I, pp. 107~108.
139) *Ibid.*, p. 53.

교들이 좀더 많이 있었다. 수녀원들도 번창한 정도에 따라서는 남성 수
도원들처럼 가난한 사람들에게 보시를 베풀 수 있었다. 수녀들은 수녀원
에 격리되어 가난한 자들 사이에서 일할 수는 없었지만, 그 대신 수녀원
문전을 찾아오는 인근의 가난한 자들에게 보시를 나누어주었다.

중세 초기 베네딕토회의 양성 수도원들과 12세기 프레몽트레회의 양
성 수도원들에서는 수녀들이 수사들을 도와 병자를 간호했다. 그러나 일
반적으로 이 임무는 특별히 이런 목적으로 설립된 수녀회나 수도회에,
또는 수도회의 '제 3회'140)로 소속된 종교단체에 사는 속인 자매들에게
맡겨졌다. 13세기에 아우구스티누스 규율141)을 받아들인 수녀들은 이미
한 세 가지 서원 외에 병자를 간호하겠다는 네 번째 서원을 했다. 13세기
초 파리에서 병자들은 유명한 시립병원(Hôtel Dieu)142)에서 치료를 받
았다. 수녀들은 예루살렘의 세인트 존 수도회143)에도 속해서 성지와 키
프로스 그리고 유럽 여러 나라의 병원에서 일했다. 13세기와 14세기에

---

140) 옮긴이 주: the Third Order; the Tertiaries. 가톨릭 수도회의 재속 단체. 정식
서원을 한 제 1회(남성수도회), 제 2회(여성수도회)와 구별하기 위해 제 3회로
불린다. 13세기에 들어 성직자들의 기강이 해이해지자 많은 속인들이 설교로 그
리스도교 세계를 개혁하고자 했으나 종종 신학적으로 부정확하거나 이단적인
내용을 전파하기도 했다. 그래서 가톨릭교회에서는 이들 재속 단체들을 수도회
의 제 3회로 편입하여 감독하게 되었다. 제 3회 회원들은 정식 서원은 하지 않았
지만 수도회의 정신에 입각하여 그 규율을 따르는 생활을 한다.

141) 옮긴이 주: 성 아우구스티누스의 규율을 받아들인 수도회를 '아우구스티노 수도
회'라 하는데, 실제로 아우구스티누스 자신이 공식적인 수도원 규율을 정한 바
는 없지만, 중세에는 그의 삶과 가르침에 의거한 일련의 규율이 성 아우구스티
누스 자신이 설립한 공동체로부터 내려오는 "아우구스티누스 규율"로 알려졌다.

142) 옮긴이 주: 파리의 시립병원(Hôtel-Dieu) 651년 랑드리 주교 관할로 창설되었으
며, 르네상스 때까지 파리의 유일한 병원이었다.

143) 옮긴이 주: the Order of Saint John of Jerusalem. 완전한 이름은 the Sovereign
Order of Saint John of Jerusalem of Rhodes and of Malta. 일명 '병원 기사
단'(Knights Hospitaller)이라고도 한다. 1080년 예루살렘에서 창설되었으며
성지 순례자 중 가난하고 병든 자들을 돌보는 것이 목적이었다. 1099년 제 1차
십자군원정으로 예루살렘을 정복하게 되자 가톨릭 군사교단이 되었고, 성지에
그리스도교 영토가 없어진 후에는 로도스 섬과 후에는 말타 섬을 중심으로 활동
했다.

프란체스코회 및 도미니코회의 제3회에 소속된 남녀의 일부는 병자들을 돌보았다. 13세기와 14세기에 잉글랜드의 병원들, 예컨대 런던의 세인트 캐서린 병원과 세인트 바톨로뮤 병원, 성묘 병원, 글로스터의 세인트 마거릿 병원 등에서는, 병원에 주어진 보조금 증서들에서 종종 병원에서 봉사하는 형제 · 자매들에 대한 언급을 찾아볼 수 있다. 13세기 초부터 앙제 시립병원에서 수고한 수녀들과 서유럽의 나환자촌에서 봉사한 수녀들도 있었다.[144] 그러나 중세에는 간호가 꼭 여성들의 일은 아니었고(대부분의 병원이 현대적 의미에서의 병원이라기보다 구빈원이자 양로원이었다) 여성들은 그곳에서 남성들과 함께 일했다.

그러므로 병자를 돌보는 일 외에 — 이것은 결코 모든 수녀들의 전형적 일은 아니었다 — 여성 수도회가 사회에 기여한 바는 비교적 제한되어 있었고, 지적 영역에서나 영적 영역에서나 수도사들의 기여에 비할 것이 못된다. 뿐만 아니라 교회의 영도나 선교활동 같은 것은 수녀들에게 아예 금지되어 있었다. 그러나 수도원의 본래적이고 주된 목표는 수도사나 수녀 개개인의 영혼을 구원하고 다른 사람들을 위해 기도하는 것이었음을 상기해야 한다. 그러므로 여성 수도회들이 사회 전반에 기여하지 못했다고 해서 본래의 목표에서 벗어났다고 말하는 것은 잘못된 일이다. 수녀들을 위해 작성된 지침서들은 종종 '수녀원을 학교로 만들지 말라'고 명백히 말했다(피에트로 다미아노는 수도원에 학교를 두는 것에 반대했다).[145] 프란체스코회와 도미니코회는 다른 길을 걸었고 선교사업에 참여했으나, 이런 수도회에 들어간 여성들에게도 수도사들과 똑같은 활동범위는 허락되지 않았다.

---

144) "Hospitals", *The Catholic Encyclopedia*, vol. VII; J. Riley-Smith, *The Knights of St John in Jerusalem and Cyprus 1050~1310*(London 1967), pp. 240~242; *Memorials of London and London Life*, p. 488; *Records of the Corporation of Gloucester*, ed. W. H. Stevenson(Gloucester 1893), pp. 49, 109, 112, 367, 372, 376.

145) *The Ancrene Riwle in La Littérature didactique au Moyen Âge*, ed. A. A. Heutsch(Halle 1903), p. 62; P. Riché, *op. cit.*, pp. 692~699.

세속사회에 기여하지 못했다는 것은 수녀원의 주된 목표에서 벗어난 것이 아니다. 그러나 수도사나 수녀가 수도회의 주된 목표를 실천하기 위한 규율로부터 중대한 탈선을 범하는 경우도 있었다. 탈선의 정도는 수도회에 따라, 또 시대에 따라 달랐다. 그 시대의 설교문학(*homiletic literature*)이나 좀더 믿을 만한 자료인 주교들의 보고서, 또는 수녀원들을 방문하고 수녀원장들에게 잘못을 시정할 것을 요구하는 수도회 대표들의 보고서들을 보면 이런 사실을 확인할 수 있다. 13세기와 14세기의 설교문학은 수녀들이 수녀원을 떠나 연인을 만나기 위해 변명을 꾸며대는 것을 고발한다. 146) 젊은 남자가 수녀원에 들어갈 구실을 찾기는 쉬웠다. 수녀들은 귀부인처럼 행동했으며 외모를 꾸미는 데만 관심이 있었다. 노래하고 춤추고 찾아오는 청년들과 즐거운 시간을 보냈다. 시토회 규율을 받아들인 일부 수녀원들과 청빈한 클라라회 수녀원에서 수녀들은 때로 개인 하녀를 두고 개인용도의 사유재산을 갖는 것을 허락받았다. 147) 수녀원장들은 때로 그 정도를 넘어 별도의 거처에 살 뿐 아니라 따로 음식을 준비하는 하녀들을 두기도 했다. 유언장 목록들은 때로 수녀들이 애초에 수녀원에 들어갈 때 지참했던 재산 외에 친척들로부터 유산을 받기도 했음을 보여준다. 148)

잉글랜드의 베네딕토회 수녀원 및 수도원을 방문한 뒤에 쓰인 보고서들에 따르면 기도시간도 항상 지켜지지는 않았다. 수녀들과 수도사들은 특히 새벽 2시에 드리는 첫 번째 기도시간에 지각하는 경향이 있었고, 여러 가지 핑계를 대어 예배가 끝나기도 전에 자리를 뜨곤 했다. 어떤 이들은 기도중에 졸았고, 또 어떤 이들은 예배가 속히 끝나도록 기도문을 되도록 빨리 읊어버리곤 했다. 주교들이 받은 인상은 대체로 설교문학에서

---

146) R. Mohl, *The Three Estates in Medieval and Renaissance Literature*, p. 352.

147) J. Moorman, *op. cit.*, pp. 409~410.

148) *Calendar of Wills. Court of Husting*, vol. II, p. 218. 랄프 드 네빌은 청빈한 클라라회에 들어간 조카딸들에게 일정액을, 그녀들이 속해 있던 수도원에도 또 일정액을 남겼다. J. T. Rosenthal, *Nobles and the Noble Life 1295~1500* (London 1976), pp. 184~185.

발견되는 비판들과 일치한다. 즉, 수녀들은 춤을 추고 애완견을 키우는 등의 허영 때문에 비난 받았으며, 이런 일들은 도무지 수녀에게 어울리지 않는 것으로 간주되었다. 수녀원의 장부들도 도수 높은 술을 사들이고 여러 가지 축제 때 악사를 들이고 횃불을 켜고 놀이를 하는 데 돈을 쓴 것을 보여준다. 이 모든 것은 수녀들에게 금지된 활동이었다. 교회 시노드들은 수녀들이 입는 것이 금지되어 있는 의복과 장신구의 목록을 작성했지만 아무 소용이 없었다. 유행하는 의복과 애완동물(어떤 수녀들은 원숭이, 다람쥐, 새, 특히 무릎 위에 앉힐 수 있는 작은 개를 키웠다)은 사라지지 않았다. 교회 지도자들은 이런 현상을 규율위반으로 보았고 수녀들이 세속적인 일들을 버리지 못하는 증거라고 보았다. 많은 수녀들이 수녀원에 방문객들을 받아들이는 문제로 비난 받았는데, 이 또한 속세를 완전히 떠나지 못하는 증거였다.

크리스틴 드 피장이 그린 프랑스 수녀원에서의 삶은 당시 수녀원들이 흔히 갖고 있던 문제점과 결함들을 보여준다. 그녀의 묘사가 전혀 비판적이 아니라는 점은 흥미롭다. 그녀는 그 모든 일이 극히 정상적이고 바람직한 것처럼 단순히 사실들을 묘사한다. 그녀는 자신의 딸이 살던 푸아시 수녀원을 묘사하는데, 그것은 필립 4세가 설립하여 성왕 루이 9세에게 봉헌한 수녀원으로, 원장직은 가장 지체 높은 귀족가문 내지는 왕가의 딸에게 돌아갔다. 크리스틴에 따르면, 수녀원장 마리 드 부르봉은 방문객들에게 수녀원의 규율이 얼마나 엄격한가를 이야기했다. 수녀들은 수녀복을 입은 채 딱딱한 매트리스 위에서 잤고, 새벽 기도시간에 맞춰 일어나지 않으면 매를 맞았으며, 방문객은 철창을 통해서만 볼 수 있다고 했다. 수녀원장이 말하는 동안 샤를 4세의 8살 난 딸인 마리 왕녀가 방에 들어왔다. 그녀는 5살 때부터 수녀원에 맡겨진 터였다. 수녀원장 자신은 별도의 좀더 호화로운 구역에 살았다. 방문객에 대한 금지에도 불구하고 크리스틴의 딸은 어머니와 친구들과 함께 완전히 자유롭게 여러 시간을 보낼 수 있었다. 손님들은 수녀원에 사는 귀부인들과 함께 식사했고, 진미와 귀한 포도주가 금·은제 접시들에 담겨져 나왔다. 그녀들과 함께 경내를 산책한 귀부인들은 방문객들에게 자신들이 사는, 예쁜 잠자리가 꾸며져 있는 안락한 특실들을 보여주었다. 수녀들은 방문객들과 이런 귀부인들이 식사하는 동안 시중을 들었다. 149)

수녀들이 충분한 이유 없이 수녀원을 떠나는 것도 비난거리였다. 초서의 《캔터베리 이야기》에 나오는 마담 에글렌타인은 작은 수녀원의 원장(그러니까 아바티사가 아니라 프리오리사)으로, 궁정예법을 익힌 우아한 수녀의 전형이다. 그녀는 애완견과 장난치며 몇 주일 동안만이라도(주교들의 명령을 어기고) 수녀원을 떠나 토마스 베케트의 무덤에 순례여행을 할 수 있게 된 것을 기뻐한다. 150) 주교들의 보고서는 실제로 어떤 수녀들이 수녀원을 떠나 있는 동안 육신의 죄를 범하는 것을 보여주며, 설교문학도 같은 주장을 한다. 151) 적어도 문학에서는 수녀들이 사생아를 낳을 가능성도 제기되었다. 12세기 말 르나르152)가 쓴 것으로 추정되는 서술시가인 갈르랑 시가153)에서, 여주인공은 혹시라도 장차 출산할 수녀들을 위해 수녀원에 요람을 남기고 떠난다. 154)

설령 수녀들이 때로 연인과의 밀회보다 좀더 떳떳한 목적으로 수녀원을 떠난다 해도, 기회만 있으면 수녀원에서 빠져나가려는 욕망이 영적

---

149) M. McLeod, *The Order of the Rose. The Life and Ideas of Christine de Pizan*, pp. 54~55.

150) Geoffrey Chaucer, *The Canterbury Tales*, pp. 4~5. 그 인물 및 역사적 배경의 분석은 M. Power, *Medieval People* (London 1951), pp. 71~95.

151) e. g. , *Visitations of Religious Houses in the Diocese of Lincoln*, vol. I, pp. 54, 82~86.

152) 옮긴이 주: Jean Renart. 1200~1210년경 활동한 운문소설 작가. 그의 것으로 추정되는 작품으로는 〈에스쿠플〉(*Escoufle*), 〈기욤 드 돌〉(*Guillaume de Dôle*), 〈그림자의 노래〉(*Lai de l'ombre*) 등이 있다. 소설에 우화시의 사실주의적이고 풍자적인 요소들을 도입한 것으로 평가된다.

153) 옮긴이 주: Galeran de Bretagne. 1200~1210년경 쓰인 브르타뉴 설화 소재의 운문소설로, 한때는 장 르나르의 작품으로 여겼으나 요즘은 이를 '르노'의 오독이라 본다.

154) 이 시가는 H. Regnault, *La Condition de Bâtard au Moyen Âge*, p. 28에서 인용한 것이다.

만족의 결여와 권태의 표현이었다는 것은 의심할 여지가 없다. 수도원
방문보고서와 수녀원 방문보고서를 비교해 보면 양쪽 기관 모두에 공통
된 허물이 상당히 많음을 알 수 있다. 즉 부적절한 복장, 충분한 사유 없
는 외출, 특히 이성을 만나기 위한 외출, 허용 가능한 정도를 넘어선 방
문객 접대, 속인들을 경내에 살게 하는 것, 개인재산을 갖는 것, 술을 마
시고 기도를 게을리 하는 것 등이다. 155)

　　수녀들의 동성애에 대한 직접적 비난은 수도사나 사제의 동성애 관행
에 대한 비난보다는 드물었다. 그러나 수녀원에 내려진 지침들을 보면
저자들은 수녀들 간의 이런 죄(내지는 죄의 가능성)가 있었음을 알고 있
었던 듯하다. 파리의 교회 시노드가 결정한 바에 따르면, 수녀들은 함께
자는 것이 금지되었고 숙소에는 밤새도록 불을 켜두어야 한다고 명시되
어 있었다. 이 규정은 이미 6세기 베네딕토회 수도원의 수도사들에게 내
려졌던 것이다. 링컨 교구의 수녀원들을 돌아본 뒤 주교들이 내린 지시
에서는 남녀를 불문하고 방문객이 수녀들의 숙소에서 밤을 보내서는 안
된다는 조항이 반복되었다. 수녀들을 위한 지침서 중 하나는 그녀들이
옷을 다 입고 허리띠를 맨 채로 자도록 권한다. 비방자들은 수녀들의 동
성애를 노골적으로 거론했다. 법률가이자 정치선전물 작가였던 피에르
뒤부아156) 는 수녀원의 수를 줄이고 개혁해야 한다는 입장으로, 자신의

155) *Visitations of Religious Houses in the Diocese of Lincoln*, vol. I, pp. 24, 26, 30,
　　53, 54; L. Delisle, "D'après le registre d'Eude Rigaud", *Bibliothèque de
　　l'Ecole de Chartres XXV*(1846), pp. 495 f. 독일에 있었던 제국 수도원들에 관해
　　서는 F. Rapp, *op. cit.*; 토스카나 지방의 수도원들에 관해서는 D. Herlihy and
　　C. Klapisch, *op. cit.*, pp. 580~581.

156) 옮긴이 주: Pierre Dubois(1250경~1312경). 미남왕 필립 시절에 정치적 소책자
　　들을 낸 저자. 노르망디 출신으로, 필립 왕과 교황 보니파치우스 8세가 대립하
　　자 필립의 세속 정권을 지지하는 일련의 반(反)교회적 소책자들을 썼다. 그는
　　수도원, 특히 기사 수도회들을 개혁하고 이들의 수입을 줄이며 수도원 재산을
　　왕실에 돌릴 것을 요구했다. 그 밖에 교육, 성직자의 독신주의, 프랑스 법령 제
　　정에 관한 계획 등 시대에 앞선 제안을 많이 내놓았다. 고위 정치에 관여한 초창
　　기 프랑스 법률가 중 한 사람이다.

계획을 시행하면 수녀 지망자를 돈(지참금)의 대가로 받아들이거나 수녀
원장직에 부적당한 여성을 임명하는 등 한심한 관행이 종식될 것이며 수
녀원 내의 자연적이거나 비자연적인 죄들을 근절할 수 있으리라고 주장
했다. 롤라드파[157]의 비행들을 열거하는 한 문서는 미혼여성이건 과부
이건 수녀가 되기보다는 결혼하는 편이 낫다고 언급한다. 그러지 않으면
그녀들은 나약하고 진정한 소명의식도 없어서 동성애, 수간(獸姦), 각
종 도구를 사용한 자위 등 중대한 죄를 범하게 된다는 것이었다.[158]

  14세기 잉글랜드 수녀원들은 문화적 퇴보 상태에 있었다. 대부분의 수
녀원에서 육체노동은 속인 하녀들에 의해 수행되었다. 수녀들 대다수는
소명의식 없이 수녀원에 들어왔고, 따라서 정신노동도 육체노동도 없는
긴 기도시간은 지루한 일상일 뿐이었다. 그러므로 윙베르 드 로망이 지
적하듯이 수녀들이 게을러지거나 괜한 호기심을 발동하는 것이나, 수녀
원을 방문하는 주교들이 꾸짖는 바와 같이 재미를 추구하는 것도 놀라운
일은 아니었다.[159] 비교적 무죄한 놀이는 의기소침해지거나 신경질적이
되는 것보다 나았다. 수도원에서는 소명감만이 내적 만족과 귀의심을 일
으킬 수 있는 것인데, 그것이 없는 경우에는 금지된 놀이가 우울증의 유

---

157) 옮긴이 주: the Lollards. 14세기 후반부터 잉글랜드 종교개혁 초기까지 번졌던 정
    치적·종교적 운동. 1350년대부터 옥스퍼드대학에서 가르쳤던 저명한 신학자
    존 위클리프의 가르침을 따랐으며, 진정한 사제가 되어 성사를 수행하기 위한 조
    건은 사제 서품이 아니라 신앙심이라고 주장하고 사제의 권위보다는 성서의 권
    위를 강조하면서 부패한 로마 가톨릭교회의 개혁을 요구했다. 1381년 농민 폭동
    에 연루됨에 따라 교회뿐 아니라 잉글랜드 사회질서에도 위협으로 여겨져 탄압
    의 대상이 되었고, 차츰 프로테스탄티즘과 교회 개혁 운동으로 포섭됐다.

158) M. Goodich, "Sodomy in ecclesiastical law and theory", *Journal of Homo-
    sexuality I* (1976) pp. 427~433; *Visitations of the Religious Houses of Lincoln*,
    vol. I, p. 24; *The Ancrene Riwle*, p. 62; *The Rule of Saint Benedict*, ed. J.
    McCann (London 1952), p. 70; *Pierre Dubois, De Recuperatione Terre Sancte*,
    ed. C. V. Langlois (Paris 1891), p. 83. 롤라드 파에 대한 고발이 들어 있는 고
    대영어와 라틴어로 된 텍스트는 H. S. Cronin에 의해 *English Historical Review
    XXII* (1907), pp. 294~304에 발표되었다.

159) Humbert de Romans, *op. cit.*, p. 187.

일한 약이었다. 그러나 그 시기의 모든 수녀원이 문화적·도덕적 쇠퇴를 겪었던 것은 아니다. 14세기 독일과 네덜란드에서는 비제도화된 여성운동과 수녀원들이 모두 번창했다. 같은 세기의 독일에서는 수녀원이 당대 신비주의 운동에 한 몫을 담당했다. 수녀들은 마이스터 에카르트나 타울러 같은 위대한 독일 신비가들의 청중이었고, 그들의 설교를 기록한 것도 그녀들이었다.

5. 수녀들의 교육

많은 수녀원에서 수녀들의 일거리 중 하나였던 필사작업은 어느 정도의 교육을 요구하는 것이었고, 여성 수도원이 제도화되기 시작한 이래로 수녀들은 어느 정도 지속적으로 교육을 받았다. 이미 교육을 받고 수녀원에 들어가는 여성들도 있었고, 어린 시절에 수녀원에 들어간 경우에는 읽고 쓰고 기도문을 암송하는 것을 배웠다. 대부분의 수녀들이 라틴어를 썩 잘하지 못했고, 그래서 기도문과 종교문학의 부분들을 단순히 외우기만 했다. 그녀들의 라틴어 지식처럼 보이는 것은 사실상 앵무새 같은 반복에 지나지 않았다. 라틴어로 된 기도문과 찬송가를 제외하면, 대부분의 수녀원에서 수녀들에게 주어지는 읽을거리는 성서의 선별된 대목과 교부들의 저작, 성인전, 수도회 창설자의 전기, 수도회 규율의 해석이 전부였다. 독서에 할당된 시간 동안 수녀들은 그런 것들을 읽었다. 하루의 식사중 한 번은 라틴어 낭독을 하는 것이 관례였다. 동료들을 위해 낭독하는 수녀는 유창하게 읽을 것이 요구되었고, 어떤 수녀원들에서는 그런 낭독을 지켜보면서 실수를 바로잡아주는 일을 전담하는 수녀도 있었다. 대부분 수녀원들에서 수녀들은 어느 정도 교육을 받았으므로 책을 필사하고 삽화를 그리는 일에 참가할 수 있었다. 리에르 인근의 나자렛160) 및 라라메161)에 있던 시토회 수녀원들은 13세기 전반 채색삽화 및 필사작업의 중요한 중심지였다.

수녀들에게는 어느 정도의 교육을 시행하는 것이 보편적으로 받아들여졌다. 여성에게 내놓고 적대적인 태도를 보이며 속세의 여성들이 교육받는 것을 반대하는 교훈문학(*didactic literature*)의 저자들도 수녀들의 교육에는 긍정적이었다. [162] 수녀원들이 남성 수도원장에 의해 다스려져야 한다고 주장했던 아벨라르도 수녀들의 교육에는 찬성했고, [163] 13세기 말 독일 도미니코회의 관구 참사회는 유식한 형제들을 임명하여 수녀들을 이미 받은 교육수준을 고려하여 가르치기로 결정했다. 그러나 중세 전성기에 수도원들은 더 이상 학문의 중심지가 아니었다. 카롤링거 시대에는 풀다, 생갈, 생 마르탱 드 투르 등 수도원들이 학문의 중심지였고 11세기에는 베크 수도원이 그 역할을 물려받았지만, 12세기에 들어서면 이 역할은 도시의 성당(부속) 학교로 넘어갔고, 13세기에는 대학과 도미니코회 콜레기움[164]으로 넘어갔는데 이런 기관들은 여성을 받지 않았고 수녀들도 예외가 아니었다. 이런 점에서 수녀의 처지는 여성 일반의 처지와 다르지 않았다. 그렇지만 여전히 자기 수도회의 사제나 수도사들의 도움을 받아 공부하는 수녀들이 있었고, 이런 여성들은 여느 수녀들에게 가능한 것보다 더 폭넓은 교육을 받았다. 이렇게 학식 있는 수녀들 중 몇몇은 신비가나 성녀가 되었고, 그녀들의 저작은 오늘날까지 전해져 온

---

160) 옮긴이 주: 나자렛의 시토회 수도원은 1214년 플랑드르 지방의 리에르 시 북쪽 근교에 설립되었으며 프랑스 혁명 때 철폐, 매각되었다.

161) 옮긴이 주: 라라메의 시토회 수녀원은 1215년경 벨기에의 브라방-왈룬 지방에 설립되었으며, 5세기 반 동안 이어오다가 프랑스 혁명 후 문을 닫았지만 그 건물은 오늘날까지도 남아 있다.

162) Philippe de Novare, *Les Quatre Ages de l'Homme*, 25; Humbert de Romans, Sermones(Venice 1603), p. 97.

163) Pierre Abélard, *Epistola VIII*, PL vol. CLXXVIII, col. 309f.

164) 옮긴이 주: 도미니코회는 '설교자 교단'이라 불릴 만큼 설교에 강조점을 두었고, 역량 있는 설교자를 양성하기 위해 교육을 장려했으며, 일찍부터 대학에 진출했다. '콜레기움'이란 본래 대학에 다니는 가난한 학생들을 수용하기 위한 기관으로 출발했으나, 대학 고유의 건물이 없었으므로 교사들은 콜레기움으로 강의를 하러 오게 되었다.

다. 이런 위대한 신비가들에 대해서는 별도의 절에서 자세히 다루게 되
겠지만 이 자리에서는 그 중 몇몇의 학식만을 살펴보기로 하자.

　메크틸트 폰 학케보른165) 은 자신의 글에서 성서, 오리게네스, 성 아
우구스티누스, 베르나르 드 클레르보, 알베르투스 마그누스166) 등의 저
작에 대해 언급한다. 메크틸트의 언니 성 게르트루트는 자신의 글에서
자유학예167) 에 바친 시간을 공개적으로 회개하며 많은 수도사들처럼 자
신이 문법학자에서 신학자로 발전했다고 생각한다. 그녀는 자신의 신비
적 환시(幻視)를 기록한 것 말고도 성인전의 요약본과《심령 연습》
(Exercitia Spiritualia) 이라는 기도서를 썼다. 168) 메크틸트와 게르트루트
는 모두 라틴어로 글을 썼고, 둘 다 작센 지방의 헬프타 시토회 수녀원에
속해 있었다. 세 번째 신비가인 메크틸트 폰 마그데부르크는 독일어로
된 최초의 신비적 저작을 썼으며, 역시 이 수녀원 소속이었다. 그녀의 책
《하느님의 넘치는 빛》(Das fliessende Licht der Gottheit) 은 독일 신비주의
에 지대한 영향을 미쳤으나, 그녀는 앞의 두 여성 학자만큼은 교육을 받
지 못했다.

---

165) 옮긴이 주: St. Mechtilde von Hackeborn (1240~1298). 투린기아의 가장 유력
　한 가문 출신으로, 7살 때 수녀원에 있는 언니 게르트루트를 보러 갔다가 그곳
　의 삶에 매료되어 수녀가 되었다. 10년 후 형제들이 헬프타의 영지에 세운 수녀
　원 원장으로 가는 언니를 따라갔고, 1261년 어린 소녀 게르트루트를 맡아 후견
　인이 되어주었다. 곱고 너그러운 천품으로 주위에 많은 덕을 끼쳤으며, 그녀가
　본 환시들을 이 두 게르트루트가 기록한 것이《특별한 은혜의 책》(Liber
　Specialis Gratiae) 이다. 공식적으로 시성되지는 않았으나 도미니코회에서는 그
　녀의 축일을 지키고 있다.

166) 옮긴이 주: Albertus Magnus(1193경~1280). 독일의 신학자, 철학자. 도미니
　코회에서 교육을 받고 파리대학의 신학 교사로 있으면서 토마스 아퀴나스를 가
　르쳤고, 뒤에는 쾰른에서 가르쳤다. 견유학파 및 신플라톤주의를 강의에 도입
　했고, 비록 비판적인 입장이기는 했으나 아리스토텔레스의 주석가들인 아랍 철
　학자들을 소개했다.

167) 옮긴이 주: 3학(trivium: 문법, 수사학, 변증법) 과 4과(quadrivium: 산술, 음
　악, 기하, 천문학) 를 일컬어 '7자유학예'(seven liberal arts) 라 한다.

168) Le Héraut de l'Amour divin. Révélations de Sainte Gertrude (Paris-Poitiers
　1898), pp. 9, 101.

　12세기 전반기에 살았던 힐데가르트 폰 빙겐[169]은 환시의 책을 썼고 신학저작들을 남겼으며 속세와 교계를 망라하는 당대 인사들과 폭넓은 서신 왕래를 했다. 그녀는 신비극과 그 지방 출신의 성인으로 그녀가 속해 있던 수녀원에 이름을 남긴 성 루퍼트의 생애, 그리고 라인강 지방에서 활동했던 한 아일랜드 출신 선교사의 생애를 썼다. 또한 의서(醫書) 한 권과 일련의 음악작품도 저자가 확실치는 않으나 힐데가르트의 것으로 추정된다. 그녀는 자기 저작에 직접 삽화도 그렸다. 이런 저작과 환시에서 그녀는 과학적 지식을 사용했고 라틴어로 글을 쓰기도 하고 구술하기도 했다. 그녀의 저작은 성 아우구스티누스, 보에티우스, 세비야의 이시도로스, 베르나르두스 실베스트리스, 아리스토텔레스, 갈레노스 등의 저작에 대한 지식을 보여준다. 해부학에 관한 대목에서 그녀는 11세기 수도사이자 번역가였던 콘스탄티누스 아프리카누스[170]를 인용하며, 우주를 구성하는 천구(天球)들을 묘사할 때는 메사할라[171]의 저작을 인용했다. 찰스 싱어가 지적했듯이 힐데가르트는 물리적 사건과 정신적 진실과 영적 체험을 구분하지 않았고, 단테의 《신곡》에서 그렇듯이 그 모두가 영감과 계시의 소산으로 여겨졌다. 그러나 《신곡》의 출전을 추적할 수 있듯이 그녀의 출전들을 추적해 볼 수는 있다. [172] 그녀의 저작이

---

169) 옮긴이 주: Hildegard von Bingen(1098?~1179). 독일 신비가. 8살 때 베네딕토회 수녀원에 들어갔으며, 유능한 수녀원장이자 영적 권위를 지닌 신비가로서 당대의 존경을 받았다. 어린 시절부터 보기 시작한 환시를 혼자 간직했으나 1141년 그것들을 기록하라는 신의 명령을 받고 쓴 책이 《길을 알라》(Scivias)이다. 그 밖에도 음악, 의학, 식물학, 지질학 등 다방면의 저술을 남겼다.

170) 옮긴이 주: Constantinus Africanus(1020경~1087). 11세기 그리스 의학저작들의 번역가. 카르타고 출신으로 그리스어, 라틴어, 아랍어 등 기타 여러 동양 언어에 능통하여 1065년경 살레르노 의학교에 들어가 다양한 아랍어 필사본들의 번역을 도왔다. 만년에는 몬테 카시노의 베네딕토회 수도원에 들어갔다.

171) 옮긴이 주: Messahalah/Masha'allah ibn Athari(740경~815). 페르시아의 유대인 점성가, 천문학자. 8세기 후반의 대표적인 점성가로 손꼽혔다. 20권 남짓한 저술을 남겼으며, 그 일부가 12세기에 유럽에 소개되었다.

172) C. Singer, *From Magic to Science*(New York 1958), pp. 199~239. 수녀들의 교육 전반에 관해서는 L. Eckenstein, *Women Under Monasticism*(Cambridge

갖는 결함은 선험적 증명을 수립하고 이 세상의 모든 사물과 현상의 원형을 천상체계에서 찾기 위해 지나치게 비유에 의존하며 학식과 견해의 차용은 부차적이라는 것이다. 그러나 이 모든 것은 그녀와 같은 시대를 살았던 남성들의 저작에서도 발견되는, 말하자면 시대적인 약점이었다.

우리는 문필 저작을 남긴 박학한 수녀들의 몇몇 예를 들어보았다. 이보다 더 긴 목록을 만들 수도 있을 것이다. 재능 있는 수녀가 교육을 받고자 할 경우 속세의 여성보다 더 나은 기회를 누렸으리라는 것은 의심할바 없으며, 당대 사회도 그녀의 학식을 반대 없이 받아들였다. 그러나 그런 여성이라 할지라도 고등교육기관에는 들어갈 수가 없었으며, 따라서 수녀들은 중세 전성기 문화의 주된 결실인 스콜라주의[173] 철학 및 신학에 전혀 기여하지 못했다. 그녀들이 두각을 나타낸 유일한 영역은 신비주의였다. 물론 그녀들이 고등교육을 받을 수 있었던들 스콜라 철학이나 신학, 과학 등에 크게 기여했으리라고 장담할 수는 없는 일이다. 그러나 이런 교육기관들이 여성에게 닫혀 있었으므로 그녀들은 처음부터 기회를 얻지 못했다.

6. 베긴 여신도회

베긴운동은 종교적 운동이었고, 따라서 비록 교회조직에 속하지 않는다 해도 그 구성원들은 '기도하는 자들'의 위계에 속한다고 볼 수 있다.

1896) ; R. Lejeune, "La femme dans les littératures française et occitane du XIe siècle au XIIIe siècle", *Cahiers de Civilisation médiévale XX* (1977), p. 202.

173) 옮긴이 주: 스콜라주의(*scholasticism*)란 라틴어의 scholasticus(학교에 속하는)에서 유래한 명칭으로, 중세 대학의 학자들이 가르친 학문의 방법을 일컫는다. 본래 스콜라주의는 고대 철학과 중세 그리스도교 신학을 조화시키려는 데서 출발한 것으로, 그 자체가 철학이나 신학이었다기보다는 변증법적 추론을 강조하는 학문의 방법이었다. 스콜라주의는 신학, 철학, 기타 다방면의 학문에 적용되었다. 스콜라주의를 대표하는 학자는 피에르 아벨라르, 대(大) 알베르투스, 둔스 스코투스, 윌리엄 오컴, 보나벤투라, 토마스 아퀴나스 등이다.

이 운동은 13세기에 일어나 벨기에와 독일의 라인강 지방 그리고 프랑스 북부와 남부 지방으로 퍼져나갔다. 그것은 주로 북유럽에서 일어난 종교운동, 즉 평신도들이 정결, 회개, 기도, 청빈, 노동, 그리고 가난하고 병든 자들에 대한 봉사를 통해 그리스도를 본받으며 뜻 있는 종교생활을 하고자 하는 운동의 일환이었다. 이 운동의 초창기에 동참한 여성들이 기존의 수녀회에 들어가지 않은 것은 한편으로는 13세기 초의 수녀원 생활이 너무 안일하다고 보았고 다른 한편으로는 기존 수녀원들이 모든 지망자를 받아들일 수 없었기 때문이다. 특히 프레몽트레회 수녀원들이 해체되고 도미니코회가 수녀원들에 대한 책임을 철회한 후로는 더욱 그러했다.

당시의 다른 종교운동들과 마찬가지로 베긴회에서는 덜 폐쇄적이고 다른 사람들과 좀더 교류하는 종교생활을 원했다. 이런 운동은 자발적으로 일어났다. 최초의 베긴 여신도 대부분은 수녀들과 동일한 사회계층, 즉 귀족과 유족한 도시민 출신으로, 사도적 삶에 대한 동일한 열망에서 이 운동에 가담했다. 그러나 점차 베긴운동은 지참금을 낼 수 없기 때문에(종교적 이유에서가 아니라) 자신이 원하는 수녀원에 들어갈 수 없는 도시 여성들에게 사회적·경제적 대안이 되기 시작했다. 베긴 여신도 중 가난한 여성들의 수는 특히 14세기의 경제적 위기를 배경으로 하여 급증했다. 장인 길드들은 점차 배타적이 되었고 도시 여성들의 노동기회는 줄어들었으며, 따라서 그녀들은 경제위기의 첫 희생양이 되었다. 14세기의 베긴운동은 그녀들에게 길드 밖 자기 집에서 실을 잣고 베를 짜고[174] 바느질과 세탁 일을 할 기회를 주었다. 어떤 여성들은, 특히 벨기에 도시들(리에주, 루뱅, 브뤼주, 브뤼셀 등)에서는 병자를 간호함으로써 생계를 꾸렸다. 그녀들은 때로 13세기 파리에서 그랬듯이[175] 납세자 명

---

174) *Documents relatifs à l'Histoire de l'industrie drapière en Flandre*, ed. G. Espinas and H. Pirenne(Bruxelles 1929), vol. I, pp. 42, 307, vol. II, p. 401.

175) K. Michäelson(ed.), *Le Livre de la Taille de Paris de l'an 1296*, p. 158; *Le Livre de la Taille de Paris de l'an 1297*, p. 5.

부에도 올랐다. 상당수의 도시 학교들은 베긴 여신도들의 후원을 받았
다. 그녀들은 헌신적이고 근면한 노동 때문에 윙베르 드 로망의 찬사를
받았으니, 그는 그녀들을 잠언에 나오는 '유덕한 여인'이라 칭찬했
다. [176]

　이미 지적했듯이 베긴회는 교회조직에 속하지 않는 종교운동이었다.
운동 초창기에 베긴 여신도들은 각자 자기 집이나 부모의 집에 살았지만
재산의 일부를 베기나주(베긴회 공동체) 나 가난한 자들에게 기부하고 기
도와 자선에 전념했다. 이 초창기의 베긴 여신도들은 "속세에서 *스스로
격리된 베긴 여신도들*"(*Beguinae singulariter in saeculo*) 로 알려졌다. 그녀
들은 점차 한 집에 모여 살면서 사감(舍監)의 감독 하에 다소간의 규율을
가진 생활을 하기 시작했다. 그녀들의 일과는 자선, 기도, 노동으로 나
뉘었다. 이것이 봉쇄된 베긴회(*Beguinae clausae*) 로, 이들은 자신들이 선
택한 일정한 규율에 따라 살았다. 개중에는 미혼여성도 있고 남편과 헤
어진 여성, 과부도 있었다. 자크 드 비트리를 위시한 몇몇 성직자들은 수
녀원에 들어가고자 하는 모든 여성이 그럴 만한 형편이 못 된다는 사실을
알고 있었고 여성 종교운동의 힘을 인정했으므로 베긴회가 교황의 인가
를 받을 수 있도록 애썼고, 그녀들을 감독하고 지도하며 자립할 수 있도
록 도왔다. 1233년 교황 그레고리우스 9세는 〈글로리암 비르기날렘〉
(*Gloriam virginalem*) 교서에서 (비록 직접적으로는 아니지만) 베긴운동을
인가했다. [177] 소교구 조직은 그녀들에게 베기나주를 세울 수 있는 적당
한 장소를 할당해 주었고, 도시 당국은 그녀들에게 납세를 면제해 주었
다. 시토회 및 도미니코회의 몇몇 지도자들도 그녀들의 영적 교육에 기
여했다.

　그러나 일부 베긴 여신도들이 교황의 인가를 얻어 위에 언급한 집에서
'봉쇄된' 삶을 살기 시작한 후에도 베긴회는 교회조직에 속하지 않았다.

---

176) Humbert de Romans, *op. cit.*, pp. 201~202.
177) S. Roisin, *op. cit.*, pp. 337~342.

베기나주는 도시 당국이 허락한 특권에 의거해 있었고, 베긴회의 경제활동은 길드의 규정을 따르게 되어 있었다. 베긴회는 교회조직이 아닌 것은 물론이고 프란체스코회나 도미니코회의 제3회 같은 준(準) 교회조직도 아니었다. 베긴회는 결코 조직화되지 않았다. 베긴 여신도들은 정식 위계질서나 단일한 규율 또는 일반적 감독체제를 도입하지 않았다. 그녀들은 종신서원을 하지 않았고, 베기나주를 떠나 결혼할 수도 있었다. 그녀들은 모든 재산을 가난한 자에게 나눠주거나 베기나주에 기부할 의무도 없었다. 178)

그러므로 처음부터 이 운동은 제도화된 수도회들보다 개인주의의 여지를 좀더 허용했음을 알 수 있다. 어떤 베긴 여신도들은 영향력 있는 인물이 되고 널리 존경받기도 했다. 대표적인 예가 마리 두아니179) 인데, 그녀는 부유한 가문의 딸로 재산을 가난한 자들에게 나눠주고 남편과 (정결한 삶을 살자는 상호합의 하에) 헤어졌으며, 부유한 속인들에게 가진 재산을 나눠주고 수도생활에 들어갈 것을 설득했다. 죽은 후에 그녀의 성유골은 자크 드 비트리를 지켜주었으며, 그의 꿈속에 나타나 그에게 조언을 주었다. 베긴 여신도 중에는 두슬린 같은 성녀와 신비가들도 있었으며 베긴운동 전반은 14세기 말까지 영적인 활기를 띠었다. 그러나 규율이나 감독으로 위축되지 않았던 바로 그 개인주의적 정신이 교회조직으로서는 용인할 수 없는 문제들을 일으켰다. 어떤 베긴 여신도들은 성서를 독일어와 프랑스어로 번역하는 일에 종사했고 번역이 진전됨에 따라 주해서도 썼는데, 이는 교회 당국에 의해 전적으로 금지된 일이었다. 그녀들은 심지어 신학 저작의 번역을 읽고 신앙의 문제를 놓고 토론하기

---

178) 특정 자산에 대해 소송을 냈던 베긴 여신도의 예는 *Le Droit coutumier de la Ville de Metz au Moyen Âge*, vol. I, pp. 17, 57, 59, 173.

179) 옮긴이 주: Marie d'Oignies(1177~1213). 14세에 결혼했으나 남편을 설득하여 재산을 가난한 자들에게 나눠주고 금욕하며 집에 나환자들을 받아들여 돌보았다. 남편의 동의를 얻어 수도생활에 들어갔으며, 비범한 영적 능력과 기적을 행했다. 그녀와 몇몇 베긴 여신도들은 그리스도의 수난 및 성찬에 대한 신앙의 선구로 간주된다.

까지 함으로써 당국의 비판을 받았다. 에노 출신의 베긴 여신도 마르그리트 포레트[180]는 《단순한 영혼의 거울》(Le Mirouer des simples Ames)이라는 신비적 저작을 썼는데, 이것이 이단으로 규정되어 1310년에 화형당했다. 그녀에 관해서는 다음 절에서 좀더 자세히 다루게 될 것이다. 베기나주에 들어가지 않고 여전히 속세에 사는 베긴 여신도들은 특별히 분노의 대상이 되었다. 그녀들은 떠돌아다니며 구걸을 하고 불법 설교와 교의상의 오류를 범한다는 비난을 받았다. 어떤 경우에는 매춘과 동성애의 혐의까지 받았다.[181]

신비적 체험을 하는 베긴 여신도들 중 몇몇은 그리스도와의 교통에서 정통 신앙의 한계에 근접했고〔자크 드 비트리는 아가(雅歌)가 고취하는 그리스도에 대한 사랑의 희열에 너무 몰입한 나머지 여러 해씩 침상에서 일어나지 않는 베긴 여신도들을 묘사한 바 있다〕,[182] 몇몇은 그 경계선을 넘어 히스테리컬한 성애적 체험에 도달하기도 했다. 어떤 이들은 주로 조아키노[183] 운동과 자유성령운동[184]에 심취해 이단으로 나아가기도 했는데,

---

180) 옮긴이 주: Marguerite Porete (?~1310). 프랑스 신비가. 생애는 거의 알려진 바 없으나 아마도 베긴회와 관련이 있었던 것 같으며, 그녀가 쓴 《단순한 영혼들의 거울》의 유려한 문체로 보아 상당한 교육을 받은 여성이었던 것으로 추정된다. 그녀에 따르면, 영혼은 논리적 이성을 버리고 하느님의 사랑 가운데 합일하여 망아의 경지에 이르며, 그러한 은총의 상태에서는 죄를 지을 수 없다고 한다. 이런 주장은 자유성령운동 이단을 대변하는 것으로 여겨져, 그녀는 1310년 파리에서 이단으로 화형 당했다.

181) M. Goodich, "Sodomy in medieval secular law", Journal of Homosexuality I.

182) Jacques de Vitry, Vita Mariae Ogniacensis. Acta Sanctorum, June IV, pp. 637, 677~679.

183) 옮긴이 주: Joachino da Fiore (1130/45~1202). 코라초의 시토회 수도사. 그에 의하면 인류역사는 성부의 시대(구약시대), 성자의 시대(신약시대), 장차 도래할 성령의 시대로 나뉘며, 성령의 시대에는 전적으로 수도원적인 교회가 복음적 가난에로 회심한 인류를 다스리라고 했다. 이 세 번째 시대의 도래가 임박했다는 종말론적인 신앙을 추종하는 자들은 기성 교회에 반기를 들고 새 시대를 선포하는 등 물의를 일으켰다.

184) 옮긴이 주: Brethren of the Free Spirit (Brüder und Schwestern des Freien Geistes). 13~14세기 북유럽에서 일어난 그리스도교 운동. 비엔 공의회(1311~

116

이런 운동들은 몰아(沒我)에 이를 정도로 하느님과의 전적인 합일을 추구했으며 따라서 구원의 필수 조건(condition sine qua non)으로서의 성사(聖事)를 부정하기에 이르렀다. 또 다른 이들은 성령이 한 여성으로 체현될 제3시대(조아키노가 말하는 성령의 시대)에 대한 환시를 보았다고 주장했다.[185] 어떤 이들은 이단으로 고발당한 영적 프란체스코회[186]의 견해와 가까웠다.

주교와 교황은 베긴 여신도들을 박해하는 법령들에서 세속에 살며 교의상의 오류와 이단에 빠진 베긴 여신도들과 베기나주에 머물러 정통 신앙을 고수하는 '선량한' 베긴 여신도들을 대체로 구별했지만, 박해의 물결은 종종 모든 베긴 여신도들에게 구분 없이 밀어닥쳤다. 그녀들은 14세기 후반에는 이단재판으로 박해를 받았고 부당하게 이단운동과 동일시되었으며, 자발적 청빈이 교회의 눈에 의심스럽게 비치던 시기에 기성 수도회의 규율을 따르지 않는 다른 종교운동들과 함께 시련을 당했다. 베기나주들이 세금을 면제받는다는 사실은 길드들의 적의를 샀고, 길드는 경쟁을 피하기 위해 그녀들의 경제활동에 제약을 두었다. 그녀들의 활동범위는 줄어들었고, 일부 도구들을 사용하는 것이 금지되었으며, 생산품을 자기 이름으로 팔아 명성을 얻는 일도 금지되었다. 15세기에 베기나주들은 종교단체나 작업장이라기보다는 단순한 피난처가 되었다. 거기 사는 이들은 더 이상 신학적 문제에 괘념치 않았고 노동으로 자급자족하지도 못했다. 결국 베긴운동은 일부 여성들이 — 또 다른 여성들이

1312)에서 클레멘스 5세에 의해 이단으로 판정되었다. 이단 재판의 기록 외에는 다른 역사적 기록이 없으며, 딱히 창시자도 없고 정해진 교의도 알려져 있지 않으나, 대체로 성령 충만을 받은 사람은 더 이상 죄를 지을 수 없다고 주장하므로 일종의 도덕률 폐기론(antinomianism)으로 간주되어 이단시되었다.

185) R. Nelli, *Dictionnaire des Hérésies médiévales* (Toulouse 1968), p. 66.

186) 옮긴이 주: 프란체스코회는 청빈이라는 규율의 해석 문제로 내분이 끊이지 않았다. 그 중에서 절대적 가난을 주장하는 영적 프란체스코회(영성파: les Spirituels)는 규율 완화를 주장하는 전통파(les Conventionnels)와 대립했고, 교황은 후자를 선호했다. 영성파는 당시 종교적 청빈을 기치로 내세운 반(反) 교회적인 속인들의 무리와 한데 취급, 이단시되는 경향이 있었다.

제도화된 수도회와 이단운동들에서 일역을 했던 것과 마찬가지로 ─ 비
제도화된 종교운동 가운데 자신의 믿음을 추구할 수단을 제공했다고 할
수 있을 것이다. [187)

7. 신비가들

중세 여성들이 창조적 영성활동에 가장 중요하게 기여한 것은 그리스
도교 신비주의의 영역에서였다. 안젤라 다 폴리뇨, [188) 스웨덴의 비르기
타, [189) 카타리나 다 시에나, [190) 성 게르트루트, 힐데가르트 폰 빙겐, 줄

---

187) 베긴회에 관해 우리가 참고한 주요 논저는 다음과 같다. E. W. McDonnell, *The
Beguines and Beghards in Medieval Culture* (New York 1969) ; H. Grundmann,
Religiöse Bewegungen im Mittelalter (Berlin 1935). 성녀로 선포되었던 베긴 여
신도에 관해서는 C. Carozzi, "Une Béguine joachimite: Douceline soeur
d'Hugues de Digne", *Cahiers de Fanjeaux X* (1975), pp. 169~201; "Douceline
et les autres", *Cahiers de Fanjeaux XI* (1976), pp. 251~267. 베긴회에서 운영
한 학교들에 관해서는 E. W. McDonnell, *op. cit.*, pp. 273, 383. 베긴회가 의
심을 받았던 이단들에 관해서는 Bernard Gui, *Manuel d'Inquisiteur*, ed. G.
Mollat (Paris 1964), vol. I, pp. 81~108.

188) 옮긴이 주: Angela da Foligno (1248~1309). 이탈리아 신비가. 일찍 결혼하여
세상의 쾌락을 즐겼을 뿐 아니라 아내와 어머니로서의 의무를 망각하고 죄에 빠
져 무절제한 삶을 살았다. 그러나 하느님의 자비로 자신의 죄를 깨닫고 회개한
후로 차츰 심오한 신비들을 이해하게 되었다. 이런 회심의 경험을 《복녀 안젤라
다 폴리뇨의 책》(*Il libro della beata Angela da Foligno*)으로 남겼다. 회심 후 그
녀는 프란체스코 제3회에 들어갔으며, 성덕의 명성이 높아져 많은 추종자가 생
기게 되었다. 훗날 그녀는 폴리뇨에 자매들의 공동체를 설립했으며, 이들은 프
란체스코 제3회의 규율을 따르되 세상에 나가 자선 활동을 했다. 이노켄티우스
12세에 의해 시복되었다.

189) 옮긴이 주: St. Bridget of Sweden (den heliga Birgitta, 1303~1373). 북구의
가장 유명한 성녀. 부유하고 경건한 지주의 딸로 태어났으며 어린 시절부터 특
출한 종교적 감수성을 보이기 시작했다. 13살 때 결혼하여 여덟 자녀를 두었으
며, 사십대 초반에 남편과 함께 산티아고 델라 콤포스텔라로 성지순례를 다녀온
직후 남편을 여의고, 종교생활에 전념했다. 어린 시절부터 보던 환시가 더욱 빈
번하고 뚜렷해져서 그 계시들을 기록한 책이 중세 내내 널리 읽혔다. 비르기타

118

리아나 오브 노리치, 191) 메크틸트 폰 학케보른, 메크틸트 폰 마그데부르크 등을 빼놓고는 중세 신비주의를 생각할 수 없을 것이다. 192) 중세 여성 전반을 다루는 이 책에서 그녀들의 저작을 심층적으로 분석하거나 그리스도교 신비주의의 본질을 깊이 있게 논하기란 불가능하다. 우리는 두 가지 특수한 문제만을 검토해 보려 한다. 그 하나는 중세 그리스도교 사회 안에서 여성 신비가들이 차지하는 특수한 위치이고, 다른 하나는 그녀들의 저작이 남성 신비가들의 저작과는 다른 독특한 점이 있는가 하는 것이다.

위대한 여성 신비가들은 다른 여성들이 얻지 못하는 지위와 존경을 얻었다. 베르나르 드 클레르보는 12세기 신비가 힐데가르트 폰 빙겐에 대

수녀회, 일명 구세주 수도회를 창설했고, 1349년에는 수도회를 인가받으러 로마에 갔다가 내내 그곳에서 살았다. 아비뇽의 교황청을 로마로 돌아오게 하는 데 기여했다. 1391년 보니파치우스 9세에 의해 시성되었다.

190) 옮긴이 주: St. Catarina da Siena (1347~1380). 시에나의 중하층 가정에서 태어났다. 일찍부터 환시를 보기 시작했으며 7살 때 그리스도를 위해 평생 동정녀로 살 것을 맹세했다. 16살 때 도미니코회 제 3회에 가입하여 자기 집에서 은둔수녀처럼 살다가 1366년경 '영적인 결혼'으로 알려진 신비적 체험을 겪은 후 다시 세상으로 나와 자선활동을 펼쳤으며 교회 개혁을 위해 노력했다. 교황과 이탈리아 도시국가들 사이의 평화협상을 위해 나섰으며, 그레고리우스 11세가 아비뇽을 떠나 로마로 돌아오는 데 결정적인 역할을 했다. 1378년 그레고리우스 사후 교회 대분열이 시작되자 로마 교황 우르바누스 6세의 정통성을 수호하며 교회 통일을 위해 진력하다 세상을 떠났다. 자신의 명상과 계시를 기록한 책 《대화》를 위시하여 서한집, 기도문 등을 남겼으며, 그녀의 저작은 14세기 토스카나 방언으로 쓰인 이탈리아 어문학의 고전으로 꼽힌다. 1461년 피우스 2세에 의해 시성되었다.

191) 옮긴이 주: Juliana of Norwich (1342~1442 이후?). 14세기 잉글랜드의 신비가. 자신이 본 환시들을 기록하여 《하느님 사랑의 열여섯 가지 계시》(Sixteen Revelations of Divine Love) 라는 제목으로 알려진 책을 썼다. 아마도 베네딕토회 소속 은둔수녀였던 것 같다. 그 은거지의 잔재가 아직도 노리치의 세인트 줄리안 교회 뜰 동쪽에 남아 있다. 앞의 책에 따르면, 그녀는 1373년 5월 30살 반쯤 되었던 무렵에 계시를 보기 시작하여 그 후 약 20년 동안 그러한 '내적 가르침'을 받았다고 한다.

192) E, Underhill, *Mysticism* (New York 1955) 에 이들 모두가 다루어져 있다.

해 이렇게 썼다.

> 그대 안에 거하시는 하느님의 은총을 감축하오니 ··· 제가 어떻게 당신
> 을 가르치고 권면하기를 바라겠습니까. 당신은 숨겨진 지식에 도달하
> 셨고, 당신 안에서 그리스도의 기름 부으심의 영향이 아직 살아 계신데
> 요. 당신은 더 이상 가르칠 필요가 없습니다. 당신은 하늘의 비밀을 검
> 토하여 성령의 빛으로 인간의 지식 너머에 있는 것을 분간할 수 있다고
> 들 합니다. 저는 당신께 저와, 또 하느님 앞에서 영적 형제애로 저와 연
> 합된 자들을 잊지 말아달라고 부탁드릴 따름입니다. [193]

그러니까 베르나르 드 클레르보도 힐데가르트의 거룩함을, 어떤 공직
이나 사제 신분과 무관한 거룩함을 인정하는 것이다. 이처럼 여성 신비
가를 인정하는 것은 신구약성서를 통틀어 몇 명 되지 않는 여성 선지자들
(출애굽기 15:20, 사사기 4~5, 열왕기하 22:14; 사도행전 21: 9) 이나, 또
는 그녀들의 거룩함이 지위나 직함보다 사람됨에 의거해 있던 그리스도
교의 성녀들을 인정하는 것과 비교할 수 있다.

성녀들(그리고 여성 신비가 중 몇 사람도 성녀가 되었다) 은 죽은 후에야
시성되었지만, 그녀들의 독특한 자질은 그것이 예언이든 그 밖의 특성이
든 간에 생전에도 인정되었다. 한 연대기 작가는 힐데가르트 폰 빙겐과
엘리자베트 폰 쇼나우[194] 에 대해 이렇게 썼다. "그 무렵에는 하느님께서
여성을 통해 능력을 보이셨으나, 그의 두 여종을 예언의 능력으로 채우

---

193) "Congratulamur gratia Dei quae in te est ··· Diceris enim caelesta secreta rimari
et ea quae supra homines sunt spiritu sancto illustrante dignoscore ··· ", St
Bernard, *Opera*, vol. I, Epistola CCLXVI, p. 331.

194) 옮긴이 주: St. Elizabeth von Schonau (1129경~1165). 12살 때 쇼나우에 있는
베네딕토회 양성 수도원에 들어가 1147년 서원을 하고 1157년 힐델린 수도원장
아래서 수석 수녀가 되었다. 1152년경부터 다양한 환시를 보았으며, 보고 들은
것을 밀랍 서판에 적어두었다. 힐델린 수도원장이 이를 보고 자기 형제인 에그
베르트에게 구술할 것을 명하여 3권의 책이 쓰이게 되었다. 공식적으로 시성되
지는 않았으나 책이 출간되었을 때 성인 칭호가 붙었고, 1584년에는 로마 성인
록에 이름이 올랐다.

셨다."195) 아시시의 프란체스코도 클라라의 신유(神癒) 능력을 믿었고, 정신이 약간 이상해진 스테파노 형제를 그녀에게 보냈다. 그녀는 스테파노 형제 위에 십자 성호를 그었고, 그는 그녀가 늘 기도하곤 하던 곳에 누워 잤다. 다음 날 아침 잠에서 깨어 보니 그는 나아 있었다(어떤 이유에서인지 클라라는 자매들의 정신질환을 고치는 데는 그리 성공하지 못했다). 196)

토마스 아퀴나스는 하느님의 은사(恩賜)에서 나는 힘, 즉 사람됨에서 우러나는 힘을 계급 및 직함이 갖는 권위와 이렇게 구별한다. "예언은 성사가 아니라 하느님의 은사이다"(*propheta non est sacramentum sed Dei donum*). 여성은 예속 상태에 있으므로 신분의 우월성을 상징할 능력이 없으며, 따라서 사제 서품을 받을 자격이 없다. 그러나 영혼에 관한 한 여성은 남성과 다르지 않으며 때로는 많은 남성들보다 나을 때도 있으므로 예언의 은사와 그에 수반되는 모든 것을 받을 수 있으되 사제 서품은 받을 수 없다. 197) 여성 신비가들은 이 세상에서 여성들이 처한 열등한 지위를 가지고 논란을 벌이지 않았고, 창조에 있어 여성이 부차적이라는 개념을 받아들였다. 힐데가르트 폰 빙겐도 이렇게 썼다.

> 하느님께서 남자를 보셨을 때, 남자가 당신의 형상대로 지어진 것을 아주 흡족히 여기셨다. 그러나 여자를 지을 때 하느님은 남자의 도움을 받으셨다 …. 그러므로 남자가 하느님의 전적인 작품이듯이 여자는 남성의 작품이며 … 남자는 하느님의 아들이 갖는 신성을, 여자는 그의 인간성을 상징한다. 그러므로 남자는 모든 피조물을 다스리므로 이 세상의 법정을 주재하는 반면 여자는 그의 다스림을 받으며 그의 권위 아래 있다. 198)

---

195) E. W. McDonnell, *op. cit.*, p. 282.

196) J. Moorman, *op. cit.*, p. 37.

197) Thomas Aquinas, *Summa Theologica*, vol. V. Supplementi tertiae partis, q. XXXIX, art. I, p. 197.

198) "Homo enim plenum opus Dei est … Femina enim opus viri est … illaque in disciplinatu illius existens ei subdita est", Hildegarde von Bingen, *Liber*

힐데가르트 폰 빙겐은 여성이 부차적으로 창조되었다든가 남성에게 순종해야 한다는 개념을 받아들였듯이, 여성이 사제직을 맡을 권리가 없다는 데도 동의했다. 그녀 자신도 여성이었지만 그녀는 자신의 이름이 아니라 하느님의 이름으로 글을 쓰는 것이었다. 베르나르 드 클레르보로부터 인정받은 것과 같이 그녀는 교황 에우게니우스 3세를 위시한 당대의 교회 지도자들 및 세속의 거물들(잉글랜드 왕 헨리 2세, 알리에노르 다키텐[199] 등) 로부터도 인정받았고 그들과 서신을 교류했다. 그녀의 환시들은 예언으로 간주되었고 그녀는 생전에 기적들을 행한 것으로 여겨졌다.

14세기의 카타리나 다 시에나(1347~1380) 는 교회 및 국가의 고위층과 직접 왕래했으며 아비뇽에 있던 교황이 로마로 돌아오는 데에 크게 기여했다. 1378년의 교회 대분열 때는 우르바누스 6세 편을 들었다. 여성 신비가들이 지은 기도문집 가운데는 성 게르트루트의 《심령 연습》처럼 아주 유명해진 것도 있다. 힐데가르트 폰 빙겐이나 카타리나 다 시에나와는 달리 시사문제에 관여하지 않았던 여성 신비가들도 자기 수도회의 수도원장이나 고해사의 인정은 받았다. 그녀들은 종종 이들에게 자신의 환시나 신비적 체험을 구술하곤 했다. 여성 신비가들에 대한 글을 쓴 교회 인사들은 그녀들의 영감을 강조하는 대신 그녀들의 교육수준을 낮게 잡는 경향이 있었다. 뱅상 드 보베[200] 는 힐데가르트 폰 빙겐이 자신의 환

Divinorum Simplicis Hominis, PL, vol. CXCVII, col. 885; Liber Scivias L. II, visio 6, *ibid.*, cols. 545~546.

199) 옮긴이 주: Aliénor d'Aquitain (1122.24~1202.04) 푸아티에 백작 기욤 10세의 딸로, 남자 형제가 죽는 바람에 프랑스 남서부의 광대한 아키텐 지방을 물려받게 되었다. 1137년에 아버지의 유언에 따라 프랑스 왕 루이 6세의 왕세자와 결혼, 루이 7세의 왕비가 되었으나 1152년에 이혼한 후 앙주 백작 앙리와 결혼했고 1154년 그가 잉글랜드 왕 헨리 2세가 됨에 따라 알리에노르도 잉글랜드 왕비가 되었다. 그녀는 문화와 예술의 후원자로 이름이 높았다.

200) 옮긴이 주: Vincent de Beauvais (1190경~1264?). 도미니코회 수도사. 중세의 대표적 백과사전인 《큰 거울》(*Speculum Maius*) 의 저자. 이 책은 당대의 모든 지식을 집대성한 것으로, '자연의 거울', '교의의 거울' '역사의 거울'이라는 3부작으로 되어 있다. 14세기에는 토마스 아퀴나스, 에티엔 드 부르봉 등 당대 저자들의 저술을 편집한 '윤리의 거울'이 제 4부로 덧붙여졌다.

시를 라틴어로 구술하여 받아쓰게 하기는 했지만, 그녀는 서품을 받지 못한(laica) 무식한(illiterata) 여성이므로 꿈속에서 영감을 받아 그렇게 했다고 주장했다. [201] 교회 인사들은 분명 이런 평가를 반겼을 터이니, 교육이란 지위나 직함과도 비견할 만한 것인 반면 영감은 신적인 은사로 간주되었기 때문이다. 이 은사 덕분에 여성 신비가는 자기가 사는 사회의 축복을 받는 일탈자의 고전적 예가 되었다. 교회 및 국가의 경영에 개입하는 여성, 지도자들에게 행동지침을 내리고 기도문을 짓고 환시들을 구술하는 여성이란 일반적으로 받아들여지는 규범에서 완전히 벗어난 것이었다.

정통 신앙의 영역에 머물러 있는 여성 신비가들은 어렸을 때 수녀원에 보내지거나 아니면 성인이 되어 프란체스코회나 도미니코회의 제3회에 들어갔는데, 교육수준은 제각기 달랐다. 그러나 그녀들 중 아무도 몇몇 남성 신비가들처럼 폭넓은 신학 및 철학 교육을 받지는 못했다. 여성 신비가들의 지적·교육적 수준 차이와 문학적 재능의 차이는 그녀들의 저작에 그대로 반영된다.

서구 그리스도교 세계에서 여성 신비가들의 상당수는 남성 신비가들과 마찬가지로 세속사회에서도 활동적이었다. 종교적 체험을 통해 그녀들은 사회로부터 분리되기보다는 사회에 참여했다. 그녀들의 생애를 기록한 연대기 작가들에 따르면, 그녀들 중 상당수는 어려서부터 기도나 명상 같은 종교적 삶에 소질을 보였으며 그리스도만을 신랑으로 맞이하겠다고 선언했다. 그렇지만 성년기에 그녀들은 다양한 영역에서 활동적이 되었다. 힐데가르트 폰 빙겐은 자기 시대에 일어난 모든 중요한 사건들에 대해 발언했으며, 설교를 통해 당대인들의 죄를 고발했고 수녀원장이 되었다. 처음에 그녀는 디센버그 근처의 수녀원에 살았지만 나중에는 자신이 이끄는 베네딕토회 수녀들을 위해 빙겐 근처 루페르츠베르크에 더 큰 수녀원을 지었다. 그녀는 에빙겐에도 또 하나의 수녀원을 세웠는

201) E. W. McDonnell, op. cit., p. 377.

데, 이것은 그녀가 직접 감독하는 수녀원의 분원인 셈이었다. 그 밖에도
그녀는 12명의 시토회 수도원장과 서신 왕래를 통해 그들의 사임을 말렸
다. 수도원장들은 자기 수도회의 윤리적·조직적 상황에 관해 그녀의 조
언을 얻었고, 자기들이 한 일이 하느님의 뜻에 위배되는지 여부를 묻기
위해 그녀에게 편지를 썼다. 그녀는 그들의 방법과 그들이 수도회의 규
율에서 떠난 것을 혹독하게 비판하는 답장을 썼다. 그녀는 또한 신비주
의, 성경 주해, 신학에 속하는 질문들도 받았다. 202)

　카타리나 다 시에나는 여러 해 동안 가난하고 병든 자들을 돌보고 죄인
들을 회개하도록 이끌었으며, 도미니코회 제 3회에 속하는 큰 공동체를
이끌었다. 그녀는 또한 터키인들에 대한 십자군 원정 계획, 피렌체와 교
황청 간의 중재 등에도 일역을 했고, 이미 지적했듯이 교황을 로마로 돌
아오게 하는 데에 크게 기여했다. 스웨덴의 비르기타 성녀는 잉글랜드
왕과 프랑스 왕 사이에 합의를 도모해 백년전쟁을 막고자 노력했고, 교
황을 아비뇽에서 로마로 귀환시키는 일에도 동참했다. 메크틸트 폰 마그
데부르크는 처음에는 베긴 여신도였다가 말년에는 시토회의 헬프타 수녀
원에서 살았다. 베긴 여신도 시절에 그녀는 병자와 가난한 자를 돌보았
다. 그 무렵에 그녀가 한 도미니코회 수도사에게 구술한 저작 중에는 천
국과 지옥에 대한 환시, 하느님과의 합일에 대한 묘사 외에, 힐데가르트
폰 빙겐을 상기시키는 어조로 교회 개혁을 요구한 것도 있고, 각 계층의
윤리적 타락을 비판한 것도 있다. 그녀는 자신의 사명을 확신하고 있었
으므로 젊은 베긴 여신도 시절에도 자기 세대의 죄악을 일반적인 용어로
정죄하는 것으로 만족하지 않고 마그데부르크와 그 인근의 여러 교회 인
사들에게 개인적으로 훈계의 편지를 썼다. 203)

　앞 절에서 우리는 자크 드 비트리가 그리스도의 황홀한 사랑에 도달했

202) P. Salmon, *L'Abbé dans la tradition monastique* (Sirey 1962), p. 73; S. Roisin,
　　op. cit., p. 377.
203) J. Ancelet-Hustache, *op. cit.*, p. 262; *Acta Sanctorum*, April III, pp. 868,
　　986.

124

던 베긴 여신도들에 대해 언급한 것을 보았다.

> 그녀들은 하느님에 대한 놀라운 사랑 속에 완전히 녹아버려서 열망에
> 나른해진 나머지 드문 경우를 제외하고는 여러 해 동안 침상을 떠나지
> 않았다 … . 주님과 더불어 고요히 쉬면서 육신은 시들어가지만 영혼은
> 강하고 힘을 얻었다 … . 204)

이런 현상은 실제로 있었고, 위대한 신비가들의 경우에 국한된 것도
아니었다. E. 언더힐이 지적했듯이 이것은 신비주의 성향보다는 자기
통제의 느슨함에서 비롯되는 일이었다. 여성 신비가들도 봉쇄수도 기간
을 거쳤고, 이런 생활에는 때로 육체적 쇠약이 수반되었으며, 주로 젊었
을 때 그러했다. 그러나 뒤이어 활동기가 왔고, 이후로는 가끔씩 봉쇄수
도 기간을 갖곤 했다. 독거수녀로 살았던 줄리아나 오브 노리치 같은 은
둔 신비가는 전형적이 아니다. 어떤 신비가들은 가톨릭 전례력에 추가로
금식일을 지켰으며 새로운 예배 방식을 도입했다. 성심(聖心), 즉 그리
스도의 심장에 예배한다는 개념은 베르나르 드 클레르보가 발전시킨 것
이지만, 그 중요한 발전은 13세기에 성 게르트루트와 메크틸트 폰 학케
보른에 의해 이루어졌다. 205) 그녀들은 그것을 13~14세기에 수도사들과
신비가들 사이에 전파하는 데 기여했다(그것이 신학적으로 정의된 것은 18
세기의 일이다). 벨기에 신비가 쥘리엔 드 코르니용206) 은 자신의 환시에

204) "Aliquas etiam vidisti mulieres, tam speciali & mirabili in Deum amoris
affectione resolutas, ut prae desiderio languerent, nec a lecto per multos
annos, nisi raro surgere possent; nullam aliam causam infirmitatis habentes
nisi illum, cujus desiderio animae earum liquefactae, Cum Domino suaviter
quiescentes, quanto spiritu confortabantur, tanto corpore infirmabantur",
Jacques de Vitry, *Vita B. Mariae Ogniacensis*, p. 637.
205) *Le Héraut de l'Amour divin. Révélations de Sainte Gertrude*, vol. I, pp. xvi~
xviii.
206) 옮긴이 주: St. Julienne de Liège(1193~1258). 5살 때 부모를 여의고 몽 코르
니용의 수녀원에 들어갔다. 일찍부터 하느님께서 자신에게 성체를 위한 축일을

근거하여 성찬의 제도와 은사를 기리는 코르푸스 크리스티 축제207) 를 도
입했다. 이 축제는 그리스도의 인성(人性)에 대한 경배의 표현이었다.
그것은 처음에 시토회, 프란체스코회, 도미니코회의 수도사들과 수녀
들, 그리고 베긴 여신도들 사이에서 받아들여졌으며 후에는 신학자들에
의해 인정되어 서구 그리스도교 세계 전체에 퍼졌다. 208)

　여성 신비가들의 저작을 남성 신비가들의 저작과 구별해 주는 특징이
있는가? 여성 신비가들의 저작에서는 주로 부정적인 측면들이 지적되어
왔다. 비평가들은 그녀들의 저작에서 발견되는, 때로 히스테리에 가까
운 과도한 감상주의와 자기애를 지적했다. 209) G. 숄렘은 여성 신비주의
의 강한 감상적 요소와 그녀들의 저작이 갖는 자전적이고 주관적인 성격
을 지적했다. 그에 비해 유대 카발라 사상의 특징은 절제와 객관성과 교
훈주의이니, 그것은 역사적으로나 형이상학적으로나 남성 신비주의였
기 때문이다. 210) 몇몇 여성 신비가들의 저작은 의심할 바 없이 자기애와
히스테리에 가까운 감상적 요소를 지니며, 교훈적 그리스도교 신비문학
의 저자들이 여성이 아닌 것은 사실이다. 그러나 그리스도교 신비주의에
서 여성들의 길을 결정한 것은 성별보다는 그리스도교 신앙의 본질과 특
히 그리스도교 신비주의였던 것으로 보인다. 그리스도교의 신비적 환시
의 초점은 때로는 마리아, 때로는 빛, 생명, 사랑 등의 상징들로 묘사된
삼위일체였다. 베르나르 드 클레르보는 지혜, 정의, 진리, 선, 영으로
서의 말씀(*verbum*)에 대한 사랑을 육신이 된 말씀에 대한 사랑, 즉 성육

제정하라고 명하셨다고 주장하며 리에주 대주교 및 주교에게 청원을 냈다.
207) 옮긴이 주: 성체축일(*the feast of Corpus Christi*) 은 삼위일체 주일(부활절 이후 8
　　번째 주일) 다음에 오는 목요일에 지키는데, 1246년 리에주에서 최초로 거행되
　　었다. 당시 리에주 대주교였다가 교황이 된 우르바누스 4세는 그리스도의 몸을
　　기리는 이 축일을 교회 전체로 확대하고, 각 도시나 마을에서 엄숙한 행렬로써
　　이를 기리게 했다.
208) E. W. McDonnell, *op. cit.*, p. 305.
209) S. de Beauvoir, *Le Deuxième Sexe* (Paris 1949), *ch.* 24.
210) G. Scholem, *Major Trends in Jewish Mysticism* (New York 1941), pp. 37~38.

126

신하여 지상에서 살며 고통당하신 하느님에 대한 사랑보다 더 높은 단계로 쳤다. 211) 그렇지만 여전히 그리스도교 신비주의에서 관조의 주제는 육신이 되신 하느님, 십자가에서 고통당하는 그리스도의 몸이었다. 안젤라 다 폴리뇨는 이렇게 썼다. "그는 여러 번 꿈속에서 내게 나타나셨다. 그리고 십자가에 못 박힌 채 깨어나 내게 자신의 상처를 보라고 말씀하셨다 …." 212)

여성 신비가는 육신을 가진 인간이 되셨던 남성 하느님께 가까이 나아간 여성이었다. 그녀는 그의 신부이자 미망인이며 때로는 심지어 그의 애통하는 어머니로서 그에게 나아갔다. 메크틸트 폰 마그데부르크는 이렇게 썼다. "오 고상한 독수리여, 오 온유한 어린양이여, 오 타는 불꽃이여, 저를 안아주소서. 저는 얼마나 더 오래 타야 합니까? 제게는 한 시간도 너무 무겁고 하루는 천 년 같습니다 …." 안젤라 다 폴리뇨는 이렇게 구술했다. "나는 십자가 곁에 서서 옷을 벗고 그에게 내 전부를 드렸다. 비록 두려웠지만 내 정절을 항상 지키고 내 지체로 그를 성나게 하지 않겠다고 약속했다." 213) 이런 말에는 분명히 강한 성애적 저류가 흐른다. 그러나 성애를 남녀관계에서 인간과 신과의 관계로 옮기는 것이 여성들에 의해 시작된 일이 아님을 기억해야 한다. 정결은 이미 그리스도교 초창기부터 칭송되었으며, 교회사상가와 신비가들은 결혼과 여러 가지 성애적 용어의 영역에서 빌려온 개념으로 종교적 체험과 교회기관을 묘사했다.

중세 전성기 및 후기의 여성 신비가들은 일련의 기성상징들을 발견했다. 3세기의 그리스도교인들은 구약성서의 아가(雅歌)를 그리스도와 교회 사이의 대화로 해석했고, 좀더 나중에는 영혼과 하느님 사이의 대화로 간주했다. 이런 해석에 근본적으로 기여한 인물은 베르나르 드 클레

---

211) St. Bernard, *Opera*, vol. II, Sermo XX, pp. 62~66.

212) St. Angela of Foligno, *Le Livre de l'Expérience des vrais Fidèles*, ed. J. Ferré and L. Baudry (Paris 1927), p. 12.

213) J. Ancelet-Hustache, *op. cit.*, p. 217; St Angela of Foligno, *op. cit.*, p. 10.

르보였다. 그의 신비주의는 근본적으로 교훈적이었고, 그의 문체는 비교적 억제되어 있으며, 그는 3인칭으로 글을 썼다. 그러나 그는 아가를 하느님에 대한 영혼의 열망의 표현으로, 신비적 혼례가로 해석했다. 214) 또 다른 신비가들, 가령 소이제나 타울러 같은 그리스도교 신비주의의 위대한 인물들은 신비가가 1인칭으로 말하는 대화 형태로 글을 썼다. 여성 신비가가 그리스도와 영적 결혼을 하는 환시를 영적 고양의 상징이라기보다 성적 체험의 대용물이라고 해석하는 비평가라면 남성 신비가의 비슷한 묘사 역시 아버지, 어머니, 아내에 대한 관계의 대용물, 혹은 동성애적 관계의 반영으로 볼 수 있을 것이다. 수도원에 갓 들어온 젊은 귀족에게 보내는 편지에서, 베르나르 드 클레르보는 이렇게 썼다.

> 만일 그대가 유혹의 화살을 느낀다면, 눈을 들어 십자가 위에 들린(요한 3:14) 놋뱀(민수기 21:8~15)을, 그리고 십자가에 못 박히신 이의 상처를 보라. 그러면 특히 그의 젖이 네 갈증을 채워줄 것이다. 그 자신이 그대에게 어머니처럼 되고 너는 그의 아들처럼 될 것이며, 못이 그의 손과 발을 통해 네 손과 발을 꿰뚫지 않고서는 십자가에 박힌 이를 상처 내지 못할 것이다. 215)

13세기에 카르투지오회 수도사 필립은 성모에게 바치는 시에서 이렇게 썼다.

> 당신은 제 아버지, 제 형제, 제 누이이며 제 생명이고 제 구원이십니다. 당신 안에서 저는 길을 잃지 않을 것입니다. 당신은 제 사랑하는 신랑이요, 당신에게 저는 제 동정을 바칩니다. 당신은 제 아름다운 신랑이십니다. 제 마음은 항상 당신을 동경합니다. 당신은 제 연인이며 제 벗입니다. 216)

214) St. Bernard, *Opera*, vol. II. Sermo I, pp. 1~5.
215) *Ibid.*, vol. I Epistola CCCXXII, p. 299.
216) Brüder Philipps des Kartäusers, Marienleben, in *Erzählende Dichtungen des*

14세기에 라이문도 룰리오[217]는 그의 신비적 저작 《사랑하는 자와 사랑받는 자의 책》(*Libre d'amic et amat*)에서 이렇게 썼다.

당신은 모든 것이며 모든 것을 통해 모든 것 안에서 모든 것과 함께 계십니다. 저는 당신께 제 전부를 드려 당신이 완전히 제 것이 되고 제 전부가 당신의 것이 될 것입니다 …. 그러자 사랑받는 이가 대답하셨다. 나는 네가 완전히 내 것이 아니고는 완전히 네 것이 될 수 없다. 그러자 사랑하는 이가 대답했다. 저는 완전히 당신 것이며 당신은 완전히 제 것입니다 …. 사랑하는 이와 사랑받는 이가 만났고, 사랑받는 이가 사랑하는 이에게 말씀하셨다. 너는 내게 말할 필요가 없다. 눈짓만 해도 내 마음에는 말이 된다. 네가 청하는 모든 것을 네게 주겠다.[218]

이 텍스트는 메크틸트 폰 마그데부르크의 말을 상기시킨다. 그녀는 사랑의 음성이 자신에게 이렇게 말하는 것을 들었다. "나는 내가 그렇게 원했기 때문에 너를 붙들었다. 나는 너를 묶었고, 그렇게 한 것이 기쁘다. 나는 너를 상처 냈다. 네가 나와 연합할 수 있도록. 만일 내가 네게 타격을 가했다면 네가 내 것이 되게 하기 위해서였다."[219] 그리스도교 신앙에 따르면 하느님이 인간을 사랑하사 인간이 되셨으니, 인간이 되어야만 인간의 죄를 구속할 수 있었기 때문이다. 다시 말해, 하느님이 인간을 사랑한 것이 인간이 하느님을 사랑한 것보다 먼저였다. 그러므로 그리스도

Späteren Mittelalters, ed. F. Böbertag(Berlin 1886), p. 46.

217) 옮긴이 주: Raimundo Lulio (S) /Ramon Lull (P) /Raymond Lully (1235~1315). 카탈루냐 출신 신학자, 철학자, 시인, 연금술사. 1265년 깊은 종교적 체험을 하고 프란체스코 제3회에 들어갔다. 그의 생애는 그리스도교를 전파하려는 의지로 일관되었다. 논리와 이성을 통해 이슬람교도들을 그리스도교로 개종시킬 수 있다고 생각했으며, 유대교, 그리스도교, 이슬람교를 통합하고자 했다. 북아프리카로 세 차례나 전도 여행을 했으며, 그곳에서 돌에 맞아 죽었다는 설도 있다.

218) Ramon Lull, *Obras*, ed. D. Jeronimo Rosello (Palma 1886~1887), Libre d'amic et amat, pp. 89~90.

219) *Offenbarungen der Schwester Mechtild von Magdeburg*, ed. P. Morel (Regensburg 1869), vol. I. *ch.* 3.

교 신비주의에서 사랑에 대한 강조는 남자든 여자든 마찬가지였다. 이
사랑은 무엇보다도 육신이 되신 하느님에 대한 사랑이다. 비록 앞서 지
적했듯이 베르나르 드 클레르보는 지혜와 정의요, 진리로서의 말씀에 대
한 사랑이 성육신한 말씀에 대한 사랑보다 더 높은 단계라고 보았지만 말
이다.

성인전에 따르면 — 성인들 중 일부는 신비가였다 — 종교적 체험에 관
한 한 남성들이 가는 길과 여성들이 가는 길 사이에 상당한 유사점이 있
었으니, 그들은 밤에는 꿈을 꾸고 낮에는 환시를 보며 심각한 병을 앓았
다. 많은 사람들이 고통을 구했다. 그들은 감각 및 세상에 대한 예속으로
부터의 정화와 해방과정의 일부인 내적 고통만으로 만족하지 않았다. 그
리스도교 금욕주의가 단순히 내적 해방의 수단이 아니었음을 상기해야
한다. 가난과 마찬가지로 그것도 신비적 가치를 지닌 것이었다. 가난한
자들과 고통당하는 자들은 그리스도와 비슷하며 그의 발자취를 따른다.
이것이 '그리스도의 모방'(imitatio Christi)이다. 그러므로 고통은 이상화
되고 추구의 대상이 되었다. 아시시의 프란체스코는 나환자들의 흉한 모
습과 냄새에 역겨움을 느끼면서도 굳이 그들을 돌보고 그들에게 입 맞추
었다. 안젤라 다 폴리뇨와 또 한 수녀는 나환자들의 발을 씻은 물을 마심
으로써 더 큰 공포 속으로 뛰어들었다. [220] 그들은 남녀를 불문하고 성적
인 두려움으로 소모되었으며, 악마의 간계에 맞서기 위해 이성과의 접촉
을 일절 피했다. [221] 남녀를 불문하고 아시시의 프란체스코나 카타리나
다 시에나 같은 위대한 수도사나 신비가들까지도 자신들이 십자가상의
예수의 고통과 하나가 되었으므로 성흔(聖痕)이 자신들에게도 나타났다

---

220) St. Angela of Foligno, *op. cit.*, pp. 104~106. 성 프란체스코에 대해서는
   Thomas de Celano, *Vita Prima* (Rome 1880), C. VII, p. 21. 카타리나 다 시
   에나에 대해서도 같은 일화가 있다. *Acta Sanctorum*, April III (Paris-Rome
   1866), p. 902.

221) M. Goodich, 'Childhood and adolescence among 13th century saints',
   History of Childhood Quarterly I (1973), pp. 285~309; C. Carozzi, 'Une
   Béguine joachimite', p. 177.

고 주장했다. 14세기에는 그리스도의 인성에 대한 숭배가 퍼져나간 것을
배경으로 하여 몇몇 수녀와 베긴 여신도들이 특히 성찬을 받는 데 열심이
었다. 그녀들은 성체 성사를 통해 그리스도가 자신들에게 계시된다고 믿
었다(안젤라 다 폴리뇨는 이렇게 말했다. "때로 나는 성체를 볼 때면, 그 안
에서 태양보다도 더 아름답고 고상한 목이나 가슴이 나오는 것을 보는 것만
같다. 이 아름다움 앞에서 나는 하느님을 보고 있음을(*quod video Deum*) 의
심의 그림자 없이 이해한다"). 어떤 이들은 성사를 받을 때면 자제를 잃어
버렸고, 시토회의 우두머리들은 자신을 통제할 수 없는 자들은 성사에
참가하는 것을 금지했다. 그러나 이 현상은 시토회 수도사들 사이에서도
알려져 있었고, 빌레르222) 수도원장은 수도사들이 많아야 일주일에 한
번만 성체를 받도록 선포해야 했다. 223)

　여성 신비가들의 저작이 천편일률적이 아니었다는 점도 지적해야 한
다. 어떤 이들은 비교적 절제된 문체로 썼다. 메크틸트 폰 마그데부르크
는 자신이 보는 광경이 겉으로 드러난 것이 아님을 강조했다. 자연적 감
각을 통해서는 하느님의 은사를 이해할 수 없으며, 보이지 않는 진리에
민감하지 못한 영혼을 가진 자들은 오류에 빠져 있다. 육신의 눈에 보이
고 육신의 귀에 들리며 육신의 입으로 표현될 수 있는 것은, 촛불의 빛이
태양빛과 다르듯이, 사랑하는 영혼에 계시된 진리와는 다르다. 224) 줄리
아나 오브 노리치의 저작에는 과장과 히스테리가 없다. 그녀는 자신의
노력과 하느님의 은총의 결과로 하느님과 더없이 가까워지는 순간에도
몰아지경은 되지 않으며 자신과 하느님이 하나로 섞이지 않는다는 생각
을 분명히 표현하는 데 성공했다. 시적인 아름다움으로 점철된 그녀의
책은 모든 것이 잘 되리라는 희망과 기쁨을 표현한다. 225)

222) 옮긴이 주: 1146년 베르나르 드 클레르보가 시토 모원을 본뜬 수도원을 지은 곳.
　　오늘날 벨기에의 빌레르-라-빌(Villers-la-Ville).
223) E. W. McDonnell, *op. cit.*, pp. 310~319.
224) J. Ancelet-Hustache, *op. cit.*, pp. 96~98.
225) *Revelations of Divien Love recorded by Julian Anchoress at Norwich*, ed. G.
　　Warrack (London 1901), chs. 5~6.

끝으로 이단으로 정죄된 한 저작을 살펴보기로 하자. 이것은 앞서도
언급되었던 베긴 여신도 마르그리트 포레트의 《단순한 영혼의 거울》이
다. 그녀가 파리에서 재판을 받았으며 자신의 입장을 변호하고 질문에
대답하기를 거부했으며, 1310년 화형에 처해졌다는 사실을 상기해야 할
것이다. 이 저작에서 그녀는 영혼을 하느님과의 합일로 이끄는 은총의
일곱 단계를 묘사했다. 그 마지막 단계에는 내세에 가서야 비로소 도달
할 수 있다. 여섯 번째 단계에서 해방된 영혼은 천사들과 비슷하며, 아무
것도 그들의 사랑을 하느님의 사랑에서 갈라놓지 못한다. 해방된 영혼은
어디로 돌아서건, 심지어 자신의 자아 안에서도 하느님을 보게 된다. 해
방된 영혼은 미덕들과 분명히 구분되지만, 미덕들은 투쟁 없이도 그 영
혼의 일부이다. 영혼은 미덕들의 주인이다. 그것은 더 이상 설교나 성사
나 교회를 필요로 하지 않는다.

　　그러나 마르그리트는 기존 방식에 의한 구원의 가능성도 인정했으며,
그녀의 저작이 정통으로 간주되었던 다른 신비가들의 저작보다 더 많은
이단적 사상을 담고 있었는지는 의심스럽다. 그녀의 재판관들은 이단재
판관들이 문맥에서 떼어내 제출한 대목들밖에 읽지 않았다. 그녀의 재판
은 긴장과 히스테리의 시대에 일어났다. 성전기사단도 그 무렵에 재판
받았고, 정치적 목적으로 마술을 쓴다고 고발당한 사람들도 많았다. 더
구나 마르그리트는 수녀가 아니라 베긴 여신도였고, 베긴회에 대한 교회
의 입장은 모호한 것이었다. 우리 문맥에서 흥미로운 점은 저자가 화형
당했음에도 불구하고 작품의 수많은 필사본들이 수도원들에 남아 있었으
며, 심지어 15세기에는 그것이 14세기의 유명한 플랑드르 신비가 얀 반
뤼스브룍226)에 의해 쓰였다고까지 여겨졌다는 사실이다. 다시 말해 15

226) 옮긴이 주: Jan van Ruysbroek (1293. 4~1381). 플랑드르 신비가. 브뤼셀 근교
　　에서 태어나 사제 서품을 받고 26년 동안 시무하다가, 그뢰넨달에서 은거하며 수
　　도생활을 시작했다. 몇 년 후 이 수도원은 규율참사회 공동체가 되었다. 그에 의
　　하면 영혼은 능동적 생활, 내적 생활, 명상적 생활의 세 단계를 거치며 자신의 깊
　　은 속에서 신을 발견하게 된다고 하며, 그 자신도 그런 명상 가운데 《영적인 사
　　랑의 일곱 단 사다리》, 《영혼의 혼례》 등 저술을 남겨 당대와 후세에 큰 영향을

세기 사람들은 남성 신비가와 여성 신비가의 작품을 쉽게 구별할 수 없었다는 말이다.[227] 여성 신비가들의 저작을 포괄적으로 연구하여 남성 신비가들의 저작과 비교해 보면 여성의 약점으로 간주되었던 많은 부분이 사실상 그리스도교 신앙의 특성과 연관된 것이라는 주장을 확고히 할 수 있을 것이다.

미쳤다.

227) R. E. Lerner, *The Heresy of the Brothers of the Free Spirit in the Later Middle Ages* (California 1972), pp. 2, 71~77, 74, note 35, 200~208.

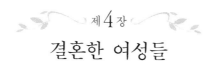

제4장
결혼한 여성들

'기도하는 여성들'은 — 정식 서원을 하지 않고 속인 자매나 제3회원, 또는 베긴 여신도로서 수도회의 그늘에서 금욕적인 삶을 살기로 한 여성들까지 포함시킨다 해도 — 중세 여성들 중 소수에 지나지 않았다. 일하는 계층에는 경제적 이유에서든 개인적 이유에서든, 또는 특정 시기 특정 지방에 남성이 부족해서이든, 세속의 삶을 살되 결혼하지 않은 여성들이 있었고, 과부가 되어 재혼하지 않은 여성들도 있었다. 하지만 중세 사회의 대부분 여성들은 우리에게 알려진 모든 사회에서 그러하듯 결혼을 했다. 중세와 연관된 주된 개념 중 하나가 수도생활이기는 하지만, 수도생활의 심리적·정신적·문화적 영향이나 정결한 삶의 이상이 중세사회에 미친 영향에 비하면 실제로 수도생활을 하는 인구는 그리 많지 않았다. 여성들은 재속 성직자가 될 수 없었으므로 — 남성들의 경우 재속 성직자가 되어도 수도사들과 마찬가지로 정결서원에 매였다 — 결혼을 처음부터 포기한 여성의 비율은 그런 남성의 비율보다 한층 더 적었다. 1)

---

1) J. Hajnal, "European marriage patterns in perspective", in *Population in History*, ed. D. V. Glass and D. E. C. Eversley (London 1965), pp. 118~119, 123.

1. 결혼에 관한 교회의 이론들

그리스도교 초창기 이래로 정결은 의무는 아니라 해도 좀더 바람직한 삶의 방식으로 간주되었다. 사도 바울은 육신의 나약함에 양보하여 결혼을 허용했다〔만일 절제할 수 없거든 혼인하라. 정욕이 불같이 타는 것보다 혼인하는 것이 나으니라(고린도전서 7:9)〕. 결혼은 간음이나 음란한 행동보다는 낫지만 그 자체로서 바람직한 것은 아니며, 사도 바울에 의하면 그 목적은 자손번식이 아니다. 이처럼 순전히 인간의 나약함 때문에 허락되었던 결혼이 8세기에는 교회에 의해 성사(聖事)로 변화되었다. 결혼의 틀 안에서 남녀 관계는(이 틀 밖의 모든 관계와는 대조적으로) 죄의 영역에서 성스러움의 영역으로 승화되는 것이었다. 결혼은 성사였으므로(사제가 아니라 당사자들에 의해 거행되는 유일한 성사이기는 하지만), 교회는 점차 관련 규범과 법과 관습을 정하게 되었다. 11세기경부터는 결혼에 관한 일들이 교회법정에서 논의되었으며, 성직자들은 결혼에 관해 신약성서의 여러 구절을 인용해가며 긍정적인 이론을 개진했다.

그렇다고는 해도 결혼생활이 정결한 삶에 비해 열등한 삶의 방식이라는 개념은 사라지지 않았고, 이런 개념은 결혼과 관련하여 직·간접적으로 대두되곤 했다. 로마가톨릭 기도서에 따르면 결혼예식의 서두에 선포되는 결혼의 목적은 죄를 방지하고 자손을 번식하며 상호동반자가 되는 것이다. 이런 결혼관에는 죄를 방지하는 수단으로서의 결혼의 소극적 역할에 대한 사도 바울의 개념과 자손을 생산하고 배우자 간의 동반관계를 이룬다는 적극적 임무가 모두 포함된다.

결혼의 동반관계 및 사랑이라는 개념은 사도 바울에 의해 언급되었으며, 남편이 아내의 주인이라는 견해도 마찬가지이다. "이와 같이 남편들도 자기 아내 사랑하기를 자신과 같이 할지니 자기 아내를 사랑하는 자는 자기를 사랑하는 것이라(에베소서 5:28)." "아내들이여 자기 남편에게 복종하기를 주께 하듯 하라 이는 남편이 아내의 머리 됨이 그리스도께서 교회의 머리 됨과 같음이니 그가 친히 몸의 구주시니라(에베소서 5:22~

23). "여기서 남편과 아내 사이의 관계를 그리스도와 교회의 관계에 견준 것은 이어지는 구절에서 한층 더 명백해진다. "남편들아 아내 사랑하기를 그리스도께서 교회를 사랑하시고 그 교회를 위하여 자신을 주심같이 하라(에베소서 5:25)." 신약성서의 여러 구절(마태복음 5:31~32; 누가복음 16:18) 을 기초로 하여, 결혼은 그리스도와 그의 양떼 사이의 관계와 같이 불가분의 관계임이 인정되었다.

결혼을 그리스도와 교회 사이의 유대로 묘사하는 것과 동시에 그 반대 방향의 비유도 발견된다. 즉, 그리스도와 교회 사이의 유대가 남편과 아내 사이의 유대와 비슷한 것으로 간주되며, 교회제도와 종교적 체험을 그리기 위해 결혼의 영역에 속하는 이미지와 심지어 성애적인 이미지를 환기하는 것이다. 앞에서 보았듯이 수녀는 그리스도의 신부이다. 소녀가 수녀가 되는 인상적인 예식(전례극을 상기시키는)과 결혼예식 사이에는 유사점이 있다. 수녀는 그리스도와의 신비적 결혼의 상징으로 손가락에 반지를 끼며, 그녀와 남편과의 관계는 종종 아가(雅歌) 풍의 성애적인 말로 묘사된다. 주교 서임식에서도 마찬가지로 그리스도와의 결혼의 상징으로 손가락에 반지가 끼워진다. 주교가 교회 안에 있고 교회가 그 안에 있다는 성 키프리아누스[2] 의 말은 결혼에 의한 불가분의 유대를 나타내는 것으로 이해되었다. 이단적인 교회를 정죄하면서 성 키프리아누스는 이단 신앙을 간음에 비유했다. 그리스도의 신부는 간부(姦婦)가 되어서는 안 되며, 순수하고 오염되지 말아야 한다는 것이다.[3] 11세기 후반 교회 개혁의 주창자들은 성직 매매로 직위를 얻은 주교들이나 세속 영주에 의해 임명된 주교를 교회라는 신부에 강요된 신랑에 비유했다. 이런 강요 때문에 신부는 창부가 되었으며 신랑은 강간자요, 간통자가 되었다

---

[2] 옮긴이 주: Saint Cyprian(Thascius Caecilius Cyprianus, ?~258). 초기 그리스도교 저자. 3세기 초 북아프리카에서 태어나 고전교육을 받았고, 그리스도교로 개종한 뒤 248년경 카르타고 주교가 되었으며 발레리아누스 황제의 그리스도교 박해로 인해 순교했다.

[3] St. Cyprian, *Epistola LXIX*, PL, vol. IV, col. 406, and *De Unitate Ecclesiae*, *ibid*,. col. 502.

는 것이다.

신비적 체험의 묘사에서 신과의 교통을 묘사하는 데에도 성애적인 용어들이 거듭 사용되었다. 신비가 성 게르트루트는, 순결한 몸으로 하느님 앞에 나아가기를 원했지만 인간의 약함 때문에 더럽혀졌으니 자기 운명이 어떻게 되겠느냐고 묻는 한 여성의 편지를 받고, 그리스도의 이름으로 이렇게 답했다.

> 만일 순결함이 인간의 약함 때문에 더럽혀졌다 해도 더럽혀진 자가 진심으로 뉘우친다면 우리 구주께서는 그 오점을 옷의 주름으로 보실 것이고 뉘우치는 자를 그의 품에 받아주실 것입니다. 그러나 만일 그녀가 너무 많은 죄로 더럽혀졌다면 그 죄가 사랑의 기쁨을 누리는 데 장애가 되겠지요. 마치 신부가 입은 너무 많은 옷이 그녀를 포옹하려는 신랑에게 장애가 되는 것처럼.[4]

중세 전성기에 결혼을 직접적이고 긍정적으로 다루는 교회문학에서 결혼에서의 사랑과 동반관계라는 개념은 거듭 확인된다. 12세기에 피에르 롱바르[5]는 여자가 왜 남자의 몸에서 다른 부분이 아니라 갈비뼈로부터 만들어졌는가를 이렇게 설명한다. 만일 여자가 남자의 머리로부터 만들어졌다면 그것은 그녀가 그를 다스려야 한다는 의미일 것이다. 만일 여자가 남자의 다리로부터 만들어졌다면 이것은 그녀가 그를 섬겨야 한다는 의미로 해석할 수 있을 것이다. 그러나 그녀는 종도 주인도 아니므로 그의 갈비뼈로부터 만들어졌으니, 남자는 자기가 자기 옆구리로부터 만들어진 반려를 자기 옆에 두어야 하며 두 사람 사이의 유대가 사랑에 기초해야 함을 알아야 한다는 것이다.[6] 여자가 남자의 동반자이자 조력

---

4) *Le Héraut de l'amour divin. Révélation de Sainte Gertrude*, vol. I, pp. 352~353.

5) 옮긴이 주: Pierre Lombard(1100경~1160). 이탈리아 출신으로 파리의 노트르담 학교에서 가르쳤고, 후에 파리 주교가 되었다. 그의 《금언집》(*Sententiae*)은 교부들의 텍스트를 분류·정리한 것으로, 13세기 신학생들의 필수 교재가 되었다.

6) Pierre Lombard, *Sententiarum libri quatuor*, PL vol. CXCII, cols. 687~688.

자가 되기 위해 그의 갈비뼈로부터 만들어졌다는 동일한 견해는 13세기
의 윙베르 드 로망에 의해서도 반복되었으며, 그는 한 걸음 더 나아가 여
자의 주요 덕목들을 묘사하면서 에덴동산에서 여자는 남자와 달리 진흙
에서 창조된 것이 아니라 남자의 갈비뼈로부터 창조되었다고 지적한다.
동시에 그는 여자가 남자를 위해 창조되었으며 이것이 남자의 우월함과
지배를 정당화해 준다는 바울의 개념도 받아들이고 있다. 7)

   토마스 아퀴나스는 결혼의 유대를 마음과 마음의 끊을 수 없는 연결로
묘사한다. 남편과 아내의 관계는 가장 큰 우정 (*maxima amicitia*) 이다. 우
정은 어느 정도의 대등함 없이는 존속할 수 없으니, 결혼은 반드시 일부
일처제라야 한다. 왜냐하면 일부다처제에서는 대체로 여자들이 예속되
기 마련이기 때문이다. 또한 일처다부제는 자식이 아버지를 가질 권리
때문에 금지된다. 아리스토텔레스의 영향을 받아 아퀴나스는 결혼이 자
연스러운 것임을 강조한다. 8) 인간의 자연스러운 상태로서의 결혼이라
는 주제는 성직자의 독신생활에 찬성하지 않는 이들에 의해서도 강조되
었다. 12세기에 '요크의 무명씨'9) 는 그레고리우스 개혁 때 수립된 독신
규율에 반대를 표명하면서, 결혼이란 하느님이 정한 자연의 질서에 일치
하는 것이라는 사실을 논거로 삼았다. 좀더 유머러스한 방식으로 잉글랜
드인 나이젤 와이어커10) 는 《바보들의 거울》(*Speculum Stultorum*) 에서

---

7) Humbert de Romans, *De Eruditione Praedicatorum*, p. 271.
8) Thomas Aquinas, *Summa Theologica*, vol. IV, p. 546, vol. V, pp. 249~258, and *In Decemi Libros Ethicorum Aristotelis ad Nicomachum*, ed. P. F. Raymundi. M. Spiazze O. P. (Turin-Rome 1949), p. 452.
9) 옮긴이 주: 잉글랜드 왕 헨리 1세의 명으로 요크 주교가 신의 '기름부음 받은 왕'에 관한 모든 전승을 수집하게 한 결과물인 선집의 저자를 Anonymous of York, 혹은 Norman Anonymous라 한다. 확실한 신원은 알 수 없으나 아마도 고위 성직자였을 것으로 추정된다.
10) 옮긴이 주: Nigel Wireker. 1190년경에 살았던 풍자가. 그가 쓴《바보들의 거울》은 중세 풍자문학의 대표작으로 꼽히며, 여러 사본 및 인쇄본이 남아 있다. 그것은 브루넬루스라는 당나귀가 긴 꼬리를 찾아가는 과정에서 겪는 모험담을 틀로 하여 당대의 풍습과 관습을 풍자했다.

138

다른 어떤 수도회보다 더 유쾌한 새로운 수도회, 곧 구성원들이 여성 반
려를 가질 수 있는 수도회에 대해 논했다. 이 수도회는 에덴동산에서 비
롯되었으며 하느님께서 친히 설립하신 것이고, 저자 자신의 부모님도 그
구성원이라는 것이다. 11)

그러나 신학자와 교회법학자들은 결혼한 부부의 성관계의 목표가 쾌
락이라고는 생각하지 않았고, 그들이 말하는 부부의 사랑이란 성과는 아
무 관계도 없었다. 그리스도교 초창기에는 한편으로는 유대교 및 스토아
철학의 영향 때문에, 다른 한편으로는 전반적인 성관계 및 특히 자식 낳
는 일을 정죄하는 마니교 및 영지주의12)를 반박하기 위해 자손번식이 결
혼한 부부의 성관계에 대한 주된 정당화 사유로 제시되었다. 결혼이란
간음을 방지하는 수단이라고 보았던 사도 바울과는 달리, 교부들은 자손
번식을 높이 평가하는 구약성서의 구절 및 같은 취지로 해석될 수 있는
신약성서의 구절들, 그리고 이런 주장을 지지하는 스토아 철학자들의 자
연의 질서라는 개념 등을 인용했다. 쾌락을 위한 성관계를 정죄하는 것
은 정결 그 자체를 높이 평가하는 견해 및 당대 이교도 사회의 성윤리에
대한 그리스도교적 비판과 합치되는 것이었다. 성관계를 자손번식이라
는 목적에 국한시키는 것은 영지주의자들과 마니교도들에 대한 부분적인
대답이기도 했다. 13)

---

11) E. R. Curtius, *European Literature and the Latin Middle Ages*, p. 123.

12) 옮긴이 주: 영지주의(*Gnosticism*)이란 그리스어로 '지식'을 뜻하는 '그노시
스'(*gnosis*)에서 온 말로, 고대의 다양한 이원론적 종교들이 이런 경향을 띠었다.
영지주의에 따르면, 이 세계는 신(*Pleroma*: Godhead)보다 열등한 존재인 조물주
(*demiurge*)에 의해 창조되었으며, 세계가 불완전하고 악한 것은 조물주 탓이
다. 이런 이원론적 세계관 가운데 인간이란 물질세계에 사로잡힌 신적인 영혼들
로, 자기 안에 잠재된 영적 요소들을 통해 자신의 참된 근원을 자각하고 신에 대
한 지식을 얻을 수 있다고 믿어졌다. 영지주의는 기원전 1세기 이전에도 존재했
으며 로마제국 전역과 페르시아 제국, 지중해와 중동 지역에 널리 퍼졌고, 중세
에는 크게 줄어들었으나 카타리파, 보고밀파 등의 형태로 다시 나타나곤 했다.
마니교는 페르시아 지역에서 나타났던 영지주의의 한 갈래였다.

13) J. T. Noonan, *Contraception*, ch. 3.

성 아우구스티누스는 중세 그리스도교 철학에 강한 영향을 미친 인물로, 자손번식에 이르지 않는 성관계나 자손번식을 목적으로 하지 않는 성관계는 원죄에서 비롯되는 음욕(*concupiscentia*)에 지나지 않는다는 견해를 재천명했다. 그리스도교인들은 그런 성관계를 가져서는 안 된다. 여체와 접촉하는 것만큼 남자를 영적으로 실추시키는 것도 없다. 결혼에서 성관계가 용인된다면 행위 그 자체 이외의 이유, 즉 자손번식을 위해서라는 이유가 있어야만 한다. 14) 12세기에 그라티아누스15)는 자기 아내를 지나치게 열정적으로 사랑하는 자는 사실상 간음자라고 썼다. 16) 그의 가장 중요한 해석자였던 우구치오17)는 대 그레고리우스의 영향 하에 주장하기를, 자손번식을 목적으로 하는 성관계에서조차도 쾌락을 취하는 것은 죄라고 했다. 18)

이런 견지에서 신학자들과 교회법학자들은 결혼한 부부의 피임이나 수태시킬 수 없는 일체의 성관계 내지 '비자연적인' 관계를 금지했다. 19) 중세 전성기에 교회는 3~4세기 때 그랬듯이 다시금 이원론적 이단과 마

---

14) St. Augustine, *Soliloquiorum Libri Duo*, PL vol. XXXII, cols. 878~880.

15) 옮긴이 주: Franciscus(or Johannes) Gratianus/Giovanni Graziano (? ~1160 경). 볼로냐 출신 법학자. 흔히 《교령집》(*Decreta* 혹은 *Decretum*)으로 불리는 그의 《모순된 교회법들의 조화》(*Concordia Discordantium Canonum*)는 교회 내 제반 임무들에 관한 교부들의 저작, 공의회 결의, 교황 교서 등을 수집하여 그 모든 자료들의 불일치와 모순을 조화롭게 해결하는 구도로 정리한 작품이다. 그것은 곧 유럽 각지 대학들에서 교회법 강의의 교과서가 되었고, 교황의 법정에서도 권위 있는 전거로 쓰이게 되었다.

16) *Corpus Iuris Canonici*, vol. I cols. 1128~1129.

17) 옮긴이 주: Huguccio(Hugh of Pisa, ? ~1210). 이탈리아 교회법학자. 볼로냐에서 공부했고, 교회법을 가르치다가 1190년 페라라 주교가 되었다. 훗날의 인노켄티우스 3세도 그의 학생이었으며, 교황이 된 후에도 중요한 문제에서 스승의 자문을 구하곤 했다. 그가 쓴 《대요》(大要; *Summa*)는 그라티아누스의 《교령집》에 관한 당대의 가장 권위 있는 주해서가 되었다.

18) J. T. Noonan, *Contraception*, pp. 148~194.

19) "Fornicarii sunt, non conjuges qui sterilitatis venena procurant", *Corpus Iuris Canonici*, vol. I, col. 1121. '자연을 거스르는' 성관계에 대해서는 J. T. Noonan, *Contraception*, pp. 223~227.

주하게 되었다. 즉 카타리파(派)[20]는 3~4세기의 영지주의자들이나 마니교도들과 마찬가지로 성관계나 자손번식을 부정했던 것이다. 이런 이단과 마주하여, 교회는 또다시 결혼한 부부도 내세를 누릴 수 있음을 강조했다.[21] 신학자들과 교회법학자들은 결혼한 부부의 성관계를 정당화하는 사유로 다시금 자손번식을 내세웠다.

그러나 이런 견해들이 모두 다 똑같지는 않았다. 그리스도교 초창기부터 중세 전성기에 이르기까지, 자손번식은 결혼한 배우자와의 성관계를 정당화하는 주된 이유이기는 했지만, 자손번식 그 자체가 최고의 가치로 여겨졌던 것은 아니다. 처음 두어 세기 동안 그리스도교 공동체들에 지배적이었던 종말론적 긴장의 분위기 가운데, 요하네스 크리소스토모스는 이렇게 썼다. "결혼은 원죄로 인한 타락 후에 죽음에 대한 위로로서 제정되었다. 죽을 수밖에 없는 인간이 자손을 통해 자기 존재를 존속시킬 수 있는 것이다. 부활은 죽음을 이겼다. 세계는 충만하다. 우리는 더 나은 삶을 향해 가고 있다. 그러므로 더 이상 자손이 필요하지 않다."[22] 그리고 4세기 말에 성 히에로니무스는 에우스토키움에게 보내는 편지에서

---

20) 옮긴이 주: 11~13세기에 성행했던 그리스도교 이단분파. 12세기 랑그독 지방에 나타난 이 운동은 툴루즈 북동쪽 알비 마을을 중심으로 번졌다 하여 '알비파'라 불리기도 한다(사실 알비는 여러 구심점 중 하나였을 뿐이다). 이들은 신(新) 마니교적인 선악이원론을 신봉하며, 따라서 물질세계는 악하다고 보았다. 인간은 악한 세상에 유배된 객(客)에 불과하며 그의 진정한 목표는 본성상 선한 영혼을 해방하여 신과의 합일로 돌아가는 데 있다는 것이다. 이들의 도덕적 엄격('카타르'라는 말의 어원은 '순수한, 더러움이 없는'이라는 뜻의 희랍어 katharos이다)가 톨릭 성직자들의 세속적 부나 도덕적 해이함과 대조를 이루어 큰 지지를 얻었다. 교회는 알비 십자군 원정, 이단재판 등으로 이들을 탄압했다.

21) 제 4차 라테라노 공의회의 입법을 참조. Mansi, *Sacrorum Conciliorum collectio* (Florence 1759), vol. XXII, cols. 981~982. 피에르 발도의 신앙 고백 중 결혼의 합법성에 관한 대목은 교회가 이단의 결혼관을 반박하려는 시도의 예이다. C. Thouzellier, *Catharisme et Valdéisme en Languedoc à la fin du XII* et au début du XIII* siècle (Paris 1966), pp. 28~29.

22) J. T. Noonan, Contraception, p. 83에서 재인용. E. Patlagean, "Sur la limitation de la fécondité, dans la haute époque byzantine", *Annales ESC* (1969), pp. 1353~1369도 참조할 것.

이렇게 썼다. "'네 이마에 땀을 흘려야 떡을 먹을 것이고 땅은 가시와 엉
겅퀴를 내리라'는 저주 아래 있는 자들은 아내를 취해 자손을 번식하게
하라."[23] 종말론적 열기는 차츰 시들어갔지만 자손번식이 그 자체로 가
치 있는 일이 아니라는 생각은 지속되었다. 그런 생각이 (마니교-카타리
파의 세계관을 상기시킬 만큼) 극단적으로 표명된 예를 12세기에 베르나
르 드 모를레 일명 베르나르 드 클뤼니[24]가 쓴 〈세속의 경멸에 대하여〉
(De Contemptu Mundi)에서 찾아볼 수 있다. 저자는 속인과 성직자를 막
론하고 당대인들의 해이한 윤리를 격렬히 공격한다. 그는 남성이
'영'(mens)인 데 비해 여성은 '육신'(carno)이요, 만악의 근원이라고 경멸
한다. 그는 결혼도 정죄했다. 인구 증가도 저자의 염려를 불러일으킨다.
종교심이 없는 사람들이 계속 늘어나고 있으니, 그들의 무절제한 번식은
한계를 모르는 육신적 정욕의 결과라는 것이다.[25]

　　자손번식을 장려하는 분위기가 아니었으므로 베르나르 드 클뤼니보다
좀더 온건한 피에르 롱바르나 토마스 아퀴나스 같은 저자들도 결혼한 부
부가 상호합의 하에 정결을 지키는 것을 찬양했다. 마리아와 요셉은 결
혼했으나 각기 독신으로 지낸 정결한 부부의 가장 숭고한 예로 간주되었
다. 토마스 아퀴나스는 이렇게 썼다. "피에르 롱바르가 말했듯이 육적인
요소가 없는 결혼이 한층 더 거룩하다."[26] 한편 이런 견해에도 불구하고
신학자들은 성관계를 자손번식이라는 목적으로 정당화했을 뿐 아니라,
결혼한 배우자의 상호의무(debitum)라는 또 다른 근거에서도 정당화했

23) "meum semen centena fruge fecundam est", St. Jerome, Lettres, ed. J. Labourt(Paris 1949), Epistola XXII, Ad Eustochium, p.128.
24) 옮긴이 주: Bernard de Morlaix/Bernard de Cluny. 12세기 전반기에 살았던 베네딕토 회 수도사. 시인이자 풍자가로서 〈세속의 경멸에 대하여〉라는 유명한 운문 작품을 썼다. 약 3천 행으로 된 이 작품에서 그는 사제, 수녀, 주교, 수도사 등의 윤리적 타락을 가차 없이 질타했다.
25) Y. Dossat, "Les Cathares d'après les documents de l'Inquisition", Cahiers de Fanjeaux III(1968), pp.100~101, note 156.
26) Thomas Aquinas, Summa Theologica, col.IV, p.253.

142

다. 이 개념은 결혼을 음행의 대안으로 보는 견해와 직결된 것으로 사도 바울의 말이 인용되었다. "남편은 그 아내에 대한 의무를 다하고 아내도 남편에게 그렇게 할지라. 아내가 자기 몸을 주장하지 못하고 오직 그 남편이 하며 남편도 이와 같이 자기 몸을 주장하지 못하고 오직 그 아내가 하나니(고린도전서 7:3~4)." 알베르투스 마그누스는 이 문제에 대해 이렇게 썼다. "만일 배우자 중 한쪽이 상대방에게서 죄에 이르는 욕정을 발견한다면, 설령 이것이 직접적이고 명백하게 말해지지 않았다 해도, 결혼의 의무를 수행하라고 직접 요구받은 것처럼 행해야 한다. 그런 경우 그는 죄인으로 여겨지지 않을 것이다."[27] 신학자들과 교회법학자들은 허용 가능한 성관계에 관해 남녀 모두에게 같은 태도를 취했다. 허용된 것은 남녀 모두에게 허용된 것이며, 금지 또한 남녀 모두에게 적용되었다. 결혼하되 독신으로 지내는 것이 상호합의 하에 이루어져야 하듯이, 배우자 중 한쪽이 수도원에 들어가기를 원하는 경우에도 상대방의 동의가 필요했다.[28] 이브 드 샤르트르[29]는 성전기사단에 관한 편지에서 이 수도회에 가입하고자 하는 남자는 자기가 아닌 남을 희생시키지 않도록 아내의 자발적인 동의를 얻어야 한다고 썼다.[30]

배우자들의 상호의무라는 개념은 여성의 성욕을 인정하는 것이며, 이는 성직자들의 글에 직접적이고 명백하게 반영되었다. 11세기에 부르카르트 폰 보름스[31]가 고해지침서에서 제시했던바 고해자에게 묻도록 되

27) J. T. Noonan, *Contraception*, pp. 284~285.

28) *Corpus Iuris Canonici*, vol. I, cols. 1250~1253; vol. II, cols. 579~587.

29) 옮긴이 주: Yves de Chartres(1040~1115). 1090년에 샤르트르 주교가 된 그는 필립 1세의 간음을 규탄하다가 투옥되었으나, 교황은 그를 석방하고 왕을 파문했다. 당대의 가장 박학한 교회법학자로서, 그의 3대 논저인 《삼부 선집》(*Collectio Tripartita*), 《법령집》(*Decretum*), 《파노르미아》(*Panormia*) 등은 교회법의 발전에 큰 영향을 미쳤다. 또한 그의 방대한 서한집은 당대의 종교적, 교회적 쟁점들을 엿보게 해 주는 귀중한 자료이다.

30) "nec sacrificium offers de tuo, sed de alieno …", Ivo of Chartres, *Epistola* CCXLV, PL vol. CLXII, cols. 251~252.

31) 옮긴이 주: Burchard von Worms(965경~1025). 보름스 주교(1000~1025). 당

어 있는 질문들 중에는 여성에 대한 일련의 질문들이 있다. 피임 도구를 쓴 적이 있는가, 일부러 유산시킨 적이 있는가, 다른 여자들에게 피임을 가르쳐준 적이 있는가 등의 질문 외에 성적인 죄악에 대한 추가적 질문들도 있으니, 동성애를 범한 적이 있는가, 남근 형태의 물건으로 자신의 질 (膣)을 자극한 적이 있는가, 수간(獸姦)을 범한 적이 있는가 하는 것들이다. 32) 이런 질문들은 14세기에 장 제르송33)이 쓴 고해지침서를 포함하여 기타 고해지침서들에서도 답습되었다. 34) 지침서의 저자들은 여자들이 그런 성적인 죄를 범할 수 있다고 믿었다. 그런 행위들은 오로지 성욕을 만족시키는 것만을 목적으로 한다는 점에서 (남편과의 성관계는 마지못해서이든 상을 바라서이든 그가 원하는 바를 행함으로써 혼인의 의무를 다하려는 동기가 있는 반면) 죄로 간주되었다. 이런 맥락에서 중세 여성들이 실제로 그런 죄들을 지었는가 여부는 중요치 않다. 질문의 어법 자체에서 저자가 여성의 성욕을 인정하고 있음이 드러난다. 여성은 성인과 금욕수행자를 시험에 들게 하는 영원한 요부로 간주되었으니, 여자가 남자를 유혹하는 것은 그를 지배하거나 실추시키기 위해서일 뿐 아니라 자기 자신의 욕망을 충족시키기 위해서인 것으로 여겨졌던 것이다.

신학자들과 교회법학자들은 여성의 성에 대한 태도에서 의학책의 저자들(그들 대부분은 성직자였는데)이나 세속 저자들과 다르지 않았다. 중

대의 가장 영향력 있는 주교들 중 한 사람으로, 《법령집》(Decretum, 1008~ 1012경)을 편찬했다. 이것은 이전의 성서 및 교부들의 저작, 공의회 기록, 교황의 교서 등에서 실제로 적용할 만한 수칙들을 수집한 것인데, 그라티아누스의 《교령집》(1150경)이 나오기까지 큰 영향을 미쳤다. 특히 총 20권으로 된 이 선집의 제 19권인 《교정자 혹은 의사》(Corrector, seu medicus)는 고해지침서로 널리 쓰였다.

32) Burchard of Worms, *Decretorum Libri viginti*, PL vol. CXL, cols. 97102.

33) 옮긴이 주: Jean Gerson(1363~1429). 프랑스 신학자, 설교가. 파리대학 학장으로서, 콘스탄츠 공의회에 참가하여, 서방 교회의 대분열을 종식시키는 데 기여했다.

34) J. J. Flandrin, "Mariage tardif et vie sexuelle", *Annales ESC XXVII* (1972), pp. 1356~1359. 여성의 성욕을 부정하는 것에 관해서는 Havelock Ellis, *Little Essays of Love and Virtue* (London 1930), pp. 102~115.

144

세사회의 의학적 개념에 따르면, 여자는 생리적 욕구로서의 성욕을 지녔을 뿐 아니라 남자보다도 성교를 더욱 즐기는 것으로 여겨졌다. 왜냐하면 여자는 정자를 사출할 뿐 아니라 흡수하기 때문이라는 것이다. 또한 여자가 성교에서 누리는 쾌락과 임신 사이에도 밀접한 연관이 있는 것으로 여겨졌다. 여자는 정자를 생산하여 자궁에 쌓아둔다. 그녀가 수태하기 위해서는 이 씨앗이 사출되어야 하며, 수태에 이르는 이 사출은 그녀가 성적 절정에 도달했다는 표시였다. 35) 따라서 논리적으로 결론을 도출하자면, 자손번식에 이른다는 점에서 신학적으로 정당화되는 성관계는 여자에게 최대한의 쾌락을 주는 관계라는 것이 되겠지만, 성적 만족에 대한 권리를 부정하는 신학자들은 여성의 성에 대한 의학적 견해를 무시했고, 의학책의 저자들은 적어도 같은 맥락 안에서는 이 문제의 종교적·윤리적 측면을 파고들지 않았다.

세속 저자들도 여성의 성욕에 대해 길게 논했는데, 그들의 저작에서는 남편을 사랑하지 않고 거룩하게 행동하며 얌전한 척하는 여자들에 대한 비판도 발견된다. 36) 남편에게서 성관계를 박탈하는 여성은 문학에서 종종 악처의 이미지로 나타난다(마찬가지로 안토니오 피에로치37)는 결혼의 의무를 수행하지 않기 위해 잠들기 전의 기도를 길게 끄는 여자들을 비판하는 설교를 했다). 38)

35) *Tractatus Henrici de Saxonia*, *Alberti Magni discipuli*, *De Secretis mulierum* (Frankfurt 1615), p. 51. 여성의 정욕에 관한 신학자들의 견해에 대해서는 M. T. Alverny, "Comment les théologiens et les philosophies voient la femme", *Cahiers de civilisation médévale X^e ~XIIe siècle XX* (1977), pp. 123~125.

36) Etienne de Fougères, *Livre de Manières*, in A. A. Heutsch, *La Littérature didactique du Moyen Âge* (Halle 1903), p. 43.

37) 옮긴이 주: Saint Antoninus(Antonio Pierozzi/Antonio de Forciglioni, 1389~1459) 피렌체 대주교. 도미니코회 수도사로서 일찍부터 교단 내 여러 수도원을 다스리는 중책을 맡았으며, 1446년 피렌체 대주교가 된 후에는 1448년과 1453년의 대역병, 지진 등에 적극 대처하여 민중의 신임을 얻었다. 신학자로서도 이름이 높았다.

38) *Les Quinze Joyes de Mariage*, ed. F. Fleuret(Paris 1936), pp. 59~63.

2. 세속문학에 나타난 결혼의 이미지 및 결혼에 대한 태도

어떤 세속 저작들에서 결혼은 인간생활과 사회에 중요하고 핵심적인 것으로 간주되며, 이런 시각은 《캔터베리 이야기》에서 월터의 신하들이 주군에게 하는 다음과 같은 말에도 반영되었다.

> 저희는 지금보다 더 행복하게 산다는 것은 생각조차 할 수 없습니다. 그러나 이 행복한 삶에 부족한 것이 딱 하나 있습니다. 그것은 바로 영주님께서 아내를 선택하여 성혼하시는 일입니다. 그리하면 영주님의 신하들은 완전한 행복을 누릴 것입니다. 사람들이 결혼, 혹은 혼인이라고 부르는 행복의 명예 앞에 머리를 숙이십시오. 그것은 노예의 굴레가 아니라 지배의 복된 왕국입니다. 39) 40)

그러나 결혼을 복락의 원천이나 사랑에 근거한 것으로 묘사한 작품은 많지 않으며 결혼으로 끝나는 사랑 이야기도 드물다. 41) 13세기의 아름다운 이야기 〈오카생과 니콜레트〉(*Aucassin et Nicolette*) 는 주인공 오카생이 우여곡절과 부모의 반대, 자연의 재앙, 숱한 인간적 고통을 겪은 후에 연인 니콜레트를 되찾아 아내로 삼는 이야기이다. 42) 마리 드 프랑

---

39) Geoffrey Chaucer, (ed. Skeat) *The Canterbury Tales*, p. 355.

40) 옮긴이 주: 이 대목은 16번째 이야기인 "학생의 이야기"(*The Clerkes Tale*) 에 나온다. 원서 인용에 전후를 조금 더하여, 국내 산문번역본(《캔터베리 이야기》, 송병선 역, 책이있는마을, 2006년, 311쪽) 에서 옮겼다.

41) 옮긴이 주: 이 대목에서 저자는 중세 문학의 대표적 작가인 크레티엥 드 트루아를 잊고 있는 것 같다. 크레티엥의 작품들인 〈클리제스〉, 〈에렉과 에니드〉, 〈사자의 기사 이뱅〉, 〈수레의 기사 랑슬로〉, 〈페르스발 또는 그라알 이야기〉 중에서, 마리 드 샹파뉴의 뜻을 반영했다는 〈랑슬로〉와 종교적 차원으로 발전한 〈페르스발〉을 제외한 앞의 세 작품은 모두가 남녀 간의 진실한 사랑과 결혼의 이상을 제시한 대표적인 예라 할 수 있다. 저자는 뒤의 "혼인법의 위반"이라는 절에서 궁정풍 사랑의 불륜적 요소를 논할 때에만 〈수레의 기사〉를 예로 드는데, 이 작품이 전적으로 불륜을 지지한 것은 아님을 옳게 지적하고 있다.

146

스43) 의 《단가》(*Lais*) 중의 한 이야기인 "르 프렌"(*Le Frêne*) 44) 역시 결혼
으로 끝난다. 사랑하는 여인이 귀족가문의 딸임이 밝혀지자 기사는 그녀
와 결혼하는 것이다. 이 이야기에서도 결혼과 자손번식은 인간생활 및
사회에서 핵심적이며, 기사의 부하들은 만일 그가 아내를 취해 후계자를
생산하지 않으면 그를 떠나겠다고 위협하기까지 한다. 45) 시인들 중에서
는 프랑스 남부 출신인 음유시인 마트프레 에르망고46)가 사랑에 근거한
결혼을 노래했다. 그는 결혼에 반대하는 카타리파와 결혼제도를 벗어난
사랑의 이상을 구가하는 궁정풍 사랑47)의 시인들을 모두 공격하며, 결

---

42) *Aucassin et Nicolette*, ed. M. Roques(Paris 1936).

43) 옮긴이 주: Marie de France. 12세기 후반기에 프랑스와 잉글랜드에서 활동한 여
성 시인. 프랑스 출신이고 이름이 '마리'라는 것 외에는 알려진 인적 사항이 없다.
아마도 잉글랜드 왕 헨리 2세와 그의 왕비 알리에노르 다키텐의 궁정에 속했으리
라고도 하지만 확실한 사실은 아니다. 브리튼 설화를 소재로 사랑을 노래한 짧은
운문 이야기들인 《단가》(短歌; *Lais*)(1160~1175경), 성 패트릭의 전설을 옮긴
〈성 파트릭의 연옥〉(*L'Espurgatoire de saint Patrice*), 이솝 우화를 번안한 〈이조
페〉(*Ysopet*) 등의 작품을 남겼다.

44) 옮긴이 주: "르 프렌"이라는 제목의 이야기는 이렇다. 어느 기사의 아내가 쌍둥이
딸을 낳는다. 그런데 그녀는 그 얼마 전에 이웃 기사의 아내가 쌍둥이 아들을 낳
은 것을 시기하여, '두 남자가 씨를 뿌리지 않았다면 한 배에서 자식 둘이 태어날
수는 없는 것'이라고 비방한 적이 있었다. 그 비방이 자신을 향할 것을 두려워한
그녀는 두 딸 중 하나를 수녀원에 갖다버린다. 수녀원 문 앞 물푸레나무(르 프렌)
에서 발견되었다 하여 '르 프렌'이라 불리게 된 이 소녀는 아름답게 성장하여 한
기사의 사랑을 받게 된다. 그러나 그의 신하들은 그가 이 '애첩' 대신 귀족 가문의
딸을 정식 아내로 맞이하여 자식을 낳을 것을 종용하며, 그렇게 해서 선택된 신부
가 우연찮게도 '르 프렌'의 쌍둥이 자매이다. 하지만 다행히도 첫날밤을 치르기
전에 사태의 진상이 밝혀지고, '르 프렌'은 귀족 가문의 딸로서 지참재산을 가지
고 기사와 정식으로 결혼하게 된다.

45) Marie de France, *Lais*, ed. A. Ewert(Oxford 1965), pp. 35~48.

46) 옮긴이 주: Matfre Ermengaud. 베지에 출신으로 프란체스코 수도사였다. 1288
~1290년경에 34,597행에 달하는 긴 운문시 〈사랑의 공과서〉(*Breviari d'amor*)
를 썼다.

47) 옮긴이 주: 궁정풍 사랑[*courtly love*(E); *amour courtois*(F)]이란 중세 서구의 귀
족 기사 계층에서 형성된 사랑의 방식으로, 기사가 주군의 아내를 숭배하는 것이
다. 그리고 그 사랑이야말로 기사의 용기와 미덕을 고취하는 영감의 원천이 된

혼이라는 틀 안에서 상호 간의 사랑이 가능하다고 주장한다. 그는 결혼의 유대를 경제적 유익이나 남편에 대한 아내의 강요된 순종이 아니라 상호 간의 사랑에 기초한 것으로 묘사한다. 48) 교훈문학의 저자들 중 몇몇은 재정적 이익을 위한 결혼 대신 연애결혼을 선호했으며, 《군주의 교육에 대하여》(*De Eruditione Principum*) 의 저자49)는 이렇게 썼다. "좋은 아내를 선택하라. 고리대금업자의 딸이 아니라 나이나 용모에서 그대와 걸맞은 여성을."50) '파리의 가장'51)이 쓴 여성을 위한 지침서는 자신의 아내를 가르치기 위해 썼다는 점에서 다른 교훈문학 작품들과 다른데, 이 책에서 저자는 이상적인 결혼을 사랑과 동반관계로 묘사하며, 배우자들이 떨어져 있을 때는 마음속으로 서로 생각해야 한다고 주장했다. "내가 그(또는 그녀)를 볼 때면 나는 그(또는 그녀)에게 이러이러한 일을 하고 이러이러한 말을 할 것이다. 그들의 기쁨과 즐거움의 근원은 사랑하고 서로 순종함으로 상대에게 기쁨을 주려는 데 있다(감성적인 묘사에도 불구하고 저자는 또 다른 장에서는 남편에 대한 아내의 충실성과 순종을 주인에 대한 개의 그것에 비유하기를 서슴지 않는다)."52)

끝으로 여성 작가 크리스틴 드 피장이 자신의 결혼에 대해 쓴 것을 읽

다. 그 대표적인 예가 아더왕의 아내 기네비어에 대한 기사 란슬롯의 사랑이다. 그러나 그들의 사랑이 불륜으로 발전하면서 왕국을 몰락시키는 원인이 되는 데서도 보듯이, 궁정풍 사랑은 제아무리 고결한 기사도의 원천이라 해도 근본적으로 혼외의 관계일 수밖에 없다는 모순을 지니고 있다. 중세 서구에서 하필 이런 사랑의 방식이 발전한 것은 봉건사회의 장자 상속으로 인해 아내를 취할 수 없었던 수많은 기사들의 정서적 해소를 위해서였다고 설명되기도 한다.

48) R. Nelli, "Catharisme vu à travers les troubadours", *Cahiers de Fanjeaux* III (1968), p. 193.
49) 옮긴이 주: 이 책의 저자는 도미니코회 수도사로 리용 주교를 지냈던 Guillaume (William) Perrault (Perauld, Peraldus, Peraltus) 로 추정된다.
50) B. Jarret, *Social Theories of the Middle Ages, 1200~1500* (Boston 1926) p. 78.
51) 옮긴이 주: '메나지에 드 파리' (*Ménagier de Paris*), 즉 파리의 한 나이 지긋한 가장으로, 1392~1394년 사이에 새로 맞이한 나이 어린 신부를 위해 가사 지침서를 썼다.
52) *Le Ménagier de Paris*, ed. J. Pichon (Paris 1846), vol. I, pp. 92~94.

어보기로 하자. 그녀는 교훈적 저작들에서 남편과 아내의 의무에 대해 길게 쓰면서 특히 아내의 의무를 강조했다. 그러나 좀더 흥미롭고 직접적인 것은 그녀가 과부가 된 후에 자신과 남편의 관계를 묘사한 대목으로, 이것은 결혼한 사람이 결혼을 묘사한 드문 예이다. 그녀는 애정과 존경과 상호배려에 기초한 관계를 감동적으로 그리고 있다. 한 대목에서 그녀는 첫날밤에 그가 얼마나 친절했던가를 묘사한다. 그녀는 겨우 15세였고 그는 24세의 청년이었다. 그는 그날 밤 그녀에게 다가오지 않았고, 그녀가 자신에게 익숙해지도록 시간을 갖기를 원했다. 다음 날은 아쉬운 듯 키스만 하면서 하느님께서는 자신이 그녀를 선대(善待) 하도록 만드셨다고 말했다. 결혼생활 내내 부부 간의 애정은 깊어져갔고, 그래서 두 사람이 하나가 되기를, 좋을 때나 나쁠 때나 오라비와 누이보다 한층 더 가까워지기를 원하게 되었다는 것이다. 53) 크리스틴은 발라드 중 한 편에서 다시금 자기 남편의 사랑과 충실성을 묘사한다. 그는 그녀에게 결코 거짓말을 하지 않았으며, 그녀가 하는 모든 일을 격려해 주었다. 그녀는 친구를 맞이할 때면 노래하고 춤추고 웃었다. 여자들은 왜 남편에 대해 불평하는지?54)

결혼을 정죄하는 세속문학에서 우리는 고전문학에서 발전하여 '토포스'55) 가 된 여러 가지 개념들을 발견한다. 가령 철학자는 독신이라야 한다는 것도 일례이다〔보카치오56) 는 단테57) 의 아내가 그의 철학적 명상을 방

---

53) Christine de Pisan, *Le Livre du Chemin de Long Estude*, ed. R. Püschel (Geneva 1974), pp. 4~5.

54) *Oeuvres poétiques de Christine de Pisan*, ed. M. Roy (Paris 1886), p. 216.

55) 옮긴이 주: 고전 수사학에서 토포스(*topos*, 복수형 *topoi*) 란 어떤 사상이나 논증을 구성하는 일련의 정형화된 관념 및 이미지들을 말한다.

56) 옮긴이 주: Giovanni Boccaccio(1313~1375). 이탈리아 작가·시인. 르네상스 시대의 대표적 인문주의자 중 한 사람으로, 《데카메론》(*Decameron*), 《고명한 남자들의 운명에 대하여》(*De Casibus Virorum Illustribus*), 《고명한 여성들에 대하여》(*De mulieribus claris*) 등의 저자. 크리스틴 드 피장의 《여성들의 도시》 는 이 《고명한 여성들에 대하여》에서 영감을 얻었다고 한다.

57) 옮긴이 주: Dante Alighieri(1265경~1321). 피렌체 출신으로 중세문학의 최고봉

해하는 것을 묘사하며 페트라르카[58]는 상처(喪妻)한 벗에게 보내는 위로의
편지에서 그가 마침내 벗어나게 된 결혼의 온갖 시련을 열거한다). 우리는
다양한 문화권에서 반복되었던 구태의연한 모티프들 — 여성의 성욕에
대한 남성의 두려움, 여성이 쓰는 마법에 대한 남성의 의혹 등 — 이 다시
금 나타나는 것을 보게 된다. 알베르투스 마그누스의 제자 중 한 사람은
여자의 월경혈은 남근과 그녀가 건드리는 모든 식물에 해롭다고 썼다. 토
마스 아퀴나스는 월경하는 여자의 시선은 거울을 흐려지고 갈라지게 한
다고 썼다.[59] 1348년의 대역병에서부터 17세기의 대역병에 이르기까
지, 음란한 관계는 남성성을 해치지만 여성에게는 아무 영향도 미치지 않
는다고 믿어졌다.[60] 세속문학에 나타난 개념들은 그 시대의 소산이며,
부분적으로는 교회의 결혼관 및 여성관에 영향을 받았다. 교회적 개념들
이 세속문학에 적용된 흥미로운 예는 《캔터베리 이야기》에서 초서가 바
스댁의 입을 빌려 하는 말들이다. 그녀는 결혼을 칭송하면서도 그 반대자
들의 말을 인용한다. 그녀의 유머러스한 이야기에서 우리는 교회적 시각
의 상당수를 알아볼 수 있다. 즉, 바람직한 상태는 동정(童貞)이다, 그
러나 정욕에 불타는 것보다는 아내를 취하는 것이 낫다, 결혼해서도 독신
을 지키는 것이 좋지만 자손번식을 위해서는 성관계도 허용된다(만일 지
상에서 결혼이 사라진다면 동정 남녀인들 태어날 수 없을 테니까).[61] 그러나

으로 손꼽히는 〈신곡〉(神曲; *Divina Commedia*)의 저자. '이탈리아어의 아버지'
로 불리기도 한다. 단테, 페트라르카, 보카치오는 이탈리아문학의 형성기를 대
표하는 시인들이다.

58) 옮긴이 주: Francesco Petrarca(1304~1374). 이탈리아 학자, 시인. 르네상스 시
대의 선구적 인문주의자 중 한 사람. 종종 '인문주의의 아버지'로 불리기도 한다.
소네트(*sonnet*) 형식 시가의 대가로도 유명하다.

59) *Tractatus Henrici de Saxonia, Alberti Magni discipuli, De Secretis mulierum*
(Frankfurt 1615), p. 51; Thomas Aquinas, *Summa Contra Gentiles*(Rome
1924) L. III, c. 103, p. 446.

60) J. N. Biraben, *Les Hommes et la peste en France et dans les pays européens de
méditerranéens*(Paris 1976), vol. II, p. 39. 여성에 대한 두려움에 관해서는 H.
R. Hays, *The Dangerous Sex*(New York 1964).

61) Geoffrey Chaucer, *The Canterbury Tales*, pp. 292~293.

150

때로 작가에게 미친 교회의 영향은 좀더 복잡하고 심오하다.

결혼에 대한 비난에는 종종 여성에 대한 폄하가 수반되지만, 그렇다고 해서 결혼의 옹호가 반드시 여성의 이상화를 가져오거나 여성의 지위를 향상시키지 않았다는 점을 지적할 필요가 있다. 마찬가지로 결혼에 대한 절대적인 반대가 반드시 여성의 지위를 저하시키지도 않았다. 유대교는 성관계와 자손번식을 권장했지만 성서시대에나 디아스포라 공동체에서 나 유대 여성은 신에 대한 예배에서 아무런 역할도 하지 못했고 사회에서 아무 권위도 누리지 못했다. 미드라심[62]은 다양한 반여성적 금언들을 담고 있다.[63] 반면 카타리파는 결혼과 성과 자손번식을 전면적으로 부 정했지만, 이단분파들에 대한 장에서 보겠지만 카타리파 여성들은 종교 예식에서 일역을 수행했다. 그러나 돌이켜보면 그리스도교 문화에서 성 관계에 대한 정죄가 여성을 적대시하는 결과를 가져온 것은 사실이다. 육신의 정욕은 죄이며 성행위에는 죄의식이 수반되었다. 여자는 남자를 그녀 자신과 죄에 예속시키는 원인이다. 이런 적대감은 교부들의 시절에 서부터 레오 톨스토이의 후기 작품에 이르기까지 다양한 교회문학에 반 영되었다.

결혼에 대한 반대가 여성에 대한 정죄를 수반하지 않는 예로는 아벨라 르의 결혼 제의를 거절하는 엘로이즈의 주장을 들 수 있다. 〈내 불행의

<hr>

62) 옮긴이 주: 미드라시 (*Midrash*) 모음. '미드라시'는 성서 본문을 축어적 (逐語的) 으로 해석하지 않고 그 안에 담긴 정신을 집중적으로 연구·조사하는 것으로, 성 서의 모순들을 없애고 새로운 법률에 성서적인 근거를 세우며, 성서 본문에 새로 운 뜻을 제시하는 등의 용도에 쓰이는 복합적인 해석체계로 발전했다. 미드라시 모음들은 크게 두 부류로 나뉘는데, '할라카 미드라시'는 기록된 율법으로부터 학 문적인 방법으로 추론한 구전율법 (할라카) 이며, '하가다 미드라시'는 입법보다는 교화에 목적을 둔 설교들이다.

63) 결혼을 지지하는 대목으로는 Yevamot 63, Tosafa Yevamot 88. 여성을 폄하하는 발언의 예로는 "여자 중에 가장 뛰어나다고 하는 자도 사술 (邪術) 에 사로잡혀 있 다" (Sofrim 41), "아내의 지시를 따르는 자는 지옥에 떨어진다" (Baba Mezia 59), "여자는 똥자루이며 그녀의 입은 피로 가득 차 있고 모두가 그녀를 뒤쫓는 다" (Shabat 152).

역사〉(*Historia Calamitatum*) 로 알려진 서한문에서, 아벨라르는 엘로이즈가 결혼에 반대하면서 그를 말리기 위해 동원했던 논거들을 기술한다. 즉, 엘로이즈가 결혼을 원치 않았던 것은 우선 그런 조처가 자신과 아벨라르의 관계를 적발한 숙부 퓔베르의 분노를 무마시키지 못하리라고 보았기 때문이었다. 다음으로 그녀는 그 결혼이 그리스도교 철학자이자 교사로서의 아벨라르의 지위를 해치고 그에게 무거운 짐을 부과할 뿐이라고 보았다. 교회법에 따르면, 아벨라르는 서품을 받지 않은 일개 문사로서의 성직자(*clerc*) 일 뿐이므로 아내를 취할 자격이 있기는 하지만 결혼을 하면 더 이상 가르칠 수는 없었다. 64) 그러므로 그녀는 아벨라르에 대한 사랑과 헌신 때문에 그와 결혼하기를 거절하며, 그를 설득하기 위해 종교문학 및 세속 저작에서 개진되었던 결혼에 대한 반론을 여러 가지 인용하고 있다. 그녀의 논거들은 대체로 독창적이지 않으며, 그녀 자신이 어떤 사람이고 자신들의 관계를 어떻게 생각하는가 하는 개인적 입장을 넘어선 내용을 담고 있다. 그녀는 교육을 받은 덕분에 자신의 주장을 종교문학 및 고전문학으로 뒷받침하는 것이다.

　엘로이즈에 따르면, 결혼이란 하느님과의 교통을 열망하는 그리스도교인에게나 철학자에게나 걸림돌이 된다. 그것은 남자가 하느님의 일이나 철학적 명상에 전념하는 것을 방해하는 짐이요, 예속이다. 사도 바울도 그 점을 알고 있었다. "네가 아내에게 매였느냐 놓이기를 구하지 말며, 아내에게서 놓였느냐 아내를 구하지 말라. 그러나 장가가도 죄 짓는 것이 아니요, 처녀가 시집가도 죄 짓는 것이 아니로되 이런 이들은 육신에 고

---

64) 옮긴이 주: clerc라는 말은 그리스어 kleros에서 온 것으로 '유산, 분깃'을 뜻한다. 즉, 신을 섬기는 것을 분깃으로 받은 성직자들을 속인과 구별하여 일컫는 말로, 단순히 tonsure (삭발례) 를 받음으로써 속인의 상태를 떠난 자들부터 하급 품계 (*les quatre ordres mineurs*: *portiers*, *lecteurs*, *exorcistes*, *acolytes*) 를 받은 교회종사자들과 상급 품계 (*les ordres sacrés ou majeurs*, *de soudiaconat*, *diaconat & prêtrise*) 를 받은 통상적인 의미의 성직자까지를 모두 가리킨다. 성당부속학교에서 발전한 대학들은 교사와 학생 모두 삭발례를 받을 것을 요구했고, 그런 점에서 교사와 학생들은 모두 clerc였다. 아벨라르는 어떤 품계도 받지 않았으므로 결혼을 하려면 할 수도 있었지만 그러자면 학교를 떠나야 했다.

152

난이 있으리니 나는 너희를 아끼노라(고린도전서 7:27~28)." 교부들도
그 점을 알고 있었다. 아벨라르가 교부들의 조언에 귀 기울이기를 원치
않는다면 교부들이 인용했던 철학자들의 말에 유념해 보라고 엘로이즈는
권고한다. 성 히에로니무스는 결혼의 우여곡절과 시련에 대한 테오프라
스토스의 말을 인용하면서 다음과 같은 말로 끝맺고 있다. "그리스도교인
이라면 테오프라스토스의 말을 듣고 낯을 붉히지 않을 수 있겠는가?" 성
히에로니무스는 키케로가 아내 테렌티아와 사별 후 재혼하기를 거부하면
서 철학과 아내에게 같은 정도의 관심을 쏟을 수 없다고 했던 것을 인용하
고, 소크라테스와 악처 크산티페와의 결혼생활을 상기시킨다.

　그녀의 설득은 계속된다. 철학은 남자가 가진 모든 것을 요구한다. 세
네카가 루킬리우스에게 말했듯이, "철학은 한가할 때의 도락이 아니다.
우리는 다른 모든 것을 버리고 오직 철학에 몰두해야 한다." 이교도와 유
대교도와 그리스도교인 가운데는 세속에서 물러나 금욕과 독신의 생활을
하는 이들이 항상 있었다. 그들이 그런 삶을 택할 수 있었다면 그들과 경
쟁하는 것이 아벨라르의 의무가 아니겠는가? 설령 그가 문사(성직자)로
서 자기 임무에 전념하지 않고 마음에 하느님에 대한 두려움을 두지 않는
다 해도, 적어도 철학자로서의 자기 모습을 위해서는 두려워해야 할 것
이다. 세상이 그런 결혼을 어떻게 보겠는가? 교회와 철학자들은 그녀가
그를, 자연이 전 인류를 위해 창조한 그를 자기 한 여자에게 예속시킨 것
을 결코 용서하지 않을 것이다. 끝으로 이런 박식한 논거들을 떠나 좀더
개인적인 어조로 엘로이즈는 묻는다. 하녀들이 떠들고 자장가 소리가 들
리고 아기들이 울어대는, 그리고 어린아이들 때문에 끊임없이 시끄럽고
혼잡한, 가난한 집안에서 어떻게 철학자가 명상을 하고 글을 쓰겠는가?

　인용한 논거들에서 엘로이즈는 딱히 아벨라르에 대한 자신의 관계만
을 가리켜 말하는 것이 아니다. 독신으로 있다가 아내를 취하려는 어떤
사람에게도 같은 말을 할 수 있을 것이다. 즉 철학자에게는 독신이 합당
한 생활방식이며, 특히 그리스도교 철학자에게는 그렇다고 말이다. 그
녀의 말은 독신을 이상화하는 예를 보여주지만 그렇다고 해서 여성을 폄

하하는 것은 아니다. 여자는 철학자를 방해하는 요인인 것이 사실이지만, 그것은 여성에게 내재하는 결함 때문이 아니라 가정생활의 본질이 그렇기 때문이다. 엘로이즈는 계속하여 자기들 사이의 관계에 대해 말하는데, 그 요지는 독신생활이 바람직하다는 것이 아니라 단지 결혼에 반대하는 것임이 명백하다. 그녀는 그와의 관계를 끊으려는 것이 아니라 결혼을 하지 않은 채 유지하려는 것이다. 그녀는 이것이 결혼보다 더 나은 선택으로 보인다고, "아내보다는 연인(amie)이라 불리는 것"이 자신에게는 더 다정하며 아벨라르에게도 더 합당하다고 선언한다. 그녀는 아벨라르를 결혼이라는 멍에의 힘이 아니라 완전한 자유에서 부여되는 사랑의 힘으로 붙들고자 하며, 오랜 별거의 기간은 드문드문한 만남의 기쁨을 한층 더하게 해 줄 것이라고 하였다. 결론적으로 그녀는 만일 결혼을 하면 아벨라르는 모든 염치를 잃어버리고 영원히 죄의 소용돌이에 휘말려 버리리라고 말한다.[65] 결혼하지 않은 채 갖는 드문드문한 만남의 기쁨에 대해 말할 때 엘로이즈는 궁정풍 사랑의 이상에 접근한다. 아벨라르가 만일 결혼하면 죄의 소용돌이에 말려 버리리라는 그녀의 경고는 다분히 마니교-카타리파 적인 울림을 갖는다. 결혼의 틀 안에서 갖는 성관계는 그 밖에서 갖는 성관계보다 나을 것이 없으며, 오히려 상시적인 것이므로 한층 더 큰 죄가 될 것이다. 엘로이즈는 이런 주장의 근거는 명시하지 않는다.

수녀원에서 들어간 후에 쓴 편지들에서도 엘로이즈는 지난날에 충실하다. 아벨라르에게 보낸 첫 번째 편지에서 그녀는 이렇게 쓴다. "제가 당신에게서 당신 자신 외에 아무것도 원치 않았다는 것은 하느님께서 아십니다. 저는 당신만을 원했고 당신이 가진 어떤 것도 원치 않았습니다. 저는 결혼의 유대도 결혼한 여인의 지위도 원하지 않았습니다. 저는 제 자신보다는 당신의 쾌락과 열망을 만족시키기를 원했습니다. 아내라는 자격이 한층 더 거룩하고 결속력이 있기는 하겠지만 제게는 연인이라는

65) Pierre Abélard, *Historia Calamitatum*, PL vol. CLXXVIII, cols. 130~132.

154

자격이 한층 더 감미로울 것이고, 감히 이렇게 말해도 된다면 정부나 창부라는 이름조차도 마다하지 않았을 것입니다 …."[66] 두 번째 편지에서 그녀는 자기들이 결혼한 후에 하느님의 진노가 내렸다고 씁쓸히 회상한다. 하느님께서는 그들의 비행은 용인하셨지만, 그들이 행실을 고치고 합법적으로 결혼하려 하자, 그들을 치셨고 새로운 유대가 지속되도록 허락하시지 않았다는 것이다. 결혼한 남자인 아벨라르는 간통자들에게나 가해지는 벌을 받았다.[67]

아벨라르는 그의 설교 중 한 편에서 엘로이즈가 한 말을 그녀보다 한층 더 신랄하고 퉁명스럽게, 그리고 사적인 진실보다는 일반적인 진리로서 반복한다. 욥기 39장 5절에 대한 설교에서 그는 야생 당나귀와 길들인 당나귀를 구별한다. 전자는 후자와 달리 자유롭게, 사회나 인간사로부터 떨어져서 멍에를 메지 않고 산다. 그는 말하자면 독신자와 같다. 반면 길들인 당나귀는 결혼한 자와 같다. 결혼한 배우자들 사이의 유대보다 더 강한 유대가 있겠는가? 그는 묻는다. 더 이상 자기 몸의 주인조차 아니게 된 남자가 겪는 것보다 더 짐스러운 종속이 있겠는가? 날마다 아내와 자식의 부양과 관련된 일로 고생하는 남자의 삶보다 더 고통스러운 삶이 있겠는가? 그토록 많은 사랑으로 이 세상에 매여 있는 남자의 삶보다 더 하느님에 대한 경배와 거리가 먼 삶이 또 있겠는가?[68]

아벨라르와 엘로이즈의 편지들로부터 부르주아문학〔그 가장 친숙한 형태는 파블리오(fabliau), 즉 유머러스한 의도를 가진, 교훈적일 수도 있고 아닐 수도 있는 운문 이야기〕으로 넘어가 보면, 우리는 결혼에 반대하는 주장보다는 결혼의 부정적 이미지, 대개 부정적인 여성상을 중심으로 하는 묘사들을 발견하게 된다. 대체로 풍자적인 이런 문학은 남자에게 결혼은 고문이니, 남편은 아무리 나은 경우라도 아내와 자식을 부양하는 데 따르는 온갖 고생을 피할 수 없다고 말한다. 남편은 덫에 걸린 존재로 묘사된

66) Héloïse, *Epistola II*, *ibid.*, cols. 184~185.
67) Héloïse, *Epistola IV*, *ibid.*, cols. 193~198.
68) Pierre Abélard, *Sermo 33*, *De Sancto Joanne Baptista*, *ibid.*, col. 582.

다. 그는 자식과 가정이라는 짐을 지고 가며, 이 모든 것은 여성에게 붙어
다니는 부속물로 그려진다. 그러나 일반적으로 말해, 결혼을 지옥으로
만드는 데 가장 크게 작용하는 것은 여자의 성격이다. 때로 이런 문학에
서는 오락적인 동기가 강하며 묘사들은 유머러스하고(별로 섬세하지 않으
며), 흔히 여성에 대한 냉소와 거친 태도, 심지어 적대감으로 발전한다.

　대부분의 풍자에서 결혼한 여성은 남편을 지배하고 일부러 거역하며,
다투기 잘하고 요구가 많으며 외간 남자에게 관심을 갖고 쓸데없이 나돌
아 다니고 시샘을 부리며 남편이 다른 여자를 쳐다보거나 인사만 해도 소
란을 피우고 게으르고 집안 살림을 돌보지 않으며 하녀들이 빈들거리도
록 내버려두는 것으로 그려진다. 그녀는 남편이 하녀에게 일을 제대로
하라고 시키면 자기 단짝인 하녀를 감싸고돌며 남편에게 거역하기를 주
저하지 않는다. 결혼한 여성은 경박하고 변덕스럽고 속이기 잘하고 거룩
한 척하며 남편으로부터 자기가 원하는 것을 얻어내기 위해 불운한 희생
자인 양 꾸미기를 잘한다. 말다툼에서는 늘 이기며, 남편을 제멋대로 부
려먹는다. 그녀는 부탁을 할 때도 때를 잘 맞추어 대개 베갯머리송사를
한다.69) 이 모든 것이 '결혼한 놈치고 후회하지 않는 놈이 없다'는 속담
으로 요약된다.70) 아내가 결국 남편의 권위를 받아들인다는 이야기는
아주 드물다.71)

　《캔터베리 이야기》에서 여러 남편을 차례로 거덜내는 바스댁이라는
지배적인 인물은 남편이 제멋대로 떠안기는 모든 시련과 고통을 잠자코
참아 내는 그리젤다라는 순종적인 인물과 균형을 이룬다. 바스댁의 이야
기와 그리젤다의 이야기 사이에서 제 3의 가능성, 즉 내주장이나 외주장
에 치우치지 않는 결혼생활의 가능성을 제시하는 것이 도리겐과 아르베

---

69) E. Faral, *La Vie quotidienne au Temps de Saint Louis* (Paris 1938), p. 147; *Les Quinze Joyes de Mariage*, ed. F. Fleuret (Paris 1936).

70) P. Maranda, *French Kinship, Structure and History* (Paris 1974), p. 100.

71) 특히 E. Faral, *La Vie quotidienne au Temps de Saint Louis* (Paris 1938), pp. 152 ~153에 인용된 *De Sire Hain et Dame Anieuse*의 이야기.

156

라거스에 관한 프랭클린의 이야기이다. 72) 그리젤다의 이야기는 분명 파블리오보다는 남편에 대한 아내의 순종 의무를 강조하는 교훈문학의 유형에 속한다. 파블리오에서 지배적인 인물은 바스댁처럼 공격적인 여성이며, 여성의 모든 말과 행동은 교훈문학에서 이상적인 여성의 언행과 완전히 대조적이다.

결혼을 다루는 부르주아문학에서 성은 주된 요소를 이루며 즐거움의 원천 중 하나로 제시된다. 반면 교회문학이 옹호하는 상호동반관계의 개념에 대한 언급은 거의 찾아볼 수 없다. 성관계의 목적이 자손번식이라는 암시도 없으며, 그보다는 남녀 모두의 성적 충동과 쾌락에 대한 욕구가 공공연히 인정된다. 결혼은 성교를 합법화한다. 이런 시각은 성직자와 부르주아문학의 저자들이 공유하는 것이지만, 양자가 엄밀히 같은 이야기를 하는 것은 아니다. 《캔터베리 이야기》에서 상인의 이야기 중 재뉴어리는 이렇게 말한다.

우리는 우리를 구속하는 결혼의 굴레를 축복해야 하오. 왜냐하면 결혼한 부부가 하는 짓들은 아무것도 죄악이 되지 않기 때문이오. 자기 칼로 자기를 찌르는 사람이 없듯이 남편과 아내는 아무리 사랑을 나누어도 죄를 짓는 것이 아니오. 또한 우리의 쾌락은 법률이 허락하는 떳떳한 것이오. 73)

'파리의 가장' 역시 어린 아내를 위한 지침서에서 결혼생활의 성적 쾌락에 대해 말하지만 초서의 재뉴어리보다는 좀더 섬세하고 절제된 방식

72) G. L. Kittredge, "Marriage discussion in the Canterbury Tales", in J. J. Anderson, ed., *A Collection of Critical Essays* (New York 1957), pp. 61~63. 그가 보기에 도리겐의 이야기는 초서가 타협을 인정한 것이다.
73) Geoffrey Chaucer, *The Canterbary Tales*, p. 402 (옮긴이 주: 송병선 역, 369쪽. 직역하면 "우리가 지고 있는 멍에에 축복 있으라/우리의 행동에서 우리는 죄를 거두지 않는다/남자는 자기 아내와 죄를 행치 않으니/자기 칼로 자기를 해치지 않는 것과 같은 이치이다/우리는 법에 의해 마음껏 즐겨도 좋다).

으로 말한다. 어린 아내에게 주는 충고에서 그는 남편이 집에 돌아오면 아내가 어떻게 맞이해야 하는가를 묘사한다. 즉, 웃는 낯으로 난로에는 불을 지펴놓고 깨끗하고 마른 양말과 신발과 먹고 마실 것과 깨끗하고 따뜻한 이부자리와 침대에서의 사랑놀이를 준비해놓으라는 것이다. 그 이상 자세한 말은 없다.[74] 그 역시 자손번식에 대해서는 언급하지 않는다. 이미 지적했듯이 이런 세속 저자들은 남녀 모두 성욕을 가진 것으로 여긴다. 때로 여성은 남편이 감당하기에 너무 강한 성욕을 가졌다는 비난을 받지만, 동시에 자기 몸을 거래한다는 비난도 받는다. 여자는 자기 뜻을 이루기 위해 평소에는 거절하던 혼인의 의무를 수행한다는 것이다.[75]

요컨대 부르주아문학은 결혼을 정죄한다고 볼 수 없다. 속인 저자들은 결혼이 비록 부정적인 면은 있지만 인간사의 주된 요소라고 보며, 다른 대안을 제시하지 않기 때문이다. 그러나 부르주아문학은 여성에게 적대적이다. 기껏해야 저자는 남자가 독신일 때는 결혼하기를 원하다가 결혼한 후에는 다시 독신이 되기를 원한다는 심리적 진실을 묘사할 뿐이다. 그는 독신생활을 자유와 동일시하며 그가 자유를 잃은 것은 여성의 책임이라고 본다. 하지만 만일 중세의 여성들이 글을 썼다면 그들 중 적어도 일부는 비슷한 진실을 말했으리라고(물론 노처녀들에게 주어진 가능성은 훨씬 제한되었겠지만) 가정하는 것이 공정할 것이다. 실제로 남녀 모두가 상대방 때문에 함정에 빠졌으며 둘 다 거기서 벗어나고 싶어하는 부부의 이야기도 있다. 〈결혼의 열다섯 가지 기쁨〉(Quinze Joyes de Mariage)이라는 이 작품은 결혼한 남자가 갖는 열다섯 가지 수상적은 즐거움에 대한 신랄한 풍자로, 저자는 그 결론에서 '가련한' 여자들에게 가해지는 수많은 해악에 관한 책도 쓸 수 있었으리라고 아이러니컬하게 덧붙인다.[76] 이것은 명백한 아이러니인 것이, 남편을 문간의 발닦개처럼 깔아뭉개는 지배적인 여성에 관한 이야기를 한 끝에 '가련한' 여자들을 들먹이고 있으

---

74) *Le Ménagier de Paris*, vol. I, p. 169.
75) *Les Quinze Joyes de Mariage*, pp. 11, 59~60, 66~67.
76) *Ibid.*, p. 131 & epilogue.

니 말이다. 이런 문학에서는 부정적인 여성상이 지배적이다. 여성의 성을 인정한다는 것이 반드시 여성에 대한 존중을 의미하지는 않는다.

성직자, 골리아르,[77] 궁정풍 사랑의 시인들이 쓴 연애시가들은 결혼이라는 틀 밖에서의 사랑을 찬미했다. 우리 논의의 맥락에서 본다면 그들의 작품은 결혼을 정죄하되 여성을 폄하하지 않는 것으로 정의될 수 있다. 중세에는 고전문학의 동성애 시가와 경쟁하듯 젊은 남성에게 바치는 연애시가도 쓰였지만, 다음 예에서 보듯 대부분의 중세 연애시가들은 젊은 여성에게 바쳐졌다는 점에서 고전문학의 동성애 시가와 차이가 난다.

> 이것이 그들의 비난이다. 즉 내가 젊었을 때 방종하면서
> 처녀들에게 바치는 노래 못지않게 총각들에게 바치는 노래도 썼다는 것이.
> 내가 사랑에 관한 것들을 썼던 것은 사실이다.
> 내 노래들은 처녀, 총각을 모두 즐겁게 해 주었다.[78]

이런 시가들은 결혼을 포기한 성직자며 수도사들에 의해, 심지어 교회

---

77) 옮긴이 주: '골리아르'(goliard) 란 유랑학사(流浪學士, clerici vagi)를 가리키는 말이다. 중세 대학의 학생들 대부분은 신학을 공부했으나 실제로 서품까지 받는 경우는 많지 않았다. 성직자가 되지 못한 경우에는 귀족가문의 가정교사가 되거나 아니면 유랑학사가 되어 수도원이나 성에서 숙식을 구하며 떠돌기 마련이었다. 12~13세기에는 이런 유랑학사들이 큰 사회문제였다. 이들은 나름대로 학식을 과시하기 위해 라틴어 시가를 짓곤 했으며, 그런 골리아르 시가의 대표적인 선집이 앞서 언급되었던 《카르미나 부라나》이다. 교회의 가르침이나 윤리도덕을 풍자하고 세속의 즐거움을 구가하는 이런 시들은 대부분 작자 미상이며, '골리아스'(Golias), '프리마스'(Primas), '대시인'(Archipoeta) 등의 이름은 가명일 가능성이 높다. 특히 유명한 시가 다음에 인용될 〈골리아스의 고백〉(Confessio Goliae)이라는 작품으로, '대시인'이 지은 것으로 되어 있다. 아벨라르 시절에는 파리가 골리아르들의 중심지였으며, 성 베르나르는 아벨라르를 '골리아스'라 일컫기도 했다. '골리아르'라는 말의 어원은 확실치 않으나, 라틴어의 gula(탐식), 또는 다분히 신화적인 인물로 자리 잡은 가상의 '골리아스 주교', 또는 성서에서 다윗이 쳐부순 거인 골리앗 등에서 유래한 말이리라고 한다.

78) "Virginibus scripsi nec minus et pueris. Nam scripsi quaedam quae complectuntur amorem; Caminibusque meis sexus uterque placet." Quoted in E. R. Curtius, *European Literature and the Latin Middle Ages*, p. 115.

지도자들에 의해 쓰였다. 중세에 동성애는 무엇보다도 성직자들의 죄로
알려졌으며, 그레고리우스 교회 개혁으로 성직자들이 독신으로 지내게
된 12세기 이후에는 분명 널리 퍼졌을 것으로 보인다. [79] 그러나 저자들
이 실제 경험을 묘사했는지, 아니면 단지 고전시대 로마의 문학형식을
모방하려 했던 것인지는 알 수 없다. 하여간 이 시는 결혼하지 않았고 결
혼문제에 구애받지 않을 법한 사람들에 의해 쓰인 것이다. 반면 중세에
여성들의 동성애 시가는 — 고대 그리스에서는 남성세계로부터 거부당한
여성들의 표현형식 중 하나였는데 — 분명 존재하지 않았던 것 같다. 여
성이 다른 여성에게 바치는 시는 단 한 편이 알려져 있을 뿐이다. 그것은
비에리스 드 로망[80] 이 마리아라는 이름의 여성에게 쓴 시이다. [81]

  골리아르들도 결혼 밖의 사랑에 대해 썼는데, 그들이 찬양한 사랑은
관능적이고, 고전기의 이교적 시가에 가까운 것이었다. 돌이켜보면 이들
은 방랑하는 지적 프롤레타리아쯤으로 정의할 수 있을 것이다. '돌이켜보
면'이라고 하는 것은, "내가 원해서 가난하게 지낸다고는 생각지 말라"고
썼던 쾰른의 대시인[82] 처럼 그들 대부분이 부유한 후원자를 만나거나 교

---

79) M. Goodich, "Sodomy in ecclesiastical law and theory", *Journal of Homo-
    sexuality* I 1976), pp. 427~433.

80) 옮긴이 주: Bieris de Romans. 13세기에 프랑스의 도피네 지방에 살았던 것으로
    추정되는 오크어를 쓰는 시인. 중세 유일의 여성 동성애 시가를 지은 것으로 알려
    져 있는데, 이 시에 나타나는 문법상의 지표나 궁정풍 사랑의 상투적 표현들만으
    로는 저자가 여성이라고 단정하기 어렵다. 단지 사랑을 '춘놈'이나 '속이는 애인'
    에게 주지 말라고 간청하는 데서 남성에 대한 부정적 시각이 엿보일 따름이다. 그
    러므로 주석가에 따라서는 시인이 여성이 아니라고 보기도 하고, 단지 여성이 궁
    정풍 시가를 모방하여 연습을 했다거나 이 시가 상징적 종교적 의미를 갖는 것 (마
    리아는 성모 마리아) 이라고 보기도 한다.

81) M. Bogin, *The Women Troubadours*, p. 75.

82) 옮긴이 주: Archipoet (1130?~1165?). 도박, 관능적 사랑, 선술집을 전전하는 생
    활을 노래한 10편 가량의 시가 그의 이름으로 전전진다. 정확한 신원은 알 수 없
    으나, 창작기의 대부분을 쾰른 주교 레기날트 폰 다셀 밑에서 보낸 것으로 추정된
    다. 방탕한 생활 때문에 후원자로부터 절연을 당하기도 했으나 시를 통한 변명으
    로 용케 이를 만회했던 것으로 보인다.

회의 두둑한 성직록을 타는 것을 꿈꾸었기 때문이다. 그들은 자발적 청빈의 이상으로부터 멀었듯이, 다양한 사회제도를 비판했고, 용인된 윤리규범에 저항했으며, 순결의 이상을 비웃고 육체와 그 기쁨에 대한 찬미를 노래했다. 그들의 시는 딱히 결혼에 대해 말하지는 않으나, 그들이 사랑에 접근하는 방식은 직접적이고 근본적이고 관능적이다. 이런 시가들에서 욕망의 대상은 젊은 여자이며, 시인들은 그녀의 감각이나 감정을 깊이 파고들지 않는다. 골리아르들은 아내를 취하는 것이 허용되어 있었다. 아벨라르처럼 그들도 그저 문사로서의 성직자에 지나지 않았기 때문이다. 그러나 그들의 시는 그들도 봄과 포도주와 사랑과 농탕질과 연애를 결혼보다 더 좋아했음을 보여준다. '골리아스'는 이렇게 고백했다.

> 내 말 좀 들어보시오, 근엄하신 성직자님,
> 죽을죄가 내게는 달콤하기만 하다오.
> 나는 사랑에 빠져 죽을 지경이오.
> 만나는 모든 예쁜 아가씨들이
> 내 마음에 한숨을 불러일으키는구려.
> 손도 대지 말라고! 아, 그러나 우쭐대노니
> 그녀의 품에 나는 누워 있소이다.
> 그러니 내 본성을 바꾸기란
> 처녀 앞에서 순결한 마음을 지키기만큼이나
> 너무 어려운 일이라오. [83]

다양한 궁정풍 문학은 복잡한 문제를 제기한다. 궁정풍 사랑은 순전히 정신적인 것이었던가? 궁정풍 사랑의 이상, 즉 결혼 밖의 사랑을 당대의 교회 및 봉건사회가 요구하는 윤리규범과 조화시킬 수 있는가(궁정풍 시가에서는 흔히 가신이 주군의 아내를 연모한다)? 그런 삶의 방식은 실제로 존재했던가 아니면 단지 문학적 관습이었던가? 그것은 여성들에 의해 고취되었던가? 그리고 실제로 여성의 사회적 지위를 고양시키는 데 기여했

---

83) *The Goliard Poets*, ed. G. F. Whicher (New York 1949), p. 109.

던가? 우리는 이런 질문들에 당장 대답하는 대신 여러 맥락에서 그 질문들을 재고하게 될 것이다. 여기서는 단지 궁정풍 문학이 결혼을 부정하되 여성을 폄하하지는 않은 문학의 완벽한 예라는 점만을 지적해두기로 하자. 더구나 궁정풍 문학에서 여성숭배가 어떤 의미를 갖든 간에 이런 문학적 형식이 여성과 사랑을 고양시켰다는 데는 의심할 여지가 없다. 여성에 대한 사랑은 연인이 영웅적 행위를 수행하고 미덕을 실현하는 동기이자 원천이 된다. 그는 단지 사랑을 통해서만 도덕적 완성을 이룩하는 것이다. 이런 사랑은 결혼 밖에서 항상 존재했고, 자손번식과는 아무 상관도 없었다. 연애시가를 쓴 여성 음유시인도 자기 남편을 위해 사랑 노래를 짓지는 않았다. 디아 백작부인[84]은 이렇게 썼다.

>이것을 알아주세요. 나는 내 남편 대신
>그대를 갖기 위해서라면 모든 것을 내놓겠어요.[85]

궁정풍 사랑의 옹호자들 중 어떤 이들은 결혼한 부부 사이에도 모종의 사랑이 있음을 인정했으나, 이들도 부부애는 의무에 기초한 반면 궁정풍 사랑은 무상의 것이라고 보았다.[86]

3. 혼인에 관한 법률

대부분의 서유럽국가들에서 결혼법에 관한 문제들은 교회법정에서 논의되었으며, 14세기 이후에야 세속법정이 결혼에 관한 문제를 일부 담당

---

84) 옮긴이 주: Comtesse (Beatrice) de Die (1200년경). "기욤 드 푸아티에의 아내였으며 랭보 도랑주를 사랑하여 그를 위해 많은 노래를 지었다"고 알려진 이 여성 시인의 신원은 확실치 않다. 아마도 발랑티누아나 비에누아 영주 가문의 후예였을 것으로 추정될 뿐이다.

85) M. Bogin, *op. cit.*, p. 88.

86) A. A. Heutsch, *op. cit.*, p. 65.

하는 것을 볼 수 있다. 혼례를 치를 수 없는 금기일이나 결혼할 수 있는 최저 연령(여자는 12세, 남자는 14세)을 정하는 것은 교회였다. 정식 결혼은 세 단계로 이루어졌다. 우선 가문 간의 협상이 있고, 교회문 앞에서 (*in facie ecclesiae*) 약혼을 한 다음 결혼서약을 했다. 이 약혼과 결혼서약에서는 교회를 대표하는 이가 일역을 담당했다. 교회문 앞에서 남녀는 결혼 의사를 표명하며, 서로에게 결혼 성사를 베푼다. 87) 신부의 지참재산(*dowry*; *dot*)과 신랑이 아내보다 먼저 죽을 경우 그녀의 몫으로 정해주는 재산도 교회문 앞에서 확약되었다. 후자는 과부재산(*dower*; *douaire*) 88)이라고 하며, 대체로 신랑 재산의 3분의 1 내지 2분의 1 정도였다. 그런 다음 커플은 교회 안으로 들어가 결혼 미사를 드렸다. 이 예식이 끝나면 결혼 잔치가 열렸다. 호이징가는 모든 계층에서 혼인 잔치에는 음탕한 익살과 상스러운 노래가 곁들여졌다고 지적한다. 이교사회에서 결혼예식은 교합의 신비와 관련된 성스러운 예식으로 여겨졌다. 그리스도교에서는 교회가 결혼의 성스러운 요소를 성사로 돌려 교회의 몫으로 함에 따라 결혼식 뒤의 혼인 잔치에는 단지 거친 성애적 요소만이 남게 되었다. 신비의 잔재가 음탕한 놀이로 변질된 것이다. 89)

결혼식을 거행하기 3주일 전에는 교회 문에 결혼을 예고하는 공고(*ban*) 90)를 붙여 누구든지 약혼자 중 한쪽이 이미 결혼을 했다거나 두 사

---

87) 옮긴이 주: '성사를 베푼다'(*bestow the sacrament*)는 말은 — 뒤에 "결혼 성사를 서로에게 베푸는 것은 당사자들이라는 신학적 견해 …"라는 대목에서도 보듯이 — 단순히 '결혼서약을 한다'는 의미 이상이다. 성사(*sacrament*)란 신의 은총을 중개하는, '성스럽게 하는' 예식이며, 신랑신부는 서로에게 이 예식을 베푸는 것이다.

88) 옮긴이 주: 신부가 결혼할 때 가져가는 지참재산이 dowry(E)/dot(F), 과부가 되었을 때를 대비하여 남편이 정해 주는 재산이 dower(E)/douair(F)인데, 고전 라틴어로는 둘 다 dos라고 하며, 중세라틴어로는 후자를 dotarium이라 하여 구별한다.

89) J. Huizinga, *The Waning of the Middle Ages*, p. 110.

90) 옮긴이 주: ban이란 법률 용어로 무엇인가를 '엄숙하게 공표한다'는 뜻이다. 결혼에서 ban이라고 하면 혼인하려는 쌍방에 결격사유가 없는지 확인하기 위해 식을 올리기 얼마 전에 결혼 예정을 선포하는 것을 말하고, 포도원의 ban이라고 하면 섣불리 수확을 앞당기거나 부주의하여 늦어지는 일이 없도록 포도 수확철이 되었

람이 친척간이라는 사실을 알면 이의를 제기할 수 있게 했다. 교회는 성서(레위기 18장)에 명기된 근친상간에 관한 금지(ban)를 확장했고 자체의 교의에 따라 한층 더 엄격한 입장을 취했다. 1065년에서 1215년 사이에는 7촌 이내 친족과의 결혼이 금지되어 있었다. 죽은 배우자의 친척과 재혼하는 것도 금지되었다(그러니까 성서의 율법과는 달리 죽은 형의 아내와 결혼하는 것도 금지되었다). 또한 아이의 대부나 대모처럼 영적인 가족 관계가 있는 사람들 사이의 결혼도 금지되었다. 1215년 제 4차 라테라노 공의회에서는 근친상간에 대한 금지가 다소 완화되어 결혼이 금지된 친족의 범위가 4촌[91]으로 줄어들었다.[92]

로마법의 영향 때문에, 또 결혼의 본질 및 목적에 대한 나름대로의 시각에서, 교회는 처음부터 중혼(重婚)을 금지했다. 롬바르드족[93] 및 프랑크족의 법도 교회의 영향을 받아 남편이 첩을 취할 경우 본처에게는 친정으로 돌아갈 권리를 인정했다.[94] 교회는 (로마법 및 성서의 율법, 그리

음을 선포하는 것을 말한다. 가장 널리 알려진 ban은 왕이 봉건영주들을 군대에 소집하는 포고령이다. 영어에서 ban이 갖는 의미(금지령, 금지, 여론의 반대, 파문, 추방 등)는 본래의 ban이 적용된 상황에 따라 파생되었을 것이다.

91) 옮긴이 주: 계촌법(計寸法)에는 게르만식과 로마식이 있었는데, 직계 촌수는 양자 간의 세대수를 헤아려 부자간이 1촌, 조손간이 2촌이라는 식으로 같지만, 방계 촌수를 세는 법이 다르다. 로마식 계촌법은 각기 공동의 선조에 이르기까지의 세대 수를(단 공동의 선조는 넣지 않고) 더한다. 가령 같은 할아버지에게서 나온 친사촌들은 각기 할아버지와 2촌간이므로, 2촌+2촌=4촌이 되는 것이다(이런 계촌법은 우리의 계촌법과 같은 결과에 이른다). 반면 게르만식 계촌법은 공동의 선조에 이르는 세대수만을 세므로, 친사촌들은 2촌간이 된다. 교회에서는 처음에는 로마식 계촌법을 따랐으나, 중세에 들어 게르만식 계촌법이 우세하게 되었다. 그러므로 위 본문에서 말하는 4촌은 우리 식으로는 8촌에 해당한다.

92) 원시사회의 근친결혼에 관해서는 M. Mead, *Male and Female. A Study of the Sexes in a Changing World* (London 1950), pp. 33~34, 198~200. 그리스도교의 시각에 관해서는 St. Augustine, *De Civitate Dei*, PL vol. XLI, cols. 457~460; Thomas Aquinas, *Summa Contra Gentiles* (Rome 1924), L. III. c. 125, pp. 477~478; *Corpus Iuris Canonici*, vol. I, cols. 1425~1436.

93) 옮긴이 주: 롬바르드족(the Lombards)이란 본래 북유럽에서 내려와 도나우 강 유역에 정착한 후, 6세기 중엽에 이탈리아 반도로 진출한 부족이다. 이탈리아의 롬바르드 왕국은 774년에 프랑크족에 의해 정복되었다.

164

고 부분적으로는 게르만법과도 달리) 이혼을 금지했다. 어떤 경우에는 별거를 허용하기도 했다. 어떤 경우에는 재산상의 (*a mensa*) 별거만을 허가했고, 또 어떤 경우에는 실질적·신체적 (*a thoro*) 별거를 허가했다. 별거한 부부는 재혼하는 것이 허락되지 않았다. 교회가 결혼이 처음부터 (*ab initio*) 유효하지 않았다고 판단할 경우 결혼을 무효화할 수도 있었다. 결혼은 배우자들이 결혼이 금지된 범위 내의 친척 간이거나, 한쪽 배우자가 이미 결혼했거나, 피차 강요된 결혼이었거나, 혹은 남편의 성교 불능으로 인해 사실상 성혼하지 못한 경우 무효가 될 수 있었다.

결혼을 당사자 상호 간의 합의에 기초하는 것은 결혼에 관한 교회법과 게르만법 사이의 또 한 가지 중요한 차이였다. 게르만법에 따르면, 결혼합의는 신부가 아니라 그녀의 보호자가 하게 되어 있었다. 즉 그녀를 자기 문디움(*mundium*) 95) 아래 데리고 있는 그녀의 아버지, 형제, 그 밖에 다른 남자 친척 등이다. 반면 교회법에 따르면, 결혼하는 당사자들의 합의만이 결혼을 유효하게 만들 수 있었다. '합의가 결혼을 만든다'(*consensus facit nuptias*)는 원칙은 12세기에 주로 피에르 롱바르의 영향 하에 확고히 수립되었다. 96) 결혼의 연합을 이루는 것은 가문 간의 합의나 사실상의 성혼 여부가 아니라 당사자 상호 간의 합의라는 것이다. 우리는 앞에서 돈을 내거나 세속 권력의 압력을 써서 임명된 주교와 신부에게 강요된 신랑 사이의 유추를 지적한 바 있다. 신부/교회의 결혼동의가 없을 경우 그녀는 창부에, 신랑은 강간자나 음행자에 비길 만하다.

---

94) 프랑크족의 결혼법에 관해서는 F. Ganshof, "La femme dans la monarchie franque", *Rec. Soc. Jean Bodin* XII (1962).

95) 옮긴이 주: 문디움 (*mundium*) 이란 독일어 문트 (*Munt*) 의 라틴어화된 말이다. '문트'는 '보호'를 뜻하는 말로, 게르만 전통에서는 족장, 가부장의 특권을 가리킨다. 즉, 한 가문의 구성원들을 감독하고 보호하는 가부장의 권리로서, 여기에는 아내에 대한 남편의 권리, 자녀에 대한 아버지의 권리, 노예에 대한 주인의 권리 등이 모두 포함된다.

96) 그라티아누스와 피에르 롱바르의 입장에 관해서는 "Marriage", in *Dictionnaire de Théologie catholique*, vol. IX, 2; J. Imbert, *Histoire du droit privé* (Paris 1950), p. 56.

그러므로 부모의 동의가 바람직하기는 하지만 결혼은 부모의 바람을 거스르더라도 당사자의 동의만 있으면 유효한 것으로 간주되었다. 만일 가족의 동의 없이 결혼한 젊은 부부를 떼어놓으려고 주위에서 압력을 가한다 해도, 교회법에 따르면, 그 결혼을 무효화하거나 별거를 강요할 수는 없었다. 적어도 법적인 시각에서 본다면 결혼은 가문이 아니라 당사자의 관점에서 평가되었다. 교회는 개인이 자기 가족이나 봉건 주군이나 장원의 영주에 구애되지 않고 행동할 수 있는 결혼관을 발전시켰다. 그러나 다양한 계층의 젊은이들이 교회법에 의해 부여되는 이 권리를 어느 정도로 행사할 수 있었던가 하는 문제는 다시 검토해 보아야 할 것이다. 세속 입법자가 교회법에 어긋나는 법을 만들 수는 없었지만, 그래도 세속법은 젊은이들이 가족의 동의 없이 결혼하는 것을 막기 위해 종종 그런 부부에게 벌을 주었다. 브라방 및 플랑드르 지방의 법에 따르면, 자신을 납치한 자와 상호동의 하에 결혼한 여자는 폐적(廢嫡)되었다. 쿠엔카와 세풀베다의 법에서도 마찬가지였다. [97]

상호합의를 결혼의 기초로 하는 원칙은 교회가 결혼 예고를 낸 후 교회 안에서 결혼식을 거행하라고 하면서도, 다른 곳에서 거행된 결혼식도 증인이 있든 없든 당사자의 상호합의가 있기만 했다면 유효한 것으로 인정했다는 사실을 이해하게 해 준다. 이런 사적인 결혼은 '현재형 진술에 의한 결혼'(*sponsalia per verba de presenti*), 즉 당사자들이 이로써 상대방과 결혼한다는 현재형 진술에 따른 결혼이라고 했다. [98] 교회가 반대를 무릅쓰고 이런 결혼을 인정하는 데는 또 다른 요인도 작용했으니, 그것은 결혼 성사를 서로에게 베푸는 것은 당사자들이라는 신학적 견해 때문이

---

97) E. Poullet, *Histoire du droit pénal dans l'ancien duché de Brabant* (Bruxelles 1866), vol. I, pp. 324~328; Heath Dillard, "Women in Reconquest Castille: the Fueros of Sepúlveda and Cuenca", in *Women in Medieval Society*, ed. S. Mosher-Stuard (Pennsylvania 1976), pp. 79~80.

98) 옮긴이 주: '현재형 진술에 의한 결혼'과 대비되는 개념이 '미래형 진술에 의한 결혼'(*sponsalia per verba de futuro*)이다. 사적인 결혼, 즉 사실혼이 전자, 결혼서약을 한 후 성혼이 뒤따르는 결혼이 후자에 해당한다.

166

기도 했다. 그럼으로써 교회는 결혼이란 사적인 문제라는, 좀더 오래된 사회에서 지배적이던 개념으로 부분적으로나마 복귀했다. 99)

그런 사적인 결혼은 문제들을 야기했다. 종종 배우자 중 한쪽은 다시 결혼했고, 그러면 버림받은 배우자가 나타나 두 번째 결혼의 합법성에 이의를 제기했기 때문이다. 법정은 두 결혼 중 어느 결혼이 유효한가를 결정해 주어야 했다. 만일 첫 번째 결혼이 유효하다면 두 번째 결혼은 설령 자녀가 태어났다 하더라도 무효가 되며, 이 자녀는 사생아가 되었다. 세속 당국은 교회가 그런 사적 결혼을 무효로 해 줄 것을 원했다. 왜냐하면 그러지 않을 경우 자식들의 적출(嫡出) 여부, 유산 상속, 과부의 권리 등에 대해 논란이 생기기 때문이었다. 사적인 결혼은 또한 부모의 동의를 필요 없게 만들었다. 그래서 교회는 다시금 사적 결혼을 정죄하기로 결정했지만, 그런 습속은 중세 말기까지 완전히 사라지지 않았다. 사적인 결혼은 교회의 결혼법에 맞추기 어려웠던 농부계층에 주로 많았지만, 도시민들이나 드물게는 귀족계급에도 없지 않았다. 100)

그런 결혼의 빈발과 그것들이 야기했던 문제들은 교회법정 기록부에서 찾아볼 수 있다. 1374년과 1382년 사이 일리101) 주교구의 교회법정 기록부에 의하면 101건의 결혼 중 89건이 사적 결혼이었다. 만일 예식의

99) 사적 결혼에 관해서는 R. H. Helmholz, *Marriage Litigation in Medieval England*(Cambridge 1974), pp. 22~34; "Clandestinité", in *Dictionnaire de droit canonique*.

100) 교회 입법에 관해서는 *Corpus Iuris Canonici*, vol. I, cols. 1104~1106; Mansi, *Sacrorum Consiliorum Collectio*, cols. 1035, 1038~1039. 귀족계급의 사적 결혼 사례는 *The Letters of John of Salisbury 1153~1161*, ed. J. Millor and S. J. Butler(London 1955), p. 267~271과 Appendix VI에서도 찾아볼 수 있다. 14세기에 사적 결혼을 정죄한 예는 J. Myre, *Instructions for Parish Priests*(London 1868), pp. 7, 27.

101) 옮긴이 주: Ely. 런던 동북쪽으로 약 100킬로 가량 떨어진, 잉글랜드 동부 케임브리지셔의 성당 도시. 일찍이 673년에 수도원이 건설되었으며 (이 수도원은 870년에 데인족에 의해 파괴되었다) 1108년에는 일리 주교구가 창설되었다. 일리 성당은 1083년에 착공하여 1351년에 완공되었다. 도시 자체는 작지만 일리 주교구는 인근 케임브리지를 포함, 341개 교회를 포함하는 큰 교구이다.

합법성에 대해 아무도 이의를 제기하지만 않는다면 부부는 처벌당하지 않았고 억지로 교회 예식을 치를 필요도 없었다. 적당한 기회에 교회에서 예식을 해야 한다고만 되어 있었다. 무효판정이 난 결혼 중 66%는 중혼을 근거로 무효화되었다. 때로는 중혼으로 고발된 남자 혹은 여자의 첫 번째 결혼도 두 번째 결혼과 똑같이 사적인 결혼이었으므로(그리고 증인도 없이 행해졌으므로) 둘 중 어느 것이 유효한지 결정하기가 무척 어려웠다. 더구나 부부는 종종 엇갈리는 증거들을 내놓았다. 한쪽 배우자는 결혼의 합법성을 입증하려 하지만, 상대방은 무효성을 주장하려고 열심인 것이다. 대개는 여자 쪽이 결혼의 합법성을 입증하려는 쪽이고, 새로운 관계를 시작한 남자가 그녀의 주장을 반박하려는 쪽이었다. 하지만 때로는 남자가 여자를 중혼으로 고발하는 경우도 있었다. 교회의 결혼예고에 대해 이의를 제기한 6건 중에서 2건은 남자가 제기한 것이었다. 그들은 교회에서 결혼하려는 여자가 사적인 예식으로 자신과 이미 결혼했으며, 만일 교회에서 새로운 남편을 맞이한다면 중혼이 된다고 주장했다. 한 경우에는 남자가 결혼식이 거행되기 전에 미처 이의를 제기하지 못했으므로 이미 식을 올린 여자를 고발한 것이었다. 법정은 그의 주장을 받아들였고, 여자와 새 남편과 그녀의 아버지는 파문당했다.

다른 법정 기록부들에서도 여자가 결혼 무효화를 신청하거나 이미 한 결혼을 위반하여 남자에게 제소 당한 사실들을 더 찾아볼 수 있다. 법정에 선 여자가 자기가 비록 입술로는 결혼에 동의했으나 마음으로는 동의하지 않은 것이었으므로(제소한 이에게 자식을 낳아준 다음이었지만) 유효하지 않다고 주장한 사례도 있다. 때로 아내들은 가족의 압력 때문에 결혼 무효화 신청을 냈지만 자기 자신이 원해서 그러는 경우도 있었을 것이 분명하다. 결혼하지 않고 동거하던 부부가 법정에 서는 경우도 종종 있었다. 한쪽 배우자가 결혼을 원하기 때문이었고, 대개는 여자 쪽이 그랬다. 그녀는 남자가 자신에게 결혼을 약속했다고 주장했고, 남자는 그런 적이 없다고 부인하곤 했다. 법정 기록부들에는 교회에서 두 번 결혼한 사람들의 사례도 적혀 있다. 한 남자는 자기 소교구(본당)에서 첫 번째 결혼을 한 후 자신을 잘 모르는 다른 소교구로 이사하여 두 번째 아내를 취했다. 교회는 성직자들이 잘 알지도 못하는 남녀를 결혼시키거나, 결혼 예고를 내지 않는 관행을 정죄했지만 그런 습속을 근절시키지는 못했다.

교회법정의 판결이 어느 정도로 실행에 옮겨졌는지는 알 길이 없다. 만일 A가 B의 합법적 남편이고 따라서 그가 동거했던 C와 헤어져야 한다는 판결이 났다고 해서 그가 반드시 그렇게 하리라는 보장은 없는 것이다. 102) 1384년부터 1387년 사이에 파리 주교의 법정이 결혼을 무효화한 10건 중 8건은 중혼이 이유였다. 중혼으로 고발당한 8명 중 4명은 여성이었고, 배우자를 떠나 재혼한 것이었다. 반면 약혼 후 결혼 계약을 이행하지 않았다는 주장의 80%는 여성이 제기한 것이었다. 여자들은 약혼후에 약혼자와 동거했음을 입증하려 했으며, 교회법에 따르면 그런 경우약혼을 취소할 수 없었다. 남자들은 이를 부인하려 했다. 103)

이런 기록들로부터 사람들이 실제로 상호합의에만 기초한 결혼을 수행할 권리를 행사할 수 있었다고 추론할 수 있을 것인가? 아무 문제도 일으키지 않는 결혼들은 법정에서 문제되지 않았다는 점을 상기해야 하며, 사실상 대부분의 결혼이 그러했을 것이고 또 가족에 의해 주선되었으리라고 추정할 수 있다. 일반적으로 귀족들은 선택의 폭이 가장 좁았고, 이 계층에서 사적인 결혼은 아주 드물었다고 할 수 있다. 14세기 파리 고등법원의 기록에 의하면 가문 간의 재정적 이해관계에서 맺어진 결혼에서는 젊은 여성들에게 특히 강한 압력이 가해졌다. 더구나 부모가 아닌 다른 친척이 주선한 결혼의 경우 신부에게 가해지는 압력은 한층 더 심했으며 강요가 수반되었다. 104)

---

102) M. M. Sheehan, "The formation and stability of marriage in fourteenth century, England. Evidence of an Ely register", *Medieval Studies XXXII* (1971), pp. 228~263; R. H. Helmholz, *op. cit.*, pp. 60~61.

103) J. P. Lévy, "L'officialité de Paris et les questions familiales à la fin du XIVe siècle", in *Etudes d'histoire du droit canonique dédiées à Gabriel le Bras* (Paris 1965), vol. II, pp. 1265~1294.

104) J. M. Turlan, "Recherche sur le mariage dans la pratique coutumière" (XIIe

15세기 잉글랜드의 향신105) 가문인 파스턴 가의 서한들은 가문에 유리한 재정적·계보적 이해관계에 따라 주선된 결혼을 하도록 부모가 젊은이들에게 가했던 압력에 대해 잘 보여준다. 아들들도 선택의 자유가 없기는 했지만 특히 딸들에게는 그런 압력이 심했다. 어떤 처녀는 20세밖에 안 되었을 때 50세 난 홀아비와 정혼이 되었다. 그녀는 그와 결혼하기를 거부했지만, 모친은 그런 딸을 머리에 상처가 날 정도로 무자비하게 때렸다. 그 결혼은 성사되지 않았지만, 그것은 처녀가 고집을 꺾지 않아서가 아니라 신랑 집안에서 생각을 바꾸었기 때문이었다. 하지만 전혀 다른 사례들도 있었다. 파스턴 집안의 한 처녀는 부모의 반대를 무릅쓰고 아버지 영지의 관리인과 결혼했다. 가문에서는 그 결혼을 인정하지 않으려 했고 딸을 내쫓았지만, 결혼은 무효화시킬 수 없었다. 106) 요크의 또 다른 처녀는 후견인으로부터 만일 자기 아들과 결혼하지 않으면 목을 분질러버리겠다는 협박을 받았지만, 도망쳐서 다른 사람과 결혼했다.

법정 기록부들은 교회법정이 부부의 별거를 허락한 사례들도 보여준다. 일반적으로, 재산의 분할만이 허용되었으며 신체상 별거는 아주 드물었다. 이론상으로는 부부가 여전히 상호의무를 다해야 했지만 실제로는 재산분할이 허용되면 따로 살림을 낼 수 있었다. 신학자들과 교회법학자들은 부부 상호 간의 충실성을 요구했고 결혼서약에 대한 남녀의 위반을 대등하게 보았지만, 대체로 별거를 허용하는 사유가 되는 것은 남편보다는 아내의 비행이었다. 교회법은 간통했다고 해서 반드시 별거해야 한다고는 하지 않았다. 남편과 아내는 서로를 용서할 수 있었고, 대개는 속죄를 위해 일정한 기간 동안 독신으로 지낼 것이 권장되는 정도였다. 107)

~XVIᵉ siècles), *Rev. historique de Droit français et étranger* CCXVII (1957), pp. 477~528.

105) 옮긴이 주: 정식 작위가 없는 준남작(baronet), 기사(knight) 등을 젠트리 (gentry)라 하는데, 신사 계층 또는 향신(鄕紳) 계층이라 옮긴다.

106) *The Paston Letters*, ed. J. Warrington (London 1956), vol. I, letters 28, 81, 82, 227, vol. II, letters 290, 406, 407, 424.

170

그러나 이미 지적했듯이 이런 경우 때로는 별거가 허락되기도 했다. 별거가 허락되었던 또 다른 사유는 남편의 성교 불능, 아내의 술취함, 남편의 거친 행동(austeritas) 등이었다. 만일 남편이 공동재산을 탕진하거나, 배우자 중 한쪽이 나병에 걸리거나 이단종파를 따른 경우에도 별거가 허락되었다. 교회법정은 종종 결혼 상담자 내지 중재자의 역할을 했다. 별거를 허락할 때도, 교회법정은 아내와 자식의 부양을 비롯한 관련 조처들을 취했다.

교회법정이 손쉽게 별거를 허락하지 않았다는 것은 의심할 여지가 없다. 한 사례를 보면 남편이 칼로 자기를 찌르려 하는 바람에 (이 일에는 증인들도 있었다) 아내가 집에서 뛰쳐나와야 했다면서 별거를 신청했다. 이 남편은 단검으로 아내를 공격하여 팔에 상처를 내고 갈비뼈를 부러뜨린 적도 있었다. 하지만 그는 자신의 행동이 합당한 것이고, 아내의 버릇을 가르친다는 정당한 목적이 있는 것이라고 항변했다. 법정은 별거를 허락하지 않았고, 단지 남편에게 앞으로는 좀더 조심하여 행동하라고만 권했다. 108) 그러나 교회법정은 별거에 대해 교회법학자들보다는 유연한 태도를 보였다. 교회법학자들 중 어떤 이들은 배우자가 나병에 걸려도 별거를 인정하지 않으려 했으며, 또 어떤 이들은 아내는 어디든지, 심지어 감옥에까지도 남편을 따라가야 한다고 주장했다. 109) 교회법학자들에 비해 교회법정이 비교적 유연하게 대처했던 것은 중세에 법과 실제 적용 사이에 종종 존재했던 간극을 보여주는 일례이다. 세속법은 결혼을 딱히 정의하지 않았지만 교회와 비슷한 입장을 취했고, 법률가들은 아내가 남편의 집을 떠나기에 불충분한 사유들을 일일이 명시했다. 110)

오늘날도 그렇지만 중세에도 사람들의 자기상과 배우자의 눈에 비친

107) *Corpus Iuris Canonici*, vol. I, cols. 1116~1117.
108) J. P. Lévy, *op. cit.* ; R. M. Helmholz, *op. cit.*, p. 105.
109) J. T. Noonan, *op. cit.*, p. 282; G. Imbert, *Les Hôpitaux en Droit canonique* (Paris 1947), pp. 186~188.
110) P. de Beaumanoir, *Coutumes de Beauvaisis*, vol. II, 1627~1629, 1634.

모습 사이에는 격차가 있었다. 교회법정에서 한 아내는 남편을 가리켜 끔찍한 야만인이고 교활하고 무시무시한 사람이라고 말했다. 반면 남편 은 자신을 정직하고 다정하고 술 취하지 않으며 경건하고 우호적이고 조 용하고 평화를 사랑하는('기타 등등'이라고 법정 서기는 적었다) 사람이라 고 묘사했다. 또 다른 남편은 아내를 불순종하고 잔인하고 가증스럽고 끔찍하고 변덕스럽고 소란스럽고 수다스럽고 역겨우며 내주장이 심하다 고 말했다. 반면 아내는 자신의 성격을 '정직하고 선량하고 순종적이며 온화하다'고 묘사했다. 111) 이 경우 부부가 사용하는 형용사의 수를 비교 해 보면, 적어도 여자들은 절제의 비결을 터득하고 있었던 것 같다.

14세기 이후로는 서유럽 여러 나라에서 결혼 지위에 관한 여러 가지 문 제들이 세속법정으로 넘어갔다. 잉글랜드에서는 음행(또는 '음란한' 상속 녀)이라든가 사생아의 상속권 같은 문제도 12세기 이후로는 세속법정에 서 심의되었다. 프랑스에서는 14세기 이후로 파리 고등법원이 자녀의 적 출 여부, 음행, 별거에 따르는 재산권 문제, 과부와 그 자녀의 권리 등을 다루게 되었다. 112) 하지만 결혼의 유효성에 관한 결정과 별거 허락은 여 전히 모든 나라에서 교회 법정만이 관장했다.

끝으로 우리는 앞 장에서 이성에 대한 양가적 태도의 문제를 지적한 바 있다. 남성에 대한 여성의 태도가 갖는 양가성은 글로 남겨진 바 없다(비 록 몇몇 남자들은 그런 것을 의식했던 것 같고, 로베르 다르브리셀의 전기를 쓴 저자는 가난한 여성들, 귀족 여성들, 과부, 노처녀, 젊은 여성, 창부, 남 성혐오자 모두가 그를 따랐다고 썼다). 113) 남성에 대한 적개심은 다음과 같은 잔인한 이야기에도 반영되어 있다. 한 여자가 남편의 성교 불능을 이유로 별거를 신청했다. 요크의 교회법정은 7명의 여자에게 그 주장을 시험해 보라고 명했다. 여자들은 남편을 둘러싸고 다양한 방법으로 그를

111) R. H. Helmholz, *op. cit.*, pp. 105~106.
112) J. M. Turlan, *op. cit.*, pp. 510~511; *Le Droit Coutumier de la Ville de Metz au Moyen Âge*, vol. I, p. 401.
113) *Vita B. Roberti de Arbrissello*, PL. vol. CLXII, col. 1053.

172

흥분시키려고 노력했다(이 모든 것을 법정 서기가 기록했다). 그래도 소용이 없자 그들은 그가 젊은 여자에게 봉사하고 만족시킬(*deservire et placere*) 수도 없으면서 속여서 결혼한 것을 완곡히 비난했다. 여자들을 시켜 아내의 주장을 검증하게 하는 결정은 법정이 내린 것이었지만, 그들은 그 임무를 극도로 잔인하게 수행했다.[114] 잉글랜드에서는 남편이 만족시켜주지 못하는 여자들은 언컴버 성녀[115] (그녀의 조각상은 세인트 폴 성당에 서 있다)에게 귀리를 바치면 성녀가 그 남편을 제거해 준다고도 믿어졌다.[116]

4. 교회와 결혼한 여성의 지위

어떤 역사가들은 교회가(여성이 예배에서 역할을 담당하도록 허용하는 이교사회와는 대조적으로 여성에게 성직에 대한 권리를 부정할 뿐 아니라) 중세사회 전반에서 여성의 열등한 지위를 조장하는 데 상당한 역할을 했다고 주장한다. 이 문제를 검토하기 위해서는 후기 로마사회 및 그리스도교 도입 이전 게르만사회에서 여성의 역할을 검토하여 그리스도교 도입 결과 일어난 변화와 기타 요인에서 비롯된 변화를 구별해야 한다. 이런 막중한 과제는 이 연구의 영역을 넘어선다. 이 책의 맥락에서는 천지창조에서부터 비롯되는 여성의 열등한 지위에 관한 교회적 개념, 즉 여성이 원죄에 일역을 했고 남성에 비해 부차적이라는 생각이 중세문명에서 가족 및 사회에서 여성이 차지하는 열등한 지위를 직·간접적으로 정

---

114) R. H. Helmholz, *op. cit.*, p. 89.

115) 옮긴이 주: St. Uncumber. 토마스 모어에 의하면, 그녀의 본래 이름은 윌지포트 (Wylgeforte)인데, "귀리를 조금 바치면 남편이 걸리적거리지 않게 해 준다"고 해서 "여자들이 이름을 바꾸었다"고 한다. 전설에 따르면, 그녀는 매우 아름다웠으나 독신으로 살기를 원해서 수염이 나게 해달라고 기도했으며, 그 후로는 귀찮은 구애자들을 면할 수 있었다는 것이다.

116) K. Thomas, *Religion and the Decline of Magic* (London 1973), p. 29 and note 4.

제4 장 결혼한 여성들   173

당화했다는 정도를 말할 수 있을 뿐이다. 교회가 남편들로 하여금 아내를 때리게 한 것은 아니지만, 교회는 이런 관행이 과도하지만 않다면 사후적으로 용인했을 뿐 아니라[117] 남성의 우월성을 선언함으로써 그 윤리적 정당화도 제공했다. [118]

그레고리우스 9세는 (13세기 전반에 그가 제정한 법을 통해) 남녀의 불평등이 세계질서의 일부라는 견해를 고수하면서도, 은혜와 구원의 차원에서는 남녀가 동등하므로 만일 여자가 원한다면 반드시 남편 곁에 묻히지 않아도 된다고 명시했다. 왜냐하면 매장은 아내가 더 이상 남편에게 종속되지 않는 상태에서 행해지는 것이기 때문이다. [119] 13세기와 14세기의 유언장들에서 남녀는 각기 자기가 묻히기 원하는 장소를 명시했고, 그레고리우스의 양보에도 불구하고 대다수는 배우자 곁에 묻히기를 택했던 것으로 보인다. 두 번 이상 결혼했을 경우 그들은 대개 첫 번째 배우자 곁에 묻히기를 원했다. [120]

---

117) "ne ultra modum conjugalem verberet eius uxorem …", in J. P. Lévy, op. cit.
118) 그리스도교의 영향으로 여성의 지위가 낮아졌다고 보는 견해에 관해서는 D. M. Stanton, The English Woman in History (London 1957), pp. 11~12, 30. 그리스도교가 여성의 지위를 향상시켰다고 보는 견해에 관해서는 P. Guichard, Structures sociales 'orientales' et occidentales dans l'Espagne musulmane (Paris 1977), pp. 81~84. 조르주 뒤비에 의하면 11세기 마콩지방에서 여성의 재산권 및 상속권은 제한되어 있었다. 하지만 그것이 그리스도교의 영향 때문인지? G. Duby, "Lignage, noblesse et chevalerie au XIIe siècle dans la région mâconnaise", Annales ESC (1972), pp. 803~823.
119) R. Metz, op. cit., p. 91; Thomas Aquinas, Summa Theologica, vol. V, p. 253. "vincula matrimonii non se extendit ultra vitam in qua contrahitur".
120) Calendars of Wills, Court of Hustings, London 1258~1688, ed. R. R. Sharpe (London 1890), vol. II, pp. 3, 336.

5. 결혼한 여성의 지위

'암탉이 수탉보다 먼저 울게 하지 말라'는 중세의 속담이 있다. 121) 이
것은 유식한 법률가들과 교훈서 저자들의 견해이기도 했다. 잉글랜드 법
학자 브랙턴에 따르면, 여자는 남편이 명하는 일이 하느님의 법에 어긋
나지 않는 한 매사에 남편에게 순종해야 했다. 그는 아내와 남편이 왕의
칙서를 위조한 사건을 예로 들었다. 죄가 발각되어 남편은 교수형을 당
했다. 그러나 아내는 무죄 방면되었으니, 그는 그 이유를 그녀가 남편의
다스림 아래(*sub virga sui*) 있었으며, 따라서 그에게 동조할 수밖에 없었
기 때문이라고 설명한다. 122) 우리는 같은 진술의 여러 가지 예를 중세 전
성기 서유럽의 많은 법률에서 발견한다. 123) 잉글랜드와 프랑스의 법은
아내가 남편을 살해하는 것을 하극상의 죄, 즉 봉신이 주군을, 하인이 주
인을, 교구 내의 하급 성직자나 교구민이 주교를 치는 것과 같은 죄로 본
다. 124)

종종 법률가들이나 법 전문가들은 아내가 남편에게 순종해야 한다고
말하는 데 그치지 않고, 남편이 아내를 순종케 하거나 아내의 버릇을 고
치기 위해 쓸 수 있는 여러 가지 방법들을 소상히 적어두기도 했다. 보마
누아르에 따르면, 남편은 아내의 버릇을 고치기 위해 자기가 적당하다고
생각하는 어떤 방법이든 쓸 수 있었다. 그는 자기 마음대로 그녀를 벌할
수 있었으며, 부상을 입히거나 죽이지만 않으면 되었다. 125) 14세기 플
랑드르 지방 아르덴부르그시의 법에 따르면, 남편은 아내를 때리고 상처

---

121) F. Maranda, *op. cit.*, p. 100.

122) F. Pollock and F. Maitland, *op. cit.*, vol. II, p. 406.

123) *La Très ancienne coutume de Bretagne*, ed. M. Planiol(Rennes 1890), 222; *Le Livre de droit de Verdun*, ed. J. J. Salverda de Grave and E. M. Meijers (Haarlem 1940), p. 28.

124) P. Beaumanoir, *op. cit.*, vol. II, §1965; W. S. Holdsworth, *A History of English Law*, vol. II, p. 373 and note 3.

125) P. de Beaumanoir, *op. cit.*, vol. II, §1631.

입히고 머리끝부터 발끝까지 난자하여 '그녀의 피로 자기 발을 덥혀도' 되었다. 나중에 그녀가 건강을 되찾게만 한다면 그는 법을 어긴 것이 아니었다. 126)

　남편이 아내를 '정도껏' 때릴 권리는 일반적으로 인정되었다. 만일 남편의 행동이 지나치면 재판을 받고 벌금을 내야 했으며, 앞에서 보았듯이 때로 교회법정은 남편의 행동이 지나치게 거칠 경우 별거를 명하기도 했다. 이프르127)의 법정은 한 남자가 아내를 칼로 찌른 것에 대해, 본인은 희생자가 자기 아내일 뿐이므로 범죄가 아니라고 주장했지만 벌금형을 부과했다. 128) 파리 법정 중 하나는 남자가 임신한 아내를 구타한 데 대해 벌금형을 부과했다. 같은 법정에서 한 빵장수는 아내를 구타하여 언어능력을 상실하게 한 데 대해 벌금형을 받았다. 129)

　그러나 얼마나 많은 여성들이 남편의 구타를 당하면서도 그를 세속법정으로 끌고 가거나 교회법정에 별거를 호소하지 않았는지는 알 길이 없다. 법과 교훈문학의 저자들이 허용하는 권한을 남용하는 남성들이 있었듯이, 그런 법이나 박학한 저자들의 가르침을 곧이곧대로 받아들이는 여성들이 있었으리라는 것은 의심할 여지가 없다. 하지만 어느 시대에나 그렇듯이 중세사회에도 강한 여성들은 모든 일에 남편에게 복종하지는 않았고, 경우에 따라서는 남편을 지배하기까지 했다. 어떤 지방에서는 아내에게 매를 맞았다는 이유로 벌 받는 남편들도 있었다. 그런 남편은 당나귀에 거꾸로 태워 손을 꼬리에 묶었는데, 이런 자세는 창부나 간부(姦婦)에게나 가해지던 모욕적인 벌이었다. 130)

126) E. Poullet, *Histoire du Droit pénal dans l'ancien Duché de Brabant*, p. 145.
127) 옮긴이 주: Ypres. 플랑드르 지방의 한 도시.
128) J. Gilissen, "La femme dans l'ancien droit belge", in *Société Jean Bodin*, vol. XII (1962), pp. 290~291.
129) L. Tanon, *Registre criminel de la Justice de St Martin des Champs à Paris*, pp. 143, 189.
130) "Asinus", in Du Cange, *Glossarium Novum ad Scriptores Medii Aevi* (Paris 1776).

6. 혼인 재산법

중세 전성기까지는 부계 원리가 수립되었지만, 그러기까지는 오랜 정착 기간이 필요했다. 적출인데도 외가 성을 따르는 남성들이 있었다는 사실은 그 느린 변화를 반영해 준다. 잔 다르크는 이름을 묻는 질문에 대해 아버지 성을 따라서는 잔 다르크이지만 때로는 어머니 성을 따라서 잔 로메라고 대답했다. 그녀의 고향에서 딸들은 종종 어머니 성을 따랐기 때문이다. 131) 귀족가문에서 혼인은 두 가문이 결연과 동맹을 이루는 방법이었다. 귀족가문 출신 여자와 결혼하는 것은 남자의 위상을 높여주었으며, 따라서 외가 쪽의 가계도 중요했다. 132) 그러나 딸은 결혼하면 남편 집안에 속하게 되므로 더 이상 친정에는 도움이 되지 않았고, 따라서 친정에서 받을 유산의 몫도 대개 줄어들었다. 그러나 모든 여성이 결혼할 때 어느 정도의 재산을 가져갔고 — 지참금뿐일 때도 있고 유산으로 받을 몫일 때도 있었다 — 남편 쪽에서도 새로 이루는 가정에 어느 정도의 경제적 기여를 하게 마련이었다.

결혼 당사자 쌍방이 이렇게 재산을 내는 것은 신부가 지참금을 제공하는 로마 전통과 신랑이 신부 값을 치르는(적어도 일반인의 결혼에서는) 게르만 전통을 합친 것이었다. 133) 어떤 유럽 나라들에서는 부부가 각기 가

---

131) M. Bloch, *La Société féodale* (Paris 1939), vol. I, p. 214. 부계 원리의 느린 확립에 대해서는 G. Fourquin, *Lordship and Feudalism in the Middle Ages* (London 1976), pp. 59~60; D. Herlihy and C. Klapisch, *op. cit.*, p. 532.

132) 어머니를 통한 관계의 중요성에 대해서는 P. Guichard, *op. cit.*, pp. 95~96. 외숙부와의 특별한 유대에 관해서는 G. Duby, "Structure de parenté et noblesse. France du Nord IXe~XIIe siècles", in *Miscellanea mediaevalia in memoriam J. F. Niermeyer* (Groningen 1967), pp. 149~165.

133) D. Herlihy, "The medieval marriage market", *Medieval and Renaissance Studies* VI (1976). 14세기 베네치아에서는 여성들이 자기 재산에서 딸들이나 다른 여성 친척들의 결혼지참금을 마련해야 했다. S. Chojnacki, "Doweries and kinsmen in early Renaissance Venice", *Journal of Interdisciplinary History* I (1975), pp. 571~600.

져온 재산이 결혼기간 동안 공동재산이 되었던 반면, 그렇지 않은 나라
들도 있었다. 부부가 결혼기간 동안에 취득한 재산만을 공동재산으로 하
고 결혼 전의 재산은 각자의 것으로 두는 중도적 해결책도 있었다. 하여
간 부동산과 자산 수입은 대부분의 경우 공유하는 것으로 여겨졌고, 결
혼기간 동안 이 공동재산을 관리하는 것은 남편의 책임이었다. 이것은
"작센슈피겔"(Sachsenspiegel)134) 이라는 13세기 게르만법에 명시되었
다. 즉, 남자는 아내를 취하게 되면 보호자로서의 권리에 의해 그녀의 모
든 재산을 갖게 되며, 아내는 다른 모든 문제에서와 마찬가지로 이 문제
에서도 그에게 순종해야 한다는 것이다. 135)

　브르타뉴 법에 따르면, 남편과 아내가 빚을 지고 약속대로 갚지 않는
경우 법정 집달리는 남편의 재산을 팔아 부채를 청산해야 했다. 왜냐하
면 여자는 원래 지각이 없고 약한 존재이며 모든 재산 문제는 남편의 몫
이라 그가 자기 뜻대로 아내에게 강요할 수 있기 때문이었다. 136) 프랑스
북부의 법에 따르면, 남편이 처형당할 경우 그의 주군은 부부의 재산을
몰수할 권리가 있었다. 하지만 아내가 처형당할 경우에는 재산권이 남편
에게 있는 것으로 간주하여 재산을 몰수하지 않았다. 137) 자살의 경우에
도 마찬가지였다. 남편이 자살을 하면 재산이 몰수되지만, 아내의 경우
는 그렇지 않았다. 138)

　함께 사는 동안(적어도 법적으로) 아내는 자기 재산을 남편 동의 없이

---

134) 옮긴이 주: 중세 독일에는 지방에 따라 많은 법들이 존재했으며, 각 지방의 관습
　　법을 모아 편찬한 관습법전이 만들어지기도 했다. 그 중 대표적인 것이 '작센인
　　의 거울'이라는 뜻의 《작센슈피겔》(1220~1235)로, 이것은 왕이나 제후의 주
　　도에 의한 것이 아니라 아이케 폰 레프고프(Eike von Repgow)라는 한 개인이
　　편찬한 것이다.

135) *Der Sachenspiegel*, in O. Stobbe, *Handbuch des deutschen Privatrechts* (Berlin
　　1884), vol. IV, p. 76.

136) *La Très ancienne coutume de Bretagne*, p. 290.

137) P. de Beaumanoir, *op. cit.*, vol. I, §930.

138) *Ordonnances des Royes de France*, ed. M. Secousse (Paris 1734), vol. V,
　　pp. 619~620.

팔거나 저당 잡히거나 양도하거나 교환할 권리가 없었다. 그녀는 패물과 의복을 제외하고는 어떤 재산에 대해서도 남편 동의 없이 유언장을 작성할 수 없었다. 139) 한편 남편은 자기 재산을 마음대로 할 수 있었지만 아내가 결혼할 때 가져온 재산이나 결혼중에 상속받은 재산, 그리고 자신이 그녀에게 약속한 과부재산에 대해서는 그녀의 동의 없이 팔거나 저당 잡힐 권리가 없었다. 여러 지방에서 공동재산의 매각이나 양도에 대해서도 아내의 동의권을 인정했으며, 그녀의 동의를 얻어내기 위해 압력을 가하는 것을 금지했다. 140) 때로 재산양도를 다루는 법정은 아내에게 양도에 자발적으로 동의했는지 묻곤 했다. 141) 아주 많은 수의 매각 및 양도, 증여증서에 남편과 아내의 이름이 함께 나타난다. 아내의 이름이 앞에 쓰이는 것은 문제된 자산이 그녀의 소유임을 의미한다.

7. 법적인 권리

미혼여성은 성년이 되면 후견인으로부터 자유로워졌다. 그래서 자신을 위해 법정에도 출두하고 송사를 할 수도 있었다. 프리드리히 2세의 시칠리아 법령은 이렇게 선포했다. "우리는 아직 18세가 되지 않은 자들은 남녀 공히 미성년이라는 사실을 인정한다. 이 연령에 달한 자들은 계약 및 법적 절차 제반에 있어 성년으로 취급된다."142) 반면 기혼여성은 남편의 후견 하에 있었다. 다시 말해 그녀는 부분적으로는 미성년 지위로

---

139) 여성이 자기 의복이나 패물을 남편의 동의 없이 물려줄 수 있는 권리에 대해서는 *Le Droit de Metz du Moyen Âge*, vol. I, pp. 279, 290. 여성의 유언장에 관해서는 S. Chojnacki, *op. cit.*. 여성 유언장의 예들은 *Calendar of Wills. Court of Hustings*, col. I, pp. 11, 15, 20, 209~210, 428(어떤 유언장들은 기혼여성에 의해, 어떤 유언장들은 과부에 의해 작성되었다).

140) P. de Beaumanoir, *op. cit.*, vol. I, §622, vol. II, §1330.

141) *Calendar County Court, City Court and Eyre Rolls of Chester 1259~1297*, ed. R. Steward Brown(Aberdeen 1025), p. 18.

142) *Liber Augustalis*, p. 99.

돌아가 법적 권리에 제한을 받게 되는 것이다. 법은 일반적으로 기혼여성이 남편의 동의 없이 계약을 맺거나 부채를 얻거나 누군가를 민사상의 문제로 법정에 제소할 수 없도록 규정했다. 이는 남편이 공동재산을 관리하기 때문만이 아니라 기혼여성이라는 그녀의 신분 때문이었다. 보마누아르는 기혼여성이 자기 책임으로 부채를 얻을 수 있는가 하는 문제에 대해 이렇게 썼다. "그녀는 결혼을 했으므로 자기 자신의 의지만으로는 아무 권한이 없다." 또 다른 법조문을 결론지으며 그는 이렇게도 썼다. "벙어리와 귀머거리, 정신이상자와 여성은 계약서를 작성할 수 없다. 혼자서든 대리인이 있든 마찬가지이니, 왜냐하면 그들은 타인의 권위에 종속되기 때문이다."[143]

남편이 동의한다면 아내는 계약서나 유언장을 작성하고 직접, 혹은 대리인을 시켜 법정에 제소하는 것이 허용되었고, 아니면 남편이 그런 민사상의 문제에서 그녀를 대리하기도 했다.[144] 여러 법정 기록부들에서 우리는 아내가 남편의 동의를 얻어 소를 낸 경우나 남편이 아내를 대신하여 법정에 출두한 경우를 볼 수 있다. 몇몇 예외적인 민사사건에서는 아내가 남편의 동의 없이 법에 호소할 수 있었으니, 남편이 아내나 그녀의 재산에 명백히 해로운 방식으로 행동한다면 그에게 소송을 걸 수가 있었다.[145] 아울러 남편이 정신이상이거나 감옥에 갇혔거나 먼 곳에서 포로가 되어 돌아올 가망이 없을 때는 아내가 그의 동의 없이도 계약을 맺거나 송사를 벌일 수가 있었다.[146] 그녀는 또한 남편의 대리인 자격으로도 소를 낼 수 있었고, 법정 기록부들은 모든 사회계층의 여성들이 남편을 대신하여 법정에 출두한 것을 보여준다. 형사사건에서는 여성이 직접 위해를 당한 경우에 한에서— 구타, 상해, 강간, 기타 언어적 폭력 — 여성

143) P. de Beaumanoir, *op. cit.*, vol. II, §1054, 1796. 잉글랜드법에서는 F. Pollock and F. Maitland, *op. cit.*, vol. II, p. 403.
144) *Liber Augustalis*, pp. 66~67; P. de Beaumanoir, *op. cit.*, vol. II, §1288.
145) *Liber Augustalis*, p. 100.
146) P. de Beaumanoir, *op. cit.*, vol. II, §1330, 1378.

이 남편의 동의 없이 소를 낼 수 있었고, 147) 많은 법정 기록부들은 이렇게 해서 여성들이 벌인 송사들을 기록하고 있다. 148) 자신의 명의로 장사를 하는 여성은 거래상의 문제에 대해 남편의 동의 없이 소송을 하는 것이 대체로 허용되었다.

기혼여성들도 소송을 당할 수 있었고, 아내가 벌금을 내거나 금전적 보상을 해야 하는 경우 남편의 재산을 이용할 가능성에 관한 여러 가지 법이 만들어졌다. 잉글랜드의 도시 법령집 중 하나인 《네 도시 법령집》 (*Leges Quatuor Burgorum*) 149)에 따르면, 남편은 아내의 과실에 대해 4펜스를 초과하는 금전적 보상을 할 의무가 없었다. 남편과 의논하지도 않고 제멋대로 어리석게 행동한 몰지각한 여성은 미성숙한 어린이처럼 벌을 받아야 했으니, 그녀는 자신의 행동에 대한 자유재량이 없기 때문이었다. 150) 여성들은 때로 결혼법을 자신에게 유리하게끔 이용하곤 했다. 한 런던 여성은 부채 때문에 법정에 소환되자 자기 혼자서 빚을 얻기는 했지만, 남편 없이는 재판을 받을 수 없다고 버텼다. 151) 그녀는 적어도 재판을 연기시키는 데는 성공했다.

147) *Recueil général des anciennes lois françaises*, vol. I, p. 546.
148) L. Tanon, *op. cit.*, p. 144; F. Maitland, ed., *Select Pleas of the Crown* (London 1888), p. 28.
149) 옮긴이 주: 《도시 법령집》(*Leges Burgorum*)은 도시(*borough*) 생활의 제반 법규를 엮은 책으로, 《네 도시 법령집》은 스코틀랜드의 네 도시(Edinburgh, Berwick, Stirling, Roxburgh)를 다스리는, 말하자면 통합법령집인 셈이다.
150) P. de Beaumanoir, *op. cit.*, vol. II, §1796; F. Pollock and F. Maitland, *op. cit.* vol. I, p. 482; *Le Droit coutumier de la Ville de Metz au Moyen Âge*, p. 268; M. Bateson, ed., *Borough Customs* (London 1904), vol. I, p. 223.
151) A. H. Thomas, ed., *Early Mayor's Court Rolls, 1218~1307* (Cambridge 1924), p. 149.

8. 과부

14세기까지 과부들은 대개 교회법정의 관할 및 보호 아래 있었고, 14
세기 말부터야 차츰 세속법정으로 관할이 이양되었다. [152] 과부들이 교
회의 보호를 받은 것은 교회가 자기 날개 아래 품게끔 되어 있는 약자
(*personae miserabiles*) 로 분류되었기 때문이다. 교회가 과부들에게 피난
처를 제공함으로써 과부를 돌보는 성서적 전통과 과부는 보호자(그녀에
대한 '문디움'을 담지한 자)를 여의고 의지할 데가 없는 몸이 되었으므로
특별히 보호해야 한다는 게르만 관습을 모두 충족시키는 셈이었다. [153]

초창기에 교회는 과부에게 홀몸이 된 채로 지내라고 가르쳤다. 사도
바울은 이렇게 말했다. "내가 혼인하지 아니한 자들과 과부들에게 이르
노니, 나와 같이 그냥 지내는 것이 좋으니라"(고린도전서 7:8). 재혼하지
않은 과부들, 그 중에서도 특히 나이든 여인들은 특별히 돌보고 존중해
야 할 위계(*ordo viduarium*) [154] 에 속했고, 여집사들도 그런 여인들 중에
서 뽑았다. 그러나 중세 전성기의 과부들은 더 이상 그런 특수 위계는 아
니었다. 어떤 이들은 과부로 지내면서 속세에서 살았고, 또 어떤 이들은
수녀 혹은 속인 자매의 자격으로 수녀원에서 살았지만, 상당수는 재혼을
했다(때로는 세 번 결혼하는 여성도 있었다). 교회는 이런 결혼들을 정식
으로 인정했고 죄로 여기지 않았다. [155] 교회는 카타리파의 주장을 반박
하기 위해 결혼 일반을 정당화하면서 과부나 홀아비도 얼마든지 결혼할
수 있다고 강조했다. [156] 과부와 홀아비의 결혼에 반대하는 초창기 교회

---

152) 14세기 베르덩의 관습에 따르면, 과부는 시 법정에 의해 소송당할 수 있었다. Le
    Livre de droit de Verdun, pp. 48~49, 59.
153) 프랑크족의 법에서는 이미 그리스도교의 영향으로 왕이 과부의 보호자였다.
    Recueil général des anciennes lois françaises, vol. I, pp. 26, 53.
154) 옮긴이 주: ordo viduarium: 과부들의 계층. '과부'를 의미하는 vidua는 가계 문
    서, 특히 교회 기록에서 흔히 쓰였던 말이다.
155) 교회법에서 과부가 재혼할 권리에 관해서는 *Corpus Iuris Canonici*, vol. I,
    cols. 1111~1112; R. Metz, *op. cit.*, pp. 91~95.

182

의 입장에서 여전히 남은 규율은 본래 결혼할 수 있는 하급 품계의 성직자들이 과부를 아내로 삼거나, 상처했을 때 재혼하거나, 과부와 혼인하는 것을 금지하는 것뿐이었다.

　교훈문학의 저자들은 과부의 재혼을 자연스러운 현상으로 보았다. 그중 한 저자는 과부가 된 지 채 1년도 지나기 전에 재혼하는 것은 점잖지 못하지만, 그렇다고 해서 평생 남편을 애도할 의무는 없다고 썼다. 157) 프란체스코 바르베리노158) 는 과부에게 재혼할 경우 어떻게 처신할 것인가를 가르친다. 즉, 첫 번째 남편에 대해 두 번째 남편에게 너무 많이 말하지 말 것이며, 설령 첫 번째 남편이 더 좋았다 하더라도 두 번째 남편이 이를 알게 해서는 안 된다. 또 첫 번째 결혼 때의 방식을 새로운 가정에 끌어들이지 말 것이며, 세 번을 넘겨 재혼하지는 말아야 한다. 159) 연로한 ‘파리의 가장’은 아내에게 주는 지침서에서 자신이 죽은 후 어린 아내가 재혼할 것을 당연한 일로 여기고 있다. 나아가 그는 그녀의 두 번째 남편이 그녀를 완벽한 안주인이자 아내로 생각지 않는다면 자신이 제대로 가르치지 못한 책임이 되리라고까지 생각했다. 160)

　남녀가 모두 교훈문학 저자들의 조언대로 행동했고, 두 번째와 세 번째 결혼까지는 별다른 죄의식이 없었던 것 같다. 잉글랜드의 수공업자

---

156) 피에르 발도의 신앙고백에 언급됨. C. Thouzellier, *op. cit.*, p. 29.

157) *Der Waelsche Gast*, in A. A. Heutsch, *La Littérature didactique du Moyen-Age* (Halle 1903), p. 54.

158) 옮긴이 주: Francesco da Barberino(1264~1348). 토스카나 출신의 공증인, 작가, 시인. 단테, 치마부에, 조토 등과 동시대인으로 폭넓은 독서와 여행을 했으며, 약 5년간 아비뇽의 교황청에 교황 공증인으로 근무했다. 기벨린파를 지지해 피렌체에서 일시적으로 유배되었다가 1315년에야 귀국이 허락되었으며, 그 후에는 법률가이자 시민으로 안정된 삶을 누렸다. 이탈리아 바로크 시대의 대표작 중 하나로 손꼽히는 저작 《사랑의 가르침》(*Documenti d'Amore*) 에서 사회 모든 계층의 남자들을 위한 사회적 행동 지침, 인간 조건에 대한 철학적 성찰 등을 제시했다.

159) *Ibid.*, pp. 113~114.

160) *Le Ménagier de Paris*, vol. I, pp. 166, 168.

길드의 규정 중에는 그 구성원이 홀아비가 되어 '자연 및 관례대로' 두 번째 아내를 얻을 가능성에 대해 언급한 대목이 있다. 161) 남성들이 남긴 많은 유언장은 재산의 일부를 두 번째 혹은 세 번째 아내에게 남기되, 상당한 몫은 첫 번째 아내의 영혼을 위한 기도를 위해 할당했고 자신을 그녀 곁에 묻으라고 명했다(마찬가지로 두 명의 향료 상인과 차례로 결혼했던 한 런던 여성도 첫 번째 남편 곁에 묻히기를 원했다). 162) 과부 및 홀아비의 재혼은 종종 특정 지방의 남자 혹은 여자 부족을 해결해 주었고, 어쩔 수 없이 미혼 상태로 지내야 하는 남녀의 수를 줄여 주었다. 163)

봉건영주들은 때로 귀족 과부들이 재혼하는 데 대해 압력을 행사했고, 장원의 영주들도 농부의 과부들에게 비슷한 압력을 행사함으로써 그녀들의 자유를 침해했다. 여성들은 때로 자신이 원하지 않는 재혼을 강요당했고, 특히 귀족계급에서는 마음에 들지 않는 상대와 결혼해야 했다. 과부 및 홀아비의 재혼이 허용되기는 했지만 여러 지방에서 지배적이었던 '샤리바리' 관습은 젊은 세대가 그런 결혼을 마땅찮게 여겼음을 보여준다. 이는 마을의 젊은 사람들이 재혼하는 과부 혹은 홀아비의 창문 아래 모여 시끄럽고 듣기 괴로운 음악을 연주하고 요란하게 떠들며 꽹과리를 울려대곤 하는 것인데, 14세기부터 기록되고 있기는 하지만 아마 그 이전부터 있었던 관습일 것이다. '샤리바리'의 주역들은 마을의 미혼 청년들로, 이들은 자기들은 아직 결혼하지 않았는데 두 번이나 결혼하는 자들에 대한 부러움을 그렇게 표현했다. 말하자면 그것은 세대 간 갈등의 표출로, 과부나 홀아비가 첫 번째 결혼에서 자식들을 낳은 경우에는 한층 더했다. 이런 관습은 또한 토지 부족을 겪는 농촌사회에서 아직도 자기 몫을 갖지 못한 자들이 이미 자기 토지를 가졌을 뿐 아니라 재혼을 통

---

161) T. Smith, ed., *English Gilds* [Early English Text Society (EETS), London 1870], p. 159.

162) *Calendar of Wills, Court of Hustings*, vol. I, pp. 18, 421, 452, 672, 673, 680, 684, 685, vol. II, pp. 65, 319.

163) J. Hajnal, *op. cit.*, pp. 128~129.

해 그 몫을 늘리게 된 자들에 대한 원망의 표출이기도 했다. 164) 하여간 그것은 사회가 과부와 홀아비를 달리 취급하지 않았음을 보여준다. 과부의 재혼은 홀아비의 재혼에 비해 더 비난받거나 조롱당하지 않았다. 어느 시기에는 유독 홀아비의 재혼을 야유하는 전통까지 있었다. 이에 따르면 결혼식에 참석하는 모든 손님은 자기 몫으로 포도주 한 병을 요구할 권리가 있었고, 만일 포도주를 가져오지 않으면 손님들은 신랑을 수레에 싣고 야유와 고함을 치면서 강으로 끌고 가 빠뜨리곤 했다. 165)

과부들은 교회가 보호하는 약자로 구분되었지만, 사실 형편이 좋은 과부들은 중세사회의 다른 어떤 부류의 여성들보다도 더 많은 자유를 누렸다. 일단 과부가 되면 더 이상 다른 사람의 권위를 억지로 받아들이지 않아도 되었고, 보마누아르가 정의했듯이 그녀 자신의 자유재량권이 완전히 회복되었다. 166) 성인 여성으로서 그녀는 아버지나 형제의 집으로 돌아가지 않아도 되었으니, 그녀가 결혼해 있던 기간이 그녀의 삶에 대한 그들의 개입을 막아주는 셈이었다. 다시 말해서 그녀는 단순히 법적인 독립성뿐 아니라 일상생활에서도 비교적 폭넓은 자유를 누렸다. 모든 과부는 과부재산의 권리를 통해 남편의 재산 정도에 비례하는 생계비를 보장받았으며, 여기에 그녀 자신이 받은 유산이 있다면 과부가 되면서 그 재산도 온전히 누리게 되었다. 과부재산의 권리 덕분에 과부는 남편 재산의 3분의 1 내지 2분의 1을 자기 생활비로 쓸 수 있었으며, 평생 그 수입을 누렸다. 167) 그녀가 죽으면 그 재산은 남편의 집안으로 돌아갔다.

---

164) C. Gauvard and A. Gokalp, "Les conduites de bruit et leur signification à la fin du Moyen Âge, le charivari", *Annales ESC XXIX* (1974), pp. 693~704.

165) S. Luce, *Histoire de Bertrand du Guesclin et son époque* (Paris 1876), p. 65.

166) P. de Beaumanoir, *op. cit.*, §1335.

167) 마그나 카르타 제 7조에 의하면, 과부는 남편이 그녀와 결혼했을 당시 재산의 3분의 1이 아니라 그가 죽기 직전의 재산의 3분의 1을 — 명시적으로 달리 합의된 바 없는 한 — 과부재산으로 누릴 권리가 있다. 프랑스에서는, 보마누아르에 따르면, 필립 2세 이후로 과부는 남편이 그녀와 결혼했을 당시 재산의 절반에 대한 권리가 있었다. 루이 9세의 입법에 의하면 3분의 1만을 갖게 되어 있었지만 베르덩의 법에 의하면 절반을 갖게 되어 있었다. Magna Carta, 7, in W. Stubbs,

마그나 카르타의 제11조는 남편이 사망한 후 아내의 권리는 채권자 —
그가 유대인이든 그리스도교인이든 간에 — 의 권리에 선행하여 보장되
어야 한다고 명시하고 있다. 프랑스 북부의 법에 의하면 남편이 사망 전
에 재산을 매각한 경우 아내는 과부재산의 권리에 의거하여 구매자에게
재산을 청구할 수 있으며 그 재산을 평생 보전할 수 있었다. 그녀가 죽으
면 그 재산은 구매자에게 돌아갔다. 168) 작고한 남편이 서자이거나 자식
이 없는 경우, 프랑스 법에 의하면 그는 봉토를 자기 친척에게 물려줄 수
없으므로 그의 주군이 상속받았다. 그러나 이 경우에도 과부재산권은 보
장되었으므로 그녀가 과부재산으로 누리는 몫은 그녀가 죽은 후에야 주
군에게 돌아갔다. 169) 남편도 아내도 가문의 세습재산을 서로에게 증여
할 수는 없었다. 이 금지령은 쌍방 가문의 재산이 흩어지는 것을 막기 위
해 제정된 것이었다. 그러나 생존해 있는 배우자가 사망한 배우자의 재
산(또는 그 일부)이나 생전에 취득하여 가문의 세습재산에 속하지 않는
재산을 물려받기로 상호합의를 하는 것은 가능했다. 과부는 자기 재산을
자기가 적당하다고 생각하는 방식대로 운용할 수 있었고, 대부분의 지방
에서는 미성년 아들과 딸들의 후견인으로서 그들의 재산도 관리할 수 있
었다. 170) 기록부들에 따르면, 사회의 모든 계층에서 여성들은 미성년 자
녀의 후견인으로 행동했다.

기혼여성의 권리와 과부의 권리를 비교하여 요약해 보면(미혼 속인 여
성은 노동자계층에만 있었고, 상류층 미혼여성은 거의 예외 없이 수녀원에 들

Select Charters and Other Illustrations of English Constitutional History (Oxford
1921), p. 294; P. de Beaumanoir, *op. cit.*, vol. I, §445; *Le Livre de Droit de
Verdun*, pp. 1, 73.

168) P. de Beaumanoir, *op. cit.*, vol. I, §432.
169) *Recueil général de anciennes lois françaises*, vol. I, p. 484.
170) 여성이 자녀의 후견이 될 권리에 관해서는 *La Très ancienne Coutume de
Bretagne*, pp. 384, 433~434; P. de Beaumanoir, *op. cit.*, vol. I, §629, 631;
P. Viollet, *Le Droit du 13ᵉ siècle dans les coutumes de Touraine-Anjou*, vol. I,
ch. 21; 실제로 자녀의 후견인으로 지정된 여성들의 예는 다양한 계층의 여성들
을 다루면서 보게 될 것이다.

186

어갔다), 몇몇 제약들은 혼인상의 지위와 무관하게 여성에게 가해졌다는 점을 상기해야 할 것이다. 그러나 여성의 여러 가지 권리 중에는 혼인상의 지위에 따라 달라지는 것도 있었다. 미혼여성 및 과부의 지위는 기혼여성의 지위와 같지 않았다. 반면 남자의 법적 지위는 혼인상의 지위와 전혀 무관했다. 원시사회들에서는 여성의 지위가 종종 월경의 시작, 처녀성 상실, 임신, 출산, 폐경 등 생리적 발달에 기초하여 결정되었다. 중세사회에서는 그렇지 않았고 사회적 지위가 문명의 상부구조에 기초해 있었으니, 이 상부구조는 생리학 법칙과 항상 일치하지는 않았다. 여성을 대상으로 하는 방대한 교훈문학은 젊은 처녀들에게는 남편을 못 구하는 처지가 되지 않도록 처신하는 법을, 기혼여성들에게는 남편과 함께 살아가는 법을 가르쳤다.

과부가 된 후 재혼하는 여성들과 과부 상태로 남기를 택하는 여성들 중 어느 쪽이 더 많았던가는 측정할 길이 없다. 기록부들은 기껏해야 특정 시기 특정 지방의 과부 수를 알려줄 뿐인데, 그 수도 일정치 않으며 기록부에 오른 과부들 중 얼마나 많은 수가 나중에 재혼을 했는지도 알 수가 없다. 물론 남자가 부족했다면 재혼을 하고 싶어도 못했을 것이다. 상급 귀족을 위시한 사회의 모든 계층에서, 링컨 백작부인 마거릿에서부터 도시 여성이나 농민 여성에 이르기까지, 많은 여성들이 두 번 내지 세 번 결혼했다. 그러나 그 중 몇몇은 이런 진로를 택하지 않았고, 그 이유는 무엇보다도 결혼했을 때보다 더 큰 자유를 누리는 편을 원했기 때문이다. 그리스도교 초창기에 성 히에로니무스는 어떤 여성들이 과부로 남는 것은 독신으로 살며 신앙생활에 전념하고 싶어서가 아니라 그저 자유를 원해서라고[171] 지적한 바 있었다. 토머스 오브 스티트니[172]는 과부가 되신 할머니(그는 그녀를 훌륭한 자질을 지닌 선량한 여성으로 묘사한다)께서

---

171) "et quia maritorum expertae dominatum viduitatis praeferunt libertatem." St. Jerome, *Lettres*, ed. J. Labour(Paris 1949), vol. I, *Ad Eustochium*, p. 125.
172) 옮긴이 주: Thomas of Stitny(1370~1401). 산문 작가. 성서를 신앙의 표준으로 삼고, 여러 권의 아름다운 신앙 서적을 썼다.

언젠가 이렇게 말씀하셨던 것을 회고한다. "과부의 보상이 유부녀의 보
상보다 더 클 수도 있다니. 여자들은 과부로 지내는 것이 유부녀로 지내
는 것보다 얼마나 더 좋고 편한지."173)

　일반적으로 모든 수녀가 자유로웠다고 말할 수는 없지만, 그래도 수녀
들은 남성지배로부터 상당한 자유를 누렸다. 수녀원에 들어가는 것이 가
능했던 귀족 여성들 중에는 과부가 된 후 수녀원에 들어가는 이들도 있었
다. 레스터 백작의 과부 로레타174)는 유명한 독거수녀가 되었고, 솔즈베
리 여백작 엘라175)는 아우구스티노회 수녀원을 설립하고 원장이 되었
다. 속세에 남아 살면서 친척들이 재혼시키려는 데 12년 동안이나 저항
한 과부의 예로는 기베르 드 노장176)의 어머니를 들 수 있다. 기베르가
태어난 지 8달 만에 과부가 된 그녀는 집안 살림을 꾸리고 재산을 효율적
으로 운용했으며 자녀들의 교육에 헌신했다. 막내아들인 기베르가 12살
생일을 맞이했을 때에야 그녀는 비로소 수녀원에 들어갔다.177)

　속세에 남아 사는 여성을 위협하는 어려움 중 몇 가지는 크리스틴 드
피장에 의해 묘사된 바 있다. 그녀 자신도 과부로 지내는 편을 택한 터였
다. 그녀는 남편의 재산에서 정당한 몫을 차지하기 위해 힘겹게 싸워야
했다. 영향력 있는 개인들, 법정 및 재정 기관의 서기들이 지연작전을 썼

---

173) F. R. Du Boulay, An Age of Ambition(London 1970), p.108에서 재인용.
174) 옮긴이 주: Loretta of Braose(?~1266). 제 4대 레스터 백작 로베르 드 보몽트와
　　결혼했으나, 1220년경 과부가 되어 켄트 주의 하킹턴에서 독거수녀로 살았다.
175) 옮긴이 주: Ella, Countess of Salisbury(?~1263). 솔즈베리 백작 피츠패트릭의
　　딸로, 윌리엄 오브 롱스피와 결혼했으며, 과부가 된 후 라콕 수녀원을 설립하고
　　수녀원장으로 있다가 세상을 떠났다.
176) 옮긴이 주: Guibert de Nogent(1053~1124). 일찍 아버지를 여의고, 12세 때에
　　는 어머니마저 은수자 생활에 들어감에 따라, 그도 셍-제르메르 수도원에 들어
　　가(1066) 이후 30년 동안 그곳에 머물렀다. 1104년에는 랑 관구에 있던 노장-
　　수-쿠시의 수도원의 원장이 되었다. 오늘날 그의 이름은 주로 자서전적 회고록
　　《자신의 생애에 대하여》(De vita sua)로 기억되는데, 이 책은 당대의 성(城)이
　　나 수도원에서의 생활, 교육 여건 및 방법, 랑 자치도시 등에 대한 중요한 자료
　　이다.
177) Guibert de Nogent, Histoire de sa vie, L. I. C. XIII.

다. 그녀가 재산문제를 해결하기 위해 영향력 있는 인사들을 만나러 다니면 사람들은 그녀가 가족을 위해 도움을 청하는 것이 아니라 그들의 호의를 사려는 것이라고들 입방아를 찧었다. 서기들은 종종 그녀를 거칠게 대했으며 희롱을 일삼았다. 그렇지만 점차 그녀는 자신감이 생겼고, 두려움을 극복하게 되었으며, 몸도 목소리도 더 강해졌고 가족을 부양하기 위해 열심히 일할 수 있게 되었다고 쓰고 있다. 178) '파리의 가장'이 그의 지침서에 썼듯이 많은 여성들은 남편을 여읜 후 분명 외톨이가 되었다고 느끼거나, 아니면 좀더 자유를 누리게 되었다고는 해도 남자들의 세상에서 여자 혼자 맞닥뜨려야 하는 문제들을 해결하기가 힘들어서 재혼하는 편을 택했을 것이다.

9. 어머니로서의 여성

이 절에서 나는 중세의 사상가 및 저자들이 어머니로서의 여성에 대해 취했던 태도 및 중세문명에서 아동에 대한 태도라는 문제를 논하려 한다. 이어지는 장(章)들에서는 계층별로 여성의 어머니로서의 역할을 검토하게 될 것이다.

당대의 자료에서 여성을 어머니로 언급한 예는 찾아보기 힘들다. 결혼을 다룬 문학(파블리오 및 교훈적 작품들)에서 결혼한 여성의 모성적 역할은 거의 언급되지 않으며, 신학자나 교회법학자들의 저작에서도 마찬가지이다. 중세 그리스도교 문화는 분명 아버지와 어머니로서의 역할보다 남편과 아내로서의 역할에 더욱 중점을 두었던 것으로 보인다. 신학 저작들에서 우리는 여성이 어머니로서의 기능을 잘 수행함으로써 구원을 얻을 수 있다는 내용의 신약성서 구절〔"그러나 여자들이 만일 정절로써 믿음과 사랑과 거룩함에 거하면 그의 해산함으로 구원을 얻으리라"(디모데전서 2:15)〕을 다소 세련시킨 것을 볼 수 있다. 교회법에서 아버지가 자식

---

178) E. McLeod, *op. cit.*, pp. 33~35.

을 보살피는 것은 자연법의 일부로 간주된다. 179) 신학자들은 또한 남자가 자식에게 종교교육을 제공할 의무에 대해서도 언급하며, 때로 그런 언급은 음탕함과 음행의 결과에 대한 논의의 틀 안에서도 발견된다. 즉, 자식은 그를 그리스도교인답게 양육할 수 있는 아버지를 필요로 한다. 음탕한 간통관계에서는 아버지의 신원을 모르는 사생아들이 태어나게 되며, 이런 아이들은 친아버지가 아닌 사람에 의해 키워지거나 아니면 아버지 없이 자라게 된다는 것이다.

가족이라는 틀 안에서도 자식을 낳는 것은 그 자체로서 가치 있는 일은 아니었다. 진정한 그리스도교 교육을 제공하는 것만이 가치 있는 일로 여겨졌다. 자식을 낳는 것이 바람직한 이유는 그 자식들이 하느님을 경외하도록 가르칠 수 있기 때문이지 자손번식의 욕망 내지 인류존속을 가능케 하기 때문이 아니었다. 180) 토마스 아퀴나스는 자손번식을 결혼의 목적 중 하나로 언급할 때에도 그것이 출산보다는 양육에 관한 것임을 강조한다. 신학자들의 이런 진술은 교훈문학의 몇몇 저자들의 견해와 대조적이다. 이 저자들은 자식은 아버지의 이름을 이어받으므로 그와 그 선조의 이름을 지상에서 이어가게 된다고 썼다. 181)

우리는 12세기에 성모숭배가 발전한 것을 살펴보았다. 즉, 구세주를 낳은 복되신 어머니 및 십자가 발치에서 고통당하는 어머니에 대한 숭배이다. 중세 전성기 및 후기의 미술에서 잉태한 마리아, 어린 아들을 품에 안은 성모, 십자가에 못 박힌 아들의 시신을 끌어안은 고통당하는 어머니(피에타) 등은 조각 및 회화의 가장 빈번한 주제에 속했다. 또한 성당 입구에는 아들 곁에 무릎을 꿇고 죄인들을 위해 자비를 구하는 성모상도 널리 퍼져 있었다. 많은 교회들이 성모에게 바쳐졌으며 ─ 예를 들어 샤

---

179) R. H. Helmholz, *op. cit.*, p. 108 and note 124.
180) Thomas Aquinas, *Summa Theologica*, vol. V, p. 251; J. T. Noonan, *op. cit.*, pp. 279~282.
181) Philippe de Novare, *Les Quatre Ages de l'Homme*, ed. M. de Fréville (Paris 1888), §79, p. 46.

르트르, 로카마두르, 입스위치, 월싱햄 등 — 순례자들이 모여들었다. 또 다른 교회들에도 성모의 이름으로 세워진 예배당들이 있었다. 성모의 생애에서 중요한 사건들을 기리는 축일들이 있었고, 종교극에서도 성모는 핵심적인 역할을 했다. 성모는 여러 도시 및 길드, 신도회[182]의 수호성인이었다. 성모숭배는 널리 퍼져 있었고 매우 유행했다. 그럼에도 불구하고 성모의 이미지는 자연의 법에 따라 자녀를 낳아 기르는 지상의 어머니들의 이미지에는 아무런 영향도 미치지 않았던 것으로 보인다.

여성을 존대하는 궁정풍 문학조차도 여성에게 흔히 모성에 속하는 것으로 여겨지는 다정함, 섬세함, 자기희생 같은 자질들은 부여하지 않았다. 궁정풍 문학이 제시하는 여성은 다정하지 않다. 그녀는 경애의 대상이며 기사는 그녀에 대한 사랑 덕분에 도덕적 완성을 이룩하지만, 그 완성이란 당대의 도덕기준에 따르면 무엇보다도 전투에서의 용기와 충실성으로 나타나는 것이었다. 여성이 기사에게 부과하는 임무는 때로 믿을 수 없을 만큼 험난하다. 그녀는 감수성이나 다정함, 자기희생 — 이 모두가 성모의 자질들인데 — 이라고는 눈곱만큼도 보이지 않는다. 궁정풍 문학에서 여성의 희생과 헌신이 나타나는 예는 극히 드물다. 한 잉글랜드 설교자가 애정 깊은 어머니가 겨울에 아이를 따뜻하게 해 주고, 아플 때 돌보아주고, 낫도록 기도하고, 아이가 낫도록 서원하는 모습을 묘사한 것처럼[183] 설교자들이 자식에 대한 어머니의 사랑에 대해 말한 예는 아주 드물다.

이 시대 사람들은 종종 그리스도의 신부인 수녀에게서 성모의 반영을 발견하곤 했다. 그러나 이런 태도도 절대적이지는 않았음을 12세기 요크셔의 와튼에 있던 길버틴 양성 수도원의 수녀들에 대해 아일레드 오브 리

---

182) 옮긴이 주: 신도회(信徒會, 信心會; *confraternity*, *confrérie*)란 평신도들의 상호부조를 위한 공동체로, 개인들 간의 유대를 증진하고 각 신도회에 고유한 수호성인의 중보(仲保)를 얻는 데 주안점을 두었다.

183) J. Heers, *op. cit.*, p. 102; G. R. Owen, *Literature and Pulpit in Medieval England* (Oxford 1966), p. 34.

보184)가 쓴 이야기에서 볼 수 있다. 그 이야기는 다음과 같다. 한 어린 소녀가 4살 때 수녀원에 맡겨졌다. 그곳에서 자라 나중에 수녀가 되어야 할 아이였다. 그러나 아이는 성장하면서 신앙생활에 아무 관심도 없었고 자신이 속한 수도회의 규율도 지키려 하지 않았다. 표정은 무례했고, 언사는 무절제했으며, 태도는 선정적이었다. 그러다 같은 수도회의 한 수도사를 만나 유난히 잘생긴 이 청년과 사랑에 빠져서 매일 밤 밀회를 하게 되었다. 얼마간 시간이 지난 후 이 수도사는 자기 수도원에서 달아났고, 야밤에 연인을 만나러 오곤 했다. 이 일을 알게 된 동료 수녀들은 수녀원의 명예에 누가 될 것을 염려했다. 그녀들은 비통해 하며 소녀를 비난하고 그녀의 베일을 찢었다. 어떤 수녀는 그녀를 불로 지지자고 했고, 어떤 수녀들은 산 채로 살가죽을 벗기자고 했으며, 어떤 수녀들은 그녀를 말뚝에 묶어놓고 뜬 숯 위에서 산 채로 타죽게 하자고도 했다. 수녀들은 그녀에게 매질을 하고 수녀원 감방에 처넣었다. 그러던 어느 날 수녀들은 그녀가 만삭인 것을 알게 되었고 모두들 대경실색했다. 그녀들은 흐느껴 울며 그녀의 불명예가 곧 자신들의 것이며, 자기들 모두가 그녀 때문에 수치를 당하게 되리라 생각하고는 또다시 그녀를 공격했다.

분노가 어느 정도 가라앉자, 수녀들은 어떻게 할 것인지 의논했다. 그들은 소녀를 더 이상 수녀원에 가두어두면 출산 때 그녀의 비명 때문에 자신들의 수치가 알려질 것이 두려웠지만, 그렇다고 그녀를 내쫓았다가 굶어죽기라도 할까봐 걱정이었다. 그래서 그들은 그녀를 시켜 연인을 부르러 보내게 했고, 그가 도착하는 즉시 "배가 부른 화냥년"을 죄의 원천인 그의 손에 부칠 셈이었다. 그들은 수도사들에게 자신들의 계획을 말했고, 수도사들은 그가 오기로 한 장소에 숨어서 그를 기다리고 있다가 붙

184) 옮긴이 주: St. Aelred of Rievaulx (1109~1166). 이른 나이에 요크셔에 있던 리보 수도원에서 수도생활을 시작하였고, 1146년에는 수도원장으로 선출되어 300명의 큰 수도원을 다스릴 뿐 아니라 잉글랜드에 있는 시토회 전체를 이끌었다. 방대한 설교집을 남겼으며, 그 때문에 잉글랜드의 성 베르나르라는 별명을 얻었다.

잡아서 몽둥이질을 퍼부은 다음 그를 수녀들에게 넘겨주었다. 수녀들은
그가 자기 죄를 실토하게 만들겠노라고 말했던 것이다. 그러나 수녀들은
더 이상 소녀를 그와 함께 보낼 생각이 아니었다. 그녀들은 그를 땅바닥
에 내던지고 밧줄로 묶어서 '그의 죄의 근원'을 노출시키고 그의 손에 칼
을 쥐어주어 자기 손으로 거세를 하게끔 강요했다. 그러고는 마지막 보
복으로, 한 수녀가 그 피 흐르는 남성의 지체를 정부의 입에 틀어넣었다.
저자는 이렇게 덧붙인다.

> 수녀들의 질투와 영웅심은 레위의 검과 비느하스의 질투와도 같았
> 다.185) 여성의 순수함이 이겼고, 이 비할 데 없는 처녀들은 예수에게
> 행해진 불의를 그렇게 보복했다. 내가 칭찬하는 것은 그녀들의 행위가
> 아니라 열심이며, 그녀들이 피를 흘렸다는 사실이 아니라 그 열심에서
> 성인들과도 같다는 사실이다. 그녀들은 자신의 순결을 위해 보복하는
> 데 그토록 많은 것을 행했으니, 순결을 지키기 위해서라면 무슨 일인들
> 하지 않겠는가.186)

이 끔찍한 이야기는 수도원 생활이 얼마나 변질될 수 있는가를 보여줄
뿐 아니라 중세문명의 특유의 잔인함에서 여성 또한 예외가 아니었음을
보여준다. 그것은 또한 북부의 성 베르나르로 알려졌던 이 유식한 성직
자, 특별히 종교적 열광이 과하거나 하지 않았던 성직자가 보았던 수녀
의 이미지가 어떤 것이었는지도 가늠케 해 준다. 수도원 규율 중 하나인

185) 옮긴이 주: 레위는 야곱(이스라엘)의 열두 아들 중 하나로, 누이동생 디나가 이방
인에게 욕을 보자 형제인 시므온과 함께 칼을 들고 나가 그들을 몰살시켰다(창세
기 34장). 비느하스는 아론의 대를 이은 제사장으로 이스라엘 백성이 이방인들
의 제사에 동참하고 이방 여자들과 음행하자 이를 응징했다(민수기 25장).
186) Aelred of Reivaulx, *De Sanctimoniali de Wattun*, PL vol. CXCV, cols. 789~
796. 어떤 학자들은 불륜을 저지른 수녀 자신이 그를 거세해야 했다는 식으로 해
석하기도 한다. G. Constable, "Aelred of Rievaulx and the nuns of Watton:
an episode in the early history of the Gilbertine order", in *Medieval Women*,
ed. D. Baker(Oxford 1978), p. 208 and note 9.

정결을 지키기 위한 수녀들의 열성이 특히 강조되었으니, 정결의 규율은 수녀들의 경우에 특히 엄격히 적용되었다. 저자는 임신한 소녀가 동료 수녀들 사이에 증오와 분노 외의 다른 감정을 일으키지 않았다는 사실을 기꺼이 받아들이고, 수녀들이 정결서원을 지키고 탈선한 자매를 벌하기 위해 취했던 조처를 수긍한다. 수녀의 이런 이미지에서는 선함과 자비의 의인화인 성모의 이미지와 비슷한 구석을 전혀 찾아볼 수 없다.

여러 인류학자들이 입증하려 노력해왔듯이, 어떤 원시사회들이 모권 사회였든 아니면 단순히 모계사회였든 간에 남녀 신들이 각기 상징하는 모성적 이상 및 부성적 이상 간의 충돌을 반영하는 몇몇 고대 문학작품들이 있다. 모성적 이상에 따르면 여성의 으뜸가는 역할은 어머니로서의 의무를 다하는 것이며, 혈연은 가장 근본적이고 불변하는 관계이다. 부권적 원칙들은 남편과 아내의 관계를 더 중시하며, 부부관계가 혈연이나 모자 관계에 우선한다. 비록 부계원칙이 더디게 도입되었고 모성적 연관이 계속 중요하기는 했으나, 중세문학에서는 부권적 요소들이 지배하게 되었고 모권적 개념들은 사라졌다. 187) 신분문학의 저자들은 거의 예외 없이 남편에 대한 아내의 의무를 자식을 돌보는 의무보다 더 강조하며, 교훈문학 일반에서도 마찬가지이다. 교훈문학은 여자가 성적 정결을 보전하는 방법들을 자세히 묘사하고 남편에 대한 의무, 적절히 옷 입고 행동하는 법 등에 대해 언급하면서도 여성의 모성적 의무에는 거의 지면을 할애하지 않는다. '파리의 가장'도 아내의 적절한 행동거지, 옷 입고 살림하는 방식, 남편을 즐겁게 하는 방법 등에 대해 소상히 적으면서도 자식 양육에 대해서는 언급하지 않았다. 다만 그는 자식을 소홀히 대해놓고 왜 그들이 떠나는지 의아해 하는 계부모와 남편을 제대로 돌보지 않고 불평만 하며 남편이 집에 와도 따뜻이 맞이하지 않다가 결국 집에서 내쫓고 마는 아내를 비교하고 있을 따름이다. 여기서 계부모에게 홀대 당하는 자식이란 단지 대접받지 못하는 남편의 비유일 뿐이며, 진짜 주제는

---

187) E. Fromm, *The Forgotten Language* (London 1952), *ch.* 7, pp. 169~201 (모권제에 관한 주요 이론들 포함).

194

남편을 제대로 섬기는 법이다. 188) 저자가 노인이며 더 이상 자식을 낳을 생각이 없다는 사실만으로는 그가 자식에 대해 언급하지 않는 데 대한 설명이 되지 못한다. 왜냐하면 그는 어린 아내에게 다음 남편을 어떻게 섬길 것인가도 가르치는데, 그녀는 그 남편에게 자식을 낳아줄 수 있을 테니 말이다.

악한 여인을 묘사한 파블리오들도 어머니로서의 역할에 대해서는 언급하지 않는다. 여자는 남편에 대해 악할 수 있지만, 자식들을 거칠게 대하거나 마구 휘두른다고 해서 악한 여인으로 비난받지는 않는다. 자식들은 아예 논외이다. 단 한 가지 예외는 15세기 초에 쓰인 《결혼의 열다섯 가지 기쁨》인데, 그 저자는 어린 자식에 대한 아버지의 애정과 관심을 그리고 있다. 그런데 악한 아내는 자식을 사랑하는 남편을 괴롭히기 위해 어린 자식을 마구 때리는 것이다. 남편이 이를 말리려 하면 그녀는 밤낮으로 아이를 거두는 것이 대체 어떤 것인지 알기나 하느냐며 불평한다. 밤이면 아이들이 울도록 내버려두고 들여다보지도 않는데, 이것도 남편의 역정을 돋우기 위해서이다. 때로는 자식들을 이용해 자기 뜻을 이루기도 한다. 가령 순례를 하러 간다면서 도중에 애인을 만나려 할 때에는 갓난아기가 병이 나서 기도를 하러 어느 성인의 무덤에 가야겠다고 꾸며대는 것이다. 남편이 가서 아이를 들여다보니 정말로 아픈 것 같으므로 그는 아이가 가엾고 슬퍼서 눈물이 글썽해진다. 남편이 십자군원정에서 돌아오지 않자 아내는 그가 죽었다 생각하고서 또다시 결혼하여 위로를 찾으며, 첫 남편에게서 낳은 자식에 대한 의무를 저버린다. 189) 이런 그림은 악한 어머니란 악한 아내의 한 측면임을 보여주며, 저자가 자신과 동일시하는 남편은 자식들이 어렸을 때부터 착하고 애정 깊은 아버지로 그려진다. 그러나 이런 묘사는 중세 후기에 속하며 이례적인 것이다.

성직자들도 설교에서 자식에 대한 의무를 아내의 첫 번째 의무로 지적

188) *Le Ménagier de Paris*, vol. I, pp. 169~170.
189) *Les Quinze Joyes de Mariage*, pp. 53~54, 110, 157.

하지는 않았다. 하느님에 대한 예배가 더 중요했다. 윙베르 드 로망은 여성들을 위한 설교 중 하나에서 너무나 세상일에 몰두한 나머지 하느님에 대한 예배에서 멀어진 여성들을 비난한다. 어떤 여성들은 남편이 고리대금업자가 되면 동조하여 함께 그 죄악에 참여한다. 또 어떤 여성들은 집안 살림에 너무나 몰두하고, 또 어떤 이들은 자식에게 너무 헌신적이라, '육신만을 따라' 그들을 사랑한다는 것이다. [190]

여성의 모성적 역할을 이처럼 완전히 무시했던 이유는 무엇인가? 모성 역할의 평가절하는 의심할 바 없이 중세의 아동에 대한 태도와 연관이 있다. 필립 아리에스는 당대 문화의 다양한 양상들 ─ 교육적 저작들, 초상들, 교육방법들 ─ 을 반영해 주는 거울로서의 아동의 이미지에 대한 책을 썼다. 그는 중세문화에는 아동의 자리가 없었다는 결론에 도달한다. 중세 도상에서 아동은 성인의 축소판으로 그려졌다. 당대의 문학에서 아동의 생생한 이미지는 발견되지 않는다. 아동은 자기 계층의 성인들 사이에서 잘 눈에 띄지 않는다. 아리에스는 아동에 대한 감정의 표현도 드물게밖에 발견하지 못한다. 만일 아이들이 살아남아 어른이 되면 그들은 가문 내의 권력 원천이 될 수도 있었지만 부모자식 간의 실존적 관계란, 특히 아동기에는 존재하지 않았다. 부모와 자식만으로 이루어지는 핵가족은 시인 및 예술가들에게 영감의 원천이 아니었으니, 그것은 사회적·윤리적 실체이지 감정적 현실이 아니었기 때문이다. 정서적 현실이란 가계(家系)였다. [191] 아리에스의 견해는 이쯤 해두고, 이제 중세문학에서 표현된 아동에 대한 태도를 검토해 보기로 하자.

교회문학에서 아동은 종종 짐으로, 간접적으로는 죄의 원인으로도 묘사된다. 자식을 갖는 것은 좋으나, 때로 자식은 유덕한 행동에 장애가 된다. 자식 때문에 농부는 십일조를 내지 않는다. 때로 부모는 자식을 기르느라 빚을 지고 재산을 저당 잡히며 고생스럽게 산다. [192] 교훈서의 저자

---

190) *Humbert de Romans*, *De Eruditione Praedicatorum*, p. 274.

191) P. Ariès, *Centuries of Childhood. A Social History of Family Life* (New York 1962).

192) R. Mohl, *op. cit.*, p. 347.

중 한 사람은 이렇게 쓴다. "만일 자식이 있다면 기뻐하고 제대로 키우라. 만일 어려서 죽는다면 운명을 받아들여라. 불평하지 말고 너무 애석히 여기지 말라. 자식이 없으므로 덜게 된 그 모든 수고를 생각해 보라."[193] 중세문학에서 아동을 기쁨의 원천으로 언급한 예는 거의 찾을 수 없다. 이런 취지로 글을 쓴 드문 저자는 필립 드 노바르인데, 그는 부모는 자식에게서 누리는 기쁨을 막대한 부와도 바꾸지 않으리라고 주장했다. 그러나 그는 자식은 몸을 위한 정신적 기쁨의 원천일 뿐이지만, 하느님에 대한 예배와 영혼의 구원을 위해 이승의 삶을 버리는 것은 영혼을 기쁘게 한다고 강조했다.[194]

외스타슈 데샹[195]은 대체로 비관주의적인 작품들을 썼는데, 특히 자식을 낳아 기르는 일에 대해 음울한 견해를 피력했다.

> 자식이 없는 자는 복이 있나니, 어린아이들은 빽빽 울어대고 냄새를 풍기며 슬픔과 걱정을 끼칠 뿐이기 때문이다. 자식들은 옷 입히고 신 신기고 끼니를 챙겨 먹여야 한다. 자식들은 항상 넘어져 다치거나 병들거나 죽을 염려가 있다. 장성해서는 악행에 빠져 감옥에 갈 수도 있다. 그들은 키우는 데 들어간 비용과 수고와 염려를 보상해 줄 만한 기쁨을 주지 못한다. 타락한 자식을 세상에 내놓는 것보다 더 불명예스러운 일이 있겠는가? 사지가 비틀어진 사람은 생각 또한 편벽되며 죄와 부패로 가득차기 때문이다.[196]

---

193) A. A. Heutsch, *op. cit.*, p. 151.

194) Philippe de Novare, *Les Quatre Ages de l'Homme*, pp. 81~82, 46~47.

195) 옮긴이 주: Eustache Deschamps (1346경~1406). 프랑스 시인. 샤를 5세의 외교사절로 유럽 전역을 돌아다녔다. 1,000편이 넘는 발라드를 썼는데, 대체로 짧고 풍자적인 작품들이다. 그는 특히 프랑스를 약탈하는 잉글랜드인들과 가난한 자들을 핍박하는 부자들, 부패한 관리와 교직자들을 공격했다. 그의 단 한 편의 장시인 〈결혼의 거울〉(*Le Miroir de Mariage*)은 13,000행 가량 되는 풍자시로 여성을 주제로 하고 있다.

196) J. Huizinga, *The Waning of the Middle Ages*, p. 35에서 재인용.

슈발리에 드 라 투르 랑드리[197]는 딸들을 위해 쓴 지침서에서 자식을 낳았다고 해서 지나치게 기뻐하지 말며 흥성한 잔치를 벌여 축하하지 말라고 이른다. 이것은 하느님 보시기에 악한 일이 되어 아이를 죽게 할 수 있기 때문이라는 것이다.[198] 이런 견해에서 흥미로운 점은 그가 아이의 불행을 시샘하는 악한 눈이나 악마의 악의가 아니라 하느님의 징벌로 본다는 데 있다. 자식을 낳는 것에는 죄책감이 따른다. 왜냐하면 자식은 죄 가운데 잉태되며, 자식을 기르느라 하느님에 대한 예배를 등한시할 수 있기 때문이다. 이런 염려의 표현은 사랑하는 자식이 일찍 죽을지도 모른다는 부모의 자연스러운 두려움, 인류가 어느 시대에나 가졌던 두려움의 정도를 넘어선다. 중세에는 유아사망률이 매우 높았으므로, 자식에 대한 염려가 충분히 근거가 있는 것이었는데도, 사람들이 두려워한 것은 악마의 소행이 아니라 하느님의 응징이었다.

끝으로 자손번식에 대한 카타리파의 견해를 살펴보기로 하자. 그들은 어린아이들은 기쁨의 근원이지만, 이 기쁨은 악마에게서 나오는 것이라고 보았다. 사탄이 천사들을 유혹했다는 카타리파 신화 중 하나에 따르면, 악마는 다음과 같은 말로 천사들을 꾀었다고 한다. "내가 너희에게 아내를 주리니, 그녀는 너희에게 조력자가 되고 너희는 가정과 자식을 갖게 될 것이며, 너는 네 자식에게서 네가 이곳(천국)에서 누리는 모든 평화보다 더 한 기쁨을 맛보게 되리라."[199] 중세 그리스도교의 관점은 인간의 육신과 성관계와 자손번식을 포함한 물질세계를 악마의 소치로 보는 카타리파의 이원론적 관점과는 같지 않았다. 그러나 가톨릭 그리스도교에서도 우리는 이원론적 색채를 발견하게 된다. 몸과 정신, 육신과

---

197) 옮긴이 주: Geoffroy IV de la Tour Landry. 14세기에 프랑스의 앙주 지방에 살았던 귀족. 백년전쟁 동안 수차 전투에 참가했던 기사였으며, 1371~1373년경에 쓴 《딸들의 교육을 위한 책》(Livre pour l'enseignement de ses filles)로 유명하다.

198) *Le Livre du Chevalier de La Tour Landry*, ed. M. A. Anatole de Montaiglon (Paris 1854), p. 169.

199) *Registre de l'Inquisition de Jacques Fournier* 1318~1325, ed. J. Duvernoy (Toulouse 1965), vol. III, 251b, p. 130.

영혼, 이승과 내세 사이의 간극이 그것이다. 그리스도교의 영적 위계질서에서 선두에 해당하는 수도사와 재속 성직자들은 성관계와 자손번식을 삼갔다. 교회는 자손번식을 성관계에 대한 정당화로 보기는 했지만 그 자체로서 가치 있는 일이라고 인정하지는 않았다. 게다가 부모의 의무가 강조되기는 했지만, 자식들은 종종 하느님에 대한 예배나 종교적 삶에 대한 헌신을 방해하는 존재로 그려졌다.

우리가 인용한 저자들은 대부분 성직자로, 결혼하지도 자식을 낳지도 않은 사람들이었다. 남성 성직자들의 태도와 비슷한 태도가 종교적 삶을 택한 여성들 사이에서도 발견된다. 두슬린 성녀는 그리스도의 수태 및 탄생에 관한 이야기에서 육적인 암시를 회피하려고 노력한다. 환시중에 그녀는 성모의 배에서 햇빛이 뻗쳐 나오며 그 끝에 아기 예수가 있는 것을 보았다.[200] 안젤라 다 폴리뇨는 신비가가 된 후에 다음과 같은 말을 도미니코회 수도사에게 받아 적게 했다.

그때에, 하느님의 뜻으로 내 어머니, 내게는 큰 장애물이었던 그분이 돌아가셨다. 그러고는 내 남편과 내 모든 자식들이 짧은 기간 안에 모두 죽었다. 나는 이 길(즉, 종교적 삶)을 택한 터였고 하느님께 그들이 죽게 해달라고 간구한 터였으므로 그들의 죽음은 내게 큰 위로였다.[201]

모든 사람이 죄 가운데 태어난다는 견해가 중세문학에서 아동에 대한 이런 유형의 태도를 뒷받침하는 이유였다는 것은 의심할 여지가 없다. 중세문학에서 모성의 기능이 폄하되었던 것 또한 같은 이유에서였다. 교

200) C. Carozzi, *op. cit.*, p. 193.

201) "Et factum est, volente Deo quod illo tempore mortua fuit mater mea que erat mihi magnum impedimentum; et postea mortus erat vir meus et omnes filii brevi tempore. Et quia inceperam viam predictam et rogaveram Deum quod morerentur, magnus consolamentum tum habui." Angela of Foligno, *Le Livre de l'Expérience des vrais Fidèles*, ed. J. Ferré and L. Baudry (Paris 1927), p. 10.

회의 관점은 세속문학에 영향을 미쳤다. 그러나 세속문학은 다른 요인들
의 영향도 받았다. 즉, 중세의 유아 사망률은 사회 모든 계층에서 매우
높았다. 사람들은 아이가 태어나자마자 서둘러 세례를 주었으니, 아이
가 죽을 수도 있다고 생각했기 때문에 영혼이 구원받도록 확실히 해두려
는 것이었다. 이런 두려움은 우리가 인용했던 저자들의 말에도 반영되어
있다. '죽음의 무도'에는 어른들뿐 아니라 아이들도 끼어 있다. 이런 저
자들의 말은 부모들을 자식들이 죽을 가능성에 대비시키고 일종의 위로
를 제공하려 했던 것으로 보인다. 예컨대 존 위클리프[202]는 자식을 잃은
어머니들은 너무 슬퍼하지 말아야 할 것이, 하느님께서는 그들을 이 세
상에서 데려가심으로써 '큰 자비'를 행하셨기 때문이라고 했다. [203]

필립 아리에스는 이런 저자들이 독자에게 앞날에 닥쳐올 일에 대한 마
음의 준비를 하게 하려는 것일 뿐 아니라 부모들 자신이 생존 가능성이
희박한 자식에 대한 지나친 애정을 경계하여 영적인 방어책을 찾았던 것
이라고 주장한다. 그가 보기에 이런 사실은 그들이 아이들, 특히 갓난아
기에 대한 감정을 드러내지 않고, 설령 아이가 살아남아도 부모의 사랑
을 쏟을 대상으로보다 가족 간의 유대를 강화하는 수단으로 취급했던 이
유를 설명해 준다. 이 모든 견해가 사실이었을까? 다음 장(章)들에서 이
문제는 좀더 생각해 보기로 하자. 아리에스는 중세 말기에 들어서야 어
린아이들에 대한 정서적 태도가 발달하기 시작했고(즉, 교육방식이 달라
지고 아동기가 연장되었으며 정서적 현실로서의 핵가족과 개인으로서의 아동
에 한층 더 초점이 맞춰졌다), 그것도 아주 점진적으로 먼저 상류층에서,
그리고 노동자계층에서는 훨씬 나중에 형성되었다고 주장했다. 다양한
계층의 여성들에 관한 장들에서 나는 이 견해를 검토하고 인용된 저자들
(대부분이 자식 없는 성직자들)이 어느 정도로 자식에 대한 부모의 감정을
반영하는지 검토해 보겠다. 나는 또한 아이들에 대한 태도가 사회의 모

---

202) 옮긴이 주: John Wycliffe(1324~1384). 종교개혁의 선구자. 성경을 번역했다는
      이유로 이단으로 정죄 받고 출회 당했으나, 죽을 때까지 성경 번역을 계속했다.
203) *Select English Works of Wyclif*, ed. T. Arnold(London 1871), p. 199.

든 계층에서 동일했는지도 검토해 보겠다.

교훈문학의 저자들은 모성기능을 여성의 주된 역할로 보지 않았으므로 여성이 공적 기능을 수행하고 공직을 맡고 고등교육기관에서 교육을 받을 권리를 얻지 못하는 이유가 모성기능에 있다고도 보지 않았다.

10. 혼인법의 위반

교회는 부부가 서로에게 충실할 것을 요구했고, 교회법정이 간통을 처벌하는 한에서는 남녀를 대등하게 벌했다. 그러나 여자의 간통은 남자의 간통보다 별거사유가 되는 일이 더 많았다. 교회법정은 간통자들에게 금식, 기도, 일시적 금욕, 벌금, 심지어 일정 기간 차꼬에 채워두는 벌까지 부과했다. 그러나 종종 세속법정도 간통자들을 재판하고 처벌했다. 간통에 대한 세속 입법은 게르만법이 허용하는 개인적 보복을 최소한으로 줄이려는 데 목적이 있었다. 잉글랜드의 존 왕이 내린 결정에 따르면, 자기 아내와 간통했다는 이유로 다른 사람을 거세한 남자는 아내의 정부에게 자기 집에 접근하지 말라는 사전 경고를 했다는 점을 입증하지 못할 경우 토지를 몰수당하게 되어 있었다.204) 존 왕의 계승자인 헨리 3세는 여러 잔혹한 사례가 일어난 후 오쟁이진 남편 자신만이 아내의 정부를 거세할 수 있으며 간통한 여인의 아버지나 형제는 복수를 할 수 없다고 명시했다.205) 보마누아르에 따르면, 아내와 그 정부를 살해한 남편은 정부에게 그녀를 건드리지 말라고 사전에 경고했는데 또다시 그들이 함께 있는 것을 보고 격분하여 현장에서 그들을 죽인 경우에만 방면되었다. 반면 아버지나 형제는 그런 행동을 하는 것이 금지되어 있었다. 만일 남편이 자기 아내의 정부를 간통행위 이후 얼마간 시간이 지난 다음에 살해한

---

204) F. Pollock and F. Maitland, *op. cit.*, vol. II, pp. 484~485.
205) Matthew Paris, *Chronica Majora*, ed. H. R. Luard (Rolls Series(RS), London 1880), vol. 57, 5, pp. 34~35.

다면, 그는 정부의 간통혐의를 입증할 의무가 있었다. 만일 그러지 못할 경우 살인자는 교수형에 처해졌다. 206) 프리드리히 2세의 형법도 마찬가지였다. 207) 세풀베다와 쿠엔카의 법에서도 남편은 아내와 그 정부를 현장에서 잡은 경우에만 죽이도록 허용되었다. 세풀베다의 법에 의하면 아내의 친족에게도 같은 권리가 있었다. 208)

간통에 대한 사적 보복은 사적 전쟁과 마찬가지로 중세 전성기에는 귀족만이 여전히 누린 특권이었던 것으로 보인다. 입법가들은 간통현장에서 잡힌 남녀에 대한 보복 가능성에 대해 언급하며, 연대기 작가들도 간통자들에 대한 잔인한 보복 사례를 기록하고 있다. 때로 남편은 정부에게만 앙갚음을 했고, 아내에게는 모욕을 주는 것으로 그쳤다. 하지만 때로는 아내에게도 앙갚음을 했다. 예컨대 앙주 백작 풀크 네라209) 는 아내 엘리자베트를 산 채로 태워 죽였다. 210) 귀족계급에서 아내가 간통한 남편에게 앙갚음을 한 사례에 대한 기록은 없다.

세속법정은 교회법정과 마찬가지로 간통한 남자와 여자에게 대체로 대등한 형벌을 부과했지만, 때로는 후자에게 좀더 너그러운 태도를 보이기도 했다. 211) 어떤 지방에서는 결혼한 여성은 유부남이건 총각이건 간에 다른 남자와 성관계를 가지면 간통으로 간주되었지만, 결혼한 남성은

206) P. de Beaumanoir, *op. cit.*, vol. I, 933~934.
207) *Liber Augustalis*, p. 147.
208) Heath Dillard, *op. cit.*, p. 81.
209) 옮긴이 주: Foulque Nerra d'Anjou (965/70~1040). 제 3대 앙주 백작으로 피부색이 어두운 편이라 '네라'(*Nerra*; *Black*) 라는 별명이 붙었다. 987년 20살쯤에 백작이 되었는데, 격한 성정에 드물게 힘이 셌다고 한다. 종종 흉포한 행동을 했지만, 참회의 정도도 그 못지않아서, 여러 곳의 수도원을 지었고 성지에도 세 번이나 다녀왔다. 특히 첫 번째 아내였던 엘리자베트를 간통혐의로 몰아 태워 죽인 죄 때문에 원성이 높았다.
210) J. Benton, "Clio and Venus: a historical view of medieval love", in *The Meaning of Courtly Love*, ed. F. X. Newman (New York 1968), pp. 19~43.
211) 옮긴이 주: 문맥으로 보면 후자(여자) 가 아니라 전자(남자) 에게 더 너그러웠던 것이 아닌가 싶지만, 어떻든 원문대로이다.

202

다른 결혼한 여성과 관계할 때에만 간통자로 여겨졌다(즉, 노처녀나 과부
와의 관계는 단순한 음행에 해당했다). 이처럼 남성에 대해 좀더 너그러운
태도는 교회적 시각이나 교회법의 영향을 받았다기보다는 사회 전반에서
남성의 지위가 더 높았고, 적출 자식과 사생아를 구별하지 못하게 될까
하는 우려에서 비롯되는 것이었다. 212) 재정복기 에스파냐213)에서는 유
대인이나 회교도와 간통을 범한 그리스도교인 여성에게 매우 혹독한 처
벌이 가해졌다. 만일 현장에서 잡히면 쌍방이 모두 처형당했다. 반면 그
리스도교인 남성이 유대인이나 회교도와 간통할 경우 그와 유사한 벌을
받았다는 기록은 발견할 수 없다. 214) 비(非)그리스도교인 여성과 관계
한 그리스도교인 남성은 다른 종교의 여성을 모욕하고 상해를 입힌 것으
로 여겨졌고, 당시 에스파냐에서는 이런 행동을 허용했을 뿐 아니라 장
려하기까지 했다.

세속법정이 간통죄에 대해 부과한 처벌은 일정하지 않았다. 어떤 법정
은 엄격했고, 어떤 법정은 너그러웠다. 프리드리히 2세의 형법에 따르면
간통한 여자는 코를 잘리고 남편의 집에서 쫓겨났다. 만일 남편이 아내
를 용서하기로 하면, 신체적 훼손은 면했지만 그래도 공개적인 매질까지
면하지는 못했다. 간통한 남자는 대개 벌금형을 받는 데 그쳤다. 215) 프
랑스 남부의 소도시들에서 간통한 남녀는 벌거벗은 채 길거리를 달리는
벌을 받아 모욕적인 방식으로 함께 묶인 채 달리면서 사람들의 매질을 당
하게 되어 있었다. 이런 벌이 어느 정도로 실행되었는지, 또는 중한 벌금

212) 음행으로 고발된 남성에 대해 점차 가혹한 벌이 가해진 예는 1233년 파르마 시
    당국의 입법에서 발견될 수 있다. 이 입법은 도미니코회에 의해 고취된 윤리적
    개혁에 따라 제정된 것이었다. M. Vauchez, "Une campagne de pacification
    en Lombardie autour de 1233", *Mélanges d'Archéologie et d'Histoire LXXVIII*
    (1966), p. 534.
213) 옮긴이 주: 이베리아 반도 북부의 그리스도교 왕국들은 8세기 이후 약 700년에 걸
    쳐 반도를 회교 세력으로부터 탈환했다. 이 에스파냐 재정복(*Reconquista*)은
    1492년 그라나다 정복으로 완수된 것으로 본다.
214) Heath Dillard, *op. cit.*, 85~86.
215) *Liber Augustalis*, p. 145.

으로 대체되었는지는 분명치 않다. 프랑스 남서부 알레시의 법은 이 벌이 벌금형으로 전환될 수 없다고 명시했고, 여자가 앞장서서 달려야 한다고 강조했다.[216] 프랑스 남부의 여러 곳에서는 영주가 간통자의 재산을 몰수하고 신체적 형벌을 가하도록 법으로 정해져 있었다.[217] 잉글랜드에서는 왕의 법령 때문에 처벌이 훨씬 가벼웠다. 웨스트민스터 법령에 의하면 남편을 버리고 정부를 따라간 여자는 남편이 용서하지 않는 한 과부재산에 대한 권리를 몰수당했다.[218] 브르타뉴에서도 남편은 간통한 아내에게서 과부재산을 박탈할지 여부를 결정할 권한이 있었다.[219] 반면 런던 법에 따르면 간통자들은 머리를 깎이고 뉴게이트 감옥으로 끌려가 악대를 앞세우고 온 도시의 길거리를 가로질러 런던의 반대쪽까지 걸어가서 그곳에 있는 다른 감옥에 수감되도록 되어 있었다.[220] 브라방에서는 남녀에게 같은 벌이 내려졌다. 즉 벌금, 공개적인 매질, 그리고 차꼬형이었다.[221]

그런가 하면 농촌지역 즉 세속 및 교회 영주의 장원들에서는 음행, 간통, 사생아 출산에 대한 처벌이 거의 예외 없이 벌금형이었던 것을 볼 수 있다. 잉글랜드에서는 장원 영주의 서기에게 모든 음행, 간통, 사생아 출산 사건을 보고하여 벌금을 부과할 수 있게 하는 것이 장원법정 집달리들의 의무였다.[222] 거의 모든 경우에 벌금을 부과 당하는 것은 여자나 그

---

216) *Les Olim ou Registres des Arrêts*, vol. III, pp. 688, 1484.

217) J. Benton, *op. cit.*

218) F. Pollock and F. Maitland, *op. cit.*, vol. II, pp. 395~396.

219) *La Très ancienne coutume de Bretagne*, p. 91.

220) R. W. Robertson, "The concept of courtly love as an impediment to the understanding of medieval texts", in *The Meaning of Courtly Love*, ed. F. Newman (New York 1968), p. 2 중 Liber Albus를 재인용.

221) E. Poullet, *op. cit.*, vol. I, p. 327.

222) 어떤 지방에서는 노예 여성들이 간통, 음행, 사생아 출산 등에 대해 내는 벌금을 레어와이트(*leyrwyte*)라 불렀고, 또 다른 지방에는 사생아 출산에 대해 내는 벌금은 따로 차일드와이트(*childwyte*)라고 불렀다. J. Scammel, "Freedom and marriage in medieval England", *The Economic History Review* Sec. Ser.

녀의 아버지였다. 여자 농노가 연루된 사건들은 대개 교회법정에 회부되지 않았다. 음행, 간통, 사생아 출산 등의 죄에 대해 부과되는 벌금은 장원의 영주에게 부수입의 원천이었다. 만일 사건이 교회법정에 회부되면 남자도 때로는 벌을 받았다. 223) 카탈루냐에서는 장원의 영주가 간통죄가 드러난 여자의 재산에서 절반을 몰수할 수 있었다. 만일 남편의 묵인하에 간통했다면 부부의 전 재산이 몰수되었다. 224) 반면 농부들 중에는 결혼하지 않고 함께 사는 부부들이 있었다. 피레네 산지에 영주 직영지가 없는 작은 마을 몽타이유에서는 50쌍 중 6쌍(즉, 10% 이상)이 결혼하지 않은 상태였다. 225) 그러나 이런 현상은 영주 직영지가 있는 잉글랜드의 몇몇 장원에도 존재했으며, 이런 곳에서는 농부들이 영주 서기로부터 엄격한 감시와 압력을 받았다. 226)

교회는 간통과 음행이 남녀 모두의 죄라고 보았고 세속법도 양자 모두를 벌했던 반면(때로 남자에게 더 너그럽기는 했지만), 설교 및 교훈문학은 주로 여성의 성도덕을 지키고 여성을 죄로부터 지키는 것을 목표로 했다. 이런 문학에서 성적 정절은 남편에 대한 순종과 더불어 여성의 가장 중요한 자질로 여겨졌다. 한 저자는 일련의 죄악을 열거하면서 지혜 없는 왕, 생각 없는 장인, 용기 없는 기사, 너그러움 없는 부자, 종교 없는 노인, 정절 없는 여인을 꼽고 있다. 227) 정절은 사회적 신분이나 소명이나 혼인상의 지위와 무관하게 모든 여성의 으뜸가는 자질이었다. 잉글랜드의 바솔로뮤228)는 소년·소녀들에게 요구되는 자질들을 간략히 논하

XXVII (1974), p. 526; Z. Razi, *Life, Marriage and Death in a Medieval Parish*: *Economy, Society and Demography in Halesowen 1270~1400* (Cambridge 1980), p. 64; *Select Pleas in Manorial and other Seignorial Courts*, vol. I, p. 162; H. E. Hallam, *Rural England 1066~1348* (Glasgow 1981), pp. 257~263.

223) P. Vinogradoff, *Villeinage in England* (Oxford 1892), p. 154.

224) P. Bonanassie, *La Catalogue du milieu du Xe siècle à la fin du XIe siècle* (Toulouse 1975), vol. II, p. 826.

225) E. Le Roy Ladurie, *op. cit.*, p. 242.

226) *Select Pleas in Manorial and other Seignorial Courts*, p. 8.

227) R. Mohl, *op. cit.*, p. 123.

는 교훈서에서 소녀들에 대한 논의를 다음과 같은 말로 시작한다. "소녀의 가장 칭찬할 만한 자질은 정결이다."[229]

우리는 필립 드 노바르의 반(反)페미니스트적 저작과, 《장미 이야기》제 2부의 저자 장 드 묑[230]의 비난에 맞서 여성을 옹호한 크리스틴 드 피장의 저작[231] 모두에서 비슷한 진술을 발견한다. 필립 드 노바르에 따르면 여성들은 방탕함, 대담함, 탐욕 같은 자질들이 발달하는 것을 막을 필요가 있다. 여성들은 방정한 품행과 기예를 배울 필요가 있는데, 그것은 여성 자신의 유익을 위해서가 아니라 오로지 정절을 함양하고 성적인 죄악을 방지한다는 목표를 위해서이다. 육신으로 죄 짓는 여인은 육신의 죄를 범하는 남자보다 자기 가계에 더 큰 수치를 초래한다. 남자는 명예에 값하기 위해 용맹하고 지혜롭고 관대해야 한다. 그러나 여성은 품행만 방정하면 다른 모든 허물이 덮어지고 명예를 인정받을 것이

228) 옮긴이 주: Bartholomaeus Anglicus(Bartholomew of England). 1220~1240년경에 활동. 프란체스코회 수도사. 파리대학에서 신학을 가르쳤으며, 1225년경에 프란체스코회에 들어갔다. 《사물의 성질에 관하여》(De proprietatibus rerum)라는 백과사전의 저자로 유명한데, 전 19권으로 된 이 사전은 당대의 모든 지식을 망라하여 큰 호응을 얻었다.

229) Bartholomaeus Anglicus, Liber de Proprietatibus Rerum(Strasburg 1595), L. VI., C. VI- De puella, f. b. r.

230) 옮긴이 주: Jean de Meung(1250~1305경). 파리대학에서 공부했고 《장미 이야기》(Roman de la Rose)의 제 2부를 썼다는 것 외에는 별로 알려진 전기적 사실이 없다. 《장미 이야기》는 13세기에 쓰인 운문 알레고리 작품으로, 기욤 드 로리스(Guillaume de Lorris, 13세기 초~1238경)가 쓴 약 4,000행의 미완성 전반부에 장 드 묑이 약 20,000행의 후반부를 덧붙인 것이다. 이 두 부분은 필치나 근본정신에 있어 판이한 것으로, 제 1부는 사랑의 정원이라는 알레고리를 통해 궁정풍 사랑을 묘사하는 반면, 제 2부는 남녀 간의 사랑을 성욕과 이해관계가 걸린 노골적인 대결로 그리면서 전반적으로 여성 비하적인 태도를 취하고 있다.

231) 옮긴이 주: 크리스틴 드 피장은 《사랑의 신에게 보내는 서한》(Epitre au Dieu d'Amour, 1399)에서 《장미 이야기》제 2부의 여성 폄하에 반박했는데, 그러자 파리의 대표적 인문주의자 중 한 사람인 장 드 몽트뢰유가 장 드 묑을 편들고 나서 크리스틴의 서한에 반박하는 서한을 보냈고, 이에 공티에 콜 등이 가담했다. 이렇게 시작된 최초의 페미니스트 논쟁은 여러 대학인과 교회 인사들이 가담하면서 이후 약 4년간 계속되었다.

다. 232) 크리스틴 드 피장은 여성들을 위한 교육 지침서인 《세 가지 미덕의 책》(*Le Livre des Trois Vertus*)에서 처녀와 기혼여성과 과부가 제각기 정절을 지킬 의무를 길게 논하고 있다. 그들은 걸을 때나 앉을 때나 이 의무를 상기해야 하며, 젊은 처녀와 과부들은 남자들과 한 자리에 어울리지 않는 편이 좋다. 233) 다른 전통 사회들에서처럼 여기서도 여성의 미덕은 남성의 명예와 짝을 이룬다.

그러나 저자들이 여성의 성적인 정절에 사로잡혀 있는 듯한 바로 이런 지침서들에서 우리는 종종 그들 자신의 훈화와는 완전히 모순된 대목들을 발견하게 된다. 즉, 그들이 독자들을 경계시키기 위해 인용하는 예화들에서는 성적 비행이 더 이상 여성의 으뜸가는 죄가 아닌 것이다. 이 점을 보여주는 두 가지 예가 있다. 슈발리에 드 라 투르 랑드리는 딸들을 가르치는 지침서에서 한 기사의 세 아내를 묘사한다. 첫 번째 아내는 긴 것, 짧은 것 각기 12벌의 옷과 많은 장신구를 가지고서 평생 아름다움을 가꾸는 데만 골몰했으며 가난한 자들에게는 인색했다. 그녀는 결국 지옥불에 떨어졌다. 두 번째 아내는 허영심에서 남의 눈에 잘 보이려고 지나치게 화장을 했다. 그녀도 저 아래 세상으로 가게 되었다. 세 번째 아내는 단 한 번 기사들 중 하나를 섬기는 청년과 불륜을 범했으나 죄를 고해했기 때문에 연옥에 가는 데 그쳤다. 234) 저자의 의도가 딸들에게 고해의 중요성을 설명하는 데 있음은 의심할 여지가 없지만, 여러 가지 죄의 상대적 경중에 관한 결론은 시사적이다. 연로한 '파리의 가장'은 한 젊은이와 짜고 남편을 속이다가 마침내 집을 떠나 정부를 따라간 아내의 이야기를 한다. 남편은 그녀의 명예를 지켜주려고 주위 사람들에게 그녀가 자기 아버지에게 말한 대로 산티아고 델라 콤포스텔라로 순례여행을 갔다고 하고는 그녀의 형제 둘을 보내(그녀가 떠난 진짜 이유를 알려주지 않고) 그녀를 찾아 집으로 데려오게 했다. 형제들은 그녀가 정부로부터 버림받

232) P. de Novare, *op. cit.*, pp. 14~21, 49~50.
233) E. McLeod, *op. cit.*, ch. 13.
234) *Le Livre du Chevalier de La Tour Landry*, pp. 105~113.

고 비참한 처지가 되어 있는 것을(언제나 그런 법이라고 '파리의 가장'은 덧붙인다) 발견하고 집으로 데려왔고, 남편은 그녀의 모든 벗이 있는 앞에서는 기쁘게 예를 갖추어 그녀를 맞이했다. 그러니 설령 불륜의 유혹에 빠진다 해도 반드시 결혼이 해체되는 것은 아니며 약간의 선의만 있으면 일시적 탈선은 극복되고 잊힐 수 있는 것처럼 보인다.

앞서 본 바와 같이 파블리오와 궁정풍 문학에서는 음행과 간통이 중죄로 여겨지지 않는다. 파블리오는 젊은 총각과 바람을 피워 남편에게 오쟁이를 지우는 아내에 관한 이야기를 즐겨 하면서 혼외정사를 유머러스하게 묘사한다. 오쟁이 진 남편은 조롱거리이지만, 그런 이야기는 진지한 의도에서 하는 것이 아니며 분명 심각한 죄의식도 없다.

궁정풍 문학에서 음유시인들의 시가는 기혼여성에게 바쳐지며 궁정풍 로맨스는 미혼이거나 기혼인 남성(대개는 전자)과 기혼여성, 대개는 주군의 아내 사이의 금지된 관계를 묘사하므로 이른바 궁정풍 사랑이란 간통인 동시에 배역(背逆)이 되는 셈이다. 가스통 파리스[235]의 연구 이후 이런 문학에 대한 전통적 해석에 의하면 음유시인들은 자신보다 높은 계층에 속하는, 때로는 연상의 기혼여성들에게 구애의 노래를 부르면서 그녀들에 대한 사랑과 그녀들의 사랑을 얻기 위해서라면 어떤 시련도 감당하겠다는 뜻을 표현한다. 이 해석에 따르면, 예컨대 크레티엥 드 트루아[236]의 《수레의 기사》에서는 주군의 아내의 정부로서 당대의 모든 윤리적 규범을 ─ 교회적 규범과 봉건적 규범을 ─ 어기는 랑슬로가 이야기의 주인공, 즉 청중이 자기 자신과 동일시할 인물이다. 그는 자기가 사모하는 귀부인에 대한 사랑과 무한한 헌신 때문에 영웅인 것이다. 이런 해

235) 옮긴이 주: Gaston Paris(1839~1903). 프랑스 문헌학자. 중세문학에 대한 새로운 관심을 불러일으킨 선구자 중 한 사람이다.
236) 옮긴이 주: Chrétien de Troyes(1135경~1185경). 12세기 프랑스를 대표하는 시인. 〈에렉과 에니드〉(Erec et Enide), 〈클리제스〉(Cligès), 〈랑슬로 또는 수레의 기사〉(Lancelot, ou Le Chevalier de la charrette), 〈이벵 또는 사자의 기사〉(Yvain, ou Le Chevalier au Lion), 〈페르스발 또는 그라알 이야기〉(Perceval ou Le Conte du Graal) 등 일련의 운문 기사도 소설들을 썼다.

208

석은 두 가지 문제를 불러일으킨다. 첫째, 어떻게 당대 독자들은 교회적 이상 및 봉건적 이상과 궁정풍 이상 사이의 그처럼 완전한 이분법을 받아들여 주군의 아내의 정부인 남자를 영웅으로 여길 수 있었을까? 둘째, 남부 유럽에서 간통에 대한 처벌이 특히 거칠었고 보복이 일반적이었던 시기, 특히 음유시인들이 즐겨 노래했던 여인들이 속해 있던 귀족계급에서는 더욱 그러했던 시기에 어떻게 궁정풍 사랑이라는 것이 삶의 방식으로 존재할 수 있었을까? 분명 남의 아내를 정복한 것을 자랑스레 떠벌리는 귀족들이 있기는 했을 것이다. 237) 그렇지만 그들 중 누구도 남들의 그런 행동에 희생되는 것은 원치 않았을 것이다.

　이런 문제들은 궁정풍 문학에 대한 기존 견해의 재평가를 가져왔다. J. F. 벤튼은 모든 궁정풍 로맨스가 간통자요 배역자를 영웅으로 그리지는 않았다는 점을 입증하고자 했다. 울리히 폰 자트지코벤238)이 쓴 랑슬로의 이야기는 랑슬로를 정죄하지 않지만, 크레티엥 드 트루아가 쓴 이야기는 그의 행동에 검열을 가한다. 그가 제시하는 반대는 미묘하지만 그래도 엄연히 드러난다. 저자는 랑슬로가 한 탑에 갇혀 있는 채로 이야기를 중지해 버린다. 크레티엥은 자기 시대 특유의 아이러니컬한 문체를 사용하므로 주인공을 내놓고 비판하지는 않지만 은근히 그 점을 시사하고 있으며 청중은 작가의 의도를 이해했다. 그렇게 해서 궁정풍 이야기들의 몇몇의 규범과 그리스도교 및 봉건사회의 이상 사이의 간극은 좁혀진다. 이 견해에 따르면 작가도 당대 사회도 간통행위에 놀라지는 않았지만, 그렇다고 그것을 칭찬할 만한 삶의 방식으로 보지는 않았다는 것이다. 벤튼은 중세문화에서 음유시인들이 사용한 '아모르'(amor) 라는 말의 의미를 천착한다. 그는 중세 동안에 그 말이 종종 성적인 함의 없이 사용되었으며 때로는 강한 정서적 함의조차 갖지 않았음을 지적한다. 주군

---

237) *Les Chansons de Guillaume IX duc d'Aquitaine 1071~1127*, ed. A. Jeanroy (Paris 1927), pp. 8~13.

238) 옮긴이 주: Ulrich von Zatzikoven. 랑슬로 이야기의 한 이본인 《란첼레트》 (*Lanzelet*, 1194~1200년경) 의 저자.

과 봉신 사이, 수도원의 수도사들 사이에서도 '아모르'가 운위되었던 것
이다. 귀부인들에게 구애의 노래를 불렀던 음유시인들은 정중한 방식으
로 자신들의 찬미를 표현했지만, 그때의 사랑이 반드시 성적인 사랑이라
거나 그들의 찬미가 성적인 구애라고 해석될 필요는 없다. 귀부인보다
낮은 계층의 음유시인들이 그런 구애를 한다면 너무나 위험한 일이 되었
을 것이다. 그들은 자신들이 봉건영주의 궁정에서 찬미하는 귀부인에게
반드시 정부나 유혹자였던 것은 아니다. 그리하여 벤튼은 간통자들에게
부과되었던 엄벌과 삶의 방식으로서의 궁정풍 사랑을 어떻게 조화시킬
것인가 하는 두 번째 문제를 풀고자 한다. 239)

　하지만 모든 모순들이 해소되기는 어려울 듯하다. 전반적인 성 문제에
대해서도 그렇지만, 간통에 대한 중세인들의 태도에는 모순이 많다. 궁
정풍 이야기들의 대부분에서 저자는 주군을 배신하는 간통자를 주인공으
로 삼는다. 부르주아문학은 혼외정사를 의도적으로 이상화하지 않았지
만, 도시사회에서도 음행과 간통과 사생아의 출산은 빈번했고 농촌사회
에서도 마찬가지였다. 몽타이유의 한 농부 아내는 이단재판소에서 마을
사제와 음행한 것이 죄임을 아느냐는 질문을 받자 이렇게 대답했다. "당
시에 그것은 나와 사제에게 즐거운 일이었고, 그래서 나는 그것을 죄라 생
각지 않았으며 그도 마찬가지였습니다. 이제 나는 그에게서 즐거움을 취
하지 않으므로, 만일 그가 지금 나와 관계한다면 나는 그것을 죄로 여길
것입니다."240) 여기서도 우리는 교회 규범으로부터의 일탈을 보게 된다.

　요한 호이징가는 다양한 영역에서 중세문명의 특징을 이루는 모순들을
지적한다. 특히 그는 프루아사르241) 가 샤를 드 블루아242) 에 대해 쓴 이

239) J. F. Benton, *op. cit.*; D. W. Robertson, *op. cit.*
240) "… quia hoc sibi et dicta sacerdotis placebat." *Registre de l'Inquisition de Jacques Fournier*, vol. I, p. 302.
241) 옮긴이 주: Jean Froissart (1337경 ~1405경). 프랑스 중세의 대표적 연대기 작가. 프루아사르의 연대기는 백년전쟁 전반기에 대한 중요한 사료에 속한다.
242) 옮긴이 주: Charles de Blois (1319~1364). 블루아 백작 기 드 샤티용 1세와 프랑스 왕 필립 4세의 누이 마르그리트 드 발루아 사이에 태어난 아들. 브르타뉴 공작

210

야기를 인용한다. 샤를 드 블루아는 젊어서부터 금욕적인 삶을 살았다. 어렸을 때 그는 학업에 열중했고 부친은 그런 태도가 무인에게 어울리지 않는다고 생각하여 그의 마음을 돌리려고 애썼다. 때가 되어 결혼을 하자 그는 혼례 침상 곁에 깐 거적자리에서 자곤 했다. 죽은 후 그는 항상 무장 속에 말총 속옷을 입고 있었음이 드러났다. 그는 매일 저녁 고해를 했다. 런던에서 포로 생활을 할 때도 그는 묘지를 찾아가 '데 프로푼디스'²⁴³⁾ 를 암송하곤 했다. 그의 종사²⁴⁴⁾ 는 그 무덤들에 '내 부모와 친구들을 죽이고 집을 불사른 자들'이 누워 있다고 하면서 그가 기도하는 곳에 따라가려 하지 않았다. 포로생활에서 풀려나자 그는 자기가 포로로 잡혔던 라 로슈 데리엥에서부터 트레기에²⁴⁵⁾ 에 있는 성 이브의 무덤까지 눈밭을 맨발로 순례를 하기로 결심했다. 결론적으로 프루아사르는 이렇게 쓰고 있다. "지당하고 합당하게도, 샤를 드 블루아 경은 장 드 블루아로 알려진 그의 사생아 및 기타 브르타뉴에서 온 다른 기사들 및 종자들과 함께 적과 싸우다가 죽었다."²⁴⁶⁾ 이런 모순들이 조화될 수 있겠는가?

장 3세의 질녀와 결혼하여 공작이 죽으면 그 뒤를 잇기로 되어 있었으나, 1341년 실제로 공작이 죽은 후에는 브르타뉴 계승 전쟁이 일어나 23년 동안이나 계속되었다. 필립 4세는 생질인 샤를 드 블루아를, 잉글랜드 왕 에드워드 3세는 그 경쟁자인 장 드 몽포르를 지원했다. 1344년 샤를 드 블루아는 잉글랜드군의 포로가 되어 런던탑에 갇히는 신세가 되었고, 9년 후에야 막대한 보석금을 내고 풀려났다. 긴 포로 생활 동안 경건한 생활을 했다는 이유로 1904년 복자품을 받았다.

243) 옮긴이 주: "De profundis clamo ad te domine"(깊은 곳에서 내가 주께 부르짖나이다)로 시작하는 시편 130편, 일명 '참회의 시편'을 가리킨다. 이 시편은 죽은 신자를 위한 전례적 기도에 사용되었으며, 여러 작곡가에 의해 곡이 붙여졌다.

244) 옮긴이 주: '종사'로 옮긴 squire〔écuyer (F)〕란 본래 후기 라틴어의 scutarius, 즉 '방패 드는 자'에서 온 말이다. 대개 13~14세에 종사가 되며, 기사의 방패를 드는 부관 역할을 한다. 그러다가 무훈을 인정받거나 하여 기사 서품을 받게 된다.

245) 옮긴이 주: 라 로슈 데리엥(La Roche-Derrien)과 트레기에(Tréguier)는 모두 브르타뉴 지방의 코트 다르모르(Côtes d'Armor) 현에 있는 소읍들로, 두 곳 사이의 거리는 4킬로 남짓 된다.

246) J. Huizinga, *The Waning of the Middle Ages*, pp. 184~185.

11. 사생아들

　사생아라는 문제는 미혼모의 경우에만 발생했다. 결혼한 여성의 비적출(非嫡出)[247] 자식은 비록 출생 정황이 다소 의심스럽다 하더라도 대체로 가족으로 받아들여졌으며, 사회 모든 계층에서 적출 자식으로 여겨졌다. 남편도 법도 그런 문제를 지나치게 깊이 파고들려 하지 않았으니, 남편은 불명예를 원치 않았고 법은 그런 경우 사생(私生) 여부를 입증하기가 매우 어려웠기 때문이다.[248] 연로한 '파리의 가장'이 들려주는 이야기는 그 점을 잘 말해 준다. 베네치아의 한 여인이 임종이 가까운 남편에게 자식 중 하나가 그의 친자식이 아니라고 고백했다. 그러자 남편은 아내의 명예를 지켜주기 위해 그녀를 용서했을 뿐 아니라 그녀가 어느 자식을 말하는 것인지 알려 하지 않았다.[249]

　교회의 시각에 따르면 사생아는 죄가 체현된 것이요, 음행이든 간통이든 간에 금지된 성관계의 결실이었지만 교회는 생명의 신성함과 그리스도교인의 자비의 의무를 가르쳤으므로 낙태나 영아살해에는 극구 반대했다. 이런 시각에 충실하게, 교회는 사생아에 대해 관용적인 입장을 취했다. 사생아도 결혼을 할 수 있었고, 특별관면을 받으면 성직에도 나아갈 수 있었다.[250] 교회법은 아버지가 자식을 돌볼 의무를 자연법의 일환으로 규정하고 있었으므로 결혼하지 않고 자식을 낳은 여인들도 자식의 양육을 위해 교회법정에 소송을 낼 수 있었다. 교회법정이 친부에게 자식

---

247) 옮긴이 주: illegitimate라는 말을 '비적출'(非嫡出)로 옮긴 것은, '서출'(庶出)이라는 말은 적서(嫡庶)의 대비를 전제로 하므로, bastard (사생아)까지 포함하기는 어렵기 때문이다. 문맥에 따라 적서의 대비가 필요한 곳에는 '서출', 그렇지 않은 경우에는 '사생', 모두를 포함하는 경우에는 '비적출'로 옮기기로 한다.

248) F. Pollock and F. Maitland, *op. cit.*, vol I, p. 398; *Bastardy and its Comparative History*, ed. p. Laslett, K. Oosterveen, R. Smith (London 1980), pp. 7~9.

249) *Le Ménagier de Paris*, pp. 182~185.

250) 사생아에 관한 교회법규에 대해서는 'Bâtard' in *Dictionnaire de Théologie catholique*, col. 2558.

의 양육비를 내도록 어느 정도까지 강제할 수 있었는지는 알 수 없지만, 분명 법정까지 갈 필요 없이도 아이의 부모 사이에 협의가 이루어졌을 것이다. 251) 사생아에 대한 세속법도 교회법의 취지에 따라 제정되었으나 지방에 따라 달랐고, 특히 계승 및 상속권, 친부의 이름을 쓰는 권리에 관한 규정에서 차이가 났다. 252) 사생아에 관한 법이 지방법, 도시법, 왕의 법령 및 길드의 규정에 나타난다는 사실은 사생아들이 드물지 않았음을 시사한다.

교훈문학도 법의 정신을 반영한다. 프란체스코 다 바르베리노253) 는 여성들을 대상으로 한 저작에서, 만일 남편이 서출(庶出) 자식을 낳으면 아내가 거두어야 한다고 썼다. 과부가 되어도 자기 자식을 키우고 고인이 된 남편의 영혼을 위해 기도할 뿐 아니라 그가 낳은 서출 자식들까지 돌볼 의무가 있었다. 254) '파리의 가장'은 이상적인 행동의 예로 파리의 한 법률가의 아내에 관한 이야기를 들려준다. 그녀의 남편은 한 가난한 여인에게서 서녀(庶女) 를 낳았다. 아이는 유모의 손에 자랐지만 어느 단계에서 아이 아버지는 유모와 말다툼을 벌였고, 유모는 사실을 폭로하겠다고 위협했다. 이 사실을 알게 된 아내는 유모와 타협을 했다. 아이가 자라자 재봉사에게 맡겨 일을 배우게 했고, 나중에는 신랑감을 구해 결혼시켜 주었다. 255)

이미 지적했듯이 사생아 출산은 사회 모든 계층에 흔했다. 그레고리우스 개혁 이전 시기에는 많은 성직자들이 사생아를 낳았고, 이들은 항상 모친의 성을 따랐다. 개혁 후 성직자들의 독신조항이 강화되자 성직자들의 사생아 수는 현저히 줄어들었지만 아주 근절된 것은 아니었다. 256) 우

---

251) R. H. Helmholz, *op. cit.*, p. 108.

252) *Recueil général des anciennes lois françaises*, vol. I, p. 848; *La Très anciennes coutume de Bretagne*, pp. 258~261, 479, 506; F. Pollock and F. Maitland, *op. cit.*, vol. II, pp. 397~398; M. Bateson, *Borough Customs*, vol. II, p. 135.

253) 앞의 주 158 참조.

254) A. A. Heutsch, *op. cit.*, p. 113.

255) *Le Ménagier de Paris*, pp. 182~185.

리는 종종 12세기와 13세기의 장부에서도 어떤 사람의 이름 곁에 '사제의
아들'이라는 주석이 붙은 것을 보게 된다. 257) 링컨셔 법정의 기록부에는
사제들의 '계보'까지 기록되어 있다. 사제의 사생아로 태어나 사제가 된
사람의 조카가 나타나 그 유산을 요구했던 것이다. 258) 14세기까지도 프
랑스 남부의 피레네 지방과 카탈루냐의 사제들은 북부 지방의 사제들보
다 훨씬 더 공개적으로 여자와 동거했다. 259) 14세기 프랑스에서 영아살
해로 고발된 여자들에게 주어진 관면장 중 하나는 사제의 동거녀에게 주
어진 것이었다. 그녀는 그의 집에 살면서 그의 자식을 낳았는데, 그가 갓
난아이를 죽이라고 강요했던 것이다. 260)

  사생아 출산은 시골의 하급 성직자들에게만 국한된 일이 아니었다. 존
오브 솔즈베리261)는 하드리아누스 교황에게 보내는 편지에서 월켈린 부
주교가 교황을 방문하고 잉글랜드로 돌아오던 중에 그의 동거녀가 아들
을 낳았으며 그래서 아이의 이름을 하드리안이라 지었다고 썼다. 그는 다
시 임신한 동거녀를 두고 떠났는데, 만일 둘째 아들이 태어나면 아버지가

---

256) 시토회 수도원장 아엘리드 오브 리보(1109년 출생)는 사제의 아들이었는데, 그
    의 아버지 역시 결혼한, 유식하고 존경받는 사제들의 긴 계보에 속했다. *The
    Line of Ailred of Rievaulx* by Walter Daniel, ed. M. Powicke (London 1950),
    p. xxxvi.
257) "Nicholaus filius sacerdotis", in W. O. Ault, 'Village assemblies in medieval
    England' in *Album Helen M. Cam, Studies Presented to the International
    Commission for the History of Representative and Parliamentary Institutions
    XXIII* (Louvain 1960), vol. I, p. 15.
258) *The Earliest Lincolnshire Assize Rolls, 1202~1203*, ed. D. M. Stenton
    (London 1926), pp. 69, 105.
259) E. Le Roy Ladurie, *op. cit.*, pp. 138~140.
260) Y. B. Brissaud, *op. cit.* 콜마르의 사제가 두었던 정부와 그들의 후손에 관해서
    는 *Annales Colmarienses Maiores*, MGHS vol. XVII, p. 231.
261) 옮긴이 주: John of Salisbury(1115경~1180). 당대의 가장 뛰어난 라틴 학자들
    중 한 사람. 프랑스의 성당 학교들에서 공부했으며, 1148년 이후 교황청 관계
    임무들을 수행했다. 1163년에는 헨리 2세의 미움을 사서 프랑스로 추방되었다
    가 1170년에야 화해가 이루어져 귀국했다. 1176년에 샤르트르 주교가 되었다.
    《폴리크라투스》(*Policratus*), 《메탈로지콘》(*Metalogicon*) 등의 저서가 있다.

214

간 순례지의 이름을 따서 베네벤토라 짓고, 딸을 낳으면 하드리아나라 지으라고 했다는 것이다. 존은 이렇게 감탄한다. "로마 교황에게는 얼마나 신실한 벗입니까. 죄 가운데서도 교황을 잊지 않고 죄의 결실에 교황의 이름을 붙이다니 말입니다."262) 일리 주교 나이젤은 왕실의 중요한 재무관이기도 했는데, 그에게 사생아 아들이 있었다. 이 아들은 런던 주교가 되었으며, 《스카카리오의 대화》(Dialogus de Scaccario) 라는 책도 썼다.

이탈리아와 에스파냐 남부 및 포르투갈의 도시들에서는 동방과 아프리카에서 온 노예 여자들에게서 사생아가 태어났으며, 종종 적출 자식들과 마찬가지로 아버지의 이름을 물려받았다. 263) 어떻든 모친이 노예이므로 사생아라고 해서 지위가 더 나빠질 것이 없었고, 오히려 그 반대였다. 잉글랜드와 프랑스의 여러 도시의 법규들은 사생자의 권리와 시민권 및 상속권에서 부과되는 제약을 명시하며, 264) 기록부들에는 비적출 자식들과 그들의 상속 문제에 관한 여러 소송 사례들이 남아 있다. 파리 고등법원의 한 법률가는 법정을 통해 자기 사촌과 그들 공동의 사생아 딸에게 유산을 남겼다. 265) 파리의 한 부르주아는 서녀를 자기 자식으로 인정했고 그녀를 적출로 인정받는 데 성공하여 자기 계층의 일원과 결혼시키고 재산의 일부를 유언으로 남겨 주었다. 이것이 그의 친척들의 분노와 탐욕을 불러일으켜, 그가 죽은 후 그들은 그녀가 유산을 받지 못하도록 방해하는 데 성공했다. 266) 피렌체의 한 상인의 형제는 형의 서녀인 10세 소녀를 키우는 것을 자기 의무로 여기고 시칠리아로부터 피렌체로 데려갔다. 267)

---

262) *The Letters of John of Salisbury*, p. 25.

263) J. Heers, *Le Clan familial au Moyen Âge* (Paris 1974), pp. 75~76.

264) *Beverly Town Document*, ed. A. Leach (Selden Society, London 1900), p. 11; Heath Dillard, *op. cit.*, p. 81.

265) H. Regnault, *La Condition juridique du bâtard au Moyen Âge* (Pont-Audemer 1922), p. 124.

266) M. Harsegor, "L'essor des bâtards nobles au XVᵉ siècle", *Revue historique* CCLIII (1975), p. 349.

267) D. Herlihy and C. Klapisch, *op. cit.*, p. 577. 이탈리아의 좀더 많은 예는 *The Society of Renaissance Florence. A Documentary Study*, ed. G. Brucker (New

런던의 한 상인은 서녀에게 적으나마(10파운드) 결혼지참금을 주었으며, 그녀는 리처드 2세의 종사 중 한 명과 결혼했다.[268] 메츠 지방의 한 서녀는 죽으면서 자신의 합법적인 두 아들에게 재산을 남겨 주었다.[269]

귀족계급에도 수많은 사생아들이 있었다. 존 오브 곤트[270]는 정부에게서 네 명의 자식을 낳았다. 솔즈베리 백작[271]은 서자를 양육하고 결혼시키도록 상당한 재산(500마르크)을 남겨 그가 유족한 향신 계급에 들어갈 수 있게 했다. 존 오브 곤트도 서출 자식들이 적출로 인정받아 귀족사회에 받아들여질 수 있도록 애썼다.[272] 15세기 초 프랑스 귀족사회에서 서자들은 유력한 지위를 획득했다. 어떤 이들은 대주교나 주교가 되었고 정계나 군대에서 고위직을 차지했다. 이런 현상은 귀족계급이 점점 강해지는 군주제에 맞서 자기 위상을 확고히 하기 위해 자기 계급 내에서 가능한 한 많은 인원을 확충하려 했다는 사실에 비추어 설명될 수 있을 것이다. 이런 목적을 위해 서자들도 동원되었으며,[273] 이 같은 상황은 16세기까지 지속되었다. 그러나 상황이 때로 비적출자들에게 호의적이라고는 해도 사회적 격변이나 가문 내의 상황 변화에 따라 그들의 지위가 흔들릴 수도 있었다는 것은 자명한 일이다.

York 1971), pp. 40~42; *Acta Sanctorum*, April I(Paris-Rome 1866), p. 516.

268) S. Thrupp, *The Merchant Class of Medieval London*(Michigan 1968), p. 263.

269) *Le Droit coutumier de la ville de Metz au Moyen Âge*, p. 265.

270) 옮긴이 주: John of Gaunt(1340~1399). 제 1대 랭카스터 공작. 잉글랜드 왕 에드워드 3세의 아들로 1340년 강(겐트, 곤트)에서 태어났기 때문에 그렇게 불린다. 미성년으로 왕위에 오른 조카 리처드 2세에게 막강한 영향력을 행사했다. 1359년 사촌간인 블랑슈 오브 랭카스터와 결혼했으나 1368년 상처했고, 1371년 카스티야 왕 페드로의 딸인 콘스탄스와 결혼했다. 그 사이에 정부 캐서린 스윈포드에게서 네 명의 자녀를 낳았고, 1394년 콘스탄스가 죽자 1396년 캐서린과 결혼하여 서출 자식들을 적출로 만들었다.

271) 옮긴이 주: 문맥상 존 오브 곤트와 비슷한 시기에 살았던 솔즈베리 백작은 아마도 에드워드 3세의 충신 윌리엄 몬태규(William Montagu, alias Montacute, 1301~1344)를 가리키는 듯하나 확실치 않다.

272) J. T. Rosenthal, *op. cit.*, pp. 34~91.

273) M. Harsegor, *op. cit.*, pp. 348~349.

군소귀족계층의 구성원들도 때로는 비적출 자식들을 인정했다. 어떤 기사는 서녀에게 봉토를 물려주었는데, 친척들이 그녀에게서 그것을 빼앗으려 했으므로 다툼이 법정으로 비화되었다. 274) 도시민 및 귀족의 서녀들은 서자들과 대등한 대우를 받았으나, 프랑슈 콩테 지방의 군소귀족계층에서는 서출 아들만이 유산을 상속받을 수 있었다. 275) 아울러 귀족의 서자들은 전적으로 친부의 호의에 운명이 달려 있었으므로 그의 특별한 조수나 심부름꾼이 되기도 했다. 서출 딸들은 그런 식으로 친부에게 도움이 될 수는 없었지만, 아들이건 딸이건 서출 자식들은 대개 친부의 보살핌을 받았고, 적출 자식들도 서출 형제를 돌보았다. 잉글랜드에는 귀족과 고위 성직자의 사생아 딸들에 대해 친부들이 지참금을 내고 출생상의 결함(defectus natalium)을 극복하는 데 필요한 관면을 얻어 장차 수녀원장이 될 수 있도록 보장한 기록들이 남아 있다. 276)

농부계층에도 수많은 사생아가 있었다. 버밍햄 근처 헤일즈오웬의 장원법정 기록부를 기초로 한 연구에 의하면 14세기 전반기에는 비적출 빈도가 상당히 높았던 것으로 보인다. 농부계층에서는 여성의 경제적 지위와 사생아 출산 사이에 명백한 연관이 있었다. 결혼하지 않고 자식을 낳는 여성들 대부분은 마을에서 가난한 축에 속했다. 부유한 집안의 딸들은 이른 나이에 결혼했고, 집안에서도 그녀들을 가난한 집안의 딸들보다 더 엄격히 감독했을 것이다. 가난한 집안의 딸들은 농사일의 품팔이 일꾼이나 하녀로 생계를 벌기 위해 집을 떠나기도 했고, 그래서 혼외 성관계를 가질 가능성이 더 커졌다. 법정 기록부들이 보여주듯이 정혼한 남녀가 이미 남편과 아내로 함께 살았음에도 불구하고 때로 혼약이 깨지는 경우도 있었다. 유족한 집안에서는 남자가 정혼한 여자와 결혼하도록 종용하여 사생아가 태어나는 것을 막기가 좀더 쉬웠을 것이다. 설령 강제로 결혼시키지는 못한다 하더라도 가난한 부모보다는 좀더 쉽게 딸을 위

274) H. Regnault, op. cit., p. 123.

275) J. Heers, op. cit., p. 82.

276) E. Power, Medieval English Nunneries, p. 31.

해 대리 남편을 구해 줄 수 있었을 것이다.

헤일즈오웬의 기록부를 통해 그려지는 그림은 다른 영역에서도 특징적이다. 부모의 집을 떠나 먼 곳에 일하러 간 가난한 미혼여성에게 태어난 사생아 중 대부분은 태어나자마자 죽었지만, 아이가 살아남고 여자가 나중에 결혼하게 되면 아이는 새 가족의 일원으로 받아들여졌다. 잉글랜드의 농촌 공동체들은 사생아를 내치지 않았고, 적출 자식들이 서출을 내쫓으려 하면 서출 편을 들기까지 했다. 1348년의 대대적인 흑사병 창궐 후에는 헤일즈오웬에서 사생아 수가 급격히 줄어들었다. 전반적으로 인구가 감소했고 토지는 경작되지 않은 채 버려졌으며 살아남은 자들은 아들들에게 땅을, 딸들에게는 지참금을 주어 결혼시키기가 더 쉬워졌다. 사생아들은 전보다 적게 태어났지만 혼외의 자식을 낳는 과부들은 더 많아졌다. 더 이상 땅이 부족하지 않았으므로 아무리 부유한 과부라 해도 굳이 과부와 결혼할 이유가 없었던 것이다. 277) 13세기 말과 14세기 초 피레네 산지의 작은 마을 몽타이유에서는 상당수의 어린이들이 사생아였다. 사생아 딸들은 대개 하녀로 일하다가 마을에서 가장 가난한 농부들과 결혼했다. 어떤 친부들은 서자를 인정하듯 서녀도 자기 자식으로 인정했다. 잉글랜드 마을들에서 그렇듯이 마을에서 가장 가난한 여자들이 사생아를 낳았다. 한 하녀의 사생아 딸은 유모의 손에 자랐으며 나중에 농부와 결혼한 기록이 남아 있다. 사생아를 낳은 또 다른 여성은 하녀이자 한 농부의 정부였다. 그녀는 언젠가 그가 자기와 결혼해 주기를 바랐지만 그 소망은 이루어지지 않았다. 278)

사생아를 낳은 여성보다는 사생아 딸에 대해 더 많은 자료가 남아 있다. 농부계층에서 사생아를 낳은 여성은 대개 직접 아이를 키우다가 나

277) Z. Razi, *op. cit.*, pp. 65~71, 138, 139. 13세기 서포크주(州) 리킹홀의 사생아들과 관련된 사건에 대해서는 R. Smith, "A note on network analysis in relation to the bastardy-prone subsociety", *Bastardy and its Comparative History*, pp. 240~246.

278) E. Le Roy Ladurie, *op. cit.*, pp. 61, 73~74, 76, 78, 91.

218

중에 자기 계층의 남자와 결혼했지만 남편감이 언제나 있었던 것은 아니다. 잉글랜드 마을들에서는 작은 토지 자산을 가지고 어느 정도 경제적으로 독립한 노처녀들이 결혼하지 않고 자식을 낳아 혼자서 기르는 일도 있었다. 헤일즈오웬의 기록에도 양조 일을 하여 두 딸과 자기 자신의 생계를 꾸려나가는 밀리센치아라는 이름의 미혼여성, 바늘을 만들며 딸과 자신의 생계를 꾸리는 줄리아나 볼이라는 미혼여성 등의 이름이 올라 있다. [279)]

유족한 도시민계층 및 귀족계급에서는 비적출 자식들이 태어나면서부터 곧바로 책임을 지는 친부들도 있었다. 유식한 법률가 보마누아르는 한 할머니가 친부에게 맡겨진 사생아를 유모에게 넘기도록 요구한 사례에 대해 언급하고 있다. [280)] 그런 사례가 언급되었다는 사실은 그것이 드문 현상이 아니었음을 시사한다. ‘파리의 가장’은 서출로 태어난 갓난 딸을 유모에게 넘겨주는 한 남자의 이야기를 들려준다. 귀족들(예컨대 존 오브 곤트)은 때로 정부와 딸린 자식들을 부양하기도 했다. 친부가 사생아를 자식으로 인정하지 않는 경우 사생아를 낳은 여자들에게 닥친 운명에 대해서는 알 수가 없다. 설령 친부가 의무를 인정한다고 해도 여자가 공식적인 정부가 아니고 사생아를 낳았다는 사실을 숨기지 못한 경우에는 어떻게 되었는지? 여자의 집안에서는 어떤 반응을 보였으며, 사생아를 낳은 후 결혼할 가능성은 얼마나 되었는지? 글랜빌에 따르면 아직 후견을 받아야 하는 나이에 ‘음란한’ 여자는 상속권을 잃게 되었다. 프랑스에서는 결혼 전에 출산한 귀족 여성은 법률상 폐적되었다(혼외의 자식을 낳은 남성에 대해서는 이에 상응하는 법규가 없었다). [281)] 잉글랜드에서는 헨리 1세의 헌장이 과부가 음행과 간통죄를 범하지 않는 한에서 과부재산을 누리도록 정하고 있다. [282)] 이 법규는 주군이 미혼여성이나 과부의

279) Z. Razi, *op. cit.*, p. 70.
280) P. de Beaumanoir, *op. cit.*, vol. II, §1813.
281) *Recueil général des anciennes lois françaises*, vol. I, p. 380.
282) W. Stubb, *op. cit.*, p. 118, §4.

자식을 자신의 봉토 보유자로 받아들일 의무가 없음을 보장한 것이다.

가족은 탈선한 딸을 결혼시키거나 아이와 떼어놓고 수녀원에 보내려 했으리라고 추정할 수 있다. 《결혼의 열다섯 가지 기쁨》의 저자는 한 여자가 죄를 범하고 남자와 달아났다가(그녀가 사생아를 낳았는지는 명시되지 않았다) 돌아와서 부모의 명령으로 자기보다 신분이 낮은 남자와 결혼하는 이야기를 소개한다. 이런 해결은 미혼여성이 사생아를 낳은 경우에도 적용되었을 것이다. 그러나 모든 여성이 혼자 힘으로 사생아를 키울 만큼 강인한 성격을 지니지는 못했다. 14세기와 15세기에 프랑스에서 허가된 사면장들은 농촌지역에서 사생아로 태어난 영아들이 살해되었음을 말해 주며, 이런 현상은 중세 후기 독일의 몇몇 지방과 피렌체에서도 일어났다.

사면장들283) 에 명시된 영아살해의 모든 사례는 농민계층 여성들이 저지른 것이었다. 순간적인 두려움과 착란의 결과로 행해지는 영아살해는 종종 잔인하고 충격적이었으며, 어떤 경우에는 갓난아기를 그대로 내버려 두어 죽게도 했다. 모든 사면장에서 이런 여성들은 자신이 수치감과 공포에 내몰렸다고 진술하고 있다. 경제적 어려움이나 아이를 키우는 데 따른 어려움을 이유로 든 경우는 없었다. 남녀 모두가 음행이나 간통에 연루되었던 행위에는 수치를 느끼지 않고 단지 사생아라는 결실만을 수치로 여겼던 것 같다. 이런 태도를 잘 보여주는 것은 한 사면장에 담긴 이야기로, 1년 반 동안 자기 집에 공개적으로 여자를 데리고 살았던 한 사제에 관한 것이다. 그는 갓난아기의 울음소리를 듣고서야 비로소 자신의 명예에 대해 두려움을 느끼기 시작했고, 그래서 구덩이를 파고 슬픔과 고통으로 반쯤 실성하다시피 한 여인을 강요하여 아기를 그 안에 던져 넣게 했다. 또 다른 사례는 부모가 너무 가난해서 신랑감을 구해 주지 못한

---

283) 이런 사면장들은 왕실 상서국에 의해 부여되었고, 영아살해를 범한 여성이 적법하게 재판 받고 유죄선고를 받은 경우 그녀에게 내려진 벌을 면해 주었다. 사면장들은 재판관의 심리 후에 그의 서면 증언에 의거하여 부여되었다. 이런 사면장들에는 피고인의 자세한 신원과 아이를 죽이거나 유기한 경위가 실려 있다.

220

한 미혼여성이 남자와 정분이 나서 아기를 가진 경우이다. 부모는 그녀가 임신한 것을 눈치 채고 아기를 낳게 했으나, 그녀는 임신사실을 부인하고 몰래 아이를 낳아 죽여 버렸다.

금지된 성관계가 아니라 사생아를 낳는 것이 치욕이라는 사고방식은 몽타이유 마을의 사제가 정부인 군소귀족계층의 베아트리스 플라니솔에게 한 말에도 반영되고 있다. "나는 당신 아버지가 살아 계신 한 당신에게 아이를 갖게 하고 싶지 않소. 그것은 그에게 큰 수치가 될 것이기 때문이오."284) 이런 윤리는 개인의 죄의식이 아니라 무엇이 수치인가에 대한 공동체의 합의에 의거해 있다(최근 연구에 의하면 오늘날도 사람들은 미혼여성이 사생아를 낳는 것보다는 혼외정사를 갖는 것을 더 쉽게 받아들인다고 한다). "두려움과 수치 때문에"라는 표현은 미혼여성, 과부, 기혼여성이 한결같이 드는 이유이다. 기혼여성은 아이의 친부가 누구인가를 더 이상 숨길 수 없을 경우 남편이 격분할 것을 두려워했다.

임신 및 출산 여건은 열악했다. 대부분의 여성들이 출산 후 몇 시간 만에 일터로 돌아갔다. 어떤 미혼여성들은 자기가 임신한 것도 알지 못했고, 그래서 출산은 끔찍한 충격으로 다가왔다. 그녀들은 맨 땅에서 아이를 낳았고, 아이가 살아서 태어나도 금방 죽었다. 많은 여성들이 아이를 죽이기 전에 손수 세례를 주고자 했고, 이것이 행위의 끔찍함을 한층 더 해 준다. 그러나 그녀들은 마땅히 그렇게 해야 했으리라고 추정된다. 어미가 아이에게 세례를 주었는가, 아닌가에 따라 사면 여부도 정해졌기 때문이다. 어떤 여성들은 분명 아이에게 세례를 주지 않고서 주었다고 주장하기도 했을 것이다. 영아살해가 드러나고 어미가 발각되면 화형 당하거나 산 채로 매장 당했다. 13세기 법은 영아살해를 우발적인 것으로 간주할 만한 초범의 경우와 상습적 범행자임을 입증해 주는 재범 이상의 경우를 구별했다. 14세기에는 이런 구분이 사라졌으나 순간적 분노나 무지에서 비롯된 예기치 않은 살인과 미리 계획한 살인은 여전히 구별되었

284) *Registre de l'Inquisition de Jacques Fournier*, vol. I, 43ab, pp. 243~244.

다. 후자의 경우 처벌은 화형 또는 생매장이었다. 선고된 형벌은 종종 잔인하게 시행되었으며, 특히 독일과 프랑스 동부 인근지역에서 그러했다. 15세기 메츠에서는 집행관이 여자의 손을 밧줄로 묶어 말뚝에 매어놓았다. 화형이 시작되어 여자가 질식해 죽어가면 팔에 목제 인형이 안겨지고 아이의 모습을 담은 표찰이 목둘레에 감겨졌다.

사면장은 선서로 확인한 몇 가지 진술에 근거하여 발행되었다. 피고인은 이미 감옥에서 2~3년을 보냈다는 것, 그녀의 과거에는 오점이 없었다는 것, 갓난아기를 죽이려 한 것이 아니라 감추려 했다는 것, 그녀 자신이 너무 어렸다는 것, 다른 사람의 강요를 받았다는 것(사제의 아이를 낳은 여자의 경우처럼), 그 후로 금식과 기도로 회개해 왔다는 것, 또는 부모가 가난해서 신랑감을 구해 주지 못한 경우에는 다시는 그런 길에 들어서지 않겠다는 것 등이었다. 한 사건에서는 피고인이 이미 여섯 자녀를 두었고 감옥에서 2년을 지냈으며, 만일 처형된다면 그녀의 자식들을 돌볼 사람이 없으리라는 것도 진술 내용에 들어갔다. 285)

태중의 사생아를 낳기가 두려운 여자들은 두려움과 절망 속에서 임신과 출산과 영아살해에 이르는 과정을 홀로 치러냈다. 사면장들을 보면 아이 아버지가 한 역할이라고는 앞에서 인용한 사제의 경우처럼 여자에게 아이를 죽이라고 강요하거나 아이를 사산시키기 위해 여자에게 폭력

285) Y. B. Brissaud, *op. cit.*, pp. 229~256. 잉글랜드의 사례는 B. A. Hanawalt, "The female felon in 14th century England", *Women in Medieval Society*, ed. S. Mosher-Stuard(Pennsylvania 1976), p. 130에 묘사되어 있다. 프랑스의 또 다른 경우에 대해서는 M. Harsegor, *op. cit.*, p. 347을 참조. 루이 9세의 입법에 관해서는 *Recueil général des anciennes lois françaises*, vol. I, pp. 401~402. 혼외 성관계 및 사생아 출산에 관한 다양한 반응에 대해서는 C. Vincent, *Unmarried Mothers*(New York 1961), pp. 3~5. 잉글랜드에서는 최소한 지금까지 알려진 바로는 영아살해가 드물었다. B. A. Hanawalt, "Childrearing among the lower classes of late medieval England", *Journal of Interdisciplinary History VIII*(1977), p. 9. 피렌체의 경우는 R. C. Trexler, "Infanticide in Florence: new sources and first results", *History of Childhood Quarterly I*(1973~1974), pp. 98~116.

을 휘두른 것밖에 없었다(주인의 아이를 임신한 하녀, 아내를 무자비하게 구타한 남편의 경우나 임신사실을 인정하기를 거부하는 하녀를 구타한 주인의 경우처럼). 남자가 여자를 돕고 지원한 사례들은 물론 법정까지 오지 않았을 터이므로 그런 남자들에 대해서는 알 길이 없다.

12. 피 임

피임은 그리스·로마 시대에 그랬듯이 중세에도 알려져 있었다. 로마인들의 의학 저술을 통해, 그리고 라틴어로 번역된 그리스 및 이슬람의 저술들을 통해 로마인들에게 알려진 모든 피임방법은 중세 전성기에도 분명 알려져 있었을 것이다. 톨레도의 게라르도 다 크레모나[286] 학파는 아비센나[287] 와 라제스[288] 의 의학저작들을 번역했는데, 이들 이슬람 학자들은 아리스토텔레스, 히포크라테스, 그리고 에페소스의 소라누스[289] 등에게 이미 알려져 있던 몇 가지 유형의 피임법에 언급한 바 있다. 즉 식물에서 추출한 다양한 탕제들, 성교 전이나 직후에 자궁에 넣는 액체들,

---

286) 옮긴이 주: Gherardo da Cremona(Gerard of Cremona, 1114~1187). 아랍 과학 연구자이자 당대에 가장 활발하게 활동한 번역자였다. 당시 1085년 이슬람 세력으로부터 탈환된 톨레도는 그리스도교 세계에 고대 학문이 유입되는 관문이자 대규모 번역 사업의 중심지였다. 게라르도는 프톨레마이오스의 천문학에 매료되어 톨레도로 가서 《알마게스트》를 비롯하여 아비센나의 전작 등 그리스어 및 아랍어로 된 70여 권의 주요 과학 저술을 라틴어로 번역했다. 그의 번역은 로저 베이컨, 알베르투스 마그누스, 토마스 아퀴나스, 코페르니쿠스 등의 학문에 토대를 제공한 것으로 평가된다.

287) 옮긴이 주: Avicenna/Ibn Sana(980~1037). 페르시아 의사로, 이슬람 세계의 가장 고명한 철학자, 과학자, 신비가. 그의 사상은 신플라톤주의적 아리스토텔레스주의를 보여준다.

288) 옮긴이 주: Rhazès/Rhazi(860경~923경). 이란 출신 이슬람 의사, 철학자.

289) 옮긴이 주: Soranus Of Ephesus. 2세기경 알렉산드리아 및 로마에서 활동한 그리스 의사. 특히 산부인과와 소아과 전문이었다. 《산파술과 부인병》에서 피임방법을 묘사했다.

성교 후에 여자들이 시행하는 체조들, 그리고 남성의 생식기에 바르는 연
고 등이었다. 또한 '오난의 행위'로 알려진 중절 성교(*coitus interruptus*)
와 '부자연스러운 관계들'도 알려져 있었다. 다양한 피임방법들은 알베르
투스 마그누스, 아르나우 데 빌라노바, 290) 기타 의과대학에서 연구되었
던 저자들의 의학 저술에 백과사전적으로 상세히 열거되었다.

신학자들도 피임법을 사용하는 문제에 대해 길게 논했으며, 그것을 중
죄로 쳤다. 도덕적으로 말해 그것은 절제하지 않은 음욕을 반영하는 것
으로 간주되었으며 살인이나 이교도의 흑마술만큼이나 중한 죄였다. 피
임은 주로 음행 및 간통과 연관되었지만 결혼한 부부가 피임을 하는 것은
한층 더 가증스러운 죄악으로 여겨졌다. 혼외 성교는 그 자체가 죄였고,
자손번식을 피하는 것은 간통 및 음행의 죄에 단순히 더해질 뿐이었다.
그러나 혼외 성교에서 피임을 하는 것은 사생아를 낳거나 낙태나 영아살
해를 저지르는 것보다는 오히려 나았다. J. L. 플랑드랭이 지적했듯이
피임을 정죄하는 신학자들의 연상적 맥락에 따르면, 피임은 성적인 망
상, 쾌락, 불임에 병행하며, '자연적 관계'는 쾌락이 없는 대신 자손을 낳
게 된다는 것이었다. 291) 하지만 성적인 행위를 이처럼 양분하는 것은 종
종 현실과 어긋났으며, 그 증거가 사생아 출산이었다.

피임 지식은 중세 전성기에 널리 알려져 있었던가? 그리고 널리 실행
에 옮겨졌던가? 또는 몇몇 로마 가톨릭 역사가들이 입증하려 해왔듯이
사람들은 교회의 금지 때문에 그런 방법을 안다 해도 실천에 옮기지는 않

---

290) 옮긴이 주: Arnaldus de Villanova(1240경~1311). 에스파냐의 연금술사, 내과
　　의사, 점성술사. 아라곤 궁정을 섬기다가 파리로 가서 상당한 명성을 누렸으나,
　　성직자들의 반감을 사서 도피, 시칠리아에서 피난처를 찾았다. 1313년경 교황
　　클레멘스 5세의 부름을 받고 아비뇽으로 가던 중 죽었다. 《철학자의 장미정
　　원》(*Rosarius Philosophorum*)을 위시한 많은 연금술 저작들이 그의 것으로 추정
　　된다.

291) F. L. Flandrin, "Contraception, mariage et relations amoureuses dans
　　l'Occident chrétien", *Annales ESC XXIV*(1969), pp. 1370~1390. 같은 저자의
　　"Mariage tardif et vie sexuelle", *Annaels ESC XXVII*(1972), pp. 1351~1376도
　　참조.

224

았던가?[292] J. T. 누난은 피임에 관한 가톨릭 신학자 및 교회법학자들의 견해에 관한 광범한 연구에서 중세사회에서 피임이 어느 정도로 시행되었던가를 논하고 있다. 그가 보기에 피임은 중세문명에서 나름대로 역할을 하기는 했지만 사회-인구학적인 위협으로 간주될 정도는 아니었다. 그것은 인구 안정에 제한된 영향을 미쳤을 뿐이며, 인구가 조절된 것은 주로 높은 사망률 덕분이었다. 14세기까지 피임을 사용한 것은 소수였음이 거의 확실하며, 특히 혼외관계에서 사생아 임신을 막기 위해서였다. 경제적 이유로 혹은 출산율을 낮추기 위해 피임이 널리 시행되지는 않았다. 그러나 저자는 확실한 통계가 없다는 점을 강조한다. 당연한 일이지만 이런 문제는 법정에서 논의되지 않았고, 교회법정의 기록들은 피임으로 기소된 사례를 다루고 있지 않다. 피임법의 사용은 다양한 고해 지침서에서는 언급되지만 얼마나 많은 사람들이 그런 죄를 고해했는지는 알 길이 없다.

그러므로 저자가 인용한 몇 가지 사실에 비추어 피임이 널리 시행되지 않았으리라고 결론지을 수 있을 뿐이다. 약제사들을 위한 지침서들은 다양한 약초들에 관한 정보를 담고 있지만 피임에 대해서는 거의 언급하고 있지 않으며, 따라서 약제사들이 피임용 탕제를 파는 일은 흔치 않았으리라고 추정할 수 있다. 당대 문학작품들은 피임에 대해 언급하지 않으며, 일반적인 죄를 정죄하는 작품들에서도 마찬가지이다(유일한 예외는 《캔터베리 이야기》에 나오는 사제의 이야기로, 이 이야기의 화자는 피임 관행에 대해 언급하고 있다). 세속법에서도 피임은 거의 언급되지 않으며, 다만 세속법규는 동성애 등의 문제에 관해 교회의 입장을 반영하고 있다. 그래서 이탈리아의 몇몇 도시들에서 재속 신도회들은 이단을 색출하듯 동성애자를 색출하는 것을 임무의 일환으로 여겼다.[293]

이미 보았듯이 신학자들은 피임을 가장 가증스러운 죄로 분류했지만 교회법은 이런 신학적 입장을 그대로 반영하지는 않는다. 교회법이 제시

292) M. Riquet, "Christianisme et population", *Population IV* (1949), pp. 615~630.
293) M. Goodich, "Sodomy in medieval secular law".

한 가장 엄격한 벌은 결혼취소였으며 그보다 좀 덜한 벌은 신체적 별거 내지는 여성에게 결혼의 의무를 다하지 않아도 될 권리를 허락하는 것이었다(교회법이 '명한다'기보다 '제시한다'고 한 것은 지금까지 알려진 바로는 남자도 여자도 피임을 했다고 해서 실제로 고발되지는 않았으며 법도 결코 강화되지 않았기 때문이다). 이처럼 비교적 관대한 벌과는 대조적으로 동성애나 수간에 대한 벌은 죄인을 세속 당국에 넘긴 후 화형에 처하는 것이었다. 피임에 대해 비교적 관대했던 것은 그것이 사회 전체를 위험에 빠뜨릴 만큼 널리 퍼진 관행이 아니라고 간주되었음을 시사한다. 사생아 출산이 드물지 않았다는 사실은 혼외관계에서도 피임이 항상 시행되지 않았음을 말해 준다.

그러나 중세 전성기 동안, 그리고 특히 중세 후기에는 피임이 제한적으로 사용되었음을 말해 주는 사실들도 있다. 14세기의 첫 사분기에 도미니코회 신학자 피터 플로드는 어떤 남자들이 부양할 수 있는 것보다 더 많은 자식을 낳지 않기 위해 '오난의 행위'를 하고 있다고 지적한다. 14세기 후반기와 15세기 전반기에도 몇몇 설교자들이 같은 비난을 반복한다. 당대의 인구장부는 가난한 가정의 자녀수와 도시 및 촌락의 부유한 가정의 자녀수 사이에 상당한 격차가 있음을 보여준다. 물론 이런 현상에는 여러 가지 이유가 있었을 것이다. 부유한 가정의 아이들은 영양 상태가 좋고 보살핌을 받았으며 그래서 가난한 가정의 아이들보다 생존확률이 높았을 것이다. 또 부유한 집안의 자녀는 더 일찍 결혼했으며, 따라서 남녀 모두 가임기간을 더 많이 활용할 수 있었다. 아마 자녀들을 호적에 올리는 일에도 더 적극적이었을 것이다. 한편 피임 내지 중절 성교는 가난한 자들에 의해 시행되었을 것이며, 그 때문에 자녀수의 격차가 한층 더 벌어졌을 수도 있다. 돈이 없어서 결혼하지 않는 독신자들을 비난하는 설교자들이 그들을 음행, 간통, 동성애 등으로 질타하기는 하되 사생아를 낳는다고 비난하지는 않았다는 점이 흥미롭다. 설교자들이 아마도 과장하기도 했겠지만 모든 독신자들이 홀몸으로 지냈을 리는 없으므로 만일 그들이 성관계를 갖되 사생아를 낳지 않았다면 분명 피임을 했을 것이다. 교회 및 세속법정의 기록에는 사생아 출산으로 이어지지 않은 간통 및 음행 사건들이 있으니, 기소된 자들 중 적어도 일부는 피임을 했으리라고 추정할 수 있다. [294]

피임 및 그것이 여성에게 갖는 함의라는 문제는 다음과 같이 요약될 수 있다. 즉 교회는 결혼제도에 위반되는 죄, 성적인 죄 전반에 대해서 그랬듯이 피임에 대해서도 남녀 모두에게 같은 원칙을 적용했다. 그러나 고해 지침서들을 통해 확인된 바에 의하면 피임은 특히 여성들의 죄로 간주되었음이 분명하다. 지침서들은 고해사가 모든 여성에게 물어야 할 질문에서 피임을 중요한 문제로 삼고 있기 때문이다. [295] 피임 금지는 남성보다 여성에게 더 큰 영향을 미쳤다. 기혼여성에게 잦은 출산은 체력을 소모시키는, 때로는 목숨까지 위협하는 일이었다. 사생아(대개는 친부에게 인정받지 못하는) 출산은 남자보다 여자에게 더 치명적이었다. 때로 산모가 다시 임신하는 것은 목숨을 위협하는 일이 될 수 있었고, 그래서 이슬람 의학자 아비센나는 그런 경우 피임방법을 사용하는 문제를 길게 논의한 바 있다. 가톨릭 신학자들은 그런 문제를 대개 묵살했고, 그런 문제에 대해 잠깐이나마 언급한 이들도 상황이 피임을 정당화할 수는 없다는 입장이었다. 그렇다고 해서 신학자들은 결혼의 의무를 거부한 여성에게 관면을 주는 데 호의적이지도 않았다. 만일 피임이 금지된 상황에서 임신이 위태롭다면 그것이 바람직한 해결책이 되었을 텐데도 말이다.

---

294) 이 대목은 주로 J. T. Noonan, *Contraception. A History of its Treatment by the Catholic Theologians and Canonists* (Cambridge : Mass 1965), *ch.* 5 and pp. 212 ~235를 참고한 것이다. 가난한 가정과 부유한 가정의 자녀수 격차라는 문제는 다른 사회계층의 여성들에 관한 장에서도 다루어질 것이다.

295) Burchard of Worms, *Decretorum Libri viginti* PL vol. CXL, cols. 971~972.

13. 낙 태

피임과 마찬가지로 낙태도 로마시대에나 중세에나 알려져 있었다. 아비센나는 피임방법뿐 아니라 낙태를 유도할 수 있는 다양한 조처들도 열거한다. 가령 체조, 무거운 짐을 나르기, 뜨거운 목욕, 특수한 액체를 자궁에 넣기 같은 것들이다. 그러나 그리스도교 초창기부터 교회는 낙태에 대한 반대를 천명해왔으니, 이는 하느님과 이웃을 사랑하라는 명령의 신학적 의미와 관련하여, 그리고 신구약성서의 여러 구절에 기초해서였다. "너는 마음을 다하고 뜻을 다하고 힘을 다하여 네 하느님 여호와를 사랑하라"(신명기 6:5), "네 이웃 사랑하기를 네 자신과 같이 사랑하라 나는 여호와이니라"(레위기 19:18), "네 마음을 다하고 목숨을 다하고 뜻을 다하여 주 너의 하느님을 사랑하라 하셨으니 이것이 크고 첫째되는 계명이요, 둘째는 그와 같으니 네 이웃을 네 자신같이 사랑하라 하셨으니 이 두 계명이 온 율법과 선지자의 강령이니라"(마태 22:37~40). 신학적 해석에 따르면, 사람은 그리스도께서 인류의 구원을 위해 자신을 희생시키셨듯이 이웃을 위해 자신을 희생함으로써 이런 계명을 충족시켜야 한다. 낙태는 이런 희생을 하지 않으려는 것이며, 하느님을 사랑하라는 명령과 이웃을 사랑하라는 명령 모두를 위반하는 것이다.

성 아우구스티누스에 뒤이어 중세 신학자들과 교회법학자들은 아직 하느님으로부터 영혼을 부여받지 못한 것으로 정의되는 40일 미만인 태아의 낙태와 40일이 지나 영혼을 갖게 된 태아의 낙태를 구분했으며, 후자의 행위를 살인으로 간주했다. 교회법학자들은 두 경우 모두에 같은 형벌을 제시했으며, 그것은 대개 수년간의 참회였다. 낙태를 중죄로 보는 신학적 견해는 피임에 대한 견해와도 일치하며, 교회법학자들은 두 가지 죄 모두에 대해 비교적 관대한 입장을 취했다. 낙태의 경우도 피임의 경우처럼 실제로 재판에 회부된 기록은 없다. 그러므로 중세에 낙태가 얼마나 널리 시행되었던가를 알기는 어렵다. 세속법정은 낙태 사건을 기록하고 있지 않으며, 그 문제는 단지 신학자들과 교회법학자들에 의해

228

고해지침서들과 세속법규에서 언급되었을 뿐이다. 세속법규는 피임보다
는 낙태에 대해 언급하며, 약제사 지침서들도 피임약보다는 낙태약에 대
해 쓰고 있다. 내과 의사들을 의한 지침서는 때로 낙태 수단을 묻는 여성
에게 응대하는 것을 금지하고 있다. 296)

중세인들은 마술과 낙태와 매춘을 연관된 것으로 여겼다. 1233년 파르
마에서 게라르도 다 모데나297)는 마술을 쓴 독약 제조자들을 적발했다.
그는 그들이 약을 써서 낙태를 유도했으며 자신들의 가게를 음행과 간통
목적의 회합장소로 만들었다고 고발했다. 298) 그러나 낙태가 사회-인구
학적인 위협이 되었다고는 믿기 어렵다. 사생아들이 그렇게 많았다는 것
은 피임뿐 아니라 낙태도 그리 널리 시행되지 않았음을 시사한다. 아비
센나는 더 이상 임신하면 위험한 여성이 피임하는 것을 정당화했을 뿐 아
니라 산모의 생명을 구하기 위한 낙태도 허가했다. 가톨릭 신학자들은
여자의 생명이 위태로운 경우에도 피임할 권리를 인정하지 않았으며, 산
모의 생명을 구하기 위해 낙태시킬 권리도 부정했다. 가톨릭 신학자로서
낙태를 받아들인 유일한 신학자는 14세기 초의 조반니 다 나폴리299)와
15세기 초의 안토니오 피에로치300)인데, 이들도 40일 미만의 태아에 대
해서만 낙태를 인정했다. 301)

신학과 법으로부터 일상생활로 돌아가 보면 낙태는 주로 여성의 관심
거리였음이 분명하다. 고해사들의 지침서에서 알 수 있듯이 낙태는 여성
의 죄였다(낙태 수단은 때로 의학이나 마술에 종사하는 남성들에 의해 제공

296) C. H. Talbot, *Medicine in Medieval England* (London 1967), p. 136.
297) 옮긴이 주: Gerardus Boccabadati (Gerardo/Boccabadati/Gerardo Maletta da Modena (?~1254/1257).
298) A. Vauchez, "Une campagne de pacification en Lombardie autour 1233", *Mélange d'Archéologie et d'Histoire LXXVIII* (1966), p. 533 and note 5; Burchard of Worms, *op. cit.*
299) 옮긴이 주: John of Naples. 도미니코회 신학자.
300) 앞의 주 37 참조.
301) 이 대목은 주로 J. T. Noonan, ed., *The Morality of Abortion. Legal and Historical Perspectives* (Cambridge: Mass 1971), pp. 1~42에 의거해 있다.

되었지만). 낙태에 대한 금지는 피임에 대한 금지와 마찬가지로 결혼한
부부의 원치 않는 출산과 혼외관계에 의한 사생아 출산을 가져왔다. 때
로는 낙태를 하지 않음으로 인해 여성의 생명이 위태로워지기도 했다.
또 만일 낙태를 했다고 해도 공포와 정서적·신체적 고통은 그녀만의 것
이었고, 당시의 위생 및 의료 여건에서는 낙태 그 자체가 극히 위험한 일
이었다.

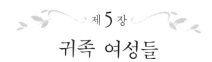

귀족 여성들

서론에서 보았듯이 중세 '신분문학'의 저자들 대부분은 귀족 여성을 여성의 하위범주로 보았다. 윙베르 드 로망은 속인 여성 일반을 대상으로 설교한 다음 다양한 범주의 여성들을 위해 개별적 설교를 했는데, 이 개별 설교 중 맨 처음 것이 귀족 여성을 대상으로 한 것이다. 귀족 여성들은 지위로 보나 부유함으로 보나 다른 여성들보다 더 행복한 처지에 있으므로 다른 여성들보다 더 책임이 크다고 그는 썼다. [1]

귀족 남성 (*nobilis vir*) 과 짝을 이루는 것이 귀족 여성 (*nobilis femina, nobilis mulier*) 이다. 중세 동안에도 어떤 시기 어떤 지방에서는 귀족 신분이 모계를 통해 계승되었으며, 또 다른 시기 다른 지방에서는 부계를 통해 계승되었다. 중세 전성기에는 후자의 방식이 좀더 흔했던 것으로 보인다. [2] 귀족은 또한 기사 (*miles*) 였으니, 이 말은 그를 농부 (*rusticus*) 뿐

1) Humbert de Romans, *op. cit.*, *Sermo* XCV.
2) M. Bloch, *La Société féodale* (Paris 1949), vol. II, pp. 58~60; G. Duby, *La Société du XIe et XIIe siècles dans la région mâconnaise* (Paris 1963), p. 635; "Structure de parenté et noblesse. France du Nord, IXe~XIIe siècles", in *Miscellanea medievalia in memoriam J. F. Niermeyer* (Groningen 1967), p. 159; P. Contamine, ed., *La Noblesse du Moyen Âge* (Paris 1976), introduction. 10세기 카탈루냐에서는 모계가 강조되었다. P. Bonnassie, *La Catalone du milieu*

232

아니라 보병 (*pedes*) 과도 구분해 주는 지위를 나타냈다. 기사, 즉 말을 탄 전사가 되기 위해서는 일정한 입문예식을 거쳤으며 중세 전성기에 이 예식은 종교적 의미를 지닌 것이기도 했다. 그래서 입문자는 그리스도교인 기사 (*miles Christianus*) 가 되었다. 기사도는 서유럽 대부분의 나라에서 귀족의 여러 층위를 묶어주는 공통분모였다. 3) 그 명칭이 함의하듯이 이 계급에 속해 전사 (*bellatores*, *pugnatores*) 가 된 자들의 임무는 싸우는 것이었다. 계급별로 범하기 쉬운 죄와 허물을 묘사한 문학에서 귀족의 가장 무거운 죄는 다른 계급들을 지키기 위해 싸운다는 본분을 다하지 않는 것이었다. 4) 용감한 전사는 기사도의 이상을 이루는 중심요소였으며, 기사 (*miles*) 라는 이름은 그의 군사적 직분 및 이미지를 강조하는 것이므로 귀족의 다른 모든 명칭에 선행했다. 비록 사회적으로는 신분 고하가 있을망정 모든 전사는 이 기사도 정서를 공유했다. 5)

그러나 중세 귀족 여성은 전사가 아니었으며, 이는 인류역사를 통틀어 알려진 어떤 사회에서도 마찬가지였다. 원시사회에 대한 인류학적 연구들을 통해 알려진 바로는 거의 모든 직업이 — 단지 만들기, 베 짜기, 농사일, 요리, 심지어 육아까지도 — 때로는 여자의 일로, 때로는 남자의 일로 여겨졌다. 하지만 전쟁에 나가 싸우는 것이 여자의 일로 여겨지거나 여성이 전사 계급을 이루었던 사회는 알려진 바 없다. 6) 여성들은 때

du Xe siècle à la fin du XIe siècle (Toulouse 1975~1976), vol. I, p. 279. 메츠의 귀족계급에 대해서는 J. Heers, *Le Clan familial au Moyen Âge* (Paris 1974), pp. 22~26. 반면, 브르타뉴 법에 따르면, 여성의 열등성 때문에 부계만의 귀족 신분이 유효했다. "여자가 남자를 속량하는 법은 없어도 남자가 여자를 속량할 수는 있다. 귀족가문의 남자가 상민의 딸을 아내로 취하면 그 자식들은 기사가 될 수 있다." *La Très ancienne coutume de Bretagne*, p. 508; *Recueil général des anciennes lois françaises*, vols I-II, pp. 388~389.

3) P. Contamine, *op. cit.*, pp. 23~31.

4) *Chronique latine de Guillaume de Nangis*, ed. H. Géraud (Paris 1843), p. 329.

5) G. Duby, "Lignage, noblesse et chevalerie au XIIe siècle dans la région mâconnaise", *Annales ESC XXVII* (1972). 중세 초기 귀족계급 내의 층위 차이에 대한 강조는 J. Martindale, "The French aristocracy in the Early Middle Ages: A reappraisal", *Past & Present LXXV* (1977), pp. 5~45.

로 남편의 부재중에 가축을 지키기는 했다. 또 남편의 부재중에 성을 지킨 상속녀나 과부들도 종종 있었다. 가령 엘 시드[7]의 미망인 도나 히메나는 1년이 넘는 동안(1001~1002) 발렌시아를 지키면서 군대를 조직하여 이슬람의 공격을 물리쳤다.[8] 영토를 다스린 여성들 중에는 자신의 군대를 이끈 이들도 더러 있었지만, 귀족 여성 일반을 전사로 간주할 수는 없다. 다른 계급의 여성들 역시 특정 지역에 군무가 부과되었다고 해서 보병이 되거나 기사의 종사가 되어 전투에 나가지는 않았다. 중세인들이 여전사 아마조네스 부족을 머나먼 미지의 나라, 괴물들이 사는 나라에 속한 것으로 여겼던 데는 그럴 만한 이유가 있었던 것이다.[9]

  봉토는 본래 전사에게 그의 군사적 봉사에 대한 보상으로 주어졌다. 그러나 카롤링거 시대에서 봉건 제 1기(10~11세기)로 넘어가면서부터는 봉토가 군사적 봉사에 대한 보상으로 주어지는 것이 아니라 그 반대로 봉토에 대한 보상으로 군사적 봉사가 이루어지게 되었으며, 봉사의 범위도 대개 봉토의 크기에 따라 결정되었다. 하여간 군사적 봉사는 봉신이 자기에게 봉토를 하사한 주군에 대해 갖는 주된 의무였다. 그러므로 전사가 아닌 여성들은 봉토를 얻을 방법이 없었고, 봉토〔처음에는 은급 (beneficia)이라 불렸던〕분배를 가져온 상호의존 관계가 발전했던 그 초창

6) E. Morgan, *The Desert of Woman* (New York 1972), pp. 218~219.
7) 옮긴이 주: Rodrigo Diaz de Vivar(1044경~1099). '엘 시드'(*El Cid*: 주인, 주군)로 알려진 이 인물은 카스티야의 귀족으로, 레콘퀴스타 초기에 알폰소 6세 밑에서 무어족에 대항하여 싸운 장군이었다. 왕의 총애를 잃고 추방된 후(그 이유는 명확하지 않다), 발렌시아시를 정복하여 자신의 영토로 다스렸다. 현존하는 에스파냐의 가장 오래된 무훈시 〈미오 시드의 노래〉(*Cantar de Mio Cid*)의 주인공이다.
8) R. M. Pidal, *La Espana del Cid* (Madrid 1929), vol. II, pp. 618~620. 전투에 참가한 여성들의 예는 J. Verdon, "Les sources de l'histoire de la femme en Occident aux X°~XIII° siècles", *Cahiers de Civilisation médiévale X°~XII° siècles XX* (1977), p. 229.
9) 아마조네스 부족에 대해서는 B. Roy, "Le marge du monde connu: les races de monstres", in G. H. Allard, ed., *Aspects de la marginalité au Moyen Âge* (Montréal 1975), p. 73.

기에는 오직 남자들만이 봉토를 가질 수 있었다. 그러나 점차 그 권리는 적어도 사실상(*de facto*)으로는 대물림되었고, 봉토는 세습재산으로 여겨졌으며, 그에 따라 여성도 — 모순된 일이기는 하지만 — 봉토를 계승할 수 있게 되었다.

이런 모순은 봉토가 원래 군사적 봉사와 연관되었다는 사실뿐 아니라 다양한 수준의 지배권력들과 연관되었다는 사실에서도 비롯된다. 때로 그런 권력은 봉토를 지닌 자들에게 부여되었으며, 때로는 찬탈에 의해 획득되기도 했다. 중앙권력이 전반적으로 약해지고, 정치적 유대가 느슨해져서 상호의존하는 개인들 간의 유대가 강화되는 9세기경에는 공직(*honores*) 조차도 봉(封)이 되었으며, 따라서 여성도 이를 상속할 수 있게 되었다. 지배권력을 수반하는 봉을 상속받은 여성은 그런 권력을 행사했고, 그럼으로써 교회법학자들과 세속 입법가들이 세워놓은 규정, 즉 여성에게 그런 권리를 허락하지 않는 규정을 위반하기도 했다. 때로 법령의 한 조항은 여성의 신체적 약함과 정신적 한계를 이유로 그녀들에게서 권위를 박탈하는 것을 정당화하지만, 이어지는 조항은 여성이 지배권력을 수반하는 봉토를 상속받을 경우 신종서약을 하는 방식이나 남녀 영주가 봉신들을 다스리는 가장 좋은 방법 등을 명시하는 것을 볼 수 있다. 10)

봉토의 상속에 관한 법은 남성 상속의 경우에도 나라마다 달랐다. 여성이 봉토를 상속받을 권리도 모든 나라에서 똑같이 확립되지는 않았다. 어떤 나라에서는 일찍이 10세기부터 여성의 봉토 상속권이 인정되었지만, 어떤 나라에서는 12세기에야 비로소 인정되었다. 서유럽 나라들 대부분에서 여성이 봉토를 상속할 권리가 인정된 것은 중세 전성기였던 것으로 보인다. 이 문제에서는 아들들의 권리가 딸들의 권리보다 항상 우선이었지만, 대부분의 지방에서 딸들의 권리는 남성 방계의 권리보다는

---

10) *La Très anciennes coutumes de Bretagne*, pp. 222, 225. 프랑스 남부와 카탈루냐에서 직무와 연관된 봉토를 여성들이 상속하기 시작한 데 대해서는 A. Lewis, *The Development of Southern French and Catalan Society* (*718~1050*) (Austin 1965), pp. 123~124.

우선이었다. 중세 전성기에 프랑스의 남부와 북부, 에노, 플랑드르, 로렌 지방 서부, 잉글랜드, 이탈리아의 여러 지방과 카탈루냐, 아라곤, 카스티야 왕국들에서는 여성들이 봉토를 상속받을 수 있었다. 11) 장자권이 중시되는 지방에서는 맏이가 딸일 경우 남동생이 상속받았으며, 남자형제가 없을 경우에만 딸이 상속받았다. 맏이가 아닌 아들딸이 속세의 삶을 사는 경우에는 영지를 상속받지 못하는 대신 약간의 증여재산으로 보상받았다. 12) 딸이 유산을 상속하는 경우에는 대개 상속재산의 일부를 혼인지참재산으로 받았다. 유산을 상속받지 않고 결혼할 경우에는 증여재산을 혼인지참재산으로 받았다. 로렌 지방의 몇몇 봉토에서는 딸들이 어머니의 혼인지참재산을 물려받았다.

어떤 지역(예컨대 프랑스의 왕령)에서는 장자권이 확고히 수립되었음에도 불구하고 딸들만 있는 집안에서는 맏딸이 아버지의 집을 물려받고 봉토 전체를 관리했으며, 이 봉토는 맏딸과 여동생들 사이에 '파리아주'13) 방식에 따라 분할되었다(장자권 원칙이 받아들여지기 전에는 남자형제들 사이에서도 '파리아주'가 적용되었다). 잉글랜드와 로렌의 몇몇 봉토에서도 마찬가지였다. 14) 다시 말해서, 딸들의 상속에 관해서는 옛 관

---

11) 여러 지방에서 여성들이 봉토를 상속한 예에 대해서는 M. Bloch, *op. cit.*, vol. I, pp. 293~321; F. Ganshof, *Feudalism* (London 1952), pp. 128~129; *El Feudalismo* (Barcelona 1963), p. 297; H. Thienne, "Die Frau im öffentlichen Recht und in der Politikä", *Rec. Soc. Jean Bodin* XII, 2 (1962), p. 357; J. Gilissen, "La femme dans l'ancien droit belge", *ibid.*, pp. 282~283; J. Yver, *Egalité entre héritiers et exclusion des enfants dotés: Essai de géographie coutumière* (Paris 1966), pp. 36~40.

12) P. de Beaumanoir, *op. cit.*, vol. I, §470.

13) 옮긴이 주: 파리아주(*pariage*) 또는 파레아주(*paréage*)는 한 영지에 대해 두 영주가 대등한 자격으로(*pari passu*) 권리 및 관리 책임을 나눠 갖는 것을 말한다. 이런 계약은 2명의 세속 영주 사이에도 맺어질 수 있지만, 대개는 세속 영주와 교회 영주 사이에 맺어졌다. 또한 이 말은 유산을 대등하게 나누는 방식을 가리키기도 한다.

14) *Recueil général des anciennes lois françaises*, vol. I-II, p. 378; F. Joün de Longrais, "Le statut de la femme en Angleterre", *Rec. Soc. Jean Bodin,*

236

습이 그대로 지켜졌으나, 아들들의 경우에는 장자 상속이라는 법칙으로 대체되었음을 알 수 있다. 장자권이 받아들여지지 않은 지방, 귀족계급 에 대가족제가 남아 있는 지방(예컨대 프랑슈 콩테 지방)에서 영지는 때로 는 아들들에게만, 때로는 아들딸 모두에게 나누어졌다. 15) 하지만 이 지 방에서도 장자권이 확립된 지역들에서처럼 아들딸 중 몇 명만을 결혼시 키고 나머지는 성직에 내보내거나 수도원에 보냈다.

귀족 남성들은 자연사하지 못하는 확률이 높았기 때문에, 딸이 영지를 상속하는 것은 드문 일이 아니었다. 1330~1475년 동안의 잉글랜드 공 작 가문들에 대한 연구는 출생 시 남성의 평균 기대수명은 24세, 여성의 평균 기대수명은 32.9세였음을 보여준다. 20세에 도달한 남성의 평균 기 대수명은 21.7세, 20세 여성의 평균수명은 31.1세였다. 이런 격차가 생 기는 이유는 남성의 46%가 15세 이후에 전쟁이나 무술시합, 16) 내전 동 안의 처형 등으로 죽기 때문이었다. 만일 이런 변사(變死)를 계산에서 뺀다면 20세에 도달한 남성과 여성의 평균 기대수명은 격차가 현저히 줄 어들 것이고, 오히려 남성의 기대수명이 약간 더 높아질 것이다. 즉 20세 남성은 31.5세, 20세 여성은 31.1세가 된다. 하지만 변사를 계산에 넣으 면 20~54세 연령 집단 중 남성의 18%만이 생존하는(즉 54세에 도달하

vol. XII (1962), p. 153; 파리아주에 대해서는 F. Ganshof, *Feudalism*, p. 126; M. Parisse, *La Noblesse lorraine, XIe~XIIIe siècles* (Paris-Lille 1976), vol. I, pp. 331~336.

15) J. Heers, *op. cit.*, pp. 220~221.

16) 옮긴이 주: 무술시합[*tournament* (E), *tornoiement* (F)]이란 실제 전투가 아니라 무술을 단련하고 기량을 과시하기 위해 벌이는 모의 전투이다. 대개 내부 진영과 외부 진영의 두 편으로 나누어 시합을 벌이는데, 그 와중에 일대일 대결도 벌어 지지만 이것이 시합의 주된 요소는 아니다. 시합은 대개 성 밖에서 관중이 지켜 보는 앞에서 벌어지며, 대개 양 진영이 모두 지칠 때까지 또는 날이 저물기까지 계속된다. 시합 후에는 향연이 열리고 최고의 기사에게는 상이 주어진다. 이런 무술시합은 11세기에도 있었던 것으로 추정되며, 12세기에는 정기적인 시합도 열렸던 것 같다. 그러나 아무리 모의 전투라 해도 그 폭력성은 공공질서를 교란 시키는 것이므로, 교회와 당국에 의해 누차 금지를 겪으면서 13세기에 들어 점차 쇠퇴해갔다.

는) 반면, 20~49세 연령 집단 중 여성의 50%가 생존한다(즉 49세에 도달한다). 17) 1350년부터 1500년 사이 잉글랜드의 세속 귀족가문들에 대한 연구는 남성의 20%가 변사하며, 25%는 결코 40세에 도달하지 못함을 보여준다. 18)

12세기와 13세기에 귀족 남성들은 또한 십자군 원정에 나가 돌아오지 않았으므로 그 결과 봉토가 여성들에게 상속되었다. 성주 앙리 드 부르부르19)에게는 성년에 도달한 계승자 12명이 있었는데, 아들 중 7명은 성직에 들어갔고 3명은 변사했다. 맏아들이 봉토를 상속받았는데, 그가 죽자 막내아들이 상속받았다. 이 막내아들에게는 아들 하나 딸 하나가 있었으나 아들은 어려서 죽었으므로 봉토 전체가 딸에게 상속되었다(그녀에게 구혼자가 쇄도했음은 물론이다!). 또 다른 예는 중세의 가장 유명한 귀족 여성들 중 한 사람인 마오 다르투아(아르투아 여백작 마오) 20)의 가문에서 찾아볼 수 있다. 그녀의 조부는 루이 9세의 제 1차 십자군 원정중 만수라 전투에서 전사했고, 남동생 필립은 1298년 플랑드르 전투에서 전사했으며, 아버지 로베르 2세는 1302년 쿠르트레 전투에서 전사했다. 따

17) T. H. Hollingworth, "A demographic study of the British ducal families", *Population Studies XI* (1957), pp. 4~26.

18) J. T. Rosenthal, "Medieval longevity and the secular peerage, 1350~1500", *Population Studies XXVII* (1973), pp. 287~293. 12세기 프랑스 북서부에서 귀족 남성들의 급사에 대해서는 G. Duby, "Dans la France du Nord-Ouest au XIIe siècle: les 'jeunes' dans la société aristocratique", *Annales ESC* XIX(1964), pp. 839~843.

19) 옮긴이 주: Henri de Bourbourg(1115~1168). 프랑스 북부 긴느(Guines) 백작령의 영주. 이·가문의 복잡한 내력은 조르주 뒤비의 《중세의 결혼》(*Le Chevalier, la Femme et le Prêtre. Le Mariage dans la France féodale*, 1981) 에서 소상히 다루어진 바 있다.

20) 옮긴이 주: Mahaut d'Artois(1268경~1329). 아르투아 백작 로베르 2세의 딸로, 부르고뉴 백작 오토 4세와 결혼했다. 1302년 아버지가 사망하자 일찍 세상을 떠난 남동생 필립(1269~1298)을 대신하여 백작령을 물려받게 되었다. 필립의 아들 로베르 3세(1287경~1342)가 거듭 상속권을 주장하여 전쟁을 일으켰으나, 그녀가 항상 이겼다. 그녀가 죽은 후 백작령은 그녀의 딸이자 프랑스 왕 필립 5세의 왕비인 잔 2세(1291~1330)에게 상속되었다.

라서 그녀가 백작령을 물려받았다. 이런 식으로 가문의 의도와는 전혀 무관하게 가산이 딸들에게 상속되는 경우가 종종 있었다. 하지만 그녀들은 본래 예정된 상속자가 아니었으므로 아버지들은 종종 그녀들을 자기 가문보다 지위가 낮고 덜 번창하는 가문의 일원과 결혼시키곤 했다. 그녀들은 이미 그렇게 결혼한 상태에서 상속을 받았으며, 그러면 그녀들의 남편이 대귀족의 큰 영지를 관리하는 동반자가 되었다. 21)

여성들이 봉토를 소유하는 것은 친정에서 갖는 상속권뿐 아니라 사망한 남편 재산의 일부를 과부재산으로 누릴 권리 덕분이기도 했다. 이 문제는 결혼한 여성들에 관한 장에서 다루었다. 과부는(성년에 도달한 귀족 남성들의 기대수명이 낮았던 만큼 과부도 많았다) 남편 재산의 3분의 1 내지 2분의 1을 과부재산권에 의해 평생 누릴 수 있었다. 이런 식으로 봉토들은 과부들의 손에 넘어갔고 그녀들은 상속녀들과 마찬가지로 봉토에 요구되는 군사적 봉사를 제공할 의무가 있었다. 만일 봉토에 지배권력이 수반된다면 그녀들이 그런 권력을 행사했다. 로렌 공작 마티외 1세의 과부였던 스웨덴의 베르타는 공작의 궁정을 주재했고, 13세기 마지막 사분기 동안 브라방의 베아트리스는 과부재산에 대한 권리로 쿠르트레를 소유하며 그 궁정을 주재했다. 22) 과부들이 죽으면 이 재산은 본래의 소유자였던 남편을 통해 그 후계자들에게로 넘어갔고, 남편에게 자식이 없는 경우에는 그의 친척들이 물려받았다. 과부들은 주군에게 신종서약을 했고, 어떤 지역에서는 주군이 죽은 후 봉토를 물려받은 상속자에게도 서약을 해야 했다. 23) 메츠 지방에서 도시의 시민이었던 귀족 과부들은 귀족계급의 정치적 회합에도 참석했다.

여성들은 봉토를 물려받을 뿐 아니라 물려주기도 했다. 귀족계급의 구

---

21) 잉글랜드에서 나타난 이런 현상에 대해서는 K. B. McFarlane, *The Nobility of Later Medieval England* (Oxford 1973).

22) M. Gastoux, *Béatrix de Brabant* (Louvain 1943), p. 120; M. Parisse, *op. cit.*, vol. I, p. 615.

23) *Liber Augustalis*, p. 114.

성원들이 부친의 적자임에도 불구하고 부친이 아니라 모친의 성을 따랐던 거의 확실한 이유 중 하나는 그들이 재산의 대부분을 모친으로부터 받았기 때문일 것이다.[24]

이미 지적했듯이 여성이 봉토를 소유하는 것은 전혀 드문 일이 아니었다. 1172년부터 1361년에 이르는 기간 동안 샹파뉴와 브리 백작령의 봉신 명단을 살펴보면 여성들이 봉토를 물려받고 물려주었던 여러 가지 방식들을 알 수 있다. 기록부들에는 상속권에 의해 봉토를 물려받고 백작에게 신종서약을 한 여성들, 과부재산권으로 봉토를 보유하고 백작에게 신종서약을 한 여성들, 그리고 모친으로부터 봉토를 상속받은 남성들이 나와 있다. 어떤 백작부인은 상속권으로 봉토 하나를 받은 다음 두 번째 봉토는 과부재산권으로, 그리고 세 번째 봉토는 남자 형제를 대신하여 신종서약을 함으로써 받기도 했다.[25] 잉글랜드에서도 마찬가지였다. 봉건 부조금을 거두기 위해 작성된 장부들에는 12~13세기 동안 왕으로부터 직접 큰 봉토를 받은 여성들이 언급되어 있다. 예컨대 알버말 여백작 이사벨라 데 포티버스는 그녀로부터 봉토를 받은 수십 명의 하위 봉신들을 거느리고 있었다. 또 하위 봉신으로서 봉토를 받은 여성들 중에는 요한나 드 서스터로부터 봉토를 받은 하스위시아처럼 여성으로부터 봉토를 받은 여성들도 있었다. 봉토의 일부를 보유한 여성들이나 아들에 대한 후견권으로 봉토를 보유한 여성들도 많았다.[26] 여러 지방의 토지 양도, 매각, 임대계약서들도 여성이 보유한 토지의 비율이 높았음을 보여준다.

---

24) D. Herlihy, "Land, family and women in continental Europe, 701~1200", *Traditio XVIII* (1962), pp. 89~120.

25) A. Longnon, ed., *Documents relatifs au Comté de Champagne et de Brie, 1172~ 1361. Les Fiefs* (Paris 1902), inter alia pp. 32, 56, 59, 146. 마지막 예는 "Comitissa Grandis Pratri fecit homagium ligium de hereditate sua de Espaux nec aliud debet facere homagium. Preterea fecit homagium ligium de dotalitio suo. Fecit etiam homagium de ballio fratris suis."

26) *Inquisitions and Assessments Relating to Feudal Aids: 1284~1431 prepared under the Superintendence of the Deputy Keeper of the Records* (London 1973), vol. I, pp. 319, 323, 324, 327, 31, 32, 85, 221; vol. II, pp. 104, 293.

이런 토지의 상당수는 봉토였고 그 나머지는 소작지였다. 여성이 토지재산을 보유했다는 사실은 성지 탈환을 위한 피에르 뒤부아의 계획에서도 드러난다. 그는 남녀를 막론하고 모든 토지 보유자에게 접근하여 전사들을 위한 모금을 할 필요가 있다고 썼다. 결혼한 여성이나 과부 모두에게 모금을 해야 한다는 것이었다. 27)

1. 귀족계급의 결혼

귀족계급의 혼인은 가문의 층위 및 경제적·정치적 계산에 기초해 있었다. 좋은 가문과의 혼인은 양가의 가계를 맺어주어 연대와 협조를 창출하는 데 도움이 되었다. 상속녀와의 결혼은 영지를 확장시켰고, 동일한 가문이 인접한 지역들을 소유하게 해 주었으며 그 경제적·정치적 세력을 증가시켰다. 때로 상급 귀족28) 가문들 간의 혼인은 — 왕가 간의 결

---

27) D. Herlihy, *op. cit.*, pp. 89~120. 피에르 뒤부아의 계획에 대해서는 Pierre Dubois, *De Recuperatione Terre Sancte*, ed. C. Langlois(Paris 1891), pp. 15~16; J. Verdon, "Note sur la femme en Limousin vers 1300", *Annales du Midi* CXXXVIII(1978), pp. 319~329.

28) 옮긴이 주: 이 책에서는 nobility 앞에 high, upper, senior, middle, lesser, lower, minor 등 다양한 수식어가 사용되고 있으나, 정확한 구분의 기준이 제시되어 있지 않다. 일반적으로는 대공(*High Duke*), 공작(*Duke*), 후작(*Marquess*)을 상급 귀족(*high nobility*), 대백작(*High Count*), 백작(*Count*), 준백작(*Viscount*)을 중급 귀족(*middle nobility*), 남작(*Baron*), 준남작(*Baronet*)을 하급 귀족(*lesser nobility*)이라 한다. 또는 대공에서부터 남작에 이르기까지 문장(紋章)을 사용하는 세습 귀족을 상급 귀족(*upper/senior nobility*), 준남작 이하 기사, 종사, 신사까지를 하급 귀족(*lower/minor nobility*)이라 한다는 구분도 있다. 이렇게 보면 high nobility와 upper/senior nobility, lesser nobility와 lower/minor nobility는 가리키는 범주가 다르다.

그러나 이 문단 말미의 "middle and minor nobility"를 해당 주에서는 "middle and lesser nobility"라 일컫는 예에서 보듯이, 또 제5장의 '귀족 여성들의 교육'에 관한 절에서 minor nobility와 lesser nobility를 사실상 같은 말로 사용하는 예에서 보듯이, 저자는 용어들을 그렇게 엄밀히 구별하여 사용한 것 같지 않다. 그러므로 '중급 또는 하급 귀족'이라는 식으로 귀족계급 내의 층위를 말할 대는 상급

혼에서 보듯 ─ 유럽의 정치적 지도에 변화를 가져오기도 했다. 예컨대 바르셀로나 백작 라몬 베렌게르 3세[29]가 프로방스 백작령 및 기타 영지들의 상속녀인 두스와 결혼함에 따라 라 로야에서 에브로 강에 이르는 지중해 연안의 인접 영지들은 대대로 바르셀로나 백작의 소유가 되었다.[30] 프랑스 왕 루이 7세는 아키텐 공작령의 상속녀 알리에노르와 결혼함으로써 카페 왕조의 영토를 크게 확장시켰다. 그러나 그녀는 루이 7세와의 결혼이 무효화된 후 앙주 백작 앙리와 결혼했고, 2년 후 그가 잉글랜드 왕 헨리 2세로 즉위함에 따라 아키텐 공작령은 앙주 백작령과 함께 프랑스 땅 서쪽에 있는 잉글랜드 왕의 영토가 되었다. 중급 및 하급 귀족계층에 속하는 상속녀와의 결혼도 가문 간의 결속과 영토의 확장에 어느 정도 영향을 미쳤다. 신부가 상속녀가 아니라 해도 결혼할 때 가져오는 지참재산이 있었다.[31]

결혼이 가문의 층위 및 경제적 계산을 이유로 가문 간의 협상을 통해 이루어졌다는 사실은 귀족계급만의 특징은 아니었다. 그런 이해관계는 도시민계층이나 유족한 농민계층에서도 결혼 주선의 동기가 되었다. 중세 귀족계급의 결혼 협정에서 특징적인 것은 경제적 이해관계 외에 정치적 이해관계가 작용했으며 종종 봉건 주군이 개입했다는 사실이다. 봉토를 상속받은 딸이나 과부재산권으로 봉토를 갖게 된 과부는 군사적 봉사를 제공할 수 없었으며, 따라서 그녀가 결혼할 경우 그녀의 남편이 이를 수행해야 했다. 그러므로 주군은 적당하고 믿을 만한 사람이 그 임무를

-중급-하급 귀족이라는 역어를 쓰되, great noblemen과 상대적으로 쓰인 minor nobility는 각기 '대귀족'과 '군소귀족'으로 옮기기로 한다.

29) 옮긴이 주: Ramon Berenguer III(Raymond Berengar, 1082~1131). 바르셀로나, 지로나, 오소나, 베살라우, 세르다냐 등 카탈루냐의 거의 모든 백작령이 그의 것이었고, 1112년 세 번째 결혼을 통해 프로방스 백작령까지 수중에 넣음으로써 동쪽으로 니스까지 세력을 확장했다.

30) P. Bonnassie, op. cit., vol. II, pp. 863~864.

31) 중급 및 하급 귀족의 예에 대해서는 J. T. Rosenthal, op. cit., pp. 135~136; M. Parisse, op. cit., vol. I, pp. 331~336.

242

맡게끔 신경을 썼다. 만일 봉토가 지배권력을 수반하는 경우 그 봉토의 상속녀가 결혼한다면 그 권력의 어느 정도는 남편에 의해 행사되었다. 그러므로 주군은 봉신의 충성과 봉사에 대한 보답으로 그를 봉토의 상속녀와 결혼시켰다. 자기 아들 중 하나를 상속녀와 결혼시키는 것은 주군의 권위를 강화해 주었으며, 그 반대도 사실이었다. 즉, 봉토의 상속녀나 봉토를 가진 과부가 주군의 적과 결혼하는 것은 그의 위치를 위험하게 만들었다. 이런 사실에 비추어보면 귀족 상속녀의 결혼은 가문뿐 아니라 주군에 의해서도 조정되었으며, 때로 주군의 뜻은 당사자나 그녀의 가문의 반대에 부딪히기도 했다.

잉글랜드나 노르망디, 시칠리아처럼 영토가 강력한 봉건영주의 소유이고 중앙화된 봉건 체제가 존재하는 곳에서는 특히 주군, 즉 왕이나 공작이 그의 직속 봉신들의 딸이나 과부의 결혼에 강력히 개입하곤 했다. 과부는 친정 가문의 개입으로부터는 상당히 자유로웠지만 주군의 개입을 모면하기 위해서는 상당한 대가를 치러야 했다. 프리드리히 2세가 시칠리아에 대해 정한 법규에 따르면 황제의 직속 봉신들은 그의 승인 없이 결혼하거나 딸이나 아들, 자매를 결혼시킬 수 없었다.[32] 잉글랜드 왕 헨리 1세의 대관헌장(戴冠憲章)[33]에서도 주군이 상속녀나 과부의 결혼

---

32) *Liber Augustalis*, p. 18.
33) 옮긴이 주: Coronation Charter/Charter of Liberties. 잉글랜드 왕 헨리 1세가 1100년 즉위하면서 선포한 헌장. 그에 따르면 왕은 성직자나 귀족을 대우함에 있어 일정한 법을 따라야 했으니, 가령 귀족들에게 지나친 세금을 부과한다거나 성직을 매매한다거나 하는 일은 이로써 금지되었다. 총 14개 조항 중 제 3 조항이 상속녀 및 과부의 결혼에 대한 것으로 해당 조항을 풀어 옮겨보면 다음과 같다. "제 3조항: (제 2조항에서 계속: 내게서 봉토를 받은 봉신이 죽을 경우) 내 봉신이 자기 딸이나 자매, 질녀, 친척 여자를 결혼시키고자 한다면 그는 내게 상의해야 한다. 그러나 그가 그녀를 내 적과 맺어주려 하지 않는 한, 나는 그 결혼을 허가하는 대가로 그에게서 아무것도 받지 않을 것이다. 그리고 만일 내 봉신이 죽고 그의 딸이 상속녀가 된다면, 나는 내 봉신들의 권고에 따라 그녀에게 봉토를 줄 것이다. 만일 남편이 죽고 자식 없이 아내만 남는다면, 그녀는 과부재산과 재혼할 권리를 지닐 것이며, 나는 그녀를 그녀가 원치 않는 남편에게 넘기지 않을 것이다".

에 개입하는 권리는 자명한 것으로 여겨졌다. 그가 보장한 것은 당사자가 원치 않는 결혼을 강요하지 않겠다는 것, 그리고 대가를 요구하지 않겠다는 것뿐이었다.[34] 그러나 실제로 상속녀나 그녀의 아버지는 주군이 제시한 신랑감을 받아들이지 않으려면 그 대가를 지불해야 했으며, 자신들이 고른 신랑감과 결혼하기 위해 주군의 승인을 얻기 위해서도 돈을 내야 했다. 신랑도 자기가 고른 상속녀와 결혼하는 특권에 대해 주군에게 대가를 내야 했다. 이런 식으로 상속녀 및 과부의 결혼은 후견권, 교회 봉토가 비어 있을 경우 주군이 그 수입을 사용할 권리인 용역권, 상속세 등과 마찬가지로, 주군들에게는 봉건적 수입의 일부였다. 이런 금액의 지불은 젊은 여성이나 그녀의 가족에게 상당한 재정적 난관을 초래했지만, 강압을 면하는 대가였고 어느 정도의 자유를 얻게 해 주었다. 과부의 경우에는 주군이 제시한 혼처를 거부하고 자신이 택한 상대와 결혼할 자유를 얻는 대신 몸소 그런 대가를 지불했다.

12~13세기 잉글랜드에서 왕이 한 봉신의 딸과 그녀가 장차 물려받게 될 재산을 어떻게 결혼을 통해 다른 봉신에게 주었던가를 기록한 수많은 문서들이 남아 있다. 1111년 헨리 1세가 글로스터의 마일즈에게 준 문서에 따르면, 버나드의 딸 시빌과 그녀가 장차 부모로부터 상속받게 될 모든 토지를 결혼을 통해 그에게 주기로 되어 있었다. 이 결혼은 상속녀의 아버지가 희망함에 따라 주선된 것으로, 그는 왕이 이 결혼에 동의해 주는 데에 대한 대가를 치렀다.[35] 1185년에는 여러 주(shire)에 조사관들이 파견되어 과부가 재혼하면서 왕에게 그 대가를 납부하지 않은 경우를 조사하고 그 돈을 내게끔 했다.[36] 왕이 상속녀들의 결혼에 대한 대가를

34) W. Stubbs, ed., *Select Charters and other illustrations of English Constitutional History*, p. 118, §3~4; *Great Charter of Liberties* (Magna Carta), §6, 7, *ibid.*, p. 294; J. T. Rosenthal, *op. cit.*, pp. 171~173, 176~177.
35) K. B. MacFarlane, *op. cit.*, pp. 152~153.
36) *Rotuli de Dominabus et Pueris et Puellis de XII Comitatibus*, 1185, ed. J. H. Round (London 1913). 항목들은 지참재산 제도, 아동 결혼 및 봉토 혹은 봉토의 일부를 보유했던 여성들의 수도 보여준다.

요구했을 뿐 아니라, 그의 봉신들도 자기 봉신들에 대해 같은 권리를 행사했다. 1230년 한 봉신은 법정에서 귀족 애덤이 자기에게 엠마와 그녀의 땅을 팔았다 — 즉, 자신이 그녀와 결혼하기 위해 상당한 액수를 지불했다 — 고 주장했다. [37]

주군이 봉신들의 자녀 결혼문제에 개입할 권리와 그에 따른 대가 납부의 정당화는 13세기에는 점차 돈만을 거둘 권리로 발전했다. 14세기 잉글랜드 왕들은 실제로 개입하지 않고 돈을 거두는 것으로 만족했다(그의 봉신들도 자기 봉신들에 대해 그렇게 했다). 프랑스에서도 왕이 자기 봉신들의 상속녀가 결혼할 때 개입했던 것으로 알려져 있다. 알리에노르 다키텐이 프랑스 왕의 후계자(후일의 루이 7세)와 결혼하게끔 주선한 것은 그녀의 아버지 아키텐 공작 기욤 10세의 주군이었던 프랑스 왕 루이 6세였다. 그녀의 아버지는 임종 시에 딸을 주군에게 부탁했던 것이다. 1215년 프랑스 왕 필립 2세는 느베르 백작에게 그의 딸이 결혼해서는 안 될 귀족들의 명단을 하달했다. 명단에는 후일 부르고뉴 공작이 된 위그 4세도 있었는데, 당시 그는 겨우 1살이었다! 루이 9세의 법전은 봉신이 자기 딸을 주군의 동의 없이 결혼시키는 것을 불허하는 법을 명시했다. [38] 독일의 하인리히 4세가 정한 법에 따르면 에노(헨네가우) 백작령[39]의 상속녀는 영지를 상속하는 대신 결혼할 때 주군들인 리에주(뤼티히) 주교 및 로렌(로트링겐) 공작과 의논해야 했다. [40]

가문이나 주군의 개입에도 불구하고 자유롭게 행동하여 법의 제약을

---

37) "Adam vendit ei predictam Emmam cum terra sua." F. Joün de Longrais, *op. cit.*, p. 159에서 재인용.

38) J. Richard, *Les Ducs de Bretagne et la formation du duché*(Paris 1954), p. 188. M. de Laurière, ed., *Ordonnances des Roys de France*, vol. I, pp. 155~156.

39) 옮긴이 주: 오늘날 벨기에에 해당하는 지역의 가장 서쪽에 있던 백작령. 독일어로는 '헨네가우'(Hennegau)라 한다. 1071년 몽스 및 에노 여백작 리실드가 카셀전투에서 패한 후 자신의 봉토들을 신성로마제국의 하인리히 4세에게 팔려 했으나, 황제는 리에주(뤼티히) 주교에게 이를 산 다음 하나의 봉토로 합쳐 리실드에게 돌려주되, 로렌(로타링겐) 공작의 직속 봉신으로 그 봉토를 받게끔 했다.

40) F. Ganshof, *Feudalism*, pp. 128~129.

피하고 사회관습을 무시한 채 자신이 원하는 배우자를 고른 여성들의 드
문 예도 없지 않다. 예컨대 토스카나 여백작 마틸다[41]는 개혁 교황들과
힘을 합쳐 하인리히 4세 황제에게 대적했으며 1080년과 1102년에는 자
신의 광대한 소작 영지들을 교황에게 물려주었다. 개인적 선택과 정치적
고려 끝에 그녀는 자신보다 여러 해 연하이고 황제의 숙적인 바바리아(바
이에른) 공작과 결혼했다. 그런가 하면 알리에노르 다키텐이 자신보다
10년 연하였던 앙주 백작 앙리(영국 왕 헨리 2세)와 결혼한 것은 정치적
계산 이상의 동기에서였을 것이다. 루이 7세와의 결혼이 무효화된 후 그
녀는 시녀들을 데리고 야밤에 루이의 영토에서 벗어남으로써 수많은 구
혼자들을 따돌리고 푸아티에로 갔다. 2달 후 그녀는 앙주 백작 앙리와 결
혼했다.[42] 향신계층에서도 파스턴 가문의 딸은 적당한 혼처를 구해 주
려는 집안의 노력을 무시하고 자신이 고른 신랑(가문의 영지의 집사)과
집안의 반대를 무릅쓰고 결혼했다. 처음에는 사적인 결혼이었지만, 나
중에 교회에서 정식으로 결혼했다.[43] 여자는 항상 남자(아버지, 형제,

---

41) 옮긴이 주: Matilde di Canossa(1046~1115). 토스카나 후작 보니파치오 3세의
　　딸로 1071년 로렌 공작 고드프리 3세와, 그가 죽은 후 1089년에는 바바리아 공작
　　벨프 4세와 결혼했다. 1076년 토스카나 여백작이 된 후 황제와 교황사이의 성직
　　수임분쟁에서 중재역을 한 것으로 유명하다. 특히 파문당한 하인리히 4세가 교황
　　그레고리우스 7세의 용서를 구하며 사흘 동안 맨발로 눈밭에서 참회했다는 '카놋
　　사의 굴욕'은 카놋사에 있는 그녀의 성에서 일어난 사건이었다. 카놋사의 수도사
　　도니초네가 그녀의 생애와 행적을 기린 서사시는 후대의 여러 작품들의 출전이
　　되었다.

42) 마틸다 여백작에 대해서는 H. E. J. Cowdrey, *The Cluniacs and the Gregorian
　　Reform*(Oxford 1970), pp. 160~161; D. B. Zema, "The House of Tuscany and
　　of Pierleone in the crisis of Rome in the 11th century", *Traditio II*(1944), pp. 155
　　~175; *Selections from the First Nine Books of the Chronica of Giovanni
　　Villani*(Westminster 1896), pp. 93~96; *Ottonis et Rahewini Gesta Friderici I
　　Imperatoris*, ed. G. Waitz(Hanover and Leipzig 1912), pp. 14, 34, 276. 알리에
　　노르에 대해서는 S. Kelly, *Eleanor of Aquitaine and the Four Kings*(New York
　　1957).

43) *The Paston Letters*, ed. J. Warrington(London 1956), vol. II, letters 290,
　　291, 298.

246

숙부 등)에 의해 장차의 남편에게 인도된다는 클로드 레비스트로스의 원칙에 명백한 예외도 있었던 것이다.

귀족계급의 딸들(과 아들들)은 종종 아주 어렸을 때 정혼했으며, 특히 대귀족계층에서 그러했다. 이것은 귀족가문들이 왕의 강압을 피하기 위해 취한 조처 중 하나였다. 만일 상속자 또는 상속녀의 아버지가 죽으면 그들은 후견인에 의해 이른 나이에 정혼하게 되었다. 미성년자의 결혼 사례는 아주 많으며 지체가 높은 귀족계급일수록 더욱 그러했다. 15세기 법률가 리틀턴에 따르면, 주군은 자기 딸이 7세가 되면 그녀를 결혼시키기 위해 봉신들에게 봉건 부조금을 요구할 권리가 있었다. 그녀는 9세가 되면 자기 몫으로 정해진 지참재산을 받을 권리가 있었다. 13세기에 버클리 3대 영주인 모리스는 자우치 영주의 딸 에바를 아내로 삼았다. 남편과 아내 모두 8세였다. 14번째 생일을 맞이하기도 전에 그들은 부모가 되었다. 그들의 자녀도 부모와 같은 나이에 결혼했다.[44] 교회법에 의하면 결혼 최저 연령이 여자는 12세, 남자는 14세였다. 버클리 영주가 14세 이전에 아버지가 되었다면 그는 교회법이 허용하는 것보다 일찍 성혼을 했음이 분명하다.

한편 프루아사르는 성혼 연령이 법으로 정한 이상으로 지연된 경우를 이야기한다. 그의 이야기에 따르면 베리 공작은 불로뉴 백작의 딸 잔을 사랑하게 되었는데 그녀는 그보다 여러 해 더 어렸다. 그녀는 어렸을 때 아버지를 여의고 푸아 백작의 후견 아래 있었으며, 그는 그녀가 공작과 결혼하는 데 반대했다. 공작은 조카인 프랑스 왕 샤를 6세에게 백작이 혼담에 동의하도록 설득해 주기를 부탁했다. 이야기를 들은 샤를 6세는 미소 지으며 말했다. "12살 난 어린애를 어쩌시게요?" 공작은 대답했다. "여자가 되기까지 서너 해쯤 지켜봐야지!"[45] 물론 이렇게 고립되고 상충

44) E. Power, *Medieval Women*, ed. M. M. Postan (Cambridge 1975), p. 39. 리틀턴의 진술에 대해서는 F. Joün de Longrais, *op. cit.*, p. 148. 미성년자의 결혼에 대해서는 J. C. Russell, *British Medieval Population* (Albuquerque 1948), p. 156.

되는 예들로부터 성혼에 관한 일반적 관습에 대해 결론을 얻기란 어렵
다. 어떻든 결혼한 미성년자들이 때로 여러 해 동안 각기 부모나 후견인
슬하에서 따로 살았던 것은 사실이다. 그러나 때로는 실제 강요가 사용
되었던 것도 의심할 수 없다. 아룬델 공작 리처드와 휴 르 디스펜서[46]의
딸 이자벨라는 둘 다 14세기 잉글랜드의 상급 귀족에 속했는데, 교회법
정의 여러 심급에서 오래 지연된 논의 끝에 결혼을 무효화하는 데 성공했
다. 이들은 7세와 8세 때 상호동의 없이, 친척들에 대한 두려움 때문에
결혼했다고 주장했다. 성년이 되자 두 사람 모두 명백히 결혼에 반대했
지만, 우격다짐에 의한 강요로 억지로 함께 살았고 아들이 하나 태어났
다.[47] 이 경우에는 결혼 무효화 결정이 났지만, 이런 시도를 감행하는
부부가 얼마나 되었을지 (결혼 무효화에는 여러 가지 복잡한 재산 문제가 따
랐다), 그리고 만일 그랬다 해도 실제로 성공하는 부부가 얼마나 되었을
지 알 수 없는 일이다. 특히 위에 든 경우처럼 이미 성혼이 된 경우에는

45) McLeod, *The Order of the Rose, The Life and Ideas of Christine de Pisan* (London 1975), p. 30에서 재인용.

46) 옮긴이 주: Hugh le Despenser (또는 Hugh Despenser) 라는 이름의 13~14세기 잉글랜드 귀족은 다섯 명이 있는데, 본문에서 말하는 휴 르 디스펜서는 4대째인 Hugh the younger Despenser(1286~1326) 를 가리킨다. 그의 아버지 Hugh the elder Despenser(1262~1326) 는 에드워드 1세와 2세의 조신으로서 제후들에 맞서 왕을 보필했고, 그 덕분에 디스펜서 부자는 왕의 총애를 받아 실세로 군림했다. 아룬델(Edmund Fitzalan) 백작은 에드워드 2세의 또 다른 총신으로서, 1321년 그의 아들 리처드(1313~1376) 를 Young Despenser의 딸 이자벨라(1312~?) 와 결혼시켰고, 1327년 젊은 두 사람 사이에서는 아들이 태어났다. 그러나 1326년 에드워드 2세의 왕비가 제후들과 손잡고 반정을 일으켜 에드워드 3세를 옹립함에 따라 디스펜서 부자와 에드먼드 피찰란은 사형 당했고 재산은 몰수당했다. 리처드는 우여곡절 끝에 재산을 되찾았으나, 1344년 결혼 무효화를 청구했고 1345년 새로운 유력가 랭카스터 백작 헨리의 딸인 엘리노어와 재혼했다. 에드워드 3세 자신이 결혼 무효화와 재혼을 지원했다. 이자벨라 디스펜서는 약간의 영지를 받았으나 그 말년은 알려져 있지 않다. 결혼이 무효화됨에 따라 그녀의 아들 에드먼드는 사생아가 되었고 아룬델 백작가의 재산은 그의 배다른 동생에게 넘어갔으며, 그녀가 죽자 에드먼드는 그녀의 영지에 대한 권리를 주장하다가 런던탑에 갇혔다.

47) J. T. Rosentahl, *op. cit.*, pp. 177~178.

248

더욱 그랬을 것이다.

그러나 물론 모든 귀족 부부가 미성년일 때 결혼하는 것은 아니었다. J. C. 러셀은 봉건 유산 상속 장부 — 특히 잉글랜드 왕의 봉신들에 관한 — 에 기초한 한 연구에서 에드워드 1세 치세(즉 13세기 말) 동안 남자의 평균 결혼연령은 24세였다는 결론을 얻었다. 에드워드 2세 치하에서는 22세, 에드워드 3세 치하에서는 20세였다. 다시 말해 14세기 동안 결혼 평균연령이 낮아졌던 것이다. 여자의 결혼연령은 남자보다 약간 더 낮았다. 48) G. 뒤비에 따르면 12세기 프랑스 북서부에서 남자의 결혼연령은 20대 후반이었다. 특히 유산을 상속받지 못하는 아들들은 혼기가 늦었으며, 상속녀나 지참재산을 가진 여성과 결혼해야 비로소 자신의 가정을 가질 수 있었다. 맏아들들은 좀더 젊은 나이에 결혼했다. 49) 1330~1475년 사이 잉글랜드의 공작 가문들에 관한 한 연구는 남자의 평균 결혼연령이 22세, 여자의 평균 결혼연령이 17세였음을 보여준다. 영지를 물려받는 맏아들들은 대개 동생들보다 일찍 결혼했다. 50) 하여간 귀족계급의 딸들이 어린 나이에 결혼했던 것은 사실이다. 이미 유산의 일부를 혼인 지참재산의 형태로 지정 받은 상속녀인 경우에는 결혼하기 위해 아버지가 세상을 떠나기를 기다릴 필요가 없었다. 상속녀가 아닌 경우에도 딸들이 물려받을 재산은 일찍부터 정해졌고 따라서 일찍 결혼했다. 앞서 지적했듯이 딸들 중 누가 수녀원에 들어갈지도 일찍부터 정해졌고, 그래서 그런 딸들은 어린아이일 때 수녀원에 보내졌다. J. 호이나울이 현대 서유럽의 결혼 패턴으로 지적했던 특징 중 한 가지, 즉 여성의 결혼연령이 상대적으로 높다는 현상은 중세에는 존재하지 않았다. 51)

---

48) J. C. Russell, *op. cit.*, pp. 157~158. 러셀의 결론에 대한 비판은 J. Krause, "The medieval household, large or small?", *Economic History Review* IX(1957), pp. 420~432. 크라우즈는 상속 연령이 반드시 결혼연령이어야 하는가 하는 의문을 제기한다.

49) G. Duby, "Dans la France du Nord-Ouest au XIIe siècle: les 'jeunes' dans la société aristocratique", *Annales ESC XIX*(1964), p. 840.

50) T. H. Hollingworth, *op. cit.*, pp. 4~26.

　사람들은 자기 계층의 구성원과 결혼하는 경향이 있었지만 그것이 항상 가능하지는 않았다. 그래서 상속할 딸에게는 적당한 남편을, 상속할 아들에게는 적당한 아내를 구해 주는 데에 모든 노력이 기울여졌다. 상속자가 아닌 자녀의 경우에는 종종 타협이 이루어졌다. 프랑스 북부에서는 아내가 좀더 지위가 높은 가문 출신인 경우가 많았다. 그녀가 자신보다 낮은 지위의 귀족과 결혼했던 것은 그녀의 부모가 좀더 만족스러운 혼처를 구할 수 있을 만큼 넉넉한 혼인지참재산을 주지 않았기 때문이기도 하고, 때로는 주군의 압력 때문이기도 했다. 52) 13세기 마콩 지방에서 귀족 여성들은 때로 다른 계층의 사람들, 예컨대 가복(家僕)53)의 아들들이나 지참재산이 많지 않더라도 귀족과의 결혼을 선호하는 유족한 농부들과 결혼했다. 반면 귀족 남성들은 항상 자신과 같은 계층이나 더 높은 계층의 여성과 결혼했다. 54) 한편 잉글랜드에는 더 낮은 계층에서 아내를 취하는 남성들도 있었다. 향신계층에서는 여성보다도 남성이 도시민 계층과 결혼하는 일이 더 많았으며, 대귀족계층의 남성 중에도 상인의 딸과 결혼하는 이들이 있었다. 이렇게 해서 몇몇 도시민계층의 딸들은 사회적 신분 상승을 이루기도 했다. 런던 여성 마틸다 프라운서의 경우는 그 대표적인 예이다. 그녀는 런던에서 가장 부유한 젊은 상인 중 하나와 결혼했다. 두 번째 남편은 조신(朝臣)인 앨런 벅스힐 경이었고, 세 번째 남편은 존 오브 몬타큐트로 그는 나중에 솔즈베리 백작이 되었다. 55)

---

51) J. Hajnal, "European marriage patterns in perspective", in *Population in History*, ed. D. V. Glass and E. C. Eversley (London 1965), pp. 101~143, esp. pp. 113, 116~122.

52) G. Duby, "Structure de parenté et noblesse. France du Nord, XIe~XIIe siècles", *op. cit.*, p. 159.

53) 옮긴이 주: Ministerialis. 후기 라틴어에서 나온 말로 광범한 의미의 종복, 일꾼을 의미했다. 본래는 주군에 대해 특정한 책(농장경영, 재무 관리 등) 지는 예속민을 가리켰으나 11세기부터는 영주에게 속한 기사 계급의 일원을 가리키게 되었고, 차츰 자유로운 봉신 내지 군소귀족계급으로 발전했다.

54) G. Duby, *La Société du XIe et XIIe siècles dans la région mâconnaise*, pp. 266~270.

55) S. Thrupp, *The Merchant Class of Medieval London* (Michigan 1968), p. 263; J.

그렇지만 사회적 신분을 결정하는 데는 외가 쪽 친척들도 고려되었다. 부계 상속의 원칙이 점차 발달하기는 했지만 사람들을 사회적으로 평가하는 데에는 부계와 모계가 모두 고려되었으며, 자신보다 신분이 높은 여성과 결혼하는 것은 귀족 남성의 지위를 높여주었다. 순전히 가부장적인 사회(예컨대 당대의 이슬람 사회)[56]에서는 그런 결혼이 남성의 지위에 영향을 미치지 않았다. 좀더 내세울 만한 가문 출신의 여성과 맺은 결혼 덕분에 가문의 명예가 더해진다는 사실은 남편 가문의 문장(紋章)에 아내 가문의 문장이 더해졌던 데서도 찾아볼 수 있다. 그런 문장은 양가결합의 표시로 서책이나 집기류에 새겨졌다. 결혼은 남녀 모두의 생애에서 새로운 단계를 나타냈다. 귀족 남성은 아내를 취해야만 남자(vir) 대접을 받았다. 그러기 전에는 아무리 나이가 많아도 젊은이(juventus)로 취급되었다.

귀족계급은 딸들을 어떻게든 결혼시키려 했고, 결혼하지 않은 채 속세에 사는 귀족 남성의 수가 매우 제한되었다는 것은 의심할 여지없는 사실이다.[57] 동시에 귀족 남성들은 자기 계층의 구성원과 결혼하려는 경향 때문에 종종 근친상간 금지를 위반하기도 했다. 교회는 이 점에서 상당히 관대한 태도를 취했으며, 특히 3촌 내지 4촌의 경우에 대해서는 그러했다. 교회는 일정한 대가를 받고 결혼 허가를 내려주었다.[58] 귀족계급에서는 결혼이 무효화되는 일도 흔치는 않지만 간혹 있었다. 결혼 무효화 결정도 결혼 그 자체만큼이나 정치적·계층적·경제적 이해관계를 포함했다. 때로 결혼은 처음부터(ab initio) 효력이 없었다는 근거로 무효화되었다. 위에서 언급되었던 부부, 즉 어린 시절에 강요로 인해 결혼한 부부의 경우가 그 일례이다.[59] 어떤 귀족 남성들은 진짜이든 지어냈든 간

T. Rosenthal, *op. cit.*, p. 89.

56) P. Guichard, *Structures Sociales 'Orientales' et 'Occidentales' dans l'Espagne Musulmane*(Paris 1977), p. 92.

57) T. H. Hollingworth, *op. cit.*

58) T. H. Hollingworth, *op. cit.*

통을 빌미로 아내를 제거하는 데 성공하기도 했다. 특히 친분이 있는 고위 성직자가 협조한다면 그러기는 쉬웠다 (적어도 기베르 드 노장이 말하는 바에 따르면 그러하다). 교회법에 따르면 간통이 결혼 무효화를 반드시 정당화하지는 않았음을 상기해야 할 것이다. 그러나 간통혐의가 때로 적절한 근거로 받아들여지기도 했다. 남편이 부정한 아내에게 취하는 보복행위는 중세사회의 다른 어떤 계층보다도 귀족계급에서 두드러진 특징이었다. 여자의 간통은 남편에 대한 불성실일 뿐 아니라 가문 전체에 대한 모욕으로 여겨졌다. 60) 귀족 여성이 먼저 결혼 무효화를 요구한 예는 아주 드물게 남아 있다. 61) 모드 클리포드는 라티머 경 존 오브 네빌의 성교 불능을 이유로 결혼취소를 얻어내는 데 성공했다. 62)

결혼은 두 사람의 관계가 처음부터 실패였거나, 남자가 아내에게 싫증이 나서 다른 여자를 원하거나, 새로운 혼처가 그에게 더 큰 정치적·경제적 이익을 가져다 줄 전망이 있거나 할 때 취소되었지만, 대부분의 결혼은 그대로 지속되었다. 그렇다면 그런 결혼은 대체 어떤 관계였을까? 결혼은 중세사회 어떤 계층에서도 자유로운 선택이 아니었지만, 특히 높은 귀족계급일수록 선택의 여지가 제한되었다. 그들은 다른 계층들에게 주어지는 기회조차 누리지 못했다. 즉, 자연스러운 선호와 계층적 의무를 조화시켜 주어진 틀 안에서나마 '사랑에 빠질' 기회 말이다. 존 오브 곤트는 분명 여러 해 동안 자기 정부 캐서린 스윈포드를 사랑했지만 그녀와 결혼한 것은 노경에 이르러서였다. 63) 군소귀족은 선택의 여지가 약

---

59) 옮긴이 주: 루이 7세와 알리에노르 다키텐의 결혼이 무효화된 것도 그들이 근친 간이므로 처음부터 결혼이 유효하지 않았다는 이유에서였다.

60) e. g. Guibert de Nogent, *Histoire de sa vie*, pp. 133~135; R. Nelli, *La Vie quotidienne des Cathares en Languedoc au XIIIᵉ siècle* (Paris 1969), pp. 90, 211 and note 7.

61) 옮긴이 주: 알리에노르는 자신이 먼저 루이 7세에게 이혼을 요구하여 파란을 일으켰다. 그녀의 요구는 묵살되었고, 몇 년 후 루이 7세 쪽에서 요구하는 형식으로 이혼이 이루어졌다.

62) 옮긴이 주: 모드 클리포드 (Maud Clifford, 1389~1436?) 는 1406년 제 6대 라티머 남작 존 드 네빌 (John de Nevill, 1382~1430) 과 이혼한 후 두 번 더 결혼했다.

252

간 더 넓었고, 남자들은 여자들보다 좀더 자유롭게 선택할 수 있었다. 결혼생활에서는 법의 힘과 설교문학의 지침 덕분에 남편이 우위에 있었다. 많은 여자들이 남편을 두려워했고, 개중에는 남편에게 구타당하는 이들도 있었다. 법과 관습이 계층 고하를 막론하고 남자가 자신의 조력자가 되어야 할 여자에게 우월한 신체적 힘을 휘두르는 것을 허용했다. 어떤 성인전은 자기 옷에 피가 튈 정도로 아내의 얼굴을 후려친 귀족 남성 휴에 대해 쓰고 있다.[64] 몇몇 귀족의 삶에서는 우울과 적대감이 지배적인 분위기였다. 한 연대기 작가가 잉글랜드 귀족 여성 마거릿 드 리버스의 결혼을 묘사한 것은 그런 기분을 잘 보여준다.

> 법이 그들을 결혼시켰다, 사랑과 결혼의 침상이.
> 그러나 대체 어떤 법이었던가? 어떤 사랑이었던가?
> 어떤 결혼이었던가?
> 법은 법이 아니요, 사랑은 증오였으며
> 결혼은 별거였다.[65]

마거릿 파스턴과 그녀가 선택한 남편의 경우처럼 때로는 사랑에 기반을 둔 결혼도 있었다. 그들이 주고받은 편지는 다른 모든 사람에게(딸들에게도) 무심했던 이 여성이 자기 남편을 얼마나 사랑했던가를 보여준다. 어떤 것이 더 우세한 특징이었을까? 대답하기 어려운 질문이다.

---

63) 옮긴이 주: 제4장 각주 270 참조.
64) *Liber Miraculorum S. Fidis*, ed. A. Bauillet(Paris 1897), p. 29
65) Matthew Paris, *Chronica Majora*, Ed. R. Luard(RS, London 1880), vol. 57, 5, p. 323.

2. 어머니로서의 귀족 여성

귀족가문들과 부유한 도시민들, 그리고 유족한 농부들은 가난한 사람들보다 자식이 더 많았다. 부잣집 아이들은 가난한 집 아이들보다 더 나은 보살핌을 받았고 더 나은 생활여건을 누렸으며, 따라서 생존 확률도 더 높았다. 부자들은 또한 더 일찍 결혼했고, 남녀 모두가 가임기간을 최대한 활용할 수 있었다.[66] 그들은 자녀의 출생을 등재하는 데에도 소홀하지 않았을 것이며, 특히 딸보다 아들의 출생은 반드시 등재했을 것이다. 12세기 로렌 지방의 공작 및 백작 가문들의 기록에 따르면 등재된 자손의 64%는 아들이었다. 그 밖의 영주 및 성주 가문들에서는 등재된 자손의 72%가 아들이었다. 이런 성비(性比)는 현실적으로 불가능하며, 딸들이 두 개의 이름을 부여받아 계보학자들이 착각했다는 사실에서 비롯된다. 또한 수녀원에 들어가는 딸들은 대개 가문의 기록에 등재되지 않았고, 결혼하지 않은 딸들도 등재되지 않았으며, 일반적으로 딸들의 등재는 비교적 경시되었다.[67]

귀족가문에서 결혼하는, 그리고 다양한 방식으로 가문의 재산을 나눠받는 아들딸의 수는 경제적·계층적인 이유들에 의해 제한되었다. G. 뒤비의 연구에 따르면 부르고뉴 지방의 클뤼니 수도원 인근 지역에서는 귀족가문의 4~5명 아들 중에서 단 한 명만이 결혼할 수 있었다. 나머지 아들들은 성직자 아니면 수도사가 되거나, 아니면 속세에서 독신으로 남았다. 결혼하지 않을 딸들은 수녀원에 보내졌다.[68] 한편 결혼하여 가정

66) 피스토야 및 인근 농촌에서 가난한 가정의 자녀수가 적었던 데 대해서는 D. Herlihy, *Medieval and Renaissance Pistoia*(New Haven 1967), pp. 90~97, 118; 토스카나 지역 전반에 관해서는 C. Klapisch, "Household and family in Tuscany in 1427", *Household and Family in Past Times*, ed. P. Laslett and R. Wall (Cambridge 1974), pp. 267, 281; 잉글랜드 농촌 계급에 대해서는 Z. Razi, *op. cit.*, pp. 59~60, 66.

67) M. Parisse, *op. cit.*, vol. I, p. 306.

68) G. Duby, "Lignage, noblesse et chevalerie au XIIe siècle dans la région

을 이룬 이들은 자녀수를 제한하지 않았던 것으로 보인다. 그러니까 새로운 가정을 이루는 것은 통제되었지만, 일단 이루어진 가정의 출산율은 통제되지 않았던 것이다.

12세기와 13세기에 로렌 지방에서는 공작, 백작, 성주 모두의 가문을 통틀어 한 가정당 평균 자녀수는 6명이었다. 12세기 마콩 지방에서 평균 자녀수는 4~6명이었다. 69) 12세기 프랑스 북서부에서는 한 가정당 평균 5~7명의 자녀가 성년에 도달했다. 1330~1479년 사이 잉글랜드의 공작 가문들에서는 부부가 가임기간 전체에 걸쳐 생존하는 경우 평균 자녀수는 4.6명이었다. 그러나 실제 자녀수는 가정마다 달랐다. 공작 가문들의 남성 중 27%는 전혀 자녀가 없었고, 여성의 23%도 마찬가지였다. 70) 이것은 자녀가 있는 가정에는 자녀수가 아주 많았음을 의미한다. 이 계층에서도 유아 및 아동기의 사망률은 높았다. 공작 가문들의 유아 중 남아의 36%, 여아의 29%가 5세 이전에 사망했다. 유아 사망률도 가정마다 달랐고, 따라서 자녀수에도 큰 차이가 있었다. 마콩 지방의 어떤 가정에는 6명의 자녀가 있었지만, 어떤 가정에는 자녀가 하나도 없었다. 13세기 로렌 지방의 자르브루크 백작 가문의 한 아들은 네 자녀를 두었는데, 그중 맏이는 자녀가 없었거나 상속을 받을 만큼 오래 살지 못한 반면, 막내에게는 12명의 자녀가 있었다. 71) 14세기 잉글랜드에도 대를 이을 적자가 성년에 달하기까지 생존하지 못한 가문이 있는가 하면(그래서 그들은 서자들을 요구했다), 다섯, 여덟, 심지어 열 명의 자녀를 둔 가문들도 있었다. 72)

mâconnaise", *Annales ESC XXVII* (1972), pp. 803~823.

69) M. Parisse, *op. cit.*, vol. I, pp. 309~310: G. Duby, *La Société du XIe et XIIe siècles dans la région mâconnaise*, p. 8; "Dans la France du Nord-Ouest au XIIe siècle: les 'jeunes' dans la société aristocratique", *op. cit.*, ; J. C. Russell, *op. cit.*, p. 158.

70) T. H. Hollingworth, *op. cit.*, pp. 4~26.

71) M. Parisse, *op. cit.*, p. 310.

72) J. T. Rosenthal, *op. cit.*, p. 90.

귀족 여성들은 직접 수유를 하지 않았다. 그들은 집에 유모를 두었고, 대귀족가문의 유모는 특히 높은 급료를 받았다. 연대기 작가들은 직접 수유했던 귀족 여성들을 특기하고 있으며, 예컨대 베르나르 드 클레르보의 모친은 일곱 자녀 모두에게 직접 수유했다고 한다. 젖을 뗀 자녀는 보모에게 넘겼으며, 대체로 이른 시기에 집에서 떠나보냈다. 많은 귀족 남성의 자녀가 6~7세에 다른 귀족의 집에 보내져 교육받았다. 도시 학교나 수도원 부속학교에 보내지는 아이들도 보통 아주 어렸을 때 입학하여 수도원이나 교사의 집이나 콜레기움[73]에서 계속 살았다. 수도사가 될 아들들도 일찍 수도원으로 보내졌다. 딸들의 운명도 비슷했다. 수녀가 될 딸들은 종종 아주 어렸을 때 수녀원에 넣어졌고, 그렇지 않은 딸들도 교육을 위해 수녀원에 보내졌다. 아니면 남자 형제들처럼 주군의 궁정에 보내져서 자기가 속한 계층의 예의범절을 배우기도 했다.[74] 미성년이었을 때 정혼한 딸들 중에는 정혼 즉시 장차의 신랑 집안에 보내져 살면서 교육을 받는 경우도 있었다. 13세기 초에 헝가리 안드라스 왕의 딸 엘리자베트[75]는 4세 때 투린기아의 란트그라프[76]와 정혼했다. 그해에 그녀

---

73) 옮긴이 주: 콜레기움(*collegium, college*)이란 12세기 이후 유럽 전역에서 대학의 보완 기관으로 생겨났다. 처음에는 가난한 학생들에게 숙식을 제공하는 시설이던 것이, 차츰 교육 기능까지 맡게 되었다. 가장 유명한 것이 13세기 초 로베르 드 소르봉이 창설한 콜레주 드 소르봉으로, 이것이 소르본대학의 전신이 되었다.

74) 대학생들의 나이에 대해서는 J. Verger, "Noblesse et savoir: étudiants nobles aux universités d'Avignon, Cahors, Montpellier et Toulouse"(fin du XIVe siècle) in P. Contamine, ed., *La Noblesse du Moyen Âge* (Paris 1976), p. 306. 수도원에서 자라되 수녀가 되지 않을 소녀들에 대해서는 E. Rapp, "Les abbayes: hospices de la noblesse. L'influence de l'aristocratie sur les couvents bénédictins dans l'Empire à la fin du Moyen Âge", *ibid.*, p. 315. 다른 귀족가문에 보내져 자라는 소녀들에 대해서는 *The Paston Letters*, vol. I, letter 50을 참조. 수녀가 될 예정은 아니지만 수녀원에서 자란 소녀의 일례인 캐서린 오브 바드스테나에 관해서는 *Acta Sanctorum*, March III, p. 504.

75) 옮긴이 주: St. Elisabeth of Hungary(1207~1231). 헝가리 왕 안드라스(1175? ~1235)의 딸로 태어나 4세 때 중부 독일의 투린기아를 통치하는 자들의 궁정으로 보내졌다. 장차 그녀와 투린기아 가문의 아들을 결혼시켜 가문간의 결속을 다지기 위해서였다. 그리하여 14세에 투린기아의 루드비히 4세와 결혼하였으나 20

는 바르트부르크 궁정으로 보내졌고 14세 때 결혼하기까지, 그리고 남편이 죽을 때까지 그곳에서 살았다(그녀의 결혼생활은 행복한 편이었다). 수녀가 되지 않을 딸들은 교육을 마치면 대개 결혼했고 다시 부모의 집에 돌아와 살지는 않았다.

아동기는 짧았고, 아이들은 일찍 성인사회에 동화되었다. 그러나 귀족계급의 아들들은 여자 형제들이 결코 체험하지 못하는 젊은 날을 누리며 젊은이들끼리 어울릴 수 있었다. 12세기에는 소년이 전사로 훈련받는 (*puer* 또는 *adolescentulus*로 불리는) 시기에 이어, 젊은이 (*juventus*)[77]로 불리는 시기가 있었다. 그는 이미 무술훈련을 마쳤으며 또래들과 함께 기사가 되었으니 이제 모험의 시기, 무술시합을 찾아다니고 술을 마시며 흥청거릴 시기를 맞이한 것이다. 많은 젊은이들이 이 시기에 목숨을 잃었지만, 또 많은 젊은이들에게는 이 시기가 너무 오래 지속되었다. 즉 아직 영지를 상속받지 않아 결혼할 수 없었기 때문에 이런 방식의 삶을 계속하는 것이었다. 그러나 이런 생활은 나름대로 자유롭고 매혹적이었다.[78] 딸들은 아동기에서 결혼생활 및 그에 수반되는 여러 가지 일로 거의 곧바로 넘어가야 했다. 심지어 아이들이 부모의 집에 사는 짧은 기간 중에도 많은 아버지들은 십자군 원정이나 전쟁에 나가 주군 또는 왕을 섬기느라 오랫동안 집을 떠나 있었다.

세에 과부가 된 후 가난한 자들을 위해 재산을 기부하고 병원을 짓는 등 헌신하여, 24세의 나이로 세상을 떠났을 때는 그리스도교의 사랑을 몸소 실천한 예로 추앙되었다. 1235년에 시성되었다.

76) 옮긴이 주: Landgraf(G), Landgrave(E, F). 주로 신성로마제국에서 쓰이던 작위로, 다른 나라의 백작과 비슷한 봉건적 의무와 연관되나 신성로마제국 황제 직속이다.

77) 옮긴이 주: 이 '젊은이'란 (바로 다음 문장에서 보듯) 이미 기사 서임을 받은, 그러나 (앞서 '귀족계층의 결혼'에 관한 절에서 보듯) 결혼하여 가정을 이루지 못한 남성을 가리킨다. 이는 프랑스어의 bacheler, 즉 knight bachelor와 마찬가지로 기사 계급의 가장 낮은 신분에 해당한다.

78) G. Duby, "Dans la France du Nord-Ouest au XIIe siècle: les 'jeunes' dans la société aristocratique".

그러므로 어린아이의 삶에서 아버지보다 어머니가 더 중요한 역할을 했다는 것은 두말할 필요도 없다. 이미 보았듯이 귀족 남성의 기대수명은 낮았다. 많은 아이들이 일찍 아버지를 여의었고, 그러면 어머니가 후견인이 되어 그들의 권리를 옹호하고 영지를 악착같이 지켜주었다. 개중에는 후견인으로서, 미성년 자녀가 물려받은 지배권력을 행사하는 어머니들도 있었다. 어떤 어머니들은 자기 자녀가 받을 유산에 대해 제 3자가 법정 명령이나 외교적 수단이나 군사적 행동을 동원해 권리를 주장하고 나서는 것을 물리쳐야 했다.

샹파뉴 백작 티보 3세의 미망인 블랑슈 드 나바르[79]는 미성년 아들의 후견인으로서 1213~1222년 동안 백작령을 다스렸다. 그녀는 프랑스 왕 필립 2세에게 신종서약을 했고, 1213년에는 궁정에서 열린 그의 제후회의에도 참석했다. 블랑슈는 선대 샹파뉴 백작 앙리 2세의 사위가 백작령을 요구하고 나서자 이를 물리치기 위해 요새를 강화했고 자기 봉신들의 충성을 강화하기 위해 특별 하사금을 내리기도 했다. 그녀는 또한 교황 및 프랑스 왕과 협상을 벌여 자기 아들을 지원하게끔 했다. 백작령을 다스리는 동안 그녀는 영지의 재정을 선대나 후대의 어떤 백작보다도 지혜롭고 신중하게 관리했다. 그녀는 아들을 로렌 공작의 미망인과 결혼시켰으며, 신부의 지참재산으로 그가 다스리는 영역을 크게 넓혔다. 1222년에 그녀는 백작령을 아들에게 넘겨주었다.[80] 카탈루냐에서는 에르메센 드 백작부인이 아들과 손자의 후견인으로서 바르셀로나, 게로나, 아우소네 백작령을 다스렸다.[81] 그 밖에도 많은 여성이 봉토를 상속받은 아

79) 옮긴이 주: Blanche de Navarre(1170경~1229). 나바라 왕 산초 4세의 막내딸로, 샹파뉴 백작 티보 3세와 결혼했다. 1201년 백작이 죽은 후 유복자 아들을 낳았고, 이 아들 티보 4세(1201~1253)가 성년이 되기까지 샹파뉴 백작령을 섭정으로 다스렸다. 선대 샹파뉴 백작 앙리 2세(티보 3세의 형)의 사위 에라르 드 브리엔의 상속권 요구로 인해 빚어진 갈등은 1215년 전쟁으로 발전했고, 티보 4세가 성년이 된 1222년에야 해결되었다.

80) G. Longnon, "La Champagne", in F. Lot and R. Fawtier, eds. *Histoire des Institutions françaises au Moyen Âge*, vol. I, *Institutions seigneuriales*(Paris 1957), p. 128.

258

들의 후견인이 되었으며, 그들을 대신하여 영지를 다스리고 아들의 권리
를 지켰다. 아들이 성직자가 되기로 한 경우에도 미망인이 된 어머니는
자신의 인맥을 이용하여 그에게 적당한 지위와 유리한 성직록을 확보해
주었다. 기베르 드 노장에 따르면 그의 어머니는 세월이 흐른 뒤에야 자
신이 아들의 영혼구원에 유익하지 못한 방식으로 처신했음을 깨닫게 되
었다고 한다. 82)

프랑스 및 카탈루냐에서와는 달리 잉글랜드의 귀족 여성들은 봉토를
상속받은 아들들의 후견인이 되지 못했다. 자녀가 여럿인 경우에는 상속
자가 아닌 자녀들만이 어머니의 후견에 맡겨졌다. 상속자인 아들이나 딸
은 주군이 임명한 후견인의 감독에 맡겨졌으며, 결혼도 이 후견인에 의
해 주선되었다. 83)

다른 사회계층과 마찬가지로 귀족계급도 자녀를 사랑했다는 데는 의
심의 여지가 없다. 그들의 배려는 자녀를 자신들의 계층에 맞도록 교육
시키고 적당한 지위를 물색해 장래를 보장해 주고 영지를 할당해 주고 결
혼을 주선해 주고 재산을 물려주는 등의 일에 반영되었다. 만일 아버지
가 죽으면 어머니가 이 모든 일을 감당해야 했다. 귀족 여성들의 자녀에
대한 태도는 어떠했던가? 당시 어머니들의 정서적 유대에 관한 사료는
일반적인 교육방법과 자녀들을 위한 어머니들의 활동에 관한 사료보다
더 적다. 이곳저곳에서 정서적 유대 결여나 자녀를 낳는 일에 대한 두려
움의 표현이 발견된다. 예컨대 엘로이즈가 아벨라르에게 쓴 편지에도 그
들이 낳은 아들에 대한 언급은 전혀 없다. 아벨라르 자신은 한 문장에서
아들을 낳은 직후 브르타뉴에 있는 누이에게 맡겼다고 언급할 뿐이다.

81) P. Bonnassie, *op. cit.*, vol. I, p. 277.
82) Guibert de Nogent, *Histoire de sa vie*, p. 19
83) S. Sheridan-Walker, "Widow and ward: the feudal law of child custody in medieval England", in *Women in Medieval Society*, ed. S. Mosher-Stuard (Pennsylvania 1976), pp. 159~172. 주군이 남녀를 불문하고 피후견인의 결혼에 개입할 권리가 있었다는 증거는 다음 문헌에서도 발견된다. *Rotuli de Dominabus et Pueris et Puellis de XII comitatibus*, 1185, ed. J. H. Round(London 1913).

반면 엘로이즈는 자신들의 사랑에 대해서는 슬픔과 죄의식과 욕망과 동경에 가득 차서 추억하지만, 아들에 대해서는 단 한 번도 언급하지 않는다. 그녀가 아들에 대해 말한 것은 존자 피에르에게 보낸 편지에서 그를 위해 모종의 성직록을 얻어달라고 한 것뿐이다. 그 무렵 그들의 아들은 20대 청년이었다.

크리스틴 드 피장도 어린 자녀에 대해 전혀 언급하지 않는다. 그녀는 죽은 남편에 대해서는 여러 편의 시를 지어 애도했지만 어려서 죽은 자식들에 대해서는 한 마디도 하지 않는다. 살아남은 두 자녀에 대해서도 어른이 된 그들에 대해서만 말할 뿐이다. 그녀는 수녀가 된 딸에 대해 쓰면서 친구들과 더불어 딸을 찾아간 이야기를 소상히 적고 있는데, 주된 묘사는 수녀원까지의 여행, 경치, 그리고 자기가 친구들과 더불어 지낸 시간에 대한 것이고 딸과 그녀의 수녀원 생활에는 극히 적은 부분만을 할애했다. 반면 아들에게는 좀더 관심을 보인다. 그녀는 아들이 13살일 때 잉글랜드의 솔즈베리 백작에게 보내 교육시켰으며, 그가 돌아오기에 앞서 장차 프랑스 귀족 집안에서 교육받도록 주선해놓았다.

크리스틴이 〈나 크리스틴이 내 아들 장 카스텔에게 주는 가르침〉을 쓴 것은 그녀의 아들이 잉글랜드에 머물던 시절의 일이었던 것으로 보인다.[84] 이것은 독창성이 결여된 작품으로 중세 전성기에는 그 비슷한 책들이 많이 쓰였으니, 아벨라르도 아들 아스트롤라브를 위해 비슷한 책을 쓴 적이 있다.[85] 이 작품에 담긴 그녀의 조언들은 일부는 로마의 고전 작가나 교부들의 저작에, 또 다른 일부는 민담과 격언에 기초해 있다. 이런 유형의 다른 저작들에서 으레 그렇듯이 13세 소년이 겪게 마련인 특정한 문제들에 대한 언급은 없으며, 조언의 대상으로 설정된 것은 장성한 청

84) Héloïse, *Epistola*, XXI, PL vol. CLXXXIX, col. 428; E. McLeod, *op. cit.*, pp. 42, 51~55 (옮긴이 주: 이 원주는 한 문단 앞에 들어가야 할 것이 잘못 들어갔거나, 크리스틴 드 피장에 관한 주와 섞인 것으로 보인다).

85) J. B. Hauréau, "Le poème adressé par Abélard à son fils Astrolabe", *Notices et extraits de la Bibliothèque nationale XXXIV*, 2(1895), pp. 153~187.

260

년이요 아버지가 되었을 때의 아들이다. 크리스틴 드 피장은 ─ 그녀의
작품을 분석하면서 보게 되겠지만 ─ 분명 감수성이 예민한 여인이었으
나, 그녀의 저작은 자녀에 대한 애정의 기미를 거의 보여주지 않는다. 그
녀는 책임감이 있는 어머니로서 자녀를 양육하기 위해 일했고 그들의 교
육에 관심을 가졌으나, 애정과 다정함은 ─ 적어도 저작에서는 ─ 보이
지 않았다.

여성들은 때로 자녀의 출산과 양육에 대한 유보를 표명했다. 앞에서
언급했던 여성 음유시인 중 한 사람은 두 여자가 결혼을 해야 할지 세 번
째 여인에게 묻는 장면을 그리고 있다. 한 여자가 말한다. "난 우리 둘 다
아는 누군가와 결혼하게 될까? 아니면 미혼으로 남게 될까? 나는 그 편이
더 좋은데. 왜냐하면 아기를 낳는 일은 별로 좋아 보이지 않고, 아내가
되기란 너무 힘든 일일 것 같아." 두 번째 여자가 말한다. "난 남편은 있
었으면 좋겠지만, 아기를 낳는 일은 엄청난 고생일 것 같아. 젖가슴도 처
질 테고, 아내가 되기란 너무 힘든 일이야."86) 반면 독일 여성 시인 프라
우 아바87)는 자기가 두 자녀의 어머니인데 자식 하나는 죽고 하나는 살
았으나 둘 다 자신에게는 소중하다고 하면서, 독자들에게 자신의 죽은
아이를 위해 기도해달라고 호소한다.

때로 어머니는 지배적이고 엄격했다. 파스턴 가의 서한집은 이를 잘
보여준다. 딸들은 멀리 보내져 교육받았으며, 그녀들의 소원은 고려되
지 않았다. 그녀들 자신이 바라는 것과는 무관하게 신랑감이 구해졌고,
반대하는 딸은 가차 없이 두들겨 맞았으며, 역시 멀리 보내졌다. 파스턴
가문에서는 어머니들이 딸들보다 아들들을 더 잘 대우했던 것으로 보인
다. 어머니들은 종종 아들과 아버지 사이의 중개역을 했으며 아들들에게

86) M. Bogin, *The Women Troubadours*, p. 144.
87) 옮긴이 주: Frau Ava/Ava von Gottweig/Ava von Melk(1060경~1127). 독일어
    문학 최초로 이름이 전해지는 여성 작가. 결혼해서 두 아들을 두었으며, 이들은
    아마도 성직자로 모친의 시작을 도왔을 것으로 추정된다. 그녀의 작품은 모두 그
    리스도교적인 종교시들이다. 시인 아바는 대개 남편이 죽은 후 괴트바이트(또는
    멜크) 수도원의 영지에서 은둔수녀로 살았던 아바와 동일 인물로 여겨진다.

장기간의 재정적 도움을 주었다. [88] 이 가문의 어머니들은 공공연하게 가문을 지배했으며, 이를 과도한 관심인 것처럼 위장하지도 않았다. 귀족계급의 자녀는 분명 자신의 지배를 지나친 모성애로 위장하는 욕구불만의 어머니로부터 압력을 받기보다는, 어머니의 애정 결여와 지배적인 태도로 인해 고통을 겪었을 것이다. [89] 한편 어머니의 애정과 배려를 보여주는 사료들도 있다. 성인전을 보면, 많은 성인들이 귀족계급 출신인데, 그들의 어머니는 아버지보다 자녀교육에서 더 중요한 역할을 한다. 클뤼니 수도원장이 된 위그는 세뮈르 앙 브리오네 백작의 맏아들이었으며, 아버지는 그를 기사로 만들려 했으나 그는 그런 방면에 취미도 소질도 없었다. 그러자 어머니는 아버지와는 달리 그의 기분을 이해해 주었고 그가 종교적인 길로 나아가게끔 도와주었다. [90] 캔터베리 주교 안셀름의 전기작가 중 한 사람에 따르면 그는 어렸을 때 친척인 한 교사에게 맡겨졌다. 교사는 그에게 밤낮으로 공부만 시키고 다른 아이들과 함께 나가 노는 것을 허락하지 않았다. 아이는 거의 신경쇠약이 되어 어머니에게로 돌아갔다. 그는 처음에는 어머니를 쳐다보지도 말을 하지도 않으려 했다. 그러자 어머니는 슬픔과 고통에 가득 차서 아들을 잃을까 두려워하여 아들을 마음껏 풀어놓기로 결심했다. 그녀는 하인들에게 그가 원하는 무엇이든지 하게 해 주고 절대로 때리지 말라고 명했다. 얼마 후 그는 다시 정상적이고 행복한 아이가 되었다. 안셀름은 어머니의 현명한 결정과 자신에 대한 애정과 이해심을 결코 잊지 않았다.

기베르 드 노장은 다분히 성 아우구스티누스의 자서전을 본받은 자서전에서 어머니에 대한 경애를 묘사하고 그녀의 아름다움과 겸양과 경건함과 강인함, 그리고 자신에 대한 보살핌을 칭송했다. 그는 자신이 태어

88) *The Paston Letters*, col. I, letters 28, 65, 72; vol. II, 285. 아들들에 대한 태도에 관해서는 vol. I, 33, vol. II, 228, 237, 239.

89) R. V. Sampson, *The Psychology of Power* (New York 1966).

90) *Acta Sanctorum*, April III (Paris and Rome 1866), pp. 642, 656; M. Goodich, "Childhood and adolescence among the 13th century saints", *History of Childhood Quarterly I* (1973).

난 지 8개월 만에 아버지가 세상을 떠났으며 하느님께서 아버지를 죽게
하신 것은 두 사람 모두의 유익을 위한 것이었다고 말했다. 만일 아버지
가 살아 계셨다면 그는 분명 기베르의 어머니가 산고를 겪는 동안 했던
맹세를 깨뜨렸을 터이기 때문이다. 그 맹세란 만일 아이가 살아나면 성
직에 바치고 절대로 기사가 되게 하지 않겠다는 것이었다. 91) (이런 이야
기는 장 폴 사르트르가 자서전《말》에서 한 이야기를 상기시킨다. "만일 내
아버지가 살아 계셨더라면, 그는 나를 억누르고 강압했을 것이다. 다행히도
그는 젊어서 세상을 떠나셨다 ⋯ .") 92)

당대의 지배적 관습과는 대조적으로 가문의 막내아들이었던 기베르는
12세가 되기까지 어머니의 집에서 살면서 가정교사 밑에서 공부했다. 교
사는 헌신적이지만 거친 사람으로, 제자의 사정을 봐주지 않았을 뿐 아
니라 충분한 지식도 교사로서의 자질도 없는 사람이었다. 13세 때 기베
르는 수도원으로 보내졌고, 그의 어머니도 그 얼마 전에 수녀원에 들어
간 터였다. 어머니에 대한 그의 유대는 무척 강했고, 그런 유대가 평생
그의 인성발달에 영향을 미쳤음이 분명하다. 그러나 그의 저작에서는 어
머니의 애정 결여에 대한 일말의 서운함도 발견된다. 그의 어머니는 굳
세고 경건한 여성으로 그를 사랑했지만, 결코 겉으로 드러나게 애정을
표시하지는 않았던 것이다.

여러 심리학자들이 아버지가 가정을 지배하는 가부장적인 사회에서는
어머니가 자녀의 동지이자 의지할 대상이 된다고 주장했다. 앞서 보았듯
이 귀족계급에서는 아버지보다 어머니에게서 자녀에 대한 배려와 이해심
의 예가 더 많이 발견된다. 그러나 이것이 이 시대의 특징적인 현상이라
고 확신할 수는 없다. 중세 도상 (圖像) 에서 작은 성인 (成人) 들의 모습이

91) "pater meae carnis occubuit: et magnas inde tibi gratias, qui hunc hominem
sub Christiano, affectu fecisti decedere, providentiae tuae ⋯ " Guibert de
Nogent, *Histoire de sa vie*, p. 12. 기베르와 모친의 관계에 대해서는 J. F.
Benton, *Self and Society in Medieval France* (New York 1970) , Introduction.
92) Jean-Paul Sartre, *Words*, trans. I. Clephane (London 1964) p. 15.

발견되는 것은 아동에 대한 당대 사회의 느낌을 반영했다기보다 어머니
의 사랑에 대한 성인 남성 화가의 열망을 표현한 것이라는 르 루아 라뒤
리의 이론은 다소 지나치기는 해도 전혀 일리가 없는 것은 아니다.[93] 자
녀에 대한 부모의 감정이나 부모에 대한 자식의 감정이 모두 양가적이라
는 것은 어느 시대에나 알려진 현상이다(다시 사르트르를 인용하자면 "아
이를 세상에 태어나게 한다는 것보다 더 좋은 일은 없지만, 남자가 자녀를 갖
는다는 것은 죄이다! 아버지를 등에 업은 모든 아이네아스들 가운데서[94] 나
는 이쪽 해안에서 저쪽 해안까지 홀로 여행한다. 아들들이 살아 있는 한 평생
아들들을 타고 있는 보이지 않는 아버지들을 혐오하면서").

중세에도 분명 자녀에게 다정함과 애정을 베푸는, 감수성이 예민하고
애정 깊은 어머니들이 있었을 것이다. 그러나 중세 귀족계급의 사회구조
와 교육체제는 종종 어머니와 자식들 사이에 긴밀한 유대가 생겨날 가능
성을 처음부터 배제하곤 했으며, 그들의 타고난 애정을 고사시키곤 했
다. 자크 푸르니에[95] 주교가 주재한 파미에 이단재판 법정의 기록은 집
을 떠나 카타리파와 합류하려는 샤토베르됭의 한 귀족 여성에 대한 증언
을 담고 있다.

그녀에게는 요람의 갓난아이가 있었으며, 집을 떠나기 전에 아이를 보

---

93) E. Le Roy Ladurie, *Montaillou : Village occitane* (Paris 1975), p. 307 note 1. 가
    부장 사회에서 어머니와 아이의 관계에 대해서는 F. Fromm- Reichmann, "Note
    on the mother role in the family group", in *Psychoanalysis and Psychotherapy*
    (Chicago 1959), pp. 290~305.
94) 옮긴이 주: 베르길리우스의 《아이네이스》에서 주인공 아이네아스가 트로이를 탈
    출할 때 아버지 안키세스를 업고 나온 일에 빗댄 것.
95) 옮긴이 주: Jacques Fournier(1280?~1342). 장차의 교황 베네딕투스 12세가 된
    인물. 시토 수도사로 출발하여 파리대학에서 공부했고, 1317년 파미에 주교가
    되었다. 이곳에서 그는 카타리파 이단을 엄격히 색출하여 교회 당국의 치하를 받
    았으나 지역 주민들로부터는 원성을 샀다. 특히 피레네 산맥 동쪽에 있는 작은 마
    을 몽타이유에서 그가 행한 이단재판의 기록은 그가 교황이 된 덕분에 오늘날까
    지도 바티칸 서고에 남아 있으며, 그 내용은 엠마뉘엘 르 루아 라뒤리의 저서 《몽
    타유》(*Montaillou*, 1975)를 통해 널리 알려졌다.

고 싶어 했다. 아이를 보자 그녀는 아이에게 입을 맞추었고 아이는 웃음
지었다. 그녀는 요람 곁을 떠나 방을 나서려 했으나, 다시 돌아가 아이
에게 다가갔다. 아이는 또다시 웃음 지었고, 이런 일이 연거푸 일어났
다. 그녀는 아이를 떠나지 못했다. 결국 하녀에게 "아이를 방 밖으로 데
려가라"고 말했다.

이 젊은 여성은 얼마 못 가 이단재판에서 화형에 처해졌다. 96) 이 가슴
아픈 이야기는 달리 설명이 필요치 않으며, 갓난아기에 대한 모성애를
보여주지만, 이 애정 깊은 젊은 어머니도 만일 집을 떠나지 않았더라면
자기 계층의 통상적인 방식 — 종종 어머니와 자녀 간의 정상적인 관계를
왜곡시키는 방식 — 으로 아이를 키웠을지 모른다.

3. 여성의 봉토 지배

영주 권력을 수반하는 봉토를 물려받은 여성은 자기 영지 내에서의 제
반 권위를 물려받았으며, 다만 군사적 봉사만 다른 사람을 시켜 제공하
면 되었다. 이미 지적했듯이 거의 모든 상속녀는 예외 없이 결혼했고, 다
양한 혼인법에 따라 남편이 부부의 재산에 대해 책임을 지는 동시에 그
수입을 누리되, 아내의 재산에 피해를 입히는 것만 금지되어 있었다. 그
러나 이런 법에도 불구하고 대개의 지방에서 그런 봉토를 물려받은 여성
들은 결혼 후에도 자신의 권위를 상실하지 않았던 것으로 보인다. 결혼
한 여성의 권리에 가장 큰 제약이 가해졌던 곳은 잉글랜드이다. 97) 잉글

---

96) 주로 귀족계급의, 아동에 대한 태도에 대해서는 M. M. McLaughlin, "Sur-
vivors and surrogates: Children and parents from the 9th to the 13th
centuries", in L. de Mause, ed., *The History of Childhood*(London 1974),
pp. 101~181. 프라우 아바의 시에 대해서도 같은 책 note 10을 참조. 성 안셀름
에 대해서는 *The Life of St Anselm Archibishop of Canterbury*, ed. R. W.
Southern(London 1962), pp. 171~172; 샤토베르됭의 귀족 여성에 관해서는
Registre de l'Inquisition de Jacques Fournier, vol. I, 28a, p. 221.

랜드에서는 여성들이 신종서약을 할 수 없고, 단지 충성을 맹세할 수 있을 뿐이었다. 98) 결혼한 후에는 남편이 그녀의 봉토에 대해 신종서약을 했고, 그녀의 봉신들로부터도 신종서약을 받았다. 99) 카탈루냐에서는 아내가 상속받은 재산 중에서 혼인지참재산의 몫에 대해서만 남편이 주군에게 신종서약을 하고, 혼인지참재산이 아닌 몫에 대해서는 그녀 자신이 신종서약을 했다. 100) 프랑스와 네덜란드, 그리고 로렌 지방 서부의 큰 제후령 대부분에서는 상속녀 자신이 신종서약을 했으며, 과부재산권으로 봉토를 보유하게 된 여성들도 그렇게 했다. 만일 상속녀가 결혼하면 그녀의 남편도 주군에게 신종서약을 했다.

모든 지방에서 남자가 자기 권리에 의해 갖는 봉토와 아내의 권리에 의해 갖는 봉토는 분명히 구별되었으며, 자기 땅을 자기 봉신에게 봉토로 주는 것과 아내를 대신하여 주는 것도 분명히 구별되었다. 브르타뉴 여백작 콩스탕스의 남편 기 드 투아르는 "브르타뉴 백작령은 상속권에 의해 내 아내인 브르타뉴 여백작 콩스탕스의 수중에 들어왔고, 그녀와의 결혼을 통해 내 수중에 들어왔다"고 썼다. 101) 플랑드르처럼 프랑스 왕의 봉토로 여겨졌던 몇몇 제후령에서는 봉토의 보유자인 여백작이 죽으면 남편은 백작령에 대한 권리를 잃게 되었다. 예컨대 1194년 보두앵 8세102) 와 1244년 사부아의 토마 2세103)는 각기 플랑드르 여백작이던 아내 마르

---

97) R. G. Glanville, *De Legibus et Consuetudinibus Regni Angliae*, ch. 4, quoted in D. C. Douglas and G. W. Greenway eds., *English Historical Documents* (London 1961), vol. II, p. 941.

98) *Ibid.*, pp. 938.

99) *Ibid.*, pp. 921~922.

100) F. Ganshof, *El Feudalismo*, p. 297.

101) M. Planiol, *op. cit.*, p. 30; E. de la Gorgue de Rosny, *Du Droit des gens mariés dans la coutume du Boulonnais* (Paris 1910), p. 181.

102) 옮긴이 주: Baudouin V de Hainaut (1150경~1195). 에노 백작 보두앵 4세의 아들로 막강한 플랑드르 백작 티에리 달자스의 딸인 마르그리트와 결혼하여 플랑드르 백작 8세가 되었다.

103) 옮긴이 주: Thomas II de Savoie (1199경~1259). 사부아 백작 토마 1세의 둘째

그리트 달자스와 잔이 죽자 백작령에 대한 권리를 상실했다. 104)

  이미 지적했듯이 상속녀의 권리에 가장 큰 제약을 가했던 곳은 잉글랜
드인데, 여기서도 남자가 자기 권리로 보유하는 봉토와 아내의 권리로
보유하는 봉토는 구별되었다. 예컨대 1280년대에 봉건 부조금을 거둘 목
적으로 작성된 장부에서 로버트 드 스트로들리는 더비 지방의 시플리 마
을을 아내의 권리로 보유한 자로 언급되고 있다. 105) 한편 프랑스와 네덜
란드에서는 광범한 지배권력을 수반하는 제후령이 여성의 손에 들어갈
경우, 이 여성들은 결혼 전이나 과부가 되었을 때(대개는 남편보다 오래
살아 재혼했다) 그 권력을 행사했을 뿐 아니라 결혼기간 동안에도 마찬가
지였고, 남편들도 그녀들에게 협조했다. 이는 에노, 아르투아, 플랑드
르, 브라방, 기타 프랑스와 카탈루냐, 토스카나 및 사부아 등 남쪽 영지
들에서도 마찬가지였다. 토스카나 여백작인 베아트리체는 1015~1076
년에 토스카나를 다스렸고, 106) 그 뒤를 이어 1076~1115년에는 그녀의
딸 마틸다 — 앞서 '귀족계급의 결혼'에 관한 절에서 언급되었던 — 가 토
스카나를 다스렸다. 그녀는 교황 그레고리우스 7세의 편에 서서 하인리
히 4세와의 분쟁에서 적극적인 역할을 했다. 도니초네가 쓴 전기《마틸
다의 생애》(Vita Matildis) — 그 일부는 그녀의 생전에 쓰였다 — 는 그녀

아들로 피에몬테 영지만을 물려받았고, 나중에 이것을 백작령으로 승격시켰다.
각주 113에서 보듯이 플랑드르 여백작 잔과 결혼해 있는 동안(1237~1244)은
'아내의 권리로'(jure uxoris) 플랑드르 백작이었고, 1253년부터는 전쟁터에 나
간 조카 보니파치오를 대신하여 사부아 백작령의 섭정을 맡았다. 그러나 편의상
그는 '사부아의 토마 2세'로 불린다.

104) F. Ganshof, "La Flandre".
105) Inquisitions and Assessments Relating to Feudal Aids, 1284~1413, vol. I,
    p. 246, Joun de Longrais, op. cit
106) 옮긴이 주: Beatrice de Bar(1017경~1076). 상부 로렌 공작이자 바르 백작이었
    던 프리드리히 2세와 스바비아의 마틸다 사이에서 태어났다. 1037년 토스카나
    백작 보니파치오와 결혼했고 1052년 그가 사망한 후 아들 프레데릭을 대신하여,
    그리고 프레데릭이 죽은 후에는 딸 마틸다를 대신하여 섭정을 맡았다(본문에서
    "1015~1076년 동안 토스카나를 다스렸다"고 한 것은 '1052~1076년'의 오기일
    터이다).

가 교황과 황제 사이의 중개역을 맡았음을 보여준다. 그것은 그녀가 과부가 된 지 1년 만인 1077년, 그녀 나이 31세 때였다. 107) 그녀는 자신이 다스리던 도시 피렌체의 길드들을 위해서도 적극적인 활동을 했다.

영주 권력을 상속받은 여성들의 활동을 특히 두 여성의 예를 통해 살펴보기로 하자. 그 첫 번째 예는 아르투아 여백작 마오이다. 그녀는 결혼한 지 1년 만에 과부가 되었고, 따라서 사실상 혼자서 백작령을 다스렸다. 두 번째 예는 플랑드르 및 에노 여백작 잔이다. 그녀는 두 번 결혼했으며, 따라서 집권기간의 일부는 결혼한 여자로서 다스렸지만 그녀 자신도 광범한 권력을 행사했다.

마오 다르투아는 1302년 아버지로부터 백작령을 물려받았다(남동생 필립은 1298년 플랑드르와의 전쟁에서 전사했고, 남편 오토는 1303년에 사망했다). 그녀는 집권기간 내내 백작령에 대한 권리를 주장하는 조카와 전쟁을 해야 했고, 매번 이겼다. 그녀는 봉신들의 모든 반역기도를 분쇄했다. 1315년에는 플랑드르 백작의 재판이 열리는 파리의 왕궁으로 불려갔다. 108) 그녀는 서출문제에 관한 사법권을 놓고 아라스의 생 바스트 수도원과 벌인 싸움에서 보여주었듯이 교회기관들에 의한 권리 침해에 맞서 자신의 사법적 권위를 강력히 옹호했다. 109) 그녀의 영지 관리인들이 기

107) Y. Labande-Maillert, "Pauvreté et paix dans l'iconographie romane, X^e~ XIIe siècles", in M. Mollat drc., *Etude sur l'histoire de la pauvreté: Moyen Âge-XVIe siècle* (Paris 1973), vol. I, pp. 337~338, fig. 17.

108) 옮긴이 주: 1315년 당시 플랑드르 백작은 '플랑드르의 사자'로 불리는 로베르 3세 (1249경~1322)이다. 그는 1270년 부친과 함께 성왕 루이 9세가 이끄는 제 8차 십자군원정에 참여했던 용사로, 귀국 후에는 플랑드르를 프랑스 왕령으로 만들려는 필립 4세에게 대항하여 싸웠다. 1300년에는 부친과 함께 필립 4세(1268~ 1314)의 포로가 되었고, 1305년 부친 사망 후에야 자기 영지로 돌아가는 것이 허락되었다. 1310년 재차 프랑스 왕에게 반기를 들었으나 실패하고 1320년에는 다시금 왕과 군신 관계로 돌아갔다. 1315년의 재판이란 이런 맥락 가운데 루이 10세(1289~1316)의 짧은 치세 동안 일어난 일이다. 루이 10세의 뒤를 이은 필립 5세의 왕비 잔이 마오 다르투아의 딸이다.

109) H. Regnault, *La Condition juridique du bâtard au Moyen Âge* (Pont-Audemer 1922), p. 118.

록한 계산서나 백작가의 가계부는 재정문제에 관한 성실하고 짜임새 있
는 경영을 보여준다. 모든 지불은 영지관리인, 대금인(貸金人) 또는 물
품조달인이 제출한 계산서에 기초하여 이루어졌고, 모든 계산서는 여백
작이 임명한 위원들에 의해 검토, 감독, 서명되었다. 110)

마오는 도시들에 대한 다수의 특허장(免狀)을 발부했으며, 그런 특허
장들에서 아르투아 선대 백작들이 허가한 특권들을 비준했을 뿐 아니라
새로운 소송 절차를 처리하고 시 행정관(échevin) 선출 방식과 자신에게
보고서를 제출하는 방식을 결정했다. 그녀는 도시 내부의 분쟁들에 개입
하여 쌍방의 입장을 듣고 판결을 내려주었다. 때로는 도시 관리들의 선
출에 직접 개입하기도 했고, 시내 감옥의 죄수들을 자신의 감옥으로 옮
기기도 했다. 111) 그녀는 여러 도시의 직조산업과 관련된 문제에 대해서
도 판결을 내렸다. 자신의 수도인 에스댕에는 서고를 두고 많은 필사본
을 수집하여 문화적 중심으로 삼았다. 그녀는 미술에도 관심이 많았고,
그녀의 보물 장부에는 자신의 성들을 꾸미기 위해 회화, 조각, 태피스트
리, 스테인드글라스 등에 지출한 내역이 기록되어 있다. 그녀는 많은 종
교기관과 병원을 지었으며, 정기적으로 가난한 자들에게 자선을 베풀었
다(그 내역도 그녀의 다른 지출 내역과 마찬가지로 꼼꼼히 기록되어 있다).

때로 마오는 자기 도시 중 하나에 '입성'했다. 즉, 왕이나 대제후처럼
행렬의 선두에 서서 시내로 들어가는 것이다. 다채로운 예식을 곁들인
이런 입성의 기원은 옛날에 영주가 자신의 봉신들을 방문하던 권리에 있
다. 14세기에는 이런 방문 내지 입성이 방문자로서는 평화 시의 정치적
강성함을, 방문을 주선하는 시민대표들로서는 충성심과 유대를 나타내
는 행사가 되었다. 도시민들은 아내와 자식을 데리고서 방문자를 기리는

---

110) *Recueil de documents relatifs à l'histoire du droit municipal en France des origines à
    la Révolution. Artois*, ed. G. Espinas(Paris 1938~1943), vol. II, pp. 338~
    540, vol. III, pp. 345~354, 368~369, 738.

111) *Recueil de documents relatifs à l'histoire de l'industrie drapière en Flandre*, ed. G.
    Espinas and H. Pirenne(Bruxelles 1924), vol. I, p. 64, vol. III, pp. 277~278.

행사에 참가하고 행렬에 동참했다. 112)

플랑드르 및 에노의 여백작 잔113)은 보두앵 9세의 딸로, 1204년 콘스
탄티노플 황제가 되었던 아버지가 1206년 사망한 후 백작령을 물려받았
다. 당시 그녀는 아직 미성년이었고, 성년이 되기까지 나뮈르 후작 필립
이 그녀의 섭정을 맡았다. 그녀는 페랑과 결혼했는데, 그는 1214년 부빈
전투에서 프랑스 왕 필립 2세의 포로가 되었다. 그녀는 전투가 끝난 후
필립과 조약을 맺었으나 그녀의 남편은 1227년에야 석방되었다. 그는
1233년에 죽었고, 그녀는 1237년까지 과부로 지내다가 사부아의 토마와
결혼했다. 토마는 그녀보다 오래 살았으나 그녀가 죽은 후에는 백작령에
대한 권리를 상실했다.

집권기간 내내 여백작 잔은 백작령의 행정기구를 정비하고 강화하는
데 진력했으며, 이를 통해 여러 제후령의 통치제도를 개선하고 확립하는
전반적 과정(이는 12세기에 시작되었다)에 기여했다. 그녀는 도시들에 다
수의 특허장을 주었으며, 이런 특허장들에서 선대 백작들이 허가한 권리

---

112) G. Heers, *Fêtes, jeux et joute dans les sociétés d'Occident à la fin du Moyen
   Âge* (Paris 1971), pp. 19~20 ; M. Mollat drc., *Etudes sur l'histoire de la
   pauvreté. Moyen Âge-XVIe siècle*, vol. I, p. 29 ; J. M. Richard, *Comtesse
   d'Artois et de Bourgogne* (Paris 1887) ; A. Kemps-Welch, *Of Six Medieval
   Women* (London 1915).

113) 옮긴이 주: Jeanne de Constantinople (1199/1200~1244). 플랑드르 및 에노
   (Hainaut)의 여백작. 플랑드르 및 에노의 백작 보두앵(1172~1205, 플랑드르
   백작으로는 9세, 에노 백작으로는 6세, 콘스탄티노플 황제로는 1세)의 맏딸이
   었다. 1202년 보두앵은 제 4차 십자군 원정을 떠났고, 1204년 5월에는 라틴 제
   국 초대 황제가 되었다. 그의 아내 마리 드 샹파뉴는 잔과 젖먹이 딸을 시동생인
   필립 드 나뮈르에게 맡기고 남편을 따라 떠났으나, 미처 남편을 만나기 전인
   1204년 8월에 역병으로 죽었다. 뒤이어 1205년에는 보두앵 자신도 죽었으므로,
   어린 소녀들은 숙부 필립의 후견을 받게 되었다. 잔은 1212년 파리에서 포르투
   갈 왕자 페르디난드(1188~1233, 중세 불어식으로는 '페랑')와 결혼했고, 이들
   부부는 잉글랜드 왕 존 및 게르만 황제 오토 4세와 연합하여 프랑스 왕에게 반기
   를 들었다가 1214년 부빈 전투에서 참패하고 페르디난드는 포로가 되었다. 그
   가 프랑스에 잡혀 있는 12년 동안 잔이 혼자서 다스렸다. 1233년 페르디난드가
   죽은 후 1237년 그녀는 사부아의 토마(제 5장 주 103 참조)와 재혼했다.

270

의 일부를 비준했으나, 그러면서 다방면에 걸쳐 여러 가지 새로운 법률
을 부과하기도 했다. 특히 베르그, 퓌른, 부르부르 등에 특허장을 주었
는데, 여기에는 형사사건에 관한 입법도 포함되었다. 그녀는 백작령의
상서국을 재정비하고 급료를 받는 관리 제도를 도입했다. 그녀의 지침에
따라 급료를 받는 전문 재판관들이 법정에 임명되었으며 그녀의 봉신들
과 함께 재판을 주재했다. 114) 그녀는 직조산업을 발달시키는 데도 적극
적이었다. 1244년에 그녀는 직조인들이 쿠르트레시에 정착하도록 권했
고, 자신의 이름으로, 그리고 자기 상속자들을 대신하여 그들에게 세금
면제를 보장했다. 115) 그녀는 여러 시토회 수도원의 후원자였으며, 여러
곳의 수도원을 직접 세웠다. 116)

봉토가 작아서 지배권력을 수반하지 않는 경우(즉 보유자가 영주 권력
이 아니라 단지 장원을 다스릴 권리만 갖는 경우), 상속녀는 이런 유형의 봉
토에서 남성 상속자와 같은 권력을 행사했다. 그 일례는 부슈 뒤 론의 고
문서에서 발견되는 포고장인데, 이 포고장은 시피에르 마을의 모든 주민
을 그 마을이 속해 있는 코솔 영주 부인의 성에서 열리는 총회에 초대하
는 것이었다. 117) 테르몽드의 영주 부인은 생 질 병원과의 협상과 관련한
기록에 등장하는데, 그에 따르면 그녀는 상당한 토지를 병원에 기부하고
자신은 그곳에서 직조업을 할 권리를 확보했다. 118)

여성들은 성주이기도 했다. 1026년 카탈루냐의 귀족 여성 기디닐드는
가족과 심복들을 동원하여 세르베라를 탈환했다. 정복 후에 그녀는 그곳
에 요새를 지었고, 에르메센드 백작부인(후견권으로 다스리는 여성의 예

---

114) F. Ganshof, "La Flandre".
115) *Recueil de documents relatifs à l'histoire de l'industrie drapière en Flandre*, pp. 64
8~9.
116) E. W. McDonnell, *op. cit.*, pp. 111~112.
117) P. Contamine and R. Delort, *L'Europe au Moyen Âge*, vol. III (Paris 1971),
pp. 283~284.
118) *Recueil de documents relatifs à l'histoire de l'industrie drapière en Flandre*,
vol. III, p. 349.

로 앞에서 보았던) 에 의해 성채의 주인으로 임명되었다. 119) 13세기 잉글
랜드에서 오말 여백작은 캐리스브루크에 감옥을 두었으며, 사법권을 행
사했다. 120) 잉글랜드에서는 주 장관(sheriff) 으로 임명된 두 여성의 사례
가 알려져 있다. 즉 래널프 데 글랜빌의 아내 버사는 요크셔 주의 장관이
었고, 솔즈베리 여백작 엘라는 윌트셔 주의 장관이었다. 121) 그러나 그녀
들이 이 직위에 수반되는 임무들을 직접 수행했는지는 알 수 없다.

4. 남편과 협동하여 활동한 귀족 여성들

어떤 여성들은 봉토를 상속받았고, 어떤 여성들은 과부재산권이나 아
들에 대한 후견권으로 봉토를 보유했다. 122) 그러나 대부분의 귀족 여성
들은 결혼할 때 남편에게 지참재산을 가져갔고 그들의 조력자가 되었다.
중세의 귀족 남성들은 자주 그리고 오랫동안 집을 떠나 있었고, 그들의
부재중에는 아내들이 큰 봉토를 운영하는 일에서부터 소소한 장원의 일
들을 돌보고 소작하는 농부들을 감독하는 일에 이르기까지 남편이 할 일
들을 대신했다. 초서는 참을성 있는 그리젤다에 대해 이렇게 썼다.

심지어는 영주가 없을 때 서로 싸워 앙숙처럼 지내던 귀족들도 모두 화
해시켰습니다. 그녀의 말은 항상 현명하고 생각이 깊었으며, 그녀의
판단은 매우 공정했습니다. 그래서 사람들은 그리젤다를 자기들을 구
하고 모든 잘못을 바로잡기 위해 하느님이 보내주신 사람이라고 생각

119) P. Bonnassie, *op. cit.*, vol. I, p. 277.
120) R. B. Pugh, *Imprisonment in Medieval England*(Cambridge 1968), p. 351.
121) F. Pollock and F. Maitland, *op. cit.*, vol. I, p. 277.
122) 과부재산권이나 후견권을 통해 봉토를 보유했던 여성들 중 다른 예로는 카트린
드 클레르몽(G. G. Aclocque, *Les Corporations, l'industrie et le commerce à
Chartres*, Paris 1907) 과 알리스 드 베르그(J. Richard, "Les institutions
ducales dans le duché de Bourgogne", in F. Lot and R. Fawtier, eds, *op.
cit.*) 가 있다.

했습니다. 123)

무훈시124) 들도 전사의 부재중에 그의 아내가 하는 역할을 보여준다.
기욤의 노래125) 에서 바르셀로나 백작의 아내 기부르는 남편이 출타한 동
안 영주가 돌보아야 할 모든 일을 처리하며, 그가 사라센 인들에게 패한
후에 군사를 모아 군대를 다시 조직하는 것도 그녀이다. 샹파뉴, 브르타
뉴, 샤르트르 등지에서 여성들은 십자군 원정에 나간 남편을 대신하여
여러 해 동안 영지를 다스렸다. 어떤 여성들은 남편이 출타한 틈을 타서
쳐들어온 적의 공격을 물리치고 성을 지켜야 했다. 스코틀랜드와 잉글랜
드 사이의 전쟁에서 뷰캔 백작부인126) 은 버윅성을 지키기 위해 에드워드

---

123) Chaucer, *Canterbury Tales*, p. 364. 〔옮긴이 주: 《캔터베리 이야기》(송병선
역, 323쪽)〕

124) 옮긴이 주: 무훈시 (*chanson de geste*) 란 11세기 말~12세기 초 프랑스 문학 초창기
에 나타난 운문 서사 시가를 가리킨다. geste란 라틴어의 gesta에서 나온 말로 '용
맹한 행위, 무훈'을 뜻하며, 무훈시는 왕이나 기사가 전사로서 세운 무공을 주제
로 한다. 작가는 대개 익명이며, 유랑 가객들이 관중 앞에서 구연했을 것으로 추
정된다. 무훈시의 대표적인 예가 샤를마뉴 대제의 에스파냐 정벌 당시 일을 노래
한 〈롤랑의 노래〉(*Chanson de Roland*) 이다. 무훈시는 소재별로 몇 갈래로 나뉘
어, '샤를마뉴 계열' (*le cycle de Charlemagne*) , '기욤 계열' (*le cycle de Guillaume*) ,
'반역한 제후들의 계열' (*le cycle des barons revoltés*) , '십자군 원정 계열' (*le cycle de
la Croisade*) 등이 있다. 무훈시의 소재는 이처럼 프랑스 역사상의 사건들인 '프랑
스 소재' (*matière de France*) 였으므로, 그 뒤를 이은 '고대풍 소설' (*roman antique*)
의 '로마 소재' (*matière de Rome*) 나 '브리튼 소설' (*roman breton*) 의 '브리튼 소
재' (*matière de Bretagne*) 와 대비된다.

125) 옮긴이 주: 앞의 주 참조. 원문의 '기욤의 노래' (*song of Guillaume*) 란 그런 제목
의 작품이 따로 있었던 것이 아니고 '기욤 계열의 노래'라는 의미일 것이다.

126) 옮긴이 주: Isabella MacDuff (?~1358) . 파이프 (Fife) 백작의 딸로, 뷰캔 백작
존 코민 (?~1308) 의 부인이었다. 제 1차 스코틀랜드 독립전쟁 (1296~1328) 당
시 남편인 뷰캔 백작은 잉글랜드를 지지했지만, 그녀는 왕위계승권자 중 하나였
던 로버트 브루스를 지지했고 전통적으로 왕의 대관식을 거행할 권리를 지닌 파
이프 백작의 권위를 빌려 로버트를 왕으로 즉위시켰다. 그러나 그 후 잉글랜드
군에게 포로가 되었고, 잉글랜드 왕 에드워드 1세의 명으로 버윅 (근래에는 '베
릭'으로 발음하는 경향이 있다) 성에 감금되었다. 에드워드 1세가 그녀를 새장
에 넣어 성벽에 매달았다고 하는 것은 다분히 전설에 속한다.

1세에 대항했고, 에드워드 1세는 그녀를 새장에 넣어 성벽에 매달아놓음
으로써 그녀를 모욕했다(궁정풍 문학이 제시했던 바 귀부인에 대한 경애라
는 이상이 현실에서 꼭 지켜지지는 않았던 모양이다 …). 127) 프루아사르가
"남자 같은 기백과 사자 같은 용맹함을 가졌다"고 칭찬한 브르타뉴 백작
부인128)은 1341년 남편인 브르타뉴 백작 장 드 몽포르의 출타중에 백작
령에 대한 권리를 주장하는 샤를 드 블루아에 맞서 몸소 전투에 나갔다.
엔느봉성을 지키기 위해 그녀는 여자와 아이들을 지휘하여 길을 포장한
돌을 뜯어내 나르게 했다. 그렇게 나른 돌을 성벽을 지키는 자들이 적에
서 던지는 것이었다. 그녀는 성을 지키는 데 그치지 않고 군대를 이끌고
성 밖으로 나가 브레스트까지 진군했다. 129)

  지배권력을 수반하지 않는 좀더 작은 봉토에서도 여성들은 토지를 임
대하고, 임대료를 거두고, 관리인들로부터 보고를 받고, 잉여 수확물을
시장에 내다 팔고, 가옥을 보수하는 일에 이르기까지 영지의 모든 일을
관리했다. 파스턴 가문의 서한집에도 다른 여러 가지 일들과 함께 여성
들의 이런 활동이 기록되어 있다. 마거릿 파스턴은 자신이 농부들과 그
들의 부채에 대해 의논한 일, 판매, 수확, 구매, 그리고 남편을 대행한
소송 등을 남편에게 알리는 편지를 적었다. 그녀는 또한 자신이 파스턴
가의 땅 일부를 자기 것이라 주장하는 몰렌스 경의 공격을 어떻게 물리쳤
는가에 대해서도 이야기한다. 노퍼크 백작부인도 남편의 영지 관리인들

---

127) E. Power, *op. cit.*, p. 45.

128) 옮긴이 주: Jeanne de Flandre(1295경~1374). 1329년 장 드 몽포르(1295?~
    1345)와 결혼했다. 장 드 몽포르는 1341년 이복형인 브르타뉴 공작 장 3세가 후
    사 없이 죽자 그 뒤를 계승하여 브르타뉴 공작 4세가 되었다. 그러나 질녀 잔 드
    드뢰와 그 남편 샤를 드 블루아가 이에 맞서 계승권을 주장함에 따라 브르타뉴
    계승전쟁이 일어났다. 장 4세는 전쟁을 완수하지 못하고 죽었으나 아내인 잔이
    아들인 장 5세의 이름으로 전쟁을 계속하여 승리로 이끌었다.

129) *Oeuvres de Froissart, chroniques*, ed. J. M. Kervyn de Lettenhove (Osnabruck
    1976), vol. III, pp. 420~423. 아델 드 블루아에 대해서는 J. Verdon, "Les
    sources de l'histoire de la femme en Occident aux Xe~XIIIe siècles", *Cahiers de
    Civilisation médiévale X^e~XIIe siècles* XX(1977), p. 239).

274

을 직접 임명했다. 130) 로버트 그로스테스트131)는 링컨 후작의 미망인 마거릿의 유익을 위해 그녀의 영지와 식솔을 다스리는 데 필요한 지침서를 썼으며, 훗날 《성 로버트의 규율집》(Les reules seynt Roberd)으로 알려진 이 책은 귀족 남녀 모두를 대상으로 하고 있다. 저자는 이 책에 따라 처신하는 자는 수입에 따라 살며 재산을 보전하는 데 성공하리라고 말한다. 이 책에는 기사들과 성주들, 그리고 하급 관리인들을 감독하는 법, 손님들을 대접하고 식탁에서 적당한 자리를 안배하는 법 등도 실려 있는데, 귀족 여성은 이 모든 것을 알 필요가 있었다. 132)

남편이 집에 있을 때도 귀족 여성은 여러 가지 할 일이 있었다. 집안 살림도 복잡한 일이었으니, 세탁, 요리, 빵 굽기 외에도 여러 가지 허드렛일이 있었다. 모든 빵은 집에서 구웠고 술도 직접 양조했으며 버터와 치즈도 만들었고 저장해야 할 식량도 있었다. 고기는 집에서 훈제했고 천도 집에서 짰으며 어떤 장원에서는 양초도 만들어 썼다. 포도주나 생선, 향신료처럼 사서 쓰는 것들도 제대로 저장해 두어야 했다. 풍족한 장원 저택에는 많은 하인이 고용되었고, 그보다 덜 풍족한 가정에서도 상당수의 고용인을 두었다. 급료가 쌌기 때문에 그다지 부유하지 않아도 하인을 둘 수 있었기 때문이다.

귀족 여성의 임무 중 하나는 하인들을 감독하여 각자 제 할 일을 제대로 하게 하는 것이었다. 그러나 그녀의 임무는 여기서 끝나지 않았다. 귀

130) 마거릿 파스턴의 행정적·경제적 활동에 대해서는 The Paston Letters, vol. I, letters 16, 47, 65, 133, 145, 148, 149, 151, 155, 170, 171, 178, 195, 198, 199, 219, 220, 222, 223, 237, 239; vol. II, letters 240, 241, 242, 243, 244, 245, 246, 247, 248, 250, 251, 254, 255, 258, 262, 264, 272. 노퍼크 백작부인에 대해서는 ibid., vol. I, letter 135.

131) 옮긴이 주: Robert Grosseteste(1175경~1253). 잉글랜드 신학자, 철학자, 링컨 주교. 옥스퍼드와 파리대학에서 공부했다. 아리스토텔레스의 《자연학》의 라틴어 번역과 주해를 통해 자연과학의 방법론을 제시했다.

132) "The Rules of Saint Robert", in Walter of Henley's Husbandry together with an Anonymous Husbandry, Senechaucie and Robert Grosseteste's Rules, ed. E. Lamond(London 1890), pp. 121~150.

족 남성은 무엇보다도 무사였고, 때로는 주군이나 군주를 섬기는 외교관
이요, 행정가였기 때문에 서유럽 대부분의 지역에서 그의 경제활동은 제
한되어 있었고, 경제적 임무의 상당부분이 아내에 의해 수행되었다. 11
세기 후반 에스파냐에서 아달모디스 백작은 아내에게 결혼선물을 주면서
매년 성주에게 어떤 동산(動産)을 지불해야 하는지 적고 있다. 다시 말
해 이 지불은 아내에 의해 수행되어야 했던 것이다. 일행을 데리고 순례
길을 가는 귀부인[몽포르 변경백(邊境伯) 기욤 3세의 아내]에게 거지가
다가가 적선을 청하자 그녀는 자신과 일행이 쓸 것도 충분치 못하다고 대
답했다. 즉 일행이 모두 그녀에게 의지하고 있었다는 말이다. 여기서도
기사들과 여러 직무를 맡은 자들에 대한 지불을 아내가 맡고 있었던 것으
로 보인다.133) 장 드 몽트뢰유는 친구 공티에 콜의 아내가 남편에 대해
불평한 것을 열거하는 편지에서134) 공티에의 낭비벽에 대한 그녀의 비난
에 대해 언급하면서, 만일 그녀가 재정을 꼼꼼하고 책임감 있게 관리하
지 않는다면 그들이 몹시 어려운 처지가 되리라는 그녀의 주장을 지지하
고 있다.135) 크리스틴 드 피장은 여성들을 위해 쓴 지침서에서 예산의 정
확한 관리에 대해 자세히 쓰면서 여성들에게 토지 관련법을 잘 알아두라
고 조언한다.136)

　때로 아내는 남편의 직무 일부를 수행하기도 했다. 그의 부재중에만
그렇게 했는지 아니면 그가 직무 일부를 아예 아내에게 떠넘겼는지는 분
명치 않지만 이런 관습은 법적으로도 용인되었다. 12세기 전반기 플랑드
르 백작의 법령에 따르면 생토메르의 주민은 특정한 경우 성주나 그의 아
내, 또는 집사에게 소환되어 벌금을 납부하게 되어 있었다.137) 11세기

133) D. Herlihy, "Land, family and women in continental Europe, 701~1200",
　　Traditio XVIII (1962), pp. 89~120.
134) 옮긴이 주: 제 4장 주 231 참조. 장 드 몽트뢰유, 공티에 콜 등은 모두 여성을 비
　　하하는 입장이었다.
135) A. Coville, Gontier et Pierre Col et l'humanisme en France au temps de Charles
　　VI (Paris 1934), p. 63.
136) Cited by E. McLeod, op. cit., p. 135.

카탈루냐에서는 비카리우스[138]의 아내가 봉토를 보유한 여백작이나 수녀원장처럼 법정을 주재할 수 있었다. [139] 때로 여성들은 남편의 정치활동도 도왔다. 노퍼크 백작부인은 1455년 의회에 주(州)의 기사들이 선출되도록 함으로써 남편의 이익을 증진시켰다. [140]

봉토를 상속받지 못해 결혼하지 못한(상속녀는 남편을 구하는 데 어려움이 없었다), 그렇지만 수녀원에도 들어가지 않은 귀족 여성에게 열려 있는 유일한 기회는 다른 귀족 여성의 말벗이 되거나 딸들의 가정교사가 되는 것이었다. 웨스트모어랜드 후작 랄프 드 네빌은 1424년 유언장에서 자기 집안에서 봉사하는 귀족 여성 각자에게 소정의 금액을 남겨주었고, 일하는 여자들에게도 그보다 적은 금액이나마 남겨주었다. [141]

5. 여가활동

교육받은 귀족 여성은 말 타는 법(교훈서들에 따라 등을 똑바로 세우고), 매를 키워 사냥 때 풀어주는 법, 체스와 백가먼 게임을 하는 법, 노래하고 춤추고 시를 낭송하고 이야기를 하는 법, 그리고 몇몇 교훈서 저자들에 따르면 시와 소설을 읽는 법까지 알아야 했다. 매를 키우는 법에 관해서는, 적어도 존 오브 솔즈베리의 말에 따르면 여성들이 남성들보다 더 솜씨가 좋았다(하지만 그는 그 점에서 여성들이 칭찬할 만하다고 생각지는 않는다. 왜냐하면 "약한 여성들이 좀더 극성스러운 경향이 있으니까"). [142]

---

137) "Post modum vocatus a castellano vel uxore ejus seu ab ejus dapifero." *Recueil de documents relatifs à l'histoire du droit municipal en France*, vol. III, p. 300.

138) 옮긴이 주: vicarius. 카탈루냐의 18개 주(州, vegueria) 중 하나를 다스리는 민형사법권을 가진 재판관.

139) P. Bonnassie, *op. cit.*, vol. I, p. 276.

140) *The Paston Letters*, vol. I, letter 99.

141) E. Power, *op. cit.*, pp. 40~41.

승마에는 실제적인 목적이 있었으니, 중세 여성들은 말을 타지 않고는 멀리 다닐 수가 없었으므로 자기 장원을 둘러볼 때는 물론이고 순례를 가거나 무술시합을 참관하러 갈 때도 말을 타야 했다. 승마 이외의 일들은 소일거리였다. 모든 귀족 여성들이 이 모든 기술을 다 배우는 것은 아니었고, 특히 춤이나 노래에는 타고난 재능이 필요했다. 그러나 모두가 이 모든 것을 조금씩은 할 줄 알아야 했고, 그런 활동으로 여가시간을 보냈으며, 사교모임이 비교적 자주 열리는 성에 산다면 더욱 그러했다.

궁정풍 문학은 여성들이 영지나 장원을 경영하거나 남편과 함께 업무를 처리하는 모습은 결코 그리지 않으며, 젊은 기사들을 사랑의 신비에 입문시키고 연인에게 임무를 부여하고 체스게임을 하며 매사냥이나 자수에 몰두한 낭만적인 여인상을 제시한다(직조와 자수는 귀족계급 딸들에게 적절한 취미로 간주되었다). 귀부인들이 사용하는 베틀은 분명 가벼운 것이었고, 그 베틀에서 짜는 천은 장식적인 대신 항상 질기거나 잘 만들어진 것은 아니었다. 143) 여성들은 평화 시 기사들의 주된 일거리인 무술시합에도 관중으로 참석했으며, 무술을 겨루는 이들을 격려하기 위해 가장 고운 옷을 차려 입었다. 때로 기사는 관중 속에 있는 자신의 귀부인이 정한 빛깔의 갑옷을 입었고, 귀부인들은 착용하고 있던 패물을 벗어 시합의 우승자에게 던져주기도 했다. 144) 귀족 여성들은 왕비나 여성 영주들이 자기 도시에 입성할 때 그 행렬에 동참하기도 했다. 때로 왕비는 왕과 별도의 행렬을 만들어 입성하기도 했으며, 그럴 때도 귀족 여성들이 왕비를 수행했다. 1364년 샤를 5세의 즉위식 후에는 왕과 그의 수행이 파리에 입성한 다음 몇 시간 뒤에 왕비가 자기 수행을 이끌고 따로 입성했다. 145)

142) John of Salisbury, *Policratus*, PL, vol. CXCIX, col. 393.
143) L. F. Salzman, *English Industries of the Middle Ages* (Oxford 1923), p. 217.
144) 교훈문학이 제시하는 귀족 여성들의 소일거리에 대해서는 R. Mohl, *op. cit.*, p. 47; A. A. Heutsch, *op. cit.*, pp. 45~47.
145) B. Guénée and F. Leroux, eds. *Les Entrées royales françaises de 1328~*

　도시에 사는 귀족 여성은 농촌지역의 성에 사는 같은 계층의 여성보다 좀더 안락한 생활을 즐겼다. 중세 전성기의 성들은 크기는 했지만, 거기 사는 주민들은 — 영주들도 포함하여 — 사적인 공간을 가질 수 없었다. 영주와 그의 부인은 탑의 위쪽 방 중 하나에서 잤고, 그 방으로 통하는 계단에는 끊임없이 사람들이 들락거렸다. 영주 부부에게서 아주 가까운 곳에서 호위병들이 잤고, 방들 사이의 문은 대개 열려 있었다. 중앙홀과 방들은 겨울에는 혹독하게 추웠고, 목욕설비는 거의 없었다. 사실상 여자들은 여름에 강에서밖에는 제대로 몸을 씻을 수가 없었다. 교훈서의 저자들도 여자들에게 온 몸을 씻으라고는 요구하지 않았고, 아침마다 얼굴과 손을 씻으라고 권하는 데 그쳤다. 한 저자는 얼굴을 씻는 것이 왜 그렇게 중요한가를 이렇게 설명한다. "사람들은 신체의 다른 모든 부분들보다 얼굴을 더 보니까 말이다." 남쪽 지방들에서는 귀족계급도 갖가지 이와 벼룩을 끼고 살았다. 여자들은 서로서로, 그리고 연인과 아들과 남편들의 몸에서 이를 잡아주었다. 이 일은 하녀들에게 맡기지 않았다. 그것은 말 그대로 일종의 예식이었다! 오늘날 예의범절로 여겨지는 것이 교훈서의 저자들에게는 자명한 것으로 간주되지 않았고, 그들은 종종 기본적인 상황에서의 적절한 행동을 이렇게 가르쳤다. 가령 식탁에서 트림하는 것을 참아야 한다, 커다란 음식물 덩어리를 통째로 입에 넣지 말아야 한다, 눈이나 코를 식탁보에 닦지 말아야 한다 …. 146)

　좀더 작고 외딴 성에서는 여자들이 적적한 생활을 오랫동안 견뎌야 할 때도 있었다. 방문객들과 방랑하는 음유시인들은 모든 성을 다 찾아다니지는 않았고, 온다 해도 아주 오랜만에 어쩌다 찾아올 뿐이었다. 남편들은 집을 떠나 있을 때가 많았고, 그래서 여자들은 시와 춤과 매 사냥과 체스 게임을 할 줄 안다 해도 할 수 없는 기간이 길었다. 때로는 그런 적적함 때문에 계층 간의 장벽이 무너지기도 했다. 파미에 이단재판의 기록

　　1515 (Paris 1968), pp. 55, 57, 58.
146) A. A. Heutsch, *op. cit.*, pp. 72~91; R. Nelli, *op. cit.*, pp. 79~83.

에는 지방 성주의 아내였던 베아트리스 플라니솔이라는 여성이 언급되는
데, 그녀는 거만하거나 젠체하지 않고 이웃 농부 아낙들과 친하게 지냈
다. 그녀에게는 다른 여자친구가 없었던 것이다. 147)

　대귀족계층의 몇몇 여성은 자기 계층의 남성들과 마찬가지로 자신의
장례식을 인상적인 사교적 · 종교적 행사로 계획하기도 했다. 솔즈베리
백작부인 엘리자베스 몬태규는 유언장에서 종교기관과 자선기관을 위해
큰 액수를 남기고, 자신의 영혼을 위해 기도하고 미사를 올려줄 이들에
게도 일정액을 지불하게끔 했다. 그녀는 하인들을 포함하여 가솔 전체가
검은 상복을 입고, 운구마차에 검은 천을 씌우며, 가난한 자들도 검은 상
복을 입고 양초를 켜들고서 장례행렬에 참가할 수 있도록 필요한 액수를
할당하라고 명했다. 그녀는 또한 그 행렬이 어디에 멈춰서 모여 기도할
지에 대해서도 자세한 지침을 남겼다. 148) 여성들 중에도 자기가 죽은 후
까지 세상 사람들에게 깊은 인상을 남기고자 하는 이들이 있었던 것이다!

6. 교 육

　여성의 교육에 관해 저술한 대부분의 성직자들은 여성 일반이, 그리고
특히 귀족 여성이 어느 정도 교육을 받는 데 찬성했다. 그 목표는 여성의
겸양과 신앙심을 함양한다는 것이었다. 여성들도 기도문을 읽을 수 있도
록 배우고 기본적인 교의도 배워야 했다. 만일 언젠가 수녀가 된다면 이
런 교육이 수녀로서의 삶에 도움이 될 것이었다. 어떤 교훈서 저자들은
여자아이들이 신앙서적이나 수신서를 읽을 수 있도록 읽기만 가르치면
된다고 생각했다. 여자들은 글쓰기를 배울 필요가 전혀 없다는 것이 그
들의 생각이었다. 149) 남녀를 막론하고 교육의 궁극적 목표는 하느님과

---

147) E. Le Roy Ladurie, *Montaillou*, pp. 379~380.

148) R. T. Rosenthal, *op. cit.*, p. 187.

149) Humbert de Romans, *Sermones* (Venice 1603), pp. 96~97; B. Jarret, *Social*

280

그의 사랑을 아는 것이었다. 그러나 남성의 경우에는 부차적인 목표도
인정되었으니, 지적 능력과 자질을(물질적이고 윤리적인 자질들과 더불
어) 양성하고 사회와 국가에서 일정한 직위를 맡도록 훈련하는 것이었
다. 여성들의 경우에는 최저 수준에서 신앙심을 발달시키고 겸양과 정절
을 가르치기 위해 기초적인 교육만 하면 된다고 성직자인 저자들은 강조
했다.

이런 저자들은 아주 예외적인 경우에만 여성들이 특수한 역할을 할 수
있도록 교육할 필요를 인정했다. 가령 왕녀들이나 대귀족 여성들은 필요
한 경우 영지를 제대로 경영할 수 있도록 읽기와 쓰기를 모두 배워야 했
다. 이런 경우에는 설정된 목표가 남성들의 교육이 갖는 부차적 목표 중
하나와 일치했다. 이 점에서 교훈문학은 여성들도 때로는 영주로서의 역
할을 한다는 단순한 사실을 반영해야 했던 것이다. 어떤 저자들은 귀족
여성들이 여성들의 사악한 행실에 관한 이야기를 읽고 거기서 적절한 교
훈을 끌어내는 것이 바람직하다고 생각했다. 또 다른 이들은 이런 식으
로 윤리적·교육적인 효과를 논하지 않고 그저 이야기를 읽는 것을 허용
하기도 했다. 필립 4세의 왕비였던 잔 드 나바르의 고해신부 뒤랑 드 샹
파뉴는 여성들과 특히 대귀족 여성들을 교육하는 것이 바람직하다고 말
했다. 왜냐하면 교육은 가르치고 고양시키고 위안을 주며 또한 즐거움의
원천이기 때문이다. 150) 한편 필립 드 노바르처럼 노골적으로 여성을 폄
하하는 저자들은 정절에 대한 강박관념 때문에 여성은 설령 귀족 여성이
라 할지라도 절대 교육을 받아서는 안 된다고 주장했다. 왜냐하면 만일
여성이 글을 읽을 줄 안다면 연인으로부터 편지를 받을 것이고, 글을 쓸
줄 안다면 연애편지를 쓸 것이기 때문이었다. 그리하여 가문은 물론이고
사회 전체에 치욕을 가져오리라는 것이었다. 여성의 영혼을 구원하는 문
제는 이런 저자들에게 별로 관심거리가 되지 못했다. 151)

Theories in the Middle Ages 1200~1500 (Boston 1926), p. 88; A. A. Heutsch,
op. cit., p. 151.
150) *Ibid.*, pp. 53~54, 101.

여성교육을 지지하는 이들 중에 독특한 주장을 내세운 두 사람이 있었
으니, 크리스틴 드 피장과 피에르 뒤부아였다. 크리스틴 드 피장의 저술
은 각별히 흥미로우니, 우리가 아는 한 그것은 중세 여성이 여성교육에
대해 글로 쓴 유일한 저작이기 때문이다. 그녀는 자신이 어렸을 때 교육
을 받지 못했다는 사실을 쓰라리게 상기한다. 그녀는 지식을 갈구했고
아버지로부터 배우기를 원했지만, 정의가 아니라 관습에 따라 여자아이
들은 교육을 받지 못했다. 만일 정의가 이겼더라면 여자아이들도 남자아
이들과 동등한 교육을 받았을 터이니, 남자아이뿐 아니라 여자아이도 앎
에 대한 갈망을 가질 수 있으며 그 갈망은 채워져야 하기 때문이다. 크리
스틴의 출발점은 여성도 공부하여 지식을 얻고자 하는 바람과 실제로 그
럴 만한 능력, 그리고 권리가 있다는 것이다. 지식 획득은 가치 있는 일
이며 인간 정신을 풍부하게 하는 원천으로 제시된다. 크리스틴 드 피장
은 사회 및 국가에서 여성의 권리를 확장하고자 투쟁하지 않았고, 남성
들이 수행하는 모든 역할을 여성들도 해야 한다고 주장하지도 않았다.
그러나 그녀는 설령 여자가 법을 공부한다 하더라도 제대로 이해하고 적
용할 줄 모른다는 이유로 법정에 들어갈 수 없는 현실을 개탄했으니, 이
는 여성도 공부하고 이해할 수 있다는 일관된 믿음에서였다. 그녀가 생
각하기에 모든 여성들이 교육의 기회를 누린다면, 남자들이 하는 어떤
일이라도 할 수 있으며 더 잘 하리라는 것이었다. 152)

피에르 뒤부아의 여성교육계획은 성지 탈환에 대한 전반적 계획의 일
부로서, 만일 그 계획이 제대로 수행되면 동방과 서방에서 프랑스가 주
도권을 잡는 데 기여하게 될 것이었다. 즉 교육받은 여성들은 십자군을
위한 임무를 수행할 것이고, 그녀들 자신의 일과 또 동방의 아들들(무슬
림들 또는 비잔틴교회나 그로부터 떨어져 나온 동방교회들에 속한 그리스도
교인들)과의 결혼을 통해 동방에 가톨릭-그리스도교의 통치를 확고히 해
주리라는 것이었다. 여성교육은 그가 이런 전반적 계획을 실행에 옮기기

151) Philippe de Novare, *Les Quatre Ages de l'Homme*, §24~25.
152) E. McLeod, *op. cit.*, p. 128.

위한 방도 중 하나였다. 이런 계획의 출발점은 여성문제가 아니었고, 그의 제안도 여성의 삶에서 공백을 채우고 사회적 지위를 향상시키기 위해 교육을 확대하자는 것이 아니었다. 그러나 돌이켜보면 피에르 뒤부아는 여성이 어느 정도의 교육을 받고 어느 정도의 직무를 수행할 능력이 있다고 믿기는 했던 것으로 보인다.

뒤부아의 제안에 따르면 소녀들을 위한 학교는 프랑스의 모든 지방에, 소년들을 위한 학교와 나란히 설립될 것인데, 그 목적은 동방에서 일할 젊은 남녀를 훈련하는 것이다. 젊은이들은 라틴어, 그리스어, 아랍어를 공부하여 선교사로서 조직적인 일을 할 자질을 갖추어야 할 것이며, 의학과 설교기술 및 법학도 공부해야 할 것이다. 젊은 여성들을 위한 학교는 주로 귀족계층의 딸들을 받아들일 것이다. 좀더 낮은 사회계층 출신의 재능 있는 소녀들도 받아들여질 것이지만, 낮은 계층 출신 소년들을 받아들이는 유일한 기준이 재능인 반면, 소녀들의 선발에는 용모도 기준이 된다. 소녀들은 문법과 가톨릭 신앙의 기초적 교의들과 외과술을 공부할 것이며, 그 중 가장 재능 있는 학생들만이 논리학과 자연과학의 기초 약간, 그리고 의학과 한 가지 외국어를 배울 것이다. 그러나 좀더 폭넓은 교과를 공부하는 소녀들이라 해도 의학과 외과술에 직접 관련되는 과학적 요소들만을 가장 단순하고 쉽고 이해하기 좋은 방법으로 배우게 될 터이니, 여성이라는 약점 때문이다. 뒤부아는 소녀들이 소년들보다 빨리 성숙하여 더 일찍 전성기를 맞이하는데, 이것도 타고난 속성들이 열등하기 때문이라고 단언했다.

가장 뛰어난 여학생들은 의학과 외과술 및 약제기술을 동료들보다 먼저 배운 뒤 학교에 교사로 남을 수도 있을 것이다. 그 밖의 소녀들은 학업을 마치자마자 동방으로 보내져서, 그곳 여성들을 치료하며 그녀들 사이에서 선교사로 활동할 것이다. 그 중 몇몇은 서방에서 파견된 내과의사들과 결혼하여 그들의 조력자로 활동할 수도 있겠지만, 대부분은 현지 남성들과 결혼함으로써 동방에서 프랑스의 지배를 확고히 하는 데 기여할 것이다. 그녀들은 성지에 정착한 서방 대제후들의 딸이나 손녀로 입

양될 수도 있을 것이고, 그런 지위와 미모와 교양 덕분에 동방 그리스도
교인들 중의 귀족 및 성직자들과 이슬람 왕자 및 귀족들에게 매력적인 신
붓감이 될 것이다. 결혼 후 그녀들은 분명 남편과 아들들을 설득하여 가
톨릭 신앙을 갖게 하는 데 성공할 것이다. 또한 그녀들이 치료해 주고 전
도하는 무슬림 여성들은 기꺼이 가톨릭교를 받아들일 터이니, 가톨릭 신
앙에 따르면 남자는 단 한 명의 아내만을 갖는 데 비해 이슬람교에서는 7
명의 아내를 둘 수 있기 때문이다. 또한 이런 무슬림 여성들은 남편들이
가톨릭 신앙을 갖도록 설득할 것이다. 153)

　뒤부아의 계획에 대한 평가는 이 연구의 범위를 넘어선다. 그는 여성
교육을 주로 결혼에 있어 여성의 가치를 높이는 방편으로, 그리고 결혼
은 동방에서 가톨릭 그리스도교를 전파하는 방편으로 보았던 것 같다.
그러나 그는 비록 제한적일망정 여성의 학업능력을 인정했고, 그녀들이
쓸모 있는 일을 할 수도 있으리라고 제안했다.

　이제 여성교육에 대한 이론에서 실제로 넘어가 보기로 하자. 일반적으
로 말해 귀족 여성들은 초보적인 교육을 받았다. 그녀들은 읽기를 배웠
고, 때로는 쓰기도 배웠다. 그녀들은 기도서와 몇몇 여성 수신서 저자들
이 권하는 시나 이야기를 읽을 수 있었다. 어떤 여성들은 남자 혹은 여자
가정교사를 두고 집에서 배웠고, 어떤 여성들은 수녀원에 딸린 학교에 다
녔으며, 또 어떤 여성들은 도시의 학교에 보내졌다. 엘로이즈(아마도 귀
족계급에 속했을)는 파리 근교 아르장퇴유 수녀원에서 교육받았다. 14~
15세기 독일에서는 수녀가 되지 않을 귀족가문의 딸들도 종종 수녀원 학
교에 보내졌다. 154) 성년이 되어 수녀원에 들어가는 여성들이 이미 어느
정도의 교육을 받았어야 했다는 사실로 미루어보아 귀족 여성들은 속세
에서도 어느 정도의 교육을 받았으리라는 것을 알 수 있다. 루이 9세의
십자군 원정에서 전사한 여러 기사의 과부들이 자기 딸들을 퐁투아즈 수

---

153) Pierre Dubois, *De Recuperatione Terre Sancte*, ed. C. V. Langlois (Paris
　　1891), pp. 50~52, 57~71.
154) F. Rapp, *op. cit.*

녀원에 보내게 해달라고 왕에게 청원하자 왕은 교육받은 딸들은 받아주
겠다고 대답했다. 155) 군소귀족의 딸들은 본당 신부(소교구 사제)들이 운
영하는 작은 학교에서 공부하기도 했다. 베아트리스 플라니솔의 딸들 중
에 두 명은 달루에서 사제가 운영하는 학교에 다녔다. 156) 중세 말기의 파
스턴 가문이나 스토우너 가문의 서한집은 향신계층의 여성들도 속어로
읽고 쓸 수 있었음을 보여준다.

  예외적으로 교육을 잘 받은 여성들도 있었으니, 크리스틴 드 피장은
작가가 되었고 독학으로 깊이 공부했다. 그녀는 역사, 철학, 지리, 윤
리, 신학, 성서로부터의 백과사전적 발췌, 교부들의 저작 등을 (프랑스
어 번역본으로) 읽었다. 그녀는 베르길리우스, 호라티우스, 오비디우스
등의 작품도 번역본으로 읽어 고전문학에 대한 식견을 넓혔으며, 단테의
원작을 포함하여 자기 시대의 문학도 잘 알고 있었다. 그녀는 과학지식
은 전혀 없었고, 라틴어는 읽지 못했다. 반면 엘로이즈는 라틴어와 고전
및 그리스도교 저작들에 대한 박학으로 유명했다. 157) 토스카나 여백작
마틸다는 라틴어를 쓸 줄 알았고, 이탈리아어, 프랑스어, 독일어를 말했
으며, 수많은 필사본을 사들여 장서를 확보했고, 유스티니아누스법전의
일부를 필사시켰으며 볼로냐 법학교를 설립하는 데 기여했다. 시인 마리
드 프랑스는 프랑스어로 시를 썼지만 영어와 라틴어도 알고 있었다. 그
녀가 쓴 우화들은 영어에서 번역한 것이었다. 《성 파트릭의 연옥》
(*Espurgatoire de St. Patrice*) 에서 그녀는 자신의 출전이 라틴어 원전이었
다고 하며, 《단가》의 서언에서도 자신이 처음에는 라틴어에서 여러 이
야기를 번역하려고 했으나 차츰 자기가 아는 시들을 적어보기로 결심하
게 되었다고 말하고 있다. 158)

---

155) E. W. McDonnell, *op. cit.*, p. 320.

156) *Registre de l'Inquisition de Jacques Fournier*, vol. I, 45b, p. 252.

157) 존자 피에르가 엘로이즈의 학식을 칭찬한 대목은 *The Letters of Peter the
    Venerable*, ed. G. Constable(Cambridge, mass. 1967), vol. I, letter 15,
    pp. 303~304.

많은 귀족 여성들이 장식적으로 제본된 화려한 필사본을 사들여 장서를 갖추었다. 필립 6세의 여동생 잔 드 발루아, 선량왕 장 2세의 아내 본드 뤽상부르 등이 그 대표적인 예이다. 마오 다르투아도 성서에서 미사경본, 철학, 법률, 역사, 여행, 소설과 시에 이르기까지 수많은 필사본을 갖추고 있었다. 159)

귀족 여성들은 고등교육기관(본질상 종교적인) 및 교회설립에도 기여했다. 그럼으로써 그녀들은 자기 영혼의 구제를 촉진했고, 자신이 살던 사회에 학문을 장려했으며, 예술가들을 위한 기회를 확장했다. 필립 4세의 왕비 잔 드 나바르는 파리에 콜레주 드 나바르를 설립했다. 펨브로크 후작 에이마르 드 발랑스의 과부와 레이디 오브 클레어였던 엘리자베스 드 버그 등도 14세기에 케임브리지에 칼리지들을 설립하는 데 기여했다. 많은 귀족 여성들이 작가와 시인과 화가의 후원자였다(그런 역할에 대해서는 아래서 살펴보게 될 것이다). 또 몇몇은 자기 시대의 영적 창조성에 기여하기도 했다.

귀족 여성들은 같은 계층의 남성들보다 교육을 덜 받았던가? 13세기경까지는 귀족계급 남녀의 교육에 큰 차이가 없었던 것으로 보인다. 귀족 남성은 교육수준이 그리 높지 않았다. 그는 당시의 지식인인 문사(clericus)와 구별되는 무사(miles)였다. 게다가 남성들보다는 여성들이 기도서와 여러 가지 로맨스를 읽는 데 더 많은 시간을 할애할 수 있었다. 여성들에게 불리한 변화는 13세기 이후에 점차로 일어났다. 즉, 대학의 발흥 덕분에 성직자가 되지 않을 귀족 남성들도 교육을 받게 되었던 것이다. 대학에 다니려면 어느 정도의 체계적인 선행학습이 필요했고, 따라서 소년들을 위해서는 비교적 체계적인 교육제도가 발전했다. 그러나 소녀들의 경우에는 그렇지 않았다. 소녀들의 교육은 그렇게 제도화된 방식으로 행해지지 않았다.

---

158) Maris de France, *Lais*, ed. A. Evert (Oxford 1944), pp. v~vi.

159) J. Richard, *Mahaut Comtesse d'Artois et de Bourgogne* (Paris 1887), *ch.* 8.

남성의 일생에서는 학업기간이 반드시 거쳐야 하는 시기 중 하나가 되었던 반면, 여성의 경우는 그렇지 않았다. 베네치아 총독 관저의 한 프레스코 벽화는 남자가 거치는 인생의 네 단계를 묘사하고 있다. 첫째, 어린 시절: 소년소녀가 함께 방앗간 놀이, 인형놀이, 그 밖에 장난감 말, 밧줄, 새 등을 가지고 노는 장면이 그려져 있다. 둘째, 학업기간: 소년들은 읽기를 배우며 책이나 필기도구를 들고 있는 반면 소녀들은 베 짜기를 배운다. 셋째, 사랑과 구애와 무예의 시기: 이 대목의 그림은 잔치와 소년소녀가 함께 정원을 산책하는 장면, 결혼식, 사냥 장면 등으로 이루어져 있다. 넷째, 성년기: 법률가와 과학자가 각기 직업에 따른 복장을 하고 수염을 기르고 있다. 필립 아리에스가 지적했듯이 이런 단계들은 남자의 생물학적 발달단계뿐 아니라 사회적 기능과도 일치한다. 160) 그러나 두 번째 단계에서 소녀는 학업에는 아무 역할도 하지 않으며, 따라서 네 번째 단계에서 남자들은 학업을 마친 후 사회에서 맡은 직능에 따라 의사니 법률가니 하는 직함을 얻지만 여자들은 자리를 얻지 못한다.

여성들에게 학위를 주지 않는 것은 그녀들에게 성직자나 기사가 되는 것을 허락하지 않는 것과도 비교할 수 있다. 왜냐하면 이 모든 직위는 예식을 통해 주어지며, 남자에게 사회적으로 존중되는 자격을 부여하는 것이기 때문이다. 때로는 여성들도 상속에 의해 봉토를 보유할 수 있지만 직업적 훈련을 바탕으로 하는 지위는 얻을 수 없었다. 우선은 남녀의 교육수준 격차가 — 특히 군소귀족계층에서 — 뚜렷이 나타났다. 대귀족의 아들들이나 군소귀족 가운데서도 봉토를 상속받거나 기사가 될 맏아들들은 대학에 가지 않았다. 대학은 주로 군소귀족의 작은 아들들과 고아들로 붐볐다. 161) 교육을 받음으로써 그들은 교회에서의 직책이나 아니면 군주나 대제후를 섬기는 직책을 얻을 수 있었던 것이다. 여성을 받아들

160) Cited in P. Ariès, *Centuries of Childhood*, pp. 23~24, 419, notes 20~21.

161) J. Verger, "Noblesse et savoir: étudiants nobles aux universités d'Avignon, Cahors, Montpellier et Toulouse", in *La Noblesse au Moyen Âge*, pp. 289~313.

이지 않는 대학과 기타 교육기관들이 확장되고 전파됨에 따라, 그리고 귀족 및 도시민계층의 학생 수가 늘어남에 따라 남녀의 교육수준 격차는 점점 더 벌어졌고, 여성들은 자신들이 살던 사회에서 행동과 사상의 삶으로부터 점점 더 격리되었다.

중세 전 기간과 이후 세기들 동안 여성들에게 열려 있었던 한 가지 영역은 문학이었다. 귀족 여성들은 문학에 관심을 가졌고 문학을 함양했다. 단테의 《신생》(*Vita nuova*)을 읽는 독자는 시인이 상정한 독자층이 주로 다른 시인들과 귀족 여성들로 이루어져 있었음을 느끼게 된다. 중세 내내, 그리고 그 이후에도 여성들은 종교서 저자에서부터 궁정풍 로맨스며 서정시를 쓰는 시인에 이르기까지 시인 및 작가의 후원자였다. 11세기 말에 성 안셀름이 지은 기도문들은 여러 수도원에 있는 벗들이나 신앙심 깊은 귀족계급 여성들에게 보내졌다. 이런 독실한 여성들이 수도자들 못지않게 기도하는 방식과 각 개인이 집에서 지켜야 할 종교적 의무를 정하는 데 일역을 했다는 데에는 의심의 여지가 없다. 안셀름이 맨 처음에 지은 기도문들은 정복자 윌리엄의 딸인 아델라이드에게 보내졌고, 마지막에 지은 것들은 토스카나 여백작 마틸다에게 보내졌다.[162] 고드프루아 드 랭스라는 시인은 자신의 후원자이기도 했던 아델라이드를 어찌나 칭송했던지, 어떤 시에서는 그녀의 아버지가 승리한 것도 운명이 그녀를 왕녀로 만들고자 했기 때문이라고까지 했다.[163] 그녀는 일드베르 드 라바르댕[164]의 후원자이기도 했으며, 그렇게 시인을 후원하는 귀부인들은 그녀만이 아니었다.

---

162) R. Southern, *Saint Anselm and his Biographer. A Study of Monastic Life and Thought* (Cambridge 1963), p. 37.

163) R. R. Bolgar, *The Classical heritage and its Beneficiaries* (Cambridge 1954), p. 186.

164) 옮긴이 주: Hildebert de Lavardin (1056~1133). 투르 주교, 시인, 교회법 학자. 르망 성당학교의 교사를 거쳐 1096년 르망 주교로 선출되었다. 강력한 설교자로서 교회의 자유와 건전한 교리를 옹호했으며, 1125년에는 투르 대주교가 되었다.

궁정풍 로맨스와 시가의 저자들을 후원한 수많은 귀족 여성들 중에 가장 유명한 이는 알리에노르 다키텐이다. 그녀는 베르나르 드 방타두르를 위시한 프랑스 남부의 음유시인들을 후원했으며, 그녀의 딸 마리 드 샹파뉴는 시인 크레티엥 드 트루아와 궁정풍 사랑의 규칙을 소상히 기록한 앙드레 르 샤플랭165) 의 후원자였다. 궁정풍 사랑을 노래하는 시인들은 이런 귀부인의 이름을 드높이고 그녀의 아름다움과 덕성과 관대함을 찬미했다. 귀족 여성들을 위한 지침서들이 "시인들에게 선물을 주어 그들로 하여금 네 이름을 높이게 하라"고 가르치는 대로였다. 166) 알리에노르 다키텐의 궁정이나 그녀의 딸 마리 드 샹파뉴의 궁정은 서유럽의 다른 궁정들에 본보기와 영감의 원천이 되었다. 여성들은 교회음악에도 민감했고 관심을 가졌다. 사실상 중세 말기의 교회음악 비판자들은 그것이 여성들을 염두에 두고 여성들의 마음에 들게끔 만들어진 음악이라고 비난했다. 167)

예술가와 작가를 후원했던 중세 전성기의 귀족 여성들과 19세기 문학 살롱들을 이끌었던 귀부인들 사이에는 모종의 연속성이 있다. 그녀들은 독자이자 비평가로서 영감의 원천이 되었으며, 그럼으로써 자기 시대의 문화에 중요한 집단적 기여를 했다. 상류층 여성들이 상당한 여가시간을 누리므로 같은 계층의 남성들보다 좀더 정신적인 즐거움을 추구할 수 있었다는 것은 의례적인 주장이다. 이는 중세의 귀족 여성들보다는 이탈리아 르네상스 시대의 여성들이나 그 이후 세기들 동안 살롱들을 이끌었던 여성들에게 좀더 해당되는 말일 것이다. 중세 여성들은 다양한 영역에서

---

165) 옮긴이 주: André le Chapelin/Andreas Capellanus. 1174년 이후, 아마도 1181 ~1186년 사이에 로마 시인 오비디우스를 본받아 〈연애론〉(De Amore) 라는 제목의 라틴어 작품을 썼다.

166) A. A. Heutsch, op. cit., p. 47. 시인이나 작가를 후원하던 여성들의 예는 R. Lejeune, "La femme dans les littératures française et occitane du XIe au XIIIe siècle", Cahiers de Civilisation médiévale, X^e ~XIIe siècles XX (1977).

167) "attractiva ad vanitatem mulierum": quoted in J. Heers, Fêtes, Jeux et Joutes dams les Sociétés d'Occident à la Fin du Moyen Âge, p. 48.

활동했고 여러 가지 기능을 수행했다. 여성의 주변적 위치 때문에(여성
은 항상 주변적 위치에 있었으며, 단지 시대와 국가에 따라 정도 차가 있을 뿐
이다) 창조적인 남성들, 주어진 경계를 넘어 다른 세계에 도달하고자 하
는 남성들이 그녀들의 후원을 구했으리라는 시몬 드 보부아르의 견해에
는 상당한 진실이 들어 있다. [168]

서구 문화에서 궁정풍 문학이 생겨난 것은 중세 전성기의 일이다. 많
은 역사가들에 따르면 이 문학작품들은 이전의 어떤 문학보다도 여성이
불러일으키는 영감에서 쓰여 여성상을 고양시키고 그녀들의 심리적 필요
에 부응하는 문학의 전형이었다. 한편 궁정풍 문학에 대한 최근의 해석
은 이 문학이 남성들의 내적 요구에도 부응하는 것임을 강조한다.

궁정풍 시가나 로맨스에서 남성은 여성의 사랑을 구하며, 여성은 자기
마음대로 그 사랑을 받아들이거나 거절하거나 한다. 그녀는 결코 경솔하
게 굴복하지 않으며, 그녀가 플라토닉한 사랑에 답하든 관능적인 사랑에
답하든 간에 게임의 룰을 정하는 것은 그녀이다. 남성은 여성에게 구애
하면서 점잖고 절도 있게 행동해야 한다. 궁정풍 문학이 그리는 사랑은
남성의 인생에서 중심적인 위치를 차지한다. 경애하는 귀부인의 사랑을
얻기 위해 남성은 그녀가 부과하는 모든 시련을 견뎌야 한다. 이런 행동
은 귀족계급의 정략결혼 관습이나 남편의 권위 아래 있는 결혼한 여성의
지위와는 완전히 대조적인 것이었다. 여성이 사랑의 조건을 정하고 남성
이 연인에게 마치 봉신이 주군에게 하듯이 굴복한다는 것은 기존 결혼제
도에 대한, 그리고 부분적으로는 사회질서 전반에 대한 저항으로 간주될
수 있다. [169] 상당수의 궁정풍 시가와 로맨스들이 관능적이지만 자손번
식을 목적으로 하지 않는 사랑을 묘사하고 있다는 점에서 교회의 성윤리
에 대한 저항이라고도 할 수 있다. [170]

---

168) Simone de Beauvoir, *Le Deuxième sexe* (Paris 1949), *ch.* 8.

169) G. Koch, *Frauenfrage und Ketzertum im Mittelalter* (Berlin 1962).

170) 관능적 사랑으로서의 궁정풍 사랑에 대해서는 *Les Poésies de Cercamon*, ed. A.
     Jeanroy (Paris 1921), pp. 9~12; *Les Poésies de Bernart Marti*, ed. E.

290

그러나 여성상이라는 견지에서 가장 중요한 것은 궁정풍 문학에서 여성이 파괴적인 힘으로 그려지지 않는다는 사실이다. 대부분의 작품에서 여성에 대한 사랑은 영웅적 행동을 위한 영감의 원천이요, 연인의 모든 덕성을 드높이는 요인이다. 그녀는 연인의 운명을 수중에 쥐고 있다. 다정하지도 자비롭지도 않은 귀부인은 연인에게 험난하고 때로는 변덕스러운 임무를 부과하지만 이런 임무들은 도덕적 완성을 성취하기 위한 수단으로 간주된다. 사랑은 선과 아름다움을 위한 힘이다. 트리스탕과 이죄 이야기171) 의 몇몇 이본들처럼 사랑과 종교적·봉건적인 의무 사이의 갈등에 대한 인식을 표출하는 덜 관습적인 작품들에서도 여성은 파괴적인 요인이 아니다. 때로는 사랑이 파괴할 수 있는 힘으로 그려지고, 연인은 사회적 기능을 수행할 능력을 상실하기도 한다. 그러나 여기서도 여성이 악의 원동력은 아니다. 남녀는 모두가 자신들의 운명을 결정하는 초월적인 힘에 휘둘리는 것이다. 그들의 사랑은 금지된 것이고, 교회적이고 봉

Hoepffner (Paris 1929), pp. 10, 13, 24, 31, 33~35. 교훈적 궁정풍 문학에서도 때로는 지침들이 플라토닉한 사랑에 관한 것이 아니었다. A. A. Heutsch, *op. cit.*, pp. 56~57. 아키텐 공작 기욤 9세는 궁정풍 사랑의 이상을 그린 시가들 외에 냉소적이고 관능적인 시가들도 썼다. *Les Chansons de Guillaume IX Duc d'Aquitaine, 1071~1127*, ed. A. Jeanroy (Paris 1927), pp. 8~13. 그 밖에 E. Köhler, *L'Aventure chevaleresque. Idéal et réalité dans le roman courtois* (Paris 1974) 도 참조할 것.

171) 옮긴이 주: 트리스탕과 이죄의 이야기는 12세기 초 프랑스 북부에 떠돌던 켈트 민담, 즉 '브리튼 설화'에 속하는 것으로, 크레티엥 드 트루아가 〈클리제스〉(1176 경) 에서 트리스탕의 이야기를 비판하던 무렵에는 이미 널리 알려진 이야기였을 것이다. 현존하는 이본들 중에서는 단편적으로 남아 있는 베룰(Béroul) 본과 토마(Thomas) 본이 가장 오래된 것으로 꼽히며, 그 뒤를 이어 아일하르트 폰 오베르크(Eilhart von Oberg), 고트프리트 폰 슈트라스부르크(Gottfried von Strassburg) 등의 독일어 이본들을 위시하여, 잉글랜드와 이탈리아에서도 운문 또는 산문으로 된 여러 이본들이 쓰였다. 토마-고트프리트의 계열이 좀더 궁정풍 취향에 맞는다 하여 '궁정본', 베룰-아일하르트의 계열을 '대중본'으로 구분하기도 한다. 위의 본문에서 샤하르는 '몇몇 이본들'이라고 하지만, 사실 어느 계열의 이본에서이든 트리스탕의 사랑이 주군에 대한 봉신의 의무에 위배되는 갈등의 근원이라는 점에서는 마찬가지일 것이다.

건적인 규범에 의하면 불륜이지만, 연인에 대한 거의 종교적인 헌신을 특징으로 한다. [172]

한편 궁정풍 문학이 남성사회의 열망과 필요에, 그리고 시인과 그의 청중의 꿈과 감수성에 부응했다는 데는 의심의 여지가 없다. 동정녀 마리아의 역사적 역할 및 신과 인간 사이의 중개역이라는 개념을 함양하고 성모숭배를 고취함으로써 서구 그리스도교에 여성적 요소가 도입되었듯이, 궁정풍 문학을 통해 봉건사회의 정신세계에 여성적 요소가 도입되었다. 봉건문화의 부분적인 여성화는 남성사회의 의식적·잠재적인 심리적 필요에 부응하지 않았더라면 성공하지 못했을 것이다. 여성적인 요소는 남성들에게 윤리적 향상과 덕성의 개화를 위한 길을 열어주었다. 완벽한 기사란 용맹한 전사요, 불의에 맞서 싸우기 위해 종교적으로 고취된 그리스도교인일 뿐 아니라, 귀부인을 경애하는 자이다. 여성에게는 남성이 그의 온전한 덕성 (virtus) 을 성취하기 위한 정신적·윤리적 훈련의 결정적 요소로서의 역할이 부여되는 것이다.

그러나 남성들이 지은 고전적인 궁정풍 문학은 사랑에 의한 여성의 온전한 잠재력 계발을 간과하며, 따라서 여성은 아무리 경애를 받더라도 근본적으로는 객체 (대상) 로 남는다. 더구나 때로는 사랑받는 대상보다도 상황 그 자체가 더 중요한 것처럼 보인다. 여성이 추상적 사랑의 대상 이상이 되는 것은 단지 여성이 궁정풍 사랑의 문체로 쓴 시가에서뿐이다. 또 다른 차원에서 본다면 연인을 고를 자유라는 개념이 여성의 내면적 필요에 부응하듯이, 정부를 고른다는 생각은 남성의 내면적 욕구에 부응한다. 남자에게도 결혼에서 선택의 여지는 매우 제한되어 있었고, 설령 자신이 특정한 여성을 배우자로 고른다 해도 대개는 사적인 이유 이외의 계산들이 작용했다. 그런가 하면 영지를 할당받지 못해 독신자로 남을 수밖에 없는 이들도 있었다. 교회의 성윤리와는 상반된 관능적 사랑이라는 개념은 남녀 모두의 내면적 필요를 채워주었다. [173]

---

172) J. M. Ferrante, *The Conflict of Love and Honour. The Medieval Tristan Legend in France, Germany and Italy* (The Hague-Paris 1973).

기사도가 중세사 일반을 분석하는 데 중요한 역할을 했듯이 궁정풍 문학의 영향은 중세 여성에 대한 연구에서 상당한 비중을 차지해 왔다. 많은 학자들은 그것이 여성의 지위나 남녀관계에 미친 영향을 실제 이상으로 평가했던 것 같다. 설령 궁정풍 문학이 사회적 현실을 반영했다 하더라도 그것은 여성 인구 전체로 보면 극히 일부 계층, 즉 귀족 여성만의 현실이었음을 기억해야 한다. 이 문학은 다른 계층 여성들과는 무관했다.174) 그리고 귀족 여성만 놓고 보더라도 궁정풍 문학은 사실상 아무런 사회적 영향도 미치지 않았다. 그것은 여성의 법적(*de jure*) · 사실적(*de facto*) 지위에 아무런 변화도 가져오지 않았다. 몇몇 귀족 여성들이 행사했던 권리들도 궁정풍 문학의 영향 덕분에 얻은 것은 아니었다.

성모숭배가 수녀를 포함한 여성 일반에 대한 교회의 시각에 아무 변화도 가져오지 않았음을 상기해야 한다. 성모가 인류구원의 역사에서 한 역할이나 천국에서 차지할 위치를 정의하는 데 기여한 신학자들 중 아무도 교회 안에서 여성의 지위가 달라져야 한다고 요구하지는 않았다. 마찬가지로 궁정풍 문학의 저자들 중 아무도 여성들이 가정과 사회와 국가에서 수행하던 기존의 역할과 다른 역할이나 지위를 누려야 한다고는 주장하지 않았다. 여성의 권리가 극도로 제한되어 있었던 안달루시아의 무슬림사회(다른 무슬림국가들의 여권에 비하면 그나마 나은 편인지도 모르지만, 이 점에 관해서는 견해가 일치하지 않는다)에서도 고통을 수반하는 사랑, 사랑하는 대상을 얻으려고도 하지 않는 사랑을 찬미하는 시가 쓰였다. 이런 시가는 순전히 남성적인 사회에 내재된 모종의 필요에 부응하는 것일 뿐, 그 사회 내에서 여성의 지위를 향상시키고자 하는 바람은 전혀 보여주지 않는다.175)

---

173) J. F. Benton, "Clio and Venus. An historical view of medieval love", in *The Meaning of Courtly Love*, ed. F. X. Newman (New York 1968), pp. 19~43 ; M. Bogin, *op. cit.*, Introduction. E. Power는 궁정풍 사랑이 일상생활에 미친 제한된 영향을 논했다 : E. Power, *op. cit.*, pp. 26~29.

174) 중세 인구 중에서 귀족 남성이 차지하는 적은 비율에 대해서는 P. Contamine, ed., *La Noblesse au Moyen Âge, XIe~XVe siècles*, pp. 31~32.

  궁정풍 문학이 발전한 12~13세기는 대내외적인 평화가 증진되었던 시기로 생활수준이 향상되고, 이른바 12세기의 르네상스로 알려진 문화의 부흥이 이루어졌다. 귀족 남성들은 사교적 활동에 더 많은 시간을 쓸 수 있게 되었고, 여성들은 성에서 벌어지는 사교행사에서 중요한 역할을 했다. 무도회, 각종 경기, 또는 음악을 곁들여 시를 읊는 시인들의 낭송 등 사교적 활동이 사회의 상대적 안정과 생활수준의 향상 덕분에 가능해졌던 것이다. 기사들의 무술시합 같은 남성적인 오락 외에도, 시인들의 후원자인 여성을 중심으로 하는 새로운 여가활동이 발전했다. 귀부인들에 대해 기사도적인 방식으로 행동하는 남자가 명예롭게 여겨지는 새로운 사회적 행동체계가 자라났고, 이 체계는 여러 세기 동안 서유럽 상류사회의 행동에 영향을 미쳤다. 특히 여성에 대한 경의와 예의범절을 특징으로 하는 모종의 행동규범이 발달했으니, 적어도 사교적으로는 그러했다. 하지만 그런 규범이 남녀관계의 근본적 패턴에 영향을 주었다고 생각한다면 과장이 될 것이며, 그것은 분명 남편과 아내의 관계에는 아무 영향도 미치지 않았다.

  위에서 잠시 인용했던 바, 장 드 몽트뢰유가 친구 공티에 콜에게 보낸 편지에는 그가 남편에 대한 아내의 정당한 불만이라 생각한 것들이 열거되어 있다. 그녀는 자신이 매사에 그에게 순종하며 교회에 갈 때 말고는 집을 떠나지 못하며 심지어 교회에 갈 때도 그의 허락을 받아야 하는 반면, 그는 마음대로 드나들고 체스며 주사위게임을 한다고 주장한다. 그는 아직 아내에게 불성실하지는 않으며 혼인의 의무를 수행하기는 하지만, 무관심하고 경멸에 찬 태도로 그렇게 할 뿐이다. 생활비 면에서도, 만일 그녀가 살림을 검소하게 꾸리느라 애쓰지 않는다면 그의 무책임한 낭비로 가난뱅이가 되고 말 것이다. 그녀는 이렇게 말한다.

  이것이 우리 죄 없는 여자들의 운명이에요. 남자들에게 항상 비난당하는 것이. 남자들은 자기들은 법 위에 있다고, 자기들은 무슨 일이든 해

175) P. Guichard, *op. cit.*, pp. 164~173.

도 된다고 생각하지요. 제멋대로 행동하는 떠돌이들처럼 그들은 뭐든 원하는 대로 할 수 있는 반면, 우리는 누굴 처다보기만 해도 음행의 죄를 지었다는 소릴 듣지요. 그들은 우리를 아내나 반려가 아니라 노예나 죄수로 취급해요. 만일 자기들이 원하는 것을 당장 대령하지 않으면, 깨끗한 옷이나 부드러운 잠자리 같은 것이 제대로 준비되지 않으면 마구 욕을 퍼붓지요. 대로에서나 여관에서나, 그 밖에 일일이 말하고 싶지도 않은 온갖 장소에서, 그들은 욕설과 모함으로 우릴 갈가리 찢어발기기 일쑤예요. 자기 자신에게는 관대하고 남에게는 거친, 공정치 못한 재판관들이지요. 176)

한 귀족 여성의 삶과 심경에 대한 이러한 묘사는 궁정풍 사랑의 이상과는 거리가 멀다. 이런 불평을 과도한 자기연민의 표현으로 보아서는 안 될 것이다. 장 드 몽트뢰유는 여성이나 결혼의 옹호자가 아니었지만 그런 불평을 액면 그대로 받아들였다.

시인들은 자신들을 후원해 주는 귀부인을 찬미했지만, 이것은 돈을 받고 직업상 하는 일이었으며, 어떤 귀부인들은 그 점을 모르지 않았다. 이자벨라라는 이름의 한 귀부인은 직접 시를 썼는데, 자신의 시에 등장하는 한 시인의 입을 빌려 다음과 같이 말한다.

하지만 내 그대를 찬미하는 것은
사랑에서 우러난 것이 아니라
풍각쟁이가 귀부인의 명성을 노래할 때 그러하듯
거기서 얻을 이익이 있기 때문이라오. 177)

M. 보긴은 시인들이 귀부인을 찬미하는 것은 사실상 그녀의 남편에게 접근하는 방편이라고까지 주장했다. 그들은 귀부인을 찬미함으로써 그녀의 남편의 명예를 높이는 것이다. 기사도가 그러하듯 궁정풍 사랑이라

---

176) A. Coville, *op. cit.*, pp. 63~65.
177) M. Bogin, *op. cit.*, p. 110.

는 것도 귀족계급 전체에 계층 내의 고하를 막론하고 만연해 있던 현상이
었다. 대귀족과 군소귀족이 모두 시인의 이상과 동일시될 수 있었다. R.
넬리가 지적했듯이 결혼한 여성과 젊은 독신남성 사이의 사랑의 이상은
젊은 편력기사들의 열망과 들어맞았다. 이 '젊은이'(*juvenes*) 중 상당수는
재산이 없었기 때문에 어쩔 수 없이 독신으로 지내는 터였다. 궁정풍 사
랑은 남편과 아내, 그리고 기혼인 애인으로 이루어지는 삼각관계에 젊은
독신남성이라는 새로운 요소를 도입한 것이다. "남편과 아내 사이에 사
랑이 들어설 자리가 없다는 것은 누구나 아는 사실"이라는 앙드레 르 샤
플랭의 말은 이런 독신남성들에게 쉽게 받아들여졌다. 178)

플라토닉한 궁정풍 사랑은 연인을 쟁취하고자 하지 않으며 그 자체로
서 고양시키는 힘이었다지만(그 가장 개인적이고도 완벽한 반영은 단테의
시가에 있다), 실제로 귀족계급의 애정생활을 더 섬세하게 만들어주지는
않았다. 그것은 단지 행동방식에 영향을 주었을 뿐이다. 그러나 또 한편
으로 그것이 중세 중기의 귀족계급 가운데 간통과 음행을 조장했다고 하
는 말은 사실이 아닐 것이다. 우리는 궁정풍 사랑의 개화기 이전에도 간
통과 음행, 사생아 출산의 분명한 증거들을 가지고 있으며, 도시민계층
과 농민계층이라고 해서 성윤리가 더 엄격하지도 않았다.

궁정풍 문학은 불모의 형식주의로 퇴락하지 않는다 해도, 기껏해야 완
벽한 영웅이라는 환상을 구현하는 비전을 반영할 뿐이었다. 영웅은 연모
하는 귀부인을 위해 자신을 희생함으로써 육신의 정욕을 미덕으로 승화
시키는 것이다. 꿈을 반영하는 모든 문학이 그렇듯이, 그것은 현실의 거
울이 아니라 현실을 최소한으로 공식화했을 뿐이다.

---

178) *Ibid.*, p. 56; R. Nelli, *L'Erotique des Troubadours* (Paris 1974), pp. 223~234;
Andreas Capellanus, *The Art of Courtly Love*, trans. J. J. Parry (New York
1941), p. 100.

7. 당대 문화에 대한 여성의 기여

그리스도교 신비주의에 대한 여성의 기여는 수녀들에 관한 장에서 논의되었다. 저작이 남아 있는 모든 여성 신비가들이 여성 수도회의 일원이었기 때문이다. 귀족 여성에 관한 장에서는 세속문화에 대한 여성의 기여를 살펴보기로 하자. 우리가 아는 한 시나 산문을 지은 모든 여성은 귀족계급에 속하기 때문이다. 중세에는 여성 산문작가보다는 여성 시인이 더 많았다. 크리스틴 드 피장과 유명한 여성 시인 마리 드 프랑스 외에도, 문체나 내용에서 트루바두르의 전통에 속하는 시를 쓰는 귀족 여성들이 있었다. M. 보긴은 프랑스 남부 지방의 그런 여성 시인 18명의 시선집을 발간했다. 또 엘로이즈의 편지들도 유명하다. 그녀 자신의 시각에서 본 아벨라르와의 관계, 그리고 편지를 쓸 당시의 심경을 묘사한 이 편지들에는 그녀가 수녀로서의 운명을 차츰 받아들이는 과정이 드러나 있다. 그녀의 편지들은 극히 사적인 문서이지만, 그 배경을 이루는 당시의 문화와 감수성을 잘 보여준다.

크리스틴 드 피장은 중세 유일의 여성 전업작가였다. 그녀는 글을 써서 생계를 꾸렸고 '직업인'으로 간주되었다. 그녀는 외스타슈 데샹이나 장 제르송 같은 당대의 시인 및 철학자들과 교유했다. 최고의 인기를 누리던 《장미 이야기》의 저자 장 드 묑의 반여성주의에 맞서 여성을 옹호했으며 "여성 논쟁"(Querelle des femmes)으로 알려진 문학 논쟁 동안 여성을 위해 발언한 유일한 여성이었다. 그녀는 작가로서 잉글랜드 왕 헨리 4세 및 밀라노 공작 잔 갈레아초 비스콘티의 궁정에 초빙되었으나 그런 초대들을 거절했다. 그녀의 작품 중 몇 편은 주문 받아 쓰인 것으로, 가령 샤를 5세의 전기는 왕제인 부르고뉴 공작 필립이 주문한 것이었다. 그녀는 문학적 경력의 초기에 쓴 발라드들에서 자신의 짧고 행복했던 결혼생활을 묘사하고 남편의 죽음을 애도했다. 훗날 그녀는 연애시가, 서정시, 아들을 위한 수신서, 애국적이고 교훈적인 작품들, 정치이론, 철학서 등을 썼다. 이런 작품들을 쓸 당시 그녀는 독학으로 공부하고 있었으므로 읽던 책들에서 창작을 위한 영감을 얻기도 했다. 그녀는 프랑스 궁정인들을 위한 찬가를 지었으며(그들 중 몇몇은, 특히 오를레앙 공작은 그녀의 후원자가 되어주었다), 이자보 드 바비에르 왕비에게 바치는 왕가의 평화를 위한 호소문, 프랑스의 내전을 탄식하는 글 등을 썼다. 노년에는 수녀원에서 잔 다르크를 기리는 시도 지었다.

크리스틴에 앞서 신비가 힐데가르트 폰 빙겐도 여성 옹호에 선구적 역할을 했다. 물론 힐데가르트는 여성이 부차적으로 창조된 존재라는 개념에는 이의를 제기하지 않았으며, 여성이 남성에게 종속된 존재임을 강조했다. 그러나 그녀는 여성이 남성보다 더 부드러우며(*suavior*), 남성의 성욕을 사자의 사나움에 비긴다면 여성은 덜 욕정적이며 자녀를 낳아 기르는 일을 더 중요시한다고 썼다.[179]

크리스틴 드 피장의 괄목할 만한 작품목록과 여성 음유시인들의 시가들에도 불구하고, 중세 여성이 문화적으로 기여한 몫은(신비가들은 논외로 하고) 그리 크지 않다. 이렇듯 제한된 양의 저작 가운데서 독자의 경험과 지평을 넓혀줄 만한 여성만의 독특한 시각이나 감수성을 발견할 수 있는가? 우리는 이 질문에 그렇다고 답해야 한다고 생각한다. 앞에 열거한 모든 작품은 당대의 정신과 문체로 쓰였으며, 주제들도 대체로 당대 문학의 전형적인 것이다. 그렇지만 여성이 쓴 연애시가나 엘로이즈의 성찰 및 표현 방식, 크리스틴 드 피장의 몇몇 작품에서는 분명 독특한 성격이 드러난다.

여성들이 쓴 연애시가는 대부분의 남성 음유시인들의 시가보다 더 자발적이고 더 개인적이며 궁정풍 시가의 전통에 덜 구애된다. 알레고리는 비교적 적고 사랑의 기쁨과 고통을 표현한다. 1인칭 단수로 시를 쓰는 여성 시인은(이것은 남성 시인들의 1인칭 복수보다 훨씬 더 개인적이다) 대체로 연모의 대상인 귀부인이 아니다(비록 여성 시인은 남성 음유시인들이 시

179) Hildegard of Bingen, *Liber Scivias*, PL vol. CXCVII, cols. 461, 595.

를 써서 바치는 사회계층에 속했고, 몇몇 여성 시인들은 남성 시인들의 후원
자였지만). 그녀는 사랑하는 여인, 자신의 사랑에 행복하고 실연에 비탄
하는 여인이다. 마리 드 프랑스의 시가 〈기주마르〉(*Guigemar*)의 여주인
공은 다정하고 사랑하는 여인으로, 사랑 때문에 괴로워하며 자신의 괴로
움을 통해 연인에게 구원을 가져다준다. 운명의 힘과 기적적인 것에 대
한 묘사와 더불어, 우리는 주요 인물들의 심리적 동기에 대한 묘사를 보
게 된다. 단지 여주인공의 사랑과 헌신만이 남주인공의 상처에 영약이
되어준다. 기주마르는 이런 예언을 들은 바 있다. "네 상처는 약초로도
풀뿌리로도 잿물이나 탕약으로도 낫지 않을 것이다. 너에 대한 사랑 때
문에 일찍이 어떤 여인도 당해 본 적이 없는 고통과 슬픔을 견디는 여성
에 의해 치유되기 전에는."[180]

　엘로이즈는 편지들에서 동시대인들의 영감과 권위의 원천이었던 고전
문학 및 교부들의 문전을 전거로 든다. 그녀는 여성이야말로 악의 근원
이라는 널리 알려진 이미지를 인용하며 교회 및 궁정사회에 퍼져 있던 결
혼에 대한 부정적 시각을 그대로 차용한다. 그러나 이런 세부 너머에서
우리는 강력하고 원초적인 감정의 표현을 발견한다. 자신의 과거와 수녀
로서의 삶에 대한 솔직하고 가차 없는 내적 성찰, 신과 그의 부당함에 대
한 도전, 아벨라르에 대한 그리움과 그의 손길에 대한 욕망 등이 아벨라
르의 글에서와는 딴판으로 솔직하게 표현되어 있는 것이다. 반면 아벨라
르가 거세당한 결과 훼손된 인격을 회복하고 자신의 정체성을 재확립하
기 위한 방편으로 쓴 것이었을 《내 불행의 역사》에서조차도,[181] 독자는
저자가 그런 예화를 통해 남을 가르치고자 하는 욕망을 느끼게 된다. 엘
로이즈의 글에는 그런 흔적이 전혀 없다.

　크리스틴 드 피장의 어떤 글은 불필요하게 복잡하고 독창성이 결여되
어 있으며 알레고리가 지나치게 많은 것이 사실이다. 그녀는 글을 통해

---

180) Marie de France, *Lais*, ed. A. Ewert (Oxford 1944), pp. 5~6.

181) M. M. McLaughlin, "Abélard as an autobiographer. The motives and meaning of his Story of Calamities", *Speculum XLII* (1967).

자신의 지식을 과시한다. 여성을 옹호한 어떤 작품에서는 이브는 흙이 아니라 아담의 갈빗대로 만들어졌다든가 그리스도는 여자의 몸에서 나셨다든가 하는 일련의 기존 개념들을 답습하기도 한다. 그녀는 남녀평등에 대한 소망을 피력하지도 않고, 단지 남성 저자들에 의해 부당하게 취급되었던 여성들을 옹호하고 여성의 윤리적·지적 이미지를 높이려 할 뿐이다. 그럼에도 불구하고 그녀의 저작에는 개인적 성찰과 논평들, 독창적인 개념들이 단순하고 인간적이고 지혜롭게 표현되어 있다. 그 일례로, 나이 든 여인들에게 젊은 여인들을 너무 엄격히 비판하지 말고 자신들도 한때 젊었던 것을 기억하고 그 나이의 어리석음을 용서해 주라는 충고를 들 수 있다. "만일 당신이 더 이상 젊은 날의 죄를 짓지 않는다면 그것은 당신의 미덕 때문이 아니라 당신의 본성이 더 이상 그런 죄로 기울어지지 않기 때문이며, 당신의 본성이 더 이상 그렇게 기울어지지 않기 때문에 그런 죄가 그토록 한심해 보이는 것이지요."[182] 이런 대목은 여성을 위한 다른 모든 수신서에서 반복되었던 진부한 내용 가운데서 한 줄기 산뜻한 바람과도 같다.

크리스틴의 직접적이고 인간적인 접근의 예는 그녀가 전쟁과 그 횡포, 전쟁 과부와 고아들의 운명에 대해 항거하는 대목에서도 찾아볼 수 있다.[183] 남성들의 저작에서는 그런 언급을 찾아보기 힘들다. 평화와 '의로운 전쟁'에 대한 남성들의 논의는 그리스도교 윤리에 의거하든, 자연법이나 기사도 정서에서 기인하는 개념들에 의거하든 간에, 대체로 추상적이고 형식에 얽매였으며 극히 현학적이다. 크리스틴의 인생에 대한 인간적 접근의 또 다른 예는, 유대인에 대한 공정한 정책을 군주의 신앙심 덕분으로 돌린 다른 모든 동시대 작가들과는 대조적으로, 샤를 5세의 전기에서 그의 정책을 인간주의 덕분으로 돌리는 데서도 찾아볼 수 있다. 즉, "그는 모든 사람이 서로에게 행하기를 원하는 대로 유대인에게도 행

182) E. McLeod, *op. cit.*, p. 135.
183) *Ibid.*, pp. 148, 118.

300

했다". 184)

여성이자 작가로서 크리스틴 드 피장은 사회제도에 국외자적인 입장에 있었으며, 그 덕분에 사물을 다른 시각에서 볼 수 있었다. 여기에는 아마도 계층적인 측면에서 그녀의 입장이 딱히 규정하기 어려웠다는 사실도 작용했을 것이다. 그녀는 군소귀족의 미망인이었지만, 봉토나 기타 그녀의 생활방식을 충족시켜줄 만한 다른 수입원을 상속받지 않았다. 그녀는 궁정의 귀족들과 한데 어울렸지만, 그들의 일원은 아니었다. 그녀는 내부자인 동시에 국외자였으니, 이 사실은 그녀의 독특한 관점을 설명해 준다.

이제 끝으로 여성에 대한 크리스틴의 가장 흥미로운 진술을 살펴보기로 하자. 그것은《사랑의 신에게 보내는 편지》(L'Epistre au Dieu d'Amours)에 나오는 대목이다.

> 여자들은 세상을 다스리는 남자들만큼 그렇게 잔인하지 않습니다. 여자들은 살상(殺傷)을 행하지 않고 남의 재산을 빼앗거나 가짜 협정서를 써서 왕국에 해를 끼치거나 하지도 않습니다. 여자들은 천성이 온유하고 자비와 은혜를 타고났습니다. 가장 악독한 여자라 해도 세상이나 자기 나라의 정부에 해를 끼치지는 못합니다. 185)

중세 여성에 대해 알려진 바에 비추어 보면 이 진술은 여성을 상당히 미화하고 있는 셈이다. 프랑스 왕비 이자보 드 바비에르에게 프랑스 왕자들 사이의 다툼을 종식시켜 달라는 탄원서를 내면서도 그녀는 왕비의 관대함과 자비와 모성애에 호소했지만, 186) 이런 것은 분명 이자보 왕비의 특성은 아니었다. 그러나 크리스틴이 한 말은 무척 흥미롭다. 온유하

---

184) Christine de Pisan, *Le Livre de fais et bonnes meurs du Sage Roy Charles V* (Paris 1836), p. 617.

185) *Oeuvres poétiques de Christine de Pisan*, ed. M. Roy, vol. II (Paris 1891), pp. 21~23.

186) E. McLeod, *op. cit.*, p. 117~118.

고 자비로운 여성의 이미지는 중세문화에서 예외적이다. 이미 보았듯이 온유, 자비, 은혜라는 자질들은 오직 성모에게만 속하는 것이었다. 작가들이 특정한 여인을 칭송하고자 할 때면 여성적인 특질들을 열심히 부인하고 남성적인 자질들을 부여하곤 했다. 이런 맥락에서 볼 때 그들이 정확히 어떤 것이 여성적 자질들인지 정해놓은 것은 아니었지만(그리고 사실 여성적 특성으로 열거되는 것들이 항상 일치하지는 않았다) 그래도 대개는 온유함과 연민보다는 연약함, 과단성 부족, 비일관성 등을 들게 마련이었다. 성인전에서도 성직자들은 성녀들이 여성적이 아니라 남성적인 방식으로(*non mulieriter ses viriliter*) 187) 행동했다고 썼다. 반면 크리스틴 드 피장은 온유함, 자비, 연민 등을 여성적인 자질로 정의하고, 이 자질들을 긍정적으로 평가했다. 그런 여성적 특질의 바람직함에 대한 강조는 봉건사회 및 전사 정서에 대한 저항일 뿐 아니라, 남성을 강박적 남성성, 가짜 영웅주의와 그 모든 함의로부터 해방시켜주는 길을 열었다. 하지만 물론 이런 견해들이 이론의 차원에 머물렀으며 그녀의 견해 역시 고립되고 독특한 목소리였음은 두말할 필요도 없다.

많은 주변 집단의 구성원들이 주류와 동일시되고자 하는 욕망에서 같은 집단의 구성원들을 부인하는 것과는 달리, 중세 여성들은 드문 여성 창조자들을 부인하지 않았다. 잉글랜드-노르망디 출신의 시인 드니스 피라뮈스188)는 마리 드 프랑스의 시가 귀족계급 전반과, 특히 귀족 여성들에게 대단한 인기를 끌었다고 썼다. 몇몇 여성들은 크리스틴 드 피장에게 후원의 손길을 뻗쳤다. 그녀의 저작 원고는 여성들에게 팔렸으며, 그 중에는 오를레앙 공작 루이의 아내 발랑틴, 마리 드 베리, 그리고 프랑스 왕비 이자보 드 바비에르도 있었다. 크리스틴 자신도 여성을 옹호

187) Bartholomaeus Anglicus, *Liber de Proprietatibus Rerum*, L. VI, C. VI; *Acta Sanctorum*, April II (Paris-Rome 1865) p. 159.
188) 옮긴이 주: Denis Piramus/Denys Pyramus/Pyram. 12세기에 활동했던 앵글로-노르만 계의 작가. 《성 에드먼드 왕의 생애》(*La Vie Seint Edmund le Rei*)의 저자.

하면서 신화적이거나 역사적인 여성 인물만을 묘사하지 않고 자신이 아는 피와 살이 있는 여성들에 대해서도 이야기했다. 그녀는 그녀들을 칭송했고(뷔로 드 라 리비에르의 아내 마르그리트의 너그러움과 재치에 관한 이야기가 그 일례이다), 각기 고상한 자질 덕분에 〈여성들의 도시〉(*Cité des dames*)에 들어올 만한 가치가 있는 프랑스의 동시대 여성들을 열거했다. 189)

종종 주장되는 바에 따르면 군사적 조직에 기초한 사회에서는 남성의 권리에 비해 여성의 권리가 현격히 축소되기 마련이라고 한다. 190) 중세 전성기의 봉건사회는 군사적 조직에 의거해 있었다. 이 사회의 상층부는 본래 군사적 봉사에 대한 대가로 부여된 봉토를 보유하고 있었으며 전사계층을 형성했다. 그렇다면 이 계층 여성들의 권리가 남성들에 비해 특별히 제한되었다고 말할 수 있을 것인가? 이미 지적했듯이 여성들은 이 계층의 주된 기능을 충족시킬 수 없었다. 즉, 그녀들은 무사가 아니었고, 따라서 기사들 간의 동맹에 가담할 수 없었다. 그녀들은 기사로서의 교육을 받지 않았고 기사도 입문의 여러 단계를 거치지 않았으며 기사 수도회, 즉 12세기에 발전한 남성들의 성스러운 신도회에도 들어갈 수 없었다. 그러므로 그녀들은 귀족계급의 기풍 및 신화에서 아무 역할도 하지 않았다.

기사제도의 뿌리는 이교사회의 성스러운 숭배제의에 있었고, 봉건사회는 거기에 그리스도교적 색채를 가미했다. 기사제도는 전투력으로서 귀족계급보다 더 오래 살아남았으며, 귀족계급이 전투력으로서의 지위를 상실한 중세 말기에도 대부분의 유럽국가들에서 기사도의 개념 및 기사 수도회들은 여전히 번창했다. 기사도는 중세문명의 윤리적·미학적 가치들을 포괄하는 것이었으나, 여성들은 거기서 아무 역할도 하지 않았다. 그녀들은 단지 기사도 문화에서 가장 중요하지 않은 측면 중 하나인

189) E. McLeod, *op. cit.*, pp. 130~131.
190) G. Rossi, *op. cit.*, p. 117; D. M. Stenton, *The English Woman in History* (London 1957), p. 29.

궁정문화에서 일역을 했을 뿐이며, 그것도 주체가 아니라 객체로서였다. 그러나 다른 한편으로, 여성들도 봉토를 상속받았으며, 그런 몇몇 여성들은 영지를 다스리고 온전한 지배권력을 행사했다. 게다가 봉건영주의 아내들은 상속녀가 아니더라도 남편 곁에서 지배 기능을 행사했으며, 영주들은 영지의 경제적 운영을 아내에게 맡기곤 했다. 그녀들은 또한 남편의 부재 시에도 남편을 대행했다.

봉토를 보유한 몇몇 여성들의 이런 권리 및 활동은 '신분문학'이 여성들의 일반적 계층을 묘사한 것이나 법률가들의 판정과 모순되지만, 그렇다고 해서 그녀들의 특수한 지위가 사회 전반에서 여성의 역할을 재정의하는 데 이르지도 않았다. 봉토를 보유한 여성들의 지위는 단순히 어머니나 자매, 아내, 첩실의 자격으로 정무에 대한 영향력을 획득한 여성들의 지위와는 달랐다. 일단 봉토를 보유한 여성들이 수적으로 더 많았기 때문이기도 하고, 또한 방금 말한 여성들은 정식 상속자들이 미성년일 때 성년에 이르기까지 어머니에게 부여되는 섭정 기능 이외에는 다른 기능을 수행하지 않았기 때문이다. 그녀들은 자신들의 강인한 성격의 힘만으로 영향력을 행사했다. 이는 놀라운 일이 아니다. 강인하고 활동적이고 권력을 사랑하는 여성들은 어느 시대에나 존재했고, 만일 그녀들이 지배자들과 가까운 사이라면 비록 정식으로 할당된 지위나 나면서부터 부여된 권력에 의해서는 아니라 해도 그런 열망을 이룰 수도 있었다.

봉토를 보유한 봉건 여성들의 지위는 후세의 몇몇 여왕들의 지위에 비견될 수 있다(중세 서유럽에서는 여왕이 되어 실제로 통치한 여성이 없었다). 군주제가 여러 나라에서 세력을 획득하면서(이탈리아와 독일에서는 대공들이 더 강성해졌다) 중앙집권이 강화되고, 제후령들도 군주에게 귀속되었으며 지배권력을 행사하는 여성들의 수가 줄어들었다. 남성 봉건제후들의 힘도 약해졌지만 이들은 궁정이나 행정부, 군대 등에서 관직을 맡게 되었다. 이런 길이 여성들에게는 열려 있지 않았다. 게다가 귀족계급에서 교육수준이 향상됨에 따라 그런 교육기관의 혜택을 받을 수 없는 여성들은 사상 및 행동의 삶으로부터 한층 더 멀어질 수밖에 없었다. 17

세기 잉글랜드의 내전과 명예혁명, 19세기 프랑스 및 여타 유럽국가들에서 일어난 혁명도 이런 상황을 바꾸지는 못했다. 토지에 기반을 둔 귀족계급의 권력이 더 이상 정치권력으로 반영되지 않게 된 후에도 대의 의회는 20세기 이전까지는 남성들이 선출한 남성들로만 구성되었다. 대학 및 기타 고등교육기관들은 여성에게 문호를 개방하지 않았다. 그러므로 군사적 조직에 기초한 중세사회에서 지배계급의 몇몇 여성은 이후 세기들에도 견주어질 수 없는 예외적인 지위를 누렸던 셈이다.

이런 여성들의 특징은 무엇일까? 앞서 보았듯이 크리스틴 드 피장은 온유하고 관대하고 동정심 많은 여성상을 그렸다. 그녀는 여성은 결코 살상을 하지 않고 남의 유산을 박탈하지 않으며 가짜 협정을 맺거나 국가에 해를 끼치지 않는다고 주장했다. 몇몇 현대 역사가들은 중세 귀족 여성들이 남성들과 정반대되는 가치들을 나타내는 것으로 보았다. J. F. 벤튼은 기베르 드 노장의 어머니, 경건하고 정숙한 여인으로 기억되는 기베르 드 노장의 어머니야말로 봉건사회의 여성적 가치들을 대변하는 반면, 이 사회의 남성적 가치들은 폭력, 교만, 성적 방종, 불경건 등이었다고 보았다.[191] 나는 이 견해를 받아들이지 않는다. 기베르 드 노장의 어머니는 실제로 그런 여성이었을지도 모르고(적어도 그는 자기 어머니를 그렇게 그렸다) 경건한 귀족 여성이라는 것이 가정 신화에서 이상화된 여성상의 일부이기는 했지만,[192] 여성이 남성보다 더 경건했다든가 성적으로 더 정숙했다는 것을 뒷받침해 주는 당대의 사료는 없다. 관능, 잔인성, 음욕 등은 경건함, 금욕주의, 자발적 가난 등과 마찬가지로 중세사회의 남녀 모두가 갖는 성향들이었다. 우리가 아는 바로는 여성 수도원이 남성 수도원보다 더 경건하지도 않았고, 대부분의 수녀들은 귀족 여성들이었다. 여성들이 남성들처럼 살상을 행하지 않는다는 크리스틴 드 피장의 주장은 옳다. 법정 기록부들은 여성들 사이에도 폭력이 있었음을

191) J. F. Benton, *Self and Society in Medieval France* (New York 1970), p. 23.
192) J. T. Rosenthal, *op. cit.*, pp. 178~179.

보여주지만 살인죄로 기소된 여성의 수는 남성에 비하면 훨씬 적다. 귀
족 여성들은 남성들처럼 살상을 행하지 않았지만, 그것은 그녀들이 전사
가 아니었기 때문이다. 그녀들은 국가에 위해를 끼치는 일이 드물었지
만, 그것은 여성 통치자들의 수가 정부에 참여한 남성들에 비해 아주 적
었기 때문이다.

　한 연대기 작가는 젊은 과부들이 프랑스 왕 필립 4세에게 플랑드르 전
쟁193) 을 종식시켜 달라고 청원했던 일을 기록하고 있다. 194) 그 전쟁 때
문에 프랑스에는 사지가 멀쩡한 남자가 거의 남지 않았다는 것이었다.
그러나 봉토를 가지고 지배권력을 행사하는 봉건 여성들은 남성들의 세
계에서 남자처럼 군림했다. 그녀들 밑에서 일하는 심복들이나 그녀들이
공격하는 권력자들은 모두 남자였고, 그녀들은 비록 남성들과 다른 몇
가지 기본적인 특성들을 지니기는 했지만 (이것도 결코 확실치는 않다) 남
성 다수의 생활방식 및 가치체계에 적응해 있었다. 설령 그녀들이 흔히
여성들의 성격으로 지적되곤 하는 온유함이나 동정심 같은 특질들을 지
녔다 해도, 이런 특질들이 그녀들의 통치 방식에 나타나지는 않았다. 그
녀들은 아르투아 여백작 마오처럼 지배권력을 위해 투쟁했고, 브르타뉴
백작부인 잔처럼 남편이나 아들의 권리를 위해 투쟁했다. 이런 여성들은
아들을 조종하여 아버지에게 반기를 들게 하는 일도 서슴지 않았다. 예
컨대 알리에노르 다키텐은 아들들이 아버지 헨리 2세에게 반역하는 것을
지원했으니, 그녀의 남편이 합법적·불법적으로 힘을 행사하여 그녀를
여러 해 동안 억류했다는 것은 오히려 대수롭지 않게 보인다.

---

193) 옮긴이 주: 프랑스 왕 필립 4세 (Philippe Ⅳ de France/Philippe le Bel, 1268~
　　 1314) 가 플랑드르 지방을 자신의 영토로 복속시키려 하자, 1302년 5월 프랑스
　　 왕의 관리들에 저항하는 브뤼주 주민들이 폭동을 일으켜 프랑스 군의 기사 400
　　 명과 보병 2,000명이 죽었다. 필립 4세는 이를 설욕하기 위해 1303년 9월 기사
　　 1만 명과 보병 7만 명을 이끌고 직접 플랑드르로 출정했으나 악천후로 인해 화
　　 약을 맺어야 했다. 그러나 그는 1304년 7월 다시 플랑드르로 진군하여 적군을
　　 물리치고 뜻을 이루었다.
194) *Annales Colmarienses* MGHS vol. XVII (Hanover 1861), p. 231.

남성들이 지은 중세문학작품들에 나타나는 여성상과 현실의 여성상 사이의 간극은 (이런 여성들에 관한 한) 그리 크지 않을 수도 있다. 무훈시 들에서 여성은 남편에게 용기를 주어 패배와 상실 후에도 끝까지 싸우게 한다. 궁정풍 문학에서 여성은 기사에게 시련을 부과하며, 그것은 주로 전사로서의 과업들이다. 연인을 방패 없이 싸움터로 내보내는 귀부인에 게서 다정함을 찾아보기란 힘들다. 여성들은 중세문명의 일부였으며 그 잔인성에 일역을 했다. 여성들은 남성들과 마찬가지로 남녀의 잔인한 처 형을 구경하러 모여들었다. 신비가 마저리 켐프195)가 이단으로 기소되 어 체포되자 성난 여성들의 무리가 감옥으로 끌려가는 그녀를 향해 위협 하듯 실톳대를 휘두르며 화형에 처해 마땅하다고 소리쳤다. 196) 연대기 작가들은 때로 여성들의 잔인한 행위를 기록했으며, 귀족 여성들도 예외 가 아니었다. 가령 페리고르의 한 군소 영주의 아내는 다른 여성들에게 특히 잔인하게 굴었으며, 피에르 데 보드세르네197) 라는 연대기 작가는 이를 소상히 묘사했다. 198) 오를레앙에서 이단자들이 색출되자, 왕의 부 하들은 왕비 콩스탕스199)의 명령을 받고 재판 없이 그들에게 보복행위를

---

195) 옮긴이 주: Margery Kempe (1373경~1438 이후). 《마저리 켐프의 책》(*The Book of Margery Kempe*)의 저자. 그녀는 잉글랜드의 노퍼크 지방에서 태어나 20세에 결혼, 첫 아이를 낳은 후 위독한 상태에서 환시를 보았다고 한다. 그 후 한동안 세 파에 부대끼며 살다가 이전의 환시에서 느꼈던 영적인 소명에 헌신하기로 하고 여러 곳의 성지를 순례했다. 이와 같은 이야기와 더불어 저자가 그리스도와 나눈 신비적 대화를 담고 있는 《마저리 켐프의 책》은 중세 중산층 여성의 삶을 보여주 는 자료인 동시에 영어로 된 최초의 자서전으로 평가된다.

196) Quoted by J. A. Thompson, *The Later Lollards 1414~1520* (Oxford 1965), p. 8 and note 1.

197) 옮긴이 주: Pierre de Vaux des Cernay. 시토회 수도사로서 알비 십자군 원정에 관한 연대기를 썼다.

198) Peter of Vaux de Cernay, *Historia Albigensium, Recueil des historiens de Gaule et de la France* (Paris 1880), vol. XIX, p. 98.

199) 옮긴이 주: Constance d'Arles (986~1032). 경건왕 로베르 2세 (996~1031)의 왕비. 로베르 2세는 서부 유럽에서 가장 먼저 이단자와 유대인을 탄압한 것으로 알려져 있다. 1022년 오를레앙에서 그는 물질적인 세계는 본래적으로 악하다고 주장하는 생트-크루아 참사회의 참사회원 몇 명을 화형 시켰는데, 그 중 한 사

하는 것을 금지했지만 왕비는 광신과 분노의 힘에 내몰려 막대기로 이단자 에티엔의 눈을 파버렸다. [200]

　설령 여성들이 남성들보다 더 경건했다고 생각하는 이들이 옳다 하더라도 중세 그리스도교 사회에서 종교적 신앙심이란 반드시 자비와 연민을 수반하지 않았음을 상기해야 할 것이다. 이것은 와튼 수녀들의 이야기[201]나 베긴 여신도 두슬린의 생애를 보면 알 수 있다. 두슬린은 자기가 데리고 있던 소녀 중 하나가 일하는 동안 지나가는 남자를 쳐다보았다는 죄목으로 그녀를 때려 온몸이 피투성이가 되게 만들고 그녀를 하느님께 제물로 바치겠다고 소리쳤다. [202]

　여성들이 좀더 큰 역할을 했다면, 지배적 다수에 순응하는 주변적 집단이 아니었다면 중세문명은 달라졌을 것인가? 이것은 다른 모든 문명에 대해서도 제기될 수 있는 질문이요 중요한 질문이지만, 역사가로서 대답할 수 없는 질문이기도 하다.

람인 에티엔은 콩스탕스 왕비의 고해사였다.

200) J. B. Russell, *Dissent and Reform in the Early Middle Ages* (Los Angeles 1965), p. 255.

201) 옮긴이 주: 제 4장 참조.

202) C. Carozzi, "Une Béguine joachimite. Douceline soeur d'Hugues de Digne", *Cahiers de Fanjeaux X* (1975) p. 173.

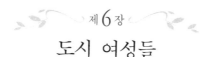

제6장

도시 여성들

　도시사회는 여러 가지 의미에서 새로웠으며, 그 안에서 여성의 역할도 그 독특한 경제적·사회적·문화적 구조에 비추어 볼 때 비로소 이해할 수 있다. 그러나 여성의 권리는 도시생활이라는 새로운 구조 안에서도 여전히 제한되었다는 점을 처음부터 강조해두는 것이 중요하다. 도시사회는 더 이상 귀족계급과 같은 전사사회도, 농민계급과 같은 부분적으로 부자유한 사회도 아니었지만 말이다. 도시는 평화로운 장소(*locus pacificus*)였다. 평화는 도시의 발달과 경제활동, 즉 장인제도와 상업과 금융업에 기초한 경제활동에 필수적이었다. 도시에서는 봉건귀족계급과는 구분되는 독자적인 기풍이 발전했다. 도시사회는 처음부터 계급사회이기는 했지만, 자유민과 농노 사이의 구별이 없었고, 법률적으로 말하자면 (농촌지역에서와는 달리) 모든 도시민이 자유민이었다.

　도시는 세속자치체로 발흥했으며 — 그 안에서 자라난 동업조합(길드) 역시 (대학만을 제외하고는) 세속자치체였다 — 세속 공직자들, 공증인 및 법관들로 이루어진 계층이 발달했다. 전사사회가 아닌 세속사회, 그 구성원들이 자유로운 경쟁을 누린 사회는 여성의 정치적 권리도 확장시켰으리라고 기대해 볼 만도 하지만, 그런 일은 일어나지 않았다. 이것은 특정한 사회 내에서의 여성의 전반적 지위와 특히 정치적 지위가 반드시 그 사회의 경제구조나 민주성의 정도에 따라 설명될 수는 없다는 평가(여성사 및 여성의 사회적 지위에 관한 비교 연구에 기초한 평가)를 뒷받침해 주는 것으로 보인다. 전성기의 민주적 아테네에서 여성의 권리가 고대 그리스의 기준에 비추어서도 제한되어 있었다는 사실만 상기하면 될 것이다.

도시 여성들의 권리가 제한되어 있었다는 것은 우선 여성이 시정(市政)에서 아무런 역할도 하지 않았다는 사실에서 드러난다. 여러 도시에서 여러 형태의 정부가 발달했으니, 어떤 것은 과두적이고 어떤 것은 귀족적이고 또 어떤 것은 반(半)민주적이었다. 그러나 체제가 어떠하든 간에 여성은 시정에 참여하지 못했다. 여성은 시의회에 선출되지 않았고 어떤 요직도 맡지 못했으며 단지 예외적인 경우에만 회의에 참석했다. 이런 견지에서 도시 여성의 삶은 농민 여성의 삶보다 나을 것이 없었다. 오히려 농촌지역에서는 여성들이 장원과 촌락공동체에서 아무런 기능도 하지 않았다 해도 노처녀와 과부는 마을회의에 참석했던 반면, 도시에서는 혼인상의 지위가 어떠하든 어떤 여성도 그런 회의에 참석할 수 없었다. 남성 공직자와 권력자의 수가 늘어난다고 해서 시정에 참여하는 여성의 수가 그만큼 늘어나지는 않았다. 오히려 그 반대였으니, 도시사회의 여성사라는 틀 안에서는 시정에 관한 논의의 여지가 없다.

이와는 대조적으로 도시 경제에서는 여성이 중요한 역할을 했다. 중세 도시의 생산과 도시 내 상거래는 여성의 활동을 배제하고는 생각할 수 없다. 노동에서 여성의 역할 — 그것이 새로운 도시적 기풍의 발로 중 하나라고 보는 이들도 있다 — 은 특히 두드러졌으니, 그녀들은 수공업자[1]들과 소상인의 길드에서 비록 제약은 있었지만 어느 정도 자리를 얻었다. 성직자 공동체가 된 길드, 즉 대학만이 여성들에게 닫혀 있었다.

---

1) 옮긴이 주: artisan, craftman 등은 흔히 장인(匠人)으로 옮겨지기도 하나, 직장(職長)을 가리키는 master 역시 '장인'으로 옮겨지므로 혼동을 피하기 위해 artisan은 '수공업자', master는 '장인'으로 옮기기로 한다. 직인(職人)이라는 용어가 어의 자체로 보면 적절하지만, 대개 숙련된 도제를 가리키는 journeyman (E), valet (F)의 역어로 쓰여왔으므로, 관용이 바뀌기 전에는 역시 적당치 않을 것이다.

1. 시민으로서의 여성

여성들은 도시의 시민으로 간주되었으며 상속이나 매입을 통해 얻은 도시 재산〔어떤 도시에서는 그것을 부르가지아(*burgagia*) 라 불렀다〕이나 길드 회원자격 덕분에(어떤 도시들에서는 길드 회원자격이 노동허가의 전제조건일 뿐 아니라 시민권의 요건이기도 했다), 또는 그녀들이 도시의 시민들과 결혼했기 때문에 그렇게 되었다. 시민이 된 남자는 반드시 공동체에,[2] 그리고 때로는 도시의 영주에게도[3] 일정 액수를 지불하고 도시에 충성을 서약해야 했다. 그러나 여성 시민은[4] 도시민으로서의 특권의 일부만을 누렸다. 그녀는 상업에 종사할 자격이 있었고, 시 재판관들이 주재하여 시 법률을 적용하는 시 법정에만 출두하면 되었다(물론 그 도시가 최대의 법적 자율성을 견지하고 있다면 말이지만).[5] 반면 그녀는 어떤 시정기관에 대해서도 선거권과 피선거권을 전혀 가지고 있지 않았으며, 지방이나 전국 규모의 의회에 대표를 보내는 도시에서도 대표를 선출하거나 대표로 선출될 수 없었다.

한 가지 예외는 14세기 중엽, 샹파뉴지방의 자치도시(코뮌) 프로뱅스에서 있었던 시민투표에 여성들이 참가한 것이다. 프로뱅스시와 인근 마을들의 모든 주민이 참가한 이 투표는 자신들의 도시가 이전처럼 시정관들(*scabini*) 에 의해 다스려지는 것이 좋은지 아니면 국왕에게 직속되는 것이 좋은지를 정하기 위한 것이었다. 프로뱅스시에서 1,741명, 인근 마

---

2) *Recueil de Documents relatifs à l'Histoire du Droit municipal en France*, ed. G. Espinas, vol. III, p. 315.

3) *Ibid.*, p. 236.

4) 도시 여성의 시민권에 관해서는 *Calendar of Plea and Memoranda Rolls Preserved among the Archives of the Corporation of the city of London at the Guild-hall, 1364 ~1381*, ed. A. H. Thomas(Cambridge 1929), p. lxi.

5) 런던에서 사면장을 요청한 여성의 경우도 그렇다. 시장은 서면으로 그녀가 시민인가 하는 질문을 받았다. 그 답은 긍정적이었고, 그녀는 사면장을 받았다. *ibid.*, p. 152; *Le Livre Roisin, Coutumier Lillois de la fin du 13ᵉ siècle*, ed. R. Monier (Paris-Lille 1932), pp. 2~3, 20~21, 41.

을들에서 960명, 총 2,700명가량이 투표에 참가했으며 그 중 350명, 즉 13%는 여성이었다. 여성 투표자들은 과부, 기혼여성, 그리고 노처녀들이었다. 어떤 경우에는 이름 곁에 빵장수, 선술집 주인, 재봉사, 직물염색사 등의 직업이 병기되기도 했다. 6) 1308년 필립 4세가 투르에 소집한 의회에 보낼 대표들을 선출할 때도 여러 도시에서 여성들이 투표에 참가했다. 7) 우리에게 알려지지 않은 다른 예외적인 경우들도 분명 있었을 것이다. 그러나 일반적으로 말해 여성들은 시의회에 참가하지 못했다.

여성 시민의 권리는 시민의 아들, 즉 아직 아버지의 권위 아래 있는 미성년 남성의 권리와 비슷했다. 그러나 미성년 아들의 지위는 잠정적인 것인 반면, 여성의 지위는 항구적이었다. 8) 시민으로서의 재정적 요건을 충족하는 여성의 지위는 도시 재산이 없거나 길드의 일원이 아니거나 시민권을 얻기 위한 비용을 내지 못해 시민이 되지 못하는 가난한 남성 도시주민의 지위보다는 우월했다. 그러나 적어도 원칙상으로는 가난한 남성 도시주민도 언젠가는 온전한 권리를 갖는 시민이 될 가능성이 존재했다.

도시 재산의 상속에 관한 법은 지방마다 심지어 도시마다 달랐으나, 봉토나 농부 보유지의 경우와 마찬가지로 아들의 권리가 딸의 권리에 앞섰고, 딸의 권리는 방계 남성들의 권리에 앞섰다. 장자상속권이 보편화되어 있었던 대부분의 잉글랜드 도시들에서 장남이 아닌 다른 아들딸에게도 도시민으로서의 특권들을 향유할 권리는 인정되었다. 9) 만일 아들이 없으면 딸이 상속받았고, 기록부들은 딸들이 가게나 도시 재산으로부터 나오는 임대 수입이나 도시 근교의 토지를 상속받은 수많은 사례들을 보여준다. 10) 때로는 (몇몇 농촌지역에서 관례적으로 그러했듯이) 아버지

---

6) E. Bourquelot, "Un scrutin du XIVe siècle", *Mémoires de la Société nationale des Antiquaires de France* XXI (1852), p. 455. 남편의 이름이 언급되지도 과부라고 명시되지도 않은 여성들은 미혼이리라고 추정할 수 있다.

7) E. Boutaric, *La France sous Philippe le Bel* (Brionne 1861), p. 37 and note 7.

8) 아버지와 함께 사는 아들의 권리에 대해서는 W. Stubbs, ed. *op. cit.*, pp. 133~134.

9) A. Ballard and J. Tait, ed., *British Borough Charters, 1216~1307* (Cambridge 1923), p. 133.

가 생전에 재산을 딸에게 양도하는 대신 딸은 아버지를 봉양하며 그의 지
위에 맞는 모든 필요를 공급하기로 하는 약정이 맺어지기도 했다. 11) 때
로는 형제들도 자매들에게 재산을 남겨주었고, 남편들도 아내들에게 과
부재산권으로 받을 수 있는 재산 이외의 재산을 더 남겼다. 12) 플랑드르
지방의 대부분 도시들 — 에르, 아라스, 두에, 릴, 브뤼주, 이프르, 생토
메르, 베르됭 — 과 에스파냐의 쿠엔카 및 세풀베다에서는 미혼인 딸들
이 아들들과 거의 대등한 상속권을 가지고 있었다. 13)

　여성의 상속권이 현격하게 제한된 것은 이탈리아 도시들과 아비뇽에서
였다. 이 도시들에서는 결혼할 때 혼인지참재산을 받은 딸은 더 이상 친정
아버지의 유산을 받을 수 없었으니, 대부분의 서유럽 도시들에서 결혼한
딸도 친정아버지의 유산을 받되 그 몫에서 이미 받은 혼인지참재산을 빼
는 것(아들들도 장차 받을 유산의 일부를 결혼할 때 받는 것과 마찬가지였다)
과는 사정이 사뭇 달랐다. 또 모든 딸들을 결혼시키지도 않았고 어떤 딸들
은 수녀원에 보냈는데, 이때는 신랑에게 줄 것보다 적은 지참금을 주었
다. 이탈리아 도시들에서 딸들의 상속권을 이처럼 제한한 것은 가문의 세
습 재산이 분산되는 것을 막는 동시에, 딸이 도시 바깥의 남자와 결혼함에
따라(*propter nuptias extra territorium*) 재산이 외부인의 수중에 넘어가는
것을 막기 위해서였다. 피렌체에서는 요새의 일부를 매각하는 계약서에
서 그것이 상속을 통해 여성의 손에 들어가서는 안 된다는 말이 명시되어
있다. 만일 남성 상속자가 없으면 같은 도시 사람에게 팔아야 했다. 14)

10) *Calendar of Wills. Court of Hustings London, 1258~1688*, ed. R. Sharpe(London 1889), vol. I, pp. 418, 420, 430, 678, 682, 686, vol. II, pp. 9, 15, 17, 204, 207, 213, 468, 537, 596.

11) *Calendar of Plea and Memoranda Rolls preserved among the Archives of the Corporation of the City of London at the Guild-hall 1364~1381*, p. 294.

12) *Memorials of London and London Life 1276~1419*, ed. H. T. Riley(London 1868), vol. I, p. 68.

13) J. Gilissen, *op. cit.*; E. M. Meijers and J. J. Salvedra de Grave ed., *Le Livre de Droit de Verdun* (Haarlem 1940), pp. 33~34; H. Dillard, *op. cit.*

14) G. Rossi, *op. cit.*; A. Pertile, *Storia del diritto italiano* (Torino 1896~1903),

2. 결 혼

도시 여성은 결혼할 때 봉토의 상속녀가 결혼할 때만큼은 외부의 간섭
을 받지 않았다(그러므로 도시민들 사이에서는 미성년자의 결혼이 귀족계급
에서만큼 흔치 않았다). 그래도 역시 결혼은 가문과 경제적 · 계층적 이해
관계에 따라 결정되었으며 때로는 정치적 계산도 작용했다. 특히 이탈리
아 도시들에서는 결혼이 정치적 · 경제적 이해관계에 좌우되는 경우가 많
았으니, 결혼은 두 사람이 아니라 두 가문을 맺어주는 일로 여겨졌다. 때
로는 결혼이 도시 귀족층의 반목하는 가문들 사이의 분쟁과 유혈 사태를
끝내고 새로운 정치적 세력을 결성하는 것을 상징하기도 했다. 15) 모든
유럽 도시들에서 결혼은 당사자 쌍방의 삶에서 새로운 단계를 의미했다.
결혼을 통해 남성은 성년이 되고 자기가 사는 사회 안에서 책임을 맡게 됐
다. 신부가 고아일 경우에는 후견인이 그녀 친척들의 동의를 얻어 혼처를
정했다. 런던에는 남녀를 막론하고 고아들이 적령기가 되면 당사자의 결
혼동의를 얻어 계층에 걸맞은 결혼을 주선하는 특별 심사국도 있었다. 16)

교훈서 저자들 중에는 부유한 도시민들이 기사나 농민보다 일찍 결혼
할 것을 권장하는 이들도 있었다. 왜냐하면 사치한 삶을 사는 부유한 도
시민들은 육신의 음욕에 유혹 당하기 쉬우며 따라서 결혼이 그의 욕망에
배출구가 되어 주리라는 것이었다. 17) 그러나 도시에서는 봉건귀족층에
서와 마찬가지로 남자가 가정을 갖기 전에 경제적 지위를 확고히 해야 한
다는 생각이 널리 퍼져 있었다. 그리고 도시에서는 경제적으로 입신할

---

vol. IV, pp. 58~59; J. Heers, *Le Clan familial au Moyen Âge* (Paris 1974),
p. 108; M. A. Maulde, ed., *Coutumes et Règlements de la République
d'Avignon* (Paris 1879), p. 156.

15) J. Heers, *op. cit.*, p. 63; D. Owen Hughes, "Family structure in medieval
Genoa", *Past and Present LXVI* (1975).

16) S. Thrupp, *op. cit.*, p. 192 and note 2.

17) Philippe de Novare, *Les Quatre Ages de l'Homme*, p. 48.

기회가 농촌지역에서보다 많았으므로 남자들은 지위를 확보할 때까지 결혼을 늦추는 경향이 있었다. 도제나 직인들은 장인으로 독립할 때까지 아내를 얻지 않았고, 때로는 도제계약에 도제는 수습기간 동안 아내를 얻어서는 안 된다는 점이 명시되기도 했다. 18) 14세기 잉글랜드 설교자 브로미야드19) 는 이탈리아인 동료 베르나르디노 다 시에나20) 와 마찬가지로 도시 남성들의 독신기간이 길어지는 것을 비난했다. 브로미야드에 따르면, 음행과 간통을 저지른 수많은 독신남들에게 왜 결혼하지 않느냐고 묻자 살림을 차릴 수 있게 되면 아내를 얻겠노라고 대답했다고 한다. 21) 결혼연령을 정하는 데 있어 경제적 요인은 여성보다 남성에게 더 큰 영향을 미쳤음이 분명하다. 설교자들이 한 말은 14세기 후반의 여건에 비추어 이해되어야 한다. 당시 길드들은 점점 더 배타적이 되어서 도제로부터 직인, 거기서 다시 독립된 장인으로 승진하기까지는 점점 더 오랜 기간이 걸렸고 재정적으로도 상당한 경비가 소요되었다.

젊은 사람들이 결혼하지 못하는 것이 경제적 이유 때문이라는 당대의 인식은 레오네 바티스타 알베르티22) 의 《가족의 서》(*Libri de la Famiglia*) 에 명확히 반영되어 있다. 그는 좀더 성숙하고 기반이 잡힌 친척들이 젊은 사람들을 격려하고 모범을 보이고 그들이 가정을 가질 수 있도록 재산의 일부를 나눠줄 것을 제안했다. 23) 런던의 한 신랑은 (친척과 친지들로부터 융자를 얻은 데 보태어) 신부가 가져간 혼인지참재산 덕분에 개업할 상품들을 마련하여 상인 길드에 가입할 후보 자격을 얻기도 했다. 장차

18) 요크 시의 궁수 길드의 예. *York Memoranda Book*, part I, 1376~1419, ed. M. Sellers (London 1912), p. 54.

19) 옮긴이 주: John Bromyard (~1352경). 도미니코회 수도사, 설교자.

20) 옮긴이 주: San Bernardino da Siena (1380경~1444). 프란체스코회 선교사, 수도사, 성인.

21) J. Nooman, *Contraception*, p. 229.

22) 옮긴이 주: Leon Battista Alberti (1404경~1472). 이탈리아 작가, 시인, 건축가, 철학자.

23) D. Herlihy, *Medieval and Renaissance Pistoia*, pp. 118~120.

의 신랑들은 중매인에게 길드 상급자의 딸과 결혼을 주선해 주는 대가로 그녀가 가져올 지참금의 일정 비율이나 일정 액수를 지불할 용의도 있었다. 24) 부자들은 자신들의 지위를 한층 더 향상시켜줄 적당한 혼처와 최고의 지참금을 찾느라 결혼을 늦추기도 했다.

중세 후기 이탈리아의 도시 사업가들에게 지참재산이 결혼을 고려하는 데 얼마나 큰 영향을 미쳤던가는 피렌체의 한 상인이 1391년부터 1435년까지 기록한 일기에서 잘 드러난다. 이 상인은 네 차례 결혼했는데, 아내들은 각기 그에게 상당한 혼인지참재산을 가져왔다. 4명 중 3명은 출산중에, 혹은 산욕기에 죽었다. 네 번의 결혼 모두가 새로운 사업상의 계획과 연관되어 있었다. 두 번째 결혼을 앞두고 그는 이렇게 썼다. "나는 돈이 없지만 곧 결혼을 해서 지참금을 받게 될 것이다. 결혼을 해서 지참금을 받게 되면 동업관계에서 중요한 역할을 맡게 될 것이다." 세 번째 결혼을 앞두고는 이렇게 썼다. "나는 다음과 같은 방식으로 2,000플로린을 지불하겠다고 보장했다. 1,370플로린은 이전의 동업자들로부터 받을 것이고, 그 나머지는 만일 재혼을 한다면 받을 수 있을 것이다. 만일 하느님께서 허락하신다면 지참금을 많이 가져올 아내를 구할 수 있기를 바란다." 1403년 5월에 그는 1,000플로린의 지참금이 있는 여자와 결혼했는데, 그 중 700플로린은 현금이었고 300플로린은 시골 토지의 수입이었다. 1421년에 그는 네 번째 아내를 얻었는데, 그녀는 600플로린의 지참금을 가져왔다. 25) 일반적으로 도시 가문들에서 혼인지참금이라는 문제는 큰 부담이었고, 결혼할 때 신랑이 기여하는 부분이 적었던 이탈리아 도시들에서는 특히 더했다. 12세기 이탈리아에서 신랑의 기여분은 신부 지참금의 일정 비율 혹은 일정 액수로 제한되었다(이 액수는 화폐 가치가 떨어진 후에도 증액되지 않았다).

---

24) S. Thrupp, *op. cit.*, 105~106.
25) G. Brucker, ed., *The Society of Renaissane Florence. A Documentary Study* (New York 1971), pp. 29~31.

신랑의 기여분이 제한되었다는 것은 과부도 비교적 적은 과부재산으로 살아야 한다는 것을 의미했다. 아버지의 재산은 거의 전부 아들들에게 상속되었고, 아내에게는 아주 적은 몫만이 돌아갔다. 어머니가 죽으면 이 과부재산은 종종 딸들에게 상속되었다. 때로는 혼인지참금이 몇 차례에 나누어 지불되기도 했다. 조심성 있는, 또는 의심 많은 신랑들은 지참금이 완전히 지불되기 전에는 신부를 집으로 데려가지 않았다. 26) 잉글랜드의 몇몇 길드들의 규정에 따르면, 길드는 구성원의 고아 딸이나 지참금을 낼 형편이 못 되는 구성원의 딸을 위해 지참금(결혼할 때 신랑에게 가져갈, 혹은 수녀원에 낼)을 갹출할 의무가 있었다. 27) 가난한 처녀들을 위한 지참금 갹출은 자선의 가장 흔한 형태 중 하나였다.

아내는 남편에게 지참금 이상을 가져왔다. 잉글랜드에서는 시민인 여자와 결혼하면 남편도 시민권을 얻었고, 그 권리를 평생 지녔으며 그 결혼에서 태어난 아들딸에게도 물려줄 수 있었다. 아라스의 빵장수 길드를 위시한 몇몇 길드에서는 회원의 딸과 결혼하면 남편도 같은 길드의 회원이 될 수 있었다. 28)

부유한 도시민의 딸들은 아주 이른 나이에 결혼했다. 중세 후기 이탈리아 도시들에서는 소녀들의 결혼 적령기가 13세였다. 중세 후기 피렌체와 기타 토스카나 지방도시들에서 여성들의 평균 결혼연령은 16세부터 17.5세 사이였고, 런던에서는 17세였다. 남자들은 좀더 늦게 결혼했다. 토스카나 지방에서 남성들의 평균 결혼연령은 27.7세부터 31.2세 사이였다. 많은 여성들이 출산중에 죽었고, 홀아비들은 재혼했다. 재취들은

26) *Acta Sanctorum*, May I (Paris-Rome 1866), p. 335 ; S. Chojnacki, "Dowries and kinsmen in early Renaissance Venice", *Journal of Interdisciplinary History* V (1975) pp. 571~600 ; D. Herlihy, "The medieval marriage market", *Medieval and Renaissance Series VI* (1976). 반면 런던에서는 남녀 분포가 비교적 균등했다. S. Thrupp, *op. cit.*, p. 106.

27) T. Smith, ed., *English Guilds* (EETS, London 1870), pp. 194, 340.

28) *British Borough Charters*, p. 134 ; *Ordonnances des Roys de France*, vol. V, ed. Secousse (Paris 1736), p. 509.

종종 아주 어렸고, 남편과 아내의 연령차는 초혼 때보다 더 벌어졌다. 위에서 예로 들었던 피렌체 상인의 세 번째 아내는 그와 결혼할 당시 21세의 과부였으며(첫 번째 남편과는 16세에 결혼했었다) 29세 때 출산중에 죽었다. 런던에서는 남자들이 평균 21~26세에 결혼했으니 이탈리아에서보다는 일렀지만, 그래도 아내들보다는 훨씬 나이가 많았다.29) 유족한 도시민계층의 딸들 중에는 수녀원에 들어가지 않고 미혼인 채로 남는 경우가 아주 드물었다. 노동자계층의 딸들은 좀더 유족한 계층의 딸들보다 결혼이 약간 늦어졌다. 시골에서 도시로 나가 하녀로 일하는 처녀들은 혼인지참금을 모을 때까지 결혼을 미루었다. 여성 장인의 도제로 일하는 여성들도 도제수업을 마칠 때까지 결혼을 미루었다.30) 길드들의 기록부에서 보듯이, 노동자계층에도 수녀원에 들어가지 않은 채 미혼으로 남는 여성들이 있었다.

앞서도 보았듯이31) 도시에서나 농촌에서나 부자들은 가난한 자들보다 자녀수가 더 많았다. 그러나 중세 후기의 기록들은 농촌가정의 자녀수가 대등한 수준의 도시가정의 자녀수보다 많음을 보여준다. 1427년 피스토야 시 및 인근 농촌지역의 기록에 따르면, 유족한 도시가정의 평균 자녀수는 2.26명인데 비해 농촌지역에서는 3.21명이었고, 가난한 도시가정의 평균 자녀수는 0.86명인데 비해 농촌지역에서는 1.47명이었다.32) 이렇게 차이가 나는 이유는 분명 이 시기에 도시에서 유아사망률이 더 높았던 데 있다. 15세기의 역병들은 상당히 도시적인 현상이었던

---

29) D. Herlihy, "Vieillir au quattrocento", *Annales ESC XXIV* (1969), pp. 1338~1352; D. Herlihy and C. Klapisch, *op. cit.*, pp. 205~207, 394~400; S. Thrupp, *op. cit.* p. 196.

30) *Calendar of Plea and Memoranda Rolls preserved among the Archives of the Corporation of the City of London at the Guild hall 1364~1381*, p. 107; S. Thrupp, *op. cit.* p. 172 and note 38.

31) 이 문제는 제 4장과 5장에서 다루었다. D. Herlihy and C. Klapisch, *op. cit.*, pp. 420~442.

32) 농촌에서 자녀수가 많았던 데 대해서는 D. Herlihy, *Medieval and Renaissance Pistoia*, pp. 117~118.

것이다. 그러나 도시가정의 자녀수가 평균적으로는 더 낮다 해도 유족한
계층의 여성들은 자녀를 많이 낳았고, 때로는 생물학적 잠재력을 완전히
소진시킬 때까지 낳았다. 14세기와 15세기 초의 부유한 이탈리아 가정들
에서는 22년 동안 17명의 자녀를 낳은 예들도 알려져 있다. 물론 그 많은
자녀가 다 살아남지는 못했지만, 그렇다고는 해도 자녀를 여럿 둔 가정
이 많이 있었다. 단테의 베아트리체는 킬리아와 폴코 포르티나리 부부의
맏딸로, 남자 형제가 다섯, 여자 형제가 다섯이었다. 카타리나 다 시에
나는 직물염색업자의 막내딸이었는데, 형제자매가 24명이나 있었다! 런
던에도 자녀를 19명이나 둔 가정이 있었다. 대략 추산해도 결혼생활 20
년 동안 평균 10명의 자녀를 낳았던 셈이다.

부유한 도시 여성들은 (귀족 여성들처럼) 유모를 두었으므로, 직접 수
유하는 가난한 여인들보다 다시 임신하는 시기가 일렀을 수도 있다. 그
러나 유아사망률은 아주 높았다. D. 헐리히에 따르면 피스토야에서는
17.7%가 1세부터 4세 사이에 사망했고, 10.5%는 5~9세에, 3%는 10
~14세에 사망했다. 부유한 계층의 높은 출산율과 많은 가족 수에도 불
구하고 남자 후계자가 단 한 명이거나 아예 없는 가정이 종종 있었던 것
은(그렇다는 것은 런던에서 작성된 몇몇 유언장들에서 드러난다) 그 때문이
다.[33] 물론 불임사례도 있기는 했을 것이다.

부유한 도시민들은 결혼한 후 그리고 부모가 죽은 후에도 이웃한 집들
이나 가까이 모여 있는 집들에 살았다. 중간계층과 빈곤층은 핵가족 단
위로 살았다. 이렇게 한 집안이 한 구역에 모여 사는 현상은 특히 이탈리
아와 프랑스 남부의 도시들에서 두드러졌지만(이런 도시들에는 도시 귀족
층이 있었다), 메츠, 루뱅, 파리 같은 북부 지방도시들에서도 나타났다.
한 집안의 식구 수는 때로 40명에 이르렀으니, 본래의 가족 수에 사생아,

---

33) D. Herlihy, "The Tuscan town in the quattrocento. A demographic profile",
in *Medievalia et Humanistica I*(1970). 역병 시대의 토스카나에서는 남아사망률
이 여아 사망률보다 낮았다. D. Herlihy and C. Klapisch, *op. cit.*, p. 462; S.
Thrupp, *op. cit.*, pp. 197~200.

320

가난한 친척, 하인들, 다양한 유형의 피보호인들과 무사들이 더해졌기 때문이다. 34) 대가족과 핵가족의 생활방식 차이는 분명 부유층 여성들의 생활에 더 강한 영향을 미쳤을 것이다. 그녀들의 삶은 노동자계층 여성들의 삶보다 좀더 가정중심적이었다.

부부의 재산권에 관한 법은 결혼한 여성들에 관한 장에서 보았듯이 지방에 따라 달랐다. 플랑드르 지방의 도시들을 위시한 몇몇 도시들에서는 부부의 공동재산에 대한 여성의 권리가 좀더 인정되었다. 35) 이탈리아를 위시한 다른 지방들에서는 여자는 자기 재산, 즉 혼인지참재산과 남편이 약속해 준 과부재산에 대한 권리만을 인정받았다. 과부와 홀아비의 권리도 지방에 따라 달랐으며, 때로는 같은 지방에서도 도시에 따라 달랐다. 쾰른을 위시한 몇몇 도시에서는 부부끼리 합의하여 살아남은 쪽이 죽은 배우자의 재산을 물려받도록 정하기도 했다. 36) 리구리아37)를 위시한 다른 지방들에서는 이런 일이 일체 금지됐고, 만일 여자가 후사를 얻지 못한 채로 죽으면 그녀가 가져왔던 혼인지참재산은 친정에 반환되었다. 38) 또는 잉글랜드의 가드맨체스터39)에서처럼 중도적인 해결책도 있었다.

---

34) 이탈리아 대가족의 부침에 대해서는 D. Herlihy, "Family solidarity in medieval Italian history", in *Economy, Society and Government in Medieval Italy*, ed. D. Herlihy, R. Lopez and V. Slessaha (Kent, Ohio, 1969) ; C. Klapisch and M. Demonet, "'A Uno pane e uno vino': la famille rurale toscane au début du XV siècle", *Annales ESC XXVII* (1972), pp. 873~901; C. Klapisch, "Household and family in Tuscany in 1427", in p. Laslett and R. Wall, ed., *Household and Family in Past Times* (Cambridge 1974), pp. 267~281; J. Heers, *op. cit.*, pp. 21~22, 49~58, 65~67.

35) J. Gillisen, *op. cit.*

36) *Die Kölner Schreinbücher des 13 und 14 Jahrhunderts*, ed. H. Planitz and T. Buyken (Weimar 1937), p. 197.

37) 옮긴이 주: Liguria. 이탈리아 북서부의 해안 지방.

38) D. Herlihy, *Medieval and Renaissance Pistoia*, p. 61.

39) 옮긴이 주: Godmanchester. 케임브리지에서 북서쪽으로 30km 가량 떨어진 곳에 있는 작은 도시.

1 크리스틴 드 피장(《크리스틴 드 피장 저작집》에 실린 세밀화. 프랑스,
   15세기 초. 대영 도서관, MS Harl. 4431).

2 처녀와 일각수(옥스퍼드 보들리언 도서관. MS Douce 366).

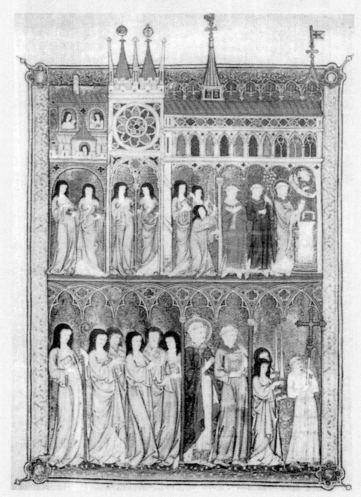

3 '성(聖) 수도원'의 세밀화(대영 도서관, MS add. 39843, fol. 6v.): 위층 그림
은 줄을 잡아당겨 종을 치는 성구보관수녀와 홀을 든 원장수녀, 열쇠를 가진 찬방
수녀를. 아래층 그림은 수녀들의 행렬을 보여준다.

4 공동식당에 있는 수녀들(피에드로 로린제티 작 '복녀 우밀타의 폴립티크' 중에 실린 청빈한 클라라 수녀회 수녀들).

5 마거릿 성녀
(빅토리아 앤드 앨버트 박물관)

6 동정녀와 아기(빅토리아 앤드 앨버트 박물관):
기단에 아담과 이브, 생명나무가 새겨져 있다.

7 가정생활의 장면들(위 왼쪽: 가정적인 장면, 위 오른쪽: 가축들을 지켜야 할 시간에 잠든 목동, 아래: 쟁기질과 목수 일, 오스트리아 국립박물관 고서화 자료).

8 아내 구타(독일. 1456년)

9 한 기사가 목욕하는 귀부인을 지켜보는 장면(대영 도서관, MS 10293, fol.244).

10 산파가 산모에게 아기를 건네는 장면(옥스퍼드 오리얼 칼리지).

11 궁정풍 사랑의 장면들
(마네세 가곡집 수서본.
하이델베르크대학 도서관).

12 연인에게 관을 씌우는 귀부인
（프랑스제 상아 거울뚜껑. 빅
토리아 앤드 알버트 박물관）

13 매 사냥（독일제 상아 서판. 빅
토리아 앤드 알버트 박물관）.

14 "아담이 땅을 파고 이브가 물레를 돌리던 시절에야 누가 신사였겠는가?"(14세기 수서본에 실린 아담과 이브의 삽화. 옥스퍼드 코르푸스 크리스티 칼리지).

15 추수하는 여인들(12세기 독일 수서본인 《젊은 부인들의 거울》에 실린 세밀화. 이 삽화는 결
   혼 시절, 과부 시절, 처녀 시절을 알레고리적으로 비교하고 있다. 맨 아래 그림은 남편과 함께
   들밭에서 추수하는 아내들이며, 중간 그림은 더 풍성한 수확으로 보답 받는 과부들, 맨 위 그
   림은 가장 큰 수확을 거두는 처녀들이다. 라인 지방 박물관, No. 15326).

16 토끼잡이를 하는 여인들(메리 여왕의 시편집 중에서, 1308년경. 대영 도서관 MS Royal 2.
   B.Ⅶ fol. 155b)

17 양털을 깎고 털실을 잣는 여인들(12세기 캔터베리 시편집 중에서. 케임브리지 트리니티 칼리지, MS Trin. Coll. Camb. R. 17, I. fol. 263).

18 소젖을 짜는 여인(옥스퍼드 보들리언 도서관).

19 양모를 축융하고 천을 짜는 여인들(15세기의 한 수서본에서. 대영 도서관, MS Royal 16.
G. V. fol. 56).

20 사슴을 사냥하는 귀부인(메리 여왕의 시편집 중에서. 대영 도서관 MS Royal 2.B.VIII fol. 153).

21 체스 게임(메리 여왕의 시편집 중에서. 대영 도서관 MS Royal 2.B.VII fol. 198v).

22 매사냥과 사냥을 묘사한 태피스트리(15세기 중엽 프랑스-부르고뉴. 빅토리아 앤드 앨버트 박
  물관).

The most wonderfull

and true storie, of a certaine Witch named *Alse Gooderige* of Stapen hill, who was arraigned and conuicted at Darbie at the *Assises* there.

As also a true report of the strange torments of Thomas Darling, *a boy of thirteene yeres of age, that was possessed by the* Deuill, *with his horrible fittes and terrible Apparitions by him vttered at* Burton vpon Trent *in the* Countie *of* Stafford, *and of his maruellous deliuerance.*

23 지옥에서 마녀들이 당하는 고통(램버스 펠리스 도서관).

즉, 부부에게 후사가 없는 경우 아내는 자신이 결혼생활 동안에 얻은 재산의 절반을 누구든 택한 자에게 물려줄 수 있었고, 나머지 절반은 남편에게 돌아갔으니 그에게는 재산에서 나오는 수입을 누릴 합법적인 권리가 있었다. 그녀가 친정에서 가져온 재산은 그녀의 친족에게 상속되었다.[40] 유족한 도시민의 아내들이 개인적인 소지품을 유증한 유언장을 보면 당시 부르주아 가정의 생활수준과 물질문화에 대해 알 수 있다. 유언장에는 옷, 침구, 가구, 돈 등이 언급되었다.[41]

모든 도시에서 과부는 과부재산에서 나오는 수입을 평생 누릴 수 있었고, 시 법률도 흔히 이런 권리를 보장했다.[42] 과부가 재혼을 할 경우 두 번째 남편에게도 그녀가 살아 있는 동안은 시민권을 부여하는 도시들도 있었다.[43] 어떤 도시들에서는 재혼할 경우 첫 번째 남편의 집에서 나가야 한다든가 하는 식으로 약간의 제약이 가해지기도 했다.[44] 런던에서 과부는 재혼을 해도 과부재산은 보유하지만, 남편이 자신에게 물려준 다른 재산은 포기해야 했다.[45] 오랜 관습에 따르면 과부가 첫 번째 남편의 집에 사는 것은 자식들 때문이었지만, 13세기가 되면 어느 도시에서나 그것이 그녀의 주거권에 필수적인 선결조건은 아니게 되었다. 브리스톨의 한 여성은 딸과 사위가 자신과 함께 사는 것을 허락했지만, 만일 함께 사는 것이 여의치 않을 경우 집의 어떤 부분이 자신의 몫이 될 것인가를 정확히 정해두었다.[46] 메츠시의 법에 따르면 과부의 아들은 어머니의

40) *Borough Customs*, ed. M. Bateson(London 1966), p. 112.
41) 예컨대 글로스터 출신인 페트로닐라 리드니의 유언장. *Records of the Corporation of Gloucester*, ed. W. H. Stevenson(Gloucester 1893), p. 358.
42) *British Borough Charters*, pp. 90~91.
43) *Ibid.*, p. 134.
44) *Ibid.*, p. 100.
45) *Calendar of Wills, Court of Hustings, London, 1258~1688*, ed. R. R. Sharpe (London 1889), vol. I, p. 111, vol. II, p. 66.
46) *Bristol Record Society Publications*, ed. E. W. Veale(Bristol 1931), vol. II, p. 264.

집에 사는 한 결혼을 하여 자식을 낳아 아버지가 된다 해도 여전히 어머니의 후견(*mainburdie*) 하에 있는 것으로 간주되었다. 47)

어떤 길드에서는 장인의 과부가 그 직업에 종사할 권리나 길드 회원의 권리를 두 번째 남편에게 (물론 그도 같은 직업을 갖고 있다면) 넘겨줄 수 있었다. 48) 14세기에는 경제가 쇠퇴하고 보호입법 때문에 길드가 점차 배타적이 됨에 따라 이런 과부들이 인기 있는 결혼 상대가 되었다. 유족한 상인의 과부는 특히 인기가 있었으니, 자기 재산도 많았고 남편이 남겨준 과부재산도 많았기 때문이다.

우리는 도시사회의 결혼관에 대해 이미 논의한 바 있다. 도시문학이 묘사하는 결혼은 매력이 없다. 제멋대로 남편을 휘두르고 바람을 피우는 아내는 그 전형적인 인물이다. 사실상 결혼이 경제적이고 계층적인 이해관계를 따라 이루어지는 어느 사회에서나 그렇듯이 순전한 연애결혼도 없지는 않았다. 런던의 한 양복장이는 향신계층의 딸과 결혼했는데, 그것은 그 자신의 말을 빌리자면 "오래전부터 두 사람이 서로에 대해 느끼던 사랑과 매력 때문"이었다. 49) 도시의 상인들, 점원들, 도자기와 양복과 구두를 만드는 모든 사람들이 교구 법정에 나가 혼인문제를 논의했다는 사실은 그들이 때로 새로운 관계를 맺기 위해 결혼을 해소하려 하거나 실제로 해소했음을 보여준다. 이 새로운 결합의 일부는 분명 사랑과 매력 때문이었을 것이다. 50) 부자들이 가난한 자들보다 결혼을 해소하는 일에 덜 적극적이었던 것은 아마도 수반되는 재정상의 문제가 복잡했기 때문일 것이다. 베르나르디노 다 시에나에 따르면 남편은 아내를 가르치고 향상시키고 그녀와 함께 하고 음식과 의복을 제공해야 했다. 아내는

47) *Le Droit coutumier de la Ville de Metz au Moyen Âge*, ed. J. Salvedra de Grave, M. Meijers and J. Schneider (Haalem 1951), pp. 134~135.

48) T. Smith, ed., *English Guilds* (EETS, London 1870), p. cxxxii; *Ordonnances des Royes de France*, vol. IV, p. 491.

49) S. Thrupp, *op. cit.*, p. 263.

50) 제 4장 참조. R. H. Helmholz, *op. cit.*, p. 160.

남편을 존경하고 섬기고 그에게 복종하며 때로는 따끔한 충고도 해야 했다. 그들은 서로를 사랑하고 존경하고 정절을 지키며 혼인의 의무를 다해야 했다.[51] 토스카나 지방의 도시들에서는 남편들이 대개 자신보다 여러 살 어리고 경험이 없는 처녀들과 결혼했으며, 나이 때문에라도 아내에게 한층 더한 권위를 행사했을 것이다.

분명 문학작품들에 나오는 것처럼 남편을 휘두르는 여성들도 있었겠지만 남편의 우월성은 법으로 명시되었고 때로는 강화되었다. 라구사[52]의 한 여성은 소지품을 모두 챙겨 가지고 남편의 집을 나왔다가 그 대가를 톡톡히 치러야 했다. 남편은 시의회에 그녀를 고소했고, 의회는 그녀가 충분치 않은 이유로 집을 나왔다고 판단했다. 여러 시의회 의원들이 그녀에게 집으로 돌아가라고 설득한 후 14시간 안에 돌아가라고 말미를 주었으며 마지막에는 그녀의 노모를 시켜 설득하게 했으나 모두 헛수고였다(그녀는 집을 나올 만한 이유가 있었으리라고 짐작할 수 있다). 그 결과 그녀는 감옥에 갇혔고 재산은 몰수되었으며 시에서 추방되었다.[53] 도시법은 남편이 아내를 때릴 권리를 인정했고, 법정 기록부는 몇몇 남편들이 실제로 이 권리를 행사했음을 보여준다.

3. 어머니로서의 역할

어머니로서의 도시 여성을 논의할 때는 유족한 도시민의 아내와 노동자계층의 아내를 구분해야 한다. 전자는 귀족 여성처럼 대개 직접 수유하는 대신 유모를 두었고 때로는 젖먹이들을 마을의 유모에게 보내어 오

---

51) D. Herlihy and C. Klapisch, *op. cit.*, p. 594.
52) 옮긴이 주: Ragusa. 이탈리아 남부, 시칠리아 섬에 있는 도시.
53) S. Mosher-Stuard, "Women in charter and stature law: medieval Ragusa" (Dubrovnik), in *Women in Medieval Society*, ed. S. Mosher-Stuard (University of Pennsylvania 1976), p. 204.

340

랫동안 떼어놓기도 했다. 54)

프란체스코 바르베리노는 아이를 유모에게 맡기는 일에 적극 찬성하면서(잉글랜드의 바솔로뮤를 위시한 몇몇 저자들은 생모의 수유를 주장했지만) 유모에게 아이의 신체적 정서적 발달에 관해 상세한 조언을 하고 있다. 아이를 강보로 싸는 법(그의 방법은 아이가 똑바로 자라도록 사지를 반듯이 하여 꼭꼭 싸매는 것이었다), 젖을 먹이는 기간(약 2년 동안), 그리고 젖을 떼는 법 등이 그것이다. 그가 권하는 이유(離乳) 방법은 그다지 부드럽지 않지만, 그렇다고 갑작스럽거나 거칠지도 않다. 즉, 유모는 맛은 쓰지만 해가 되지 않는 액체를 유방에 발라 아이가 젖을 빨지 못하게 하는 한편 우유나 사과주스에 적신 빵처럼 부드럽고 단 음식을 주어야 한다는 것이다. 만일 아이가 음식을 거부하면 때때로 젖을 주어야 한다(훨씬 더 과격한 방법들을 권한 자료들도 있다). 그는 유모에게 웅덩이, 말, 강, 불, 개, 칼, 기타 날카로운 도구들, 뱀, 독초 등 어린아이를 다치게 할 수 있는 모든 위험에 대해 경고하며, 아이를 깔아뭉갤 위험이 있으니 같은 침대에서 자지 말라고 충고한다. 아이의 정서적 발달에 관해서는, 유모가 아이에게 다정한 자장가를 부르며 흔들어 주라고 권하며, 만일 아이가 다치면 아이를 다치게 한 것을 벌하는 시늉을 하며 상처를 싸매어 주고 작은 선물로 위로해 주라고 한다.

아이를 강보에 싸는 법만을 제외하고는 현대 교육자라도 프란체스코 바르베리노의 이론을 지지할 수 있겠지만, 유모가 자기한테 맡겨진 남의 아이에게(그녀의 친자식이 죽은 경우가 아니라면 친자식의 자리를 부분적으로나마 빼앗는 아이에게) 다정하고 참을성 있게 행동할 리가 있겠는가 하는 문제는 남는다. 만일 젖이 남아돈다면 친자식과 남의 자식에게 모두 젖을 먹일 수는 있을 테지만 젖이 그렇게 많이 나지 않는다면 먼저 자기 자식에게 젖을 떼어야 하는데, 당시의 위생 여건에 비추어볼 때 그것은 어린아이의 생명을 위태롭게 하는 일이었다. 그런데 다른 여자의 아이에

54) 프랑스 왕 장 2세의 법령에는 유모의 임금에 관한 조항이 있다. R. de Lespinasse, ed., *Les Métiers et Corporations de la Ville de Paris* (Paris 1886), p. 31.

게 어떻게 다소간의 적개심이나마 갖지 않을 수가 있겠는가? 설령 친자
식이 죽은 후에 맡은 아이라 하더라도?

　15세기에 유모에게 맡겨진 아이들의 사망률이 아주 높았다는 것은 잘
알려진 사실이다. 고아원에서 맡기는 경우에 특히 그랬지만, 개인들이
사생아를 맡기는 경우도 마찬가지였다. 이제 와서 영아살해, 유기, 자연
사의 비율을 가릴 방법은 없다. 부잣집에서 후한 보수를 주고 맡기는 적
출 자식들의 경우 유모가 더 세심히 돌보았다는 것은 거의 확실해 보이지
만, 그런 현상은 유모에게 맡겨진 모든 아이들의 처지를 짐작케 해 준다.
중세 후기 토스카나 지방에서 아이들은 이 유모에서 저 유모에게로 넘겨
지기도 했다. 어머니를 여읜 아이는 여러 해 동안 유모의 손에 방치되기
도 했다. 조반니 모렐리[55]는 1335년에 태어난 자기 아버지가 유모에게
맡겨졌었다고 이야기한다. 그는 출생 직후 어머니를 여의고 10살 혹은
12살이 될 때까지 유모의 집에서 자랐다는 것이다. 그의 아버지는 이미
성장한 자식들이 있는 터라 이 아이에게 관심을 갖지 않았다. 유모는 성
정이 거친 여인이라 아이를 무자비하게 때렸다. 그래서 성인이 된 후에
도 그는 유모를 생각할 때면 분노에 사로잡혀 자기가 일찍이 만났던 가장
짐승 같은 여자였다고 말하곤 했다는 것이다. 이것은 극단적인 사례지
만, 그런 일이 그의 경우에만 일어나지는 않았을 것이다.

　토스카나의 도시들에서 과부는 때로 자식을 남편의 가족에게 맡긴 채
친정으로 돌아가기도 했다. 그러나 정상적인 가정에서는 대개 아이가 두
세 살이 되면 부모에게로 돌아갔다. 헐리히와 클라피쉬는 부모가 어린
자식에게 그다지 애착을 갖지 않았다는 필립 아리에스의 이론을 지지한
다. 부모는 자식이 어느 연령이 지나기까지는 집에도 마음에도 받아들이
지 않았다. 아이들의 생존확률이 너무 낮았으므로 부모는 두세 살 이전
에는 긴밀한 유대를 피했던 것이다. 부모의 집에서 떠나보내 유모에게
맡긴 자식에게 애착을 갖기란 분명 어려웠을 터이다. 그러나 그렇다고

---

55) 옮긴이 주: Giovanni Morelli. 14세기 이탈리아 연대기 작가.

342

해서 부모가 생존 가능성이 낮은 자식에게 정서적 방어태도를 취했다고 결론짓기는 힘들다. 이후 세기들 동안에는 유아사망률은 여전히 높았지만, 아리에스 자신이 지적하듯이, 그렇다 해도 부모 자식 간에는 긴밀한 정서적 유대가 있었기 때문이다.

본가로 돌아간 아이는 환영을 받았고, 토스카나 지방의 도시들에서는 애정 어린 보살핌을 받았음을 알 수 있다(적어도 우리가 알 수 있는 유족한 가정들에서는 그랬다). 56) 이런 보살핌이 아이가 초년에 부모로부터 떨어져 지낸 시간에 대한 보상이 되었을까? 아니면 그 초년시절이 평생 영향을 미쳤을까? 이것은 대답하기 어려운 문제이다. 가까운 예로 오노레 드 발자크57)는 출생 직후 마을의 유모에게 맡겨졌다(그의 형은 어머니에게 충분한 젖이 나지 않았으므로 태어난 지 예닐곱 주 만에 죽었다). 2년 후에는 누이동생 로르가 태어났고 같은 유모에게 보내졌다. 두 아이는 4년 동안 이 유모의 집에서 자랐고, 어머니와 떨어져 지냈다. 이 시기는 오노레에게 평생 흔적을 남겼다. 성인이 되어서도 그는 종종 "나는 어머니를 가져본 적이 없다. 어머니의 사랑을 누려본 적이 없다"고 말하곤 했다. 발자크의 전기 작가에 따르면, 이것은 동정심을 유발하려는 시도라기보다는 예외적 인물, 일종의 형이상학적 피조물로서의 자신의 독특함을 강조하려는 자랑이었으리라고 한다. 58) 중세의 유족한 도시민들은 그 비슷한 처우에 대해 어떻게 반응했을까? 알 도리가 없다. 하지만 그 시대의 가문 기록들과 성인전들을 보면 이탈리아 도시들에서는 아이들을 애정을 가지고 대했음을 알 수 있다. 딸의 머리칼을 물들이고 곱슬거리게 만들어주는 어머니, 아들들과 공놀이를 하는 아버지, 가족과 친지를 즐겁게 하기 위해 춤추는 아이들에 대한 묘사가 남아 있는 것이다. 59) 북유럽의 경우

56) D. Herlihy and C. Klapisch, op. cit., pp. 552~570. 유모에게 맡겨진 아이들에 대해서는 R. C. Trexler, "Infanticide in Florence: new sources and first results", in History of Childhood Quaterly I (1973~1974), pp. 98~116.

57) 옮긴이 주: Honoré de Balzac (1799~1850). 프랑스 소설가, 극작가. 수십 편의 길고 짧은 소설들로 이루어진 연작 〈인간 희극〉(La Comédie humaine)의 저자.

58) V. S. Pritchett, Balzac (London, 1973), p. 25.

에는 이와 비슷한 기록이 남아 있지 않다. 14세기 후반과 15세기 전반 피렌체 개인 가옥의 특징적 양상 중 하나가 경제활동을 위해 길 쪽을 향하는 공간과 핵가족의 사적 용도를 위해 따로 마련한 공간이 점차 더 분리되었다는 점이라는 것도 흥미로운 사실이다. 60)

딸들은 아들들보다 소홀한 취급을 받았을까? 이 점은 입증되었다고 보기 어렵다. 아들들이 축복으로 간주되었고 적어도 아버지들은 아들들을 선호했을 것이 명백하다. 베르나르디노 다 시에나는 부모를 존대하는 아들들에게는 주께서 많은 자식으로, 특히 장차 아버지를 닮을 아들들로 보답해 주시리라고 말한다. 한편 성직자들은 아버지들에게 딸들에게 너무 자주 웃어주지 말라고(그리고 어머니들에게는 아들들을 너무 쓰다듬어 주지 말라고) 누누이 경고했다. 이처럼 거듭되는 경고는 그것이 성직자들이 말려도 소용없는 일이었음을 시사한다. 살아남은 자식들은 아들이건 딸이건 간에 애정과 보살핌의 대상이었으며, 적어도 중세 후기 이탈리아 도시들에서는 그러했음을 알 수 있다. 그러나 이 계층에서도 어린 시절은 짧았으며, 특히 소녀들은 소년들보다 더 빨리 성인 취급을 받았다. 하지만 소녀들은 어린 시절 동안 좀더 오래, 그리고 때로는 어린 시절 내내 어머니와 함께 지낼 수 있었던 반면, 소년들은 7세가 되면 교육을 받기 위해 집을 떠나야 했다. 어떤 소년들은 도시의 학교나 수도원 학교로 보내졌고, 또 다른 소년들은 부유한 상인의 견습생으로 들어갔다. 예컨대 조반니 보카치오도 사춘기가 되기도 전에 견습생으로 집을 떠나야 했다.

대학의 교양학부61) 학생들은 12~14세였고, 때로는 이미 집을 떠나 학교를 다닌 다음 불과 10세에 대학에 들어가기도 했다. 소녀들도 더러는 집을 떠나 도시 학교나 수녀원 학교로 보내졌지만, 대부분은 집에 남

---

59) *Acta Sanctorum*, April III (Paris-Rome, 1866), p. 873.

60) A. Goldthwaite, "The Florentine palace as domestic architecture", *American Historical Review* LXXVII (1972), p. 977~1012.

61) 옮긴이 주: 중세 대학은 3학(*trivium*: 문법, 수사학, 변증법) 과 4과(*quadrivium*: 산술, 음악, 기하, 천문학) 를 가르치는 교양학부(*faculty of arts*) 와, 이를 마친 후에 다니게 되는 상급 학부(신학, 법학, 의학) 로 이루어져 있었다.

344

아 가정교사에게 배웠다. 아무리 늦어도 12세가 되면 소녀들의 교육은
끝나고 결혼하기까지 집에 있어야 했다. 소녀들은 일찍 결혼했고, 15세
때는 이미 결혼하여 자식을 낳은 경우도 많았다. 도시의 청년들은 소녀
들보다 늦게 결혼했으므로 동년배들과 더불어 더 오랜 청년기를 즐길 수
있었고, 특히 이탈리아 도시들에서는 자신이 견습으로 있는 상점의 주인
이나 부모를 위해 파견임무를 맡기도 했다. 소녀들은 어린 시절로부터
결혼생활로 급속히 넘어가, 그에 따르는 모든 의무와 책임을 떠맡아야
했다. 62)

　도시 출신인 한 성인(聖人)의 어머니는 귀족계층에서 태어난 여러 성
인의 어머니들이 그랬듯이 아버지들보다 더 다정했다. 성 프란체스코의
아버지는 아들이 돈을 헤프게 쓴다고 화가 나서 집안의 한 방에 가두어놓
았는데, 어머니는 남편이 자신에게 화풀이할 것을 알면서도 — 사실이
그러했다 — 아들을 풀어주었다고 한다. 63) 도시의 상류계층에서는 귀족
계층에서처럼 아버지들이 오랜 기간 집을 비우는 때가 종종 있었다. 남
자들은 군주나 주군을 섬기기 위해 집을 떠나 먼 곳에 가야 했고, 상업
적·재정적 이유로 여행하는 이들도 많았다. 어머니들은 아기를 낳다가
혹은 병을 앓다가 일찍 죽었고, 아버지들도 비교적 늦은 나이에 자식을
낳고 세상을 떠나는 일이 많았다. 평균수명이 낮았으므로 부모는 대개
자식이 장성하는 것을 보지 못한 채 죽었다. D. 헐리히에 따르면 이런 현
상은 피렌체에서 두드러졌으니, 이 도시에서는 홀아비들이 젊은 아내를
맞이한 후 어린 자식들을 두고 죽어 홀로 남은 과부들이 자식을 키워야
했다. 어머니들은 자식을 집에서 떠나보내지 않으려 했으며, 때로는 모
자간에 지나친 상호의존 관계가 형성되기도 했다. 64) 유아기에 양친을
여의는 아이들도 있었다. 단테의 어머니는 몇 살 때 죽었는지 모르지만,
그를 낳은 지 얼마 안 되었을 때였다. 그의 아버지는 재혼했고 다른 아들

---

62) D. Herlihy and C. Klapisch, *op. cit.*, p. 569.
63) Thomas de Celano, *Vita Prima* (Rome 1880), *ch.* 6, p. 17.
64) D. Herlihy, "Vieillir au quattrocento".

하나와 딸 둘을 더 낳은 후 단테가 아직 어렸을 때 죽었다.

노동자계층에서는 여자들이 자식에게 직접 수유하고 손수 키웠다. 아버지들은 상인이나 돈 있는 계층의 아버지들보다 출타하는 일이 적었다. 양친이 생존할 경우에는 어린 자식과의 유대가 좋건 나쁘건 간에 지속적이고 강했지만, 그렇다 해도 아동기는 역시 짧았다. 일을 배우는 아이들은 이른 나이에 견습생이 되었음을 부모와 장인 사이에 맺어진 계약서들에서 알 수 있다. 북유럽 도시들에서는 견습기간이 7년이었고, 어린 견습생은 장인의 가족과 함께 살았다. 토스카나 지방의 도시들에서는 견습기가 약간 늦게 시작되었고 3~4년밖에 걸리지 않았으며, 어떤 도제들은 계속 부모의 집에 살기도 했다. 도시 노동자계층의 딸들도 장인의 아내로부터 감독을 받으며 일을 배우러 다녔음을 역시 계약서들을 통해 확인할 수 있다.[65]

도시사회의 모든 계층에서 사람들은 대개 자식에게 형편에 맞는 교육을 시키고 직장을 구해 주고 알맞은 배우자를 구해줌으로써 자식의 장래 기반을 다져주었다. 때로는 노동자계층에서나 유족한 계층에서나 부모가 자식을 거칠고 무관심하게 대하는 경우도 있었다. 피에트로 다미아노의 전기 작가인 자노 디 로디에 의하면, 피에트로의 부모는 라벤나 출신의 가난한 부부로 자식이 너무 많아서 그가 태어난 것을 달가워하지 않았다고 한다. 사제의 아내가 그를 불쌍히 여겨 돌봐주고, 우울증에 빠져 자식에게 젖을 물리려 하지 않는 어머니를 설득하여 젖을 먹이게 하지 않았더라면 그는 분명 굶어죽었으리라는 것이다.[66]

프란체스코회 수도사 살림베네[67]는 파르마의 유력가에서 태어났는

65) 도제 협약에 대해서는 L. F. Salzman, *op. cit.*, p. 339; *Borough Customs*, vol. I, p. 229; *Calendar of Plea and Memoranda Rolls preserved among the Archives of the Corporation of the City of London at the Guildhall*, pp. 107, 219; D. Herlihy and C. Klapisch, *op. cit.*, pp. 573~574.

66) *Acta Sanctorum*, February III, p. 416.

67) 옮긴이 주: Salimbene de Adam da Parma(1221~1288). 프란체스코회 수도사, 조아키노 다 피오레의 제자였으며, 그의 《연대기》(*Chronica*)는 13세기 이탈리

데, 자신의 유년기와 청년기에는 어머니를 사랑하지 않았다고 이야기한
다. 왜냐하면 자기가 어렸을 때 일어난 일을 몇 년 후에 듣게 되었기 때문
이었다. 그 이야기에 따르면, 파르마에 지진이 일어나자 집이 무너질 것
을 우려한 어머니는 그의 누이동생 둘을 급히 안아들고는 ─ 그는 집안에
남겨둔 채 ─ 친정집으로 피신했다는 것이다. 어머니는 어린 딸들이 더
가벼워서 더 쉽게 데려갈 수 있었기 때문이라고 하지만, 그는 어머니가
아들인 자기를 딸들보다 더 중하게 여겼어야 한다고 주장했다. [68] 프란
체스코회 수도사의 이런 불평에서 우리는 그 당시 아들과 딸의 상대적 지
위를 어느 정도 짐작할 수 있다. 그러나 자식 둘을 구하기 위해서라고는
해도 다른 자식 하나를 버릴 수 있는 어머니의 냉정한 계산과 그 이야기
를 나중에 들은 아들의 가시지 않는 원망도 시사적이다. 이는 다만 어머
니에 대한 다른 원망과 박탈감을 증폭시킨 발언이었으리라고 짐작할 수
있다.

잉글랜드에서 검시관들이 재판관들을 위해 작성한 기록에 의하면, 어
린 아기들과 젖먹이들은 종종 부모의 감독이 소홀하여 일어난 사고로 죽
었음을 알 수 있다. 특히 놀라운 것은 당시의 목조 가옥에서 일어난 화재
에서 죽은 아이들의 수이다. 이 자료는 부모의 부주의를 그대로 나타내
주는 것이지만, 때로는 어머니가 기꺼이 자신을 희생한 예도 찾아볼 수
있다. 한 부부는 화재를 급히 피하느라 요람의 아기를 데리고 나오지 못
했다. 뒤늦게 이를 깨달은 어머니는 아기를 구하려고 불길 속으로 달려
들어갔다가 연기에 질식해 죽었다. [69]

노동자들은 가정사를 기록하지 않았고, 이 계층의 어머니들이 자식을
어떻게 대했는가를 알아볼 만한 일기나 전기도 쓰이지 않았다. 유족한
도시가정에서 자식들을 대하는 태도에 관해서는, 중세문명과 그 이후 세

───────────
아 역사의 귀중한 자료이다.

68) Salimbene de Adam, *Chronica*, ed., G. Scalia (Bari 1966), p. 48.

69) B. A. Hanawalt, 'Childrearing among the lower classes of late medieval
England', *Journal of Interdisciplinary History VIII* (1977), pp. 20~21.

기들의 어린이에 대한 태도의 대비를 지나치게 부각시키지 않기 위해, 발자크의 어린 시절에서 한 가지 예를 들어보기로 하자. 8세 때 발자크는 교육을 받기 위해 오라토리오회 학교에 보내졌으며 15세 때까지 그곳에서 공부했다. 오라토리오회의 관습에 따르면, 부모는 1년에 한 번만 방문할 수 있었다. 장성한 발자크는 자기가 학교에 있는 7년 동안 부모가 단 한 번밖에 찾아오지 않았다고 공언했다. 그의 누이에 따르면 이것은 지어낸 이야기라고 하지만, 어머니는 별로 자주 찾아가지 않은 것이 사실이며 학교는 투르에 있던 그들의 집에서 불과 40마일밖에 떨어져 있지 않았다. 또한 교육적인 이유에서 어머니는 아들에게 용돈을 주지 않았다. 그의 건강이 악화되어서 교사들이 그의 부모에게 그를 데려가라고 할 정도가 되었다.[70] 그러나 이것이 그의 경우에 국한된 이야기이겠는가? 학교에 있는 자식을 자주 찾아가지 않고 용돈을 주지 않는 것은 있을 수 있는 일이다. 그러나 그것이 그에게 평생 상처가 되었다는 것은 또 다른 이야기이다. 부모로부터 그 비슷한 대접을 받은 자식들이 그 때문에 어떤 영향을 받았을지, 자신이 직접 글을 쓰지 않거나 전기가 쓰이지 않은 사람들에 대해서는 알 수가 없다. 하여간 발자크의 동급생들도 1년에 한 번밖에 부모의 방문을 받지 못했을 것이며, 투르 근교의 오라토리오회 학교가 19세기 초 서유럽에서 그런 유의 유일한 학교는 아니었다.

4. 여성의 일

《유토피아》의 저자 토마스 모어[71]는 유토피아에서는 모든 사람이 일하는 반면, 다른 여러 사회에는 빈둥대는 자들이 많다고 썼다. 이 빈둥대

70) V. S. Pritchett, *op. cit.*, pp. 26~30.
71) 옮긴이 주: Sir Thomas More (1478~1535). 잉글랜드 법률가, 정치가. 르네상스 인문주의의 대표적 학자로, 《유토피아》(1516) 에서 이상적인 상상의 섬나라의 정치 제도를 묘사했다. 헨리 8세의 수장령을 받아들이기를 거부한 죄로 처형당했다.

348

는 자들 가운데 그는 성직자, 귀족과 그 가신들, 거지, 그리고 여자들을 포함시켰다. "무엇보다도 먼저 거의 모든 여자들, 인구의 절반에 해당하는 여자들이 있다. 또는 여자들이 바쁜 사회에서는 남자들이 그 대신 코를 골며 시간을 보내게 마련이다."[72] 그러나 중세 여성사를 연구해 보면 중세 도시사회에 대해서는 이런 언급이 전혀 타당하지 않음을 알 수 있다. 중세 도시의 경제 생산에서 여성들은 자신들에게 부과된 제약에도 불구하고 상당한 역할을 했으며, 이것은 도시 여성사에서 아마도 가장 흥미로운 대목일 것이다. 여성들이 특히 중요한 역할을 한 직업들, 아예 여성적인 것으로 여겨졌던 직업들이 있었다. 하지만 남성들도 이런 직업들에 종사했으며, 완전히 여성들로 대체되지는 않았다. 또한 이런 직업에서 활동하는 남성들의 지위가 약화되지도 않았다. 그러므로 도시의 직업들이 성별에 따라 분명히 구분되었다고는 주장할 수 없다. 특정한 활동에 종사하는 여성들은 자신의 집안에서도 일했으므로 두 가지 별도의 노동 리듬을 따라야 했다. 즉, 결코 끝나지 않으며 남편과 자식들의 필요를 채워주는 것을 목적으로 하는 것이 특징인 '여성적'인 리듬과, 노동과 휴식이 교대로 이루어지는 '남성적'인 리듬 말이다.

어떤 여성들은 장인의 딸이나 아내로서 가내 작업장에서 여러 가지 일에 종사하기도 했다. 딸이나 아내에게 여러 가지 기술을 가르치는 것은 흔한 일이었고, 장인이 자기 일을 아내와 딸에게 가르치고 그녀들의 도움을 이용하는 것은 그의 권리로 인정되었다. 많은 과부들이 남편이 하던 일을 계속했으며, 이 또한 인정되기는 했으나 길드 당국에서 부과하는 여러 가지 제약이 따랐다. 만일 아버지나 남편으로부터(그녀들은 같은 직종에 종사하는 남자와, 대개는 아버지의 도제였던 남자와 결혼했다) 이미 일을 배우지 않았다면 그녀들은 과부가 되어 그 일에 종사할 수 없었을 것이고, 분명 남편을 대신하여 도제들을 훈련하지도 못했을 것이다. 여성 고용을 금지하는 길드에서도, 회원들은 자기 아내나 딸의 도움을 받

---

72) *Complete Works of Thomas More* (Yale 1965), vol. IV, book II, pp. 130~131.

는 것이 허용되었다.

여성들은 때로 어린 시절에 여성 장인의 견습생으로 일을 배우기도 했다. 그 중 일부는 나중에 같은 직종의 남자와 결혼해서 함께 일했고, 일부는 다른 직종의 남자와 결혼한 후에도 자기 일을 계속했으며, 아예 결혼하지 않고 자기 일을 하는 여성들도 있었다. 남편과 함께 일하는 여성들은 대개 남편의 생전에는 길드에 속하지 않았지만, 과부가 되면 어느 정도의 제약은 받되 남편이 하던 일을 계속하고 길드 회원이 되는 것이 허용되었다. 노처녀들이나 남편과 다른 직종에서 일하는 기혼여성들의 일부는 임금을 받고 일했다. 어떤 도시들에서는, 특히 방적과 직조산업 분야에서는 여성들이 원료를 공급받아 집에서 일했다. 73) 어떤 기혼여성들과 노처녀들은 길드 회원이었다. 나아가 여성들로만 이루어진 길드도 있었으며, 그 경우에는 길드의 규약 자체가 여성들에 의해 정해졌다. 혼성 길드(mixed guild)에서도 때로 여성들이 규약을 정하는 데 참여했다.

여러 길드의 강령과 규약들, 왕과 영주의 법령들, 법정 기록, 조세 기록 등을 통해 우리는 당시 여성들의 역할을 어느 정도 알아볼 수 있다. 13세기 파리 시장 에티엔 부알로가 쓴 《직업의 서》는 도시 산업에서 여성들의 역할을 대체로 보여주며, 이 책에는 당시 파리 길드들의 규약도 실려 있다. 저자가 열거하는 100가지 직업 중 6가지는 파리에서 여성 길드들만이 종사하는 직업이었다. 더구나 여성들은 열거된 직업 중 다른 80가지에도 종사했으니, 통틀어 86가지 직업에 종사하고 있었던 셈이다. 전적으로 여성의 몫이었던 직업으로는 넓은 물레로 비단실 잣기, 보석과 금실로 장식한 우아한 머리장식(오르프루아 모자)의 생산, 장식지갑(사라센 염낭)의 생산 등이었다(파리에서 행해지던 많은 기술이 옷치장과 관련된 것이었다). 넓거나 좁은 물레를 돌리는 일은 집에서 했고, 여자들은 상인들로부터 재료를 공급받았다. 그녀들은 파리 상인 조합장(praepositus)이 지명한 남성 감독관 두 명의 감독을 받았다. 이 감독관들

73) 예를 들어 G. Aclocque, *Les Corporations, l'industrie et le commerce à Chartres du XIe siècle à la Révolution* (Paris 1917), pp. 108~109.

은 품질, 급료 기준, 견습생들의 가입 조건, 위반에 대한 벌칙, 신규 노동자의 가입, 휴일 등에 관한 규정을 강화했다. 74) 장식지갑을 만드는 이들은 머리장식을 위해 비단을 짜는 여인들처럼 여성 길드로 조직되었으며, 이 길드의 규정은 길드의 구성원들에 의해 결정되고 상인 조합장의 인가를 받았다. 75)

여성들이 종사했던 다른 여러 직업들도 의복과 연관된 것이었다. 즉 리본과 장식 단 만들기, 바느질, 모피 생산, 모자와 목도리 만들기, 가발 만들기, 장식용 깃털 다듬기, 그 밖에 모(毛)나 마(麻)를 빨고, 물들이고, 실을 잣고 짜는 직조산업의 여러 단계와 연관된 직업들이었다. 여성들은 도구를 연마하는 일에도 종사하여 바늘, 핀, 버클, 가위, 칼 등을 만들었다. 여성들은 대장장이로도 일해 천연 수정을 이용한 장신구나 수정 꽃병 같은 것을 만들었는데, 이것은 상당한 기술을 요하는 섬세한 작업이었다. 리본과 장식 단, 장식 술을 만드는 여성들은 혼성 길드에 속했는데, 그런 길드에서는 길드 회원의 홀아비가 갖는 권리가 과부의 권리와 다르지 않았다. 만일 살아남은 배우자가 같은 직종, 즉 리본과 장식 단을 만드는 일에 종사하고 있다면 홀아비나 과부는 죽은 배우자가 하던 일을 계속할 수 있고, 길드 회원으로서 도제를 양성할 수도 있었다. 남녀 장인들 모두가 남녀 도제를 양성할 수 있었다. 수정을 가공하는 여성 장인들과 바늘이나 핀, 기타 재봉사들이 쓰는 도구를 만드는 여성들은 합동 길드(joint guild)의 회원이었다. 76) 직조공의 아내들, 즉 남편과 함께 일했던 아내들은 남편들과 마찬가지의 장인으로 여겨졌고, 장인의 아내는 남녀 도제를 공히 양성하는 책임을 질 수 있다고 규정상 명시되었다. 77)

---

74) *Règlements sur les Arts et Métiers de Paris rédigés au XIIIᵉ siècle, et connus sous le nom du Livre des Métiers d'Etienne Boileau*, ed. G. B. Depping(Paris 1837), pp. 80~85.

75) *Ibid.*, pp. 99~101 ; R. de Lespinasse, *op. cit.*, vol. III, p. 9.

76) *Ibid.*, vol. II, pp. 13~19, 86~87, 556~559.

파리의 타이유 징수 장부의 1296년, 1297년, 1313년 치를 보면 여성
들이 여러 직종에 폭넓게 종사했음을 확인할 수 있다. 이 기록에서 언급
된 여성들은 모두 자신의 직종에서 독립적으로 일하고 있었고 별도의 세
금을 납부했다. 남편을 돕는 기혼여성들은 납세자 이름이 남편으로 되어
있었으므로 이 장부에 나타나지 않았다. 이 장부에는 특히 산파였던 사
라라는 이름의 비혼 여성(노처녀였는지 과부였는지는 모르지만)과 구두장
이 로베르의 아내였던 소매상이 등장한다. 78) 파리의 금사(金絲) 자수업
자 길드에 속했던 여성들의 역할도 주목할 만하며, 이 여성들은 귀금속
장인으로 분류되었다. 4명의 길드 간부 중 1명은 기혼여성이었다. 79) 여
성들은 가죽 장인들과 가죽 및 금속, 가죽 및 목재를 두루 다루는 장인들
이 함께 속한 길드에서도 일역을 했다. 루이 7세 시절에는 이 직종에서
일할 권리를 테시아라는 이름의 과부와 그녀의 자손들이 독점하고 있었
다. 그들은 가죽을 가공하고 가죽벨트, 끈, 장갑, 신발 외에도 봉인, 은
기, 서류, 기도서, 화장품 등을 넣는 각종 가죽 주머니를 만들었다. 80)
1287년에는 이 독점권이 마르셀이라는 이름의 여인에게로 넘어갔다. 여
성들은 가죽, 목재, 금속 장식 등으로 된 보석함의 제조에도 일역을 담당
했다. 여성들은 각종 지갑과 칼집도 만들었다. 납세자 장부에는 구두장
이와 심지어 금속을 다루는 장인으로도 여성의 이름이 올라 있는데, 후
자의 경우에는 이름 옆의 명칭들(forcetière, favresse)이 직종을 나타내는
지 아니면 그저 성(姓)에 해당하는지 알 수가 없다. 81)

---

77) *Ibid.*, vol. III, p. 55.
78) K. Michäelsson, ed., *Le Livre de la Taille de Paris de l'an 1296* (Göteborg
    1958), p. 266; *Le Livre de la Taille de Paris de l'an 1313* (Göteborg 1951),
    p. 214.
79) R. de Lespinasse, *op. cit.*, vol. II, pp. 166~167.
80) *Ibid.*, vol. III, pp. 303~307.
81) *Ibid.*, p. 403, 482, 484. 쿠션과 깃털 이불, 머릿수건 등을 생산하는 여성들에 대
    해서는 vol. II, pp. 693~694, 696~697, vol. III, p. 297. 구두장이에 대해서는
    K. Michaelsson, *Le Livre de la Taille de Paris de l'an 1313*, pp. 84~85. 철물공에
    대해서는 *ibid.*, p. 87.

여성들은 다른 유럽 도시들에서도 위에 언급된 직종들에서 상당한 비율을 차지했다. 시에나와 페루자에도 방적과 직조에 종사하는 여성들이 있었고, 82) 피렌체의 벨트 만드는 이들의 길드와 아마 직조공들의 길드에 여성 회원들이 있었다. 83) 툴루즈에도 여성 직조공들이 있었으며, 84) 프랑크푸르트, 쾰른, 그리고 플랑드르의 대부분 도시들에는 직조 및 금사 자수에 종사하는 여성들이 있었다. 85)

잉글랜드에서는 런던에서 실크 직조 일을 하는 여성들이 1368년에 왕에게 청원을 내어 런던 시장이 니콜라라는 자를 견제해 줄 것을 요청했다. 이자는 한동안 모든 생사 및 염색사, 기타 자재를 사재기한 다음 가격을 높여 실크 직조를 생계 수단으로 삼고 있는 청원자들은 물론이고 왕에게도 중대한 재정적인 피해를 끼치고 있다는 것이었다. 86) 그로부터 약 100년 후인 15세기 중엽에는 잉글랜드에서 수입품에 맞서 잉글랜드 산물을 지켜내기 위해 시작된 보호주의 운동의 일환으로 런던의 실크 방적, 직조 및 재봉에 종사하는 여성들이 또다시 의회에 청원을 냈다. 선대제(先貸制)로 집에서 일하며 길드에 등록되어 있지 않았던 이 여성들은 의회에서 부분 또는 완전 가공된 실크 제품이 잉글랜드에 수입되는 것을 막는 법을 만들어달라고 청원했다. 이 청원서에서 그녀들은 이 직업이 많은 여성들에게 떳떳한 생계의 수단이 되어왔으며, 다른 여성들에게도 기술을 전파하여 이제 수천 명의 여성이 그 일을 배우고 있다고 밝혔다. 그런데 외국에서 값싸고 질이 떨어지는 제품을 수입하는 것은 여성들에

---

82) *Statuti senesi scritti in volgare nel secolo XIIIe~XIVe*, ed. F. L. Polidori (Bologna 1863~1877), vol. I, pp. 274, 279, 306, 329. 15세기 초 페루자에는 여성 직조공이 176명이었던 데 비해 남성 직조공은 26명밖에 되지 않았다. M. Weber, The City (New York 1958), p. 173.

83) E. Stanley, *The Guilds of Florence* (London 1906), pp. 68, 353.

84) J. H. Mundy and P. Riesenberg, *The Medieval Town* (Princeton 1958), pp. 175~176.

85) E. W. McDonnell, *op. cit.*, pp. 85, 273.

86) *Calendar of Plea and Memoranda Rolls preserved among the Archives of the City of London at the Guildhall* 1364~1381, p. 102.

게서 떳떳한 직업을 박탈하여 수많은 정직한 여성들을 실업으로 내몰 우
려가 있다는 것이었다. 87)

　1319년 런던의 납세자 장부에 따르면 전체 납세자의 4%는 여성이었
다. 어떤 이들은 임대료로 살아가는 부유한 과부였지만, 독립적으로 일
하는 기혼 및 미혼여성들도 있었다. 88) 요크에서는 여성들이 남성들과
나란히 모자 제조공 길드의 회원이었고, 89) 링컨의 양복 제조공 길드에
서도 마찬가지였다. 90) 잉글랜드에서도 여성 장인, 자수공 등은 여성 도
제들을 두고 훈련시켰다. 계약서를 보면 어떤 여성 도제들은 장인 부부
모두의 도제로 기록되었지만, 여성 장인이 남편과 다른 직종에 종사하는
경우에는 도제에게 기술을 가르치는 것이 여성 장인임이 명시되기도 했
다. 91) 파리에서처럼 요크에서도 여성들이 피혁공 길드의 회원이었는데,
여기에는 가죽으로 양피지를 만드는 여성들도 있었다. 92) 잉글랜드의 도
시와 촌락에서는 양조가 주로 여성들의 일이었으며, 흔히 집에서도 양조
가 행해졌다. 법정 기록부들에는 여성들이 "양조법"(Assize of Ale)을 위
반하여 재판을 받은 사례가 많이 기록되어 있다. 적절한 생산 방법에 대
한 도시의 규정은 종종 주로 여성들을 염두에 둔 것이었다. 93) 콜체스터
의 장부들에는 줄리아나 그레이라는 이름의 여성이 등장하는데, 그녀는
양조법뿐 아니라 주류판매법을 어긴 것으로도 수차 벌금형을 받았다. 하
지만 그래도 그녀는 번창했던 듯하며, 죽을 때는 두 번째 남편에게 도시

87) Cited by H. Cam, "The legislators of medieval England", in *Historical Studies of the English Parliament*, ed. E. B. Fryde and E. Miller (Cambridge 1970), vol. I, p. 191.
88) S. Thrupp, *op. cit.*, p. 171.
89) *York Memorandum Book. Part I. 1376~1410*, p. 77.
90) T. Smith, ed., *op. cit.*, pp. 182~183.
91) *Borough Customs*, vol. I, p. 229; *Memoranda Rolls preserved among the Archives of the Corporation of the City of London at the Guildhall 1364~1381*, pp. 107, 219.
92) *York Memorandum Book. Part I, 1376~1419*, p. 82.
93) *The Little Red Book of Bristol*, ed. F. B. Brickley (Bristol 1900), vol. I, p. 43; T. Smith, *op. cit.*, p. 343.

근교의 토지 자산을 물려주었다. 94)

잉글랜드나 프랑스 남부 같은 몇몇 지방에서는 여성들이 신도회에서
도 주된 역할을 했다. 신도회란 공통된 종교적 사회적 이유로 결속된, 그
리고 때로는 적어도 부분적으로나마 공통의 길드에 속하는 회원들이 자
발적으로 뭉쳐 경조사를 함께 하는 것인데, 남성들뿐 아니라 여성들도
회원이 될 수 있었다. 신도회를 창설하고 규약을 제정하는 데 참여한 여
성들도 있었다. 1351년 킹스턴 어펀 헐95)에서 성모 신도회를 창설한 것
은 10명의 남성과 13명의 여성이었다. 이 중 10명은 남성 창설자들의 아
내였지만 나머지 3명은 그렇지 않았다. 규정에 따르면 신도회에 가입하
기를 원하는 독신남성이나 여성의 가입비는 똑같으며, 만일 결혼을 하게
되면 가입비를 늘리지 않고 배우자를 형제나 자매로 받아들였다. 이런
규약에 남성 창설자들은 자신 및 아내의 이름으로 서명했고, 미혼여성들
은 자신의 이름으로 서명했다. 이것은 기혼여성과 미혼여성의 지위에 대
해 이미 살펴보았던 바와 같은 차이의 법적 반영이다. 이런 신도회들에
서 여성 회원들은 복지와 상부상조에 있어 남성과 거의 대등한 권리를 누
렸다(유일하게 여성들에게 금지된 것은 신도회의 남성 회원이 죽었을 경우
밤샘을 하는 것뿐이었다). 96)

유럽의 모든 도시에서 여성들은 세탁부, 문지기, 목욕탕 조수로 일했
다. 97) 마지막으로 노리치 출신의 한 제본공과98) 아비뇽에서 유명한 채

94) *Court Rolls of the Borough of Colchester* (Colchester 1921), vol. I, p. xiii. 양조법
위반으로 벌금형을 받은 여성들의 예를 좀더 보려면, *ibid.*, vol. II, pp. 1, 182~
184, vol. III, pp. 1~2, 16, 51.

95) 옮긴이 주: 흔히 헐(Hull)이라 불리는, 요크셔 동부의 항구 도시.

96) T. Smith ed., *op. cit.*, pp. 155~159, 160~161, 178, 194~196; 밤샘 참가 금
지에 대해서는 *ibid.*, p. 194. 마르세유 신도회의 여성 회원들에 대해서는 P. A.
Amargier, "Mouvements populaires et confrérie du Saint-Esprit à Marseille
au seuil du XIII° siècle", *Cahiers de Fanjeaux XI* (1976) p. 309.

97) *Le Livre de Métiers*, §LXXIII; *Le Droit coutumier de la Ville de Metz au Moyen
Âge*, vol. I, pp. 41, 136, 148, 168, 569.

98) *Leet Jurisdiction in the City of Norwich during the 13th and 14th Centuries*, ed.

식사와 함께 일했던 여성 채식사,[99] 그리고 파리의 또 다른 여성 채식사
등을 눈여겨보기로 하자. 크리스틴 드 피장에 따르면, 이 파리의 여성 채
식사는 더 높은 보수를 받는 남성 채식사들보다 훨씬 더 재주가 뛰어났다
고 한다. "나는 그녀가 내 책을 위해 채식을 여러 번 해 주었기 때문에 안
다"고 크리스틴은 덧붙였다.[100] 파리에는 왕실 음유시인이 이끄는 가수
와 악사의 길드에도 여성 회원들이 있었으며, 그녀들도 길드의 규정을
정하는 데 참여했다.[101]

그 밖에 집을 세놓거나 여관과 선술집을 운영하는 여성들도 있었으며
특히 가게나 가판대에서, 매주 열리는 시장이나 계절별로 서는 장터에서
음식장사를 하는 여성들도 있었다.[102] 그 중 어떤 이들은 혼자 일했고,
어떤 이들은 남편과 함께 일했다. 주로 소규모 장사꾼들의 아내가 시장
이나 장터에서 남편을 도왔던 것으로 보인다. 여성들은 장터에서 이웃
가게의 장사꾼과 싸움이 벌어지거나 할 때도 남편을 거들곤 했다. 가금
류나 생선, 기타 해물과 유제품을 파는 여성들에 대한 언급이 기록에 남
아 있다.[103] 파리에서는 여성들이 헌옷에서 각종 의상과 섬유에 이르기
까지 옷감과 옷을 만들고 파는 일을 했음을 길드 규정과 납세자 장부에서
알 수 있다. 납세자 장부에는 2명의 여성 환전상과 1명의 대금업자도 나
타나 있다.

노리치에는 밀을 거래하는 여성이 있었는데, 이것은 상당히 위신 있는

W. Hudson (Seldon Society, London, 1892), p. 66.

99) P. Grimal, *Histoire mondiale de la Femme* (Paris 1965), vol. II, p. 171.

100) E. McLeod, *op. cit.*, pp. 129~130 and note 8.

101) R. de Lespinasse, *op. cit.*, vol. III, pp. 580~583.

102) *Ibid.*, vol. I, p. 45; *Select Cases concerning the Law Merchants*, ed. C. Gross (Seldon Society, London 1908), vol. I, pp. 66, 72~73; *The Little Red Book of Bristol*, vol. I, p. 5, 8; *York Memorandum Book, Part I*, 1376~1419, pp. 6~7, 10~12.

103) *Ibid.*, pp. 198~221; *Beverly Town Documents* (Seldon Society, London 1900), p. 9; *Leet Jurisdiction in the City of Norwich during the 13th and 14th Centuries*, pp. 48~60; *British Borough Charters*, p. 295.

356

장사였다. 104) 또한 해외 무역상의 과부 중에도 남편이 하던 일을 계속하는 여성들이 여러 명 있었다. 과부 앨리스는 1370년 런던의 길드홀 법정에 청원을 내어, 빌링스게이트의 집행관이 누군가 다른 사람의 소유물로 간주하여 압수하고 있는 배의 화물 중 절반이라도 돌려줄 것을 요구했다. 그녀는 자기 주장에 대한 증거를 제출했으며, 법정은 화물을 그녀에게 돌려줄 것을 명했다. 코벤트리의 마저리 러셀은 800파운드어치의 물품을 에스파냐 사람들에게 강탈당하자, 그 대신 다른 에스파냐 사람들의 화물을 압수할 허가를 얻어냈다. 그녀는 자신의 몫보다 더 많은 화물을 압수했고, 그러자 이번에는 에스파냐 사람들이 그녀에 대한 항의를 제기했다. 1318년 스코틀랜드 전쟁비용을 대기 위해 왕에게 거액을 빌려준 부유한 상인의 과부인 로즈 버포드는 남편이 죽은 후에도 그가 하던 사업을 계속했다. 여러 차례 청원을 했는데도 남편이 받아야 할 돈이 지불되지 않자 그녀는 왕에게 그 대신 자신이 수입하고자 하는 양모에 대해 내야 할 세금을 면제해달라고 요구했다. 이 청원에 대해 그녀는 법정에 불려갔고, 법정에서는 그녀의 제안을 검토한 끝에 이를 허락했다. 그녀와 같은 여성들이 더 있었다는 것은 1274년의 '백호(百戶) 명부'105)에서도 나타나며, 이 명부는 큰 양모상 중 이사벨라 버크렐을 위시한 몇몇 런던의 과부들이 양모 및 기타 재화의 대규모 교역에 종사했던 것을 보여준다. 한 여성은 에드워드 4세 시절의 양모 중매인, 즉 잉글랜드에서 칼레로 수출하는 양모의 공인중개상으로까지 언급되고 있다. 106)

104) K. Michäelsson, ed., *Le Livre de la Taille de Paris de l'an 1246*, p. 21, 202; idem, *Le Livre de la Taille de Paris de l'an 1297*, p. 81, 82, 318, 329; idem, *Le Livre de la Taille de Paris de l'an 1313*, p. 214, 258; R. de Lespinasse, *op. cit.*, vol. II, p. 243; *Leet Jurisdiction in the City of Norwich during the 13th and 14th Centuries*, p. 60.

105) 옮긴이 주: 백호 명부(*Hundred Rolls*)란 13세기 말 잉글랜드의 인구 및 토지 대장인데, 두 번째 《둠즈데이북》(*Domesday Book*, 1086)을 만들려는 시도였던 것으로 여겨진다. 대부분의 납세 기록이 백호(hundred, 대체로 100호 정도의 가구가 살 수 있을 정도의 토지를 포함하는 행정적, 군사적, 사법적 구역 단위) 단위로 되어 있으므로 백호 명부라 불린다.

이미 지적했듯이 이런 여성들은 과부들이었다. 반면 죽은 남편의 사업을 계속하는 것이 아니라 독자적으로 사업을 하는 여성들은 주로 동네에서 의류나 식품을 파는 소규모 장사를 했다. 노처녀이든 기혼여성이든 독자적인 여성 상인이 해외 무역에, 또는 심지어 국내의 소매업에 종사하는 경우는 예외에 속했다. 107) 또한 시장이나 장터에서 남편을 도와 함께 일하는 것도 대개는 소규모 상인의 아내들이었다. 규모가 큰 상인의 아내는 좀더 집안에 갇혀 지냈으니, 굳이 그녀가 일할 필요가 없었고 남편도 그녀의 도움을 요구하지 않았기 때문이다. 그러나 꼭 재정적 필요가 없더라도 일했던 여성들의 예가 간혹 나타나기는 한다. 훗날 신비가가 된(그 덕분에 후세에 알려지게 된) 마저리 켐프는 린의 대규모 상인 중한 사람의 아내였다. 그렇지만 그녀 자신도 처음에는 양조장, 나중에는밀 방앗간을 운영했다. 그녀 자신의 말에 따르면 그렇게 일한 것은 일단여가시간이 있었고, 다른 여자가 우아함에서 자신과 견주는 것을 참을수 없었기 때문이었다고 한다. 다시 말해, 일은 그녀에게 활동하고자 하는 욕망의 출구가 되어주었고, 자기가 원하는 사치한 물건들을 살 만한수입을 가져다주었다는 것이다. 그녀가 14명의 자식을 두었는데도 권태를 느끼고 집 밖에서의 일거리를 원했다는 사실은 그녀가 자식을 키우는데 그리 많은 시간을 기울이지 않았음을 시사한다. 우리는 런던 법률가의 아내로 소퍼스 레인에 가게를 갖고 있던 한 여성에 대해서도 알고 있다. 런던에서 실크 제조는 부분적으로 상인 아내들에 의해 이루어졌으니, 이들은 남편이 제공하는 원료를 가공하는 일을 했다. 108)

소매업에 종사하는 몇몇 여성은 소상인 길드의 회원이었다. 파리의 가금류 상인 길드가 그 일례이다. 109) 한편 대규모 소매상들의 길드에 여성회원이 있었던 기록은 발견되지 않는다. 사실 이런 길드들은 (항상 공식

106) E. Power, *Medieval Women*, pp. 56~57.
107) S. Thrupp, *op. cit.*, p. 173.
108) *Ibid.*, pp. 171, 262.
109) *Ordonnances des Roys de France*, vol. IV, p. 491.

358

적으로 그런 것은 아니었지만) 여러 도시의 시 당국에 해당했다. 상인들의 길드가 사실상 시의회 역할을 했던 어떤 도시들에서는 여성들이 길드 회원자격을 아들이나 남편에게 넘겨줄 권리가 종종 폐지되었으며, 이 권리는 부자간이나 숙질간에만 계승될 수 있는 것으로 정해졌다.[110] 여성들이 상인 길드의 회원자격을 남편이나 아들이나 손자에게 넘겨줄 권리는 길드가 시 당국의 역할을 하지 않는 도시들에서만 인정되었다.[111] 파리의 경우, 지방의 소규모 상인들에 관한 1324년의 법령에는 여성 상인들이 언급되는 반면, 수출 및 소매를 하던 대규모 피륙 상인들에 관한 1408년의 법령에는 여성 상인들이 언급되지 않는다는 점도 시사적이다.[112]

여성이 경제활동과 연관된 기능을 수행할 권리는 도시에 따라 달랐다. 파리에서는 여성이 중량을 측정하는 직위를 가질 수 없었다.[113] 반면 런던에서는 여성들이 실크의 무게를 다는 일을 맡고 있었다.[114] 굴(石花)의 무게를 다는 자가 자기 일을 여성들에게 하청하자 반대가 일어났다. 왜냐하면 "여성들은 상업에서 협잡이 일어나는 것을 실제로 막을 능력이 없기 때문"이라는 것이었다.[115]

여성 상인들은 노처녀이건 과부이건 기혼여성이건 간에 여자 혼자서 (femme sole) 소송을 내거나 당할 수 있었다. 이것은 남편에게 이익이 되었으니, 그렇게 하면 그는 아내의 상업적 활동과 가능한 수입에 대한 책임에서 면제되었기 때문이다. 또한 그것은 여성 상인이 기혼여성인 경우에도 완전한 독립성을 부여해 주었다. 이런 법적 독립성은 모든 중세 유럽 도시에서 인정되었다.[116]

110) *The Oak Book of Southampton*, ed. p. Studer (Southampton 1910), p. 30. 시 당국과 상인 길드의 관계에 대해서는 같은 책 p. 60.
111) C. Gross, *The Guild Merchant* (Oxford 1890), vol. I, pp. 50~51, vol. II, pp. 4~5.
112) R. de Lespinasse, *op. cit.*, vol. II, p. 243.
113) *Ordonnances des Roys de France*, vol. II, p. 354.
114) *Memorials of London and London Life*, p. 26.
115) S. Thrupp, *op. cit.*, p. 173.

교훈문학의 저자들이 여성을 도시의 노동력으로 언급하는 대목도 간간이 발견된다. 가령 프란체스코 바르베리니는 이렇게 썼다. "치즈를 파는 여자는 치즈가 신선해 보이도록 물로 씻어서는 안 된다. 직물을 짜는 여자는 주문 시 받은 실을 다 써서 짜야 하며 일부를 자기 몫으로 남겨두어서는 안 된다." 저자는 또한 하녀, 여자 이발사, 여자 제빵사, 여관 주인, 여자 잡화상 등의 직업적 윤리에도 언급하며, 심지어 여자 거지까지도 논의의 대상이 된다. 117) 그러나 일반적으로 말해 교훈서의 저자들은 여성의 경제활동보다는 성적 정숙함과 남편에 대한 의무에 중점을 두었다. 반면 신분문학은 도시 생산활동에서의 여성의 역할에 대해 일체 언급하지 않았다.

여성은 도시의 수공업과 소규모 상업, 그리고 때로는 대규모 상업에서도 상당한 역할을 했다. 그러나 그녀들은 남성들처럼 아무 직업이나 원하는 대로 자유롭게 택할 수는 없었다. 어떤 길드는 여성을 아예 받아들이지 않았고, 또 어떤 길드는 여성에게 제한을 두었다. 어떤 길드에서는 급료를 주고 여성을 고용하는 것을 금지했고, 일당이나 월급이나 연봉을 받고 일하는 직종에서도 여성들은 남성에 비해 거의 예외 없이 차별을 당했다. 어떤 길드에서는 미혼여성이나 기혼여성을 받지 않았으며, 회원의 과부에게만 약간의 제약을 두어 남편이 하던 일을 할 수 있게 했다.

1364년 잉글랜드에서 반포된 왕령에 의하면 수공업자들은 각자 자기 분야에만 종사할 수 있되, 양조, 제빵, 양모나 마(麻)나 실크 생산의 다양한 단계에 참여하는 여성들은 여러 가지 직종에 종사할 수 있었다. 이 법령을 인용하는 역사가는 이런 법령이 제정된 것은 중세사회가 이미 '영

116) G. Gillisen, *op. cit*, p. 272; *Recueil général des anciennes lois françaises*, vol. I, p. 546; p. de Beaumanoir, *op. cit.*, vol. II, 1336; F. Rörig, *The Medieval Town* (London 1967), p. 115; *Calendar of Plea and Memoranda Rolls preserved among the Archives of the Corporation of the City of London at the Guildhall*, 1364 ~1381, p. 23.

117) A. A. Heutsch, *op. cit.*, pp. 116~117; D. Herlihy and C. Klapisch, *op. cit.*, pp. 582~583.

원한 아마추어'인 여성의 '다재다능함'을 인정했기 때문이라고 설명한
다. 118) 그러나 이런 의심스러운 찬사가 과연 옳은 것인지는 의심스럽다.
사실 이 법령은 모든 길드가 여성을 받아들이지는 않았고, 그 중 몇몇은
받아들이기는 하되 제약을 두었기 때문에 제정된 것이다. 그래서 많은
여성들이 업자들로부터 원료를 공급받아 집에서 일하거나 급료를 받고
일했다. 이런 여성들은 길드에서 정식 숙련공으로 인정받지 못했으므로,
살림에 보탤 돈을 벌기 위해 일거리가 생기는 대로 여러 가지 일을 해야
했다. 법은 그런 현실을 인정한 것뿐이다. 여성들은 자기가 좋아서 '영원
한 아마추어'로서 '다재다능함'을 실현하고자 했던 것도 아니고 특정한 직
종에만 전문적으로 종사할 자질이 부족해서 여러 가지 일에 종사했던 것
도 아니다.

여성이 특정 직종에 종사하는 것을 금지하거나 제한했던 예를 몇 가지
들어보기로 하자. 파리에서는 여성들이 '사라센 카펫' (*tapis sarrazinois*) 이
라고 알려진 카펫을 짜는 일을 할 수 없었는데, 그 이유는 이 일이 대체로
위험하고 특히 임신부에게 위험하기 때문이라는 것이었다. 119) 노리치에
서는 여성들이 꼰 실 (*twine*) 로 직물을 짜는 것 (즉, 촘촘한 직조를 요구하
는 천을 짜는 것) 이 금지되었는데, 그 이유는 여성들에게 그런 일을 제대
로 할 체력이 없다는 것이었다. 120) 강 (겐트) 에서는 특수한 남성용 긴 양
말을 만드는 이들의 아내는 이 일을 거들 수 없고 단지 고용인들의 작업
을 감독만 할 수 있었다. 121) 파리의 가죽 벨트 만드는 이들의 딸들은 결
혼한 다음에도 독자적으로 이 일을 계속할 수 있었지만, 도제를 들이거
나 남편에게 기술을 가르치는 것은 허용되지 않았다. 122)

118) L. F. Salzman, *op. cit.*, p. 329.
119) *Documents relatifs à l'Histoire de l'Industrie et du Commerce en France*, ed. G. Fagniez (Paris 1974), vol. I, pp. 263, 310.
120) L. F. Salzman, *op. cit.*, p. 217.
121) *Receuil de documents relatifs à l'Histoire de l'Industrie drapière*, vol. I, p. 677.
122) *Documents relatifs à l'Histoire de l'Industrie et du Commerce en France*, vol. I, p. 245.

도제를 훈련하는 일은 남편의 일을 계속하도록 허용된 수공업자의 과부들에게도 종종 금지되었다. 여러 길드의 규약에 따르면, 과부는 남편 아래서 일을 배우기 시작했던 도제의 훈련을 완수할 수는 있으나, 새 도제를 들일 수는 없었다. 1399년 파리의 시정관들은 한 양초 제조공의 과부가 남편이 하던 일을 계속하는 것을 금지했는데, 그 이유는 그녀가 숙련된 수공업자가 아니라는 것이었다. 그녀는 샤틀레의 법정에 항소했고, 재판관들은 그녀의 항소를 받아들여 그녀가 다른 사람을 위해 일하거나 다른 사람을 위해 일꾼을 보내거나 새 도제를 들이지 않는다는 조건 하에 그녀가 일을 계속하는 것을 허가해 주었다. 만일 그녀가 자기 직종 이외의 남자와 결혼하면 그에게나 그에게서 낳은 자식들에게 자기 일을 가르칠 수 없었다. 123) 같은 규칙이 조개껍질과 산호로 기도용 묵주를 만드는 여성들이나 수정과 보석을 가공하는 여성들에게도 적용되었다. 124) 그 이유는 이런 직종의 회원들이 여성이 그렇게 섬세한 기능에 숙달해 다른 사람을 가르칠 수 있으리라고 믿을 수 없다는 것이었다.

길드에서 여성에게 가하는 금지 및 제한의 예는 그 밖에도 많다. 또 모든 직종에서 여성 노동자들을 고용하지도 않았다. 링컨의 양모 축융공 길드의 규약에 따르면, 회원들은 작업의 여러 단계에서 자기 아내나 아내의 하녀들 이외 여성의 도움을 얻는 것이 금지되어 있었다. 125) 런던의 벨트 제조공이나 끈 제조공 길드, 브리스톨의 직조공 길드에서도 마찬가지였다. 브리스톨에서는 이 직종의 많은 남성들이 일거리를 얻지 못해 수입원을 잃고 부랑자가 된 것이 여성 노동력을 고용한 탓으로 돌려졌다. 126) 여성의 급료는 남성의 급료보다 낮았고, 따라서 여성을 기꺼이 고용하려는 수공업자들이 분명 있었을 터이다. G. 다브날에 따르면, 1326~1350년 사이에는 여성의 평균 임금이 같은 일을 하는 남성 임금의

123) *Ibid.*, vol. II, p. 172~173.
124) *Le Livre de Métiers*, pp. 69~73.
125) T. Smith, ed., *op. cit.*, pp. 179~180.
126) L. F. Salzman, *op. cit.*, pp. 222, 339~340.

68%밖에 되지 않았다. 1376~1400년에는 이 비율이 75%로 올랐는데, 그 이유는 흑사병의 여파로 인구가 감소했고 따라서 노동력 수요가 늘었기 때문이다. 임금 인상을 막으려는 각종 입법에도 불구하고 모든 임금이 인상되었고, 여성 임금 역시 그런 추세에 포함되었다. 그러나 이 예외적인 시기, 도시 및 촌락에서 살아남은 노동자들의 처지가 1348년의 흑사병 이전 시기보다 대체로 나아진 시기에도 여성의 임금은 남성의 임금을 따라잡지 못했다. 127) 값싼 여성 노동력을 이용한 경쟁을 막으려는 선의의 사람들이 내놓은 해결책은 고작 여성을 고용하지 말자는 것이었다. 여성의 임금을 남성의 임금과 대등하게 만들자는 생각은 아무에게도 떠오르지 않았다. 일당, 주급, 월급, 연봉을 받는 여성들과는 대조적으로 특정한 생산품(피륙이나 자수천 등)의 현물 지급을 받는 여성들은 남성들에 비해 불리하지 않았다. 특히 방적, 직조, 자수, 재봉 등의 직종에서 그러했으니, 이런 직종들은 여성들의 전문 분야였고, 따라서 여성 노동력에 대한 수요가 있었기 때문이다. 128)

일부 길드들이 여성을 완전히 배제한 것은 무엇 때문이었던가? 길드의 역사를 연구한 르네 드 레스피나스는 왜 여성들이 교수형보다 화형을 당하는 일이 많았던가를 설명한 역사가들이 드는 것과 같은 논거를 든다. 즉, 성적인 정숙을 위해서였다는 것이다. 그에 따르면 길드에 여성을 받아들이지 않으려 한 것은 주로 도제들이 성년이 되기까지 장인의 집에서 살았기 때문이었다. 과부가 남편의 일을 계속할 수는 있지만 새 도제를 들이는 것은 금지된 것도 같은 이유에서였다. 그러나 간통과 음행의 위험은 장인의 과부뿐 아니라 아내와 딸들의 경우에도 존재했으며, 도시의 수공업자들은 이를 잘 알고 있었다. 1371년 요크의 활 제조공 길드에서 작성된 도제계약서는 만일 도제가 장인의 아내와 간통을 저지르거나 장인의 딸과 음행을 한다면 그가 장인을 섬기는 기간이 두 배가 될 것이라

---

127) G. d'Avenal, *op. cit.*, vol. II, p. 36, vol. III, pp. 608, 611.

128) S. Thrupp, 'Medieval industry', in *The Fontana Economic History of Europe. The Middle Ages*, ed. C. M. Cipolla (Glasgow 1975), p. 266.

고 명시했다. 129) 이런 처벌이 가해지기는 했지만 아무도 도제제도 자체를 없앨 생각은 하지 않았다. 이미 보았듯이 이 시대는 간통과 음행을 중죄로 여기지 않았으며, 성적 정숙이라는 것은 여성들에게 가해진 제약의 유일한 논거도 주된 논거도 아니었다. 130)

여성이 숙련된 수공업자가 되기 어렵다는 주장 외에도 우리는 가령 사라센 카펫의 생산 같은 일들은 여성들에게, 특히 임산부에게는 너무 위험하다는 논거를 보았다. 그러나 이것이 여성들이 이 직종에서 일할 권리를 거부하는 진짜 이유였을 가능성은 적다. 여성들은 종종 아주 험하고 아주 궂은일도 했기 때문이다. 가령 가금류 도살 및 판매업자들은 종종 여성들에게 그 내장을 성문 밖에 내다버리는 일을 시켰는데, 이것은 아주 지저분한데다가 무거운 짐을 들어야 하는 일이었다. 131) 그런데도 여성들이 이런 일을 하는 데 대한 반대의 목소리는 전혀 없었던 것이다. 1351년 프랑스의 장 2세가 파리의 무위도식자들을 근절하기 위해 내린 왕령에 따르면, 남녀를 불문하고 사지가 멀쩡한데도 일하려 하지 않는 자들은 도시 밖으로 추방해야 했다. 만일 추방된 후에 재차 체포되면 투옥이었고, 석방된 후에 3차로 체포되면 차꼬형이었으며, 그 후에 4차로 체포되면 이마에 낙인을 찍게 되어 있었다. 132) 흑사병 후 잉글랜드에서 노동자들의 최소 임금을 보장하기 위해 제정된 법령에 따르면, 남녀를 불문하고 60세 이하의 모든 피고용 노동자로 특정한 주인을 위해 일하지 않는 자들은 법령에 명시된 임금을 제공하는 일거리를 받아들여야만 했다. 이 법령을 어기는 자는 남녀를 불문하고 투옥될 것이었다. 133) 법정 기록부들은 여성들이 이 법령을 위반했다는 이유로, 즉 명시된 임금을

129) *York Memorandum Book*, Part I, 1376~1419, p. 54.
130) 성윤리를 논거로 든 일례는 *Documents relatifs à l'Histoire de l'Industrie et du Commerce en France*, vol. I, p. 245.
131) C. H. Talbot, *Medicine in Medieval England* (London 1967), p. 155.
132) R. de Lespinasse, *op. cit.*, vol. I, p. 2.
133) B. H. Putnam, *The Enforcement of the Statutes of Labourers, 1349~1359* (New York 1908), Appendix, pp. 9, 249~250.

제공하는 아무 일거리나 받아들이지 않고 더 높은 임금을 제공하는 다른 일거리를 맡았다는 이유로 재판을 받았음을 보여준다.[134] 이런 사실들을 보면 여성 노동 자체에 대한 반대는 없었고, 여성들도 자신이나 가족의 생계를 위해 일해야 했을 뿐 아니라, 노동자계층에서는 사실상 사회와 국가가 여성의 노동을 요구했음을 알 수 있다. 여성 노동에 대한 반대는 여성 노동이 남성 노동과 경쟁하여 그 방면의 남성 활동을 위축시킬 우려가 있을 때나 여성들의 직업이 그녀들에게 사회적 지위와 위신을 가져다줄 때에만 일어났다.

길드들의 이런 보호주의는 14세기의 경제 쇠퇴기에 한층 강화되었다. 물론 그 다양한 규제들이 여성에게만 해당되는 것은 아니었으니, 가령 도제 수련기가 연장된 것도 그 일례이다. 즉, 도제는 직인으로 올라간 후에도 상당한 금액을 모은 후에야 길드에 들어갈 수 있게 되었다. 장인들의 특권을 아들들에게 물려주기 위해 외부로부터의 경쟁을 배제하는 수많은 규제들이 생겨났으며, 그 밖에 동일 길드에 속한 장인들 간의 경쟁을 막기 위한 규제들도 있었다. 앞에서 우리는 도시 내의 여러 직종에서 베긴 여신도들에게 가해진 제약에 대해 언급한 바 있다. 이런 억제책은 그녀들이 여성이라서 뿐만 아니라 길드들과 경쟁관계에 있었기 때문에도 가해진 것이다.

그러나 일반적으로 말해 여성들은 수공업자들 사이에서 커다란 주변집단을 형성했다. 그런 집단은 아무리 크더라도 줄어들 수 있으며, 위기에는 가장 먼저 타격을 입게 마련이다. 14세기에 플랑드르 및 독일의 도시들에서 많은 여성들이 베긴회에 가입한 것은 여성에 대한 고용 기회의 범위가 크게 줄어들었기 때문이다. 이런 제약에 대한 구실은 얼마든지 있었다. 때로는 여성이 너무 힘든 일을 하는 것을 막아야 한다는 허울 좋은 구실이, 때로는 여성이 정신적으로 허약하고 경박하다는 법률가들의 주장대로 여성의 무능력이라는 고전적 구실이 내세워졌다. 존 포테스

---

134) *The Peasants' Revolts of 1381*, ed. R. B. Dobson (New York 1970), p. 70; B. H. Putanm, *op. cit.*, pp. 146~149.

큐135) 경은 여성은 사업을 수행하기에 필요한 집중력이 부족하다고 썼고, 136) 길드 규약의 제정자들은 여성이 특정 기능에 숙달될 수 없다고 주장했다. 성적 정숙이라는 이유도 때로 언급되었다.

여성 노동에 대한 반대의 목소리가 나오는 것이 여성이 사회에서 존경받는 지위를 포함하는 전문화된 일과 경쟁하게 될 때, 다시 말해 위엄 있는 역할을 수행하는 여성을 보는 것이 눈엣가시가 될 때였다는 사실을 확인해 주는 증거는 의료에 종사한 여성들의 드문 사례, 즉 외과의사나 산파의 지위에 만족하기를 거부하고 정식 내과의사의 방법을 채택했던 여성들의 사례에서 찾아볼 수 있다. 중세 전 기간에 걸쳐 여성은 도시 및 촌락에서 산파로 일했다(14~15세기에 마녀재판이 창궐할 당시 고발당한 여성들 중 일부는 분명 산파들이나 환자를 치료하다가 실패한 각종 치료자들이었을 것이다). 137) 약사나 이발사의 딸들과 과부들은 종종 아버지나 남편이 하던 일을 계속했다. 138) 이발사보다 더 존경받았던 외과의사들의 길드에도 여성 회원들이 있었으며, 이들은 외과 수술 외에도 붓고 허는 여러 가지 피부병을 고쳤다. 외과의사가 되려는 남성은 우선 다른 길드에서처럼 도제로서 섬기며 수련을 받아야 했다. 이들은 경험이 많고 손재주가 노련하며 정식으로 공부한 내과의사들만큼이나 확실히 병을 치료할 수 있었을 것이다. 139) 그들은 나름대로 직업적 긍지를 가지고 있었고, 이발사들이 치료할 수 있는 상처의 유형을 명시하고 좀더 중한 상처는 외과의사들이 전담하도록 하는 법률을 제정하기 위해 싸웠다.

---

135) 옮긴이 주: Sir John Fortescue (1394경~1476경). 잉글랜드 법률가.

136) S. Thrupp, *op. cit.*, p. 173.

137) 피렌체에서는 의사 및 약사들의 길드가 이발사, 외과의사, 산파들을 감독했다. E. Stacey, *The Guilds of Florence* (London 1906), pp. 238, 241. 마녀로 고발당한 예에 대해서는, R. Kieckhefer, *European Witch Trials* (California 1976), p. 56.

138) 요크 시의 규제에 따르면 남녀 모두가 이발사 길드로부터 시술 면허를 얻을 수 있었다. *York Memorandum Book*, *Part I*, 1376~1419, p. 109; V. L. Bullough, *The Development of Medicine as a Profession* (New York 1966), pp. 88~90.

139) C. H. Talbot, *op. cit.*, p. 96.

　14세기 파리에서는 남녀를 불문하고 외과의사들의 작업 방법에 대한 왕명이 선포되었다. 140) 의과대학에서 외과의사들을 감독하는 몇몇 이탈리아 도시들에도 외과수술 허가를 받은 여성들이 있었다. 1322년에 칼라브리아 공작 카를로의 법정은 살레르노 의과대학의 추천으로 기혼여성인 프란체스카에게 의과대학 대표들의 시험을 거쳐 외과수술 허가를 받아도 좋다는 판결을 내렸다. 이 판결에 따르면, 법은 여성이 외과수술을 수행하는 것을 허가할 뿐 아니라 풍기 상으로도 여자 환자는 여자 의사가 치료하는 것이 바람직하다고 했다. 141) 여성이 외과의사 및 약사들 사이에서 자기 자리를 차지할 수 있었다는 사실은 13세기에 쓰인 한 문서에서도 알 수 있다. 이 문서는 정식 내과의사는 물론이고 외과의사에게도 치료를 받을 형편이 못 되는 가난한 환자들에게 무료시술을 베푸는 성직자들을 위해 쓰인 것으로, 저자는 자기 책에 약사의 딸인 여자 약사와 여자 외과의사에게서 얻은 처방들을 수집해놓았다. 142)

　그렇지만 여성들은 정식 내과의사 축에는 들지 못했다. 대학이 발달하면서 의학지식은 학문적 주제가 되었지만, 대학은 여성을 받아들이지 않았고143) 의과대학은 남성의 특권을 엄격히 고수했다. 의과대학은 졸업생들의 독점권을 보호하기 위한 규정들을 만들었고, 그들의 주도에 따라 여러 통치자들이 의과대학에서 공부하고 의과대학의 허가를 얻지 않은 사람이 정식 의술을 베푸는 것을 금지했다. 144) 이런 규제와 법령은 남녀를 불문하고 의술을 행할 수 있는 모든 사람, 즉 이발사, 약사, 외과의사에게 가해지는 것이었다.

---

140) *Ordonnances des Roys de France*, vol. I, pp. 491~492, vol. IV, pp. 496~497, 499~501. 파리의 여성 의사들에 대해서는 *Le Livre de Métiers*, pp. 419~420.

141) *Collectio Salermitana*, ed. S. de Renzi (Napoli 1854), vol. III, p. 338.

142) C. H. Talbot, *op. cit.*, p. 96.

143) 의업의 제도화에 대해서는 V. H. Bullough, *op. cit.*

144) 면허 없이 의료행위를 하는 자들의 문제에 대해서는 *ibid.*, pp. 68~72; C. H. Talbot, *op. cit.*, pp. 118, 196, 202. 입법의 예에 대해서는 *Recueil général des anciennes lois françaises*, vol. IV, p. 676.

이런 상황에서는 남녀를 불문하고 정식 자격이 없이도 규제를 피해 의술을 행하려는 이들이 있었을 것이다. 특히 흥미로운 것은 1322년 파리에서 의술을 행했다는 이유로 재판을 받은 자코바라는 여인의 이야기이다. 고발장에 따르면 그녀는 정식 의사처럼 환자를 왕진하고 진찰하고 치료했다고 한다. 즉, 그녀는 맥을 짚고 소변을 검사하고 사혈을 하고 약과 하제와 뜨거운 목욕을 처방했다는 것이다. 이 모든 것을 그녀는 정식 자격 없이, 의과대학으로부터 면허를 받지 않고 시행했다. 특히 중한 과실은 그녀가 소변검사를 하고 맥박을 짚었다는 사실이었던 듯하다. 이것은 정식 의사들의 특징적인 면모이자 긍지의 원천이었던 것이다. 증인으로 불려나온 모든 환자는 그녀 편을 들었다. 그들은 그녀의 헌신적인 보살핌을 칭찬했고, 당시의 지배적인 관행과는 대조적으로 그녀가 환자를 치료하기 전이 아니라 치료한 다음에 보수를 받았다고 말했다. 그들은 한결같이 그녀가 다른 사람들은 고치지 못한 병을 고쳤다고 증언했다. 이렇게 증언한 사람들 중에는 남자도 있고 여자도 있었다.

자코바 자신은 여성에게 의술을 금하는 법령은 단 한 번, 자신이 태어나기도 전에 선포되었을 뿐이라는 말로 자신을 변호했다. 이 법령은 의술에 경험이 없고 무지한 여인들을 대상으로 한 것이며, 자신은 의학에 숙달되었으므로 그런 여인들 중 하나로 간주될 수 없다는 것이었다. 그녀는 또한 여자 환자는 여자 의사가 치료하는 것이 바람직하다는 논거도 들었다. 그렇다면 그녀가 종종 그렇게 했듯이 여자 의사가 남자 환자를 치료하는 것은 잘못이겠지만, 그녀는 어떻든 병을 고치는 데 성공했으므로 그것은 부차적인 잘못으로 볼 수 있을 것이었다. 다른 의사들은 고치지 못한 환자들이 죽는 것을 막았으니 말이다. 그러나 그녀의 그 모든 주장은 쇠귀에 경 읽기였다. 자코바는 의술을 시행하는 것을 금지 당했고, 벌금형을 받았다. 하지만 그녀는 전에도 그랬듯이 벌금을 내고 또다시 하던 일을 계속했는지도 모른다. 145)

145) *Cartularium Universitatis Parisiensis*, ed. H. Denifle (Paris 1891), pp. 257~267.

368

자코바처럼 허가 없이 의술을 시행했다는 이유로 재판을 받은 여성들
이 몇 명 더 있었다. 기혼여성 클라리스 드 로트마고,[146] 평수녀 요한
나,[147] 외과의사 마르그리트 드 이프르, 유대인 여성 벨로타 등이 그들
이다. 그녀들은 모두 파문당하고 벌금형을 받았다.[148] 이런 여성들은 흥
미로운 예외들이다. 그러나 일반적으로 의학은 새로운 도시 귀족층 일부
에 의해 시행되었던 다른 학문적 직업들 — 공증인, 변호사, 재판관 등
— 과 마찬가지로 여성들에게 문호를 열지 않았다. 의술을 시행할 권리
를 부여하는 기준은 치료기술이나 성공사례가 아니라 대학에서 공부를
했느냐, 의과대학에서 면허를 받았느냐에 있었다. 자코바에 대한 고발
장에서 그녀의 고발자들은 그녀가 면허 없이 의료행위를 했다고 고발하
는 데 그치지 않았다 (이것은 남성들도 종종 범하는 죄였다). 그들의 주장
에 따르면, 여성들은 법률가가 되어 형사재판에 증거를 제시하는 것이
금지되었으니, 병자를 치료하고 약을 처방하는 것도 의당 금지되어야 했
다. 왜냐하면 법을 몰라서 재판에 질 위험보다도 병자를 잘못 치료할 위
험이 더 크기 때문이었다.[149] 직업적 활동들이 아직 충분히 정의되고 제
도화되지 않았던 이전 시대나 주변적 시대, 심지어 위기에 여성들에게
더 큰 기회가 열려 있었다는 것은 의심할 수 없는 사실이다. 제도화의 시
기들이 여성들에게는 해가 되었고, 의학의 역사는 그 일례이다.

5. 하녀들

여성들은 좀더 존경받을 만한 직업을 가질 기회를 갖지 못한 대신, 아
주 많은 여성들이 도시 노동자계층들 중 가장 낮은 하녀 계층에 속했다.

146) *Ibid.*, pp. 151~153.
147) *Ibid.*, p. 267.
148) *Ibid.*
149) *Ibid.*, p. 266.

신분문학의 저자들은 종종 도시 노동에서 여성의 역할에 대해 설명하면서 하녀를 별도의 하위 계층으로 구분할 필요가 있다고 보았다. 지타 디 루카[150] 는 12세 때 하녀로 들어가 평생 그 집에서 일했으며 하녀들의 수호 성녀가 되었다. 그녀는 흔히 손에 열쇠 꾸러미를 든 모습으로 그려진다.[151] 알베르 멤미는 저서 《피지배인》(L'Homme dominé)에서 한 장을 여성들에게, 또 한 장을 하인들에게 할애했다.[152] 중세의 많은 여성들은 이후 시대에도 그랬듯이 여성으로서, 또 하인으로서 이중으로 종속적인 위치에 놓였다.

　도시에서는 하인들의 수가 특히 많았다. 급료가 비교적 낮았으므로 수공업자들까지도 하인을 두었다. 귀족이나 유족한 도시민의 가정에서는 남녀 하인이 12명쯤 되는 경우도 흔했다.[153] 하녀들은 인두세를 내기에는 너무 가난했으므로 납세자 명부에 오르지 않았고, 고용주의 집에 살았으므로 가구당 부과되는 세금(festum)도 내지 않았다. 중세 후기 유럽 도시들에 여성들의 수가 많았던 이유 중 하나가 인근 촌락에서 도시로 나가 하녀로 취직한 여성들의 수가 많았기 때문이라는 것은 의심할 여지가 없다.[154] 때로는 남녀가 함께 행운을 찾아 도시로 나오기도 했다. 파리 법정 기록부에는 그런 사례가 남아 있다. 부부가 도시에 온 직후 여자는 남자에게 버림받았고 하녀가 되었다. 얼마 후 그녀는 결혼했고, 또 얼마 후에는 마녀재판을 받았으며, 남편에게 마술을 걸어 병들게 한 것을 시인하여 처형당했다.[155] 그녀는 정말로 자기가 결혼한 남자를 해치려 했

150) 옮긴이 주: Saint Zita di Lucca(1212경~1272). 하녀 및 하인들의 수호 성녀. 12세 때 파티넬리 집안의 하녀가 되었는데, 갖은 수모를 참아내고 동료 하녀들이나 고용주의 악의를 극복한 신앙심 덕분에 나중에는 온 집안의 존경을 받았다. 1696년에 시성되었다.

151) Acta Sanctorum, April III, pp. 502~532.

152) A. Memmi, L'Homme dominé(Paris 1968).

153) J. Heers, Le Clan familial au Moyen Âge, pp. 49~58, 80.

154) K. Bücher, Die Frauenfrage in Mittelalter(Tübingen 1910).

155) Régime criminal du Châtelet de Paris, p. 315.

던 것일까, 아니면 너무나 심한 고문을 당해 무엇이든 그냥 시인해 버린 것일까? 그 답은 알 길이 없다.

'파리의 가장'은 그의 지침서에서 어린 아내에게 다양한 집안일에서 하녀들을 감독하는 법을 세세히 설명하고 있다. 유족한 도시민의 집에서는 귀족의 성에서와 마찬가지로, 청소, 요리, 빵 굽기 외에도 여러 가지 일을 해야 했다. 파리, 이, 바퀴벌레와의 전쟁은 쉬운 일이 아니었다(파리의 가장은 이 점을 소상히 파고든다). 어떤 하녀들은 소나 돼지 같은 가축을 돌보았다.[156] 대도시에는 하녀와 고용주 사이의 중개역을 하는 여성(recomandresse)들도 있었으며, 이들은 양쪽에서 수고비를 받았다. 1350년 프랑스에서 여러 직종 노동자들의 최고 임금이 고정되었을 때 그 목록에는 이런 중개 여성들이 양쪽에서 받을 수 있는 최고액(하녀의 경우 1수 6드니에, 유모의 경우 2수), 하녀와 유모의 최고 연봉 등도 명시되었다. 집안에서만 일하는 하녀는 연 30수, 가축도 돌보는 하녀는 50수, 유모는 50수, 자기 집에서 아이들을 맡아주는 유모는 100수 이상을 받을 수 없었다.[157]

하녀의 임금은 도시 노동자 대다수의 임금보다는 낮았지만, 농촌 노동자 대다수의 임금보다는 높았다.[158] 그녀는 주인의 집에서 숙식을 해결하므로 몇 년 안에 혼인지참금을 모을 수도 있었을 것이다. 이후 시대에도 그랬듯이 중세 도시에서도 임금은 종종 체불되었으며, 하인들은 고용주에게 소송을 걸어야 했다.[159] 대영주의 자식들을 맡은 유모는 규정보다 높은 급료를 받았으며, 유족한 도시민가정의 자식들을 맡은 유모 중에도 그런 이들이 있었다.[160]

156) R. de Lespinasse, *op. cit.*, vol. I, p. 31.
157) *Ordonnaces des Roys de France*, vol. II, p. 370.
158) 예컨대 포도원에서 일하는 여성 노동자들은 하루에 (음식을 제공받지 않고) 8~12 드니에를 받았지만, 이것은 물론 계절적인 일거리였다. *ibid.*, p. 368.
159) *Select cases concerning the Law Merchant*, vol.I, *Fair Court of St Ives*, ed. C. Gross (Selden Society, London 1908), p. 99.
160) G. d'Avenal, *op. cit.*, vol. III, p. 562.

 교훈서 저자들은 하녀들이 헌신적으로 일하고 단정하게 행동할(가령 하녀는 안주인을 흉내 내서는 안 된다든가) 의무를 강조했다. 161) 많은 하녀들이 젊은 여성들이었고, '파리의 가장'은 15~20세 하녀들의 경박함과 경험 부족에 대해 말한다. 그는 어린 아내에게 하녀를 고르는 법, 일과 행실 전반을 감독하는 법을 가르친다. 즉, 하녀를 고를 때에는 전에 어디서 일했는지 알아보고, 술주정뱅이인지 수다쟁이인지 아니면 혹시 순결을 잃고 그 때문에 이전 직장을 떠난 것은 아닌지 등을 이전 주인에게 확인해야 한다. 그리고 하녀가 보는 앞에서 그녀의 이름, 출생지, 친척들의 소재지 등을 기록해두어야 한다. 만일 하녀가 이 모든 사실이 알려진 것을 알게 되면, 범죄를 행하고 달아나거나 하지 못할 터이기 때문이었다. 안주인은 뻔뻔하거나 비굴한 하녀를 멀리하고 수줍고 고분고분한 하녀는 딸처럼 대해 주어야 한다.

 젊은 하녀들은 안주인의 침실 근처에, 길거리로 난 창문이 없는 방에 재워야 한다. 또한 탈선을 막기 위한 부가적 조처로서, 하녀들은 안주인과 같은 시간에 자리에 들고 일어나야 한다. 만일 하인이나 하녀가 병들면 안주인은 몸소 이들을 정성껏 간호해야 한다. 경기가 좋을 때는 좋은 음식과 음료를 넉넉히 먹여야 하지만 값비싼 고기나 취하는 술을 주어서는 안 된다. 162) 어떤 고용주들은 자기 집에서 일한 하인과 하녀들에게 유산을 남겨주기도 했다. 163) 연로한 '가장'의 단순하고 인도적인 조언에도 불구하고, 이 시대에나 이후 시대에나 안주인과 하녀는 지나친 친밀함이나 (상호)의존, 모욕과 적대감 등에서 비롯되는 감정적으로 왜곡된 관계가 되기도 했다. 164)

161) Humbert de Romans, *Sermones* (Venice 1603), Sermo LXXVI, p. 75; A. A. Heutsch, *op. cit.*, pp. 107~115.
162) *Ménagier de Paris*, vol. II, pp. 53~72.
163) *Calendar of Wills, Court of Hustings London*, vol. I, pp. 669, 677, 679.
164) A. Memmi, *L'Homme dominé* (Paris 1968), pp. 173~191, 192~193.

6. 창녀들

하녀들과 마찬가지로, 창녀들도 별도의 '사회-직업적' 계층으로 인식
되었다. 이 오래된 직업은 중세에도, 도시들이 크게 늘어나기 전에도 존
재했으며, 농촌지역에도 매춘이 있었다. 도시에서는 매춘이 여느 직업
과 다름없는 직업이 되었다.

중세 중기 및 후기에 매춘에 대한 태도는 분명 상당부분이 그리스도교
초창기 교부들의 입장에 의해 결정되었을 것이다. 성 아우구스티누스는
이렇게 썼다. "만일 사회에서 창녀들을 추방하면, 매춘은 도처로 퍼질 것
이다…. 도시의 창녀들은 궁전의 하수구와도 같다. 만일 하수구를 없애
버리면 궁전 전체가 더러워질 것이다."165) 여기서 우리는 매춘이 그리스
도교 사회에서 일정한 역할을 하며 방탕함이 만연하는 것보다는 낫다는
견해의 표명을 보게 된다. 남자는 기혼여성과 정을 통하거나 처녀를 유
혹하기보다 창녀를 이용하는 것이 낫다는 것이다. 매춘은 간통이나 음행
에 대한 방지책이지만, 그 역할은 하수관과도 같다. 창녀가 경멸받는 것
은 사랑하는 여인의 대용이라거나 남자와 성관계를 하고 돈을 받기 때문
이 아니라 그녀의 삶 전체가 죄 중에서도 대죄인 육신의 음욕(luxuria)에
바쳐져 있기 때문이다. 13세기의 한 설교자는 이렇게 덧붙였다. "창녀의
죄는 자기 자신뿐 아니라 남에게도 해를 끼치는 죄에 속한다. 그것은 남
의 재산이나 신체뿐 아니라 영혼에까지 해를 끼치는 죄이다."166)

중세사회는 근본적으로 성 아우구스티누스의 입장에 따라 매춘을 허
용하되 경멸스럽고 천한 직업으로 간주했다. 허용되었으므로 공식적이
고 합법적이기는 하지만 경멸스럽고 죄된 것으로 간주되었으므로 매춘에
종사하는 여성들은 치욕스러운 법에 종속되었다. 이런 사정은 프리드리
히 2세가 시칠리아에서 제정한 법에서 분명히 드러난다. 즉, 자신의 몸

---

165) St. Augustine, *De Ordine*, PL vol. XXXII, col. 1000.

166) Humbert de Romans, *De Eruditione Praedicatorum* C. C., Ad mulieres malas
corpore sive meretrices.

을 팔려고 내놓은 여자에게는 음행의 죄가 적용되지 않는다. 따라서 그
녀에게는 일체의 폭력이 금지되는 동시에, 그녀가 정숙한 여자들 사이에
서 사는 것도 금지되었다. [167]

　매춘의 수요 및 공급은 상당했다. 창녀를 이용하는 기혼남성들 외에
도, 많은 남성들이 결혼하지 못했거나 성년이 된 후에도 몇 년씩이나 결
혼을 연기할 수밖에 없었고, 장기간 아내와 떨어져 도시에 살아야 하는
남성들도 있었다. 결혼하지 않은 재속 성직자들도 창녀를 이용했다는 사
실은 성직자를 매춘업소의 고객으로 받아들이는 것을 (또는 수도사들이 수
도원에 창녀를 들이는 것을) 금지하는 규정이 거듭 반복되었다는 데서도
알 수 있다. 대학 도시의 학생들도 창녀들의 가장 빈번한 고객에 속했다.
　장인의 도제 및 직인은 장인이 되어 자신의 공방을 열 수 있을 때까지
결혼을 미루어야 했다. 유족한 도시민계층에서도 재정적으로 안정될 때
까지 또는 야심을 이루는 데 도움이 될 만한 혼처를 만나기까지 결혼을
미루곤 했다. 창녀를 찾는 도시민들 외에, 상인, 순례자, 추방자, 유랑
시인, 풍각쟁이, 떠돌이 등 일시적으로 도시를 방문하는 남자들도 많았
다. [168] 농작물을 팔러 도시에 오는 농부들도 그 기회를 이용하여 매춘업
소를 찾곤 했다. 도시에서 일하는 창녀들과 수도원을 방문하는 창녀들
외에 군대를 따라다니는 창녀들, 시장이나 교회의 공의회 등 특별한 행
사가 있을 때 집회 장소에 모여드는 창녀들도 있었다. [169]
　공급의 견지에서 중세 중기 및 후기에 여성들이 매춘을 하게 되는 동기

---

167) *Liber Augustalis*, p. 146.

168) J. Bloch, *Die Prostitution* (Berlin 1912), pp. 705~717.

169) 13~14세기에 스웨덴 남부 스카니아에서 열리던 시장 (*Mundinae Schaniense*) 은
　　그곳에 모이는 상인과 어부들뿐 아니라 창녀들이 많이 모이기로도 유명했다. Cf.
　　J. A. Gade, *The Hanseatic Control of Norwegian Commerce during the Later
　　Middle Ages* (Leyden 1951), p. 16. 장터 창녀들의 예로는 *Select Cases concerning
　　the Law Merchant, Fair Court of St Ives* (Selden Society, London 1908), vol. I,
　　pp. 14~16 참조. 장터의 창녀들을 찾은 농부들에 대해서는 E. Le Roy Ladurie,
　　Montaillou, pp. 30, 217~218 참조.

374

는 다른 시대, 다른 사회에서와 같았던 것으로 보인다. 즉 우연한 외적
상황, 경제적 요인들, 어린 시절의 경험에서 비롯되는 정서적 이유들,
그리고 타고난 성향 등이다. 경제적 요인의 견지에서는 슈발리에 드 라
투르 랑드리가 딸들을 위해 쓴 지침서의 한 대목에 주목할 만하다. 그는
수입원이 있으면서 연인과(기혼남이건 사제, 또는 하인이건 간에) 관계를
갖는 귀족 여성들은 창녀들보다 몇 배 더 악하다고 썼다. 창녀들은 가난
하고 의지할 곳이 없거나 또는 악한·포주 때문에 그런 신세가 되지만, 귀
족 여성들은 순전히 육체적 음욕에서 죄를 짓는 것이기 때문이다. 170) 포
주의 꼬임에 넘어가 매춘을 하게 된 창녀들의 사례는 더러 알려져 있다.
그녀들 수입의 상당부분은 이런 포주들 몫이 되었으니, 포주들은 그녀들
에게 두려운 존재였기 때문이다. 직업적인 창녀는 아니라 해도 도시 노
동자계층 출신으로 가족과 함께 살지 않는 여성들도 종종 매춘을 했다.
이런 여성들은 애초에 품행이 방정치 못한 것으로 여겨졌는데, 실제로
그런 경우도 있었지만 전혀 근거 없이 그렇게 여겨지는 경우도 있었다.
일부 기혼여성들은 매춘을 부수적인 수입원으로 여기기도 했다. 171)

14세기의 경제적 쇠퇴기에도 창녀들의 공급 및 수요는 인구에 비해 전
혀 줄어들지 않았다. 아마 그 반대였을 것이다. 길드가 배타적이 되면서
가장 먼저 타격을 입은 것은 여성들이었고, 따라서 앞서 보았듯이 베긴
회에 가입한 여성도 많았지만 다른 한편으로는 매춘을 하게 된 여성도 많
았을 것이다. 역병에서 살아남은 자들은 이전보다 재정 상태가 나아진데
다가 죽음을 두려워한 나머지 '먹고 마시고 즐기자'는 14세기 특유의 분
위기 때문에 매춘에 대한 수요는 증가했다. 창녀가 되는 것은 본인의 자
유의사였고, 적어도 법적으로는 아무도 강제로 가둬놓고 매춘을 시킬 수
없게 되어 있었다. 회개하는 창녀들을 위한 특수시설이나 그런 여성들을

170) *Le Livre du Chevalier de La Tour Landry*, ed. M. A. Montaiglon(Paris 1854),
§127.
171) B. Geremek, *Les Marginaux parisiens aux XIVe et XVe siècles*(Paris 1976),
pp. 248~253.

보호하는 수녀원에 피신하는 여성들도 간혹 있었다(이런 시설들에는 대개 모든 회개하는 죄인들의 영적 어머니인 막달라 마리아의 이름이 붙여졌다).

12세기에는 이탈리아와 프랑스의 도시들에 공창이 있었고, 13세기 이후 잉글랜드, 독일, 에스파냐의 공창에 관한 기록도 있다.172) 매춘은 통상적인 의미의 음행이나 간통으로 여겨지지는 않았으므로, 교회법정이 아니라 도시 법정 소관이었다. 창녀를 강간한 자도 다른 모든 유형의 강간에 대해서와 마찬가지로 사형에 처한다는 프리드리히 2세의 법령은 명백히 창녀들을 보호하고자 하는 의지를 보여준다.173) 도시 당국은 매춘업소를 감독함으로써 창녀들을 관할 하에 두고 세금을 거두었으며, 그 세금은 도시 당국이나 도시 영주의 수중에 들어갔다(이런 영주들 중에는 마인츠 주교 같은 성직자도 있었으니, 1422년 그는 항상 영주의 몫이었던 이 수입을 도시민들이 자신에게서 빼앗아가려 한다고 불만을 표한 바 있다).174) 당국에서는 창녀들의 활동구역을 지정했다. 공창은 일정한 공식적 규제에 따라 운영되었다. 매춘의 제도적이고 공식적인 성격은 주일이나 그리스도교 축일에 창녀가 교회에 나오는 것을 금하지 말아야 한다는 교회법령에서도 나타난다. 종교적 목적을 위해 모인 다른 신도회들이 그렇듯이, 창녀들도 그 나름의 수호성인들(대개는 창녀였다가 회개하고 수녀나 성녀가 되었다는 인물들)을 가지고 있었다. 그러나 창녀들이 다른 직업들처럼 길드를 조직하여 나름대로의 법규와 재판관들을 가지고 있었다는 이론을 뒷받침할 근거는 충분치 않다.175)

창녀들의 권리를 인정하고 옹호하는 것과 동시에 그녀들의 열등하고 경멸스러운 신분을 강조하기 위한 격리 법규들도 있었다. 이런 의도는 우선 매춘업소의 위치에 반영되었다. 주변적 집단과 열등한 주민들은 도

172) J. Bloch, *op. cit.*, pp. 718~720. 12~14세기에 걸쳐 여러 도시에 매춘이 시작되는 과정과 매춘과 관련된 다양한 용어에 관해서는, pp. 732~739, 740~747.

173) *Liber Augustalis*, p. 24.

174) J. Bloch, *op. cit.*, p. 760.

175) B. Geremek, *op. cit.*, pp. 260~261.

시 외곽에, 성벽 바로 안쪽이나 성문 밖에 모여 살았고, 매춘업소도 이런 지역에 위치했다. 그러나 대개의 도시에서 시 당국은 그런 외곽 지대 외에도 창녀들이 활동할 구역을 인정해 주어야 했다. 도시 영주들이 매춘업소를 열고자 하는 시민들에게 발부한 면허장과 도시 법규들은 정해진 지역 바깥에서 매춘업소를 내거나 호객행위를 하는 것을 거듭 금지하고 있다. 176)

창녀들의 활동이 특정 구역에 제한되어 있었다는 사실은 분명 그녀들을 다른 시민들과 격리하려는 의지를 반영하지만, 한편으로는 창녀들을 직업인으로 규정하는 시각을 보여주는 것이기도 하다. 다른 직업들도 장인들이 자기 상품을 진열해두는 시내의 특정한 구역에 모여 있었기 때문이다. 실제로 매춘을 전문 직업으로 평가한 저자들도 있다. 토머스 코브햄177) 은 12세기 고해사들을 위한 지침서에 이렇게 썼다.

> 창녀들은 급료를 버는 자로 간주되어야 한다. 그녀들은 자신의 신체를 빌려주고 노동을 제공한다. 여자가 창녀가 되는 것은 잘못이지만, 일단 그렇게 되었다면 그녀가 급료를 받는 것은 잘못이 아니다. 그러나 만일 창녀가 자신의 쾌락을 위해 매음을 하고 그런 목적으로 자기 몸을 내주는 것이라면 행위 그 자체도, 급료를 받는 것도 악한 일이다. 178)

성공한 창녀들은 집을 임대했고 심지어 소유하기도 했다. 그보다 덜 넉넉한 창녀들은 공인된 매춘업소에서 손님을 받았다. 그러나 법으로 정해놓았다고는 해도, 창녀들의 활동을 공인된 구역 내의 허가된 집으로만

---

176) 정해진 구역을 떠나는 데 대한 금지는 *Recueil des anciennes lois françaises*, vol. V, p. 320; *Memorials of London and London Life*, p. 535. 그 밖에 B. Geremek, *op. cit.*, *ch.* 7 and note 11; D. Herlihy and C. Klapisch, *op. cit.*, pp. 581~582.

177) 옮긴이 주: Thomas Cobham (?~ 1327). 신학자이자 교회법학자로, 캔터베리 대주교, 우스터 주교 등을 지냈다.

178) Thomas de Chobham, *Summa Confessorum*, ed. F. Broomfield (Louvain-Paris 1968), Q. Va, De meretricibus, p. 296.

제한하기는 분명 불가능했을 것이다. 창녀들은 술집이나 목욕탕, 시내의 광장 등에서도 호객행위를 했고, 자기 집이나 여인숙에서 손님을 받았으며, 그보다 더 못한 처지로 영락한 창녀들은 다리나 성벽 밑에서도 몸을 팔았다. 179) 때로는 겉보기에 일터처럼 차려놓고 실제로 매춘업소를 운영하는 경우도 있었다. 가령 런던의 한 여포주는 자수 공방처럼 차려놓고 매춘업소를 운영하면서 모든 손님에게, 특히 성직자들에게 여자를 제공했다. 그녀는 결국 차꼬형을 받고 도시에서 추방되었다. 180)

창녀들은 특정 구역에서만 활동해야 할 뿐 아니라, 특정한 의복을 입도록 요구되었다. 그녀들은 빨간 모자를 쓰거나 소매에 리본을 달거나 아니면 옷과 대조적인 색깔의 소매를 달거나 하는 식으로 눈길을 끄는 옷차림을 해야 했다. 창녀들은 귀족 여성들처럼 모피를 댄 옷이나 속을 넣고 누빈 옷을 입는 것이 금지되었다. 이런 규정이 강화되었다는 것은 창녀들에 대한 엄격한 태도를 반영하며, 창녀들은 때로 이렇게 눈에 띄는 복색을 완화해 줄 것을, 유행하는 차림을 하도록 허가해 줄 것을 청원하기도 했다. 181) 창녀들의 법규 위반은 도시의 금고를 두둑하게 해 주는 원천이었다. 위반자들은 벌금형을 받았고 의복은 몰수되었다. 몰수된 의복이 고가품이었다는 사실은 성공한 창녀들의 소득 및 생활수준이 높았음을 말해 준다. 몰수된 물품 중에는 은제 장신구, 보석 단추, 모피 의류 등도 있었다. 창녀들의 의상은 여성다운 치장 욕구뿐 아니라 화려한 차림새로 열등한 신분을 보상하려는 욕구의 외적 표현이었다. 182) 때로 시 당국은 창녀들의 활동구역을 제한하거나 창녀들에게 특수한 복색을 요구하는 데 그치지 않았다. 예컨대 13세기 중엽 아비뇽에서는 유대인과 창

179) 매춘과 공공 목욕탕에 대해서는 J. Bloch, *op. cit.*, pp. 182~188, 공공 목욕탕을 매음굴로 만드는 데 대한 금지는 *Livre des Métiers*, p. 189; *Ordonnances des Roys de France*, vol. I, p. 441.
180) *Memorials of London and London Life*, p. 484.
181) 이 문제에 관해 왕과 도시가 정한 법규의 예들은 *ibid.*, p. 458; *Recueil général des anciennes lois françaises*, vol. VI, p. 685.
182) B, Geremek, *op. cit.*, p. 246.

녀는 진열된 빵과 과일을 만지는 것이 금지되었다. 그들은 일단 손댄 것은 무엇이건 반드시 사야만 했다. [183] 교회는 창녀들의 예배 참석을 금지하지는 않았지만 따로 정해진 자리에만 앉게 했다.

가장 핍박받고 수치를 당한 것은 공인된 매춘업소에서 일하지 않는, 때로는 도시에서도 쫓겨난 가난한 창녀들이었다. [184] 그녀들은 떠돌이, 거지, 범죄자 같은 도시사회의 주변적 집단이었으며, 법정 기록부들은 그녀들이 종종 강도질에 연루되었음을 보여준다. 거지, 범죄자, 나병환자 등 중세사회의 다른 부랑자들과 마찬가지로 창녀들은, 적어도 가난하고 소속이 없는 창녀들은 종종 종교적 맹신에 빠져 특정 개인이나 종교운동을 추종하곤 했다. 11세기 말에는 창녀들이 앙주의 로베르 다르브리셀의 설교를 들으러 모여들었고 죄를 회개했다. 그러나 그리스도교 정신으로 세상을 개혁하겠다는 열정으로 넘치는 종교적 부흥의 시기들은 창녀들이 가장 핍박당하고 천시되었던 시기이기도 하다. 1233년 롬바르디아 지방의 도시들에서 탁발수사들이 활동한 시기, 프랑스의 루이 9세 시대, 프라하에 후스파(派) [185] 가 득세하던 시기 등이 모두 그러했다. 이단자와 동성애자와 유대인, 그리고 창녀들이 모두 고초를 겪었다. [186] 그러나 전반적으로 중세에는 창녀에 대한 태도가 그래도 나았던 편이다. 16~17

---

183) *Coutumes et Règlements de la République d'Avignon* (Paris 1879), ed. M. A. Maulde, p. 200.

184) *Leet Jurisdiction in the City of Norwich during the 13th and 14th Centuries*, p. 59.

185) 옮긴이 주: 체코 종교개혁자 얀 후스 Jan Hus(1369~1415)를 추종한 분파. 얀 후스는 후시네츠(Husinec, 이 지명이 줄어 그의 이름이 되었다) 농민 출신으로, 프라하대학에서 공부한 뒤 사제 서품을 받고 모교에서 가르쳤다. 위클리프의 영향을 받아 가톨릭교회의 과오들을 공공연히 지적하는 설교들을 했다. 후스는 1411년 위클리프 사상을 전파한 죄로 파문당했으나 왕과 체코 국민은 그를 영웅시했고, 나폴리 원정 십자군을 요구하는 반교황 요한 23세에게 반기를 들었다. 후스는 결국 정죄 당해 산 채로 화형에 처해졌다.

186) A. Vauchez, "Une campagne de pacification en Lombardie autour 1233", *Mélange d'Archéologie et d'Histoire LXXVIII* (1966), pp. 533~535; *Ordonnances des Roys de France*, vol. I, p. 105; *Recueil général des anciennes lois françaises*, vol. VI, p. 559.

세기에는 절대왕권(도시 및 자치체의 권력 일부를 계승한), 종교개혁과 가
톨릭의 반종교개혁, 그리고 성병에 대한 공포 등이 함께 작용하여 창녀
들에 대한 탄압이 강화되었고 창녀들에 대한 태도도 점점 더 위선적이 되
어갔다.

7. 도시 법정에 선 여성들

앞에서 우리는 창녀들이 종종 시 법정에서 재판을 받았다는 사실을 언
급했지만, 법정 기록부에는 창녀 아닌 여성들도 등장한다. 이런 기록들
은 여성의 경제활동도 보여준다. 여성들이 일과 관련된 비리 때문에 고
발당한 수많은 사례가 있다. 양조법을 어기고 맥주를 제조한 일, [187] 고
객이 제공한 질 좋은 생사를 팔거나 저당 잡히고 질 나쁜 실로 직조해 준
일, [188] 빚을 갚지 않거나, 합의사항을 어기거나, 중량이나 치수를 속인
일, [189] 생선이나 가금류를 값이 오른 후에 팔기 위해 사재기한 일[190] 등
이 그런 예이다.
한 여자 자수공은 어린 소녀 도제를 잔인하게 다룬 일로 고발당했다.
소녀의 아버지가 고발한 것은 자수공의 남편이었지만 — 계약에 서명한
것이 그였으므로 — 소녀는 여자 자수공의 도제였다. 고발 사유는 자수
공이 아이에게 먹고 입을 것도 제대로 주지 않고 매질을 일삼았다는 것이
었다. [191] 당시 길드 규약에 의하면 도제를 징계하는 것은 용인된 관행이
었으므로[192] 고발까지 당한 것을 보면 이 자수공은 유독 잔인하게 굴었

187) *Memorials of London and London Life*, p. 319; *Select Pleas of the Crown*, p. 27.
188) *Livre des Métiers*, p. 378.
189) *Memorials of London and London Life*, p. 347; *Fair Court of St Ives*, p. 83; *Court Rolls of the Borough of Colchester*, vol. I, p. 2.
190) *Ibid.*, p. 3; *Calendar of Plea and Memoranda Rolls preserved among the Archives of the Corporation of the City of London at the Guildhall*, 1323~1364, pp. 232~233.
191) *Ibid.*, p. 107.

380

던 것이 분명하다. 런던의 한 여자 시민에게 도제로 고용되었던 한 소년
은 그녀가 딱히 그럴 만한 이유가 없었는데도 바늘로 자기 손가락을 찔렀
다고 길드 당국에 고발했다. 193)

　이처럼 여성들이 연루되고 그 결과 고발당한 분쟁들은 시장 여인들의
모습을 보여준다. 194) 도시의 노동자계층 여성들은 고이 자라지도 않았
고 수줍지도 않았다. 개중에는 입이 거칠고 다투기 잘하는 이들도 있었
고, 그런 행동 때문에 벌금형이나 차꼬형을 당하기도 했다. 가택침입이
나 싸움질로 고발당하는 여성들도 있었다. 여자들은 서로 치고받았고,
혼자서든 남편의 도움을 받아서든 남자와 싸우는 일도 있었다. 195) 이탈
리아 도시들에서 제정된 법령들을 보면 유족한 시민과 도시 귀족들도 예
외가 아니었음을 알 수 있다. 13세기 마지막 사분기에 루카시의 귀족인
코르볼라니 가문에서는 남녀를 불문하고 16세 이상의 가문 구성원 전체
가 화가 나도 서로 손찌검을 하지 않으며 막대기나 검으로 서로 치지 않
기로 맹세하고 있다.

　제노아에서는 세 달에 한 번씩 도시의 모든 구역에서 4명의 시민대표
(principales)를 선출하여 구역의 치안을 감독하게 되어 있었다. 그와 병
행하여 구역 내 여성들 간의 다툼과 분쟁을 다스리고 윤리를 감독하기 위
해 4명의 여성이 선출되었다. 196) 파리에서는 한 시민의 아내가 자기 남
편을 유혹했다는 이유로 길에서 하녀에게 손찌검을 한 일로 재판을 받았
다. 잉글랜드의 한 여성 상인은 자기 가게에서 양모를 훔친 5살짜리 아이
의 뺨을 너무 세게 때려서 아이를 죽게 한 일도 있었다. 197) 그런가 하면

192) 도제를 징계할 권리에 대해서는 T. Smith, ed., *op. cit.*, p. 390.
193) S. Thrupp, *op. cit.*, p. 164 and note 21.
194) *Fair Court of St Ives*, p. 50.
195) *Borough Customs*, vol. I, p. 80; *Court Rolls of the Borough of Colchester*, vol. II, p. 186, vol. III, p. 4; *Recueil de Documents relatif à l'Histoire du droit municipal en France*, vol. III, *Saint Omer*, p. 313; *Leet Jurisdiction of Norwich*, pp. 60, 67, 69; *Fair Court of St Ives*, p. 13.
196) J. Heers, *Le Clan Familial*, pp. 114~115, 150~151.

남자들도 여자들을 거칠게 다루었고, 많은 여자들이 길거리나 시장에서
남자들로부터 폭력을 당했다고 고발했다. 198) 남자들을 강간죄로 고발한
여자들도 있었다. 블롱이라는 이름의 한 파리 여자는 어떤 남자가 자기
남편을 죽이고 자기를 유혹했다고 고발했다. 그녀는 자신이 거짓말을 했
다고 시인한 후 위증 판결을 받았고, 처형되었다. 199)

　수상쩍은 여인숙을 소유한 여자들은 같은 업종의 남자들과 마찬가지
로 종종 고객의 돈을 훔쳤다. 200) 한 여자는 어린 소녀를 강간하도록 돕는
등 잔인한 방법으로 소녀들을 매춘으로 끌어들인 죄로 처벌당했다. 201)
여성들은 또한 이단, 마술, 방화 등으로도 재판을 받았다. 202) 여성들은
살인죄로도 재판을 받았지만, 앞서 지적했듯이 살인죄를 선고받은 여성
들의 수는 같은 죄목으로 유죄를 선고받은 남성들의 수와는 비교가 안 될
만큼 적었다. 도시에서는 농촌에서보다 여성이 연루된 살인이 가족과 연
관되는 일이 더 적었다. 또한 도시에서는 남자들보다는 여자들이 살인에
희생되는 일이 더 적었다. 203)

197) *Registre criminel de la justice de St. Martin des Champs à Paris*, p. 4; B. A.
　　 Hanawalt, "Childbearing among the lower classes of late medieval
　　 England", *Journal of Interdisciplinary History VIII* (1977), p. 18.
198) J. B. Given, *Society and Homicide in 13th Century England* (Stanford 1977),
　　 pp. 48, 116~117, 134~149, 179~183; *Le Droit coutumier de la Ville de Metz
　　 au Moyen Âge*, vol. I, p. 268; *Court Rolls of the Borough of Colchester*, vol. I,
　　 pp. 10, 18, vol. II, pp. 185, 224, 235, vol. III, pp. 3, 9, 16, 33, 37, 44.
199) *Registre criminel du Châtelet de Paris*, vol. I, pp. 55~61.
200) R. de Lespinasse, *Les Métiers et Corporations de la Ville de Paris* (Paris 1886),
　　 vol. I, p. 45.
201) *Registre criminel de Saint Martin des Champs*, p. 43.
202) *Registre criminel du Châtelet de Paris*, vol. I, pp. 315, 327, 363, 480, vol. II,
　　 pp. 60, 64, 337, 393.
203) 살인죄로 재판을 받은 여성들에 대해서는 J. B. Given, *op. cit.*, pp. 179, 182 ;
　　 G. Brucker, ed., *The Society of Renaissance Florence. A Documentary
　　 Study* (New York 1971), pp. 140~142; *South Lancashire in the Reign of Edward
　　 III as illustrated by the Pleas of Wigan Recorded in Coram Rege Rolls* no 54, ed.
　　 G. M. Tumpling (Manchester 1949), p. 18; *Registre criminel du Châtelet de*

382

8. 여 가

여성들은 도시의 축제 및 행사에서 일역을 하였고, 길거리에서도 여성들의 활동을 느낄 수 있었다. 이탈리아 도시들에서는 여자아이가 12세가 되면 보호자 없이는 길거리에 나다닐 수 없었고 가족행사나 도시의 행사 때도 마찬가지였다. 그러나 일단 결혼한 후에는 비교적 자유를 누릴 수 있었다. 여성들은 예배에 참석했고, 세례예식 때 대모가 되거나 결혼예식 때 신부 들러리가 될 수도 있었다. 그녀들은 종교적인 행렬에 가담할 수 있었고(예를 들어 릴의 법에 따르면, 성모 마리아를 기리는 9일간의 종교행렬에 참석하는 남녀는 모두 이 기간 동안 법적 고발이나 체포에서 면제되었다), 204) 가두 설교자들의 설교를 들으러 모일 수도 있었다. 때로는 남자들과 마찬가지로 여자들도 카드, 주사위, 장신구 같은 사치품들을 태워버리라는 설교자의 촉구에 응답하기도 하였다. 205) 이탈리아의 레조206)에서는 여자들이 남자들과 함께 도미니코회 교회를 짓는 데 참여하였다. 207)

플랑드르와 프랑스의 도시들에서 여성들은 군주의 입성을 기리는 예식에서 적극적인 역할을 했다. 이런 예식에는 행렬과 가장행렬이 수반되었는데, 그럴 때면 여성들이 우의적이고 신화적인 인물들로 변장하곤 했다. 208) 극장에서 여성들은 관객으로서 연극을 구경할 수 있을 뿐이었고, 무대 위 여성의 역할은 소년들이 맡았다. 여성들은 북쪽 도시들에서 열리는 기마무술시합(이탈리아에서는 '팔리오'라고 하는 것)은 물론이고, 이탈리아 도시들에서 종교적이거나 국가적인 예식을 개시하는 구기경기나

Paris, vol. I, p. 268, vol. II, p. 61.

204) *Le Livre Roisin*, *Coutumier lillois de la fin du 13ème siècle*, p. 138.

205) J. Huizinga, *op. cit.*, p. 14.

206) 옮긴이 주: 이탈리아 북부의 레조 에밀리아(Reggio nell'Emilia)를 가리킨다.

207) M. A. Vauchez, *op. cit.*, p. 509 and note 3.

208) B. Guénée and F. Leroux, *Les Entrées royales françaises* (Paris 1968), pp. 64~65, 87, 143~4, 162; J. Huizinga, *op. cit.*, p. 23.

템즈강에 띄운 배 위에서 벌이는 씨름경기에도 참가할 수 없었다.209) 여성들은 시합 참가자 중 누군가의 색깔을 몸에 지닐 수 있을 뿐이었고, 남자나 아이들과 마찬가지로 개인이나 정당의 상징을 지지와 충성의 표시로 달고 다니기도 했다. 그러므로 15세기 파리의 남녀는 부르고뉴파 아니면 아르마냑파210)의 색깔로 옷을 입었다.

　그러나 전사의 자질을 함양하기 위한 것이 아닌, 따라서 전통적으로 남자들의 놀이로 여겨지지 않았던 그 밖의 게임에는 여성들도 참가할 수 있었다. 파도바에서 봄철의 구애예식의 한 형태로 행해진 게임이 그 일례이다. 시내의 젊은 처녀들이 숲에 모여서 마분지로 성을 세우고, 여러 도시에서 온 청년들이 제각기 자기 도시를 나타내는 색깔의 옷을 입고서 성을 포위하고 꽃을 던져 공격하는 것이었다. 한 번은 처녀들이 항복한 후 자기들이 보기에 포위한 자들 중 가장 준수해 보이는 베네치아 청년들에게 요새를 넘겨주었다. 그러자 파도바 청년들이 분격하여 주먹다짐이 벌어졌다. 파도바 청년들은 성 마르코211)의 깃발을 찢기까지 했으나 그래도 여전히 베네치아 청년들이 우세했다.212) 오월제 때면 남자, 여자, 어린이, 모두가 축제에 참가했다. 조반니 빌라니213)에 따르면, 피렌체

209) J. Heers, *Le Clan Familial*, pp. 241~243.
210) 옮긴이 주: 프랑스 왕 샤를 6세(1368~1422)는 11세의 나이로 왕이 되었으므로, 1388년 성년이 되기까지 숙부인 부르고뉴 공작 필립이 섭정을 맡았다. 그런데 왕이 20대 중반부터 정신이상 증세를 보이자, 왕제 루이 도를레앙과 섭정 부르고뉴 공작 필립의 아들인 겁 없는 장(장 상 푀르)이 권력의 공백을 놓고 다투다가 피차 살해되는 불상사가 일어났다. 이후 프랑스의 국권은 왕실(아르마냑파)과 부르고뉴 공작가(부르고뉴파) 사이에 양분되었으며, 이런 분열은 백년전쟁(1337~1453)에서 부르고뉴파가 잉글랜드 편을 들면서 한층 악화되었다.
211) 옮긴이 주: 828년에 두 명의 베네치아 상인이 알렉산드리아에서 성 마르코(마가)의 성유물을 훔쳐다 새로 지은 성당에 안치한 이래, 성 마르코는 베네치아의 수호성인으로 여겨졌다.
212) J. Heers, *Fêtes, jeux et joutes dans les sociétés de l'Occident à la fin du Moyen Âge* (Paris 1971), pp. 112~113.
213) 옮긴이 주: Giovanni Villani(1275경~1348). 피렌체 작가, 유명한 《보편 연대기》(*Cronica Universale*)의 저자. 자기 시대의 가장 위대한 연대기 작가로 피렌

384

에서는 도시의 여러 구역에서 각기 축제를 벌였다고 한다. 런던에서는
부활절 후 정해진 날에 남녀 모두 참여하는 경기를 했다. 지나가다가 경
기 참가자들에게 잡힌 이들은 밧줄로 몸이 묶여서 석방되려면 일정한 몸
값을 내야만 했다. 214) 여성들은 씨름, 닭싸움, 곰싸움 등도 구경했다.

중세 도시의 여성들은 자기 집이나 선술집에서 술을 마셨다. '파리의
가장'은 어린 아내에게 술 취한 하녀를 고용하지 말고 남녀 하인들에게
취하게 하는 술을 주지 말라고 가르친다. 설교자들은 술 취한 여성들을
꾸짖었다. 215) 골리아르들은 술노래를 지어 술 마시는 잔치의 남녀를 묘
사하고, 주신 바커스가 따뜻하고 힘나게 하는 액체를 피 속에 흘려 넣은
나머지 마음이 풀어져서 비너스를 섬길 준비가 된 젊은 여자를 묘사했
다. 216) 신도회나 길드의 주연(酒宴, potacio, drinkynnes)에는 여성들도
참석했다. 어떤 길드와 신도회에는 여성 회원들이 있었고, 그렇지 않은
길드와 신도회들은 회원의 아내를 초대하여 함께 술을 마셨다. 217) 많은
여성들이 맥주 빚는 일을 했고, 선술집을 운영하는 여성들도 있었으므로
여성들도 술을 가까이할 수가 있었다.

끝으로 여성들은 목욕탕에도 드나들 수 있었다. 부르카르트 폰 보름스
는 목욕탕에서 여자들과 함께 목욕하는 자들에 대해 언급한 바 있다. 218)
13세기 말 파리에는 26군데 공공 목욕탕이 있었다. 부자들은 개인욕탕을

체 중세사의 초석을 놓았다. 이탈리아어로 자기 시대의 이야기들을 생생하고도
객관적으로 그려냈다고 평가된다. 1348년 조반니가 죽은 후, 연대기는 그의 동
생 마테오에 의해 계속되었다.
214) 호크데이(Hokkeday: 잉글랜드가 데인족에게 승리를 거둔 것을 기념하는 날)에
하는 놀이에 대해서는 *Memorials of London and London Life*, p. 571 참조.
215) "mulier ebriosa ira magna": Alvarus Pelagius, *De Planctu Ecclesiae*(Venice
1560), f. 85a, col. 1.
216) *The Goliard Poets*, ed. G. F. Whicher(New York 1949), pp. 228~230.
217) J. Heers, *Fêtes, jeux et joutes dans les sociétés de l'Occident à la fin du Moyen
Âge*(Paris 1971), p. 88. 여성이 주연에 참가한 예에 대해서는 T. Smith, ed.,
op. cit., pp. 182~183 참조.
218) Burchard of Worms, *Decretorum Libri Viginti* PL vol. CXL, L, 19, col. 1010.

가지고 있었다. 공공목욕탕은 도시 사람들이 농촌 사람들보다는 좀더 쉽게 개인적 청결을 유지할 수 있게 해 주는 동시에 오락을 구하는 장소도 되었고, 때로는 그 오락이 교훈서 저자들이나 시 당국이 보기에 탐탁지 않은 종류의 것이 되기도 했다. '파리의 가장'은 도시의 길거리가 순진한 어린 아내에게 위험한 곳이라고 여길 만한 충분한 이유가 있었고, 그녀에게 외출할 때면 항상 진지하고 경건한 나이 든 여성을 동반하라고 일렀다. 《장미 이야기》 제 2부의 저자인 장 드 묑은 음탕한 여자가 서둘러 찾아다니는 온갖 행사들을 냉소적인 방식으로 열거하는 반면, 《캔터베리 이야기》에 나오는 바스댁은 아무런 죄의식이나 냉소 없이, 즐거운 티를 감추지 않으며 그런 일들을 묘사한다.

앨리슨과 나, 그리고 젠킨 학생이 함께 들판으로 놀러 나간 적이 있었어요. 우리 남편은 그해 사순절 내내 런던에 있었고, 자유시간이 많이 생긴 나는 바람둥이 남자들과 즐기며 돌아다녔지요. 하지만 내 운명이 어떤 것인지, 언제 어떻게 바뀔지는 알지 못했어요. 그래서 저녁 축제나 행렬이나 순례 혹은 결혼식에 갔고, 기적에 관한 연극을 보기도 했어요. 또 진홍색의 화려한 옷을 입고 설교를 듣기도 했지요. [219]

바스댁은 자신의 진홍색 화려한 옷에 대해 말한다. 몸치장을 하고 춤을 추는 여자들을 꾸짖은 것은 설교자들만이 아니었다. 너무 화려한 옷을 입어 의복의 과도한 사치를 금하는 법규를 위반하는(14세기에는 이런 일이 아주 흔했다) 여성들은 고발당했고 벌금형을 받았다. [220]

219) G. Chaucer, *Canterbury Tales*, p. 305.
220) G. R. Owst, *Literature and Pulpit in Medieval England*, pp. 395~396. 그 일례는 E. Staley, *The Guilds of Florence*, pp. 90~91 참조.

386

9. 교 육

도시 여성 중에서는 유족한 시민 계층의 딸들, 길드 회원인 수공업자
의 딸들이나 소규모 상인들의 딸들만이 교육을 받았다. 하층계급에서는
남자든 여자든 교육을 받지 못했다. 남자 도제들은 여러 해에 걸친 수습
기간 동안 읽고 쓰기를 배우도록 학교에 보내지는 일이 더러 있었다.[221]
여자 도제들도 수습기간 동안 학교에 보내지는 일이 있었겠지만, 그 점
을 명백히 말해 주는 계약서는 남아 있지 않으므로 분명히 알 수 있는 것
은 소녀들이 직업 훈련을 받았다는 것뿐이다. 한편 도시에는 남녀 학생
이 함께 공부하는 초등학교가 있었다는 사실이 알려져 있다. 1357년 파
리에서는 남녀 학생을 각기 다른 학교에 보내야 한다는 법령이 최초로 제
정되었다.[222]

플랑드르의 발랑시엔에서 태어난 프루아사르[223]는 자신이 다닌 남녀
공학학교에 대해 언급한 바 있다. 그에 따르면 남녀 학생이 함께 라틴어
를 배웠다. 그는 여학생들과 사과나 배를 나눠 먹기도 했다. 그는 또한
자신이 나무 아래서 책을 읽고 있는 소녀를 보고 사랑에 빠진 일에 대해
서도 이야기한다. 그들은 함께 책을 읽었고, 그녀는 그에게 책을 빌려주
겠느냐고 물었다. 그는 그녀에게 책을 빌려주었고, 책갈피에 자신이 그
녀를 위해 쓴 연시를 끼워 넣었지만 그녀는 그의 사랑을 거절했다. 정원
에서 만나 그가 그녀를 설득하려 하자 그녀는 자기들 사이는 끝장이라는
점을 확신시키려는 듯 그의 고수머리를 쥐어뜯었다.[224] 파리에서는 이
런 남녀공학 초등학교가 노트르담 성당의 성가대장 감독 하에 있었고,
그는 그곳에서 가르치는 남녀 교사들에게 교사면허를 주었다. 13세기 말

221) L. F. Salzman, *op. cit.*, p. 339.
222) M. Jourdain, *L'Education des femmes au Moyen Âge* (Paris 1871).
223) 제 4장 주 241 참조.
224) *Les Chroniques de Jean Froissart*, ed. J. A. C. Buchon (Paris 1835), vol. III, pp. 479, 482.

부터 14세기까지 파리의 타이유 납세자 명부에는 이런 여성 교사들의 이름이 올라 있다.

조반니 빌라니에 따르면, 1338년 피렌체에는 8천 내지 1만 명의 남녀 학생들이 초등학교에서 읽기를 배웠다고 한다. [225] 대략 6세부터 12세에 이르는 어린이들이 학교에 다녔다. 14세기 초 피렌체에는 초보적인 라틴 어를 가르치는 여성 교사도 있었는데, 클레멘티아라는 이름의 이 여성은 기혼여성으로 그녀의 직함은 '아동 박사'(*doctrix puerorum*) 라는 것이었다. [226] 잉글랜드에서 소녀들이 초등학교에 다녔다는 사실은 간접적으로 알 수 있다. 예를 들어 1390년 런던에서 한 양초 제조공의 고아 딸을 맡은 후견인은 소녀가 8세부터 13세가 되어 결혼하기까지 초등학교에서 공부할 학비를 대주었다는 것이다. [227] E. 파워는 여성의 질병을 다룬 의학 서적들이 영어로 번역되었다는 사실을 지적한다. 이것은 글을 읽을 줄 아는 여성들이 그런 책을 몸소 읽거나 다른 여성들에게 읽어주고 그녀들이 남자 의사를 찾아가지 않아도 되도록 병에 대해 조언해 주었으리라는 것을 의미한다. [228] 독일에도 소년소녀가 함께 공부하는 초등학교들이 있었고, 그 중에는 베긴회에서 운영하는 것도 있었다. [229]

속어를 읽는 것 외에도, 이런 학교들은 아마 기초적인 교리와 기도와 예법도 가르쳤을 것이다. 이런 학교에서는 대개 라틴어는 가르치지 않았던 것 같다(프루아사르가 다닌 학교에서는 라틴어를 가르쳤다지만). 어느 베긴 여신도의 전기는 그녀가 7세 때 어문학교(*literalis scholae scientiae*)에 다녔다고 쓰고 있으며, 시토회 수녀의 전기는 어렸을 때 자유학예 여교사(*magistra liberalium artium*)에게 교육을 받도록 보내졌다고 쓰고 있다. 그러나 이런 학교의 교과과정이 구체적으로 어떤 것이었는지는 알기 어

225) *Chronica di Giovanni Villani* (Florence 1823), pp. 184~185.
226) H. Rashdall, *op. cit.*, vol. II, p. 47 and note 1.
227) S. Thrupp, *op. cit.*, p. 171에서 인용.
228) E. Power, *Medieval Women*, p. 86 and *ch.* 4.
229) E. M. McDonnell, *op. cit.*, pp. 272, 383, 386.

388

렵다. 230) 부유한 도시민의 딸들은 귀족의 딸들과 마찬가지로 반드시 수녀가 될 생각이 아니더라도 수녀원 학교에서 공부했다. 이탈리아 도시들에는 이런 수녀원 학교들이 많이 있었다. 집에서 가정교사에게 배우는 소녀들도 있었다. '파리의 가장'이 쓴 지침서에 따르면, 유족한 시민의 아내는 귀족 여성이 가진 재주를 조금은 알아야 했다. 즉 승마, 거실용 게임, 수수께끼 놀이, 그리고 이야기하는 법 같은 것들이었다. 도시민의 딸들이 읽는 책의 유형은 그들의 유언장에 나타나 있다(책은 재산으로 간주되었고, 책을 소유한다고 해서 반드시 그것을 읽는 것은 아니었다는 사실을 상기해야 할 터이지만). 13세기의 마지막 4분기에 마리 파옌 드 투르네는 아들에게 여러 권의 종교 서적과 미사경본, 그리고 백조의 기사 이야기를 물려주었다. 231)

고등교육기관은 여성들에게 개방되지 않았다. 대학과 특수한 법률 학교뿐 아니라, 그보다 수준이 낮은 학교도 마찬가지였다. 조반니 빌라니에 따르면, 피렌체에서는 1,000~2,000명의 남학생이 상인으로 훈련받기 위해 여섯 군데 수학학교에 다녔고, 500~600명의 남학생이 네 군데 학교에서 논리학과 라틴어를 공부했다. 이런 교육기관으로부터 대학으로 진학하게 되는 것이었다. 232) 잉글랜드에서는 몇몇 도시 소년들이 초등학교에서 문법학교(escoles generales de gramer)로 진학했다. 이런 학교 중 여학생을 받는 곳은 단 한 곳도 없었다. 상당한 비율의 대학생은 도시민계층과 도시에 사는 군소귀족계층 출신이었으므로 도시 중상류 계층에서는 남녀의 교육수준 격차가 한층 더 벌어졌다. 233)

도시 여성의 권리 및 지위를 같은 계층 남성의 권리 및 지위와 비교하여 평가할 때는 유족한 도시민의 아내들과 노동자계층의 아내를 구별해야 한다. 전자의 활동 및 자기 성취의 기회는 비교적 제한되어 있었다.

230) Ibid., p. 386.
231) M. Jourdain, op. cit., p. 10.
232) Chronica di Giovanni Villani, p. 185.
233) J. Verger, op. cit., pp. 289~313.

영지를 가진 귀족 여성들과는 달리, 유족한 도시민의 아내들은 도시를 운영하는 데 아무 역할도 할 수 없었다. 귀족 남성이 전사로서 군주나 영주를 섬겨야 했기 때문에 종종 자신의 재정경영을 아내에게 맡기고 떠나는 것과는 달리, 유족한 도시민 대부분은 직접 장사를 하고 재정을 다루는 사람들이었다. 경제활동이야말로 그의 직업이었고, 그는 아내에게 그런 일을 맡기지 않았다. 부유한 도시민의 아내들은 대개 집안일만을 맡았고, 남편의 생전에 일을 하는 여성은 극히 드물었다.

어떤 교훈문학의 저자들은 상인의 딸들이 어느 정도 교육을 받아야 한다고 주장했지만, 그 논거는 남편이나 아들들이 사업상의 여행으로 출타 중일 때 그들에게 편지를 쓰고 가사를 운영할 필요가 있으리라는 것이었지 여자들도 사업을 운영할 줄 알아야 한다는 것은 아니었다. 알베르티는 《가족의 서》에서 남편은 아내와 사업에 관해 의논해서는 안 되며 자신이 서명한 서류나 장부를 아내에게 보여줘도 안 된다고 공언했다.[234] 반면 잉글랜드에서는 유족한 도시민의 과부들이 남편의 사업을 계속하는 일이 더러 있었다. 이런 남편들은 알베르티의 조언을 따르지 않았던 것이 분명하다. 만일 그랬더라면 그들의 과부가 그들의 사업을 물려받을 수 없었을 테니 말이다. 부유한 도시민의 과부들은 귀족의 과부들과 마찬가지로 아들의 후견 노릇을 했지만,[235] 영지 상속자의 후견에서와는 달리 상속자의 기능과 권력을 대신 행사하는 것은 아니었다.

부유한 도시민의 아내들은 유모와 보모를 둔다는 점에서도 귀족 여성들의 본을 따랐으며, 자녀들도 이른 나이에 집을 떠나는 것이 상례였다. 부유한 도시민 계급의 여성들은 도시 교육기관에서 아무런 유익도 얻지 못했으니, 물리적으로는 학교가 가까이 있다 해도 그곳에서 관리, 공증인, 법관, 변호사, 내과의 등 존경받는 직업을 갖기 위한 훈련을 받을 수 없는 것은 물론이고 교육 그 자체를 위한 고등교육을 받을 수도 없었다.

234) D. Herlihy and C. Klapisch, *op. cit.*, pp. 566, 597에서 재인용.
235) 후견의 예에 대해서는 *Calendar of Wills. Court of Justing, London*, vol. I, p. 671.

부유한 도시민의 아내들이 외딴 영지의 성에 사는 군소귀족의 아내들보다 나은 것은 사회-문화적인 방면뿐이었으니, 도시에서는 많은 사람들과 어울리고 문화행사나 종교생활에 참여할 수 있기 때문이었다. 도시여성들은 외딴 곳에 사는 귀족 여성들보다 여성들끼리만 함께 지낼 기회도 더 많았다. 하지만 수많은 사교행사가 열리는 큰 성에 사는 귀족 여성들은 도시사회에서도 누리기 힘든 사회적·문화적 생활에서 적극적인 역할을 하기도 했다.

유족한 도시민계층이 아닌 노동자계층의 여성들의 경우에는 사실상 남녀가 좀더 평등했다고 볼 수 있다. 여성은 도시의 산업 및 상업에서 중요한 역할을 했을 뿐 아니라, 이 계층에서는 남성들도 시정에 거의 참여하지 못했고 고등교육기관의 혜택도 별로 누리지 못했기 때문이다. 여성 노동은 새로운 일도 특권도 아니었다. 중세의 농민계층에서는 알려진 모든 농촌사회들에서 그렇듯이 여성들이 대부분의 밭일을 맡았고 대부분의 농사일을 해냈다. 중세 도시 여성들의 노동에서 특이한 점은 그녀들이 참여했던 직종의 폭이 넓었다는 사실이다. 후대의 여성들이 참여할 수 있는 직종의 수는 훨씬 더 한정되었다. 산업에 참여한 여성들은 장인들이나 소상인들의 길드에서 비록 지도적인 지위는 아니라 해도 특별한 지위를 가질 수 있었고, 도시 노동자 사회에서 자신감과 행동의 자유를 누릴 수 있었다. 상인의 지위는 여성에게 다른 기혼여성은 누릴 수 없는 법적인 자유를 부여해 주었다. 그러나 종종 적용되었던 혼인법은 유족한 도시민뿐 아니라 노동자계층의 가정에서도 남성우월을 명문화하고 있었다.

도시사회의 기풍은 여성이 전혀 아무런 역할도 할 수 없는 전사사회의 기풍과는 근본적으로 달랐다. 도시에서 여성 인구는 특히 중세 후기로 갈수록 많아졌으니, 이는 하녀가 되거나 도제훈련을 받기 위해 도시로 오는 젊은 여성들이 많아진 때문이기도 했고, 유족한 농민계층 및 귀족계층의 여성들이 과부가 되면 도시에 사는 편을 선호하여 인근 농촌지역으로부터 이주해오기 때문이기도 했다. 뿐만 아니라 이탈리아 도시들에는 많은 수녀원들이, 북유럽 도시들에는 베긴회 수녀원들이 생겨난 때문이기도 했다(특히 중세 후기 이탈리아 도시들에서 여성들은 종종 사랑의 주문을 쓴다는, 좀더 구체적으로는 남자들을 유혹하기 위해 사랑의 미약을 쓴다는 혐의를 받곤 했는데 이것은 당시 도시에 남성 인구가 적었음을 반영하는 것인지도 모른다). 236) 여성들은 도시 노동력의 일부를 형성했고, 자본의 일부를 보유했다. 237) 그렇다 해도 도시문화 창달에서 여성의 몫은 극히 제한되어 있었다. 여성들은 상위 문화에서는 거의 아무런 역할도 하지 못했다. 여성들은 도시문화의 표현 중 하나요, 길드들에게는 자랑거리였던 연극도 그저 관객으로서 구경했을 따름이다.

도시사회에서는 폭력과 거친 언행이 다반사였고, 여성들은 그런 분위기를 완화시킬 수 없었다. 여성들도 잔인한 행동이 공공연히 행해지는 문명, 그런 행동이 모여드는 구경꾼들에게 야만적인 만족의 원천이요, 정서적 배출구를 제공하는 문명의 일부였다. 앞서 제 2장에서 우리는 파리에서 최초로 여성이 교수형에 처해진 사건을 연대기 작가들이 어떻게 묘사했던가를 살펴본 바 있다. 구경꾼들은 이 신기한 구경거리를 보려고 모여들었는데, 특히 여자와 소녀들이 많았다는 것이다. 238)

도시문학에서는 여성에 대한 경멸과 적대적인 태도가 두드러진다. 여성을 추하게 그리는 이런 풍자적 장르는 어쩌면 도시 여성들이 강하고 지배적이었다는 사실을 반영하는 것일 수도 있다. 우리가 아는 한 도시민들은 아내가 간통을 해도 귀족들처럼 보복을 하지 않았고, 간통이나 음행에 대해 공개적으로 치욕적인 벌이 행해지던 도시들에서도 대개는 남녀가 모두 처벌되었다. 그러나 이런 도시문학은 어떤 종류의 여성상이 중세 도시민들을 웃게 만들었던가를 보여준다. 그 여성상은 분명 여성의

236) K. Bücher, op. cit., p. 6; R. Kieckhefer, op. cit., p. 57; J. C. Russell, "Recent advances in medieval demography", Speculum XL (1965); D. Herlihy, Medieval and Renaissance Pistoia, pp. 83~84.
237) 자본을 보유한 여성들의 몇몇 예는 S. Thrupp, op. cit., Appendix B 참조.
238) J. Huizinga, op. cit., p. 11; Jean Chartier, "Chronique de Charles VII", cited in L. Tanon, Histoire de justice des anciennes eglises et communités monastiques de Paris (Paris 1883), p. 33.

영향 하에, 여성의 마음에 들게끔 만들어진 것은 아니었다. 궁정풍 문학은 귀족 남성들의 심리적 요구에 부응하는 것이었지만, 그러면서도 거기서 그려진 여성상은 여성들에게도 호소력을 갖는 것이었다. 여성들은 그런 여성상을 전파하는 시인들을 후원했고, 그들에게 영감과 비판을 제공했다. 궁정풍 시가는 적어도 사람들 앞에서는 좀더 여성을 존중하는 섬세한 행동규범을 제시했다. 후대의 문학 살롱은 이런 귀족 여성들의 궁정에서 태어난 것이지 도시 여성들의 가정에서 태어난 것이 아니었다.

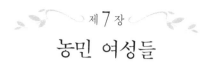

제7장

농민 여성들

중세의 사회 및 국가 운영에서 농민들의 역할은 매우 제한되어 있었다. 간혹 유족한 농민들이 중앙체제나 봉건영주를 대신하여 지역체제 내에서 활동하거나 국가 또는 지역단위 대표회의의 선거에 참여할 따름이었다. 하지만 마을에도 지역기구가 있었다. 회의와 재판이 열렸고, 관리와 직임자들이 마을회의에서 선출되거나 장원의 영주에 의해 임명되었다.[1] 소교구 사제나(공식적으로 사제를 임명하는 것은 영주가 아니었고, 적어도 영주 한 사람만은 아니었다) 마을의 공증인처럼 장원의 영주가 임명하지도, 농민들이 선출하지도 않은 직임자들도 있었다.

여성들은 이런 직임 중 아무것도 담당하지 않았고, 지역회의에서 여성들의 역할은 제한되어 있었다. 여성들은 마을 공증인도, 장원법정의 서기도, 소교구 사제도 될 수 없었다. 마을의 지주들이 의무적으로 참석해야 하는 회의에도 여성 지주는 미혼이거나 과부가 된 경우에만 참석할 수 있었다. 이런 회의에서 내려지는 결정은 모든 지주에게 예외 없이 적용되었음에도 불구하고, 기혼여성인 지주는 직접 출석하지 못하고 남편을 대리로 세워야 했다. 예컨대 1304년 피에몬테 지방의 작은 마을 크라

---

1) 숲지기(*forestarius*), 장원관리자(*praepositus minor*), 집행관(*baillivus*) 등의 직책이 그러했다.

벤나에서는 영주가 농민들이 살고 있는 땅을 팔거나 다른 사람에게 넘기려면 남녀 모든 주민의 동의를 얻어야 한다는 결정이 났다. 그러나 이때 여성 주민이란 과부 또는 미혼인 세대주 여성만을 의미했다.[2] 심지어 회의와 법정 재판에 참석하는 여성이라 해도 거기서 직임을 수행할 수는 없었다. 여성은 배심원도, 다른 사람의 출석에 대한 보증인도 될 수 없었고, 잉글랜드의 경우 공공당국 앞에서 서로서로 의무 완수에 대한 보증을 서기 위해 존재했던 십호반(十戶班, tithing group)의 주된 선서인도 될 수 없었다(두말할 필요도 없이 이 모든 것은 공공 기강을 확보하기 위해 강화된 의무들이었지만, 동시에 그것들은 공동체 내의 권력과 지위의 원천이기도 했다).

농촌사회에서 여성이 여하한 공적인 직임이라도 수행한다는 것은 귀족 여성이 봉토를 보유하는 데 따르는 직임을 수행하는 것보다 한층 더 희귀한 예외였다. 15세기 초에 발견되는 예외 중 하나는 버밍엄 근처 헤일즈오웬에서 여성들이 '주류감정인'(ale-taster)으로 선출되었던 것이다. 이것은 마을 공동체에서 존경받는 직임 중 하나였고, 그 직임을 맡은 자는 법령을 어기고 술을 빚은 것으로 판명된 자들에게 벌금을 징수할 권한이 있었다. 여성들이 이런 직임에 선출되었다는 사실은 이 당시 인구가 크게 줄고 이주가 많이 일어났다는 배경에 비추어 설명될 수 있을 것이다. 위기가 닥칠 때마다 여성의 지위가 다소 나아지곤 했음을 새삼 상기하게 되는 대목이다. 한편 역사 전체에 걸쳐 사회의 모든 계층에서 그렇듯이, 농민계층의 여성들도 종종 강인함과 지도자의 자질을 갖추고 비록 공식적인 직위는 없다 하더라도 인품의 힘만으로 지도자의 위치에 오르는 일이 있기는 했다. 롬슬리의 애그니스 새들러라는 기혼여성은 1386년에 영주가 부역을 증가시킨 데 반대하고 농노제의 철폐를 요구하는 농민들을 이끌었다. 다른 농민들과 마찬가지로 그녀는 자신을 소환한 왕의 법관 앞에 출두하기를 거부했고, 그 결과 무법자가 되어 더 이상의 행적

---

2) A. Pertile, *Storia del diritto italiano* (Torino 1894), p. 43.

을 남기지 못한 채 사라졌다. 3)

중세의 농민들은 때로 반항했지만, 여성의 지위를 향상시키기 위해서
는 아니었다. 1381년 잉글랜드에서 일어난 농민 반란 동안 농민들은 깃
발에 이런 말을 새겼다. "아담이 땅을 파고 이브가 물레를 돌리던 시절에
야 누가 신사였겠는가?" 그러나 그런 기치가 표현한 것은 상류계층 구성
원들에게 지나친 관리를 부여하는 사회질서에 대한 저항이었지 남녀 불
평등에 대한 저항이 아니었다.

1. 상속권

농민가족의 구조는 토지상속의 관습과 마찬가지로 지방에 따라 달랐
다. 어떤 지방에서는 부부와 자녀로 구성된 핵가족이 우세했다. 그 중 어
떤 지방에서는 가족의 재산을 자녀에게 고루 나눠주지 않고 맏이에게만
또는 막내에게만 상속시키되, 상속하지 않은 자녀에게는 약간의 몫을 떼
어주는 것이 상례였다. 딸들은 혼인지참재산을 받았고 아들들은 결혼하
여 자기 가정을 이룰 밑천을 받았다. 그렇지 않은 지방들, 가령 프랑스의
마콩 같은 곳에서는 토지를 나누지 않고 모든 자녀가 함께 보유하고 함께
경작했다. 12세기 말에는 자유지4)를 소유한 농민의 아들들은 그 땅을 공
동소유했다. 즉 아버지가 죽은 후에는 결혼한 아들들 중 적어도 몇 명과,
때로는 결혼한 딸들 중에도 한 명이 계속 함께 살았고, 이런 동반관계는
여러 세대에 걸쳐 계속되었다. 5) 오를레앙-파리 지방에서는 가산이 마을

3) R. Hilton, *The English Peasantry in the Later Middle Ages* (Oxford 1975),
   pp. 105~106.
4) 옮긴이 주: '자유지'로 옮긴 allod (E), alleu (F) 란 봉토나 영주에게 소작료나 부역
   을 바쳐야 하는 토지와는 달리 완전소유권이 인정되는 토지이다. 귀족도 농민도
   자유지를 소유할 수 있었는데, 대체로 세습되었던 이런 토지는 봉건 제도 안에서
   차츰 봉토로 변해갔다.
5) G. Duby, *La Société aux XIe et XIIe siècles dans la région mâconnaise* (Paris

에 남는 자식들에게만 나누어졌다. 마을을 떠났고 부모 생전에 이미 증여를 받은 자식들은 더 이상 재산을 요구할 수 없었다. 이와 비슷한 상속 관습은 오를레앙-파리보다 더 북쪽에 있는 아미앵이나 독일(적어도 13세기까지) 및 스위스의 몇몇 지방에도 존재했다. 브르타뉴, 멘, 앙주 등지에서는 토지가 모든 남성 자손들에게 나누어졌고, 노르망디에서도 마찬가지였다. 6)

피레네 산맥 근처 오트 아리에주 지방에서는 가산이 분할되지 않았고, 고정된 상속 관습도 없었다. 아버지는 후계자를 임의로 선택했다. 오트 아리에주 지방의 작은 마을 몽타이유에서는 자녀 중 한 명만이 가산을 상속했지만 상당 기간 동안, 심지어 후계자가 결혼한 후까지도 형제 중 몇 명과 과부가 된 어머니 또는 아버지가 함께 살았다. 가산을 상속받지 못한 이 형제들은 점차적으로 집을 떠났다. 나이 든 아버지나 어머니가 죽으면 후계자와 그의 아내와 자녀로만 이루어진 핵가족이 집에 남았고, 7) 이는 유산이 분할되지 않는 다른 마을에서도 마찬가지였다. 15세기 초 토스카나에서는 대가족이 우세했다. 가산은 여러 후손에게 분할 상속되지 않고 결혼한 아들 중 적어도 몇 명, 그리고 때로는 아버지의 형제에 의해 공동으로 경작되었다. 마콩에서 그랬듯이 이런 동반관계는 이해 당사자들이 동일 토지로 먹고 살 수 있는 한 여러 세대에 걸쳐 계속되었다. 토스카나의 제도는 부계 상속의 전형적인 예이다. 딸들은 결혼지참금을 받아 출가하면 그만이었다. 8)

1953), pp. 369~370.

6) J. Yver, *Egalité entre héritiers et exclusion des enfants dotés; essai de géographie coutumière* (Paris 1966); E. Le Roy Ladurie, "Structures familiales et coutumes d'héritage en France au XVIe siècle", *Annales ESC XXVII* (1972), pp. 825~846.

7) E. Le Roy Ladurie, *Montaillou, village occitan de 1294~1324* (Paris 1975), pp. 66~67, 73~79, 80~81.

8) C. Klapisch and M. Demonet, "'A uno pane e uno vino': la Famille toscane au début du XIVe siècle", *Annales ESC XXXVII* (1972), pp. 873~901.

이렇듯 지방에 따라 상속법이나 농민가족의 구조가 달랐으며, 따라서
농민의 딸들이 갖는 상속권도 달라졌다. 일반적으로 대부분의 지방에서
는 딸들도 상속을 받았지만, 거의 예외 없이 아들들에게 우선권이 주어졌
다. 또 다른 지방에서는 딸들이 상속에서 완전히 배제되었고 결혼할 때
지참금을 받는 것이 가산에서 갖는 몫의 전부였으며, 심지어 남자 형제가
없는 경우에도 그러했다. 장자상속이 시행되는 지방에서는 맏이가 딸인
경우 남동생이 상속에서 우선권을 가졌다. 말자상속이 시행되는 지방에
서는 막내가 딸인 경우 오라비가 우선권을 가졌다. 오트 아리에주처럼 재
산이 분할되지 않고 일정한 상속 관습이 없어 아버지가 후계자를 고르는
경우, 그는 딸이 아니라 아들을 선택했다. 하지만 아들이 없는 경우에는
대개 딸이 상속했다(딸이 완전히 상속에서 배제되는 지역은 제외하고).

잉글랜드 중부 지방 장원들의 법정 기록부들에는 성년에 도달하여 토
지를 상속받은 딸들뿐 아니라 아직 미성년이라 상속받은 토지가 제 3자
의 후견 하에 있는 딸들도 거명되어 있다. 이런 경우에는 그녀가 성년이
되기까지 후견인이 그 땅을 경작했다.[9] 만일 상속녀의 신랑이 그녀보다
가난하다면 그가 그녀의 가문에 들어와 그녀의 성을 따르는 경우도 있었
다. 토지를 상속한 딸들은 그것을 자신의 후손들에게 물려주었고, 어떤
지방에서는 남자가 어머니로부터 토지를 물려받는 경우 그녀의 성을 따
랐다.[10] 장자상속이나 말자상속이 시행되는 지방들에서는 가족이 상속
받지 못하는 아들들에게 무엇인가를 할당해 주려고 애썼을 뿐 아니라 딸
들에게도 결혼 밑천이 될 만한 지참재산을 마련해 주고자 했다. 본래의
가산에 어떤 식으로든 더해진 토지는 이렇게 상속을 받지 못하는 자손들

9) R. Hilton, *op. cit.*, p. 98.
10) R. Aubenas, "Reflex sur les 'fraternités artificielles' au Moyen Âge", in *Etude d'Histoire à la mémoire de Noel Didier* (Paris 1960), pp. 8~9; *Court Rolls of the Monor of Hales 1270~1307*, ed. J. Hamphlett and S. G. Hamilton (Oxford 1912), vol. II, pp. 287, 299, 334; F. Maitland, ed., *Select Pleas in Manorial and Other Seignorial Courts*, vol. I (Selden Society, London 1889), p. 123; E. Le Roy Ladurie, *Montaillou*, p. 64.

에게 나누어졌다. 플랑드르, 노르망디, 토스카나의 농촌지역에서는 딸
들에 대한 명백한 차별이 행해졌다. 11) 잉글랜드의 남동부에서도 토지는
아들들에게 나누어졌고, 딸들은 아들이 없는 경우에만 상속을 받았
다. 12)

2. 결 혼

농촌사회에서의 결혼은 다른 계층들에서와 마찬가지로, 가족에 의해
주선되었다. 특히 유족한 가정에서는 아들이나 딸의 배우자를 고르는 데
있어 경제적 계산과 위신에 대한 고려를 중요하게 여겼다. 사람들은 자
신보다 더 높은 계층의, 최소한 대등한 계층의 사람과 결혼하기를 원했
다. 영주 직영지가 있는 지방에서는 과부나 상속녀나 농노의 딸이 결혼
할 때 장원의 영주가 개입했다. 장원의 영주는 때로 상속녀가 영주 직영
지에 대해 부담해야 할 봉사를 확보할 수 있도록 결혼을 주선하고 강요하
기도 했지만, 일반적으로 말해 그럴 필요는 별로 없었다. 상속녀는 신랑
감을 구하는 데 별 어려움이 없었고 어떻게든 결혼을 했기 때문이다.

농노의 딸이 짝을 고르는 데는 굳이 장원의 영주가 개입할 필요가 없었
지만, 그래도 영주는 과료를 거두었다. 대개는 신부 아버지가 이를 부담
했지만 신부 자신이 내는 경우도 있었고, 신부가 신랑에게 토지를 가져
오는 과부일 경우에는 남편 될 사람이 과료를 냈다. 이때의 과료를 '결혼
세'(merchet) 라고 하며, 이것은 비자유 농민을 구별하는 특징 중 하나였
다. 몇몇 지방에서는 동일 장원 출신 남자와 결혼하든 영주 관할 밖의 남
자와 결혼하든 같은 액수의 결혼세가 부과되었다. 반면 독일 대부분의
지역과 잉글랜드의 몇몇 장원에서는 외지 사람과 결혼할 권리를 얻으려
면 더 많은 액수의 결혼세를 내야 했다. 13) 여러 지방의 장원관습에 따르

---

11) J. Gilissen, *op. cit.* ; J. Yver, *op. cit.* , p. 37.
12) F. Pollock and F. Maitland, *op. cit.* , vol. II, p. 261.

면, 만일 비자유 농민 여성이 외지 남자와 결혼하여 그가 사는 마을로 갈 경우, 그녀가 낳는 자식 중 몇 명(대개는 절반)은 그녀가 본래 속했던 장원의 농노로 간주되었고, 영주는 그들이 자기 장원으로 이주하도록 요구할 권리가 있었다. 그렇게 소속이 다른 부부에게서 태어나는 자녀의 법적 지위는 서유럽 대부분의 지역에서 어머니의 지위에 따라 결정되었다. 이런 관례는 여러 지방의 관례집에서 발견되지만,14) 위에 언급한 모든 지방에서 실제로 그리고 어느 시기까지 장원의 영주들이 그런 권리를 행사했는지는 알 길이 없다. 또한 자녀들이 정확히 어느 나이에 집을 떠나 어머니가 속해 있던 영주의 장원으로 돌아갔는지도 알 수 없다.

농민계층에서 혼사를 제대로 치르는 데는 일정한 절차가 있었으며, 이는 다른 계층의 결혼에서와 마찬가지였다. 즉 우선 집안 간의 협상이 있은 다음 정혼을 하고, 교회 문 앞에서 혼례식을 올리는 것이다. 그러나 결혼한 여성들에 관한 장에서 보았듯이 농민계층에서는 사적인 결혼이 많은 부수적 문제들에도 불구하고 흔히 행해졌다. 이런 현상은 결혼할 때 복잡한 재정적 협상이 필요치 않으며 부모의 뜻을 자식에게 강요할 수 없는 가난한 가정들의 특징이기도 했다. 13세기 말부터 14세기 초까지 오트 아리에주 지방에서 카타리파 신도들 간에 이루어진 결혼 사례들이 남아 있다. 즉, 카타리파의 '완전자'15)는 증인들이 보는 앞에서 남녀의

---

13) 결혼세 지불의 사례는 Z. Razi, *op. cit.*, pp. 45~47, 131~134, 152~153; P. Döllinger, *L'Evolution des classes rurales en Bavière* (Paris 1949), pp. 254~255. 결혼세로 결혼 자체보다 토지 보유 상속세를 통제한 사례는 E. Searle, "Seignorial control of women's marriage: the antecedents and function of merchet in England", *Past and Present LXXXII* (1979), pp. 3~43. 여자나 그 남편이 결혼세를 지불한 사례는 H. E. Hallam, *Rural England* (Glasgow 1981), pp. 261~262.

14) *Les Olim ou Registres des Arrêts*, vol. I, pp. 164~165; G. Duby, *op. cit.*, p. 125; Ildefons V. Arx, *Geschichten des Kantons Et Gallen* (St. Gallen 1810~1813), p. 66; P. Hyams, *Kings, Lords and Peasants in Medieval England: The Common Law of Villeinage in the 12th and 13th Centuries* (Oxford 1980), pp. 15~16.

15) 옮긴이 주: 카타리파의 평신도(*Croyant*)와 대별되는 지도자를 완전자(*Parfait*)라

결혼을 선포하고 축복해 주었다. 이런 결혼은 E. 르 루아 라뒤리가 지적했듯이 지역적・종교적 근친혼이었다. 16) 동일 지역 내에서 결혼하기는 대부분의 지방에서 마찬가지였으며, 대부분의 마을에서는 4촌 이내 근친혼에 대한 금지가 준수되지 않았다. 고작 70~80 가구가 사는 작은 마을 안에서 결혼을 할 때 그런 금지를 지키기란 불가능한 것이다. 대다수의 주민들은 족보가 기록되지 않았고 성씨도 확정되지 않은 터였으므로 자신이 누구와 그런 금지된 촌수인지도 알지 못했다.

다른 계층에서도 그랬듯이 농민들 사이에서도 결혼은 젊은 사람들의 삶에서 중요한 계기였고 가장이라는 새로운 지위로의 이행을 상징했다. 영어에서 '허즈번드먼'(husbandman) 이라는 단어는 이런 견해를 분명히 나타내는 말이다. 결혼을 함으로써 한 개인은 중요한 사람이 될 기회를 얻는다. 그는 이제 자식을 낳을 수 있고, 자식들은 장차 그를 도울 것이며, 친척과 친지들의 수도 늘어날 것이다. 반면 아들딸이 결혼할 때 가족이 지게 되는 경제적 부담은 상당히 무거웠음에 틀림없다. 딸에게는 혼인지참재산을 주어야 했고, 후계자가 아닌 아들에게라도 가정을 이룰 밑천을 할당해 주어야 했다. 가산이 분할되지 않는 경우에는 아들 하나가 결혼할 때마다 같은 땅뙈기를 부쳐 먹고 사는 식구 수가 늘어났다. 유족한 가정에서는 결혼한 딸들에게도 토지를 주었고, 때로는 집이나 가재도구, 돈, 가축 등도 주었다. 프로방스의 농민들은 때로 딸들에게 혼인지참재산으로 최상의 드레스, 그러니까 쿠르트레산 모직으로 만든 드레스를 만들어주기 위해 돈을 꾸기도 했다. 17) 신랑이 혼인지참재산을 약속

한다. 완전자들은 사유재산을 포기하고 일체의 육식과 성적 접촉을 금하는 등 엄격한 금욕생활을 했다. 남녀 성별을 불문하고 모든 계층의 사람들이 완전자가 될 수 있었다. 하지만 사실 이 말은 가톨릭교회 당국이 이들을 '완전한'(이단자)라 부른 데서 유래한 것이고, 카타리파 내부에서는 이들을 그저 '선한 그리스도교인'(Bons Chretiens), '선한 남자'(Bons Hommes), '선한 여자'(Bonnes Femmes) 등으로 불렀다고 한다.

16) E. Le Roy Ladurie, *Montaillou*, pp. 260~266.

17) P. Malansséna, *La Vie en Provence au XIVe et XVe siècle, un exemple, Grasse à*

받은 경우 그는 (다른 계층들에서와 마찬가지로) 완전 지불을 요구했다. 예컨대 노샘턴셔의 베크 수도원에 딸린 장원에서 신랑은 장인이 약속했던 혼인지참재산을 다 주지 않았다는 이유로 소송을 냈고 35실링의 보상금을 요구했다. 그러자 장인은 5실링 값어치의 외투를 주기로 한 약속만을 인정했다. [18]

그러므로 농민들 사이의 결혼은 다른 계층들에서와 마찬가지로 근본적으로는 가족적이고 사회적이고 경제적인 일이었지만, 그래도 젊은 사람들은 주어진 범위 내에서 어느 정도 상대를 고를 자유가 있었다. 결혼 생활이 순조롭지 않을 경우 부부는 항상 맞춰나가야 하는 것은 아니었고 때로는 상대를 바꾸기도 했다. 처음 결혼할 때는 비공식으로 했다가 다음번에야 교회에서 정식으로 결혼하기도 했고, 두 번 다 교회에서 식을 올리되 두 번째 결혼은 다른 소교구에 가서 하기도 했다. 이런 현상은 결혼이 다분히 애정에 기반을 둔 것이었음을 시사한다. 배우자와 굳이 헤어지겠다는 것은 결혼생활에서 애정과 반려를 구하려는 바람을 나타내는 것이기 때문이다. 1301년 잉글랜드의 한 장원법정 기록에는 레지날드라는 농민의 사례가 남아 있다. 그는 장원 영주의 동의를 얻어 자기 아내 루시가 자신의 마당에 들어오거나 집의 문간을 넘어서지 않는다는 조건으로(!), 자기 소유의 집 한 채와 토지를 주었다. 또한 만일 루시가 법으로 정해진 별거를 어기려 한다면, 이런 약정은 무효가 된다고도 명시되어 있다. [19]

먼젓번 결혼을 취소하는 이유가 때로 좀더 유리한 조건으로 다시 결혼하기 위해서이거나 가족의 압력 때문이었으리라는 데는 의심의 여지가 없지만, 분명 항상 그렇지만은 않았을 것이다. 결혼한 여성들에 관한 장

travers les actes notariés (Paris 1969).

18) F. Maitland, ed., *Select Pleas in Manorial and Other Seignorial Courts*, vol. I, p. 46.

19) G. C. Hommans, *English Villagers of the 13th Century* (Cambridge, Mass. 1941), p. 175.

에서 보았듯이 때로는 여자 쪽에서 첫 남편을 버리고 새로운 상대와 맺어
지기를 원했고, 그래서 첫 남편이 교회법정에 그 결혼을 취소할 수 없음
을 입증하려 하기도 했다. 때로는 여자가 별거를 하려는 것이 실리적인
동기에서일 때도 있었다. 예컨대 남편이 농노인 줄 모르고 결혼했다가
뒤에 그 사실을 알게 된 여자가 결혼 취소를 요구한 사례도 있다. 20)

    13세기 말과 14세기 초의 농민사회에 관한 드문 자료 ― E. 르 루아 라
뒤리가 조사한 바, 자크 푸르니에 주교가 주재했던 파미에 이단재판 법
정에 제출된 증언 기록 ― 에서 우리는 이 지역 농민들이 단순히 좋아하
는 것(*diligere*)과 열렬히 사랑하는 것(*adamare*)을 구별했음을 알 수 있
다. 한 남자는 혼담이 건네진 처녀와 결혼하는 데 동의하면서, 자기는 그
녀가 마음에 들기 때문에 혼담에 응한다고 말했다. 마을 집행관인 베르
나르 클레르그는 자기가 결혼하고 싶은 여자 ― 그녀는 실제로 그의 아내
가 되었는데 ― 에 대한 사랑을 열정적인 사랑으로 묘사했다. 자기들은
친척간이고 두 집안 모두 카타리파 성향이 있지만, 그녀와 결혼하기 위
해 자신에게 들어왔던 다른 혼담, 더 많은 혼인지참재산이 제시되었던
혼담을 거절했다는 것이다. 그는 결혼하기 전에도 결혼생활을 하는 동안
에도 그녀를 사랑했다고 말했다. 그러니 주어진 테두리 안에서도 엄연히
선택이 존재했음을 알 수 있다. 그러나 여성들이 증언에서 '열정적인 사
랑'이라는 말을 사용하는 것은 남편이 아니라 연인들에 대해서였다. 남
자에게는 사랑이 결혼의 동기가 되었지만 여성에게는 그렇지 않았던 모
양이다. 적어도 몽타이유에서는 그러했다. 성공적인 결혼에서는 남편이
아내와 대화를 많이 나누었다. 종교적·신앙적 근친혼은 안전을 위해서
만이 아니라(카타리파 신도는 아내와 처가 식구들도 카타리파인 경우 밀고
당하여 이단재판에 회부될 염려가 비교적 적었다) 남자가 카타리파 신앙을
함께 나눌 반려를 원하기 때문이기도 했다. 21)

---

20) P. Döllinger, *op. cit.*, p. 208.
21) E. Le Roy Ladurie, *Montaillou*, pp. 221, 270, 272, 273, 403.

물론 농민사회의 부부관계를 이상화해서는 안 될 것이다. 남편은 가정과 가산을 다스렸고, 심지어 그 대부분이 아내가 유산으로 받은 것일 때도 그러했다. 그는 그녀의 재산이나 그 재산과 연관된 다른 어떤 사용권, 또한 결혼할 때 그가 자기 재산 중에서 설정해 준 과부재산 등을 매각할 때에 그녀의 동의를 얻어야 했고, 법정은 종종 그녀의 동의가 강압 없이 얻어진 것인가를 확인했다. 22) 하지만 그렇다 하더라도 여전히 집안을 다스리는 것은 남편이었다. E. 파워가 지적했듯이 농민들은 여성이나 결혼에 관한 교회문학도, 도회지 문학도 읽지 못했지만 사제들의 설교는 들었고, 남성의 우월성을 설파하고 여성을 조롱하는 유랑 가객들의 노래도 들었다. 23) 농민들은 종종 아내를 잔인하게 다루었고, 법정 기록부들에는 남편이 아내에게 칼이나 기타 도구를 던졌다거나 그러다가 아이를 죽였다거나 하는 사례들이 남아 있다. 24) 많은 여성들이 남편을 두려워할 만한 충분한 이유가 있었다.

그러나 사랑과 애정의 증거들도 남아 있으며, 장원법정의 기록들에서도 그런 단서들을 찾아볼 수 있다. 잉글랜드의 한 마을에서 영주의 사유지 내에서 낚시를 하다가 재판에 회부된 한 농민은 자기 입장을 이렇게 털어놓았다. "나으리, 제 아내가 병이 나서 지난달 내내 앓아누웠는데, 아무것도 먹지도 마시지도 않아요. 그런데 갑자기 농어가 먹고 싶다면서 한 마리 잡아다 달라는 겁니다 … "25) 여자들은 늙거나 병든 남편을(대개는 남편이 더 나이가 많았다) 지성으로 돌보았으며, 몽타이유에서는 카타리파의 완전자가 명령하는데도 병상 곁을 떠나려 하지 않았다. 26)

22) F. Maitland and P. Baildon, eds, *The Court Baron together with Select Pleas from the Bishop of Ely's court of Littleport* (Seldon Society, London 1891), pp. 137~138.

23) *Die exempla des Jacob von Vitry*, ed. G. Frenken, *Quellen und Untersuchungen zur lateinischen Philologie des Mittelalters V* (1914), pp. 128~131.

24) B. Given, *op. cit.*, p. 195; E. Le Roy Ladurie, *Montaillou*, pp. 83, 135, 279, 280, 378.

25) F. Maitland and P. Baildon, eds, *op. cit.*, pp. 54~55.

404

르 루아 라뒤리에 따르면 오트 아리에주 지방의 젊은 아내는 남편의 권위 아래 있었으며 사회적으로 존경받는 지위를 누리지 못했지만, 나이든 여성은 설령 과부가 아니더라도 남편의 권위로부터 상당히 자유로웠다고 한다. 나이 든 여성은 젊은 여성보다 상대적으로 지위가 높았고, 장성한 자녀들은 모친을 존경하고 의논 상대로 여겼다. 남자는 25～30세에 힘이 절정에 달해서 40세는 여전히 전성기이지만, 그 이후로는 내리막을 걷게 된다. 농촌사회에서 남자의 권위와 지위는 나이가 들면서 더 높아지는 것이 아니라 오히려 그 반대였다. 반면 여자들은 성적인 대상이 되기를 그치면서부터 지위를 얻게 된다. "폐경은 여성의 권위를 높여주었다." 다시 말해 농촌사회에서 여성의 지위는 원시사회에서 그렇듯이 상당부분 그녀의 생리적 단계에 의해 결정되었다. 그러나 몽타이유에서도 과부의 아들들이 성년에 달하면 가장이 되었고 어머니는 자식에게 얹혀 살았다. 설령 과부재산권이 있다 해도 과부가 가장이 되어 성년이 된 자식을 거느리지는 않았다.

토스카나 지방에서는 나이 든 여성의 악의 어린 눈길 (*mal occhio*) 이 어린아이들에게 해를 끼칠 수 있는 것으로 여겨져 두려움의 대상이 되었다. 이 지방에서도 과부의 아들들이 성년에 달하면 어머니의 지위는 하락하고 아들들이 집주인 노릇을 했다. 토스카나에서는 남자가 60세 때 (이 나이까지 살아남는다면 말이지만) 가장 지위가 높아지며, 가장으로서의 위치를 아들이나 동생에게 넘겨주는 일은 드물었다. 27) 우리가 아는 한 중세 말기에는 젊고 아름다운 여성들, 성적인 대상이요 유혹의 원천으로 여겨지는 여성들만이 아니라 나이 들고 외로운 여성들도 마녀로 몰렸다. 나이 든 여성의 지위도 항상 똑같은 것은 아니었다.

농민의 딸들도 다른 계층의 딸들처럼, 가산을 물려받든 혼인지참재산 외에는 받을 수 없든 간에, 대개 어린 나이에 결혼했다. 때로는 아버지와

26) E. Le Roy Ladurie, *Montaillou*, p. 260.
27) *Ibid.*, pp. 286, 290, 322, 378; D. Herlihy and C. Klapisch, *Les Toscans et leurs familles* (Paris 1978), p. 566.

딸들 사이에도 아버지와 아들들 사이에서와 비슷한 약정이 맺어지기도
했다. 즉, 아버지가 생전에 딸에게 토지를 물려주는 대신 딸이 아버지를
봉양한다는 것이다. [28] 딸들이 가산을 물려받지 못할 경우에는 어렸을
때 이미 혼인지참재산이 할당되었다. 중세 중기 및 후기의 농민사회를
20세기의 사르데냐나 아일랜드의 농민사회와 비교해서는 안 된다. 후자
의 사회들에서는 장수가 일반화되었으므로 자녀들은 가산을 상속하기까
지 오래 기다려야 할 뿐 아니라 자녀 중에 살아남는 수도 많으므로 모든
자식에게 살림밑천을 제공하기란 불가능하다. 그러므로 어쩔 수 없이 결
혼을 미루어야 하는 경우가 많다. 반면 중세 중기 및 후기에는 사망률이
높아서 살아남는 자녀의 수가 비교적 적었고 부모의 평균수명도 짧았다.
M. M. 포스탄과 J. L. 티토우의 연구에 따르면, 13세기 말과 14세기 전
반기에(즉, 흑사병 창궐 이전에) 윈체스터 영지들에서 20세 때의 평균 기
대수명은 20년에 불과했다. Z. 라지에 따르면 같은 시기 헤일즈오웬에
서는 20세 때의 평균 기대수명이 25~28년 정도였다. [29] 그러므로 다른
계층들에서도 그랬듯이 중세 농민사회는 여성이 비교적 늦은 나이, 즉
20대 후반에 결혼하는 서유럽의 결혼 패턴과 거리가 멀었다. [30]

한편 중세사회의 다른 계층들과 마찬가지로 농민들도 남자가 가정을
이루려면 어느 정도 밑천이 있어야 한다는 것을 알고 있었다. 단지 그들
은 더 적은 밑천으로 만족했을 따름이다. 잉글랜드에서는 작은 집과 몇
에이커의 땅이 있으면 충분했고, 서유럽의 다른 지방들에서도 사정은 비
슷했다. 유족한 농민의 자식들은 가난한 농민의 자식들보다 고향 마을에
눌러 살면서 그곳에서 터를 잡는 경우가 더 많았다. 아주 가난한 농민의
자식들은 어쩔 수 없이 고향을 떠나 타지에서 살길을 모색해야 했다. 유

---

28) F. Maitland, *Select Pleas in Manorial and Other Seignorial Courts*, vol. I, p. 32.
29) M. M. Postan and J. Z. Titow, "Heriots and prices on Winchester manors"
   in M. M. Postan, ed., *Essays on Medieval Agriculture and General Problems of
   the Medieval Economy* (Cambridge 1973), pp. 159~160, 180~183; Z. Razi,
   op. cit., pp. 43~44. 처녀들과 혼인지참재산에 대해서는 *ibid.*, pp. 43, 74.
30) J. Hajnal, *op. cit.*, p. 124.

족한 농민의 자식들은 가난한 농민의 자식들보다 더 일찍 결혼했다. 흑
사병이 지나간 후로 빈 땅이 늘어나 땅을 사기가 전보다 쉬워진 덕분에
평균 결혼연령이 낮아지는 지방도 있었다. 헤일즈오웬의 기록에 따르면,
흑사병 이후 시기(1349~1400) 남성의 평균 결혼연령은 20세였고 여성은
더 낮았다. 약 26%의 소녀들이 12~20세 사이에 결혼했다. 31) 13세기
말과 14세기 초, 즉 흑사병 이전 시기에 몽타이유에서는, 비록 가난한 산
악지대였지만, 소녀들은 일찍 결혼했다. 14, 15, 17, 18세에 결혼한 소
녀들의 기록이 남아 있으며, 남자들은 25세 정도에 아내를 얻었다. 32) 15
세기의 첫 번째 사분기에 피사 인근 농촌지역에서는 남성의 평균 결혼연
령이 26.3~27.1세, 여성은 17.3세였다. 33)

　마을 처녀들 대다수는 결혼했고, 농촌지역에서 결혼하지 않는 처녀들
은 대개 극빈층에 속했다. 그런 처녀들은 마을을 떠나 도회지에 나가서
하녀로 일하거나 또 다른 마을에 가서 품팔이 농사일을 했고, 흔히 혼외
관계에서 사생아를 낳을 가능성이 가장 높은 것도 이런 여성들이었다.
그 중 일부는 결국 마을로 돌아와 살면서 사생아를 혼자서 키우거나 아니
면 결혼을 했다. 그녀들은 자신과 같은 계층의 남자들과 함께 농촌사회
의 최하층을 이루었다. 하지만 사생아를 키우는 부담은 여성의 몫이었
다. 아마 결혼한 남자 형제의 집에 얹혀살면서 집안일과 농사일을 거드
는 미혼여성들도 있었을 것이다.

　유족한 농민가정에서는 가난한 농민가정에서보다 자식을 더 많이 두
었다. 흑사병 이전 헤일즈오웬에서는 농민 가구당 평균 자녀수가 2.8명
이었는데 넉넉한 가정의 평균은 5.1명, 덜 넉넉한 가정의 평균은 2.9명,
가난한 가정의 평균은 1.8명이었다. 가정의 경제적 지위와 자녀수의 이
런 비례는 잉글랜드의 다른 영지들에서도 나타난다. 34) 흑사병 이후 가

31) Z. Razi, *op. cit.*, pp. 57, 60.
32) E. Le Roy Ladurie, *Montaillou*, pp. 276~277, 532.
33) C. Klapisch and M. Demonet, "'A uno pane e uno vino': la Famille toscane
au début du XIVe siècle", *Annales ESC XXXVII* (1972), pp. 873~901.

구당 평균 자녀수는 생존자들의 경제사정이 비교적 개선되었음에도 불구하고 더 낮아졌는데, 이는 흑사병 이후에 유행한 새로운 역병 때문에 영아 사망률이 높았기 때문이다. 헤일즈오웬에서는 가구당 평균 자녀수가 2. 1명으로 떨어졌다. 35) 12세기 마콩에서 자유지를 보유한 농민들은 평균 5~6명의 자녀를 두었다. 36) 몽타이유는 앞서도 지적했듯이 가난한 산골 마을이었는데 13세기 말과 14세기 초에 둘, 넷, 다섯, 여섯, 심지어 8명의 자녀를 둔 가정도 있었다. 가구당 평균 출생 수는 4. 5명이었다. 부유한 가정에서도 살아남은 자식이 8명이나 되면 모두에게 토지를 나눠줄 수가 없었다. 그런 형편의 어느 가정에서는 아들 중 하나가 나무꾼이 되고 다른 하나는 목동이 되었던 사례가 알려져 있다. 몽타이유에서도, 잉글랜드 마을들이나 스위스의 프리부르 근처 농촌지역에서 그랬듯이 흑사병 이후에는 가구당 평균 자녀수가 뚝 떨어졌다. 37) 1427년의 기록에 따르면 피스토야 인근 농촌지역에서는 마을의 가장 넉넉한 가정에서도 평균 자녀수가 3. 21명, 가장 가난한 가정에서는 1. 47명이었다. 38)

앞에서도 지적했듯이 더 넉넉한 가정에 자녀수가 많았던 것은 가임기 중 활용기간이 더 길고, 생존율도 더 높기 때문이다. 가난한 농민 중에는 일부러 식구수를 제한하는 이들도 있었던가? 14세기의 프란체스코회 설교자 알바루스 펠라기우스39) 는 농민들이 가난 때문에 먹여 살릴 수 없는

---

34) Z. Razi, *op. cit.*, p. 83~85. 레드그레이브 및 리킹홀 장원들에 관해서는 *ibid.*, p. 86 and note 178 to p. 164.

35) *Ibid.*, pp. 144~149.

36) G. Duby, *La Société aux XIe et XIIe siècles dans la région mâconnaise* (Paris 1953), pp. 369~370.

37) E. Le Roy Ladurie, *Montaillou*, pp. 25, 118, 301; G. Duby, *L'Economie rurale et la vie des campagnes dans l'Occident médiéval* (Paris 1962), col. II, p. 569

38) D. Herlihy, *Medieval and Renaissance Pistoia* (New Haven 1967), p. 97.

39) 옮긴이 주: Alvarus Pelagius/Alvaro Pelayo (1280경~1352). 에스파냐 교회법학자. 프란체스코회 수도사로서, 아비뇽의 교황 요한 22세의 고해사를 거쳐 포르투갈의 교황사절을 지냈다.

자녀들을 더 낳게 될까 우려하여 아내와 관계를 삼가는 것을 꾸짖었
다.40) 앞 장에서 보았듯이 설교자들이 전에는 간통이나 음행의 맥락에
서 피임을 비난했던 반면, 경제적 동기로 피임을 사용하는 것을 정죄하
기 시작한 것은 이때부터였다.

3. 어머니로서의 농민 여성

연대기나 교훈문학은 농민 여성의 모성적 역할에 대해 거의 말하고 있
지 않다. 연대기 작가들이 어머니와 자녀 사이의 관계를 묘사할 때도 귀
족 여성과 그 자녀를 다루었지 농민계층을 다루지 않았다. 또한 농민계
층에서 모성의 이상이 어떤 것이었는지 가늠하기도 쉽지 않다. 교육 지
침서들이 쓰인 것은 대개 귀족계층이나 부유한 도시민계층을 위해서였지
농민들을 위해서가 아니었기 때문이다. 법정 기록부들에서 나타나는 것
은 정상을 벗어난 예외적인 사례들뿐이다. 그렇다면 정상적인 상황은 어
떠했던가? 농민 여성들이 자녀에게 직접 젖을 먹이고 손수 키웠다는 것
은 알려진 사실이다. 아동기는 짧았다. 아이들은 이른 나이에 일하기 시
작했고, 그럼으로써 성인 사회에 부분적으로나마 통합되었다. 소년들은
남자 어른들의 사회에, 소녀들은 여자 어른들의 사회에 들어가게 되는
것이었다. 어른과 아이가 함께 일하는 것이 교육 및 전통전수의 수단이
되었다.

영주 직영지가 있는 마을에서는 아이들이 일찍부터 부모의 농토에서
일할 뿐 아니라 장원 영주를 위해서도 일했다. 좀더 유족한 농민들을 위
해 품팔이 일꾼으로 일하는 아이들도 있었다. 1388년 잉글랜드에서 반포
된 법령에 의하면 12세 미만의 소년 소녀 중에 짐마차꾼이나 쟁기꾼(쟁기
멘 짐승을 모는 일꾼)으로, 그 밖에 다른 농사일을 하는 아이들은 12세가
된 후에도 그 일을 계속해야 하며 다른 일이나 직업을 시작할 수 없게 되

---

40) Alvarus Pelagius, *De Planctu Ecclesiae* (Venice 1560), L. II, f. 84, col. 2.

어 있었다. 이것은 이 아이들이 12살이 되기 전에도 임금을 받고 일했음을 의미한다. 양이나 가축, 거위를 지키는 것은 대부분의 지방에서 아이들에게 맡겨지는 일이었다. 41)

잔 다르크가 뫼즈 강변의 고향 마을 동레미에서 보낸 유년기를 회상한 글에서도 알 수 있듯이 마을아이들은 일하지 않을 때면 비교적 자유롭게 노래하고 춤추고 또래들과 어울려 놀았다. 어떤 농민 자식들은 다른 계층의 아이들이 그런 것처럼 이른 나이에 집을 떠나야 했다. 어떤 아이들은 도시의 장인 밑에서 도제로 일하러 갔고, 또 어떤 아이들은 집에서 멀리 떨어진 목동에게 보내져서 양치는 법을 배웠다. 하지만 대부분의 농민 자식들이 귀족계층이나 도시민들의 자식들과는 달리 부모와 함께 아동기를 보냈다는 데는 의문의 여지가 없다.

잉글랜드에서 검시관들이 법관들을 위해 작성한 기록들(이 기록들에 대해서는 도시 노동자들에 관한 대목에서 언급한 바 있다)은 농촌지역에서 수많은 유아 및 영아들이 소홀히 취급되어 사망한 예를 보여준다. 아기들은 종종 손위 형제자매나 거동이 부자유한 할머니에게 맡겨졌고, 이들은 아기를 제대로 돌보지 못했다. 아기들이 조금 커서 걸어 다니게 되면 당연히 호기심이 많아지지만 아직 운동기능이 제대로 발달하지 않으므로 우물, 연못, 강 등에 빠져죽거나, 화상을 입거나, 아니면 날카로운 도구를 가지고 놀다가 상처를 입었다. 4세 이상의 아이들에게서는 그런 사고의 횟수가 현저히 줄어들었다. 그때가 되면 아이들은 운동기능이 발달하므로 조심해서 움직이게 되고, 또한 집에 남기보다 부모를 따라 다니게 되기 때문이었다. 42) 기록된 사고의 횟수는 적지 않지만, 별 탈 없이 아

41) "The Status of Cambridge", in *A Documentary History of England*, ed. J. J. Bagley and p. B. Rowley, vol. I (London 1966), p. 218; *Acta Sactorum*, April II, p. 256, March III, p. 520, May III, p. 181, August II, p. 120; *The Miracles of Simon de Montfort*, ed. J. O. Halliwell (London 1840), p. 87; *The Vita Wulfstani of William of Malmesbury*, ed. R. R. Darlington (London 1928), p. 131.

42) A. Hanawalt, "Childrearing among the lower classes of late medieval En-

이를 잘 키우는 가정들은 이런 기록에 나타나지 않는다는 사실도 기억해
야 할 것이다.

사고 그 자체는 아이들이 종종 소홀히 다루어졌다는 사실을 나타내지
만, 그렇다고 해서 반드시 부모와 어린 자식 사이에 정서적 유대가 없었
다는 것은 아니다. 법정 기록부들은 비극에 대한 부모의 반응을 묘사하
지 않지만 성인전의 저자들은 그렇게 했다. 성인전을 통해 우리는 수많
은 부모들이 자식들의 사고나 질병이나 기형에 대해 성인들의 도움을 청
했음을 볼 수 있다. 문제된 아이들이 명백히 아주 어린 — 생후 몇 주에서
5세까지 — 아기들인 경우도 수십 건이나 되며, 그런 어린 자식을 잃은
부모의 반응은 종종 통렬한 것이다. 43)

농민계층의 부모 자식 관계를 묘사한 문학작품은 별로 없다. 윌리엄
랭런드(그는 분명 하급 성직자로서 결혼하여 딸 하나를 두었던 듯하다) 44) 는
〈농부 피어스〉(Piers Plowman)에서 농민들의 가난에 대해 언급하면서
수많은 자식을 먹여 살리는 문제를 묘사한다. 이전 장에서 논의했던 수
많은 교훈 저작들에서 나타나는 바와 같은 신랄함은 전혀 보이지 않는
다. 아이들은 가정생활의 중심인 동시에 무거운 짐이다. 45) 농민가정을

---

gland", *Journal of Interdisciplinary History* III (1977).

43) 예를 들어 다음 문헌들을 볼 것. *Acta Sanctorum*, January I, pp. 896, 345, March II, p. 86, April I, p. 710, April III, pp. 248, 928, 957, May V, p. 103, June IV, p. 782; St Bonaventura, *Legenda Sancti Francisci* in *Opera Omnia* (Quarachi 1898), p. 568; *Analecta Bollandiana* IX (1890), pp. 327~328, 351; *Le Livre de Saint Gilbert*, ed. R. Foreville (Paris 1943), p. 70; *The Vita Wulfstani of William of Malmesbury*, ed. R. R. Darlington (London 1928), p. 121.

44) 옮긴이 주: William Langland (1332경~1386경). 14세기 운문 알레고리 작품 〈농부 피어스〉(1360~1387경)의 저자로 추정된다. 이 작품의 한 사본에 따르면, 그는 '옥스퍼드셔의 스펜서 경의 소작인'이었다고 하며, 그 밖의 전기적 사실도 모두 작품을 통해 막연히 추정되는 정도이다. 〈농부 피어스〉는 〈가웨인과 녹색 기사〉, 초서의 〈캔터베리 이야기〉와 더불어 영어로 쓰인 최초의 작품들 중 하나다.

45) William Langland, *Piers the Plowman and Richard the Redeless*, ed. W. W. Skeat (Oxford 1901), C. Passus X, 72~79, p. 234.

묘사한 문학작품 중 부모의 사랑에 대해 말한 작품을 두 편 들 수 있다.
12세기 말 하르트만 폰 아우46)가 쓴 《가난한 하인리히》(Der Arme
Heinrich)는 장원 영주의 나병을 고치기 위해 기꺼이 목숨을 바치려 하는
한 농민 소녀를 묘사한다. 그녀의 부모는 자식의 의중을 알고는 울부짖
는다. 그들은 딸의 결심이 확고한 것을 알고 나서야, 그리고 그녀가 부모
의 용서를 구하고 부모의 은덕에 대한 감사와 사랑을 표하고 나서야 비로
소 그녀가 자기 뜻대로 하는 것을 허락한다. 그러나 그들은 슬픔과 비탄
으로 쓰러지며, 더 이상 살아갈 이유가 없는 사람들처럼 행동한다. 47)

13세기 시가 《농민 헬름브레히트》(Meier Helmbrecht) 48)에서도 우리
는 애정 깊고 헌신적인 부모를 보게 된다. 주인공 헬름브레히트는 자기
출신계층을 거부하고 부모의 간곡한 만류에도 불구하고 도적이 되어 강
도 기사들과 어울린다. 그러다 결국 붙잡혀서 영주의 집행관의 명령에 따
라 눈알을 뽑히고 팔 하나 다리 하나를 절단 당한다. 눈먼 병신이 된 그가
아이 하나를 앞세워 부모의 집으로 돌아오자 아버지는 그를 받아들이기
를 거절하며 아이에게 이렇게 말한다. "이 끔찍한 것을 내게 데려오지 말
아라." 그리고 아들에게는 이렇게 말한다. "이 몹쓸 놈아 어서 내 문 앞에
서 썩 꺼져라. 네 불행이 나와 무슨 상관이냐." 그래도 "그렇게 마음이 모
질지 않은" 어머니는 "제 자식인 그의 손에 빵 한 조각을 쥐여 주었다". 49)
이런 것은 문학적 묘사이지만, 14세기 초 파미에의 이단재판 법정에

---

46) 옮긴이 주: Hartmann von Aue (1170경~1210경). 중세 독일 문학의 대표적 시인
중 한 사람. 슈바벤의 군소귀족계층 출신으로, '아우' 영지를 가진 귀족의 가신이
었으며, 1196~1197에는 십자군 원정에 참여했다. 그의 작품으로는 크레티엥
드 트루아의 《에렉과 에니드》 및 《사자의 기사 이뱅》을 옮긴 《에렉》과 《이바
인》, 역시 프랑스 서사시를 옮긴 《그레고리우스》, 그리고 본문에 언급된 《가난
한 하인리히》가 있다.

47) *Der Arme Heinrich* in *Peasant Life in Old German Epics* trans. C. H. Bell (New
York 1968), pp. 110~111.

48) 옮긴이 주: 1250년경 베르너 뎀 개르트너 (Wernher dem Gärtner)가 쓴 운문소
설. 중세 기사도의 몰락을 사실적으로 묘사한 작품으로 손꼽힌다.

49) *Meir Helmbercht, ibid.*, p. 86.

제출된 증언은 농민사회에서 자식을 대하는 태도가 어떠했던가를 농민 남녀 자신의 육성으로 들려주는 귀한 자료이다. 이 자료에서 몽타이유의 농민들은 어린 자식에 대해 강한 애정과 배려를 보이며, 이는 엠마뉘엘 르 루아 라뒤리가 이미 지적했듯이 중세사회에서는 어린아이들에게 애정을 갖지 않았다는 필립 아리에스의 이론에 대한 반증이 된다. 농민 여성들은 귀족 여성이나 유족한 도시민계층의 여성들과는 달리 자기 자식에게 직접 젖을 먹였다. 아이들은 1~2년 동안 모유를 먹었고, 따라서 어머니와 자식들 간의 기본적인 관계는 따스하고 친밀하고 직접적인 것이었다. 마을에서 가장 가난하고 천한 소녀였던 브륀 푸셀은 사생아를 낳았는데, 이웃 여자가 자기 집에 사는 한 여자가 젖이 남아돌므로 그에게도 젖을 먹일 수 있다고 강권하는 데 마지못해 동의했다. 그녀는 낯선 여자의 젖이 아기에게 해로울까봐 걱정했던 것이다.[50] 남의 집 하녀나 품팔이 일꾼으로 일하면서 사생아 딸을 낳은 한 여자는 일터를 옮길 때마다 아이를 자기 곁에 둘 수 있도록 유모를 계속 바꾸었다.[51]

아이가 죽으면 어머니는 울며 애도했다. 조문하러 온 이웃들은 죽은 자들은 산 자들보다 더 좋은 곳에 있다든가, 죽은 아이의 영혼이 다음에 태어날 아이의 몸 속에 들어올 거라든가, 아이가 죽기 전에 카타리파 신앙의 언약에 참여할 특권을 누렸으므로(즉, 죽기 전에 '콘솔라멘툼'[52]을 받았으므로) 영혼의 구원을 보장 받았다든가 하는 말로 아이 어머니를 위로하고자 했다. 그러나 상(喪)을 당한 자에게 건네지는 모든 위로의 말이 그렇듯이, 이런 말도 자식을 잃은 부모의 고통을 덜어주지는 못했다. 죽은 딸을 애도하는 한 어머니는 이웃 여자가 영혼의 구원에 대한 말로 위로하려 하자 자기는 딸이 카타리파 신앙의 언약에 참여한 것이 기쁘기는

---

50) *Le Registre de l'inquisition de Jacques Fournier* (1318~1325), vol. I, 77a, p. 382.

51) *Ibid.*, 74b, p. 370.

52) 옮긴이 주: '콘솔라멘툼'이란 카타리파의 세례에 해당하는데, 카타리파의 성직에 해당하는 '완전자'가 되기 위한 서품성사 또는 신도가 죽기 직전의 종부성사의 기능을 모두 가지고 있었다. 어느 경우에나 콘솔라멘툼을 받고 나면 일체의 육식과 성적 접촉을 삼가야 했다.

하지만 그래도 딸을 잃어 마음이 아프며 계속 그럴 것이라고 대답했다. 53)

어린 자식에 대한 태도를 가장 잘 보여주는 증언은 다음과 같은 것이다. 카타리파의 한 부부에게 채 첫 돌이 지나지 않은 자코트라는 이름의 딸이 있었다. 아이가 병들어 죽으려 하자 부모는 완전자를 찾아갔고, 그는 카타리파 신앙의 모든 원리를 무시하고서 도무지 말귀도 알아들을 나이도 되지 못한 아이에게 죽기 전에 콘솔라멘툼을 주어 영혼의 구원을 확실히 해 주고자 했다. 아이가 콘솔라멘툼을 받은 후에는 젖을 먹는 것이 금지되었고(카타리파의 완전자들은 육류뿐 아니라 달걀이나 우유 같은 일체의 동물성 음식을 먹지 않았다), 이는 아이가 조만간 굶어 죽으리라는 것을 의미했다. 완전자와 아이 아버지가 집을 나서기 전에 아이 아버지는 이렇게 말했다. "만일 자코트가 죽으면 하느님의 천사가 될 거예요." 아이와 단둘이 남은 어머니는 아이를 굶겨 죽이고 말 금기조항을 도저히 지킬 수 없어서 젖을 물렸다. 이 사실이 아이 아버지와 카타리파 친지들에게 알려지자, 그들은 분노하여 여자를 비난했다. 그녀의 증언에 따르면, 그 일이 있은 후 남편은 그녀와 아이를 한동안 멀리했다. 아이는 1년을 더 살다 죽었다. 54)

생후 3달 된 아기를 굶겨 죽이기를 거부한 어머니의 아주 비슷한 사례 또한 증거로 인용되어 있다. 55) 어린 자식에 대한 이런 애정과 강한 유대의 표현들은 중세 사람들이 어린아이들을 한 인간으로 아끼고 사랑하지 않았다는 견해를 완전히 뒤엎는 것이다. 농민계층에서는 앞서 지적했듯이 대부분의 자식들이 성년이 될 때까지 부모의 집에 살았으므로 부모자식 간의 유대가 이른 나이에 끊어지지 않았다. 아버지들이 오래 집을 비

---

53) "quod bene plus doleret de morte filie sue quam faceret." *Ibid.*, 61ab, p. 320. 아침에 일어나 젖먹이 아기가 죽은 것을 발견하고 애도하는 또 다른 어머니에 대해서는 *ibid.*, 33cd, p. 202.

54) *Ibid.*, vol. II, 203cd, pp. 414~415.

55) *Ibid.*, vol. I, 105ab, p. 499.

414

우고 떠나 있는 경우도 드물었다. 부모는 자식을 장차 도움을 제공할 노동력이자 노년의 보장으로 보았다. 카타리파의 한 사람이 말했듯이 "합법적인 아내로부터 네 노년에 너를 섬길 아들딸을 낳을지어다".[56] 아들이 죽은 후 한 마을 사람은 이렇게 말했다. "내 아들 레이몽의 죽음으로 나는 가졌던 모든 것을 잃었다. 나와 함께 일할 수 있는 사람이 아무도 없다."[57] 그러나 자식에 대한 이런 기대가 애정을 배제하는 것은 아니었다.

어린 자식들에 대한 애정의 표현과 더불어 장성한 자식들에 대한 사랑과 헌신의 예들도 발견된다. 한 어머니는 같은 마을에 사는 가난한 딸에게 농기구와 가축을 빌려주는 등 도움을 주었다.[58] 마을에서 손꼽히는 유지였던 클레르그 집안의 딸은 다른 마을 출신의 남자와 결혼했다가 병이 나서 부모의 집으로 돌아와 3년 동안 지내다가 죽었다. 그녀의 부모는 딸의 병치레에 가진 돈을 거의 다 썼다. 임종 전에 그녀는 콘솔라멘툼을 받았다. 성인들은 병상에서 콘솔라멘툼을 받은 후에는 금기 음식을 삼갈 뿐 아니라 자진해서 굶어죽는 것이 관례였다. 그러나 이 딸의 어머니는 이렇게 말했다고 한다. "만일 내 딸이 먹을 것이나 마실 것을 달라고 한다면 나는 기꺼이 주겠다." 그러나 어머니는 그럴 필요가 없었다. 딸은 아무것도 요구하지 않았고, 이튿날 세상을 떠났다.[59]

한 15세 소년은 죽어가면서 콘솔라멘툼을 달라고 부탁했다. 어머니는 이단재판의 밀고자들을 두려워한 나머지, 죽어가는 소년에게 콘솔라멘툼을 주기 위해 집에 완전자를 부르기를 꺼렸다. 그래서 소년에게 이렇게 말했다. "나는 너밖에 다른 아들이 없으니 너를 잃는 것만으로도 족하다. 너 때문에 내 재산까지 잃을 수는 없다……." 매정하고 계산적인 말이었다. 그러나 아들은 계속 애원했고, 결국 어머니는 완전자를 불러왔다.[60] 마을 사람 하나는 이웃 여자가 이단재판 법정에서 카타리파와의

56) *Ibid.*, vol. III, 263ab, pp. 188~189.
57) *Ibid.*, vol. I, 61bc, p. 321.
58) E. Le Roy Ladurie, *Montaillou*, p. 28.
59) *Le Registre de l'inquisition de Jacques Fournier* (1318~1325), vol. III, 295ab, p. 364.

연관을 인정하지 못하도록 설득하면서 이렇게 말했다. "어리석고 교만한 여인이여, 만일 당신이 고백한다면 재산을 모두 잃는 것은 물론이고 당신 화덕의 불을 꺼트리게 될 것이며, 당신 자식들은 분노로 속을 태우며 빵을 구걸하게 될 거요 … ."61) 물론 몽타이유 주민들 사이에도 더 무정한 종류의 행동들이 있었으며, 그들의 증언은 이미 인용한 바 있다. 마을의 한 카타리파 어머니는 다른 여러 카타리파 신도들과 함께 가톨릭 신도인 자기 딸 잔을 절벽에서 떨어뜨려 죽일 음모를 꾸몄다.62) 하지만 현대의 전체주의 체제들 또한 중세의 이단재판 못지않게 분쟁과 적의를 일으켜 가족관계를 왜곡시키지 않는가?

어느 시대에나 그랬듯이 재산은 분란의 원천이었고, 자식이 잘되는 것보다도 자신들의 물질적 이해관계를 앞세우는 이기적인 부모들도 있었다. 잉글랜드의 한 과부는 어린 아들과 세 딸과 함께 남게 되자 딸들을 결혼시키기보다 자기가 재혼하는 것을 더 서둘렀고, 그래서 자식들의 아버지인 첫 남편이 죽은 후에 두 번이나 더 결혼했다. 그녀의 세 번째 남편은 가산 중에서 의붓딸들 중 하나에게 돌아갈 몫을 자기가 차지하려고 온갖 수단을 동원했다. 뿐만 아니라 필시 어머니가 혼인 지참금을 주지 않아 결혼할 수 없었던 또 다른 딸은 사생아를 낳았다. 그런가 하면 유산을 차지하기 위해 네 명의 자식과 질긴 싸움을 벌인 과부도 있었다. 그녀의 딸들 중 하나도 역시 사생아를 낳았다.63)

교훈문학은 자식들이 연로한 부모에게 부당한 일을 하지 않도록 경계하고 있다. 이런 저작 중 하나에서 우리는 〈리어 왕〉의 농민계층 버전을 보게 된다. 즉, 한 아버지가 생전에 아들들에게 재산을 나눠주었다. 그러자 아들들은 그를 모욕하고 부당하게 대접했다는 것이다. 반면 부모가

---

60) *Ibid.*, vol. I, 88a, p. 429.

61) E. Le Roy Ladurie, *Montaillou*, p. 52.

62) *Ibid.*, p. 86.

63) Z. Razi, *op. cit.*, p. 68~69; F. Maitland, ed., *Select Pleas in Manorial and other Seignorial Courts*, vol. I, p. 173.

자식들을 거칠고 무정하게 대하지 않도록 경계하는 이야기는 없었다. 자식을 낳고 기르는 데 대한 성직자들의 태도는 결코 명백하지 않았지만, 설교자들은 자식을 소홀히 하는 부모들에게 훈계를 했고, 사제들은 소교구민들에게 자식을 그리스도교인답게 키울 의무를 환기하곤 했다. 성서에 따르면 부모를 공경하는 데 대한 보답은 장수였다. 13세기 말의 로버트 매닝 오브 브륀이라는 저자는 자식들에게 만일 연로한 부모를 존대하고 돌보지 않으면 자기 자식들로부터도 똑같이 푸대접을 받게 되리라는 이야기를 들려준다. [64]

실성하여 자식을 죽인 어머니들의 사례도 있다. 잉글랜드에서 한 여자는 성난 나머지 10살 난 아들을 때려죽인 일로 고발당했다. 또 한 여자는 2살짜리 딸을 죽이고 4살짜리 아들에게 뜬 숯 위에 앉으라고 강요했다. 법정은 이 여자들의 행동을 정신이상 탓으로 돌렸다. [65] 하지만 오늘날 유럽의 언론도 비슷한 이야기들을 종종 전하는 터이다. 몽타이유에 대한 연구에 따라, E. 르 루아 라뒤리는 필립 아리에스의 이론이 수정될 것을 요구했다. 주지하듯이 아리에스에 따르면, 아동에게 좀더 다정한 태도는 중세 말기에 이르러서야 생겨나기 시작했으며, 이 변화는 먼저 상류계층에서 생겨났고 훨씬 더 나중에야 노동자계층까지 파급되었다고 한다. 그러나 E. 르 루아 라뒤리에 따르면 사실은 정반대이다. 어린아이들에 대한 사랑과 따뜻한 애정은 중세 농민계층의 특징이었으며, 상류 계층에서는 그 비슷한 태도가 오히려 더 나중에 발전했다고 한다.

자식에 대해 굴절된 태도를 가진 부모는 역사상 어느 시대에나 있었으

64) Robert Gloucester, *Metrical Chronicle*, cited in G. C. Homans, *op. cit.*, pp. 156~157; Robert Mannyng of Brunne, *Handlyng Synne*, cited, *ibid.*, p. 155. 훈계에 대해서는 John Myrc, *Instructions for Parish Priests*(EETS London 1868), p. 54; R. Owst, *Literature and Pulpit in Medieval England*, Oxofrd 1961), pp. 428~429, 460; M. M. McLaughlin, "Survivors and surrogates: children and parents from the ninth to the thirteenth centuries", in L. de Manse, ed., *The History of Childhood*(London 1976), pp. 120~121.
65) B. A. Hanawalt, "The female felon in 14th century England", in *Women in Medieval Society*, ed. S. Mosher-Stuard(Pennsylvania 1976), pp. 130~131.

며, 어린아이를 중요시하는 태도가 사회 전반의 특징인 오늘날도 어느 계층에서나 발견된다. 어느 문명에서나 이렇게 굴절된 태도의 결과는 기본적으로 비슷하다. 모성적 태도의 어떤 측면들이 원초적이고 어떤 것들이 사회-문화적 양상들인지는 확연히 분간하기가 쉽지 않다. [66] 그러나 자크 푸르니에의 법정에 제출된 증거들에 따르면, 오트 아리에주의 농민 사회에서는 사회구조 및 교육제도가 타고난 모성 본능에 미친 부정적 영향이 귀족계층에서보다 적었던 것으로 보인다. 물론 한 고립된 지방에 대한 증언으로부터 일반화된 결론을 끌어낼 수는 없는 일이며, 유럽 북부의 농민사회와 남부의 농민사회 사이에는 차이가 있을 수도 있다(적어도 현존 자료들로 미루어보면 이탈리아 도시들에서 발견되는 것 같은 아이들에 대한 애정의 표현은 북유럽 도시들에서는 발견되지 않는다). 그러나 몽타이유의 실상을 보면 아리에스 이론을 적어도 어느 정도는 수정해야 한다는 데 이의의 여지가 없을 것이다.

4. 과 부

중세 농촌지역에서 남녀의 평균수명 사이에는 뚜렷한 차이가 없었다. 1343~1395년 사이 헤일즈오웬에서 여성의 사망률이 남성의 사망률보다 높았던 것은 아마도 여성이 더 걸리기 쉬웠던 모종의 전염병 때문이었을 것으로 추정된다. 피스토야 인근 농촌지역에서는 1427년 기록에 의하면 남녀 인구의 차이가 연령이 높아질수록 더 커졌다. 20세의 남녀 성비는 105 대 100이었지만, 20세 이상에서는 109 대 100이었고, 60세 이상에서는 117 대 100으로 남성인구의 비율이 높아졌다. 중앙 산악 지대에 있는 삶의 여건이 열악한 극빈 지역에서는 60세 이상의 성비가 125 대 100까지 되었다. 이런 불균형은 필시 유족하고 나이 든 과부들이 도회지로 이주했

66) F. Fromm-Reichmann, "Note on the mother role in the family group", in *Psychoanalysis and Psychotherapy* (Chicago 1959), pp. 290~305.

기 때문일 것으로 추정되지만, 분명 그것이 유일한 이유는 아니었을 것이다. 반면 많은 농촌지역에서는 과부 수가 틀림없이 더 많았을 터이니, 여성은 남성보다 일찍 결혼하므로 연장자인 남편들이 먼저 죽을 가능성이 높았기 때문이다. 1350~1450년 사이 잉글랜드 중부에 있던 10개 장원에 관한 연구에 따르면 모든 토지 보유자의 14%는 여성이었고, 그 대다수가 과부였다. 고작 5% 정도만이 노처녀들이었다.[67] J. Z. 티토우에 따르면, 14세기 전반기에 글래스턴베리 수도원의 장원들과 윈체스터 및 우스터 주교구의 장원들에서 과부의 비율은 9~15% 사이였다.[68]

다른 사회계층에서와 마찬가지로 농민계층 과부들의 권리는 교회 및 세속법과 관습에 의해 보장되었으며, 이런 권리는 주로 과부재산 및 자녀에 대한 후견권에 관한 법률에 반영되었다. 과부재산의 권리는 모든 지역에서 동일하지 않았다. 일반적으로 말해 과부는 죽은 남편의 토지 자산 중 3분의 1 내지 2분의 1을 종신 과부재산으로 받았다. 다소 예외적으로 엠리 캐슬 같은 몇몇 지역에서는 과부가 모든 토지를 받기도 했다. 과부가 재혼을 하면 과부재산에 대한 권리를 잃게 되는 지방도 있었다. 서섹스 지방의 벅스팁도 그 중 하나였고, 그곳에서는 과부가 죽은 남편의 토지 중 절반을 과부재산으로 갖고, 나머지 반은 막내아들이 물려받게 되어 있었는데, 과부가 재혼을 할 경우에는 그 토지를 박탈당했다. 그러나 대부분의 지방에서 과부는 재혼을 해도 과부재산에 대한 권리를 유지할 수 있었다. 또한 그녀는 가재도구 중 3분의 1도 물려받았다(다른 3분의 1은 아들딸이 공평하게 나눠 가졌고, 나머지 3분의 1은 본래 소유자가 선택한 누구에게든지 물려줄 수 있었다. 일반적으로 그것은 교회에 보시로 남겨졌다).

만일 고인이 농노였다면, 장원의 영주가 차지(借地) 상속세(heriot) ─ 이것은 결혼세(merchet) 외에 농노에게 부과되는 또 다른 과료였다 ─ 명목으로 유산의 일부를 돈이나 가축이나 도구의 형태로 가질 수 있었다.

67) D. Herlihy, *op. cit.*, pp. 83~84; R. Hilton, *op. cit.*, p. 99.

68) J. Z. Titow, *English Rural Society, 1200~1300* (London 1972), p. 87.

사제는 그 유산에서 십일조로 밀린 돈을 거둘 권리가 있었다. 만일 아내가 먼저 죽고 그녀와 남편 사이에서 태어난 자식이 있다면, 대부분의 지방에서 홀아비는 그녀의 토지를 종신 보유할 수 있었다. 그가 죽고 나서야 비로소 땅은 상속인에게 넘어갔다. 만일 그들에게 자식이 없다면, 토지는 아내의 사후에 그녀의 친족에게 넘어갔다. 남자가 과부와 결혼하여 그녀가 먼저 죽는 경우, 그녀의 유산 일부는 그의 수중에 들어오지만 그 대부분은 그녀의 첫 번째 결혼에서 태어난 자식들에게 상속되었다.[69]

많은 과부들은 별다른 간섭을 받지 않고 과부재산을 유지할 수 있었지만, 개중에는 그 권리를 지키기 위해 남편의 친척들과 법정에서 싸워야 했던 이들도 있었다. 킹즈 립튼 장원의 기록부에는 13명과 송사를 벌여 여러 차례 재판을 받은 과부의 사례가 기록되어 있다(유감스럽게도 그 결과는 알 수가 없다).[70] 과부재산은 가산의 상당부분을 차지했으므로 자식들의 몫이 줄어들게 마련이었고, 그래서 과부들은 자기 자식들과 때로는 정당하게, 때로는 (앞에서 보았듯이) 정당한 명분 없이도, 종종 다투게 되었다. 특히 과부가 재혼을 할 때는 자식들이 토지 전체를 차지하려 하곤 했다. 대부분의 과부들은 자식들의 후견인 노릇을 했다. 장원법정 기록부들은 여자가 남편 사후에 자식들에 대한 후견권을 얻는 대가를 지불하거나, 또는 자식이 성년이 된 후 토지를 넘겨준 수많은 사례들이 기록되어 있다.[71]

어떤 과부들은 재혼하지 않고 보유지를 혼자 경작했다. 영주 직영지가

69) 과부재산권에 대해서는 R. Hilton, op. cit., pp. 98~100; R. J. Faith, "Peasant families and inheritance customs in medieval England", *Agricultural Historical Review XIV* (1966), pp. 77~95 참조. 리구리아 지방의 관습에 대해서는 J. Heers, *Le Clan familial au Moyen Âge* (Paris 1974), p. 225. 홀아비의 상속권에 대해서는 F. Maitland, ed., *Select Pleas in Manorial and other Seignorial Courts*, vol. I, pp. 37, 29, 121.

70) *Ibid.*, pp. 107, 109~110.

71) *Ibid.*, pp. 62, 88, 89, 96; F. Maitland, ed., *Select Pleas in Manorial and other Seignorial Courts*, vol. I, pp. 6, 28; G. C. Homans, op. cit., p. 440, note 4.

있는 지방에서는 영주 직영지에서도 일했고, 때로는 품팔이 일꾼들을 쓰기도 했다. 어떤 과부들은 유산으로 물려받은 것이든 과부재산권으로 보유한 것이든 간에 자기 재산에 대한 권리를 사양하고 자식들 중 하나에게 넘겨주었고, 자식은 그 대가로 모친 봉양을 약속하기도 했다. 과부가 된 후 재산을 아들에게 넘겨준 한 농민 여인은 아들과의 약정서에 그가 매년 제공해야 하는 콩과 옥수수의 종류 및 양, 석탄의 양과 돈의 액수를 명시하기도 했다. 아들은 또한 어머니를 위해 별도의 집을 지어주기로 약속했으니, 길이 30피트, 폭 10피트(집안에서 잰 치수)에 문이 3개, 창문이 2개 있는 목조 가옥이라야 했다. 만일 그가 이런 의무를 다하지 않을 경우 그는 어머니에게 금전적 보상을 해야만 한다고 약정서는 명시하고 있다.[72] 어떤 과부들은 재혼을 했다. 과부들이 청혼을 받는 이유는 주로 유산을 물려받았기 때문이거나, 지방의 관습에 따라서는 죽은 남편의 자산 중 과부재산으로 보유한 몫을 재혼 후에도 계속 보유할 수 있었기 때문이다. 흑사병 창궐 이후 인구가 급감하고 버려진 토지가 늘자 과부들의 재혼율이 떨어졌다는 것은 그런 사정을 잘 말해 준다. 농민은 가정을 이루기 위한 토지를 좀더 쉽게 구할 수 있었고, 딸들에게도 적당한 혼인 지참재산을 줄 수 있게 되었던 것이다. 앞서 지적했듯이, 이 시기는 과부가 사생아를 낳은 사례가 늘어난 시기이기도 하다.[73]

영주 직영지가 있는 곳에서는 장원의 영주가 자신에게 돌아올 봉사와 노역을 확보하기 위해 과부에게 재혼을 강요하는 경우도 있었다. 그래서 과부는 재혼을 미룰 수 있도록 영주에게 그 허락에 대한 대가를 상납하기도 했다.[74] 때로는 장원의 농민들에게 과부와 결혼하라는 압력이 가해지기도 했다. 잉글랜드의 한 장원에서는 아가사라는 이름의 과부가 두

---

72) *Ibid.*, p. 436.

73) J. Z. Titow, "Some differences between manors and their effects on the condition of the peasant in the 13th century", *Agricultural Historical Review* X(1962), pp. 1~13; Z. Razi, *op. cit.*, pp. 235, 138~139.

74) G. C. Homans, *op. cit.*, p. 88.

명의 농부에게 결혼상대로 제시되었는데, 둘 다 그녀를 거부했다! 그들 중 한 사람은 그녀와 결혼할 의무를 면제받기 위해 벌금을 낼 용의까지 있었다. 다른 한 사람은 그녀와 결혼을 하거나 벌금을 내야 한다는 법정 판결을 받았다. 75) 이처럼 농민 과부에 대한 결혼세 기능을 하는 관습과 귀족계층에 퍼져 있던 관습, 즉 봉건영주나 장원의 영주로부터 재혼하라는 압력을 받은 과부가 자신이 선택한 자와 결혼할 권리를 얻기 위해 또는 영주의 허락 없이 결혼하기 위해 과료를 상납하는 관습을 비교해 볼 수도 있다. 귀족계층에서나 농민계층에서나 유산을 상속한 과부나 과부 재산을 가진 과부는 유리한 혼처로 고려되었다. 몽타이유의 과부 여러 명은 이단재판의 박해 때문에 어쩔 수 없이 고향을 떠난 후 통상적이 아닌 여건에서 독특한 생활방식을 선택했다. 그들은 레리다(레이다)에 함께 정착해 공동으로 살림을 꾸려나갔던 것이다. 76)

대부분 지방의 농민사회에서 — 다른 계층에서도 마찬가지였지만 — 가장 큰 자유를 누리는 여성은 땅을 가진 과부였다. 재산은 지위와 세력을 갖다 주었으니, 영주와 그 대리인들의 통제가 있다 해도 마찬가지였다. 과부는 남편 및 자기 친족의 감독에서 자유로웠으며, 특히 아들 중 하나와 함께 살지 않을 때는 그러했다. 그러나 농민사회에서 많은 과부들은 다른 계층의 과부들과 마찬가지로 독립과 그에 따르는 고독보다는 재혼하는 편을 선호했다.

5. 촌락에서의 여성 노동

중세 농민사회에서는 알려진 모든 농경사회에서와 마찬가지로, 여성들이 대부분의 농사일에 종사했다. 딸이나 아내는 가족의 농토에서 일했고, 과부나 노처녀는 자신의 보유지를 경작했다. 영주 직영지가 있는 장

---

75) *Ibid.*, p. 188.

76) E. Le Roy Ladurie, *Montaillou*, p. 186.

422

원에서는 여성들도 영주가 요구하는 노역을 제공했고 영주 직영지에서
일했다. 과부나 미혼여성도 장원에서 차지(借地)를 보유한 자들에게 요
구되는 모든 노역을 제공할 의무가 있었다. 많은 여성들이 농사일꾼으
로, 또는 장원 영주나 유족한 농민의 집에서 하녀로 일했다. 책의 채색삽
화나 대성당의 채색창에는 농사일을 하는 여성의 역할이 묘사되어 있다.
겨울의 농한기나 봄의 여러 축제일 때의 장면들 외에도 여자들이 밀을 까
부르는 장면, 추수꾼들에게 마실 것을 나르는 장면, 돼지 도살을 돕는 장
면, 물레질을 하는 장면 등이 묘사되어 있다. 농민생활을 그리는 문학작
품들에도 채마밭이나 들밭에서 일하는 여성, 가축을 돌보거나 천을 축융
하는 여성들이 묘사되어 있다. 77) 역사서들은 한때 농민 여성들이 집안
일과 텃밭 가꾸기, 즉 가내 노동만 하는 것으로 보았으며 들밭과 목장에
서의 노동은 남성들만의 일이라고 여겼었다. 실제로 목장은 남자들의 영
역이었지만, 들밭에서는 여성들도 상당한 역할을 했다.

집안일과 텃밭 가꾸기에는 세탁, 요리, 물 길어 나르기, 화덕에 불 지
피기, 밀을 가까운 방앗간으로 가져다 찧어오기, 치즈 만들기, 가축 돌
보기, 집 곁의 채마밭에서 일하기 등이 포함되었다. 술은 가내용으로뿐
아니라 내다 팔기 위해서도 빚어야 했다. 실을 잣고 천을 짜는 것도 여성
들 몫의 일이었다. 양을 치는 지역에서는 양모로 실을 잣고 모직 천을 짰
다. 마(麻)를 경작하는 지역에서는 마를 재료로 같은 일을 했다. 일반적
으로 여성들은 천을 만드는 데 있어 축융이나 염색 같은 다른 모든 공정
도 도맡아 했다. 아주 부유한 농민들이나 집에서 천을 짜지 않고 시장에
서 값비싼 천을 살 수 있었다. 실잣기와 베짜기는 여자 농노들이 주인인
장원 영주를 위해 해야 하는 전형적인 가내 노동에 속했다. 78)

들밭의 일 중에서 여성의 몫은 잡초 뽑기, 괭이질, 씨앗 뿌리기 등이었

77) 헬름브레히트는 누이동생에게 농부와 결혼하지 말라고 하면서, 그녀가 농부의 아내
로서 해야 할 여러 가지 일들에 대해 언급하고 있다. *Meir Helmbercht*, pp. 73~74.
78) G. Duby, *L'Economie rurale et la vie des compagnes dans l'Occident médiéval*
(Paris 1962), vol. II, p. 694.

다. 여성들은 수확 때도 참가하여 곡식단을 묶고 키질을 하고 건초를 모았다. 잉글랜드의 마을들에서는 랭런드의 〈농부 피어스〉에서 묘사되었듯이 남자가 쟁기를 끌어 떼를 파 엎는 동안 여자는 막대기로 가축들을 몰곤 했다. 밀과 쭉정이를 구분하기 위해 써레를 사용할 때도 가축을 모는 것은 여자였다. 한 장원의 법정 기록부에는 농민 여자인 크리스틴이 써레질을 하는 동안 한 농민이 써레에 매인 말의 고삐를 잘라버린 일로 고발된 사건이 기록되어 있다. 79) 잔 다르크도 재판 때에 자신이 부모의 집에서 물레질이나 바느질 같은 일을 했을 뿐 아니라 아버지와 함께 쟁기질을 한 적이 있다고 증언했다. 80) 20년 후 재심81) 을 위해 마을을 찾아온 심문관들에게 그녀의 고향 마을 사람들은 이런 증언을 고스란히 반복한바 있다. 포도주를 생산하는 지역에서는 여성들이 포도 수확에 참여했다. 인구 감소로 노동력이 부족했던 14세기 후반기에 레스터의 여러 영지에서는 고용된 여성 노동자들이 거름 주는 일이나 이엉 엮기 같은 일도 해냈다. 피레네 산지에서처럼 가축 떼를 이끌고 먼 거리를 이동하는 목동들의 세계는 순전히 남성들의 소관이었지만 잉글랜드에서는 여성들도 양을 씻기고 털을 깎았다. 82)

여성 차지보유자들 중에는 유산이나 과부재산으로 땅을 보유할 뿐 아니라 땅을 매입한 이들도 있었다는 사실을 법정 기록부를 통해 알 수 있

79) R. Hilton, *op. cit.*, p. 101.
80) J. Quicherat, *Procès de condamnation et de réhabilitation de Jeanne d'Arc* (Paris 1841), vol. I, p. 51, vol. II, p. 429.
81) 옮긴이 주: 백년전쟁의 와중에서 잔 다르크는 1431년 영국군 수하의 성직자들에 의해 이단 판결을 받고 화형 당했다. 1449년 샤를 7세는 대내외적인 오랜 싸움을 마치고, 30년 가까이 영국군의 주둔지였던 루앙에 입성한 후, 잔에 대한 재판의 재심을 요구했다. 교회는 3차에 걸친 대대적인 조사 끝에 재심을 열었고, 그녀의 무죄를 선언했다.
82) 여성의 노동에 대해서는 J. E. T. Rogers, *Six Centuries of Work and Wages* (London 1971), p. 235; R. Hilton, *op. cit.*, p. 101; R. Hilton, *The Economic Development of some Leicester Estates in the 14th and 15th centuries* (Oxford 1947), pp. 145~146; E. Le Roy Ladurie, *Montaillou*, pp. 27~30, 381.

424

다. 83) 이는 그녀들이 토지를 보유하고 경작하며 그에 따르는 모든 의무를 수행할 수 있었음을 의미한다. 그처럼 독립적인 여성의 본보기가 몽타이유 출신의 한 농민 여성이다. 그녀는 카타리파였으므로 이단재판을 두려워하여 고향을 떠나야 했다. 그녀는 타라고나 지방의 산마테오로 이주했고, 집과 포도밭이 딸린 농장, 노새 한 마리, 양 한 떼를 매입하는 데 성공했다. 작은 가내 작업장에서는 양모를 염색했다. 바쁜 수확기 동안에는 품꾼을 고용해 자기 자식들과 함께 일하게 했다. 이처럼 정직하게 얻은 성공 이외에도 그녀는 자기한테 양 한 떼를 맡긴 친척을 속임으로써 재산을 늘렸다. 그녀는 그에게 양모 값과 150마리 양의 털가죽을 속여 빼앗았다. 이런 주도권과 에너지와 근면함과 속임수 덕분에 그녀는 크게 성공했다. 84)

노동을 통해 번창하는 여성들, 자기 땅을 경작하고 의무를 수행하는 여성들과는 달리 무거운 짐에 깔려 쓰러진 여성들도 있었다. 그 일례가 옥스퍼드셔의 뉴잉턴에 사는 한 과부였는데, 그녀는 자신이 땅을 지켜낼 힘이 없으며 (impotentem) 따라서 그것을 손녀와 그 남편에게 양도하는 대신 그들이 자신에게 모든 필요를 공급해 주기로 보장했다고 법정에서 선언했다. 85) 앞서 살펴보았던 대로 아들이 집을 지어주기로 약정한 농민 여성도 또 다른 일례가 될 것이다.

농민 여성들은 시장에 나가 농산물을 팔았다. 86) 닭이나 돼지를 치는 일, 낙농장에서 일하며 버터나 치즈(소금 든 치즈도 포함되었는데, 이것은 따로 언급되곤 했다)를 만들고 크림을 뜨는 일 등도 남자들이 할 수는 있지만 주로 여성적인 일들로 간주되었다. 올바른 농장경영 (husbandry) 에

---

83) J. A. Raftis, *Tenure and Mobility: Studies in the Social History of the Medieval English Village* (Toronto 1964), pp. 67, 90.

84) E. Le Roy Ladurie, *Montaillou*, pp. 139~140.

85) G. C. Homans, *op. cit.*, p. 436.

86) 가령 *The Court Baron together with Select Pleas from the Bishops of Ely's Court of Littleport*, p. 136; E. Le Roy Ladurie, *Montaillou*, pp. 29~30, 381에서 그런 예를 찾아볼 수 있다.

대한 지침서 중 하나에는 만일 낙농장의 감독이 남자라면 여성 감독이 하는 모든 업무와 여성에게 주어진 지침 대부분을 수행해야 한다고 되어 있다. [87] 낙농장 그 자체의 일과는 별도로 낙농장 감독의 일에는 다양한 콩과 곡물의 키질과 체질도 포함되었다. 낙농장 일에 대한 지침이 여성을 대상으로 하고 있을 뿐 아니라, 다른 농사일에 대한 지침서도 남녀 일꾼 모두를 가리키고 있다. [88] 14세기 노동자들의 최고 임금을 정한 왕령에서 우리는 여성들도 모든 농사일에 종사했음을 할 수 있다. 더구나 은광과 납광이 있는 지역들에서는 여성들이 홈통에서 납을 씻어 여과기에 거르는 일을 했다. [89] 여성들은 도로 보수를 위해 돌을 자르는 일을 하기도 했다. [90] 만일 중세 농촌사회에 성별에 따른 노동 분업이 존재했다면, 그것은 남성에게만 적용되었다. 남자들은 집안일과 텃밭의 일을 하지 않았던 반면, 여자들은 들밭에서 하는 거의 모든 일을 했으며 그 위에 집안일과 기타 허드렛일까지 했다.

여성의 임금은 거의 예외 없이 남성의 임금보다 적었다. 《허스번드리》의 저자[91]는 낙농장이 없는 영지에서도 가축을 돌보고 키질과 체질을 하도록 여성을 고용하는 편이 낫다고 명시하는데, 그 이유는 여성의 품삯이 적기 때문이었다. 남녀의 임금 차이를 보여주기 위해서는 몇 가지 예를 드는 것으로 족할 것이다. 1350년 프랑스 왕 장 2세의 왕령에 따르면 2월 중순부터 4월말 사이에 포도밭에서 가지 치는 일꾼의 일당은 2실링 6펜스로 정해져 있었다. 같은 기간에 무덤 파는 인부의 일당은 2실

87) *Walter of Henley's Husbandry together with an anonymous Husbandry, Senechaucie and Robert Grosseteste's Rules,* ed. E. Lamond (London 1890), pp. 76, 32, 57, 117, 119, 135.

88) *Ibid.,* pp. 64~68.

89) L. F. Salzman, *English Industries of the Middle Ages* (Oxford 1923), p. 55.

90) R. Hilton, *The English Peasantry in the Later Middle Ages,* p. 102.

91) 옮긴이 주: Walter of Henley. 1280년경 프랑스어로 된 농업경영서 *Le Dite de Hosebondrie*를 쓴 잉글랜드의 저자. 이 저작은 《허스번드리의 책》(*Boke of Husbandry*) 으로 인쇄되어 16세기 초까지 이 방면의 권위로 통했다.

링이었다. 반면 포도밭에서 일을 가장 잘 하는 여성의 일당은 12펜스였다. 92) 그러니까 여성은 무덤 파는 인부의 절반에 해당하는, 또는 가지치는 일꾼의 절반에도 못 미치는 임금밖에 벌지 못했던 것이다. 1388년 잉글랜드 왕 리처드 2세가 포고한 왕령에 따르면 낙농장 일꾼의 1년 치 임금은 6실링이었다. 이것은 남자로서는 가장 낮은 임금이었고, 돼지치기나 쟁기꾼의 임금과 맞먹었다. 짐마차꾼이나 목동의 1년 치 임금은 10실링이었다. 93) 낙농장 감독은 아주 여러 가지 일을 해야 했다. 이 일에는 어느 정도의 전문성도 필요했고, 보조 일꾼들을 감독하기도 해야 했다. 농장경영 지침서의 저자들은 청결, 책임감, 정직성, 농기구의 세심한 관리 등 이런 일에 필요한 자질을 열거했다.

임금에 관한 법령은 그 정도로 해두자. 실제로 지불된 임금을 말해 주는 기록들(모든 기록이 이런 정보를 제공하지는 않는다. 그 대부분은 고용된 노동력 전체에 지불된 총액만을 기록하고 있기 때문이다)은 낙농장 여성 감독의 임금이 남성에게 지불되는 최저 임금에 해당했음을 보여준다. 1366~1367년 엠리 캐슬의 보샹 장원에서 여성의 1년 치 임금은 5실링이었는데, 이것은 쟁기질을 하는 가축을 모는 쟁기꾼의 임금, 또는 돼지치기나 소치기의 임금에 해당했다. 짐마차꾼과 목동의 1년 치 임금은 6실링이었다. 우스터 주교구의 장원에서는 낙농장을 맡은 여성이 7실링까지 받았고, 6주마다 한 번씩 일정량의 곡물을 받았다. 남성 노동자의 최저 임금은 8실링에 12주마다 같은 양의 곡물을 받게 되어 있었다. 94)

E. 페로이의 연구에 따르면 여성의 임금은 프랑스에서 특히 낮았으며 흑사병 이후에도 마찬가지였다고 한다. 프랑스 땅은 전란 때문에 전반적으로 피폐해져서, 생산 저하가 노동력 감소보다도 더 심했던 것이다. 수요가 적다보니 급료도 낮을 수밖에 없었다. 95) J. G. 다브날에 따르면

92) *Ordonnances des Roys de France*, vol. II, p. 368.
93) J. J. Bagley and p. B. Rowley, *op. cit.*, vol. I, p. 217.
94) R. Hilton, *op. cit.*, pp. 101~103.
95) E. Perroy, "Wage labour in France in the Late Middle Ages", *Economic His-*

1326~1350년 사이 프랑스의 평균 여성 임금은 같은 노동에 대한 남성 임금의 68%에 불과했다. 1376~1400년 사이에는 여성이 남성 임금의 75%를 받았다. 다시 말해, 임금이 인상되기는 했지만 그래도 남성 임금을 따라잡지는 못한 것이다.[96] 반면 잉글랜드에서는 흑사병 이후 기간부터 성수기에는 남녀가 대등한 임금을 받았던 사례가 간혹 발견된다. 1380년 글로스터셔 지방의 민칭햄턴에서 추수 및 곡식단 묶기에서 남자 일꾼의 일당이 4펜스였다. 인근 지역인 아브닝에서 여성들도 이에 맞먹는 일에 대해 하루 4펜스를 받았다.

특히 급한 일로 고용된 노동자들이 정규 노동자들보다 임금 협상에서 더 유리했다는 것은 두말할 필요도 없다. 정규 노동자의 경우 남녀 임금에는 격차가 있었다.[97] 이것은 예외적인 기간 동안 여성의 지위가 일시적으로 높아졌던 또 다른 예가 될 것이다. 프랑스와는 대조적으로 잉글랜드에서는 전쟁이 자국 땅에서 일어난 것이 아니었으므로 생산에 비해 노동력이 더 크게 감소했고 따라서 노동자들, 특히 여성들의 임금이 인상되었다.[98] 그러나 이처럼 예외적인 기간을 과대평가해서는 안 된다. 남녀가 대등한 임금을 받는 것은 널리 퍼진 현상이 아니었고, 특별한 일에 고용된 노동자들의 경우에도 마찬가지였다. 레스터셔의 한 장원에서는 앨리스라는 이름의 여성이 12일 동안 소를 몬 대가로 1실링을 받았다. 다시 말해, 그녀의 일당은 1페니였고 그에 더해 식사가 제공되었을 뿐이다. 반면 남자 추수꾼은 8일 동안 일하고 1실링 4펜스를 받았다. 즉 일당 2페니에 식사를 제공받았다. 그러니까 앨리스는 남자 추수꾼의 절반밖

tory Review VIII(1955), pp. 232~239.

96) G. d'Avenal, *Histoire économique de la propriété, des salaires, des denrées et de tous les prix en général depuis l'an 1200 jusqu'à l'an 1800*(Paris 1898), vol. II, p. 36, vol. III, pp. 491~494, 518~519, 525~527, 538~539, 550~551.

97) R. Hilton, *The English Peasantry in the Later Middle Ages*, p. 101~103.

98) J. E. T. Rogers의 연구에 따르면, 남성 임금은 50% 올랐고, 여성 임금은 두 배, 대개 일당 1펜스에서 2펜스가 되었다. J. E. T. Rogers, *op. cit.*, pp. 233~234, 237.

에 벌지 못한 것이다. 99)

농촌지역의 가난한 여성들은 하녀로도 일했다. 어떤 여성들은 개인 집에서 일했고, 어떤 여성들은 교구 사제나 유족한 농민의 하녀나 정부가 되기도 했다. 어떤 여성들은 언젠가 고용주가 자신과 결혼해 주기를 희망했지만(몽타이유의 하녀들 중 한 여성도 그랬다) 이런 희망이 항상 실현되는 것은 아니었다. 100) 선술집이나 여관을 경영하거나 농민들에게 술을 파는 여성들도 있었고, 101) 때로는 이자를 받고 돈을 꾸어줄 만큼 장사가 번창하기도 했다. 102) 여성들은 산파로도 일했고, 전문 의료인이 올 수 없는 농촌지역에서는 산파들이 전반적인 의술도 시행했다. 예컨대, 프라드 다이용의 나 페레나는 안질(眼疾) 전문가로 환자를 보았다. 103)

법정 기록부들은 여성이 유산으로든 과부재산권으로든 토지를 보유할 권리를 누렸음을 보여주며, 그녀들이 권리를 행사하는 데 기울였던 노력을 보여준다. 우리는 새로운 토지를 매입한 여성, 자녀의 후견 역할을 한 여성, 혼인법을 위반한 여성들에 대해 읽을 수 있다. 기록부들은 또한 여성들에 대한 송사와 남녀가 왜 서로를 법정에 제소했던가 하는 이유를 보여준다. 중죄는 영주 법정이나 왕의 법정에서 재판되었으며, 덜 중한 것은 장원법정에서 다루어졌다. 자신의 토지를 보유한 농민들은 전자의 법정에서만 재판을 받았다. 두 가지 유형의 법정 기록부들에 기록된 송사들 모두가 농촌 노동에서 여성의 역할, 여성들끼리의 관계, 남자들과의 관계, 자신감의 정도, 폭력사건에서의 역할 등을 부분적으로나마 보여준다. 여성들이 고발당할 경우 그녀들의 법정출두를 보증하거나 여성들

---

99) R. Hilton, *The Economic Development of some Leicester Estates in the 14th and 15th centuries* (Oxford 1947), pp. 145~146.

100) E. Le Roy Ladurie, Montaillou, p. 78. 하녀의 가난은 그녀의 유품을 통해 추산할 수 있다. G. Duby, *L'Economie rurale et la vie des campagnes dans l'Occident médiéval* (Paris 1962), vol. I, p. 755.

101) E. Le Roy Ladurie, *Montaillou*, p. 29.

102) R. Hilton, *The English Peasantry in the Later Middle Ages*, p. 103.

103) E. Le Roy Ladurie, *Montaillou*, p. 332.

이 정해진 날짜에 재판에 출두하지 않는 데 대해 벌금을 내는 것은 대개 남자 친척들이었다. 여성은 법정에서 선서를 할 수가 없었다. 104)

잉글랜드의 마을들에서는 도시에서와 마찬가지로 수많은 여성들이 양조법 위반으로 고발당했다. 즉 '주류감정인'에게 먼저 검사를 받지 않고 술을 파는 것, 당국에 용량 검사를 받지 않은 용기에 담아 파는 것, 질이 낮은 술을 파는 것, 공식적으로 정해진 값보다 싸거나 비싸게 파는 것, 공인된 계절보다 이르거나 늦게 파는 것 등이 모두 위반 행위였다. 벌금이 하도 자주 부과되어 벌금이라기보다는 오히려 세금으로 여겨질 정도였다. 그렇게 많은 여성들이 이런 위반에 대해 벌금을 내야 했다는 사실은 여성들이 양조업에서 중요한 역할을 했음을 시사해 준다. 105) 여성들은 가축을 남의 땅에 보내 풀을 뜯게 하거나 영주의 숲에서 허가 없이 나뭇가지를 쳐냈다는 이유로도 고발당했다. 그녀들은 또한 정당한 사유 없이 고함과 비명을 질렀다는 이유로도 고발당했는데, 이는 그녀들 주변에 사고가 있었음을 말해 준다. 106) 여성들은 종종 남의 땅에서 불법으로 가축에게 풀을 뜯게 했을 뿐 아니라 남의 땅에 침범하여 욕설과 주먹다짐을 주고받기도 했다.

남녀 모두가 욕설과 폭력을 행사하여 고발당했다. 킹스 립턴 장원의 한 여자는 어떤 남자가 자기를 때리고 궤를 부수고 자기를 집에서 쫓아냈다고 고발했지만, 배심원들은 그것이 사실이 아님을 밝혀냈고 그녀는 거짓 고발을 한 죄로 벌금형을 받았다. 107) 여자들이 분란에 휩쓸려 욕설을 주고받는 것은 드문 일이 아니었고, 그런 사건에 관한 통상적인 법률 용어들은 여성들에게도 적용되었다. 108) 여성들이 서로 주고받는 가장 흔

---

104) J. Raftis, *op. cit.*, p. 104.

105) *Court Rolls of the Manor of Hales 1270~1307*, ed. J. Hamphlett and S. G. Hamilton (Oxford 1912), vol. II, pp. 247, 390, 393, 394; F. Maitland, ed., *Select Pleas in Manorial and other Seignorial Courts*, vol. I, pp. 8, 27, 32, 33.

106) *Ibid.*, pp. 20, 165, 178; J. Hamphlett, *op. cit.*, p. 246.

107) F. Maitland, ed., *Select Pleas in Manorial and other Seignorial Courts*, vol. I, pp. 12, 14, 15, 36.

430

한 모욕은 '창녀', '마녀' 같은 말들이었다. [109] 중세사회처럼 폭력적인 사회에서는 여성의 신체적인 연약함이 분명 약점이었지만, 도시 여성이든 농민 여성이든 이런 약점 때문에 반드시 조신하거나 순종적이지는 않았다. 반면 농민들 사이에서는 그 시대의 다른 계층들에서도 그랬듯이 강력 사건에 휘말린 여성의 수는 아주 적었다. 크리스틴 드 피장이 그 점을 지적한 것은 옳았다.

좀더 가난한 계층의 여성들은 좀도둑질로 고발당하곤 했는데, 절도 대상은 주로 음식이나 가사용품, 의복 등이었다. 때로는 훔친 물건, 특히 집안의 남자 식구가 훔친 물건을 받았다는 이유로도 고발당했다. 살인죄로 고발당한 예는 극히 드물었다. 드물게 살인죄로 고발당한 여성들 중에는 단독범도 있었지만, 대개는 집안 식구 중 누군가와 공범이었다. 연인과 짜고 남편을 살해한 죄로 고발당하기도 했다. 상습적으로 강도질을 하는 범죄자들과 한패인 여성들도 있었다. 여자들은 전쟁 무기를 다루는 기술이 없었기 때문에, 칼, 부삽, 도끼 등 집안이나 들밭에서 자주 사용하는 도구로 살인했다. 13세기에 베드퍼드, 브리스톨, 켄트, 노퍼크, 옥스퍼드, 워릭, 런던 등의 농촌지역에서는 살인죄로 기소 당한 자들 중 8.4%만이 여성이었다. 14세기에 주로 농촌 주민들이 기소되었던 노퍼크, 요크셔, 노샘튼셔 등지의 법정 기록부에 의하면 범죄로 고발당한 자들 중 열에 아홉은 남자였다. 살인죄로 판결 받은 자들 중 7.3%만이 여성이었다.

도시에서와 마찬가지로 농촌지역에서도 여성들은 살인의 희생자가 되는 비율도 비교적 적었다. 13세기의 상기 지역 마을들에 대한 한 연구는 희생자의 20.5%만이 여성이었음을 보여준다(프랑스와 독일 서부의 농촌지역에서 모친에 의한 영아살해에 대해서는 앞 장에서 이미 다루었다). [110]

---

108) *The Court Baron together with Select Pleas from the Bishop of Ely's court of Little-port*, p. 73.
109) *"vocando ipsam meretricem et sorceram."* F. Maitland, ed., *Select Pleas in Manorial and other Seignorial Courts*, vol. I, p. 143.

장원 영주가 소작인들에게 강제력을 사용할 때는 여성들도 때로 희생자
가 되었다. 1282년, 헤일즈오웬 수도원의 참사회원과 하인들이 한 평민
에게 차꼬를 채우기 위해 그의 집에 난입하자, 임신중이던 그의 아내는
아마도 그를 체포하는 것을 저지하려 했던 듯 맞아 죽었다. 111)

　농촌지역의 여성들 사이에는 일할 때나 여가에나, 방앗간이나 우물
가, 개울가에서, 물레질을 하거나 베를 짜는 등 한가롭게 대화를 나눌 때
나, 비공식적이지만 분명한 자기들끼리의 접촉이 있었다. 마을의 젊은
여자들은 그저 함께 어울려 다닐 수도 있었다. 그러나 우리는 전적으로
여성을 위한 오락, 남자들의 활동에 상응하는 놀이에 대해 알지 못한다.
몽타이유에서 남자들은 체스나 주사위 놀이를 했고, 저녁에는 가끔 만나
서 함께 식사를 하고 플루트에 맞춰 노래를 하기도 했다. 그러나 그 비슷
한 여성들만의 여가활동에 대한 기록은 없다. 여자들끼리의 사교활동은
일할 때나 휴식할 때의 대화에, 상호부조에, 그리고 아마도 함께 걸어 다
닐 때 반영되었다. 몽타이유의 농민들은 화롯가의 대화를 즐겼고, 여자
들도 자기들끼리 따로 모여 앉아서 대화에 참여하거나 아니면 그냥 듣기
만이라도 했을 것이다. 112) 때로 음유시인이나 방랑가객들이 마을이나
장터에 왔고, 남녀 모두 그들의 공연을 구경했다. 욍베르 드 로망은 가난
한 시골 여인들을 대상으로 하는 설교에서 그런 방랑가객들(*trutanni
goliardi*)을 조심하라고 이르고 있다. 그들은 그녀들의 관심과 순박함을
이용할 수 있다는 것이었다. 113)

　농민 여성은 도시 여성과 마찬가지로 집이나 술집에서 남자들과 함께
술을 마셨다. 여성들이 운영하는 술집들도 있었다는 사실은 이미 지적한
바 있다. 장원 경영지침서들에 따르면, 영주가 농민들의 불필요한 출입

110) J. B. Given, *op. cit.*, pp. 167, 169; B. A. Hanawalt, *op. cit.*, pp. 125~140.
111) 슈롭셔에 있던 왕의 법정 기록(*Birmingham Reference Lib.* 383853)의 복사 자료
　는 Z. Razi 박사에게서 얻었다.
112) E. Le Roy Ladurie, *Montaillou*, p. 39.
113) Humbert de Romans, *De Eruditione Praedicatorum*, p. 280.

을 단속해야 할 장소들 중 하나는 장터의 선술집이다. 그 밖에 드나들지 말아야 할 곳으로는 다양한 계기로 씨름 경기나 야밤의 오락이 벌어지는 장소들이 있었다. 114) 한 시인은 여자들이 술을 사기 위해 기꺼이 저당 잡히는 직조 도구나 옷가지를 열거하기도 했다(언급된 옷가지 대부분은 남편들의 것이었다). 115) 결혼이나 기타 축하 행사들은 술을 퍼마실 계제가 되곤 했다.

다양한 축제일이 많았으며(《허스번드리》의 저자인 월터 헨리는 1년에 8주가량의 축일이 있다는 것을 의문의 여지없이 받아들이고 있다), 116) 남녀 모두 축제를 즐겼다. 축일들은 대개 농사 절기나 그리스도교의 전례년과 연관된 것이었지만, 고대 이교의 관습과 그리스도교 관습이 섞인 것도 있었다. 잉글랜드에서는 호크데이117) 전날 밤 마을 여자들이 남자들을 붙잡아다가 몸값을 받고야 풀어주었으며, 그 이튿날에는 남자들이 여자들을 붙잡을 차례였다. 주교의 금지령 덕분에 알 수 있는 축제들도 있었다. 잉글랜드의 어떤 마을들에는 오월제에 마을에서 가장 예쁜 처녀를 5월의 여왕으로 뽑아 화환을 둘러주는 풍습이 있었는데, 우스터 주교는 이를 금지했다. 젊은 남녀는 성직자들이 거듭 금지했음에도 불구하고 함께 모여 춤을 추었다. 때로는 교회 앞 광장에서 춤판이 벌어지기도 했고, 때로는 노래와 게임을 포함하는 야간 축제 동안 행사의 일부가 되기도 했다. 유럽의 어떤 마을들에서는 사순절 기간의 첫 번째 주일 저녁에 브랜든의 무도회가 벌어졌다. 이것은 남녀가 촛불을 켜들고 포도원과 들밭으로 나가 춤추고 노래하고 나무를 해치는 역병들을 쫓는 주문을 외우는 야밤의 축제였다. 118) 이것은 잔 다르크의 고향 마을 동레미의 요정 나무를

114) *Walter of Henley's Husbandry*, pp. 101, 114.
115) C. H. Talbot, *Medicine in Medieval England* (London 1967) p. 150.
116) *Walter of Henley's Husbandry*, p. 8.
117) 옮긴이 주: Hockday. 잉글랜드인들이 데인족을 물리친 것을 기념하는 날. 대개 부활절 이후 두 번째 화요일에 지킨다.
118) M. Sahlin, *Etude sur la carole médiévale* (Uppsala 1940) ; G. C. Homans, *op. cit.*, ch. 23.

생각나게 한다. 그 나무 아래서 젊은 남녀가 함께 춤추고 노래하고 술을
마셨다는 것이다.

여자들이 교회에서 설교를 듣지 않고 자기들끼리 떠든다는 것을 여성
특유의 죄로 꼽은 설교자들도 있었다. [119] 정말로 여자들이 설교를 경히
여기고 남자들보다 더 많이 떠들었던 것일까? 아니면 여자들은 쓸데없이
떠든다는 것이 여성에 대한 고정관념의 일부였고, 그런 고정관념을 성직
자들도 떨쳐버리지 못했던 것일까? 여자들이 남자들보다 신앙심이 적었
다고 보기는 어려운 일이니 말이다. 몽타이유에서는 오히려 남자들이 성
직자들에 대한 증오심을 드러내며 배교를 운위하곤 했다. 성직자들은 종
종 작물뿐 아니라 가축에 대해서도 십일조를 거두며 농민들을 착취했던
것이다.

그리스도교 성인 중에서 농민으로 태어난 이는 별로 없었지만, 그래도
드문 농민 출신 성인 중에 몇몇은 여성이었다. 13세기에 마르게리타 다
코르토나라는 이름의 농민 여성은 어느 귀족의 정부였으며 그의 아들을
낳았다. 연인이 죽은 후 그녀는 모든 세상사를 버리고 신앙생활에 전념
했다. 그녀는 프란체스코 제 3회에 들어가 자선을 베풀고 죄인들을 회개
로 이끌었다. 말년을 은둔수녀로 보낸 마르게리타는 1728년에야 시성되
었지만 마을 사람들은 그녀가 죽은 직후부터 그녀를 성인으로 받들었
다. [120] 하르트만 폰 아우의 시가 《가난한 하인리히》에서 여주인공은 아
주 젊은 농민 소녀로 나병에 걸린 장원 영주를 위해 자신을 희생하고자
한다. 그녀는 자신을 기다리고 있을 영원한 삶을 바라보면서 아무 갈등
없이 자신의 젊은 목숨을 희생하려 한다. 그런 사심 없는 희생정신이 기
사의 마음을 움직여 그는 자신의 운명을 받아들이고 그녀의 희생을 거절

119) Alvarus Pelagius, *De Planctu Ecclesiae* (Venice 1560), L. II, fo. 147b;
     Humbert de Romans, *Sermones*, Sermo XCIX, p. 98.
120) *Acta Sanctorum*, February III, pp. 298~357. 그 밖에도 농민 여성이 시성된 예
     로는 맨발의 마거릿 (*Acta Sanctorum*, August II, p. 121 f.) 과 젬마 데 솔로모나
     (*Acta Sanctorum*, May III, p. 181 f.) 등이 있다.

434

한다. 그러자 기적이 일어나 그의 나병이 치유된다.

몽타이유에서는 시신이 매장되기까지 (남자의 시신이라 할지라도) 밤샘을 하고 교회지기가 없을 경우 시신을 씻기고 수의를 입혀 장례 준비를 하는 것이 여자들의 일이었다. 그의 사후에 축복이 그의 집을 떠나지 않도록 망자의 친척들이 그의 손톱이나 머리칼을 잘라 집에 간직하는 오랜 관습을 지키는 경우, 여자들은 그런 예식에서도 적극적인 역할을 했다.121) 그리스도교는 좀더 오래된 문화에서도 여성들이 일역을 했던 이런 주술적 예식을 근절시키는 데 성공하지 못했다.

농민 남녀는 자신의 생각이나 사고방식을 보여줄 만한 편지나 일기를 쓰지 않았다. 농민들의 세계를 묘사한 드문 문학작품들도 농민들 자신이 쓴 것은 아니었다. 농민들에 대해 우리가 아는 것은 대개 외적인 사회조직이나 활동이다. 사료들은 중세 유럽 인구의 대부분에 해당하는 이 계층의 구성원들의 내적 세계에 대해 간접적인 일별을 허락할 뿐이다. 농민들 중에도 소교구 사제들이 운영하는 학교에서 교육을 받아 장원 경영이나 영주 제도나 왕국에서 일역을 하거나 자기들도 교구 사제가 되는 예도 없지는 않았다. 어떤 이들은 수도사가 되었고 수도원에서 학식을 쌓기도 했다. 프랑스 남부에는 대학까지 간 부유한 농민들도 있었다.122) 그러나 농민 여성 중에 교육을 받은 예는 알려진 바 없다. 잔 다르크는 집안이 그리 가난하지 않았지만 어머니로부터 그리스도교의 기본 교리와 가장 중요한 기도인 성모송, 주기도문, 사도신경을 배웠을 뿐이다.

농촌 소녀들이 교육을 받지 못했다는 사실은 그녀들이 자신들의 사회에서 차지하는 지위에 큰 영향을 미치지 않았다. 귀족 여성이나 유족한 도시민의 딸들이 고등교육기관에서 배제된 것이 그녀들의 사회적 지위에 큰 영향을 미쳤던 것과는 사정이 다르다. 왜냐하면 농민사회에서는 대다

121) E. Le Roy Ladurie, *Montaillou*, p. 334.

122) J. Verger, "Noblesse et savoir. Etudiants nobles aux universités d'Avignon, Cahors, Montpellier et Toulouse"(fin du XIVᵉ siècle), in P. Comtamine, ed., *La Noblesse au Moyen Âge* (Paris 1976), pp. 289~315.

수의 남성도 교육을 받지 못했기 때문이다. 근본적으로 여성들이 농촌 공동체의 장원 내에서 직임을 맡지 못한 것은 교육을 받지 못해서가 아니었다. 마찬가지로 그녀들이 성직으로 나아가지 못한 것도 교육의 결여 때문은 아니었다. 중세사회는 여성들이 직임을 맡는 것을 결코 원치 않았지만, 여성들이 교육을 받지 못했다는 것은 처음부터 그녀들에게서 기회를 박탈했고, 사후적으로는 그녀들의 권리를 부인하는 것을 정당화하는 근거가 되었다. 농민 남성은 교육을 받으면 자기 계층을 벗어날 수 있었지만 여성에게는 이런 가능성이 열려 있지 않았다.

몇몇 인류학자들은 문명의 초기에 양성의 노동 분화방식이 역사상의 모든 사회에서 여성의 열등한 지위를 결정하는 주된 요인 중 하나라고 주장해왔다. 리더십은 전투, 사냥, 배나 집을 짓는 기술과 연관되었는데, 여성은 이런 활동에서 아무 역할도 하지 않았다는 것이다. 그러나 중세의 세 위계 사회에 대한 묘사로 돌아가 보면 노동자계층의 여성들은 자기 계층의 기능들을 십분 수행하고 있었음을 알 수 있다. 어떤 여성들은 수도원에 들어갈 수 있었지만, 수녀가 되어도 성직을 맡을 수는 없었다. 어떤 여성들은 봉토를 계승하고 지배권을 행사했지만 이런 귀족 여성들도 전사로서의 기능은 수행할 수 없었고, 오로지 개인으로서만 공직을 맡고 지배권을 행사할 따름이었다.

농민 여성과 가장 가까운 것은(그리고 삼분 기능적 질서의 사회 구분에서 일하는 자들은 곧 농민들이었다) 도시 노동자계층의 여성들이었다. 하지만 도시 여성들은 농민 여성들에 비하면 훨씬 제한된 역할만을 했다. 도시의 특징적 활동은 생산이나 소규모 상업뿐 아니라 외국과의 교역, 재정거래, 교육기관 등이었는데, 이런 방면에서 여성은 아무 역할도 하지 못했다. 반면 농촌사회에서는 지금까지 살펴보았듯이 여성들이 거의 모든 농사일에 참가했고, 따라서 성별에 따른 노동분화가 거의 없었다(물론 건축이나 벌목은 주로 남자들의 일이었지만). 그러나 중세 농민 여성들에 대한 차별의 근원은 계층뿐 아니라 성별에도 있었다. 농민 여성의 권리는 농민 남성의 권리와 대등하지 않았다. 농민 여성은 노동을 한다는 점에서 어느 정도의 자신감과 활동의 자유를 얻었고, 이 점에서는 도시 노동자계층의 여성들도 마찬가지였지만 다른 계층에서와 마찬가지로 집 안에서나 사회에서나 권력을 휘두르는 것은 남자들이었다. 성별에 의한 노동 분업이 거의 없었다는 사실에도 불구하고 남녀평등은 이루어지지 않았으니, 그 이유는 처음부터 여성에 대한 차별의 근거가 노동 분업이 아니었기 때문이거나, 아니면 인간사회의 발달과정에서 이런 차별이 법 과 관습에, 국가 및 사회조직에, 종교에, 그리고 다양한 사회의 문학이 그려온 여성상에 뿌리내렸기 때문일 것이다.

근본적으로(우리가 살펴보았던 몇몇 예외를 제외한다면) 중세 여성을 별 도의 위계로 규정한 저자들이 옳았다. 어떤 공적이고 법적인 권리들은 부인되었고, 여성이 여성인 한에서의 법적인 양보가 있었으며, 어떤 나 라에서는 여성이 여성인 한 특정한 방식으로 처형되었다. 교회가 여성들 에게 특정한 권리들을 거부한 것은 그녀들이 어떤 계층에 속했건 간에 여 성이었기 때문이었다. 다양한 계층의 여성들에 관한 지금까지의 논의를 요약해 보면, 우리는 어떤 계층에서도 여성의 권리는 남성의 권리와 대 등하지 않았다고 결론지을 수 있다. 이것은 모든 계층 여성들이 공유하 는 부정적인 공통분모이다.

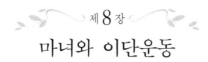

제8장
마녀와 이단운동

1. 이단운동에서의 여성

서유럽에서 이단이 퍼지기 시작했을 때부터 중세 말에 이르기까지 많은 여성들이 이단분파에 가담했다. 연대기 작가들이 이 사실을 강조한 것은 단순히 일어난 일을 기술하기 위해서 뿐 아니라 이단의 목표 및 가치를 폄하하기 위해서이기도 했다. 여성들이 이단의 설교에 열광적으로 반응했다는 사실 자체가 그 설교자의 가르침이 — 설령 실제로 정통 신앙으로부터의 탈선이요, 죄는 아니라 하더라도 — 무지한 것임을 증명하기에 족한 것이었다(여성들이 정통 설교자의 열성적인 청중이기도 했다는 사실은 간과되었다). 어떤 이단분파들에서는 여성들에게 교회에서 설교하고 집례할 권리까지 주었는데, 이는 의심할 바 없이 성서와 교회법에 대한 위반이었다. 또한 가톨릭 저자들은 이단들이 성적으로 문란하다고도 공격했는데, 연대기들이나 몇몇 가톨릭 논증서에서도 난잡한 성은 이단의 전형적인 특징으로 간주되었다. 그리고 이렇게 이단의 방탕함을 묘사할 때면 여성들이 등장하기 마련이었다.

그렇지만 많은 여성이 이단운동에 가담했다는 것은 틀린 말이 아니다.

이 사실은 성직자들의 편지나 이단재판관들의 내부 회람용 지침서, 이단 재판기록 등에서도 잘 드러난다. 일찍이 1028년에 라울 글라베르[1]는 피에몬테 지방의 한 이단분파— 이원론을 기조로 하는 집단— 를 묘사하면서 한 백작부인이 가담했다고 말한다. 이 집단에는 농민계층의 남녀가 포함되었는데, 정결과 재산 포기, 신체적 금욕 등을 고취하고, 성직매매와 성직자들의 축첩에 반대하는 등 이들의 동기는 상당부분 11세기의 교회개혁과 궤를 같이 하는 것이었다.[2] 12세기 초에 앙리 뒤 망[3]을 추종하는 무리 가운데는 많은 여성, 특히 많은 창녀들이 있었고, 같은 시기에 또한 많은 창녀들이 로베르 다르브리셀[4]을 추종하며 그의 설교를 듣고 회개했다. 그런 여자들에 대한 정통 교회의 해결책은 회개한 창녀들을 위한 시설에 수용하는 것이었던 반면, 앙리 뒤 망은 그녀들이 삭발을 하고 화려한 옷과 패물을 태워버린 다음 자기 제자들과 결혼할 것을 제안했다. 그는 또한 혼인지참재산의 폐지를 선포했다.[5] 그 무렵 여성들은 네

---

1) 옮긴이 주: Raoul Glaber (985 이전~1047). 일명 '대머리' 라울 (라둘푸스). 부르고뉴 태생으로 카롤링거 시대에 명성을 떨쳤던 생제르멩 도세르 수도원에 들어가 학문에 접하게 되었다. 불안정한 성격으로 여러 곳의 수도원을 떠돌아다니다가 클뤼니에서 쓰기 시작한 《역사》(Histoire Universelle, 전 5권)를 죽기 얼마 전에야 완성했다. 이 작품은 오랫동안 떠돌이 수도사의 장광설로만 여겨졌으나 오늘날은 11세기 초 클뤼니 역사 편찬의 세련을 보여주는 탁월한 예로 평가되고 있다.

2) Radulfus Glaber, *Les Cinq Livres de ses Histoires*, ed. M. Prou (Paris 1886), pp. 74~81; Landulf Senior, *Historia Mediolanensis* II, MGHS, vol. VIII, pp. 65~66; R. I. Moore, "Family, Community and Cult on the eve of the Gregorian Reform", *TRHS XXX* (1980), pp. 49~69.

3) 옮긴이 주: Henri du Mans. 12세기의 이단 설교자. 아마도 클뤼니 수도원 출신이었던 듯하며, 은수자 생활을 하다가 탁발설교자로 나섰다. 1116년경 르망의 민중을 선동하여 고위 성직자들에게 반기를 들게 했으며, 로잔에서 출발하여 (그래서 앙리 드 로잔이라고도 불린다) 아를, 푸아티에, 보르도, 툴루즈 등 프랑스 남부지방을 순회하며 가르쳤다. 그는 카타리파와 직접 관련은 없었지만, 기성 교회의 타락상을 고발하는 데서는 보조를 같이했다. 1134~1139년경 교회는 그의 극단적인 교의를 정죄했고, 1145년에는 그를 잡아 가두었다.

4) 옮긴이 주: 제 3장 주 75 참조.

5) *Actus pontificum Cenomannis in urbe degentium*, in *Heresies of the High Middle Ages*, ed. and trans. W. L. Wakefield and A. P. Evans (Columbia 1969), p. 108.

덜란드의 탁발설교자였던 탄헬름6)에게도 모여들었고, 좀더 나중에는
이탈리아의 아르날도 다 브레시아7)에게 모여들었다. 8)

11세기에 이어 12세기에도 여성들은 다양한 이원론적 집단에 가담했
다. 이런 집단들의 구체적인 교의나 예식에 대해 확실히 알 수는 없지만,
대체로 이들은 카타리파9)의 신앙 및 관습이나 앙리 뒤 망, 피에르 드 브
뤼스10) 등이 도입했던 사상의 일부를 공유했던 것으로 추정된다. 이런
집단들은 수아송, 페리괴, 랭스 등과 기타 지방에도 존재했던 것으로 기
록되어 있다. 11) 저자들은 그런 집단에 속했던 가모와 창녀와 수녀들에

6) 옮긴이 주: Tanchelm. 앤트베르펜 출신의 속인으로, 아마도 플랑드르 백작의 서
   기 내지 공증인이었던 것 같다. 백작과 위트레히트 대주교 사이의 갈등을 이용하
   여 앤트베르펜 민중을 선동, 타락한 성직자에게 반기를 들게 했다. 성직자들의
   교회에 맞서, 그는 성령의 이름으로 단순한 사람들의 교회를 이끌겠다고 나섰다.
   하지만 그는 자신이 신의 아들이라 주장하고 성모 마리아의 초상화를 놓고 결혼식
   을 거행하는 등 일종의 집단 히스테리 가운데서 무리를 이끌었고, 결국 1115년에
   한 사제에게 칼에 찔려 죽었다.
7) 옮긴이 주: Arnaldo da Brescia (1090?~1155). 이탈리아의 종교적·정치적 개혁
   가. 아벨라르의 제자였으며, 복음적 청빈을 설파했다. 1145년에는 로마인들을
   선동하여 교황 에우게니우스 3세를 몰아내고 로마 공화국을 재건하려 했다. 파문
   당했음에도 불구하고 10년간 권력을 유지했으나, 결국 붉은 수염 프리드리히에게
   패하여 화형 당했다.
8) *Monumenta Bambergensis*, ed. P. Jaffé (Berlin 1869), pp. 296~300; John of
   Salisbury, *Historia Pontificalis*, ed. M. Chibnall (London 1956), pp. 62, 64.
9) 옮긴이 주: 제 4장 주 20 참조.
10) 옮긴이 주: Pierre De Bruys (?~1131경). 프랑스 남동부의 브뤼스 출신으로, 아
    마도 가톨릭 사제 출신인 것 같다. 1117~1120년경 남불 여러 지방을 다니며 설
    교했는데, 복음서 외에는 구약성서나 신약성서의 서신서들, 교부들이나 로마 가
    톨릭교회의 권위를 일체 거부했다. 어려서 죽은 아이들이 유아세례만으로 구원받
    을 수 있다는 것을 부정하고, 화려한 교회 건물을 짓는 것을 비판하며, 십자가 숭
    배, 화체 교의, 연옥의 망자들을 위한 공덕 쌓기 등에 반대했다. 이런 주장은 존
    자 피에르, 피에르 아벨라르 등 당대의 고명한 신학자들에 의해 오류로 규정되었
    고, 특히 십자가를 우상으로 삼는 데 반대하여 공공연히 십자가를 태우다가 1131
    년경 성난 폭도들에게 죽임을 당했다. 일부 복음주의 종교개혁가들의 선구자로
    평가된다.
11) Guibert de Nogent, *op. cit.*, L. III, *ch.* 17; Heribert le moine, *Epistola*, PL

대해 언급한다. 랄프 오브 코그스홀[12]은 성서를 잘 알고(물론 잘못 해석하기는 하지만) 논쟁을 잘 하는 한 랭스 여자에 대해 이야기한다. 일찍이 안티노미아니즘[13]으로 고발당했던 아모리[14]의 교의를 전파하는 13세기 초의 유사 아모리파 가운데에도 여성들이 있었던 것으로 알려져 있다. 이들이 고발당한 것은 성령이 자신들 안에 내주하며 "존재하는 모든 것은 신이므로 모든 것은 하나이다"라고 주장했다는 이유에서였다. 자신들은 성령의 화신이므로, 더 이상 죄 짓지 않으며 따라서 성사를 받을 필요가 없다는 것이었다.[15] 또 다른 여성들은 조아키노 다 피오레의 교의를 전파하는 유사 조아키노파의 무리에 가담했다.

1300년에 이단재판 법정은 1281년에 죽은 굴리엘마라는 여자의 유해를 파헤치게 했다. 이단재판관들에 따르면 그녀의 추종자들은 그녀를 성령의 화신으로 숭배했다는 것이었다. 추종자들은 또한 그녀의 조력자였던 만프레다라는 이름의 여인이 교황이 되어 유대인과 이슬람교도들의

___

vol. CLXXXI, cols. 1721~1722; Ralph of Coggeshall, *Chronicon anglicanum*, ed. J. Stevenson (Roll Series LXVI, London 1875), pp. 121~125.

12) 옮긴이 주: Ralph of Coggeshall(?~1227 이후). 잉글랜드의 연대기 작가. 수도사 출신으로 코그스홀 수도원장이 되었다. 이 수도원에서는 1066년부터 연대기 *Chronicon Anglicanum*이 쓰이고 있었으며, 랄프는 1187년부터 이를 맡아 쓰기 시작했다.

13) 옮긴이 주: antinomianism. 그리스어의 anti(反)와 nomos(法)에서 유래한 말. 신학에서는 종교 당국이 제시하는 윤리 도덕의 규범에 순종하지 않으려는 태도, 즉 율법주의에 반대되는 입장을 가리킨다. 다시 말해 율법 준수로는 구원을 얻을 수 없다는 생각에서 더 나아가, 그리스도교인들은 윤리규범에 매이지 않는다고 믿는 이단을 가리킨다.

14) 옮긴이 주: Amaury de Bène(Amalric of Bena, ?~1204/07경). 프랑스 신학자. 샤르트르 교구의 벤에서 태어나 파리대학에서 철학과 신학을 공부하고 교묘한 변증가로 명성을 떨쳤다. 에리우게나의 영향을 받아 강한 범신론적 신학을 개진했으나, 1204년 이단 판결을 받고 주장을 철회해야 했다. 그의 사후 추종자 10여 명이 파리 성문 앞에서 화형 당했고, 아모리의 시신도 파헤쳐져 화형 당했다. 1215년 제4차 라테라노 공의회는 아모리의 교의를 공식적으로 정죄했다.

15) *Cartularium universitatis parisiensis*, ed. H. Denifle (Paris 1889), vol. I, pp. 71~72.

개종을 가져올 것이며 그리하여 인류의 새로운 시대를 열어 주리라고 믿
었다. 교황이 되면 그녀는 여자 추기경들을 임명하리라고도 했다. 16) 콜
마르의 연대기에 기술된 일화는 이미 언급된 바 있다. 한 아름답고 언변
이 뛰어난 젊은 여성이 성부와 성자와 그녀 자신의 이름으로 여성들에게
세례를 주었던 것이다. 17) 정통 신앙의 테두리 안에 머물렀던 여성 신비
가들의 예언적인 발언과는 대조적으로 그녀의 발언은 이단으로 몰렸고,
사후에 그녀의 시신은 파헤쳐져 화형에 처해졌다. 13세기 이탈리아에서
잠시 번성했던 사도단18) 운동은 그리스도의 사도들을 본받아 절대적 청
빈을 신봉하고 조아키노 다 피오레의 가르침에서 영감을 받아 예언을 행
했다. 이 운동에도 여성들이 참여했으며, 마르가레타라는 이름의 여성
은 운동의 지도자였던 돌치노19)를 가까이서 보좌했다. 그녀는 수녀 출
신으로, 돌치노를 따르기 위해 수도원을 떠난 터였다. 1307년에 이 두
사람과 또 한 명의 사도가 화형에 처해졌다.

  이른바 '자유성령 형제단'20)에도 여성들이 있었으며, 이들은 유사 아

---

16) M. D. Lambert, *Medieval Heresy. Popular Movements from Bogomil to Hus*
    (London 1977), p. 193; S. E. Wessley, "The 13th century Guglielmites:
    salvation through women", in D. Baker, ed., *Medieval Women*(Oxford
    1978), pp. 289~303.

17) 옮긴이 주: 이 책의 서론 참조.

18) 옮긴이 주: Apostolici(Apostoli, Apostles, Apostolic Brethren). 13세기 후반기
    에 이탈리아 북부에서 일어난 그리스도교 분파. 파르마 출신의 게라르도 세가렐
    리라는 속인이 사도적 생활을 목표로 모든 소유를 버리고 탁발 수도사로 나서서
    회개를 가르치면서 시작되었다. 이 새로운 참회 교단은 롬바르디아 전역으로 퍼
    져나갔으나, 점차 교황의 윤허 없는 모든 탁발 수도회가 금지됨에 따라 사도단 활
    동도 금지되었다. 1294년 세가렐리는 종신구금형을 받았고, 1300년에는 화형 당
    했다. 이후 노바라 교구 사제의 아들인 돌치노가 이 운동을 물려받았으나, 교회
    에 임박한 신의 심판을 외치는 등 점차 광신적으로 변질되었다.

19) 옮긴이 주: Fra Dolcino(1250경~1307). 이탈리아 설교자. 프란체스코 사상에 영
    감을 받은 이단으로 간주된다. 그는 조아키노 다 피오레의 천년왕국설에서 영향
    을 받았으며, 1300년경 사도단 운동의 지도자가 되었다. 임박한 신의 심판을 외
    치다가 박해를 당하자 산악 지역으로 피신해 게릴라전을 펼치다가 체포되었고,
    그 자신과 '영적인 자매'인 마르가레타가 모두 화형 당했다.

모리파와 마찬가지로 자신들을 신성과 절대적으로 동일시하며 따라서 죄를 지을 수 없다고 믿었다고 한다. 이들은 정식으로 조직된 분파는 아니었고 몇몇 분산된 집단에 불과했던 것으로 보인다. 또한 그녀들이 연대기 작가들이 묘사하는 것처럼 방종한 생활을 했는지, 아니면 중세 후기의 정통적인 신비주의 운동에 좀더 가깝지 않았는지도 확실치 않다. '자유성령 형제단'에 속한 여성들 중에는 속인 여성들 외에 베긴 여신도들도 있었다. 어떤 여성들은 남성 지도자들 주위에 모여 살았고, 어떤 이들은 고립된 생활 가운데 신비적 체험을 추구했다. 21)

1372년 잔 도방통이라는 이름의 한 여자가 '튀를뤼팽'이라고 알려진 집단(구성원들은 자신들의 집단을 '빈자협회'라 불렀다)의 지도자 중 하나라는 이유로 파리 고등법원에 고발당했다. 이들은 '자유영혼의 신도회'와 비슷한 신앙 및 관습을 지녔던 것으로 여겨진다. 잔 도방통은 화형 당했다. 22) 앞에서 우리는 영적 프란체스코회와 가까웠던 베긴 여신도들이 어떻게 이단으로 고발당했던가를 살펴본 바 있다. 발도파와 카타리파에는 처음부터 여성들이 있었다. 14세기의 첫 사분기 이후 파미에 이단재판 법정의 기록은 프랑스 남부에서 카타리파가 근절되기 직전까지 많은 여성들이 가담해 있었음을 보여준다. 발도파에 대해서도 사정은 마찬가지였다. 12세기의 마지막 사분기에 피에르 발도를 추종했던 최초의 무리

---

20) 옮긴이 주: The Brothers, or Brethren of the Free Spirit (Bruder und Schwestern des Freien Geistes). 13~14세기 북유럽에서 번성했던 속인 그리스도교 운동. 반율법주의와 개인주의를 표방하여 교회와 갈등을 빚었으며, 비엔 공의회(1311~1312)에서 이단 판결을 받았다. 교황의 아비뇽 유수, 백년전쟁, 흑사병, 카타리파 이단, 이단재판, 성전기사단의 몰락, 교회의 내분 등으로 유럽사회가 어지러웠던 시기였던 만큼 개인의 영혼구원과 임박한 종말에 대한 강조가 큰 호응을 얻었으며, 이단 판결을 받은 후에도 그 추종자들은 남아 있었다.

21) R. E. Lerner, *The Brothers of the Free Spirit* (California 1972) : 여성들에 관해서는 pp. 229~230. 사도단에 관해서는 Bernard Gui, *Manuel de l'Inquisiteur*, ed. G. Mollat (Paris 1964), pp. 84~104.

22) B. Geremek, *Les Marginaux parisiens au XIVᵉ siècle* (Paris 1976), p. 345 and note 21.

들 중에도 여성들이 있었으며, 이후 여러 세기 동안 이 분파에는 여성들
이 남아 있었다(이것은 중세 전성기에 시작하여 근대에 이르기까지 결코 완
전히 근절되지 않고 살아남은 유일한 이단분파이다).

14세기 말, 그리고 15세기에는 한층 더 롤라드파[23]는 옥스퍼드대학을
중심으로 하는 지적인 이단으로서의 성격이 변하여 점차 농민과 수공업
자들로 이루어진 중하층의 민중 신앙이 되었고, 많은 여성들이 가담했
다.[24] 여성들은 후스파[25]에도 가담했다. 후스파 설교자 프리드리히 라
이저의 반려였던 안나 바일러는 그와 함께 화형 당했다.[26] 타보르파[27]
는 여성들이 남편과 아들을 버리고 산지나 자기들 분파의 중심지였던 다
섯 도시 중 하나로 갈 권리를 인정했다. 그들은 지금 당장 사회나 양성 간
관계를 전면적으로 혁신하려 하지는 않았지만 말세에는 광범한 변화가
일어나리라고 믿었다. "그때에는 여자들이 산고를 치르지 않고 자식을
낳을 것이고, 남자들도 자식을 낳을 것이며, 처녀들도 성모 마리아처럼
남자의 씨를 받지 않고 출산할 것인즉, 남편과 아내 사이의 상호의무가
무효화될 것이다."[28]

---

23) 옮긴이 주: 제 3장 주 157 참조.

24) J. A. F. Thompson, *The Later Lollards*, 1414~1520(Oxford 1965). 이것은 롤
라드파의 관습과 신앙을 따른 혐의를 받은 사람들이 재판 받은 법정 기록에 대한
연구이다. C. Gross, "Great Reasoner in Scripture: the activities of women
Lollards 1380~1530", in D. Baker, ed., *Medieval Women*(Oxford 1978),
pp. 359~380.

25) 옮긴이 주: 제 6장 주 185 참조.

26) G. Leff, *Heresy in the Later Middle Ages*(Manchester 1967), p. 470.

27) 옮긴이 주: 보헤미아의 도시 타보르를 중심으로 한 이단분파. 얀 후스의 화형 이후
일어난 여러 분파 중 하나로, 타보르 시민들은 인근 지역의 농부들과 함께 초대
교회의 원시 공산주의적 이상 사회를 실현하려 했다. 빈부 및 계층의 격차를 타파
하고자 했으며, 진정한 복음의 담지자를 자처하며 자신들과 다른 '이단'들을 근절
하는 것이 임무라고 여겼다. 특히 타락한 교회를 비판하고 성서적 권위만을 인정
하겠다는 급진적 태도로 가톨릭교회와 마찰을 빚었다.

28) K. Höfler, *Geschichtsschreiben der Hussitischen Bewegung in Bohemen*(Wien
1856~1866), p. 438, §29~33에서 Laurentius of Brêjové가 한 말.

444

이상에서 언급된 각 분파에서 여성의 지위를 살펴볼 수는 없다. 어떤 분파들에 대해서는 단편적인 정보밖에 없으며, 어떤 분파들은 단명했다. 적대적인 입장에서 쓰인 얼마 되지 않는 자료들만으로는 이런 분파들이 가톨릭 교의로부터 실제로 얼마나 멀어졌던가, 그들의 예식이 가톨릭 예식과 어떻게 달랐던가 등을 가늠하기 어렵다. 그러므로 각 분파가 여성에 대해 취했던 태도나 분파에 가담한 여성들이 실제로 누렸던 권리에 대해서도 확실히 알 수는 없다. 그러므로 나는 중세전성기의 양대 이단운동이었던 발도파와 카타리파의 신학에서 여성이 차지하는 위치와 그 공동체 내에서 여성들이 실제로 누렸던 권리만을 집중적으로 살펴보고자 한다. 14세기에 이르기까지 발도파에 대한 유일한 자료는 가톨릭교회 측에서 나온 것이다. 카타리파의 경우에는 분파 자체에서 나온 자료도 더러 남아 있다.

발도파

앞서 우리는 일찍이 12세기의 마지막 사분기에 발도파에 가담한 여성들이 있었음을 지적했다. 가톨릭 연대기 작가들과 논증가들은 발도파 남녀들이 모두 정식 권위 없이 설교를 한다고 비난했다. 이단재판 법정이 설치되자, 발도파의 남녀 신도가 모두 박해를 받았다.[29] 가톨릭 저자들은 발도파 공동체 내에 여성들이 있었음을 지적하지만, 이 분파에 대해서는 다른 분파들에 대해 그랬던 것처럼 성적인 방종을 질타하지는 않았다. 물론 그런 비난의 예가 아주 없지는 않으니, 성적 방종은 이단에 대한 고정관념의 일부였기 때문이다. 예컨대 13세기 초에 부르카르트 폰 우르스베르크[30]는 이렇게 썼다. "그들은 수치스럽게도 남녀가 대로에서

---

29) Alain de Lille, *De Fide Catholica contra Haereticos sui temporis*, PL vol. CCX, col. 379; J. Leclercq, "Le témoignage de Geoffroy d'Auxerre sur la vie cistercienne", *Studia Anselmiana* XXXI; *Analecta monastica* II(1953), p. 195; Bernard Gui, *op. cit.*, p. 34; Jacques Fournier, *op. cit.*, vol. I, pp. 1, 2, 7, 33, 34.
30) 옮긴이 주: Burchard von Ursberg(1177~1231). 연대기 작가.

함께 걸어 다니며 밤에도 같은 집에 머물곤 한다. 또한 때로는 한 침대에
서 잔다고도 한다. 그들은 맹세코 사도들로부터 이 모든 일을 하라고 배
웠다고 주장한다. "[31] 발도파에서는 여자들도 완전자(perfecta)[32]가 될
수 있었다. 정결과 사유재산 포기 같은 분파의 모든 종교적 지침을 따르
는 동지들의 반열에 들 수가 있었다는 말이다. 여성 완전자들은 남성 완
전자들과 마찬가지로 설교를 하고 기도, 공동식사 때의 빵의 축성, 성사
집행 등 종교 예식을 수행할 수 있었다. 13세기의 한 가톨릭 저자는 이런
사실을 다음과 같이 묘사했다. "그들은 속인이 감히 미사 성례를 집전할
뿐 아니라, 심지어 여자들도 그런 일을 한다고 한다. "[33] 완전자가 아니
라 그저 신도들(credentes) 계층에 속하는 여성 중에는 결혼한 이도 있었
고 미혼이든 과부이든 홀몸으로 완전자들이 운영하는 숙소(hospicium)에
서 함께 사는 이도 있었다. 14세기 들어 발도파 운동이 은밀하게나마 완
전히 정착된 후에는 어떤 공동체에서는 여성들이 설교를 하고 종교 예식
을 수행할 권리를 박탈했다. 하지만 여성에게 그런 권리를 여전히 인정
하는 공동체들도 있었다. [34]

발도파 신학이 여성에게 부여하는 지위는 가톨릭 정통 신학이 부여하
는 지위와 달랐던가? 알려진 한에서 발도파는 자신들만의 새로운 일반
신학을 구축하지 않았고, 천상의 위계질서나 인류의 구속사에서 여성이

31) Burchard von Ursberg, *Chronicon*, ed. O. Holder-Egger and B. von
    Simson (Scriptores rerum germanicarum in usum scholarum, Hanover and
    Leipzig 1916), p. 107.
32) 옮긴이 주: 제 7장 주 15 참조.
33) *Litterae Episcopi Placentini de pauperibus de Lugduno*, ed. A. Dondaine, in
    Archivum fratrum praedicatorum XXIX (1959), p. 271~274; *Beiträge zur
    Sektengeschichte des Mittelalters*, ed., J. I. von Döllinger (Munich 1890),
    vol. II, pp. 6~7; M. Koch, *Frauenfrage und Ketzertum im Mittelalter* (Berlin
    1962), *ch*.10 and p. 185.
34) Etienne de Bourbon, *Tractatus de diversis materiis praedicabilibus*, ed. A.
    Lecoy de la Marche (Paris 1887), p. 292; *Registre de l'Inquisition de Jacques
    Fournier*, vol. I, 7c, p. 74; 3d, p. 56. 증인은 여자들이 설교하거나 사제로 시무
    할 수 없었다고 말한다.

차지하는 역할이라는 문제에 관한 특수 신학도 개진한 바 없다. 애초에 발도파는 청빈(*paupertas*)과 사도들을 본받는 삶(*vita apostolica*)을 촉구했고, 따라서 탁발과 설교를 행했을 뿐이다. 그들은 엄밀히 말해 반(反)교회적인 집단도 아니었다. 왜냐하면 그들은 애초에 교회제도나 성직자들의 생활방식을 비판하는 데서 출발한 것이 아니었기 때문이다. 오히려 그들은 교황에게 설교 허가를 구했었다. 허가는 내려지지 않았지만 그들은 설교를 계속했고, 따라서 배척되고 파문되고 추방되었다. 그들은 점차 여러 개의 별도의 공동체를 이루었고, 프랑스 남부와 이탈리아에서 일어났던 다른 이단운동들의 교의적 일탈 중 일부를 채택하면서, 그리고 신약성서를 문자 그대로 해석하면서, 결국 가톨릭 정통 신앙에서 멀어지게 되었다. 그들의 예식도 어떤 점에서는 가톨릭 예식과 달랐다.

발도 자신은 부유한 도시민 출신이었고, 그의 초기 추종자들 중 일부도 그러했다. 재산을 가진 사람만이 재산을 버리고 자발적으로 가난을 택할 수 있는 것이다. 그러나 공동체가 커지면서 주로 가담한 것은 중하층에 속하는 농민, 목동, 수공업자들이었다. 발도파에는 유식한 지도자들이 없었고, 따라서 새로운 신학을 발전시키지도 못했다. 일례로, 이단재판의 판사들이 발도파의 한 신도에게 여성은 여성의 몸으로 부활하겠느냐 아니면 모든 사람이 남성의 몸으로 부활하겠느냐 하고 묻자 그는 각 사람이 자신의 성별에 따라 부활하리라(*quilibet resurget in sexu suo*)고 대답했다. 이것이 정통 교의의 입장이었는데, 하층계급에서는 카타리파에서처럼 모든 사람이 남성의 몸으로 부활하리라고 믿는 것이 일반적이었다.[35] 피에르 발도는 신앙 고백에서 당시 지배적이던 이단 교의들, 특히 카타리파 교의를 거부했고, 예수는 "아버지로부터는 참 하느님이요, 어머니로부터는 참 인간이니, 어머니의 태중에서 참 육신과 인간의 이성적

35) *Ibid.*, 10c. 이 문제는 아우구스티누스에 의해 논의된 바 있는데, 그의 대답은 각 사람이 자신의 성별대로 육신으로 부활하리라는 것이었다. 왜냐하면 자연은 타락 이전에 선하였으며, 말세 이후에도 다시금 선할 터이기 때문이다. Saint Augustine, *De Civitate Dei*, PL, vol. XLI, L, XXII, C. 17.

인 영혼을 가지고 태어났다 …. 동정녀 마리아로부터 참 육신을 가지고 태어났다"[36] 고 믿었다. 그 이후의 발도파 신도들도 이런 가톨릭 신앙을 결코 포기하지 않았다. 반면 그들은 동정녀 마리아를 성모로 섬기지는 않았다. 모든 발도파 신도가 성모축일을 지키고 성모송을 외웠는지도 의심스럽다.

이단재판 법정에 제출된 몇몇 증언들은 발도파의 일부 신도들이 마리아의 중간 역할, 즉 신자와 하느님 사이의 중개자로서의 역할에 이의를 제기하기까지 했음을 보여준다.[37] 대체로 말해 그들은 성모의 역할을 강조하지도, 성모숭배를 촉진하지도 않았던 것이 분명하다. 이런 식으로 그들은 가톨릭 신학이 여성에게 부여했던 지위에 비해 천상의 위계에서 여성적 요소의 기능을 축소시켰으니, 특히 12세기 이후 가톨릭교회에서 동정녀 마리아가 신의 어머니로서 인간과 신을 중개한다는 개념이 확대되었던 것과는 대조적이다. 발도파 예식은 대개 아주 단순한 것이 특징이었으며, 특히 성모숭배는 최소화되었다. 그러므로 발도파 공동체에서 여성의 권리가 더 증진되었던 이유를 천상의 위계나 인류의 구속사에서 여성적 요소가 갖는 기능에 관한 신학적 변화에서 찾을 수는 없을 것이다.

그렇다면 발도파 공동체에서 여성의 권리가 확대되었던 이유는 무엇인가? 그것은 다음 두 가지 요인 때문이었던 것으로 보인다. 첫째, 신약성서로 복귀함에 따라 여성을 포함하는 모든 그리스도교 신자의 영적 평등성이 강조되었다는 사실, 둘째, 발도파는 박해 당하는 변두리 공동체였으므로 여성을 포함하는 모든 구성원이 비교적 평등했다는 사실이 그것이다. 가톨릭 논증가들은 발도파와의 논쟁에서 이단들이 참조하지 않는 모든 문헌을 인용했고, 그로부터 여성 설교자들을 금지하는 결론을

---

36) "Deus verus ex patre esset et homo verus ex matre, veram carnem habens ex viceribus matris et animam humanam racionabilem; natus ex Virgine Maria, vera nativitate carnis." C. Thouzellier, *op. cit.*, pp. 28~29에서 재인용. 이 텍스트에 대해서는 W. L. Wakefield, *op. cit.*, pp. 204~206 참조.

37) *Registre de l'Inquisition de Jacques Fournier*, vol. I, 9ab, p. 82.

448

끌어냈다. 그들은 발도파 신도들이 사용하는 문헌들을 놓고 직접 대결하는 것은 교묘하게 회피했으며, 회피할 수 없을 때는 그런 문헌들을 자기들 식으로 해석하여 여성들이 설교할 권리를 정당화하는 데 사용될 수 없게끔 만들었다.

이런 방식의 논쟁을 가장 잘 보여주는 예는 프레몽트레회의 수도원장 베르나르[38]의 책에서 발견된다. 제4장은 속인은 설교할 권리가 없다는 것, 제8장은 여성에게도 역시 설교할 권리가 없다는 것인데, 두 장에서 사용된 방법은 같다. 즉, 속인과 여성이 설교할 권리를 부정하는 성구들을 인용한 데 이어 발도파에서 속인과 여성의 설교를 정당화하는 데 사용하는 성구들을 인용하고 발도파가 그런 성구들을 해석하는 방식을 논박한 다음, 결론적으로 그들의 설교를 금지하는 것이다. 여성에 대해, 저자는 앞서 수녀에 관한 장에서 언급되었던 성구들을 인용한다(에베소서 5장 22~23절, 디모데전서 2장 11~12절, 고린도전서 11장 3~15절, 창세기 3장 16절). 즉 여자가 먼저 죄를 지었고 아담을 죄 짓게 만들었다는 것, 여자의 머리는 남자이며 여자는 남자를 위해 창조되었다는 것, 여자는 조용히 하고 남자의 권위를 빼앗지 말아야 한다는 것 등이다. 여성이 설교하는 것은 일찍이 398년 카르타고 공의회에서 정해진 교회법을 위반하는 일이기도 했다.

베르나르에 따르면, 발도파에서는 여성이 설교할 권리를 정당화하는 근거로 디도서 2장 1~3절을 든다고 한다.

오직 너는 바른 교훈에 합한 것을 말하여 늙은 남자로는 절제하며 경건하며 신중하며 믿음과 사랑과 인내함에 온전하게 하고 늙은 여자로는 이와 같이 행실이 거룩하며 모함하지 말며 많은 술의 종이 되지 말며 선한 것을 가르치는 자들이 되라.

---

[38] 옮긴이 주: Bernard de Fontchaud(?~1192경). 12세기 말 랑그독 지방에 있던 프레몽트레회 소속 퐁쇼(Font-Cauld, Fontis Calidi) 수도원의 초대 원장.

그러나 그는 발도파에서 이 성구를 해석하는 방식이 틀렸다고 말한다. 이것은 여자들이 대중을 가르치라는 말이 아니라 자기 자녀들에게 올바른 행실을 가르치라는 말이기 때문이다. 그는 발도파에서 브누엘의 딸 안나(누가복음 2장 36~38절) 를 여자가 가르치는 예로 드는 것도 역시 틀렸다고 한다. 이 안나는 여러 해 동안 금식하며 하느님께 기도해온 여자로, 예언의 은사를 받았다고는 하나 그녀가 대중 앞에서 가르쳤다는 말은 없기 때문이다. 영의 은사는 여러 가지이며, 예언은 설교할 권리와 다른 것이다.[39] 프레몽트레회 수도원장의 저술에 대해서는 이 정도로 해두자. 어떤 사람의 기능 및 자격과 그가 받은 영적 은사를 구별하는 데 대해서는 제 3장의 여성 신비가들에 대한 대목에서 이미 살펴본 바 있다.

그러므로 발도파가 신약성서로 되돌아가 성서를 각기 자기 나라 말로 번역한 것이 그들이 공동체 내에서 여성들의 권리를 좀더 인정했던 이유 중 하나인 것으로 보인다. 발도파가 고른 성구들은 물론 선택적인 것이었다. 그들이 갈라디아서 3장 28절에도 의거했는지 여부는 알려져 있지 않다. "너희는 유대인이나 헬라인이나 종이나 자유인이나 남자나 여자나 다 그리스도 예수 안에서 하나이니라. 너희가 그리스도의 것이면 곧 아브라함의 자손이요, 약속대로 유업을 이을 자니라." 하여간 발도파와 논쟁을 벌인 논증가들은 이 성구를 인용하지 않았다. 그러나 이것이 발도파도 그것을 인용하지 않았기 때문인지, 아니면 이 대목에 의거한 여성 설교자 옹호론을 반박하기가 어려웠기 때문인지는 알 수 없다.

공동체 내에서 여성의 권리를 인정하는 것이 발도파의 주된 목표는 물론 아니었다. 그것은 속인과 성직자 사이의 간극을 좁히고 속인의 권리를 확대하며 교회 위계질서를 거부하려 했던 그들의 전반적인 태도의 일

---

39) "Igitur aliud sit donum prophetiae aliud sermo doctrinae." *Bernardi abbatias Fontis Calidi ordinis Praemonstratensis*, *Adversus Waldensium sectam liber*, PL vol. CCIV, cols. 805~812, 825~826; C. Thouzellier, *op. cit.*, pp. 50~57. 발도파와의 논쟁의 또 다른 예는 Alain de Lille, *De Fide Catholica contra Haereticos sui temporis*, PL, col. CCX, cols. 306~309, 316, 377~380.

부였다. 그리고 그 모든 것은 성서의 권위에 의거한 것이었다. 14세기 명
목론 철학자 윌리엄 오브 오캄조차도 교회 위계를 비판하고 속인들이 교
회의 공의회에 참가할 권리를 주장하면서, 교회 안에서 여성들이 공의회
에 참가할 권리를 위시하여 좀더 큰 권리를 가져야 한다고 주장했던 것은
의미심장한 일이다. 40) 발도파는 탈선하여 박해 당하는 변두리 집단으로
서, 구성원들이 가톨릭 공동체에서보다 비교적 더 평등했다. 그런 집단
은 모든 구성원의 적극적인 합의가 필요했으며, 따라서 계층 간의 구분
뿐 아니라 양성 간의 구분도 허물어졌던 것이다. 남성이건 여성이건 완
전자들은 모든 사유재산과 결혼을 포기했다. 완전자가 된 여성은 가족,
즉 남편과 아버지의 권위에 종속되는 경제적 단위에 속하지 않았다.

이미 지적했듯이 14세기에 몇몇 발도파 공동체들은 전반적인 제도화
와 더불어 속인들의 설교권을 제한하는 과정에서 여성이 설교할 권리와
교회에서 집례할 권리를 박탈했다. 이런 현상은 17세기 잉글랜드의 프로
테스탄트 분파들에서도 반복된다. 프로테스탄트 분파들도 처음에는 성
직자와 속인(여성을 포함하는) 사이의 구분을 없앴고, 그 때문에 교회와
국가의 박해를 받았지만 결국은 남녀의 영적 평등을 인정하는 논리적 귀
결을 철회했던 것이다. 왕정복고 시대에 비국교도들은 더 이상 지상의
회중 가운데서 그런 평등성을 주장하지 않았다. 41)

카타리파

카타리파는 프랑스 남부의 모든 사회계층으로 전파되었고, 따라서 모
든 계층의 여성들이 가담했다. 그 중 많은 여성들이 중상류 귀족계층에
속했다. 카타리파가 프랑스 남부에서 그처럼 널리 전파될 수 있었던 요

---

40) L. Baudry, *Guillaume d'Occam* (Paris 1950), pp. 171, 176; G. Lechler,
    Johann von Wicliff und die Vorgeschichte der Reformation (Leipzig 1873), vol. I,
    p. 127.
41) K. Thomas, "Women in the Civil War sects", *Past and Present XIII* (1958),
    pp. 42~62.

인 중 하나가 귀족들로부터 호응을 얻었기 때문이라는 것은 의심할 여지
가 없다. 그러나 상류 귀족계층의 남성들은 카타리파에 공감과 지원을
보내거나 기껏해야 자신도 카타리파 신도가 되는 데 그쳤던 반면, 그 계
층의 많은 여성들은 생전에 콘솔라멘툼[42]을 받고 완전자가 되었다. 어
떤 이들은 과부였고, 어떤 이들은 남편과 헤어진 상태였다. 드 퓌일로
랑, 로락, 미로, 미르푸아 같은 가문의 여성들도 있었다. 푸아 백작의 누
이이자 가스코뉴 지방의 대영주 중 한 사람의 미망인이었던 에스클라 르
몽드는 완전자가 되었고, 카타리파와 가톨릭 간의 논쟁에 꾸준히 참여했
다. 연대기 작가 기욤 드 퓌일로랑[43]에 따르면 그녀는 그런 논쟁중에 한
가톨릭 성직자를 얼마나 성나게 했던지, 그가 이렇게 쏘아붙였다고 한
다. "마담, 집에 가서 물레나 돌리시지요. 여자가 종교 토론에 참가하는
것은 온당치 않습니다!" 그녀의 오빠 푸아 백작은 카타리파에 공감하는
데 그쳤다.

　12세기와 13세기 초, 카타리파가 프랑스 남부에서 공개적으로 활동하
던 시절에 여성들은 때로 한 집에 모여 살았다. 가톨릭에서 '이단자들의
집'(Domus haereticorum)이라 부르는 이런 집들은 흔히 카타리파 귀족 여
성들이 마련한 것이었다. 발도파 여성들의 숙소(hospicium)와 마찬가지
로 이런 집에는 신도 계층에 속한 여성들이 모여 살면서 완전자들의 가르
침을 받았다. 이런 집에는 대개 작업장과 보건소와 학교가 딸려 있었다.
카타리파가 박해를 피해 지하로 들어가 주로 농촌에서 살아남게 되자,
앞서 오트 아리에주 지방의 농민사회에 관해 살펴보았듯이 많은 농민 여
성들이 가담하게 되었다. 여성들은 카타리파 교의를 친척들과 젊은 세대
에게 전파하는 데 중요한 역할을 했다. 12세기에 여성들은 때로 행려 선

---

42) 제 7장 주 52 참조.
43) 옮긴이 주: Guillaume de Puylaurens(1200경~1274경). 13세기 연대기 작가. 툴
　　루즈 출신으로, 1237~1240년 사이 퓌일로랑의 교구사제였다. 1244년 이후에는
　　툴루즈 백작 레이몽 7세의 전속사제로, 가끔 이단재판소를 위해서도 일했던 것으
　　로 추정된다. 카타리파와 알비 십자군 원정에 관한 《연대기》(Cronica)를 썼다.

교사로도 활동했다.

여성들은 카타리 공동체에서 집사나 주교가 될 수 없었지만 이런 직분은 단순히 행정적인 기능을 가질 뿐이었고, 종교적 위계 안에서 다른 완전자들보다 더 높거나 하지 않았다(가톨릭교회에서는 주교나 고위 성직자만이 서품 및 견진 성사를 수행할 수 있었던 것과 대조적이다). 완전자인 여성들은 설교를 할 수 있었을 뿐 아니라 축복을 하고 콘솔라멘툼을 줄 수도 있었다. 일반적으로 여성 완전자들은 여성에게, 남성 완전자들은 남성에게 콘솔라멘툼을 주었다. 그러나 남성 완전자가 없는 경우에는 여성 완전자가 남성에게 콘솔라멘툼을 줄 수도 있었다. 44) 모든 완전자는 신도들의 존경을 받았으며, 신도들은 완전자들에게 임한 성령에 대한 흠숭을 의미하는 예식적인 절(melioramentum)을 함으로써 존경을 표했다. 남녀 완전자들은 모두 완전한 정결을 지키고, 재산을 소유하지 않으며, 고기나 다른 어떤 축산물도 먹지 않고 극히 단순하고 엄격한 생활을 했다. 때로는 육체노동에 종사하기도 했다. 45)

카타리파 신학에서 여성적 요소는 어떤 지위를 차지했던가? 카타리파는 성모의 기능을 최소화했다. 어떤 이들은 그녀가 하늘에서 온 천사였

---

44) J. Guiraud, *Histoire de l'Inquisition au Moyen Âge* (Paris 1933), vol. I, p. 291; *Registre de l'Inquisition de Jacques Fournier*, vol. II, 126c, p. 50.

45) 카타리파 여성들에 관한 자료로는 E. Griffe, "Le Catharisme dans le diocèse de Carcassonne et le Lauragais au XIIᵉ siècle", *Cahiers de Fanjeaux III* (1968), pp. 216, 224, 231; M. Becamel, "Le Catharisme dans le diocèse d'Albi", *ibid.*, pp. 248~250; Y. Dossat, "Les Cathares d'après les documents de l'Inquisition", *ibid.*, p. 73, note 8, p. 103, note 9, p. 86, note 82, p. 96, note 138, pp. 98~99, notes 148, 149, 150, 151; H. Blanquière et Y. Dossat, "Les Cathares au jour le jour, confessions inédites de Cathares quercynois", *ibid.*, pp. 262, 266, 268, 269, 271, 272; Y. Dossat, "Confession de G. Donadieu", *ibid.*, p. 290~297; R. Nelli, *op. cit.*, *ch.* 4; J. Guiraud, *op. cit.*, vol. I, pp. 147~148; A. Borst, *Die Katharer* (Stuttgart 1953), p. 207; A. Borst, "Transmission de l'hérésie au Moyen Âge", in *Hérésies et Société dans l'Europe préindustrielle, XIᵉ ~XVIIIᵉ siècles*, ed. J. Le Goff (Paris 1968), p. 276 et notes 13~14; G. Koch, *op. cit.*, ch 3 and p. 184. 여성이 콘솔라멘툼을 베푸는 일에 대해서는 *Registre de l'Inquisiton de Jacques Fournier*, vol. II, 126c, p. 50 참조.

다고 주장했으니, 만일 그녀가 천사였다면 예수가 육신을 지닌 존재였다
는 것은 헛소리가 된다(이른바 가현설46) 이라 하는 이런 신앙은 2세기의 영
지주의자들 사이에 이미 퍼져 있었다). 또 다른 이들은 그녀가 피와 살을
가진 여자였으며, 그 육체 안에 예수가 머물렀으나 그녀에게서 아무것도
취하지 않았다고 주장했다. 47) 둘 중 어느 쪽이든 간에 카타리파는 그녀
가 정말로 신을 낳은 자(Dei Genetrix) 는 아니었다고 주장했다. 카타리파
에서 받아들인 보고밀파48) 의 텍스트들인 〈은밀한 만찬〉과 〈이사야의
환시〉에 따르면, 예수는 마리아의 귀를 통해 들어갔다고 한다. "그리하
여 나는 내려가서 그녀의 귀를 통해 그녀에게 들어갔고 그녀의 귀를 통해
나왔다. "49) 그러니까 마리아는 예수의 통로가 된 여자일 뿐, 그는 그녀
에게서 아무것도 받지 않았다는 것이다. 이단재판 법정에서도 카타리파
신도들은 이런 생각을 한층 강하게 증언하고 있다. 한 증인은 이렇게 말
한다.

> 하느님은 복되신 마리아님을 통해 인간의 육신을 얻지 않았으니, 그녀
> 는 그를 낳지 않았고 하느님의 모친도 아니었소 …. 하느님의 아들이
> 한 여자에게 잉태되었으며 여자의 비천한 몸 가운데 거하셨다는 생각은
> 부적절한 것이오. 50)

---

46) 옮긴이 주: 가현설(docetism) 이란('…인 듯하다'라는 뜻의 그리스어 dokein에서
　　나온 말), 예수 그리스도가 유령 같은 존재였을 뿐 실제로 육체를 갖고 있지 않았
　　다고 주장하는 초기 그리스도교의 한 이단 교의이다.

47) R. Nelli, *Dictionnaire des hérésies méridionales* (Toulouse 1968), pp. 206~207.

48) 옮긴이 주: 보고밀파(Bogomilism) 는 927~970년경 불가리아에서 일어나 비잔틴
　　제국으로 퍼진 영지주의 분파이다. '보고밀'이란 불가리아말로 '하느님께 소중한'
　　이라는 뜻으로, 이 운동을 창시한 사제의 이름이다. 마니교의 영향으로 생겨난
　　이 이단분파는 박해에도 불구하고 14세기말까지 살아남았다.

49) *Cena Secreta ou Interrogatio Iohannis*, ed., J. Ivanof, in *Légendes et écrits bogomiles*
　　(Sofia 1925), p. 82. 〈이사야의 환시〉에 대해서는 R. Nelli, *Le Phénomène cathare*
　　(Paris 1925), p. 107 and note 14 참조.

50) *Registre de l'Inquisiton de Jacques Fournier*, vol. I, 94b, c, p. 457; vol. II, 202c,
　　d, p. 409.

　이단재판 법정에, 그리고 이단재판관 모네타 크레모나에게 제출된 또
다른 증거에 따르면, 카타리파 신도들은 마리아가 천사였으며 예수는 그
녀에게서 아무것도 취하지 않았다고 믿었다. 이런 믿음을 뒷받침하기 위
해 그들은 특히 요한복음 2장 4절의 "여자여 나와 무슨 상관이 있나이까?"
하는 말씀을 인용했다. 카타리파에 따르면 이 구절은 "내가 그대에게서
얻은 것이 무엇이나이까? 아무것도 없나이다"(*Quid de tuo sumpsi? Nihil*)
라는 뜻이라고 한다. 51) 마리아가 천사였건 여자였건 간에 그녀가 카타
리파 신앙에서 부차적이고 도구적인 역할밖에 하지 않았다는 데는 의문
의 여지가 없다. 자발적으로 하느님을 잉태한 동정녀의 동의 덕분에 하
느님이 성육신하심으로 인류의 구속이 이루어졌다는 관념이 부인됨에 따
라, 신자와 그녀의 아드님 사이의 중재 역할도 신조에서 빠지게 되었다
(카타리파는 신자와 하느님 사이의 중개라는 개념 자체를 거부했다. 신자의
영혼과 하느님 사이의 유일한 중개자는 하느님의 영뿐이다). 따라서 카타리
파의 예식에서 성모가 완전히 배제되었다는 것은 두말할 필요도 없는 일
이다. 그러므로 카타리파의 천상 세계에는 여성적 요소가 없었으며, 여
성은 인류의 구원에서 아무 역할도 하지 않았다.

　그러나 카타리파는 가톨릭교도들이 생각하는 것 같은 성모의 역할 및
기능은 거부했지만, 여성이 남성보다 열등한 존재라는 관념은 견지했다.
그들의 신학까지는 아니라 하더라도 신화 내지 대중신앙의 틀 가운데에
는 남성을 유혹하고 타락시키는 여성이라는 이미지가 있었다. 〈은밀한
만찬〉에 따르면 이브의 영혼은 아담의 영혼보다 더 낮은 하늘에서 왔다
고 하며, 따라서 선함과 빛의 원천으로부터 한층 더 멀어졌다고 한다. 이
텍스트의 라틴어 번역본 중 하나(이른바 '빈(Wien) 이본')에서는, 사탄이
남자의 몸을 창조하고 두 번째 하늘의 천사에게 그 안에 들어가 살라고

51) *La Somme des authorités à l'usage des prédicateurs méridionaux au XIIIe siècle*, ed.
　　C. Douais(Paris 1896), pp. 125, 119; *Monetae Cremonensis adversus catharos
　　et valdenses libri quinque*, ed. T. A. Ricchini(Rome 1743), p. 5; *Beiträge zur
　　Sektengeschichte*, vol. II, pp. 58, 161, 277.

명한다. 그러고는 여자의 몸을 만들고 첫 번째 하늘의 천사에게 그 안에 들어가 살라고 명한다. 또 다른 라틴어 이본인 카르카손 이본에서는, 사탄은 세 번째 하늘의 천사에게 아담의 몸에, 두 번째 하늘의 천사에게 이브의 몸에 들어가라고 명한다.[52] 두 가지 이본 모두에서 뱀이 이브를 유혹하고 그녀와 관계한다.[53] 카타리파 신도들 사이에 민간신앙으로 퍼져 있던 신화, 곧 그들이 이단재판 법정에서 증언할 때 묘사했던 신화에 따르면, 사탄은 유혹적인 여인의 모습으로 나타나 천사들도 유혹하려 했다고 한다. 이 신화는 때로 하느님이 여자는 천사들의 실추를 초래한 데 대한 벌로 천국에 들어올 수 없다고 선언하는 것으로 끝맺는다. 또 다른 신화들에서는 여자는 악마가 들밭이나 과수원, 금과 은, 기타 눈에 보이는 세상의 재보들과 함께 천사들에게 제공한 유혹 중 하나였다고 한다.[54] 카타리파 신도 중에는 여자의 영혼은 낙원에 이르러서도 여자의 몸으로는 들어갈 수 없으므로 남자의 몸을 입어야 한다고 믿는 이들도 있었다.[55] 14세기에 프랑스 남부에서 카타리파의 마지막 완전자 중 한 사람은 베드로가 그리스도를 세 번 부인한 것도 여자의 목소리 때문이었다고 비난했다.[56]

앞서 우리는 어머니로서의 여성을 다루는 장에서 천사들이 악마의 유혹을 받았다는 카타리파의 신화에 대해 언급한 바 있다. 즉, 악마는 천사들에게 천상의 어떤 행복보다 더 큰 행복을 가져다줄 후손을 약속했다는 것이다.[57] 이 신화는 성과 생식을 전면 거부하는 카타리파의 맥락에서 이해될 수 있으며, 그런 거부의 결과 그들은 때로 여성을 이 악한 물질세상 가운데서도 단연 악마적인 피조물로 보았다. 여자에게 닥칠 수 있는

52) *Cena Secreta*, pp. 78~79.
53) *Ibid.*, p. 79.
54) *Registre de l'Inquisition de Jacques Fournier*, vol. II, 218b, c, p. 488; 202b, c, p. 407; vol. III, 268c, d, p. 219.
55) *Ibid.*, 209c, pp. 441~442.
56) *Ibid.*, 126a, p. 47; *Beiträge zur Sektengeschichte*, vol. II, pp. 149~151.
57) *Registre de l'Inquisition de Jacques Fournier*, vol. III, 251b, p. 130.

가장 큰 불운은 임신중에 죽는 것이었으니, 임신은 악마에게서 비롯되는 것이며 그런 상태로 죽는 여성의 영혼은 결코 속량될 수 없기 때문이었다. 58) 그러므로 카타리파에 따르면 여성적 요소는 인류구원의 역사에나 하느님과 그의 백성 사이의 중개에나 전혀 존재하지 않으며, 카타리파의 신화 및 민간신앙에서도 여성은 남성보다 열등하며 천사들의 타락에 일역을 하는 것으로 간주되었다.

그러나 사태는 그렇게 단순 명백하지만은 않았다. 카타리파의 교의에서는 이런 신화들과 나란히 성별의 무효화도 발견되기 때문이다. 그 근거는 다음과 같다. 우선 성별 그 자체가 사탄의 창조요, 물질과 죄악으로 이루어진 이 세상 질서의 일부이며, 진정한 주 하느님께서는 성별을 만들지 않으셨으니 구원의 때에도 그러할 것이다. 하느님께서는 성별의 차이를 해소하실 것이다. 두 번째 전제는 윤회신앙이었다. 영혼들은 ─ 적어도 그 대부분은 ─ 다시 태어나게 되어 있었다. 이 세상에 살면서 카타리파의 완전자가 될 만한 수준에 도달한 영혼만이 죽은 후 환생하지 않고 창조주와 하나가 될 것이다. 반면 대부분의 영혼은 수차 다시 태어날 것이며, 그 과정이 계속되는 한 남자와 여자의 몸을 번갈아 입게 될 것이다. 59)

〈은밀한 만찬〉에는 사탄이 인간의 몸을 창조하는 과정이 이렇게 묘사되어 있다. "천사들은 자신들이 그 안에 갇히게 될 신체의 형태가 (남자와 여자로) 서로 다른 것을 보고 울었다."60) 악마는 그들에게 성관계를 가지라고 강요했다. 구원받은 영혼들이 본향으로 돌아가면 성적인 차이가 사

---

58) *Beiträge zur Sektengeschichte*, vol. II, pp. 33, 35, 320; A. Borst, *Die Katharer*, p. 181.

59) 옮긴이 주: 카타리파의 목표는 악한 물질세상으로부터 해방되어 신과의 합일을 이루는 것인데, 거기에는 각 개인의 영적 상태에 따라 여러 단계가 있다. 현세에서 해방을 이루지 못하는 자들은 다시 태어나 완전을 위한 투쟁을 계속하게 될 것이다. 다시 말해, 모든 인간이 단 한 번의 생애로는 물질의 고리를 완전히 끊어버릴 수 없기 때문에 환생이 필요해지는 것이다.

60) *Cena Secreta*, p. 78.

라지리라는 믿음은 이단재판 법정에 제출된 여러 증언에서도 발견된다.
한 피고는 이렇게 증언했다. "남자와 여자의 영혼은 서로 아무 차이가 없
이 동일하다. 남녀의 차이는 육신에만 있으니, 이는 악마에 의해 창조된
것이다. 영혼이 육신을 벗어버리면 더 이상 남자와 여자의 차이가 없어
질 것이다." 양성동체에 대한 이러한 동경은 카타리파의 민간신앙에서뿐
아니라 이전 세기들의 이원론적 운동들과 존 스코투스 에리우게나[61] 에
서도 발견된다. [62] 카타리파의 윤회신앙은 이단재판 법정에 제출된 증언
에서뿐 아니라 가톨릭과의 논쟁에서도 드러나며, 오늘날까지 전해지는
가장 중요한 카타리파 신학 텍스트인 《두 가지 원리의 책》(Liber de
Duobus Principiis) 에서도 나타난다. [63]

　앞서 보았던 대로 정결은 카타리파의 가장 중요한 덕목에 속했다. 이
런 사실은 이단재판기록에서뿐 아니라 현존하는 카타리파 텍스트들에서
도 알 수 있다. 카타리파에 맞선 가톨릭 논증가들조차도 카타리파의 완
전자들이 서약한 그대로 정결하다는 점은 인정했다. 결혼하고자 하는 욕
망이야말로 회개하고 가톨릭으로 돌아오려는 징표 중 하나였다. 그러므
로 카타리파 신도들이 가톨릭으로 돌아오는 것을 묘사할 때면 '아내를 취

---

61) 옮긴이 주: John Scotus Eriugena (810~877경). 아일랜드 출신의 철학자, 신학
　　자. 그리스 철학 및 신플라톤주의를 그리스도교 신앙과 통합하고자 했다. 845년
　　경부터 서프랑크 왕국의 대머리왕 샤를의 궁정에서 활동하면서, 위-디오니시우
　　스를 위시한 그리스 교부들의 저작을 번역하여 서구에 소개했다. 신비주의자들이
　　나 13세기 스콜라 학자들에게 큰 영향을 미쳤으나 범신론적 경향 때문에 교회로
　　부터는 이단시되었다.

62) Registre de l'Inquisition de Jacques Fournier, vol. III, 265c, p. 201, 269b, c,
　　p. 223. 초기 이원론 분파 및 존 스코투스 에리우게나에게서 이런 사상이 나타난
　　다는 점에 관해서는 M. T. d'Alverny, "Comment les théologiens et les
　　philosophes voient la femme", Cahiers de Civilisation médiévle Xᵉ-XIIᵉ
　　siècles (1977), p. 106.

63) Le Liber de Duobus Principiis. Un Traité néo-manichéen du XIIIᵉ siècle, ed. A.
　　Dondaine (Rome 1939), p. 137; Raynier Sacconi, De Catharis et Pauperibus de
　　Lugduno, ibid., p. 71; Registre de l'Inquisiton de Jacques Fournier, vol. III,
　　268d, p. 220.

458

하다', '결혼하다' 같은 어구가 흔히 사용되었다. 64) 카타리파 문헌에서
정결을 최고의 덕목으로 숭상하는 것은 성에 대한 우주적·형이상학적
거부의 소치였다. 《마니교 논저》(*Tractatus Manicheorum*) 로 알려진 카타
리파 문헌에서 정결은 완전자들의 방식으로 정의된다. 그들은 아내를 취
하지 않고 육신과 음행과 생식의 유혹을 물리치는 바, 이 모든 것은 죄악
세상에 속한 것이다. 여러 권위 중에서도 저자는 특히 누가복음 20장 34
~35절에 나오는 예수의 말씀을 인용한다. "이 세상의 자녀들은 장가도
가고 시집도 가되, 저 세상과 죽은 자 가운데서 부활함을 얻기에 합당히
여김을 받은 자들은 장가가고 시집가는 일이 없다."65) 카타리파의 예식
을 묘사한 두 문헌에서도 정결의 가치가 강조된다. 하느님께 육신의 죄
를 심판하시되 타락중에 태어난 육신에 대해 자비를 베푸시기를 간구하
는 것이다. 66) 동정과 정결이야말로 용인된 길이며, 하느님께 가까이 나
아가는 길이다. 67) 이 세상에서 성적인 욕망으로부터 자유로운 완전자는
나머지 인류와는 다른 실존적·존재론적 차원에 속한다. 그는 더 이상
환생하지 않을 것이며, 죽으면 그의 영혼은 근원으로 돌아갈 것이다.

이런 논조는 성생활을 하는 자와 독신으로 사는 자 — 여성의 경우에는
성생활을 하고 자식을 낳는 자와 수녀 — 의 차이를 앞서 베르나르 드 클
레르보의 저작에서 보았던 것보다도 한층 더 선명히 부각시킨다. 그러나
카타리파 신도들은 베르나르나 아벨라르보다 더 일관성이 있다. 주지하
듯이 가톨릭 사상가들은 성생활을 하고 자식을 낳는 여자들과 수녀들을
구분하고 후자들이야말로 하느님의 신부이며 동정녀 마리아의 반영이라
고 칭송하지만, 그들 중 아무도 수녀들이 성직자가 되어 교회에서 집례할

64) Y. Dossat, "Les Cathares d'après les documents de l'Inquisition", *Cahiers de Fanjeaux III* (1968), p. 79, notes 47~50, p. 103.
65) *Un traité cathare inédit du début du 13ᵉ siècle d'après le Liber Contra Manicheos de Durand Huesca*, ed. C. Thouzellier (Louvain 1961), p. 90.
66) *Le Nouveau Testament traduit au XIIIᵉ siècle en langue provençale suivi d'un Rituel cathare*, ed. L. Clédat (Paris 1887), p. x.
67) *Fragmentum ritualis*, ed. A. Dondaine, in *Liber de Duobus Principiis*, p. 162.

권리를 가져야 한다고 주장하지는 않았다. 카타리파는 남녀에게 동일한
법칙을 적용한다. 콘솔라멘툼을 받은 여성 완전자는 남자와 마찬가지로
성령의 도구이며, 남자와 마찬가지로 회중의 사제로 시무할 수 있었다.

그러므로 카타리파나 발도파가 여성에게 종교적 공동체 내에서 권리
를 인정한 것은 천상적 위계나 인류구원의 과정에 관한 그들의 교의에 강
한 여성적 원리가 있어서가 아니었음을 알 수 있다. 이런 분파들에서 여
성의 권리가 좀더 확대된 데에는, 발도파의 경우 신약성서로의 복귀가
이유 중 한 가지가 되었듯이, 카타리파의 경우에는 궁극적인 성별의 무
효화에 대한 믿음이 이유가 되었을 것이다. 두 운동 모두 주변적이었으
며(프랑스 남부와 이탈리아에서 많은 신도를 얻기는 했지만) 알비 십자군
원정 이래로 혹독한 박해를 받았다. 구성원들 사이에 비교적 평등을 유
지하는 것, 따라서 남녀 사이에도 좀더 평등을 인정하는 것은 주변적 집
단의 특성에 속하는 것이었음을 앞서 지적한 바 있다. 그러므로 카타리
파 신도들의 대부분은 가톨릭 신도들보다 평등을 누렸다. 카타리파의 결
혼은 성사가 아니었고 두 당사자의 합의만으로 충분했으며, 이혼도 허용
되었다(앙리 뒤 망과 피에르 브뤼스 모두 이런 견해에 호의적이었다). 카타
리파 신도들 사이에서는, 특히 박해가 시작된 후에는, 결혼을 한다는 자
체가 가톨릭 결혼에서보다 강한 유대를 나타냈고, 카타리파에서는 신도
들 간의 결혼을 장려했다.[68] 이것은 E. 르 루아 라뒤리가 지적했던 바
신앙적 근친혼이라 할 수 있다. 이혼의 가능성도 여성에게 얼마간의 자
유를 주었다.

우리는 성적인 방종이 이단에 대한 고정관념의 일부였음을 지적한 바
있다(오늘날까지도 어떤 집단에 대한 선동적 공격에는 항상 성적 비행에 대
한 고발이 포함된다).[69] 카타리파가 가톨릭들이 하듯이 혼례성사를 통해
결혼한 남녀의 관계를 죄의 영역에서 거룩함의 영역으로 옮기지 않았다

68) *Registre de l'Inquisition de Jacques Fournier*, vol. III, 272b, pp. 239~240.
69) L. Lowenthal and N. Guterman, *Prophets of Deceit: A Study of the techniques of the American Agitator* (New York 1949).

460

는 것은 사실이다. 카타리파 신앙에서 죄의 중립화 — 즉, 결혼의 테두리 안에서의 성관계도 혼외관계 못지않게 죄라는 생각 — 및 생식에 대한 반대에 대해서는 많은 글이 쓰였다. 이론적으로나 논리적으로나 그런 견지에서는 모든 것이 허용된다고 결론지을 수도 있을 것이다. 그렇지만 카타리파 신도들이 가톨릭 신도들보다 더 방탕한 행동을 했다는 증거는 없다. 앞의 여러 장에서 우리는 모든 계층의 남녀가 교회가 용인하는 성적 노선으로부터 종종 탈선했음을 살펴보았다. 그것은 우리가 삶의 방식으로서의 궁정풍 사랑에 대한 묘사를 고려하지 않더라도 사실이었다. 당대의 가톨릭 문헌들은 카타리파 완전자들의 높은 도덕성을 부인하지 않았으며, 이들은 다른 사람들에게 본보기가 되었다(가톨릭 성직자들에 대해서는 도저히 그렇게 말할 수 없을 터였다). 그들은 신도들의 음행을 분명 장려하지 않았으며, 죄의 중립화가 카타리파 신도들 사이에 혼외관계를 촉진했다는 증거는 아무 데도 없다.

여성들은 기성 체제 내에서 반항하는 한 방편으로 이단운동에 가담했던 것일까(중세 전성기 및 후기에는 비록 교회가 갖은 수단을 동원하여 탄압했다고는 해도 이단운동이 기성체제의 일부였다. 이단운동은 여성들이 창시한 것이 아니었고, 기본적으로 여성들을 위한 것이 아니었으며, 여성들만이 지지하는 것도 아니었다)? 만일 이 질문에 긍정으로 답한다면 여성들은 이단운동들이 가톨릭 사회보다 더 큰 권리와 더 나은 지위를, 그리고 남성의 권위로부터 더 큰 자유를 제공했기 때문에 이단에 가담했다는 의미가 될 것이다. 의심할 바 없이 이것은 그녀들이 이단에 가담한 이유 중 하나겠지만, 그것을 유일한 동기로 보는 것은 지나친 단순화가 될 것이다.

앞서 수녀들에 관한 장에서 우리는 남자이건 여자이건 수도원에 들어가는 데에는 다양한 개인적 요인들이 종교적 소명과 착잡하게 얽혀 있으므로, 그 얽힌 요인들을 세세히 분석하기가 매우 어렵다는 점을 지적한 바 있다. 어떤 여자가 수녀가 되는 것이 종교적 소명 때문인지 아니면 두려운 세상으로부터 달아나고 싶기 때문인지, 다시 말해 수녀원을 택하는 것이 하느님에 대한 사랑 때문인지 아니면 결혼하여 자식을 낳는 데 대한 두려움이나 불행한 결혼에서 벗어나려는 욕망, 또는 과부의 경우라면 강요된 두 번째 혼담을 피하고 싶기 때문인지, 수녀원에 들어가려는 것이 의미 있는 종교적 삶을 동경하기 때문인지, 아니면 남성의 권위에서 해방되어 나름대로의 기능을 가지고 일하면서 자신을 표현하고 싶기 때문인지 확연히 구분할 수 없는 것이다. 우리는 또한 여자가 수녀가 되는 데 작용하는 경제적 요인이나 가족 상황(딸 하나는 결혼시키고, 다른 하나는 수녀원에 보낸다는 식의)도 살펴보았다. 이단운동에 가담하는 여성들의 동기를 알아내기 위해서도 이 모든 요소들을 고려해야 할 것이다. 이단 공동체는 수도원에서 기대할 수 있는 것만큼 안전하고 평화로운 삶을 제공해 주지는 못하겠지만 말이다.

연구하기 가장 쉬운 요소는 가족의 경제적 상황이다. 발도파와 카타리파에는 과부나 처녀들이 모여 사는 공동숙소가 있었다. 이런 공동숙소에서의 삶은 가족이 없는 가난한 과부들이나 지참재산이 없어서 결혼하지도 수도원에도 들어가지 못하는 처녀들 — 너무나 가난해서 또는 기존 수도원들이 모든 지망자를 받을 형편이 못 되기 때문에 — 에게는 개인적이고 경제적인 해결책이 되었다. 카타리파와 발도파의 공동 숙소는 베긴회의 공동 숙소와 비슷한 목표를 지녔으며, 베긴 여신도들과 마찬가지로 카타리파 여신도들도 학교를 운영했다. 독일의 도미니코회 수도사 요르다누스는 딸들을 그런 학교에 보내 이단에 물들게 하는 부모들을 비난하고 있다. 70)

하지만 우리는 여성들이 카타리파나 발도파 같은 이단운동에 가담하는 경제적 요인의 중요성을 과대평가하지 않도록 주의해야 한다. 어떤 이단들은 공동체를 이루지도 못했다. 앙리 뒤 망, 탄헬름, 아르날도 다 브레시아 등은 기존 교회기관들을 비난했고 진정한 종교적 삶에 대한 생각을 개진했지만, 여성들이 특별한 지위를 누리거나 물질적·개인적 문제 상황에 대한 답을 발견할 만한 공동체를 만들지는 않았다. 또한 14세

---

70) G. Koch, *op. cit.*, *ch.* I.

기의 마지막 사분기부터 15세기 전반기까지 약 150년가량 계속되었던 롤라드파도 공동체를 이루고 살지는 않았으며, 이들의 조직은 대체로 느슨했다. 그렇지만 이런 운동에도 여성 추종자들이 있었다. 카타리파의 신도 계층에 속한 많은 여성들은 공동 숙소에 살지 않았으며, 결혼하여 보통의 가정생활을 하면서 가끔씩 완전자들의 설교를 들었고, 신도들에게도 공개되는 예식들에 참여했고, 임종 시에 콘솔라멘툼을 받기를 희망했다. 카타리파에 가담한 귀족 여성들은 분명 경제적 문제를 해결하기 위해 그런 것이 아니었으며, 이단운동에 가담한 수녀들도 마찬가지였다.

경제적 안정에 대한 필요 때문이 아니라면 대체 여성들은 무엇을 추구하여 이단에 가담했던가? 그것은 그녀들이 가톨릭교회에서 발견하는 것보다 좀더 의미 있고 심오한 종교적 삶이었던가, 아니면 남성지배로부터 좀더 자유로워지는 것이었던가? 이 질문에 대답하기란 쉽지 않으니, 이것은 이단운동에 가담한 남성들에게도 해당되는 질문이기 때문이다. 그들은 자신들이 속인으로서 당시 가톨릭교회(11세기 종교 개혁 이후에도 여전히 만족스럽지 못했던)에서 누릴 수 있는 것보다 더 큰 몫을 누릴 수 있는 종교적 삶을 추구했던가? 아니면 사회질서 일반에 대한 일종의 저항이었던가? 몇몇 이단 신도들은 교회조직이나 그 이기적이고 무절제하고 탐욕스러운 성직자들을 정면으로 공격하기도 했다. 그런가 하면 발도파 신도들은 정면으로 비난하거나 공격하지는 않았지만 그들 자신이 절대적 가난과 탁발을 택하는 것은 사실상 교회를 포함한 사회질서 전반에 대한 저항이었다. 발도파와 카타리파는 점차 맹세(중세에는 모든 일이 맹세로 확증되었다)나 기존 법률, 봉건제도, 강요나 전쟁에 반대를 표명하게 되었다. 물론 발도파도 카타리파도 그런 것을 없애기 위해 투쟁하지는 않았지만 말이다. 그들은 사회적 탈선자들이었지 저항자들이 아니었다.

롤라드파에서는 여하한 상황에서든 교회가 재산을 소유하는 데 반대했다. 의로운 사제만이 재산을 소유할 수 있었다. 죄를 지은 사제는 십일조를 받을 수도 없고 받아서도 안 될 것이다. 아르날도 다 브레시아의 추종자들로부터 후스파에 이르기까지 이단으로 고발된 또 다른 운동들에서도, 종교적 변화를 성취하려는 노력 가운데는 어느 정도 사회적·정치적 변화에 대한 생각이 들어 있었다. 이단운동을 추종하는 데에는 분명 두 가지 요소가 모두 작용했을 테지만, 그 중 어느 요소가 지배적이었다고는 말하기 어렵다. 여성들의 이단 추종 역시 마찬가지이다. 물론 여성들의 저항은 남성들의 저항과 달랐겠지만 말이다. 여성들이 주로 항의한 것은 교회와 사회와 가정 내에서 자신들의 열등한 지위였다. 발도파와 카타리파의 공동체에서 여성들은 완전자이든 단순한 신도이든 간에 가톨릭교회에서보다 좀더 존중받는 지위에 있었다. 하지만 여자가 교회에서 성직 기능을 수행하는 것을 허용하지 않고 기존의 교회질서와 전반적인 사회질서를 지지하는 이단운동들도 있었다.

롤라드파는 속인과 성직자 사이의 간극을 좁히고자 했으며, 여성들이 종교적 삶에 좀더 적극적으로 참여할 것을 권장했다. 롤라드파에서도 여성들이 성직 기능을 수행하지는 못했지만 그래도 영어로 번역된 성서를 읽을 권리는 존중되었고, 여성들은 성서의 구절들을 암기하도록 장려되었다. 후스파 역시 교회 안에서 속인들의 지위향상을 꾀했다. 그들이 속인에게도 두 가지 성찬 — 즉, 빵과 포도주 — 을 모두 달라고 요구한 것은 속인과 성직자 사이의 차이를 축소시키려는 시도였다. 그들도 성서를 읽는 데 속어(체코어)를 사용했다. 그러므로 이런 운동들에서도 여성은 가톨릭교회에서보다 더 큰 몫을 누렸으며, 그 결과 공동체 전반에서 좀더 높은 지위를 누렸다. 그러나 우리는 중세 전성기 및 후기의 종교적 사회에서 사람들의 종교심을 만족시킬 만한 의미 있는 종교생활을 하려는 적극적인 의지 또한 간과하지 말아야 할 것이다. 남자도 여자도 자기 신조를 철회하고 회심하기만 하면 살아남을 수 있는데도 자신의 믿음을 지키기 위해 화형대로 갔다(회심한 후 또다시 이단에 빠졌다가 재차 회심하는 경우에만 화형에 처해졌다).

사람들이 존재론적 개념을 위해 죽으리라는 것을 부정했던 알베르 카뮈조차도 그들이 관념을 위해 죽을 가능성마저 배제하지는 않았다(어떻게 그럴 수 있었겠는가? 인간의 모든 역사가 사람들이 실제로 관념을 위해 죽는다는 것을 보여주는데?). 그리고 만일 관념이라는 것이 목숨을 바칠 만한 가치가 있다면 종교적 신념은 얼마나 더 그렇겠는가. 그러니 아무도 여성들이 기꺼이 화형대에서 죽어간 결정적인 동기를 딱히 집어낼 수는 없을 것이다. 그것이 신앙에 대한 신실함이었는지, 화형대의 고뇌 다음에는 천국을 얻으리라는 확신이었는지, 아니면 이미 신앙을 위해 죽거나 종신형을 선고받은 신앙의 동지들에 대한 의리였는지, 또 아니면 기성 사회 및 세계와 그 안에서 여성이 처한 상황에 대한 저항의 표현이었는지?71)

2. 마녀들

서유럽 특유의 함의를 가진 마녀(witch), 즉 악마(the Devil)와 내통하는 마녀에 대한 이론은 중세가 끝나갈 무렵에야 비로소 등장했다. 대대적인 마녀 사냥이 일어난 것은 중세가 아니라 16세기와 17세기 동안이었다. 그러므로 중세 전성기 및 후기에 여성이 처해 있던 상황을 다루는 이 책에서는 이교적 의미에서의 마술(witchcraft), 즉 남에게 해악을 끼치기 위한 마법적 수단(magical means)으로서의 사술(maleficium)을 사용했다는 이유로 고발된 여성들에 대한 태도를 기술하는 것으로 족할 것이다. 가톨릭과 프로테스탄트를 막론하고 모든 마녀 사냥꾼들이 200년 동안이나 자신들의 근거로 삼았던, H. 트레버로퍼의 말을 빌리자면 '악마론 대전'(大典)이라고나 할 《마녀의 망치》(Malleus Maleficarum)72)가 쓰인 것

71) 이단재판에서 유죄 선고를 받은 카타리파 신도 중에 여성의 비율이 높았던 점에 대해서는 Y. Dossat, *Les Crises de l'Inquisition toulousaine au XIIIᵉ siècle* (1233~1274) (Bordeaux 1959), pp. 251~257.

72) 옮긴이 주: 독일의 도미니코회 수도사이자 이단재판관이었던 하인리히 크라머(Heinrich Kramer, 라틴어명 Institoris)가 1486년에 저술한 책. 크라머는 마녀를 이단재판에 회부하려다 교회당국의 저지를 당하자 교황에게 탄원하여 마녀의 존재를 인정하는 교서를 받아냈고, 그래도 당국의 저지가 수그러들지 않자 이 책

은 1426년, 그러니까 이 책이 다루는 시기 이후의 일이다. 악마의 공모자로서의 마녀에 대한 짧은 논의를 이 책에 포함시키는 이유는 《망치》에 개진된 생각 중 일부 여성들에 관한 생각들이 이미 중세의 교회문학에서 개진되었던 개념들을 압축하고 있기 때문이다. 73) 마술에 관여하거나 그 때문에 고발당했던 사람들 가운데서 여성이 차지했던 위치를 논의하기에 앞서, 중세 동안 이런 사람들에 대한 태도가 어떻게 변천했으며 마녀 이론이 어떻게 발전했던가를 간단히 살펴보기로 하자. 74)

을 집필했다. 그와 동료 야콥 슈프렝거(Jacob Sprenger)의 이름으로 발간된 이 책은 쾰른대학 신학부로부터 비윤리적이고 불법적인 것으로 단죄 당했고, 1490년 가톨릭교회의 금서목록에 올랐다. 하지만 이 책은 초판 이후 1520년까지 13차례, 1574~1669년 사이에도 16차례나 판을 거듭하면서 중세 후기 마녀재판의 교과서가 되었다. 크라머는 무엇보다도 마녀의 존재, 마녀와 악마의 연관을 상정하고, 악마의 힘은 인간의 성과 관련하여 맹위를 떨치는데 여성은 남성보다 더 성적이므로 여성이 특히 연루되기 쉽다고 주장한다. 한마디로 "모든 사술은 육신의 정욕에서 오는 바, 여성의 육욕에는 만족함이 없다"는 것이다.

73) 이런 종류의 저작으로 《마녀의 망치》가 최초는 아니었다. 그 전에는 H. Trevor-Roper가 '작은 망치들'이라고 명명한 저작들이 있었다. 이런 문헌들의 상당수는 *Quellen und Untersuchungen des Hexenwahns und der Hexenverfolgung im Mittelalter*, ed. J. Hansen(Bonn 1901), pp. 38~239에 수록되어 있다. 악마와의 계약에 언급한 저작들은 *ibid.*, pp. 423~444.

74) 옮긴이 주: 이 문단에 등장하는 witch, witch hunt, magical means, witchcraft, maleficium 등 다양한 용어에 대한 역어는 다음과 같이 정리하기로 한다.
뒤에서 보게 되겠지만 witch라는 말은 남녀를 모두 포함하는데(Old English에서 남성형은 *wicca*, 여성형은 *wicce*), 'witch는 대부분 여성'이라는 통념 때문에 '마녀'로 옮겨지는 것이 보통이다. witch를 일반적인 '무당', '주술사'로 옮겨서는 중세 특유의 '악마와 내통하는 마녀'라는 의미가 살아나지 않을 것이고 witch hunt를 '마녀사냥' 이외의 다른 말로 옮기기도 이상할 것이다. 그러므로 뒤에 나오게 될 male witch는 '남성마녀'라는 어색한 말로 옮길 수밖에 없을 것 같다. 오성근 著 《마녀사냥의 역사》(미크로, 2000)도 같은 방침을 취하고 있다. "남성도 마녀가 되어 마귀와 섹스를 하고 마귀와 계약을 하며 마녀연회에 참석하지만, 여성이나 여성마녀들처럼 그렇게 비난되고 강조되지는 않았다"(76쪽). 간혹 witch의 남성형으로 wizard를 쓰기도 하나, wizard는 '현자', '견자'에 가까운 뜻이며 악마적인 함의가 거의 없다.
witchcraft, magic, sorcery는 각기 '마술', '마법', '주술'로 옮기기로 한다. 이런 용어들은 필자와 문맥에 따라 함의가 달라지곤 하므로 구분 자체가 임의적이

466

우선 다른 사람에게 해악을 끼치기 위해, 또는 환경과 자연의 힘을 지배하기 위해 마법적 수단을 사용한다는 의미에서의 마술이 있다. 고대 게르만 사회나 그리스·로마 세계에서 그랬듯이, 중세에도 남녀를 불문하고 마술에 관여하는 이들이 있었고, 마술에 관여했다고 부당하게 고발된 이들도 있었다. 사람들은 마법에도 선한 것과 악한 것이 있다고 믿었다. 어떤 행동을 하거나 주문을 말함으로써 마법사는 자동적인 결과를 얻으리라고 여겨졌다. 세속법은 악한 마법의 사용을 금지했다. 살리 및 리푸아리 프랑크족75)의 법에 따르면, 마법을 써서 다른 사람의 죽음을

되겠으나, 굳이 의미를 설명하자면 witchcraft는 witch와 관련된 말이므로 마귀나 악령의 힘을 빌리는 '마술', magic은 눈에 보이지 않는 힘들의 관계를 터득하고 부리는 '마법', sorcery는 딱히 악마와 연관되기 이전의 일반적인 '주술' 정도로 구분할 수 있을 것이다. 하지만 원저자는 이런 용어들을 확연한 구분 없이 사용하고 있으므로, 각 역어는 그에 해당하는 원문 용어가 무엇인지 나타내는 표지 정도로 보면 되겠다. occult practices는 '비술'(秘術)로 옮겼다.

이와 같은 용어의 혼용은 저자가 '남을 해치기 위한 마법적 수단'이라 정의한 maleficium이라는 라틴어의 번역에서 찾아볼 수 있다. maleficium은 성경에도 종종 나오는 말인데 영어 성경에서는 sorcery, divination, witchcraft, enchantment 등으로, 우리말 성경에서는 '요술', '주술', '사술'(邪術) 등으로 번역되었다. 예컨대 venient tibi duo haec subito in die una sterilitas et viduitas universa venerunt super te propter multitudinem *maleficiorum* tuorum et propter duritiam *incantatorum* tuorum vehementem〔한 날에 홀연히 자녀를 잃으며 과부가 되는 이 두 일이 네게 임할 것이라 네가 무수한 **사술**과 많은 **진언**을 베풀지라도 이 일이 온전히 네게 임하리라(개역한글) /네가 무수한 **주술**과 많은 **주문**을 빌릴지라도 이 일이 온전히 네게 임하리라(개역한글개정) /재간껏 **마술**을 부려 보아라. 힘껏 **요술**을 부려 보아라. 모두 쓸 데 없으리라(공동번역개정) /너의 **주술**이 아무리 능하고 너의 **마술**의 힘이 아무리 세다 하여도, 이 일이 너에게 반드시 닥친다(표준새번역개정, 이사야 47:9)〕. 또는 사람을 가리키는 maleficus는 '무당'으로 옮겨지기도 했다. *maleficos* non patieris vivere〔(너는 무당을 살려 두지 말지니라(출애굽기 22:18)〕. 《마녀의 망치》(*Malleus Maleficarum*)에서 마녀 malefica는 그 여성형이다.

75) 옮긴이 주: 로마 시대에 라인강 너머 제국 변경의 북쪽, 오늘날의 네덜란드 북부에 살던 프랑크족이 살리(Salii), 라인강 중류 유역에 살던 프랑크족이 리푸아리(Ripuari)이다. 《살리 법전》(*Lex Salica*)은 중세 초기에 살리계 프랑크족의 전통적인 법을 집대성한 것이고, 《리푸아리 법전》(*Lex Ripuaria*)은 살리 법전에서 발전한 것으로 여겨진다.

초래한 사람은 희생자의 친족에게 '몸값'(wergild) 76) 을 지불해야 했다. 마술을 써서 질병, 불임, 불능, 사람이나 동물의 죽음, 수확을 망치는 폭풍이나 홍수 등을 초래했다는 이유로 고발당한 이들도 있었다. 그런 고발은 아이슬란드, 스웨덴, 알레만니아, 롬바르디아, 바바리아, 그리고 서(西)고트족의 문헌들에서 나타난다. 메로빙거 및 카롤링거 왕가의 사람들에게 마술을 걸었다는 이유로 고발당한 이들도 있었다. 경건왕 루트비히가 첫 번째 아내에게서 낳은 아들들은 왕의 두 번째 아내 유디트가 자신들에게 사악한 마법을 쓴다고 고발했는데, 그들의 의도는 그녀의 아들 카를77) 이 자신들과 유산을 나누지 못하게 하려는 것이었다. 78)

우선 세속법은 마술을 해롭게 사용하는 것을 방지하는 데 주력했으나, 점차 교회의 영향으로 마술을 사용하는 자체가 금지되었다. 왜냐하면 마술이란 신성한 샘이나 나무에 대한 숭배가 그렇듯이 이교의 한 형태로 여겨졌기 때문이다. 79) 당시 교회는 마술도 우상숭배와 마찬가지로 마귀들(demons) 에게 의존하는 것이며, 따라서 일종의 우상숭배라고 보았다. 그러므로 유럽을 복음화하는 과정에서 다른 모든 이교적 잔재와 더불어 마술도 근절해야 한다고 보았다. 그러나 대체로 교회는 마술을 행하는

---

76) 옮긴이 주: wergild(wergeld, weregeld) 란 'wer-geld', 즉 'man-price'라는 뜻이다. 초기 게르만 사회에서 사람이 살해당하면 그의 친족은 살해자를 응징 살해하거나, 그 대신 피살자의 몸값을 받을 권리가 있었다.

77) 옮긴이 주: 프랑스 왕 샤를 2세(대머리왕 샤를) 이 된 인물. 샤를마뉴의 아들인 경건왕 루트비히(778~840) 는 첫 왕비 에르멘가르데에게서 3남3녀, 두 번째 왕비 유디트에게서 1남1녀를 낳았다. 루트비히는 이미 성년이 된 세 아들에게 각자 영토를 지정해 준 후에 낳은 샤를에게도 몫을 주려 애썼고 많은 분쟁을 거쳐 결국 오늘날의 프랑스가 된 골 지방을 물려주었다. 잘 알려진 대로 루트비히의 아들 중 로타르가 중프랑크, 루트비히가 동프랑크, 샤를(카를) 이 서프랑크를 차지하기로 하고 분쟁을 그친 조약이 베르덩 조약(843) 이다.

78) Grégoire de Tours, *Historia Francorum*, ed. R. Poupardin(Oaris 1913), p. 237.

79) J. Caro Baroja, *The World of Witches*(London 1964), *ch.* 3; G. L. Kittredge, *Witchcraft in Old and New England*(Cambridge, Mass. 1929), p. 152; N. Cohn, *Europe's Inner Demons*(London 1975), pp. 149~152.

468

자들에 대해 세속법보다 더 너그러운 입장을 취했으니, 이는 최근에 개
종한 사람들을 지나친 강압 없이 회유하려 했기 때문일 수도 있고, 마술
의 비현실성에 대한 몇몇 교부의 시각을 받아들였기 때문일 수도 있다.

교부들의 이러한 시각은 〈주교법〉(Episcopal Canon)이라는 텍스트에
서 분명히 표명되었는데, 314년 앙키라 공의회에서 제정된 것으로 추정
되나 9세기 문집에 처음으로 등장하는 이 텍스트의 기원은 분명치 않다.
그것은 11세기에 부르카르트 폰 보름스가 고해사들을 위해 쓴 지침서나
이브 드 샤르트르의 법령집, 그리고 좀더 나중에는 그라티아누스의 교령
집에도 포함되었다. 이 텍스트에 따르면 마술을 신봉하는 자는 누구나
이교 신앙으로 되돌아가 사탄이 만들어낸 미망을 현실로 받아들이는 자
와 같으며, 이교 신앙을 고집하는 자는 마귀들을 숭배하는 자와 같다. 마
술은 실제가 아니며, 사탄과 마귀들은 실제로 존재하지만 인간은 그들의
도움 없이는 주술을 행할 수 없으며, 이것은 단지 그들의 상상에 불과하
고, 바보만이 영에서 일어나는 것이 몸에서도 일어난다고 믿는다. 80) 주
목할 점은 주술사와 악마 숭배자를 동일시하는 것이 저자들의 그리스도
교식 해석일 뿐이며, 마녀들 자신이 마귀 숭배자라거나 하물며 마귀들이
나 악마와 한편이라고 믿었다는 말은 없다는 것이다. 81) 〈주교법〉에 따
르면 마술을 행한 데 대한 벌은 2년 동안 참회하는 것이었는데, 이 참회
는 행위 그 자체에 대해서가 아니라 마법을 행할 수 있다고 믿은 데 대한
참회였다. 만일 마술이라는 것이 실제가 아니라면, 그것은 마술 행위 그
자체도 실제가 아님을 의미한다. 14세기 이전에도 마술의 실제성을 믿은
성직자들, 가령 기베르 드 노장 같은 이들이 있기는 했지만, 82) 학식 있

80) "Quis vero tam stultus et hebes sit, qui haec omnia quae in solo spiritu fiunt,
    etiam in corpore accidere arbitretur?" Burchard of Worms, Decretum, PL
    vol. CXL, L. I, C. I, col. 831; Ives de Chartres, Decretum, PL vol. CLXI,
    pars. II. 2, cols. 746~747; Corpus Iuris Canonici, ed. A. Friedberg (Leipzig
    1879) vol. I, Decreti secunda pars, Causa XXVI, quest. V, col. 1027.
81) R. Kieckhefer, European Witch Trials (California 1976), pp. 38~39.
82) Guibert de Nogent, op. cit., L. I, c. 12.

는 성직자들의 지배적인 입장은 마술에 대한 민간신앙을 전면 거부하는
것이었다.

마술로 인해 해를 입을 수 있다는 수동적인 믿음이건 또는 마술을 행할
수 있다는 능동적인 믿음이건 간에, 그런 민간신앙이 존재했다는 것은
의심할 바 없는 사실이다. 주술을 행한 것으로 의심되는 사람들에게는
집단적이고 가혹한 즉결 심판이 행해졌지만 교회는 그런 박해를 장려하
지 않았다. 이단재판 법정을 열어 이단을 척결했던 것과는 달리, 교회는
굳이 마녀들에 반대하는 재판을 열지 않았다. 다른 사람을 주술 혐의로
고발했으나 입증하지 못한 사람은 엄중한 처벌을 받게 되어 있었다. 한
편 실제로 주술을 행한 것으로 밝혀진 자들에게 교회법정이 부과하는 벌
은 대체로 참회에 그쳤고, 최악의 경우라야 교구에서 추방하는 정도였
다. 주술 혐의로 몰린 자들을 대중의 분노에서 보호하려 애쓴 성직자들
도 있었다. 83) 14세기까지는 마술과 관련된 재판 사례가 별로 많지 않았
던 것으로 보인다. 84)

13세기 이후로는 악마에 대한 관념들이 두드러지게 성장했고, 그 문제
에 관한 사변적 이론은 주로 프란체스코회와 도미니코회의 학교들에서
발전했다. 점차 주술에 관여한 자들에 대한 교회의 태도도 변하기 시작
했다. 14세기에 교회는 마녀를 악마의 공모자로 보기 시작했고, 마술의
실제성을 믿기 시작했다. 주술을 이처럼 악마와의 공모로 보는 견해는
'제의적 마법'에 대한 성직자들의 이해에서 발전했을 수 있고, 이단들이

---

83) N. Cohn, *op. cit.*, pp. 154~155.

84) 13~14세기 잉글랜드에서 세속법정에 회부된 마녀 고발사례(악마와의 내통에 대
한 고발은 없었고, 유죄판결을 받은 사람들은 달군 쇠에 의한 심판을 받거나 공시
대형을 받아야 했다)의 예는 *Pleas before the King or his justices* ed. D. M.
Stenton(Seldon Society, London 1953), vol. I, p. 45; J. B. Given, *op. cit.*,
p. 139; *Memorials of London and London Life*, ed. T. Riley(London 1868),
pp. 462, 475 등에서 찾아볼 수 있다. 독일의 성직자가 마녀로 고발당한 한 여성
을 대중의 분노로부터 지키기 위해 개입한 사건은 *Annales Colmariensis Maiores*,
MGHS, vol. XVII, p. 206에 기록되어 있다. 문제의 여성은 수녀였는데, 대중은
그녀를 산 채로 태워 죽이려 했다. 그녀는 도미니코회 수도사들에게 구조되었다.

악마와 마법적 거래를 한다는 고발에서 생겨났을 수도 있다. 천문학, 점
성학, 화학, 연금술, 의학 등을 연구한 학자들, 가령 체코 다스콜리[85]나
아르나우 데 빌라노바[86] 같은 이들은 주술사의 뜻대로 악마를 부릴 수
있게 해 준다는 '제의적 마법'을 종종 실험했다. 이런 일을 하는 자들은
악마와 계약을 맺었다는 이유가 아니라 마귀들을 불러냈다는 이유로 고
발당했다. 교회만이 마귀들에 대항하여 행동할 수 있는데 이런 주술사들
은 그들을 불러내 자신들을 섬기도록 부렸다는 것이었다. 성직자들은 이
런 주술사들이 마귀들을 숭배하지 않으며 단지 하느님의 이름으로 그들
을 불러내어 (invocatio) 일을 시킨다는 것을 알고 있었지만, 악마들과 거
래한다는 것 자체가 죄로 간주되었다. [87]

N. 콘이 주장하듯이 마술을 악마와의 계약으로 보는 견해는 '제의적
마법'이 마귀들을 불러낸다는 개념에서 자라났을 수도 있다. 이단에 관
해 말하자면, 12세기 초 서유럽의 몇몇 이단분파들은 악마와 공모하는
주술에 관여한다고 믿어졌다. [88] 가톨릭 정통 신앙에서 탈선한 이단교도

---

85) 옮긴이 주: Cecco d'Ascoli/Francesco degli Stabili (Cichus, 1257~1327). 이탈
   리아의 박학자, 내과의사, 시인. '프란체스코'의 약형이 '체코', 라틴어형이 '키쿠
   스'이다. 오늘날의 마르케 지방인 아스콜리에서 태어나 수학과 점성술을 연구하
   고, 1322년 볼로냐대학에서 점성술 교수가 되었다. 실험과 관찰을 토대로 한 대
   단한 학식의 소유자였으나, 마귀들 부리는 법에 관해 대담한 이론을 개진하여
   단죄 당했고, 결국 칠순의 나이로 화형 당했다.

86) 옮긴이 주: Arnaldus de Villanova (1240경~1311). 에스파냐의 연금술사, 내과의
   사, 점성술사. 아라곤 궁정을 섬기다가 파리로 가서 상당한 명성을 누렸으나, 교
   직자들의 반감을 사서 도피, 시칠리아에서 피난처를 찾았다. 1313년경 교황 클레
   멘스 5세의 부름을 받고 아비뇽으로 가던 중 죽었다. 《철학자의 장미정원》
   (Rosarius Philosophorum) 을 위시한 많은 연금술 저작들이 그의 것으로 추정된다.

87) Thomas Aquinas, Quaestiones Disputatae (Turin-Rome 1949), vol. II, q. 6,
   art. X, pp. 185~187.

88) 그런 예는 다음 문헌들에서 찾아볼 수 있다. Heribert the Monk, Epistola, PL
   vol. CLXXXI, cols. 1721~1722; Ralph of Coggeshall, op. cit., pp. 121~125;
   Guibert de Nogent, op. cit., L. III, c. 17. 그 밖에 W. L. Wakefield, op. cit.,
   pp. 249~251; J. Caro Baroja, op. cit., pp. 74~78; R. Kieckhefer, op. cit.,
   pp. 40~43 등의 연구서도 참조할 것.

는 용인된 행동규범 전체를 전복시킨 것으로 믿어졌고 이는 그가 선보다 악을 택했음을, 다시 말해 하느님을 버리고 악마를 숭배한다는 것을 의미했다. 그러나 13세기 동안 주술의 시행이나 악마와의 계약은 별도의 이단으로 규정되지 않았다. 1257년까지도 교황 알렉산데르 4세는 이단 재판관들이 자신들의 권위의 한계와 채택해야 할 절차에 관해 묻는 질문에 대해 이단 색출에만 전념하라고 답했다. 마술에 관여한 사람들 중에서도 분명히 이단에 넘어간 자들만이 재판에 회부될 수 있었다. R. 킥헤퍼와 N. 콘의 연구는 1435년 이전에는 악마와 내통했다는 이유로 고발당한 사례가 극히 드물었음을 보여준다. 일반적으로 주술 때문에 고발당한 사람들은 그런 수단으로 해악을 초래한 경우에만 고발당했다.

　남녀 마녀에 대한 신학적·법학적 정의나 마녀의 전형이 만들어지는 것은 15세기의 마지막 사분기의 일이다. 이 과정에서 결정적인 두 단계는 교황 인노켄티우스 8세의 1484년 교서(*Summis desiderantes affectibus*) [89] 와 독일의 이단재판관들인 야콥 슈프렝거와 하인리히 인스티토리스가 《마녀의 망치》라는 저작을 펴낸 것이었다. 이 책에서 마녀란 악마와 내통하여 그리스도와 세례와 성사를 부인하는 자로 정의되었다. 문제의 남자 또는 여자 자신이 세례를 받은 경우에는 그런 행동이 그리스도교 이단이 된다. 마녀들은 '마녀들의 사바트'에 모여 악마를 숭배하고 '검은 미사'를 거행하며 사탄의 제의를 수행하고 아동 살해와 식인 행위를 포함하는 가증스러운 잔치를 벌인다. 마녀는 개별적으로 행동하지만 마녀사회의 일원이다. 《마녀의 망치》의 저자들에 따르면 악마는 자기 뜻을 직접 행할 수도 있지만, 그보다는 마녀를 중개자로 하여 그렇게 하는 편을 선호한다. 신의 피조물들이 악을 행하는 것은 신에 대한 모욕이며, 악마는 바로 그렇게 신을 모욕하려는 것이다. 마녀는 인간과 가축과 작물에게도 해를 입힌다.

---

89) 옮긴이 주: 이 장 주 71 참조. 크라머가 교황으로부터 얻어낸 교서가 바로 *Summis desiderantes affectibus*였다. 그는 이 교서를 《마녀의 망치》 서두에 실어, 마치 교황이 이 책을 지지하는 것처럼 보이게 했다.

472

이렇듯 악행과 악마숭배를 동일시한 것이 서유럽 그리스도교 세계에
서 형성된 마녀 이론의 특징이다. 그러나 어떤 성직자들에게는 마녀들이
초래하는 해악보다도 악마와의 내통이 더 중요한 문제가 되었으니, 사실
전자는 후자의 결과로 여겨지게 되었다. 우리가 아는 한 이것은 서유럽
그리스도교 특유의 현상이다. 마술에 대한 고발이 일어났던 모든 역사적
원시 공동체에서 중요한 것은 항상 마술사들이 초래한 피해였다. 인류학
자들에 따르면, 마술사가 나면서부터 모종의 힘을 가진 사람으로 여겨지
는(이는 마술을 후천적으로 획득할 수 있는 기술로 보는 것과 대조적인 개념
이다) 사회에서도, 강조되는 것은 마녀가 초래하는 위험과 해악이었
다.[90]

마술을 행하는 것을 일종의 이단으로 규정하면서부터 마술을 행하는
자들에 대한 박해는 고발제도에서 심문제도로 변했다. 더 이상 고발자가
피고의 죄를 입증할 필요가 없어지고, 오히려 피고가 자신의 무죄함을
증명해야 하게 되었다. 그것은 더 이상 고발자와 피고 사이의 문제가 아
니라 사회 전체의 자기방어와 관련된 문제였다. 마술을 행했다고 고발된
사람을 재판할 때 교회 및 세속법정 대부분은 이단재판 법정의 방법을 채
택했다. 《마녀의 망치》의 저자들은 피고들이 자백할 경우 사면을 약속
하되 그 약속을 지킬 필요는 없다고 덧붙였고, 그런 조언대로 행동한 판
사들도 있었다. 심문 시의 질문들은 악마론에 관한 문헌들과 예전의 재
판들에서 피고들이 시인한 사항들에 기초해 있었다. 고문을 한 뒤에 또
는 고문을 하겠다고 위협한 뒤에 그런 질문들을 하면 대개는 기대했던 대
답이 나오기 마련이었다.

중세에는 남녀를 불문하고 실제로 주술에 관여한 이들이 있었고, 그들
은 마법을 써서 병을 고치고 다양한 미약(媚藥)을 만들었으며 해코지할
사람들의 밀랍인형을 만들어 바늘을 찔러서 희생자의 문지방 밑에 숨겨
두게 했다. 마법과 그 힘에 대한 민간신앙은 널리 퍼져 있었고, 그리스도

90) E. E. Evans-Pritchard, *Witchcraft, Oracles and Magic among the Azande*
(Oxford 1973), p. 21.

교는 그것을 결코 완전히 근절하지 못했다. 그러나 악마와의 내통 및 그에 뒤따르는 온갖 것들에 대한 믿음은 학식 있는 성직자들이 발명한 것이며, 점차 대중의 마음에 심어지게 되었다. 어떤 요소들은 민간신앙에서 취한 것으로 교회의 통념에 포함되었다. 예컨대 마녀들이 하늘을 날아다니고 닫힌 문을 통과하며 동물의 모습으로 변신할 수 있다든가 하는 것들 말이다.[91] R. 킥헤퍼의 연구에 따르면, 1500년 이전에는 마술을 행했다고 고발당하는 것이 대개 누군가를 병나게 만들었다거나 불임 또는 불능을 초래했다거나 소젖이 잘 나지 않게 했다는 이유에서였지, 악마와 내통했다거나 악마의 무리에 속했다거나 하는 이유에서가 아니었다. 며칠 심문을 당하면 피고는 악마와 내통했다고 고백하기 마련이었다. 킥헤퍼가 보기에는 이런 마녀관을 가진 모든 성직자가 정신이상이나 신경과민은 아니었다. 그들은 이런 정의를 심리학적이기보다는 지적인 근거에서 획득한 것이었다. 사탄과의 계약이라는 개념을 발전시킴으로써 그들은 마술에 대한 마법적 해석을 신학적 해석으로 바꾸었다. 즉 주술은 악마의 일이요, 악마는 신이 존재하도록 허락한 것이므로 주술은 실제적인 것이 되었다.

성직자들이 완전히 자연적이지도 초자연적이지도 않은 인과율을 받아들이기는, 다시 말해 마법을 그 나름대로의 현실로 받아들이기는 쉽지 않았다. 물론 교회도 그 나름의 공인된 마법을 가지고 있었으니 가령 사제가 축성된 성체를 가지고 들밭을 돌아다니면서 들밭을 폭풍에서 지키고 작물을 축복한다든가 하는 것이었다. 하지만 이런 일은 마법으로 정의되지 않았다.[92] 악마와의 계약이라는 개념은 식자층으로부터 법정으로, 거기서 다시 일반 대중에게로 퍼져나갔다. 어쩌면 교회가 여성 주술사들에게 강경책을 취한 것은 그녀들의 마법이 자신의 마법과 경쟁하게 되었기 때문에, 다시 말해 사제들만이 초자연적 힘들을 다스리는 것이

91) 이런 민간신앙에 대해서는 특히 N. Cohn, *op. cit.*, pp. 209~210, 215 참조.
92) K. Thomas, *Religion and the Decline of Magic* (London 1971), pp. 25~50.

아니라 마녀들도 그렇게 할 수 있다고 여겨졌기 때문일 수도 있다. 마녀들에 대한 고발이 일어난 것은 마침 그 시기에 역병과 그 때문에 퍼진 두려움 때문에 마술이 널리 행해졌고, 따라서 교회가 위협을 느꼈기 때문일 수도 있다. H. 트레버로퍼는 이단재판관들이 마녀를 박해하게 된 것은 최악의 이단이었던 카타리파가 근절되고 발도파 역시 지하로 숨어든 후에도 이단재판 법정은 계속 존재할 이유가 필요했기 때문이리라고 시사했다.

마술에 대한 고발이 늘어난 데에는 분명 심리학적이고 사회학적인 이유가 있었을 것이다. 인류학자들은 특정한 시기에 특정한 사회에서 그런 현상이 일어나는 것을 개인들 사이의 관계 및 비극과 파국의 상태가 초래한 결과라고 설명한다. 어떤 역사가들은 특정 시기에 특정 장소에서 불거진 마술의 문제에 이런 해석을 적용한 바 있다.[93] 그러나 마술에 대한 고발과 어떤 사람들이 마술을 행할 능력이 있다는 실제적 믿음이 모두 가능했던 데에는 모종의 지적 전제들이 있었음에 틀림없다. 서유럽에서는 악마와 내통하는 주술의 존재에 대한 지적 전제들이 교회에 의해 제공되었고, 교회는 마녀를 그 주된 희생양으로 삼았다. 수백 년 동안 그리스도교 사회에서 모종의 여성상을 함양해 온 것도 교회였다. 사탄의 공모자로서의 마녀라는 이론이 발전하자 이런 여성상 덕분에 공격은 주로 여성에게 돌려졌고 그렇게 하는 것이 마땅하다고 여겨졌다.

R. 킥헤퍼에 따르면 1300년부터 1500년 사이의 기간에 마술을 행했다고 고발당한 사람들의 3분의 2가 여성이었다.[94] 1300~1330년 사이에

93) P. Brown, "Sorcery, demons and the rise of Christianity from late antiquity, into the Middle Ages", in *Witchcraft, Confessions and Accusations*, ed. M. Douglas(New York 1970) ; K. Thomas, "The relevance of social anthropology to the historical study of English witchcraft", *ibid.*, and *Religion and the Decline of Magic*, p. 435f. ; J. Bednarski, "The Salem witch scare viewed sociologically", in *Witchcraft and Sorcery*, ed. M. Marwick(London 1970).

94) R. Kieckhefer, *op. cit.*, p. 96. 이 연구는 부분적으로 1240~1540년 사이의 마녀 재판기록(published in J. Hansen, *op. cit.*, pp. 495~613)에 기초해 있다.

는 상류 계층의 구성원들이 정치적인 목표를 위해 마술을 사용했다고 고
발당한 사례도 상당히 많았는데, 이런 경우 여성 피고들은 아주 없지는
않았지만 비교적 적었다. 어떤 이들은 — 아일랜드 귀족 여성 알리스 카
이텔러95)처럼 — 행위를 주동한 것으로, 다른 사람들은 주동자에게 협조
하거나 직업적으로 대가를 받고 행한 것으로 고발당했다. 96) 고발당한
여성 중 한 사람은 베긴 여신도로, 예언능력 덕분에 필립 4세의 궁정에서
큰 영예를 얻었던 인물이었다. 그녀는 플랑드르인들의 사주를 받고 왕제
를 독살하려 했다는 죄목으로 고발당했으나 나중에는 무죄판결을 받았
다. 마술에 관한 재판에서 주동자로 고발당한 여성 중에는 봉토의 상속
녀로서 광범한 정치적 권력을 행사했던 아르투아 여백작 마오도 있었다.
그녀 역시 무죄방면 되었다. 97) 여성들은 '제의적 마법'을 행했다고 고발
되지는 않았으니, 이렇게 학식이 요구되는 마법은 주로 학식 있는 남성
들이 행하는 것이었다.

15세기 후반기에 들어 악마와의 공모라는 혐의로 고발당하는 사례가
많아지면서 여성 피고인들의 비율도 늘어났다. 1415년과 1525년 사이에
사부아 지방에서 마술로 고발당한 300명 중에 성별이 알려진 것은 103명
뿐인데, 그 중 88명이 여성이었다. 튜더 및 스튜어트 왕조의 잉글랜드나
독일 남서부, 스위스 서부와 벨기에에서도 여성들은 이런 재판에서 피고
의 압도적 다수를 차지했다. 98) 왜 그랬을까? 여성들이 주술을 행한 죄로

95) 옮긴이 주: Dame Alice Kyteler (1280~1325 이후). 이 아일랜드 여성은 네 번 결
   혼했다. 네 번째 남편이 죽자 그녀의 세 남편의 자식들은 그녀가 첫 남편에게서
   낳은 아들만을 위하며 독약과 주술을 써서 남편들을 모두 살해했다고 고발했다.
   1324년 그녀와 그녀의 추종자들은 모두 마녀 혐의로 고발당했고, 이듬해에 그녀
   는 화형을 선고받았으나 집행 전날 탈옥했다. 아마도 잉글랜드로 갔으리라 추정
   되지만 더 이상의 기록은 없다.
96) N. Cohn, *op. cit.*, pp. 198~204; J. Caro Baroja, *op. cit.*, p. 83; R. Lerner,
   The Heresy of the Free Spirit in the Later Middle Ages, p. 70; R. Kieckhefer, *op.
   cit.*, p. 14.
97) Abel Rigault, *Le Procès de Guichard, Evêque de Troyes* (1308~1313) (Paris
   1896), p. 11 and note 6.

고발당하는 일은 남성이 지배하는 다른 사회들에서도 종종 일어났다. 많은 원시사회들에서도 그러했고[99] 고대 그리스 및 로마, 그리고 게르만 초기 사회에서도 마찬가지였다. "너는 마녀를 살려두지 말라"(출애굽기 22장 18절)는 성서의 명령에서도 '마녀'는 여성형으로 되어 있다.[100] 《미슈나》[101]에도 이런 말이 있다. "아내가 많으면 주술도 늘어난다." 여성들이 실제로 남성들보다 마술을 더 많이 행했는지, 또 얼마나 더 그러했는지는 알 수가 없다. 아프리카의 주냐부족은 남녀의 사회적 역할을 각기 다르게 규정하여, 남성이 마술을 사용하면 정당한 투쟁수단으로 간주하는 반면, 여성이 사용하면 변덕과 타고난 사악함의 표현으로 간주하였다. 남성 주술은 전혀 문제되지 않았던 반면, 여성들은 똑같은 일에 대해 잔인한 처벌을 받아야 했다.[102]

1300~1500년 사이의 유럽으로 돌아가 보자. 어떤 부류의 여성들이 마술에 가담했다고 고발당했던가? 그녀들의 나이는 기록에 남아 있지 않

---

98) M. Macfarlane, "Witchcraft in Tudor and Stuart England", in *Witchcraft Confessions and Accusations*. 270명의 피고 중 26명만이 남자였다. M. Jarrin, "La sorcellerie en Bresse et en Bugey", *Annales de la Société d'Emulation de l'Ain* X(1877), pp. 193~231, especially pp. 226~227; E. W. Monter, "The pedestal and the stake: courtly love and witchcraft", in *Becoming Visible. Women in European History*, ed. R. Bridenthal and C. Koonz(Boston 1977), p. 132 참조.

99) P. Mayer, "Witches", in *Witchcraft and Sorcery*, pp. 47, 62. 이것은 여성들에 대한 고발을 주로 가부장 사회의 가족 기능 및 사회구조로 설명하려 한 시도이다. C. J. Baroja, *op. cit.*, chs 3~4 참조.

100) 옮긴이 주: 이것은 앞의 주 74에서 maleficium이라는 말을 설명하면서 예로 들었던 구절로, 불가타 성경의 *maleficos* non patieris vivere[너는 **무당**을 살려 두지 말지니라(출애굽기 22:18)]에서 maleficos는 남성명사 maleficus(여성형은 malefica)의 복수목적격이다. 이 maleficus에 해당하는 히브리어 카샤프(*Kashaph*)는 마법사, 예언가를 의미하는데, 딱히 여성형은 아닌 것 같다. 킹 제임스 성경에는 이 말이 witch로 번역되어 있지만, witch는 남녀 모두에게 적용되는 말이니, 저자가 왜 이것을 여성형이라고 보는지는 확실치 않다.

101) 옮긴이 주: 《미슈나》는 모세의 율법에서 유래한 전통 구전 율법을 집대성한 법전으로, 기원전 200년경에 완성되었다.

102) E. Goody, "Legitimate and illegitimate aggression in a West African state", in *Witchcraft Confessions and Accusations*.

다. 혼인상의 지위가 알려진 한에서 보면 그녀들의 대부분은 결혼을 한
것 같다. 어떤 여성들은 마법적 치유를 행했고 약초를 다루는 데 능했으
며, 어떤 여성들은 실패한 산파 내지 치유자였다. 103) 앞에서 보았듯이
유산은 흔히 마술의 탓으로 돌려졌다. 어떤 여성들은 창녀나 늙은 포주
였다. 104) 성적으로 문란하다고 알려진 여성들은 마술로 고발당하기도
쉬웠다. 다른 여자와 결혼한 예전 애인으로부터 마녀로 고발당하는 여성
들도 있었다. 사이가 나쁘거나 실제로 말다툼을 한 남녀 이웃으로부터
고발당하기도 했다. 자신의 목적을 위해 마술을 썼다고 고발당하는 이도
있었고, 다른 사람을 위해 대가를 받고 마술을 행했다고 고발당하는 이
도 있었다. 105)

흔히 여성이 여성을 고발했다는 점도 특기할 만하다. 여성이 여성을
적대시할 때 가장 흔히 사용하는 욕설이 '창녀와 마녀'였다는 점은 이미
지적한 바 있다(인류학자들이 왜 하필 여성들이 마녀인가고 묻자 한 주냐 여
성은 "우리는 악하니까"라고 대답했다고 한다. 뒤이어 그녀는 아이들의 말다
툼이 어머니들의 다툼으로 번지는 것에 대해, 불임의 아내가 느끼는 좌절감에
대해, 가난한 여자가 다른 여자의 풍부한 소유를 보고 느끼는 시기심에 대해
말했다). 106) 마녀들이 남성지배에 대한 저항의 형태로 일종의 이단분파
를 이루고 있었다는 주장이 사실이 아님을 입증할 필요가 있다면, 바로
이런 점이 그 증거가 될 것이다. 107)

---

103) E. Le Roy Ladurie, *op. cit.*, p. 62; Burchard of Worms, *Decretum*, col. 972.

104) B. Geremek, *op. cit.*, pp. 257~258; *Registre criminel du Châtelet de Paris*, vol. I, p. 327, vol. II, pp. 303~343.

105) R. Kieckhefer, *op. cit.*, pp. 97~100.

106) E. Goody, "Legitimate and illegitimate aggression in a West African state", p. 240.

107) 마녀들을 남성지배에 대한 저항으로 존재했던 여성 이단으로 보는 견해는 P. Hughes, *Witchcraft* (London 1965), pp. 85~86에서 찾아볼 수 있다. 저자가 내린 결론의 주된 근거는 M. Murray, *The Witchcraft in Western Europe* (Oxford 1921) 이다. J. B. Russell, *Witchcraft in the Middle Ages* (Cornell 1972) 에 따르면, 지배적 종교에 대한 극단적 저항운동을 형성했던 마녀 집단이 있었으며, 그

478

많은 피고가 하류층 여성들이었다. 《마녀의 망치》의 저자들도 마녀들이 부유하지 않았다는 사실을 지적한 바 있다. 마녀들은 악마와의 계약에서 그다지 이익을 얻지 못하며, 그 이유는 사탄이 하느님을 모욕하기 위해 가장 싼 값에 그녀들을 부리려 하기 때문이라고 한다. 즉, 사탄은 자신이 부리는 사람들에 대한 경멸을 통해 하느님에 대한 도전을 표현한다는 것이다. 마녀들의 가난은 너무 눈에 띄는 것에 대한 경계로도 설명된다.

여성에 대한 마술 혐의 중에는 남성에 대한 혐의와 같은 방식으로 설명될 수 있는 것도 있다. 사람들은 흔히 실패와 불운을 자신들에 대한 나쁜 주문의 결과로 해석했다. B. 말리노프스키는 이를 좀더 폭넓게 정의하여, 마술이란 사람들이 자기 뜻대로 다스릴 수 없는 세상에서 느끼는 좌절감에 대한 대답이라고 보았다.108) 다른 학자들도 이미 지적해온 대로 실패와 파탄에 대한 가장 편리한 설명은 직접적이고 효과적인 행동을 가능케 하는 것이었다. 그래서 사람들은 누군가가 죽음과 질병과 재산 손실과 실패를 초래했다고 고발했다. 고발당한 자는 종종 고발자가 느끼는 두려움과 분노, 탐욕과 잔인성이 투사된 대상이었다. 거의 모든 경우에 원고와 피고 사이에는 전부터 관계가 있었고, 피고가 원고보다 도덕적 우위에 있는 경우도 드물지 않았다. K. 토머스는 17세기 잉글랜드에서 여성 걸인들에게 보시를 베풀지 않는 데 대해 죄책감을 느낀 자들이 그녀들을 마녀로 몰았던 사례를 지적한다. 피고 대부분이 여성이었던 것은 전통적 사회구조가 와해되어 감에 따라 상호부조 체계가 사라져가던 이 시기에 그녀들이 가장 가난했고 따라서 이웃의 도움을 가장 필요로 했기 때문이다.109) 마찬가지로 남자가 자신이 버린 정부를 마녀로 고발하는

안에서는 여성의 역할 및 저항이 특히 강했다고 한다. C. J. Baroja, *op. cit.*, p. 256도 적어도 고전 세계에는 그런 마녀들의 집단이 존재했을 가능성을 배제하지 않았다.

108) B. Malinowski, "The art of magic and the power of faith", in *Magic, Science and Religion and Other Essays* (New York 1955), pp. 79~84.
109) K. Thomas, *Religion and the Decline of Magic*, p. 520.

것도 죄책감의 투사라 볼 수 있다. 또는 자기보다 더 힘센 상대로부터 당
한 불의에 대한 분노를 표출할 수 없을 때도, 사람들은 종종 그런 감정을
전가할 만한 대상을 마녀로 몰아 희생양으로 삼기도 했다. 창녀와 포주
가 주술에 가담한 것으로 고발당했듯이, 사회적 주변인들인 거지, 떠돌
이, 유랑 악사들도 술객으로 고발당했다.

　이런 사람들 중에는 남녀를 불문하고, 실제로 마술에 관여한 이도 있
었다. 떠돌이 도박꾼이요 도둑이었던 사람의 소유였던 마술책도 발견되
었다. 110) 1460년 아르투아에서는 유랑 가수, 유랑 화가, 용병 출신의 부
랑자, 그리고 몇 명의 창녀가 마술을 행한 것으로 유죄판결을 받고 화형
당했다. 111) 정신이상자들도 그런 고발의 대상이 되곤 했으니, 특히 잠재
적 공격을 자주 유발하는 유형의 광인들이 그런 대상이 되었으리라고 짐
작할 수 있다. 외롭고 의지할 데 없는 늙은 여자들은 사회로부터 관심과
존경을 얻을 유일한 수단으로 자신에게 마법 능력이 있다고 떠벌리기도
했다. 어떤 이들은 단순히 떠벌리는 데 그치지 않고 실제로 비술을 행하
기도 했으니, 다른 방식으로는 사람들을 대하기에 너무 약했기 때문이
다. 주위 사람들에 대한 증오심을 불태우며 또 그 때문에 죄책감을 느끼
는 사람들이 마법에 손을 대고 자신이 악마와 관계를 맺었다고 믿었을 수
도 있다.

　당시 그리스도교 사회에서는 나쁜 일을 바란다는 것 자체가 악마에게
유혹을 받는 것이었다. 이것은 그 당시 사람들에게는 주관적 진실이었
다. 게다가 심문을 하면 굳이 고문으로 위협하지 않더라도 자기가 하지
않은 일도 했다고 인정하는 유형의 사람들도 있는 법이다. 어떤 고발자
들은 자신들에게 마술이 걸렸었다고 진심으로 믿기도 했던 것 같다. 어
떤 이들은 경쟁자를 없애기 위해 극단적인 고발도 서슴지 않았고, 또 어
떤 이들은 병적인 거짓말쟁이였다. 이 모든 설명은 남자와 여자 모두에

110) B. Geremek, *op. cit.*, pp. 345~346.
111) *Ibid.*, p. 340.

해당된다. 그렇다면 마녀로 고발된 자들의 3분의 2가 여성이라는 사실은 무엇 때문인가? 그녀들의 사회적 지위는 지배적 위치와는 거리가 멀었고, 마술 혐의에 이를 만한 긴장이나 갈등의 이유는 남자 대 남자 사이에서도 남자 대 여자나 여자 대 여자 사이에서만큼이나 흔한데도?[112]

심리학자들은 이런 사실이 남성이 여성에 대해 느끼는 불신과 원한에서 비롯된다고 설명해 왔다(물론 남성지배적인 사회에서 말이다). 그런 불신과 원한은 종종 아이의 부모와의 관계에서부터 시작된다. 프로이트 이론에 의하면 남자는 성적인 관계에서 여자를 두려워한다. 그는 그녀에게 성적인 지체를 맡기고, 그녀에게 자신의 씨를 주며, 이런 행동을 통해 자기 생명의 힘을 그녀에게 부여하는 반면, 그녀는 그를 거세할 수 있기 때문이다. 거세에 대한 두려움은 유아기의 죄책감에 뿌리박고 있다. 그러나 남자들은 여자들에게 매혹되기도 하며, 이처럼 한편으로는 두려움과 원한을, 다른 한편으로는 매혹을 느끼는 것이야말로 양가성의 원천이다. 또한 생명을 낳는 여성의 힘에 대한 남성의 두려움도 있다. 왜냐하면 생명을 줄 수 있는 자는 생명을 앗아갈 수도 있기 때문이다.[113] 이런 양가성은 집단 무의식에서 비롯되는 다양한 신화에 반영된다. 거기서 우리는 긍정적인 모성 — 데메테르, 이시스, 아스타르테 — 의 원형과 함께 그 정반대인 파괴적 모성 — 칼리, 고르곤, 헤카테 — 을 보게 된다.[114]

---

112) K. 토머스와 A. 맥팔레인은 16~17세기 잉글랜드의 마녀 고발을 전통적인 상부 상조 제도가 와해된 결과로 설명한다. 가장 취약한 자들은 극빈한 과부들이었다. 그녀들은 구걸할 수밖에 없었고, 사람들은 그녀들을 박대하면서 마녀로 몰곤 했다. 이 시기 잉글랜드의 마녀 고발은 병적인 성적 상상과 반여성적 경향만으로는 설명되지 않는다.

113) K. Horney, "Distrust between sexes", in *Feminine Psychology*, ed. H. Kelman (New York 1967), pp. 107~118.

114) 옮긴이 주: 데메테르는 그리스 신화에서 대지의 여신, 아스타르테는 고대 근동지방의 대모신(大母神)이다. 이시스는 이집트 신화에서 주신(主神) 오시리스의 누이이자 아내로, 죽은 남편을 다시 살아나게 한다. 칼리는 힌두 신화에서 죽음의 신 시바의 아내로 인신공양을 요구하는 잔악한 여신이고, 그리스 신화에서 고르곤은 여자의 머리가 셋 달린 괴물, 헤카테는 저승의 여신이다.

그리스도교 문헌들에 나타나는 여성상에 대해서는 이전 장들에서 논의한 바 있다. 창세기의 천지창조 이야기 역시 여성에 대한 양가적 태도를 반영한다. 그리스도교는 마리아와 이브를 대립시킨다. 그러나 이교 신화들에는 선한 동정녀와 악한 동정녀, 선한 어머니와 악한 어머니의 원형들이 모두 존재하는 반면, 그리스도교에는 동정녀-어머니의 원형이 있다. 성모 마리아는 어머니이지만, 자연법칙을 위배하고 자식을 잉태한 여자이다. 이는 긍정적인 풍요로운 모성이 아니다. 성생활을 하고 자연적인 방식으로 자식을 낳은 여자는 성모 마리아의 반영이 될 수 없다. 과거에 성생활을 했고 자연적인 방식으로 자식을 낳은 늙은 여자도 마찬가지이다.

이미 보아온 대로 그리스도교 문헌들은 여성을 열등하게 창조된 자로, 모든 죄악의 어미로, 인류역사에서 파괴적인 역할을 한 영원한 유혹자로 묘사한다. 그리스도교에서는 여성에 대한 욕망은 남성의 여성 의존을 초래할 뿐 아니라 그 자체로서 죄이며, 많은 성직자들의 주된 강박관념이 되었다. 그러므로 여성은 남성의 죄된 욕망의 투사 대상이 되었다. 일례로 안셀름 드 랑[115]은 동성애 금지를 정당화함에 있어서도 여성을 비난하는 것이 적절하다고 본다. 그는 레위기 20장 13절("누구든지 여인과 동침하듯 남자와 동침하면 둘 다 가증한 일을 행함인즉 반드시 죽일지니 자기의 피가 자기에게로 돌아가리라")에 주석을 달면서, 남성의 특질은 영적인 힘과 완전한 내적 자질이므로 남성은 말이나 행동에서 여성화되는 것을 피해야 한다고 했다. 그렇게 하는 것은 사형에 해당하는 죄이다. [116]

예술은 여성과 악마의 연관을 강조했다. 부르고뉴 지방의 베즐레 수도원 예배당의 기둥머리 조각에는 사탄이 악기를 다루듯 여자를 다루는 장

---

115) 옮긴이 주: Anselme de Laon (1050경~1117). 캔터베리의 안셀름(1033~1109, 제 3장 주 17 참조)의 제자로서, 당대의 가장 뛰어난 교사들 중 한 사람이었다. 아벨라르가 파리에서 싸워 이긴 샹포의 기욤 역시 그의 제자였다.

116) M. Goodich, "Sodomy in ecclesiastical law and theory", *Journal of Homosexuality* I (1976), p. 429.

면이 묘사되어 있다. 무아삭 수도원의 예배당에도 한 여인이 늘어진 가
슴에 뱀들을, 생식기에는 두꺼비를 매달고 있으며, 악마가 그녀의 고뇌
를 지켜보는 장면이 재현되어 있다. 중세 미술에서 음욕은 항상 여인으
로 의인화되었으며, 여인은 아름답거나 혹은 한때 아름다웠던 흔적을 지
니고 있거나 간에 이미 벌을 받았거나 받고 있는 중이다. 여인에게는 다
른 상징적 장치가 필요 없으니, 여체 자체가 음욕의 상징이기 때문이다.
12세기에 오툉 대성당에는 악마가 한 여인의 어깨를 붙들고 있으며 뱀이
그녀의 몸을 휘감고서 젖을 빠는 장면이 새겨져 있다.[117] 소수에게만 알
려져 있던 신학 저작들과는 달리 종교 미술은 사회 모든 계층에게 친숙했
다. 게다가 대중은 죄 많은 여성을 비난하는 설교자들의 설교를 늘 듣는
터였다.

　14세기 이전 시기에 마술을 행한 자들 또는 마술을 행했다는 혐의로 고
발된 자들 중 여성이 차지하는 비율은 알 수가 없다. 하여간 성직자들은
악마의 공모자로서의 마녀에 대한 이론이 형성되기 이전부터도 여성이
특히 마술에 빠지기 쉽다고 보았다. 11세기에 부르카르트 폰 보름스의
고해 지침서는 여성이 특히 마술의 실제성을 쉽게 믿는 것으로 묘사했
다. 남자들은 여자들이 날아다니고 해를 끼칠 수 있다고 믿는지 질문 받
았다.[118] 윙베르 드 로망의 설교 지침서는 마을의 가난한 여성들에 관한
장에서 '여성들은 마술에 기울기 쉽다'고 지적한다.[119] 그 밖에 다른 설
교자들도 여성들이 마술에 빠지기 쉬우며 실제로 마술을 행한다고 말한
다.[120] 마술에 대한 믿음은 능동적인 것이든 수동적인 것이든 간에 중세

117) C. Frugoni, "L'iconographie de la femme au cours des Xe~XIIIe siècles",
　　Cahiers de Civilisation médiévale, X^e~XIIIe siècles XX (1977), mainly pp. 180
　　~2, 184.

118) Burchard of Worms, *Decretum*, cols. 963, 973.

119) "Mulieres solent esse multum pronae ad sortilegia." Humbert de Romans,
　　De Eruditione Praedicatorum, p. 279.

120) Alvarus Pelagius, *De Planctu Ecclesiae* (Venice 1560) L. II, C. 44; Ad
　　conditionibus et vitiis mulierum, f. 85 b, col. 2, J. Myrc, *Instructions for*

내내 지속되었다. 그러나 여성들은, 특히 그 중에서도 약자들은 정말로 유별나게 주술에 빠지기 쉬웠던가? 아니면 농촌사회에서는 여성들이 종종 치유자요, 산파였기 때문에 그런 고발을 받기 쉬웠던 것일까? 우리는 이런 질문에 답할 수 없으며, 14세기 이전에 고발된 자들 중 여성의 비율도 알 수 없다.

하여간 악마의 공모자로서의 마녀라는 개념이 일단 수립되자 마녀로 몰린 자들 중에 여성이 차지하는 비율은 증가했고, 이런 혐의에 지적인 근거와 정당화를 제공한 것은 이미 굳어진 여성상이었다. 《마녀의 망치》의 저자들은 그런 여성상을 약간 다듬고 크리소스토모스[121]에서 베르나르 드 클레르보에 이르기까지 선대 성직자들의 권위를 동원하기만 하면 되었다(여성 폄하에 대해서는 고전시대 로마 작가들을 인용할 수도 있었다). 《마녀의 망치》제 1부의 여섯 번째 질문에서 저자는 왜 남성 마녀보다 여성 마녀들이 더 많은가 하는 질문에 답한다. 즉, 여자는 본래 약하며 따라서 극단에 치우치기 쉽다는 것이다. 여자는 중용이라는 것을 모른다. 선한 영에 지배되면 더없이 착하지만(optima), 악한 영에 지배되면 더없이 악해지는(pessima) 것이 여성이다. 역사에는 유덕한 여인들(드보라, 유디트, 에스더, 클로틸드[122] 등)도 있지만, 대부분의 여자들은 음란하고 남의 영향을 받기 쉬우며 쉽게 속아 넘어가고 말다툼하기 쉬우며 비밀을 지키지 못한다. 여자는 쉽게 속기 때문에 악마에게 넘어가기 쉽다. 여자는 남자보다 지적으로 열등하며 자제심이 없다.

Parish Priests (EETS, London 1868), p. 30. 이 저자는 남녀 피고에게 동일하게 "그대는 마술이나 사술을 행하는 악령들과 교통하였느냐?"고 질문한다.

121) 옮긴이 주: 요한네스 크리소스토모스(Saint John Chrysostom, 347경~407). 초기 그리스도교 교부, 콘스탄티노플 대주교. 뛰어난 설교자로서 '크리소스토모스'라는 이름도 '황금의 입을 가진'이라는 뜻에서 붙여진 것이다. 동로마제국 황후 에우독시아의 사치하고 방탕한 생활을 비난하다가 대주교직에서 면직 당하고, 유배지에서 죽었다.

122) 옮긴이 주: 구약성서에서 드보라는 모세의 누이로 여선지자, 유디트와 에스더는 이스라엘 민족을 구한 여성들이고, 클로틸드는 프랑크족의 왕 클로비스의 아내로 남편을 그리스도교로 개종시켰다.

484

여자는 남자보다 더 육신적이며 창조 때부터 불완전하다. 여자는 그 이름이 시사하듯이 — femina라는 말은 fe(=fides: 믿음)와 minus(적음)로 이루어졌다 — 나약하다. 아담을 유혹하여 타락하게 한 것은 이브였다. 사라와 하갈, 라헬과 레아, 한나와 브닌나, 마르다와 마리아의 이야기에서 보듯이 여자들은 시기와 원한에 좌우된다. 여자들의 질투심은 모세와 미리암 사이의 불화의 원인이 되기도 했다. 여자들의 악의 때문에 수많은 왕국이 파괴되었다. 트로이는 헬렌 때문에, 유다는 이세벨과 그 딸 아달랴123) 때문에, 로마는 클레오파트라 때문에 몰락했다. 여자가 얼마나 시기심과 원한을 깊이 품는가는 요셉과 보디발의 아내, 메데이아와 이아손의 이야기에서도 알 수 있다. 여자는 타고난 거짓말쟁이이며 여자의 음성은 세이렌의 노래처럼 사람을 매혹하여 멸망으로 끌어들인다. 그녀는 세속적인 허영심으로 표현되는 헛된 자기만족에 움직인다. 여자는 약하므로 "마술을 써서 자기 분노를 해소할 쉽고 은밀한 방법을 찾는다".

그러나 여자의 주된 악덕은 육신의 음욕이며, 이는 채워지지 않으며 남자의 욕망보다 훨씬 더 강하다. 그러므로 허영과 음욕은 여자가 악마와 마귀들에게 굴복하는 주된 원인이다. 야망과 음욕이라는 악덕에 빠진 여자들은 마술에 빠지기도 훨씬 더 쉬우며, 특히 간통과 음행을 저지른 여자들이 그렇다. 대다수의 마녀들이 여자이므로 이 이단은 '마술사보다는 마녀들의 이단'이라 부르는 것이 더 나을 터이다. 124) 이상이 《마녀의 망치》의 저자들이 주장하는 바이다. 그리스도교에서 악마는 남성적인 인물이며, 그의 수하 마귀들은 남성과 여성의 형태(인쿠부스, 수쿠부

___
123) 옮긴이 주: 북왕국 이스라엘의 악명 높은 왕 아합의 왕비가 이세벨, 그들 사이에 태어난 딸이 아달랴이다. 아달랴는 남왕국 유다의 여호람 왕과 결혼하며, 그 때문에 우상숭배에 물들게 된 유다는 내리막길을 걷게 된다(열왕기하 8:16~11:16).

124) *Malleus Maleficarum* (Frankfurt 1582), Pars I, 1. 6, pp. 90~105. 이 문헌과 그 여러 판본 및 저자들에 대해서는 J. Hansen, *op. cit.*, pp. 360~407; *Le Marteau des sorcières*, trans. A. Donet(Paris 1973), Introduction; *Malleus Malleficarum*, trans. M. Summers(London 1928), pp. xvii~xviii.

스)125)를 모두 취한다는 점에 유념해야 한다. 그 덕분에 저자들은 자신들의 불편한 성적 상상들을 마음껏 풀어놓을 수 있었다(문제의 장 제목은 '악마와 교접하는 마녀들에 대하여'이다).

16세기 후반기에 들어, 존 웨이어126)가 마술의 실제성에 대한 믿음을 고발하고 그것이 악마에게서 영감을 받은 환각에서 비롯된다고 주장했을 때도(악마와 마귀들의 존재에 대한 그의 믿음에는 흔들림이 없었다), 그는 《사탄의 망치》의 저자들이 한 말을 때로 반복했다. 즉 사탄은 영리한 적이며 더 약한 성, 즉 여성을 유혹한다는 것이다. 여성들은 변덕이 심하고 믿음이 쉽게 흔들리며 조바심을 잘 내고 악의를 품으며 우울해지기 쉽고 감정과 본능을 잘 다스리지 못하니 말이다. 마술의 실제성을 가장 믿기 쉬운 사람들은 어리석고 정신적으로 불안정한 나이 든 여성들이었다.127)

중세 성직자들이 받아들이고 발전시킨 여성상은 여성의 사회적 지위 및 여성에 대한 태도에 영향을 미쳤다. 사탄의 동조자로서의 마녀에 대한 이론이 발전하자 이런 여성상은 《마녀의 망치》의 저자들에 의해 한층 다듬어져서 유독 여성을 대상으로 하는 박해를 조장했다. 이처럼 깊이 뿌리내린 심리학적 요인들은 당시 유럽에 영향을 미친 특수한 사회적 요

---

125) 옮긴이 주: 인쿠부스(*incubus*)는 남성의 형태, 수쿠부스(*succubus*)는 여성의 형태를 취하고서 잠자는 인간과 성교를 한다는 몽마(夢魔).

126) 옮긴이 주: Johann Weyer/Johannes Wier(1515경~1588). 네덜란드 의사, 비학자, 악마론자. 마녀 박해에 반대하는 글을 발표한 최초의 저자들 중 한 사람이다. 《마귀와 주문과 독약에 대한 미망에 대하여》(*De Praestigiis Daemonum et Incantationibus ac Venificiis*, 1563)를 위시한 여러 저작에서 《마녀의 망치》와 교회 및 세속 당국의 마녀 사냥을 비판했다. 하지만 그는 악마의 힘이 교회 당국에서 주장하는 만큼 강하지 않다고 하면서도, 마귀들이 어느 정도의 힘을 갖고 있으며 사람들이 불러내면 나타나 환상을 만들어낸다는 생각 자체를 부정하지는 않았다. 단지 그는 이렇게 마귀를 불러내는 것은 주로 남자 마술사들이며, 마녀로 고발당한 여성들은 사실상 일종의 정신 질환을 앓고 있다고 보았다.

127) "Sexus fragilitas; propter sexus imbecilitatem; …cum primis autem effoetas, stupidas, mentemque titubantes, vetulas inducit subdolus ille veterator." *Iohannis Wieri de Praetigiis Daemonum et incantationibus ac veneficiis Libri Sex*(Basle 1568), L. III, C, VI, p. 224~227.

486

인들과 더불어 마술 일반에 대한 고발, 특히 여성에 대한 고발을 야기했
다. 교회의 교의는 이런 고발의 출발점이었고, 막강한 교회조직은 가차
없이 피고를 추적했으며 — 신앙의 대의(*negotium fidei*)를 위해 — 세속
당국에 의한 박해를 장려했다.

　중세문명에는 또 다른 여성상, 즉 성모 마리아를 위시하여 예수의 충
실한 여성 조력자들과 기타 그리스도교의 성녀들 같은 여성상도 있었다.
남편의 동료이자 조력자인 아내의 이미지도 있었다. 궁정풍 로맨스에서
경애의 대상인 연인, 즉 그녀의 사랑을 얻기 위해 남자들이 선함과 아름
다움을 추구하는 여성, 또는 격언집의 유덕한 여성, 그리고 때로는 베즐
레의 마들렌〔막달라〕예배당에서 어린 아들의 머리를 빗어주는 맨발의
농부 여인처럼 헌신적인 모성상도 있었다.128) 그러나 분명한 것은 그 반
대의 이미지가 더욱 강조되고 발전했을 뿐 아니라 대대적인 마녀 사냥 동
안에 그것이 직접적이고 부당하게 현실에 영향을 미쳤다는 사실이다.

---

128) H. Kraus, *The Living Theatre of Medieval Art*(Bloomington, Ind., 1967),
　　p. 57 and note 34.

슐람미스 샤하르(Shulamith Shahar)의 《제4신분, 중세 여성의 역사》(*The Fourth Estate: A History of Women in the Middle Ages*, New York, 1983; 원저, 1981)는 중세사의 견지에서나 여성사의 견지에서나 독보적인 저서이다. 이 책이 나오기 이전까지, 중세사에서는 여성사가, 여성사에서는 중세사가 그다지 활발히 연구되는 분야가 아니었다.

중세사의 맥락에서 이 책이 차지하는 위치는 같은 해에 유수한 중세학자 조르주 뒤비(Georges Duby)가 펴낸 《기사, 여성, 성직자》(*Le Chevalier, la femme et le prêtre*, 1981)와 비교해 보면 단적으로 드러난다. 뒤비는 중세 봉건사회의 경제적 관계, 권력구조, 이념적 틀 등에 천착하던 끝에 결혼이야말로 봉건제도의 기본요소인 땅과 여성의 분배가 이루어지는 터전임을 발견했다고 하며, 그러한 과정에서 여성이라는 미답의 연구영역을 만나게 되었다고 한다. 책의 말미에서 그는 의문문으로 결어를 대신하고 있다. "여성들에 대해 말은 많이 하지만, 실제로 아는 것은 얼마나 되겠는가?"1) 1980년대 초에 중세사 방면에서 여성에 대한 연구는 이처럼 아직 시작 단계에 있었다.

---

1) 조르주 뒤비(Georges Duby), 1999, 《중세의 결혼》(*Le Chevalier, la femme et le prêtre*), 최애리 옮김, 새물결, 347쪽.

그런가 하면, 미국 여성사 학계의 대모로 불리는 거다 러너(Gerda Lerner)는 "1969년 이전의 여성사 관련 문헌은 거의 전적으로 여성 투표권의 쟁취에 대한 것이었고, 그 밖의 역사연구에서 여성은 사회사 및 경제사의 일부로 다루어질 뿐이었다"고 하며, 1975~1987년의 여성사 연구 결과를 정리하여 291권의 관련 연구서 중에서 대부분이 현대사에 편중되어 있다고 지적한 바 있다.[2] 물론 이러한 분석은 아마도 그 시기 미국의 여성사 연구, 그 중에서도 단행본으로 출간된 연구에 국한된 것이기 때문일 수도 있겠지만, 하여간 여성사의 맥락에서도 중세에 대한 연구는 그리 활발하지 않았음을 알 수 있다.

더구나, 이 책의 저자 샤하르는 이스라엘 텔아비브대학의 교수(현재는 명예교수)로, 특정한 학파나 경향에 속해 있지 않은 학자이다. 이 책에 이어, 《중세의 아동기》(*Childhood in the Middle Ages*, 1991), 《중세 이단 분파에서의 여성들》(*Women in a Medieval Heretical Sect*, 2001), 《중세의 노년》(*Growing Old in the Middle Ages*, 2004) 등의 연구서를 냈다는 사실 밖에는 별다른 이력도 알려진 바 없다. 2003년 이스라엘 대상(大賞) 수상 당시의 인터뷰 기사[3]에 따르면 그녀는 1928년 라트비아에서 태어나 네 살 때 가족과 함께 팔레스타인으로 이주해 성장했고, 파리에 잠시 유학하여 박사학위를 받은 후[4] 줄곧 텔아비브대학에서 가르쳤다고 한다. 그러므로 딱히 학문적 계보를 논하기 힘든 이 독보적인 연구의 의의는 여성사 및 중세사 연구의 전반적 맥락에서 찾아보아야 할 것이다.

2) Gerda Lerner, 2004, "U. S. Women's history: Past, present, and future", in *Journal of Women's History*, 16(4), pp. 10~27.
3) Neri Livneh, 2003, "After all, I won't die young", in *Ha'aretz* (April 27).
4) 위의 인터뷰 기사에 따르면, 그녀는 소르본 대학의 장학금을 얻어 파리에 갔으며 "눈 깜짝할 사이에"(*in a flash*) 박사논문을 썼다고 하니, 딱히 학맥을 논할 만한 계제는 못 될 것이다.

1. 여권 운동과 여성사의 대두

의당 그러하리라고 짐작할 수 있는 대로, 여성사 연구의 시발은 페미니즘과 긴밀히 연관되어 있었다. 이전의 남성 본위 역사 연구에서 여성은 "사회사 및 경제사의 일부로 다루어질 뿐"이었으며, 드물게 여성을 다룬 저작들은 특출하고 예외적인 여성들의 생애를 조명하는 데 중점을 둔 전기적인 것들이 대부분이었다. 그러다가 1960년대 이후 이른바 여권 운동의 '두 번째 물결'(Second Wave) 가운데서, 여성의 종속적 지위가 본래적인 것이 아니라 남성 지배 이데올로기에 의해 형성되어온 것이라는 인식을 뒷받침하기 위해 적극적인 여성사 연구가 시작되었다. 여성의 역사를 쓴다는 것은 그런 역사가 가능한가 여부를 따지기 이전에 "실존적 필요"에서 우러난 일이었다.[5] 하지만, 앞에서도 인용했던 거다 러너의 회고대로, 여권 운동과 더불어 시작된 여성사 연구가 여성 투표권 쟁취의 역사를 넘어서는 데는 상당한 시간이 걸렸다. 이 회고에서 러너는 이전 30~40년간의 여성사 연구를 개괄하여, 1970~1975년의 초창기에는 아직 대학원 과정에 여성사 전공이라는 것이 없었으므로 독자적인 연구서들이 드물게 출간되는 정도이다가, 1975~1980년에 여성운동가 출신의 젊은 여성들이 여성사 연구에 뛰어들었고, 1981~1987년에 분야가 대거 확충되어 괄목할 만한 성과를 거두었으며, 1987년 이후로는 새로운 이론적 성찰이 더해지고 있다고 요약하고 있다.[6] 그러니까 미국에서는 대략 1980년대에 여성사가 학문분야로 확립되었던 셈이다.

좀더 구체적인 연표를 짚어 보면, 1974년 미국역사학회(American

---

[5] Arlette Farge, "Method and Effects of Women's History", in *Writing Women's History*, 1992, pp. 10~24.

[6] Lerner, *op. cit.*

Historical Association)가 여성사 연구회를 인정한 것을 시작으로, 1987년
에는 국제역사학위원회(International Committee of Historical Sciences:
ICHS) 내부에 주로 영미 학자들을 중심으로 여성사 연구를 위한 국제연맹
(International Federation for Research in Women's History)이 창설되었다.
또한, 소수 집단들에 대한 연구의 일환으로 대학의 역사학과에 여성사 강
의가 개설되는 한편 학제 간 연구로 여성학 강의도 활발히 행해졌다.7)
1993년 말 위스콘신대학에서 조사한 바로는 영미계 여성학 전문지가 114
종이나 되었으며, 1980년대 말부터는 주목할 만한 여성사 전문지들인
〈우먼스 히스토리 저널〉(Journal of Women's History, 1989), 〈젠더 앤드
히스토리〉(Gender & History, 1989), 〈우먼스 히스토리 리뷰〉(Women's
History Review, 1992) 등도 발간되었다. 뿐만 아니라 기존의 권위 있는 역
사학 전문지들에도 여성사 관련 논문들이 실리게 되었다.8)

  미국이 앞장선 영미 학계의 이런 변화에 비하면 유럽 대륙, 그 중에서
도 프랑스에서는 여성학 전반과 마찬가지로 여성사 연구도 더디게 정착
되었다. 미국에서 여성사 초창기의 원동력이 되었던 투쟁적 여권운동이
프랑스에서 비교적 미약했고,9) 또한 미국식 소수자 우대(affirmative
action) 사고방식과 거리가 먼 프랑스인들에게는 여성사, 여성학 등의 분
야를 따로 수립할 경우 지적 게토(ghetto)가 생겨나리라는 우려가 컸기

7) Françoise Thébaud, Ecrire l'histoire des femmes et du genre, Lyons: ENS
   Editions, 2007(2e éd. revue et augmentée; la première édition parue en
   1998), pp. 96~97.
8) Ibid., pp. 23~24.
9) 그 이유가 프랑스 사회에는 투쟁적인 여권 운동이 별로 필요치 않을 만큼 양성 간
   의 조화가 비교적 잘 이루어지고 있기 때문이라는 주장도 있다. Ibid., p. 17. Cf.
   Mona Ozouf, Les Mots des femmes: Essai sur la singularité française, Paris:
   Fayard, 1995.

때문이다. 10) 영미 역사가들은 페미니스트 역사라는 명칭을 쓰는 반면,
프랑스 여성사가들은 '페미니스트 학문'이라는 개념을 거부했고 여성사
가 기존 학제에 진입하는 편을 선호했다. 11) 하지만, 그 과정이 용이하지
않았음은 물론이다. 12)

프랑스에서는 1973년 가을 파리 7대학에서 미셸 페로가 "여성에게 역
사가 있는가?"(*Les femmes ont-elles une histoire?*) 라는 제목으로 개설한 것
이 최초의 여성사 강의였다. 그로부터 약 10년 후인 1982년 말 툴루즈에
서 "여성, 페미니즘과 연구"(*Femmes, féminisme et recherches*) 라는 제목으
로 열린 사흘간의 심포지엄이 '프랑스 여성사의 출생신고'에 해당한다고
할 수 있으며, 13) 곧이어 1983년에는 생-막시맹에서 "여성사는 가능한
가?"(*L'histoire des femmes est-elle possible?*) 라는 제목의 심포지엄이 열렸
다. 14) 이 심포지엄에서 미셸 페로는 "여성에게 역사가 있는가, 여성의
역사를 쓸 수 있는가 등은 더 이상 회의의 대상이 아니라"고 단언하고 있
으며, 15) 1991~1992년 조르주 뒤비와 미셸 페로가 주간한 《서구 여성
사》16) 전 5권은 프랑스에서도 여성사가 어느 정도 확립되었다는 인상을

10) Thébaud, *op. cit.*, pp. 97~98.

11) *Ibid.*, pp. 51~52.

12) 1980년 부카레스트 국제사학회에서는 여성사가 의제로 채택되었고 미국의 잔 스
   코트는 50페이지에 달하는 미국 여성사 연구 현황을 보고했지만, 같은 학회에 참
   가한 프랑스 위원회에서는 여성사를 언급조차 하지 않았다. *Ibid*, p. 100, 97.

13) *Ibid.*, p. 101.

14) 이 학회의 내용은 이듬해에 같은 제목의 책으로 출간되었고(*L'Histoire des femmes
   est-elle possible?*, Marseilles: Editions Rivage, 1984), 1992년에는 영역본
   (*Writing Women's History*, Oxford: Blackwell Publishers, 1992) 도 간행됐다.

15) Michelle Perrot, *Introduction to Writing Women's History*, p. 1.

16) *Histoire des femmes en Occident, cinq volumes de l'Antiquité au XXe siècle*, Paris:
   Plon, 1991~1992.

준다. 물론, "여성사가 주변적인 것으로 취급되고 있다"[17]는 1983년 심
포지엄 당시 페로의 지적은 1998년 사반세기 동안의 프랑스 여성사 연구
를 정리한 프랑수아즈 테보의 《여성 및 젠더의 역사 쓰기》의 결론에서도
거듭되고 있으니, [18] 학문으로서의 수립과 주류화 사이에는 극복하기 힘
든 거리가 있음은 부정할 수 없는 사실이다. 하지만, 1997년에는 "여성
을 제외한 역사가 가능한가?"(*L'histoire sans les femmes est-elle possible?*)
라는 제목을 내건 심포지엄이 개최되었으니, [19] '여성에게도 역사가 있는
가?', '여성사라는 것이 가능하겠는가?'라는 20여 년 전의 질문에 비해,
'여성을 제외한 역사가 가능한가'라는 질문은 사뭇 자신만만하게 들린다.
불과 사반세기, 길게 잡아야 반세기 안에 일어난 이러한 변화는 여성사
라는 새로운 학문분야가 일으킨 변혁을 단적으로 보여준다.

2. 역사 연구의 풍토 변화

미국과 프랑스의 이런 비교에서 보듯이, 여성사 연구는 여권운동이 받
아들여지는 분위기에 따라 나라마다 다르게 전개되었다. 테보의 지적대
로 "다른 어떤 분야의 역사 연구도 이처럼 사회운동과 직결되지는 않았을
터"이다. [20] 하지만 20세기 후반에는 대부분의 서구 국가에서 여성사가
역사학의 한 분야로 자리 잡았으니, 여성운동이라는 계기 외에도 역사

17) Perrot, *op. cit.*, p. 3.
18) Thébaud, *op. cit.*, p. 181.
19) 루앙에서 열린 이 학회의 내용은 이듬해에 같은 제목의 책으로 출간되었다
   (*L'Histoire sans les femmes est-elle possible?*, Paris: Perrin, 1998).
20) Thébaud, *ibid.*, p. 49.

연구 전반의 풍토에 일어난 변화 덕분이었다. 잘 알려진 대로, 19세기 역사학은 실증주의에 입각하여 정치 및 경제사에 치중함으로써 역사에서 여성을 배제하는 결과를 가져왔다. 이런 학풍에 변화가 일어나 역사 속의 여성이 조명되기 시작한 데에는 1930년대 이후 프랑스 아날학파의 영향이 컸던 것으로 흔히 이야기된다. 수전 스튜어드 같은 여성사학자는 "아날학파는 여성에 대한 새로운 연구의 길을 열었다", "미국 페미니스트 사학자들은 방법론과 개념적 틀을 아날 학파로부터 빌려왔다"고까지 단언한다.[21] 그녀에 따르면, 아날학파에서 지향하는 '전체사'야말로 여성을 전체적 역사의 맥락에서 보게 해준다고 하며, 사료(史料)에 대한 아날학파의 새롭고 광범한 정의 또한 여성사 연구를 가능케 하는 중요한 기반이 되었다는 것이다. 물론, 그녀의 '차용'론은 지나치게 단순화된 면이 없지 않다. 아날학파가 실제로 여성사에 유리한 방향으로 전개된 것은 이른바 '신사학'을 주창한 제 3세대부터라고 보는 편이 더 옳을 것이다. 1930년대의 아날학파는 사회 및 경제사에 치중해 있었고, 역사의 지평이 여성사로까지 확대된 것은 1960년대 말 이후 제 3세대의 심성사에 이르러서부터이기 때문이다.[22] 일상의 관행, 통상적인 행동, 집단의 심성, 느낌, 인생관, 친족관계 및 성(性) 등이 모두 역사적 주제가 됨으로써, 역사가의 시선이 여성에까지 미치게 된 것이다.

그러나 그렇다고 해서 아날학파가 여성의 역사를 본격적으로 연구한 것은 아니다. 아를레트 파르주가 분석한 대로, 실제로 1970~82년 사이 〈아날〉지에 게재된 여성 관련 논문 수는 전체의 4.5%에 지나지 않는

---

21) Susan Mosher Stuard, "The Annales School and Feminist History: Opening Dialogue with the American Stepchild", in *Signs*, vol. 7, No. 1 (Autumn, 1981), pp. 135~143.

22) Perrot, *op. cit.*, pp. 2~3.

다. [23] 아날학파 중에서 여성사에 가장 관심을 가졌던 이는 잘 알려진 대로 조르주 뒤비로, 그는 1981년에 발표한 《기사, 여성, 성직자》이후 만년을 여성사 연구에 바친 것으로 유명하다. 물론, 그가 본 중세 여성은 땅과 마찬가지로 분배와 교환의 수단인 객체였을 뿐이고, 이런 시각은 그의 마지막 저서인 《12세기의 여인들》(Dames du XIIe siècle, 1995~1996)에서도 크게 달라지지 않는다. 그에게 있어 중세 역사 속의 여성은 발언권이 없는, 침묵하는 다수로 남는다. 하지만, 그가 미셸 페로와 함께 《서구 여성사》시리즈를 주간(主幹)하고 남성으로서는 드물게 여성사의 선구자가 되었다는 것은 아날학파와 여성사의 관계를 상징적으로 보여주는 것이라 하겠다.

아날학파를 선두로 하여 20세기 후반 역사학계에는 일대 쇄신이 일어났으니, 1960~1970년대에 시작된 이탈리아의 미시사, 독일의 일상사 연구 역시 이전의 실증주의 역사에서는 다루어지지 않았던 사적이고 일상적인 영역을 연구대상으로 삼았다는 점에서 방향을 같이한다. 이러한 지적 풍토의 변화, 여권운동의 이데올로기적 기반으로서의 필요성, 아울러 1968년 혁명 이후 사회적 주변자 및 소수집단에 대한 관심의 고조, [24] 이 모든 것이 여성사 연구의 발전에 고무적이었다고 볼 수 있다.

3. 중세 여성사

이상과 같이 오늘날의 여성사는 대체로 20세기 후반에 한편으로는 여권운동과 다른 한편으로는 역사학의 쇄신에서 생겨난 것이라고 설명되기

23) Farge, op. cit., p. 16.
24) Thébaud, op. cit., pp. 47~49.

는 하지만, 그렇다고 해서 그 이전의 여성사 연구가 전무했던 것은 아니다. 스튜어드가 지적하는 대로, 1970년대 이전에도 여성의 역사는 산발적으로 씌어졌으나 대부분 무시되었고 주류 역사에 편입되지 못했을 뿐이다.[25] 1976년에 유럽 여성사 연구동향을 정리한 나탈리 데이비스의 논문을 보면, 이미 20세기 초부터 단순한 전기적 형태를 넘어선 여성사 연구가 고립적으로나마 행해졌음을 알 수 있다. 앨리스 클라크의 《17세기 여성들의 노동생활》(Working Life of Women in the Seventeenth Century, 1919), 레옹 아방수르의 《혁명 이전 프랑스의 여성과 페미니즘》(La Femme et le féminisme en France avant la Révolution, 1923) 등은 그 대표적인 예이다. 이들은 이미 "예법서, 여성에 관한 팸플릿, 농업 교과서, 귀족 여성들의 편지 및 회고록뿐 아니라 지방의 사법, 재정, 행정기록, 심지어 회계장부" 등 다양한 사료를 활용하여 근대 이전의 여성들의 삶을 그려냈던 것이다.[26]

중세 여성사 연구의 시작도 상당히 이전으로 거슬러 올라간다. 1993년 주디스 베네트는 백 년 전인 1893년 플로렌스 벅스타프가 중세 잉글랜드의 기혼 여성의 법적 권리에 관한 논문을 발표한 것을 중세여성사 연구의 시발점으로 잡고 있다.[27] 스튜어드 편저 《중세 역사 및 역사학에서의 여성》(1987)에 첨부된 서지를 보면 그 후 1세기가 채 못 되는 동안 상당한 연구가 진행되었음을 알 수 있다. 스튜어드에 따르면, 20세기 초의 여성사가들은 학문적 저작을 통해 자신들의 페미니스트적 입장을 개진하고

---

25) Susan Mosher Stuard, *Introduction to Women in Medieval History and Historiography*, Philadelphia: University of Pennsylvania Press, 1987, p. viii.

26) Nathalie Zemon Davis, "*Women's History in Transition: The European Case*", in Feminist Studies, vol. 3, No. 3/4 (Spring-Summer, 1976), pp. 83~103.

27) Judith M. Bennett, "Medievalism and Feminism", in *Speculum* 68 (1993), pp. 309~331, p. 314.

자 하여 근대 이후 여성들에게 부과되었던 전형과는 다른 강인하고 주도
적인 여성상을 중세 여성들 가운데서 찾았으며, 1960년대 이후 페미니스
트들은 이른바 '젠더'라는 것이 사회적 · 역사적으로 구축된 범주라는 가
설을 입증하기 위해 또한 중세로 눈을 돌렸다는 것이다. 그리하여, 각 나
라별 연구 현황에 뒤이어 첨부된, 총 52페이지에 달하는 서지는 중세 여
성사에 대한 다각적이고 구체적인 관심을 보여준다.

  그러나 스튜어드의 서지를 살펴볼 때 아쉬운 점은 포괄적인 중세 여성
사가 드물다는 사실이다. 정치, 경제, 사회, 종교, 문화, 전기 등 개별
영역에서는 수많은 논문들이 쓰였지만, 중세 여성사 전반을 아우르는 책
은 몇 권밖에 되지 않는다. 그리고 그 책들도 여러 저자의 글을 편집한
것28) 이거나, 단일 저자라 하더라도 여러 시기에 발표한 논문들을 한 권
으로 엮은 것29) 아니면 여러 인물의 전기를 엮은 것30) 또 아니면 어느 한
나라의 여성사에 국한한 것31) 이 대부분이다.

  슐람미스 샤하르의 《제 4신분, 중세 여성의 역사》는 이런 점에서 주목
할 만하다. 이 책은 1981년 쾨니히슈타인에서 《중세의 여성》(*Die Frau
im Mittelalter*) 이라는 제목으로 나온 독일어본을 영역한 것인데32) — 그
러니까 히브리어 원서는 그 이전에 나왔을 터이고, 연구는 아마도 1970

---

28) Susan Mosher Stuard, *Women in Medieval Society*, Philadelphia, 1976.

29) Eileen Power, *Medieval Women*, New York, 1975 ; Derek Baker, *Medieval
    Women*, Oxford, 1978.

30) Frances & Joseph Gies, *Women in the Middle Ages*, New York, 1971 ; Régine
    Pernoud, *La femme au temps des cathédrales*, Paris, 1980.

31) Edith Ennen, *Frauen in Mittelalter*, Munich, 1984.

32) 한국연구재단의 2006년 명저번역 지정도서 목록에는 영역본이 올라 있었고, 영역
    본의 판권장에는 번역 대본이 명시되어 있지 않았다. 그것이 독일어 번역본의 중
    역이라는 사실은 번역을 마친 후에야 알게 되었다. Cf. Suzanne P. Wemple,
    Review in Speculum vol. 61, 1986, pp. 204~206.

년대 후반에 이루어졌을 것이다 ― 12~15세기 서유럽의 "중세 사회에서 여성의 일반적 상황을 규명하는 것"을 목적으로 귀족 여성, 농촌 여성, 도시 여성, 결혼한 여성, 수녀, 마녀 등 모든 계층의 여성들을 망라하고 있다. 서두에서도 지적했듯이, 같은 해에 나온 조르주 뒤비의 《기사, 여성, 성직자》가 "여성들에 대해 정말로 아는 것은 얼마나 되겠는가?"라는 회의적인 말로 끝맺고 있음을 상기한다면, 이 시기에 이만한 규모의 중세 여성사가 씌어졌다는 사실은 적잖은 놀라움을 준다. 뒤비는 중세 여성에 관한 거의 모든 문헌이 남성들에 의해 쓰인 것이므로 여성들 자신의 목소리를 들을 수 없다고 하면서 중세 여성들을 시간과 침묵이라는 이중의 너울 너머에 있는 희미한 모습으로 상정하는 반면, 샤르는 다양한 사료의 미미한 파편에서까지 여성의 흔적을 주워 모아 이렇게 전체적인 그림을 완성했으니 감탄할 만하다. 샤르의 이 책에 대해 비판적인 서평[33]을 쓴 조 앤 맥나마라조차도 "정말이지 박식한 학자가 아니라면 그처럼 방대한 자료수집에 놀라지 않을 수 없을 것"이라고 할 정도로, 이 책의 시도는 획기적인 것이었다.

4. 제 4 신분?

'제 4 신분'이라는 제목은 독역본 출간 당시의 부제를 영역본에서 본 제목으로 취한 것인데, 이 제목 때문에 책의 논지가 '중세 여성은 세 위계(신분)가 아닌 별개의 신분에 속한다'는 것으로 단순화되어 알려지기도 했다. 책 표지의 소개문이나 서점의 책 소개가 한결같이 '과연 중세 여성은 제 4의 신분이었던가?' 하는 식으로 흥미를 유도하고 있을 뿐 아니라

33) 주 34 참조.

전문가들의 서평 역시 그것을 저자의 논지로 단정하고 비판한 것을 볼 수
있다. 34) 실제로, "서론"(제 1장) 만 보면 그렇게 생각될 만도 하다. 저자
는 중세의 '신분문학'이 여성을 별도의 범주로 취급하고 있다는 점을 지적
하면서, 이렇게 쓰고 있다.

> 대부분의 중세 저자들은 여성을 별도의 계층으로 다룸으로써 중세 여성
> 사를 별도로 연구하는 것을 정당화해 주는 것으로 보인다. 그러나 이것
> 은 단지 이론적 배경일 뿐이다. 여성이 별도의 계층을 이루는 사회 체제
> 란 중세 여성에 관한 이론의 일부이다. 이론이 어느 정도로 현실에 부합
> 하는가, 또 여성의 일반성이 실제로 고유한 법을 갖는 중세적 위계의 변
> 별적 표지를 지니고 있는가 하는 것은 또 다른 문제이다. 당대의 저자들
> 은 다양한 계층에 속하는 여성들의 특수한 상황을 알고 있었고 그래서
> 여성들을 여러 하위 범주들로 나누었다. 만일 우리가 여성이 수행했던
> 기능, 여성이 누렸던 권리, 여성이 당했던 차별을 알고자 한다면, 각
> 계층을 따로 연구해야 할 것이다. 그녀들의 삶을 그리고자 한다면, 각
> 각의 사회계층에서 여성들의 삶의 방식을 다루어야 할 것이다. (…) 어
> 떤 일반적 모델이나 이미지도 완벽하게 현실에 들어맞지는 않으며, 이
> 경우에도 그렇지 않다. 더구나, 중세에는 법이 몇몇 여성들의 진정한
> 지위를 충분히 반영하지 않았다. 여성들이 실제로 별개의 계층을 이루
> 었느냐 아니냐 하는 문제는 이 책 전체에 걸쳐 다루어지게 될 것이다.

---

34) 참조한 서평들은 다음과 같다. Jo Ann McNamara, "Fourth Class Citizens?",
in *The Women's Review of Books*, vol. 1, No. 10, July, 1984, pp. 17~18; Tilde
Sankovitch, *Review in Signs*, vol. 11, No. 1(Autumn, 1985), pp. 188~190;
Suzanne P. Wemple, *Review in Speculum* vol. 61, 1986, pp. 204~206; Cheryl
Crozier Garcia, *Review in International Social Science Review*, Fall-Winter,
2004. 맥나마라의 서평이 그 중 깊이 있는 분석을 보여주며, 다른 서평들은 전체
적인 소감이나 단편적인 비판에 그치고 있다.

즉, 저자는 중세의 신분문학이 여성을 별도의 범주로 규정하기는 하지만, 이론과 실제가 얼마나 일치하는지는 "다양한 계층에 속하는 여성들의 특수한 상황"을 통해 알아보아야 한다며 일단 답을 유보한다. 그러면서, "여성들이 실제로 별도의 계층을 이루었느냐 아니냐 하는 문제는 이 책 전체에 걸쳐 다루어지게 될 것"이라고 하니, 연구의 구심점은 과연 그러한 "여성의 일반성이 실제로 고유한 법을 갖는 중세적 위계의 변별적 표지를 지니고 있는가"에 모아지리라고 기대할 수 있는 것이다. 또, 서론의 말미에서 "이 책의 목적은 중세 사회에서, 생활과 법률에서, 여성의 일반적 상황을 규명하는 것"이라고 할 때, 그 일반적 상황이라는 것이 여성들이 속한 또 다른 위계를 드러내는 것인가 생각할 수도 있다. 하지만 본론의 내용은 그 한 가지 문제를 집중적으로 천착한 것도 아니고, 뒤에서 다시 살펴보게 되겠지만, 여성이라는 "위계의 변별적 표지"도 충분히 논의되고 있지 않다. 그러므로 이 책은 제목이 시사하는 것처럼 '중세 여성들은 네 번째 신분에 속한다'고 주장하는 책이라기보다, 다양한 계층에 속하는 중세 여성들에 대한 폭넓은 연구로 보는 편이 옳을 것이다. 그 내용을 대략적으로 정리해 보면 다음과 같다.

저자는 중세 여성이라는 연구대상을 여러 범주로 구분한다. 세 위계에 해당하는 각 계층에서 여성들의 삶을 살펴보되, 남성과 달리 여성은 혼인 여부에 따라 구별되었던 점을 감안하여 '수녀들'과 '결혼한 여성들'을 대별하고, 결혼한 여성들은 다시 '귀족 여성들'과 일하는 계층으로, 일하는 계층은 '도시 여성들'과 '농촌 여성들'로 구분하며, 나아가 사회의 주변적 집단이었던 이단분파 및 마녀에게까지 관심을 확대하는 것이다. 그러므로 논의되는 내용은 '수녀들 - 결혼한 여성들 - 귀족 여성들 - 도시 여성들 - 농촌 여성들 - 마녀와 이단 운동'의 순서가 된다.

이렇듯 다양한 범주의 여성들에 대한 본격적 연구로 들어가기에 앞서,

저자는 우선 "공적 권리와 법적 권리"(제 2장)에 지면을 할애하여, "공적 권리"에서는 공민권을, "법적 권리"에서는 사법권을 검토하고 있다. 즉, 중세 사회가 여성에게 공식적으로 부여한 지위를 논한 것인데, 중세에는 세속법과 교회법이 공히 여성에게 공직을 맡을 권리를 주지 않았으며, 법정도 여성에게 공정한 권리를 부여하지 않았다고 한다. 물론 예외적인 사례들은 있겠으나, 이런 법제적 제약은 중세 사회가 여성을 공적인 영역에서 배제하고 차별했음을 단적으로 보여준다.

이어지는 "수녀들"(제 3장)에서, 저자는 그런 차별의 주된 근거가 되었던 것이 다름 아닌 그리스도교의 여성관이었다고 지적한다. 여성은 애초에 남성보다 나중에 창조되었을 뿐 아니라 원죄의 통로가 되었다는 이유로 모든 면에서 남성보다 열등하고 부차적인 존재로 여겨졌다. 12세기 초부터는 성모 숭배와 막달라 마리아 숭배가 발전하여 대속적 여성상이 수립되었지만, 이런 개념도 전반적인 여성관을 바꾸는 데 기여하지는 못했다. 따라서 여성은 일체의 성무에서 배제되었으며, 여성의 성적 생리는 죄악시되었다. 성적 '오염'에서 자유롭다고 여겨진 수녀들에게도 성무 수행은 금지되었으니, 수녀들은 '기도하는 자들'의 위계에 속하지만 어디까지나 남성의 감독을 받아야 했다.

이렇듯 남성 본위 사회가 '기도하는 여성들'에게 부여한 지위를 검토한 데 이어, 저자는 좀더 구체적으로 수녀원의 생활을 탐구해 들어간다. 어떤 여성들이 수녀가 되었던가, 남성 수도원과의 관계는 어떠했던가, 수녀원장은 어떤 권력을 누렸던가, 수녀원의 생활방식이나 풍기는 어떠했던가, 수녀들은 어떤 교육을 받았던가 등 자세한 그림이 펼쳐진다. 나아가, 베긴 여신도회라는 특이한 여성 수도공동체와 여성 신비가들은 중세 여성들이 사회 및 종교 제도의 제약 가운데서 나름대로 독자적인 노선을 추구한 예로 음미할 만하다.

수녀들에 이어 연구의 대상이 되는 것은 "결혼한 여성들"(제 4장)이다. 뒤에 다루어질 '귀족 여성들', '도시 여성들', '농촌 여성들'은 모두 '결혼한 여성들'이니, 세 계층 모두에 공통된 내용을 먼저 살펴보고, 이어 각 계층의 특수한 점을 살펴보자는 것이다. 먼저, 중세의 결혼관이 논의되는데, 한편으로는 교회의 시각이, 다른 한편으로는 세속의 시각이 고려된다. 교회에서는 일찍이 사도 바울이 "음행하는 것보다는 결혼하는 것이 낫다"고 한 것처럼 결혼을 차선의 대안으로 용인하다가 8세기 이후 성사로 승화시키지만, 결혼생활이 정결한 삶에 비해 열등한 삶의 방식이라는 기본적인 입장에는 변함이 없었다. 반면 세속 문학에서는 결혼을 "인간생활과 사회에 중요하고 핵심적인 것"으로 다루었지만, 결혼을 사랑에 기초한 이상적 동반관계로 보는 작품의 예는 많지 않다.

"혼인에 관한 법률"의 절에서는 주로 결혼과 이혼의 성립에 관한 법이 다루어진다. 이전의 게르만법에 따르면 결혼은 당사자가 아니라 보호자의 합의에 기초했던 반면, 교회법에 따르면 결혼은 당사자들의 상호합의에 기초하는 것이 원칙이었다. 이렇게 본다면 결혼이라는 문제에서 중세 사회는 개인의 자유를 상당히 존중했던 것 같지만, 이런 원칙과 실제 사이에는 물론 거리가 있었고, 다양한 계층에서 당사자의 의사가 얼마나 존중되었는가는 별문제이다. 특히 가문간의 이해관계에서 맺어지는 정략결혼에서 신부 자신의 의사는 거의 반영되지 않았다. 이혼이나 별거에 관한 법률 또한 원칙과 실제 사이에 거리가 있기는 마찬가지였다.

교회의 부정적 여성관은 결혼한 여성에게 종속적인 지위를 부여했다. 세속의 법률가나 교훈서 저자들도 이런 시각을 고스란히 본받아 아내는 전적으로 남편의 다스림을 받는 존재라고 보았다. 나아가, 남편과 아내의 좀더 실제적인 힘의 관계는 재산법에서 드러난다. 결혼할 때 신부는 지참재산을 가져가고 신랑은 신부 몫의 '과부재산'을 지정해 주게 되어 있었는데, 이처럼 결혼 당사자 쌍방이 재산을 내는 것은 신부가 지참금을 제공하는 로마 전통과 신랑이 신부값을 치르는 게르만 전통을 합친 것이었다. 따라서, 최소한 여성 몫의 재산이 인정되기는 했지만, 장자상속, 남성우선의 원칙이 지배적이었다. 뒤이어, 결혼 상태에 따른 여성들의 권리(미혼 여성, 기혼 여성, 과부), 어머니로서의 여성 등이 다루어지는데, 이런 논의들은 다음에 나올 계층별 검토와 겹치는 부분이 상당히 많다. 특히 어머니와 아동이라는 문제에 대해서는, 이 장에서는 필립 아리에스의 《아동의 탄생》이 대체로 수용되는 편이지만, 뒤에서 계층별로 다시 다룰 때는 점차 아리에스의 견해에 이의가 제기되는 것을 볼 수 있다. 이어지는 간통, 사생아, 피임, 낙태 등은 말하자면 결혼의 규범에 대한 위반 시에 발생하는 문제들로, 중세 사회의 이면을 엿보게 해 준다.

'결혼한 여성들'에 관한 이 같은 일반론에 이어, "귀족 여성들"(제5장)에서는, 중세 귀족의 기반이었던 '봉토'의 상속문제와 가문 간 이해관계에 따른 결혼, 영지관리 등 귀족 계층 고유의 문제들이 다루어지는데, 봉토를 상속하고 다스렸던 여성들, 나아가 자녀 양육을 통해 영향력을 행사했던 여성들의 드문 예가 눈길을 끈다. 하지만, 귀족 여성은 자기 위계의 근본 기능, 즉 전사(戰士)로서의 기능을 할 수 없다는 점에서 부차적인 지위밖에 차지하지 못했으며, 몇몇 예외적인 여성들의 특수한 지위가 "사회 전반에서 여성의 역할을 재정의하는 데 이르지는 못했다". 또한, 귀족 여성들은 제한된 교육을 받고 여가활동을 하며 궁정문화를 발달시켰지만, 그것은 남성 본위 중세문명의 비교적 덜 중요한 측면에 속했다.

"도시 여성들"(제6장)은 이 책에서 가장 흥미로운 대목 중 하나이다. 이 새로운 사회, "그 구성원들이 자유로운 경쟁을 누린" 세속 사회에서는 여성의 역할이나 권리가 좀 다르지 않았겠는가? 하지만 저자는 여기서도 여성의 권리는 여전히 제한되었다고 말한다. 여성은 시정(市政)에서 아무 역할을 하지 못했고, 여성 시민의 권리는 미성년 남성의 권리 정도였다. 저자가 묘사하는 바에 따르면, 결혼이나 상속, 모성의 문제에서 부유한 도시 여성들의 처지는 귀족 여성들과 비슷했고, 가난한 도시 여성들의 처지는 농촌 여성들과 비슷했던 것으로 보인다. 특기할 만한 점은 도시 경제에서 여성이 상당히 중요한 역할을 했다는 사실인데, 이 방면에서도 역시 많은 제약이 있었던 것을 볼 수 있다. 또한, 도시에 사는 많은 여성들은 하녀로, 또는 창녀로, 핍절한 삶을 살았다.

"농민 여성들"(제7장) 역시 공적인 직임에서 배제되었고, 결혼 및 상속에서 다른 계층 여성들과 근본적인 차이는 없었지만, 대체로 덜 부유할수록 경제적 계산이나 위신이라는 문제로부터 비교적 자유로웠던 것 같다. 모성에 있어서도 오히려 더 자연스러운 본능에 가까웠던 것으로 묘사된다. 농촌 여성들은 "거의 모든 농업활동에 참가했고, 따라서 성별에 따른 노동분화가 거의 없었다". 이 점은 도시 여성들이 "생산이나 소규모 상업이 아니라 외국과의 교역, 재정 거래, 교육기관" 등 정작 도시의 특징적인 활동영역에서 아무 역할도 하지 못했던 것과 대조적이다. 하지만 "성별에 의한 노동분업이 거의 없었음에도 불구하고 남녀평등은 이루어지지 않았"으며, "집안에서나 사회에서나 권력을 휘두르는 것은 남자들이었다"는 사실에는 변함이 없다.

끝으로, "마녀와 이단운동"(제8장)에서는 중세의 여러 이단 분파 가운데서도 "중세전성기의 양대 이단운동이었던 발도파와 카타리파"를 중심으로 그들의 "신학에서 여성이 차지하는 위치와 그 집단 내에서 여성들이 실제로 누렸던 권리"가 논의되는데, 특히 쟁점이 되는 것은 '여성들이 기성체제에 반항하기 위해 이단운동에 가담했다'는 가설이다. 저자는 여성들이 정통 가톨릭교회보다 이단분파들에서 더 적극적인 역할을 하고 더 나은 지위와 권리를 누렸다는 점은 인정하지만, 그것이 여성들이 이단운동에 가담한 유일한 동기는 아니었으리라는 입장이다. 그런가 하면, 마녀사냥은 16~17세기에 성행했으므로 이 책의 시대적 범위를 넘어서지만, 그 기본 개념은 중세 교회의 여성관에 기초해 있었다는 점에서 다루어진다. "중세에는 남녀를 불문하고 실제로 주술에 관여한 이들이 있었"는데, 유독 여성들이 고발의 대상이 된 데에는 여성이 죄의 통로로서 '악마와 내통'한다는 남성 성직자들 특유의 투사가 작용했다는 것이다.

이상의 검토 끝에 얻어지는 대답은 무엇인가? 서론에서 "여성들이 실제로 별개의 계층을 이루었느냐 아니냐 하는 문제는 책 전체에 걸쳐 다루어질 것"이라고 했으니, 이제 그 답을 기대할 만도 하건만, 그에 해당하는 논의는 제7장의 말미에 실린 단 한 문단뿐이다.

근본적으로(우리가 논의한바 몇몇 예외를 제외한다면) 중세 여성을 별도의 위계로 규정한 저자들이 옳았다. 어떤 공적이고 법적인 권리들은 부인되었고, 여성이 여성인 한에서의 법적인 양보가 있었으며, 어떤 나라에서는 여성이 여성인 한 특정한 방식으로 처형되었다. 교회가 여성들에게 특정한 권리들을 거부한 것은 그녀들이 어떤 계층에 속했건 간에 여성이었기 때문이었다. 다양한 계층의 여성들에 관한 지금까지의 논의를 요약해 보면, 우리는 어떤 계층에서도 여성의 권리는 남성의 권리와 대등하지 않았다고 결론지을 수 있다. 이것은 모든 계층 여성들이 공유하는 부정적인 공통분모이다.

이 한 문단만으로는 서론에서 제기했던바 "여성의 일반성이 실제로 고유한 법을 갖는 중세적 위계의 변별적 표지를 지니고 있는가"라는 질문에 대한 충분한 답변이 되지 못할 것이다. 맥나마라가 비판하는 대로, 저자는 "여성들을 별도의 네 번째 신분(*distinct fourth estate*)이라기보다 각 신분 내의 두 번째 젠더(*second gender within each estate*)로 구분하는 사료들을 인용"하는 데 그치고 있기 때문이다. 여성이 실제로 별도의 위계 내지 신분을 이룬다고 주장하기 위해서였다면, 그 위계의 "변별적 표지"에 대한 좀더 적극적인 논의가 개진되어야 했을 것이다. 그저 "부정적인 공통분모"만으로 중세 여성을 가리켜 '제 4신분'이라 하기는 어려우며 — 사실상 저자는 본문 중 어디에서도 '제 4신분'(네 번째 신분)이라는 말은 쓰지 않았다 — 원서의 부제로 덧붙여진 이 말은 중세 여성이 세 위계 중 어느 위계에서도 남성과 대등한 대접을 받지 못했다는 의미에서 사용된 수사적인 표현에 가깝다.

5. 평 가

이 책의 취약점은 결론이 없다는 것이다. 제 7장 말미의 이 한 문단이 더 이상의 논구로 발전하는 대신 '마녀와 이단운동'에 관한 장이 이어진 후, 책은 느닷없이 끝나 버린다. 서론에서 질문을 제기하고 마치 그 질문에 답하기 위해서인 양 제출된 긴 논의를 전개한 다음, 제대로 답을 내놓지 않은 채 다른 논의로 넘어가 논점을 얼버무린 상태로 책을 끝내다니, 책의 논지가 불분명한 것도 무리가 아니다. 단순히 형식만 놓고 보더라도 납득하기 어려운 이런 결함은 — 전반적으로 구성이 그리 면밀하지 못하며, 산만하고 중복이 많다는 점과 더불어 — 저자가 이 책을 미처 완성하지 않은 것이 아닐까 하는 의구심마저 들게 한다. 하지만, 2002년에 '개정판'을 내면서도 저자는 짧은 서문을 덧붙여 지난 20년간의 중세 여성사 연구상황을 간략히 소개하는 것 외에는 달리 '개정'이라 할 만한 작업을 하고 있지 않아 아쉬움을 남긴다.

아울러 발견되는 문제점은, 12~15세기에 걸친 시기를 다루면서 시간적 경과를 거의 고려하고 있지 않다는 것이다. 앞에서도 지적했듯이, 저자는 4~7장에 걸쳐 중세의 모성 및 아동이라는 문제를 반복적으로 다루면서 앞에서는 아리에스의 이론을 지지하는 듯이 보이다가 뒤에 가서는 그 반대 입장이 되는데, 이런 자가당착도 시간적 변화라는 요소가 빠져 있기 때문이다. 또한, '수녀들'에 관한 장에서는 초창기 수녀원의 창설에 서부터 후대 수녀원들의 기강 해이에 이르기까지의 광범한 논의가 거의 공시적으로 펼쳐져 있는데, 그렇듯 단순 병치된 것처럼 보이는 사실들도 시대적 원근[35]에 비추어보면 뚜렷한 맥락을 드러낸다. 1981년 당시의 서문에서 저자는 "중세 전성기 및 말기의 여성사를 한 권의 책에서 다룰 수 있는 것은 동질적인 배경 덕분"이라고 하지만, 그 동질성에는 한계가 있는 것이다.

그에 비하면, 지역적 차이는 상당히 고려되었다. 1981년 당시의 서문에서 저자는 서유럽의 12~15세기라는 연구범위를 정하면서, 이 지역의 나라들이 "거의 비슷한 경제제도, 물질문명, 그리고 계층구조를 가지고 있었고, 모두 동일한 로마가톨릭 신앙 및 교회 조직 안에 연합되어 있었다"는 데서 동질적인 배경을 보았지만, 그러면서도 지역적 차이라는 것을 부인하지는 않았다. 오히려 "이 모든 차이들에 유념하면서 각 지방의 특색들을 다룬 기존 연구들을 참조하려 애썼지만, 중세 사회의 전반적인 여성사를 쓰면서 어느 정도 구분이 흐려지는 것은 피할 수 없었다"고 유보를 두고 있다. 2003년 개정판 서문에서도 여전히 이 방면 연구의 필요성을 강조하고 있는 것을 보면, "중세 사회의 전반적인 여성사"를 쓰면서 연대 및 지방의 차이를 고려한다는 것이 쉽지 않음을 알 수 있다. 지역적 차이나 시간적 경과는 중세 여성들에 대한 시야가 넓어지고 자세해짐에

---

35) 가령 Jo Ann McNamara, *Sisters in Arms: Catholic Nuns through Two Millenia* (Cambridge, 1996) 같은 연구는 그런 통시적 조망을 가능케 한다.

따라 점차 중요하게 고려되어야 할 변수들일 것이다.

끝으로 생각해 볼 수 있는 문제점은, 여성사 연구의 진행상황과의 관련이다. 맥나마라는 이 책이 "지난 십여 년간의 페미니스트 학자들의 노력에서 사실상 아무것도 받아들이지 않았다"고 비판하고 있다. 중세 여성사를 쓴다고 할 때 사료의 대부분이 여성에 관한 남성들의 기록이라는 것은 불가피한 난점이지만, 그렇다 하더라도 "그런 자료를 읽는 새로운 방식"을 시도하지 않음으로 해서, 여전히 "남성에 의한 여성사"를 반복하고 있다는 것이다. 실제로 샤하르는 2003년의 인터뷰 기사에서 자신이 페미니즘 이론에 별로 관심이 없다고 밝히고 있기도 하다. 조르주 뒤비가 세월과 침묵에 가려진 중세 여성들에 대해 "정말로 아는 것은 얼마나 되겠는가"고 회의할 때, 그녀가 방대한 사료에 주저 없이 뛰어들어 중세 사회의 여러 계층에서 여성들의 삶을 그려낼 수 있었던 것은 어쩌면 그런 방법적 회의에 구애되지 않았기 때문인지도 모른다.

하지만, 여성사 연구 전체의 흐름에서 본다면, 그녀 역시 흐름에서 아주 벗어나 있지는 않다. 여성사는 먼저 사회적 약자로서의 여성들이 자신들의 역사적 뿌리를 찾으려 한 데서 시작되었으며, 따라서 그 첫 단계는 기존 역사에서 말소되었던, '보이지 않는' 여성들의 존재를 가시화하는 것이었고, 다음 단계는 그녀들이 당한 부당한 대접을 고발하는 것이었다. 그렇게 본다면, 샤하르 역시 예외가 아니다. 그녀는 역사에 대한 자신의 관심이 주로 주변인과 소수자, 사회적 약자에 대한 것이었다고 말한다. 36) 중세 여성들 역시 사회적 약자라는 점에서 그녀의 관심을 끌었으니, 사료의 더미에서 여성에 관한 단편적인 언급들을 주워 모아 중세 여성사라는 큰 그림을 완성한 일이야말로 탁월한 가시화 작업이라 할

---

36) Neri Livneh, *op. cit.*

것이다. 또한 그 여성들이 별도의 계층에 속한다고 할 정도의 공통분모를 남성과 대등하게 대접받지 못한 데서 찾았으니, 희생자로서의 여성을 단적으로 부각시킨 작업이라 할 것이다.

맥나마라가 비판하는바, 샤르르가 "자료를 읽는 새로운 방식"을 보여주지 못한다는 것은 여성사 연구가 그 다음 단계로 나아갔음을 시사한다. 즉, 여성사는 '여성'들의 역사가 아니라 양성 간의 관계에 대한 역사, 이른바 '젠더'의 역사로서 연구되어야 한다는 의식이 생겨난 것이다. 그런 시각에 따르면, 여성에 관한 기록은 여성에 관한 객관적 자료라기보다 남성의 시각에 의해 굴절된, 말하자면 젠더화된 자료로 읽어야 한다. 가령, 수녀원의 생활에 관한 사료의 상당부분은 남성 성직자들이 감독자로서 수녀원을 방문한 기록이다. 귀족 여성들의 모습을 엿볼 수 있는 사료로 제시된 궁정풍 문학이란 사실상 남성 기사도 사회의 산물이며, 이단 분파에 가담했던 여성들 역시 남성 종교재판관들의 시각에서 묘사되었다. 그런데 샤르르는 이런 사료들을 별 여과 없이 사용하고 있으므로, "남성에 의한 여성사"를 답습하고 있다고 비판받는 것이다. 하지만 샤르르 역시 중세의 남성 지배 사회가 수립한 여성상과 중세 여성이 처해 있던 현실 간의 간극을 자주 지적하고 있다는 점에서, 비록 명시적으로 젠더라는 개념을 내세우지는 않았을망정 남성에 의한 여성사를 구태의연하게 반복하고 있다고 볼 수만은 없을 것이다.

6. 새로운 여성사, 새로운 역사

샤하르의 이 책이 출간된 지도 사반세기가 넘었다. 2003년의 개정판 서문에서 저자는 그 후에 이루어진 "모든 연구의 내용을 살펴볼 수도 없고, 모든 새로운 통찰들을 다 평가할 수도 없다"고 하면서, "새로운 연구 경향 몇 가지와 이 책에서 다루었던 몇 가지 주제들에 관한 새로운 연구 중 제한된 수의 예"를 일람하고 있다. 하지만 이 서문은 총괄적인 분석을 시도하고 있지 않으며, 주제별로 주목할 만한 연구서들에 대해서는 언급하지만 일일이 서지사항을 제시하지 않은 대목도 많다. 이 책 출간 이후에 이루어진 중세 여성사의 다양하고 방대한 성과에 대해서는 앞서 보았던 스튜어드의 서지나 미리 루빈의 리뷰[37] 등을 참고할 수 있을 것이다.

이 모든 연구들이 단순히 정보의 증가 및 축적만을 의미하지는 않는다. 지난 사반세기 동안의 여성사 연구에서 일어난 가장 중요한 변화는 앞서도 일별했던 대로 '젠더' 개념, 즉 여성의 정체성 및 역할이 생래적으로 결정되는 것이 아니라 사회적 · 이념적으로 규정된 것이라는 생각의 확대일 것이다.[38] 1980년대의 젠더 개념에 의거한 여성사 연구 현황을

---

[37] Miri Rubin, "A Decade of Studying Medieval Women, 1987~1997", in *History Workshop Journal*, Issue 46, Autumn 1998, pp. 213~239. 1998년 이후의 중세 여성사 연구를 정리한 서지는 아직 만나지 못했다.

[38] 선천적 · 생물학적 범주로서의 성별(*sex*)과 대별되는 후천적 · 문화적 범주로서의 젠더(*gender*) 개념이 처음 대두된 것은 일찍이 1960년대로 거슬러 올라가지만(테보는 젠더 개념의 선구적 예로 Robert Stoller, *Sex and Gender*(1968), Ann Oakley, *Sex, Gender and Society*(1972) 등을 꼽는다. Thébaud, *op. cit.*, p. 121). 영미 여성사 학자들 사이에서 널리 전파된 것은 1980년대의 일이다. 사회과학에서 이 용어의 의미는 영어 사전에도 수록될 정도로 확립되었다. 반면, 프랑스 사학계에서는 젠더라는 용어가 별로 쓰이지 않고 '젠더의 역사'라는 말 대신 '양성 간 관계의 역사'라든가 하는 표현이 쓰이곤 했는데, 그래도 1990년대 초

정리한 잔 스코트는 젠더라는 분석 범주가 요구되었던 이유를 한편으로
는 여성사의 수많은 사례 연구들이 종합적인 설명을 가능케 하는 시각을
요구했기 때문이고, 다른 한편으로는 기존의 묘사적 접근이 지배적 학문
의 개념들에 유의한 호소력을 갖지 못했기 때문이라고 지적한다. 39) 다
시 말해, 여권 운동의 "실존적 필요"에서 시작된 여성사 연구가 객관적 학
문으로 자리매김하기 위해, 유사 이래 여성에게 가해져온 사회적 · 이념
적 규정을 '젠더'라는 용어로 개념화한 것이라 할 수 있다. 이런 견지에
서, 여성에 대한 기존의 모든 담론은 객관적 기술이 아니라 젠더화된 것
으로서 새로운 독해의 대상이 되며, 여성사 연구에 젠더 개념을 도입하
는 다양한 접근방식들이 시도되고 있다.

나아가 성 역할이 사회적 · 이념적으로 규정된 것이라는 생각은 여성뿐
아니라 남성의 젠더화에 대한 인식으로 이어진다. 그렇다면 여성들만의
역사뿐 아니라 남성들의 역사도 다시 써야 할 것이며, '새로운 여성사'란
사실상 '새로운 역사'의 시작이 될 것이다. 여성사는 여성들만의 역사로
남지 않기 위해, 남성들에 의해 쓰인 이른바 '주류' 역사에 진입하기 위해
오래 분투해왔거니와, 이제는 진입이 아니라 동참이 문제이다. 어느 쪽
이 다른 쪽에 편입하는 것이 아니라, 여자들과 남자들 모두의 역사, 양성
이 함께 만들어온 역사를 쓰는 것이 새로운 역사학의 과제가 된 것이다.

역사학의 잊혀진 변방에서 출발하여 새로운 역사의 주동이 되기까지
여성사가 지나온 이와 같은 여정을 되짚어 볼 때, 샤하르의 이 책이 갖는
의의와 중요성을 가늠할 수 있다. 비록 사반세기에 걸친 후속 연구들의

에 이르면 조르주 뒤비와 미셸 페로가 주간한 《서구 여성사》도 젠더 개념을 기반
으로 삼고 있음을 볼 수 있다.

39) Joan W. Scott, "Gender: A Useful Category of Analysis", in *The American
Historical Review*, vol. 91, no. 5 (Dec., 1986), pp. 1053~1075.

성과 및 새로운 방법론이 추월하고 있다고는 하나, 이 책은 전에 없이 방
대한 시각과 충실한 자료 확보로 중세여성사를 가시화함으로써 연구의
기초를 놓은 저작이다. 저자 자신이 개정판 서문에서 말하듯이, 이 책은
"중세 여성사의 기본적인 틀을 제공하는바, 독자로 하여금 이 주제를 좀
더 복잡하고 풍부한 데까지 탐구하도록 격려해 줄 수" 있을 것이다.

　　번역의 대본으로는 *The Fourth Estate: A History of Women in the Mid-
dle Ages* (Shulamith Shahar, Revised Edition, translated by Chaya Galai,
London and New York: Routledge, 2003) 를 썼다.

찾아보기
〈용어·작품〉

ㄱ

516

찾아보기
（인명）

ㄱ · ㄴ

슐람미스 샤하르 (Shulamith Shahar, 1928~)

1928년 라트비아에서 태어나 네 살 때 가족과 함께 팔레스타인으로 이주하여
성장했고, 파리에 잠시 유학하여 박사학위를 받은 후, 이스라엘 텔아비브대
학에서 가르쳤다. 현재 텔아비브대학의 명예교수이며, 《중세의 아동기》
(*Childhood in the Middle Ages*, 1991), 《중세 이단 분파에서의 여성들》
(*Women in a Medieval Heretical Sect*, 2001), 《중세의 노년》(*Growing Old
in the Middle Ages*, 2004) 등의 연구서를 냈다. 2003년 이스라엘 대상을 수
상했다.

지은이 약력

최 애 리

서울대학교 불어불문학과를 졸업하고, 동 대학원에서 중세문학 연구로 박사
학위를 받았다. 서울대, 이화여대 등에 출강했으며, 현재 번역가로 활동하고
있다. 대표적인 역서로 《연옥의 탄생》, 《중세의 결혼》, 《그리스 로마 신화
사전》, 《그라알 이야기》, 저서로는 서양여성인물탐구 《길 밖에서》, 《길을
찾아》가 있다.

옮긴이 약력

누구의 과학이며 누구의 지식인가

여성들의 삶에서 생각하기

샌드라 하딩(Sandra Harding) 지음
조주현(계명대) 옮김

Whose Science ?
Whose Knowledge ?
Thinking from Women's Lives

페미니즘 과학철학의 창시자 하딩이 과학의 민주화를 말하다!

이 책에서 가장 주목할 만한 점은 과학을 민주화할 수 있다고 보는 저자의 신념에 있
다. 21세기 사회에서 각각의 개인은 다양한 인종, 계급, 지역, 성별, 성적 배경을 갖고
있지만, 우리 모두는 동일한 과학의 범위 안에 놓여 있다. 이 책은 모두가 객관적이라
고 믿어 의심치 않는 과학에 대한 문제의식에서 출발한다. 저자는 현재 과학지식이 충
분한 해방적 잠재력을 갖고 있으면서도 사회의 제 지배세력들의 통제로 인해 제 힘을
발휘하고 있지 못하다고 판단하면서, 페미니즘, 지식사회학, 과학철학을 도구로 하여
과학지식과 권력의 관계를 조명하고 새로운 경향의 페미니스트 과학연구를 가능하게
하는 길을 열어놓고 있다. ·신국판·양장·480쪽·25,000원

나남
nanam Tel 031.955.4600
www.nanam.net